경계를 넘어서는 고구려·발해사 연구

경계를 넘어서는 고구려·발해사 연구

鄭京日 외 지음 | 이인재 엮음

혜안

책머리에

I

2020년 전 세계를 강타한 코로나19가 여전히 기승을 떨치고 있다. 세계화에 성공한 코로나 바이러스는 인류에게, 인종별로, 계급별로, 지역별로, 국가별로, 지방별로 칸막이를 만들라고 위협하였다. 그리고 인류는 봉쇄라는 이름으로 여러 칸막이를 만들고자 시도하였다. 사실은 지구방위대가 필요했는데, 지역방위대, 국가방위대, 지방방위대로 대처한 모양새였다.

지구적 차원에서 가장 약한 고리를 매개로 공격할 것이니, 새로운 방어 전략을 구사하지 않으면 안 된다는 바이러스의 경고에도 불구하고, 여전히 미흡한 방법으로 대처하는 인류를 보고 바이러스가 앞으로 어떤 전략을, 얼마나 강하게 구사할지 매우 우려되는 상황이 지금의 현실이다. 그럼에도 불구하고 우리는, 바이러스의 새로운 공격 전략을 넘어서 인류와 자연에 대한 새로운 생각을 정립해 낼 새로운 동료들을 알아 볼 밝은 눈이 있을 것이라는 희망으로 오늘도 감행되는 전지구적 차원의 공격에 맞선 방어 전략을 하나씩 하나씩 모색하고 실행하고 축적해 나가고 있다.

II

1987년과 1988년 서울에 있는 연세대학교 국학연구원에서 국내의 젊은 연구자들을 모셔서 『고구려사연구Ⅰ - 논문편』, 『고구려사연구Ⅱ - 사료편』을 발간할 때에도 그들의 고구려사 연구가 스스로 새로운 시대를 만들어갈 것이라는 기대를 갖고 있었고, 원주에 있는 연세대학교 근대한국학연구소에서 한국과 중국의 젊은 연구자들을 모셔 2014년부터 2017년까지 진행된 고구려 주니어포럼의 성과를 모아 2018년 『소장학자들이 본 고구려사』를 묶어 간행할 때에도 같은 기대와 바람이 있었다.

마당을 펼쳐 주었다고 해서, 마당에서 노는 연구자들의 자유로운 생각에 울타리를 쳐서는 안 되는 것이었다. 오히려 연구자들의 자유로운 생각과 성과에 따라 마당의 위치도 바꿀 수 있고, 크기도 바꾸어야 했다. 프로젝트 기안자들이 세계 각국의 젊은 연구자들의 연구 성과까지 예측하고 재단하는 것은 21세기 프로젝트 기안자답지 않은 태도라고 믿고 있었다.

2017년 4회 포럼부터 한국과 중국 연구자들에 더하여 일본의 젊은 연구자들을 모셔 한·중·일 3개국이 참가하는 국제학술회의로 확대한 것도 마당의 크기를 바꾸어야 한다는 참여 연구자들의 무언의 요구에 따른 것이었다.

그들이 구상해 나갈 세계사 속의 고구려사, 동아시아 역사 속의 고구려사, 한국사 속의 고구려사, 지방사로서의 고구려사는 20세기 토양에서 성장한 기성 연구자들의 상상력을 가볍게 뛰어 넘을 것이다. '후생가외(後生可畏)'는 오랜 기간 동안 동아시아 학자들이 항상 염두에 두었던 것이며, 그래서 새로운 시대가 되면, 동아시아 기성학자들은 스스로의 연구를 연구사 영역으로 옮겨 자리잡는 지혜를 발휘할 수 있었다. 본서에서 굳이 총론을 쓰지 않는 이유이기도 하다.

III-1

본서는 지난 2017년에서 2019년까지 3년 동안 '고구려 주니어포럼'에서 발표된 논문들 가운데 15편을 1부와 2부로 나눠 담은 것이다.

「고구려·발해사 연구의 최근 동향(1부)」에 수록된 논문들은 도성사, 대외관계사, 유민 문제 등으로 크게 분류할 수 있는데, 이들 주제는 최근 고구려·발해사 연구자들이 많은 관심을 기울이고 있는 주제들이다.

우선 고구려 도성은 권순홍과 왕즈강(王志剛)·탕미아오(唐淼)가 다루었다. 가령 권순홍은 「고구려 도성 경관의 형성과 지배 권력의 추이」에서 2000년대 이후 대대적으로 이뤄진 고구려 유적에 대한 발굴 성과를 분석하여 고구려 도성의 공간적 배치를 분석하였다. 특히, 공간의 배치와 구성만을 파악하는 데에서 한 걸음 더 나아가 공간에 투영된 권력관계를 주시하며, 역사적 '경관'에 대해 살폈다. 고구려의 경우, 종묘와 궁실만을 갖춘 1단계 경관의 형성을 지나, 뇌옥과 창고를 갖춘 2단계 경관이 이미 2세기에 구현된 것으로 보았다. 아울러 태학과 불교사원을 마련함으로써 대왕의 등장을 표출한 3단계 경관의 형성시점을 4세기 후반으로 파악하였다.

왕즈강(王志剛)·탕미아오(唐淼)의 연구자로서의 관심 역시 도성의 위치와 지리공간에 있다. 「고구려 '졸본'과 '국내'의 지리 공간 고찰」에서는 문헌 기록과 고고학 자료를 활용하여 주로 환인과 집안에 위치한 고구려 유적의 유형 특징과 공간 분포 법칙을 제시하며 지리 공간 범위를 추정하였다. '졸본' 지역을 왕도로 삼는 시간이 길지 않았고, 정권 건립 초기에 있던 상태였기에 전체적으로 건설 계획이 드러나지 않는 반면, 이와 대조적으로 '국내' 지역은 왕릉의 배치 계획 그리고 '왕성구(王城區)'와 '능묘구(陵墓區)', '기보구(畿輔區)'의 구별이 엄격한 것으로 보아 왕도의 전체 도시 계획을, 천도 초기에 이미 정하였고, 오랜 시간에 걸쳐 구현해 나갔다고 보았다.

백다해와 김강훈은, 고구려 중심의 국제정세와 대외정책에 대해 논하였다. 백다해는 「5세기 중반 국제정세와 고구려·송 교섭의 의미 : 459년 사행을 중심으로」에서 459년 11월 고구려가 숙신을 대동하여 송에 사신을 파견한 사건에 대해, 미시적이면서도 다각적인 분석을 시도하였다. 그 결과 숙신의 대동이라는 형태의 사신 파견이 건강 중심의 천하관을 정립하려 했던 송과, 북위를 견제하려 했던 고구려의 이해관계 속에서 탄생한 외교적 산물이었음을 밝혔다.

김강훈의 글 「618~629년 영류왕의 대외정책과 고구려-당(唐)·신라 관계의 변화」에서는 영류왕이 즉위한 618년 9월부터 낭비성 전투가 발생한 629년 8월 직후까지의 시기를 대상으로 고구려의 대외정책을 살폈다. 이 시기는 고구려가 619년 2월 당(唐)에 사신을 파견한 이래 약 10여 년 동안 우호관계를 지속하였던 시기이기도 하다. 특히 영류왕의 회맹 기도에 주목하여 그것을 620년대 중반 당 중심의 국제질서가 형성되어 가고 있던 국제정세에 민감하게 반응한 결과로 평가하였다.

고구려 멸망 이후 유민의 활동에 대해서는 이노우에 나오키(井上直樹)와 우에다 키헤이나리치카(植田喜兵成智), 그리고 김수진이 다루었다. 먼저 이노우에 나오키의 글 「고구려 유민의 대일 외교」는 7세기 후반 동(東)아시아 세계를 염두에 두고 당나라를 향한 고구려 유민의 저항운동과 그에 대한 당과 신라의 반응을 분석하였다. 특히 이와 연동된 고구려 사절의 일본 파견 문제를 아울러 검토하였다. 고구려 유민의 반란은 당나라의 지배에 대한 저항이었지만, 그 봉기에 신라의 지원이 있었음을 강조하였고, 신라의 고구려 유민 지원 원인을 일본이 당나라와 연계하는 것을 저지할 필요성이 있었다는 점과 연결시켜 살폈다.

우에다 키헤이나리치카 역시 「'내신지번(內臣之番)'으로서의 백제·고구려 유민」에서 7세기 후반 동아시아사를 조망하며, 당나라에서 활동한 유민의 정체성 변화에 대해 분석하였다. 안팎의 이민족을 끝없이 자신의 질서 속에 편입시키기 위해 힘썼던 당의 정책 하에서 백제·고구려 유민들의 위상을 추적한 것이다. 개원기를 전후하여 유민의 양상이 크게 변화하였고, 이후 옛 왕족들은 대신라·발해 정책에 이용되지 않았음과 함께 '내신지번'으로서의 백제대방왕 및 고려조선왕의 쇠퇴가 궤를 같이하는 것이라고 보았다.

김수진의 글 「고구려 유민 후속 세대의 중국 출자 표방과 당대 현실」은 당에서 태어난 유민 후속세대의 경우, 선조가 '고구려' 출신임을 밝히기보다는 자신의 선조는 원래 중국 출신으로서 중국에서 고구려로 건너갔다가 다시 '귀당(歸唐)'한 것이라는 파천을 강조하는 현상을 추적하였다. 아울러 출자 표기 전환의 원인을 정체성의 약화보다는 당조가 시행한 정책 속에서 찾아야 할 것이라고 보았다. 후속 세대 묘지명에 나타난 파천의 주장과 망성의 모칭은 고구려 유민으로서의 정체성이 상실된 결과라기보다는 여전히 고구려 유민의 후손임을 '의식'하고 있다는 증거라는 것이다.

III-2

「고구려·발해사 연구의 새로운 모색(2부)」에서는 기존의 연구 흐름에 비해 새로운 연구 범위, 연구 방법론 혹은 연구 시각을 드러내며, '경계'를 넘어서고자 시도한 8편의 논고를 수록하였다.

먼저 아카바메 마사요시(赤羽目匡由)의 글 「『유취국사』에 실린 이른바 「발해연혁기사(渤海沿革記事)」 원재료의 수집자에 대하여」는 『유취국사』 수속부(殊俗部)·발해상(渤海上)에 실린 「발해연혁기사」의 사료적 성격을 논하며, 특히 기사의 수집자에 초점을 맞춰 정밀한 분석을 하였다. 이를 통해 「발해연혁기사」가 발해와 당나라 양국으로 도항한 일본 승려 영충이 773년경 발해의 지방에서의 견문을 당나라에서 정리한 기록에 의거하여

『일본후기』 편자가 작성한 기사라고 보았다.

판보싱(潘博星)은 「고구려 불교 첫 전래에 대한 재검토」에서 고구려에 불교가 처음 전래된 시점을 4~5세기의 동북아시아의 국제정세와 연결하여 검토하였다. 고구려에 불교가 전래되었던 원인을 왕권 강화에서 찾기 어렵다고 보았으며, 불교라는 새로운 이데올로기를 통해 새로운 지역 질서를 구축하고자 했던 전진(前秦)의 의도와 함께, 중원 지역의 불교 인사들이 계속해서 정치의 힘을 이용해서 불교 자체의 영향력을 확대시키고자 노력했던 점을 강조하였다.

쑨하오(孫昊)는 「발해국 말갈 왕호, 관칭 연원 고찰 - 고대 동북아 정치질서 속의 중앙 유라시아적 요소에 대한 논의를 겸하여」에서 발해 정치질서 구축에 있어서 중원 왕조의 관료 체제가 끼친 영향력에 더하여, 중앙 유라시아 민족 정치질서를 포함한 여러 체제가 유기적으로 결합하여 간 양상을 살폈다. 이를 통해 발해에서 북방초원 - 정주 농경의 이분법적 대립을 타파하고 다양한 정치 관념과 문화의 결합이 실현되었다고 보았다. 그리고 발해가 시행한 다원화 전통이 결합된 정치관, 즉 '인속이치(因俗而治)'의 행정체제는 뒤를 이어 궐기한 거란과 여진에도 큰 영향을 미쳤다고 분석하였다.

오진석의 글 「삼연 문화의 성립」에서는 3세기 후반에서 5세기 전반 조양지역을 중심으로 건립된 전연(前燕), 후연(後燕), 북연(北燕), 즉 삼연(三燕)의 문화가 성립되는 배경과 함께 현재까지 조사·연구된 내용을 종합한 후 앞으로의 연구를 조망하였다. 한국 역사학계에서는 삼연 혹은 모용선비와 고구려, 부여, 선비 등의 문화를 비교하는 연구가 상당히 구체적으로 진행되고 있는 바, 필자는 이에 더하여 삼연문화를 구성하고 있는 복잡한 유구와 유물에 대해서 그 '기원 및 계열'을 밝히기 위한 연구가 필요하다는 점을 강조하였다.

리룽빈(李龍彬)은 「요령지구에서 발견된 한당시기 고분벽화 연구」에서 요동지구와 요서지구에서 벽화묘를 각 지구별로 다시 세분화하여 특징을 살폈다. 각 지역별로 진행된 주요 발굴 성과를 일별한 후, 주요 벽화묘의 그림을 비교하여 이들 한당시기묘 벽화가 내용과 형식에서는 중원지구를 일정부분 계승하고 있지만, 구체적인 표현력에서는 지역적 색채를 강하게 나타내고 있다고 보았다. 그리고 이러한 현상은 이시기 중앙집권이 통일과 분리를 거듭하면서 다민족이 융합하고 대규모의 인구가 이동하는 등의 요소와 관계된 것이라고 분석하였다.

이정범의 글 「한강유역 고구려 보루의 축조방식과 성격」은 1990년대까지도 백제와 관련된 관방유적 정도로 인식되었던 아차산 일대 관방유적이 고구려의 보루군으로 인식되어진 과정을 돌아보았다. 아울러 현재까지 진행된 아차산 일대와 경기도 북부지역까지 이르는 고구려 관방유적에 대한 고고학적 조사 성과를 언급하며 성벽의 축조방식 및 보루의 점유시기 등 쟁점이 되는 연구 경향에 대해 정리하였다.

정경일(鄭京日)은 「새롭게 조사된 평양시 낙랑구역 전진동 벽화무덤의 발굴정형에 대하여」에서 지난 2016년 10월 북한 사회과학원 고고학연구소에서 발굴한 낙랑구역 전진동 벽화무덤에 대해 분석하였다. 그동안 벽화무덤이 발견되지 않았던 낙랑일대에서 동산동 벽화무덤에 이어 전진동 벽화무덤이 발굴되고 그 정형이 소개됨에 따라 향후 관련 연구에 가치 있는 자료가 될 것으로 기대하였다.

이준성은 「북한의 문화유산 정책 변화와 고구려사 - 『민족문화유산』을 중심으로」에서 북한에서 지난 2001년부터 새롭게 간행되고 있는 정기간행물 『민족문화유산』의 내용을 분석하며, 고구려사 강조의 함의를 추적하였다. 『민족문화유산』은 대중 잡지를 표방하는 문화유산 전문 간행물로, '조선민족제일주의'를 기치로 내걸고 있는바, 이러한 목적을 가장 잘 드러내줄 수 있는 고구려사에 대한 강조가 잡지 전반에 걸쳐 강하게 드러난다는 점을 살폈다.

IV

본서는 2018년 발간한 『소장학자들이 본 고구려사』에 이은 두 번째 책이다. 본서에 이어 몇 해 뒤 세 번째 책을 낼 시점이 되면, 과연 이 포럼의 참여자들에게 '소장학자'라는 단어를 계속 쓸 수 있을지 매우 고민하게 될 것이다. 2014년부터 시작하여 10년 세월을 쌓으면서 초창기 참여했던 30대, 40대 학자들이 40대, 50대 중견학자로 성장해 버릴 것이기 때문이다. 그리고 그때에는 말 그대로 새로운 소장학자들이 등장하여, 10년 동안 축적해 온 이른바 '소장학자'들의 연구 성과를 연구사 영역으로 밀어낼 버릴 수도 있다. 그러한 상황은 본서를 기안해 준 연세대학교 근대한국학연구소, 고구려발해학회, 동북아역사재단, 도서출판 혜안 관계자 모든 분들이 진심으로 기대하는 미래이기도 하다.

2020년 7회 포럼부터 2022년 9회 포럼의 성과도 고구려 주니어 포럼의 이름으로 묶이기를 기대한다. 포럼이 진행될수록, 한편으론 같고, 다른 한편으론 다른, 고구려사에 관한 수많은 진지한 연구 성과들이 세상에 제시될 것이다. 그런 새로운 성과가 나올 수 있도록, 자신만의 최선을 다하는 세계 각국의 고구려사 연구자 여러분들께 깊은 감사를 드리는 바이다.

2020. 8. 31.

원주 치악산이 바라보이는 청송관 연구실에서

이인재(李仁在) 씀

글싣는 차례

제2부 고구려·발해사 연구의 새로운 모색 · 285

제1부

고구려·발해사 연구의 최근 동향

권 순 홍

고구려 도성 경관의 형성과 지배 권력의 추이

Ⅰ. 머리말

그동안 고구려 도성 연구는 주로 위치문제에 집중해 왔다. 고구려 멸망 이후 수백 년간 그 위치가 잊혔으므로, 그럴 수밖에 없기도 했다. 2000년대 이후에야 비로소 고구려 유적에 대한 대대적인 발굴이 이루어짐으로써, 고구려 도성 연구는 전환기를 맞이할 수 있었다. 이제 지리적 위치를 넘어 공간적 배치를 주목할 수 있게 된 것이다. 이와 같은 주제의 확장은 연구의 심화로 이어질 수 있었다. 공간은 단순히 자연적으로 주어진 것이 아니라, 역사 전개와 더불어 끊임없이 재생산된 사회적 산물이라는 문제의식이 고민되기 시작했다.[1] 위치가 인간행위의 단순한 무대라면, 공간은 인간행위에 의해 생산된 결과물이라는 관점이었다.[2] 도성 내 건물유적에 대한 분석을 통해 도성 경관의 변화를 분석하거나,[3] 의례 공간의 변천을

1) 여호규, 2014, 「한국 고대 공간사 연구의 가능성 모색」 『(노태돈 교수 정년기념논총)한국 고대사 연구의 시각과 방법』, 사계절, 515쪽.

2) 앙리 르페브르 지음·양영란 옮김, 2011, 『공간의 생산』, 에코리브르, 71쪽.

3) 여호규, 2012, 「고구려 국내성 지역의 건물유적과 도성의 공간구조」 『한국고대사연구』 66.

검토하는[4] 작업은 이런 문제의식을 공유하고 있다. 그리고 행정명칭으로서 방위부의 공간적 배치[5] 혹은 도성 밖 王畿의 공간적 범위[6]를 추정하는 작업 또한 공간에 주목하기는 매한가지이다. 이 와중에 고분군에 대한 분석 역시, 생산된 공간으로서의 도성을 염두에 두면서 배치와 범위의 변천 등이 새로이 논의되기도 했다.[7] 이로써 도성 연구는 새로운 장을 맞이한 셈이다. 이제 도성에 관한 관심은 지리적 위치를 넘어서 공간적 배치와 구성으로 그 폭이 넓어졌다.

다만, 그 관심은 공간의 배치와 구성을 파악하는 데서 한 걸음 더 나아가 공간에 투영된 권력관계를 주시할 필요가 있다. "사회적 관계는 하나의 공간으로 투사되며 그 공간을 생산함으로써 공간 안에 스스로를 자리매김"[8]하기 때문이다. 바꿔 말해, 공간이 인간 행위에 의한 사회적 생산물이라는 점을 인정한다면, 그 생산 주체로서의 인간 행위로 말미암은 사회적 관계에도 주목해야 한다. 도성 역시 마찬가지다. 도성이라는 공간은 단지 큰 도시만을 가리키지 않는다. 중심지라는 표현으로도 부족하여 우리는 도성이라는 용어를 사용한다. 과연 어떤 사회적 관계에 의해 도성이라는 공간이 생산되었는가. 또 도성은 다른 공간과 어떻게 다른가.

도성의 사전적 의미는 황제 또는 왕이라고 불리는 최고지배자가 평상시 거주하는 곳이다. 즉, 도성의 필수조건은 황제 또는 왕 등 최고지배자의 존재이다. 따라서 도성이라는 공간은 다른 공간과 구분될 수밖에 없다.

---

4) 여호규, 2013, 「고구려 도성의 의례공간과 왕권의 위상」『한국고대사연구』 71.

5) 임기환, 2015, 「고구려 國內都城의 형성과 공간 구성」『韓國史學報』 59.

6) 조영광, 2016, 「고구려 왕도, 왕기의 형성 과정과 성격」『한국고대사연구』 81 ; 王志剛, 2016, 『高句麗王城及相關遺存硏究』, 吉林大學 博士學位論文 ; 기경량, 2018, 「환도성·국내성의 성격과 집안 지역 왕도 공간의 구성」『사학연구』 129.

7) 강현숙, 2012, 「고구려 적석총의 입지와 존재 양태의 의미」『한국고대사연구』 66 ; 朴淳發, 2012, 「高句麗의 都城과 墓域」『韓國古代史探究』 12 ; 정호섭, 2015, 「고구려사의 전개와 고분의 변천」『韓國史學報』 59.

8) 앙리 르페브르 지음·양영란 옮김, 2011, 앞의 책, 211쪽.

황제 또는 왕과 그를 둘러싼 권력관계에 의해 생산된 도성의 경관은 다른 도시의 경관과 같을 수 없기 때문이다. 도성의 경관에 주목하는 이유이다.

여기서 말하는 경관은 자연 풍경이 아니라 역사적 풍경이다.[9] 이 개념의 핵심은 시각적 이미지로서의 경관 역시 자연 그 자체가 아니라 인간 행위에 의한 사회적이며 문화적인 산물이라는 데에 있다.[10] 황무지를 경지로 만들고, 골목과 도로와 샛길을 내며, 도시를 건설하는 인간의 모든 활동들은 경관을 변화시킨다. 즉, 우리 눈앞에 펼쳐진 경관의 배후에는 인간의 역사적 활동들이 깃들어 있는 것이다.[11] 결국 공간과 그것의 시각적 이미지로서의 경관은 모두 인간 행위에 의한 사회적 산물일 뿐만 아니라, 양자의 변화를 통해 사회의 변화까지도 읽어낼 수 있다는 점을 강조하고 싶다.

예컨대, 3세기 경 大君長 혹은 大君王 없이 長帥나 渠帥가 읍락민을 統主했던 동옥저 및 예의 정치적 중심지와, 國王이 존재하며 다양한 지배기구가 확인되는 부여 및 고구려의 도성은 그 경관이 다를 수밖에 없다. 나아가 삼국 초기 도성들은 대체로 궁실과 종묘를 갖춘 1단계, 별도의 정무시설이나 대규모 창고를 조영한 2단계, 도성민을 위한 상설시장이 개설되는 3단계로 전개된다는 분석[12]은 사회적 관계의 변화에 따른 공간 및 경관의 변천을 포착한 성과였다.

단, 이 글에서는 경관을 변화시키는 사회적 관계 중에서도 지배 권력에 집중하고자 한다. 결국 도성이 다른 공간과 구분되는 결정적인 이유가 황제 혹은 왕이라는 지배 권력의 존재 때문이라면, 도성 경관의 형성

---

9) 윌리엄 조지 호스킨스 지음·이영석 옮김, 2007, 『잉글랜드 풍경의 형성』, 한길사, 11~16쪽.

10) 매튜 존슨 지음·오세연 옮김, 2015, 『경관고고학』, 사회평론, 27쪽.

11) 윌리엄 조지 호스킨스 지음·이영석 옮김, 2007, 앞의 책, 28~29쪽.

12) 여호규, 2015, 「삼국 초기 도성의 형성 과정과 입지상의 특징」 『삼국시대 국가의 성장과 물질문화 1』, 한국학중앙연구원출판부, 295~306쪽 ; 여호규, 2018, 「삼국 형성기 문헌사와 고고학의 접점」 『한국상고사학보』 100.

과정을 통해 왕이라는 권력의 등장을 확인할 수 있을 뿐만 아니라, 도성 경관에 반영될 지배 권력의 변천이 표출될 수도 있기 때문이다. 결국 도성의 공간과 경관에 대한 분석은 고대 권력에 대한 이해와 무관하지 않다. 도성의 경관이 전개되는 과정은 왕의 권력이 집중되는 과정과 다름없고, 고구려 도성의 경관을 분석함으로써 고구려 왕이 권력을 통해 어떤 공간을 생산해 냈는지를 알 수 있다. 고구려 도성 연구는 비로소 공간에 주목하기 시작했는데, 그 공간에 내재하는 권력관계도 간과하지 않아야 사회적 산물로서의 도성을 보다 잘 이해할 수 있다고 믿는다.

II. 왕권의 성립과 도성 경관의 형성

1. 도성의 조건 : 성곽의 유무

도성이라는 용어에서도 알 수 있듯이, 城은 도성의 경관에서 가장 눈에 띄는 건축물이다. 단, 城이 도성 경관의 필요충분조건은 아니었다. 신석기 시대의 환호취락에서 종종 발견되는 土壟 혹은 土壘라고 불리는 환호 안팎의 흙담이 원시적인 형태의 城이라면,[13] 이미 인간은 국가 성립 이전 시기부터 방어시설로서 城을 조영하고 있었기 때문이다. 반대로 도읍이라고 해서 반드시 城을 갖추지도 않았던 것 같다. 중국의 경우, 서주시기까지 건설된 도읍들 중에는 城이 있는 것도 있고, 없는 것도 있었다.[14] 또 "밖으로 두려움이 없으면 나라에 어찌 城이 필요하겠는가."[15]라는 『春秋左

13) 許宏 지음·김용성 옮김, 2014, 『중국 고대 성시의 발생과 전개』, 진인진, 28쪽.
14) 許宏 지음·김용성 옮김, 2014, 위의 책, 165쪽.
15) 『春秋左傳正義』 卷15, "古者 天子守在四夷 天子卑 守在諸侯 諸侯守在四隣 諸侯卑 守在四竟 愼其四竟 結其四援 民狎其野 三務成功 民無內憂 而又無外懼 國焉用城"(1999, 『春秋左傳正義 下 - 十三經注疏(標點本)』, 北京大學出版社, 1437쪽).

氏傳』의 기록을 통해서도 알 수 있듯이, 초기 城은 외적의 침입을 대비하는 방어시설에 지나지 않았으므로, 외적의 침입이라는 전제조건이 없다면 城이 반드시 필요하지 않았다.

그러나 전국시대를 거치면서 전쟁이 일상화되었고, 특히 전쟁의 양상이 대체로 공성전의 형태를 띠게 되면서 城의 역할과 기능이 제고될 수밖에 없었다. 이제 도읍들은 城을 갖추지 않을 수 없었다. 세분화된 방어시설의 역할과 기능에 따라 郭이 등장할 수 있었고, 君을 위요하는 城과 民을 지키는 郭으로서의 '城郭' 개념이 탄생했다.[16] 이로써 전국시대 이래로 중국의 도성들은 모두 그 경관에 城郭을 갖추게 되었다. 단, 중국의 바깥에서는 도읍의 경관이 중국과는 조금 달랐다.

A1. [匈奴는] 물과 풀을 따라 옮겨 다니며, 城郭과 일상 거처 [그리고] 농경의 業이 없다.[17]

A2. [烏孫은] 行國으로 가축을 따라 다니며, 匈奴와 풍속이 같다.[18]

A3. [大月氏는] 行國으로 가축을 따라 옮겨 다니며 匈奴와 풍속이 같다.[19]

A4. [康居는] 行國으로 月氏와 대체로 풍속이 같다.[20]

A5. [奄蔡는] 行國으로 康居와 대체로 풍속이 같다.[21]

---

16) 『初學記』 卷24, 城郭2, "吳越春秋曰 鮌築城以衛君 造郭以守民 此城郭之始也"(2004, 『初學記 下冊』, 中華書局, 565쪽).

17) 『史記』 卷110, 匈奴列傳, "匈奴 … 逐水草遷徙 毋城郭常處耕田之業"(1959, 『史記 第九冊』, 中華書局, 2879쪽).

18) 『史記』 卷123, 大宛列傳, "烏孫 … 行國 隨畜 與匈奴同俗"(1959, 『史記 第十冊』, 中華書局, 3161쪽).

19) 『史記』 卷123, 大宛列傳, "大月氏 … 行國也 隨畜移徙 與匈奴同俗"(1959, 『史記 第十冊』, 中華書局, 3161쪽).

20) 『史記』 卷123, 大宛列傳, "康居 … 行國 與月氏大同俗"(1959, 『史記 第十冊』, 中華書局, 3161쪽).

21) 『史記』 卷123, 大宛列傳, "奄蔡 … 行國 與康居大同俗"(1959, 『史記 第十冊』, 中華書局, 3161쪽).

A6. [大宛은] 그 풍속이 土著이고 농사를 짓는다. … 城郭과 屋室이 있다.[22]

A7. [安息은] 그 풍속이 土著이고 농사를 짓는다. … 성읍은 大宛과 같다.[23]

A8. [大夏는] 그 풍속이 土著이고 城屋이 있다. 大宛과 풍속이 같다.[24]

A9. 西域 諸國은 대체로 土著이고 城郭과 밭, 가축을 갖고 있다. 匈奴 및 烏孫과는 다른 풍속이다.[25]

A1~A5는 司馬遷의 『史記』에서 외국이나 주변의 다른 종족들에 관한 정보를 담은 열전 중 일부이다. A1은 흉노에 관한 기록인데, 그 풍속을 농경사회가 아닌 유목사회로 파악하면서 城郭이 없다는 점을 특기했다. A2와 A3은 각각 오손과 대월지에 관한 내용인데, 양자 공히 흉노와 같은 유목사회[行國]임을 밝히고 있다. A4와 A5의 강거와 엄채도 역시 각각 월지와 강거의 풍속과 같다고 했으므로, 결과적으로 모두 흉노와 같은 풍속으로 파악했던 셈이다. 이때 A2~A5의 '흉노와 풍속이 같다'는 표현에는 城郭이 없다는 특징까지 포함되어 있다는 점에 주목할 필요가 있다. 즉 전한 지식인의 시선에서 흉노를 포함한 유목사회의 특징은 城郭이 없는 것이었다. 胡三省도 지적했듯이, 行國은 城郭과 상시거처 없이, 牧畜과 水草를 따라 정치적 중심지를 옮기며 살아가는 유목사회의 국가형태를 의미했다.[26] 반면, A6은 대완의 풍속기사 중 일부인데, 농경사회[土著]임과 동시에

22) 『史記』 卷123, 大宛列傳, "大宛 … 其俗土著 耕田 … 有城郭屋室"(1959, 『史記 第十冊』, 中華書局, 3160쪽).

23) 『史記』 卷123, 大宛列傳, "安息 … 其俗土著 耕田 … 城邑與大宛"(1959, 『史記 第十冊』, 中華書局, 3162쪽).

24) 『史記』 卷123, 大宛列傳, "大夏 … 其俗土著 有城屋 與大宛同俗"(1959, 『史記 第十冊』, 中華書局, 3164쪽).

25) 『漢書』 卷96上, 西域, "西域諸國大率土著 有城郭田畜 與匈奴烏孫異俗"(1962, 『漢書 第十二冊』, 中華書局, 3872쪽).

26) 『資治通鑑』 卷19, 漢紀11, 武帝元狩元年, "烏孫康居奄蔡大月氏 皆行國 隨畜牧 … [隨畜牧逐水草而居 無城郭常處 故曰行國]"(1956, 『資治通鑑 第二冊』, 中華書局, 628쪽).

城郭이 있다는 점을 특기하고 있다. A7을 통해 안식 또한 농경사회이면서 대완과 같이 城郭을 갖추었음을 알 수 있다. A8의 대하는 농경사회임과 동시에 城屋을 갖추었다고 하는데, 이때 城屋은 A6에 등장하는 '城郭과 屋室'을 줄인 것이므로, 대하 역시 그 경관에 城郭을 갖고 있음을 알 수 있다.

주의할 것은 여기서 말하는 城郭이 단지 방어시설만을 의미하지 않는다는 점이다. A1에서는 흉노에 城郭이 없다고 전하지만, 실제 흉노에는 城이 없지 않았다. 『史記』와 『漢書』의 흉노 관련 기록에서 趙信城,[27] 頹當城,[28] 范夫人城,[29] 龍城[30] 등의 城들이 등장할 뿐만 아니라, 이미 20여 개에 달하는 흉노의 城 유적들이 발굴되었기 때문이다.[31] 이처럼 흉노에 城이 있음에도 불구하고 A1에서 城郭이 없다고 한 이유는 무엇일까.

제기될 수 있는 가능성 중, A의 城郭이 방어시설로서의 城 전부를 가리키지 않았을 가능성을 꼽고 싶다. 이때 주목되는 것이 바로 전한 지식인들이 흉노의 도읍을 오히려 '庭'으로 인식했다는 점이다.[32] 그 이유가 흉노의 도읍이 單于가 사는 穹廬를 중심으로 城郭 없이 초원에 펼쳐져 있었기 때문이라면,[33] A에 나오는 城郭은 방어시설로서 모든 城을 가리키는 것이

27) 『史記』 卷111, 衛將軍驃騎列傳, "元狩四年春 … 遂至窴顔山趙信城 得匈奴積粟食軍"(1959, 『史記 第九冊』, 中華書局, 2934~2935쪽).

28) 『漢書』 卷33, 魏豹田儋韓王信傳, "信之入匈奴 與太子俱 及至頹當城 生子 因名曰頹當 韓太子亦生子嬰 至孝文時 頹當及嬰率其衆降 漢封頹當爲弓高侯 嬰爲襄城侯"(1962, 『漢書 第七冊』, 中華書局, 1856쪽).

29) 『漢書』 卷94上, 匈奴傳, "貳師將軍將出塞 … 漢軍乘勝追北 至范夫人城 匈奴奔走 莫敢距敵"(1962, 『漢書 第十一冊』, 中華書局, 3779쪽).

30) 『漢書』 卷52, 竇田灌韓傳, "而將軍衛靑等擊匈奴 破龍城"(1962, 『漢書 第八冊』, 中華書局, 2406쪽).

31) 니콜라이 N. 크라딘, 2011, 「이볼가(Ivolga) 성지 유적의 예를 통해 본 흉노 제국 내 정착민」 『한국상고사학보』 71, 34쪽.

32) 『史記』 卷110, 匈奴列傳, "而單于之庭直代雲中"(1959, 『史記 第九冊』, 中華書局, 2891쪽).

33) 『史記』 卷110, 匈奴列傳, "索隱案 謂匈奴所都處爲庭 … 樂産云單于無城郭 不知何以國之 穹廬前地若庭 故云庭"(1959, 『史記 第九冊』, 中華書局, 2892쪽).

아니라 宮庭을 둘러싼 평지성만을 의미할 수 있다. 單于가 사는 중심지에 城이 보이지 않았으므로, 중원 사람들은 城郭이 없다고 묘사할 수 있었다. 이에 따라, 『史記』와 『漢書』에 등장한 趙信城 등은 지배자의 거처가 아니라, 곡식창고 혹은 포로수용시설로 추정될 수 있었다.[34] 만약 그렇다면 A의 城郭은 왕이 사는 중심지를 둘러싼 평지성만을 가리킬 수 있다. 비록 흉노는 城을 갖고 있었지만, 왕이 사는 중심지를 둘러싼 城郭을 갖지 않음으로써 『史記』에서 城郭이 없다고 묘사되었고, 城郭이 없다는 것은 농경사회로서 정착생활을 하지 않는다는 의미를 담고 있었다. 즉, 전한 지식인들은 도읍의 경관에 城郭이 있고 없음에 따라서 농경사회와 유목사회의 구분을 시도했던 것이다. 왕이 생산한 도읍의 경관은 이처럼 사회 성격까지 내포한 것이었다.

위와 같이 司馬遷은 『史記』를 통해 유목사회와 농경사회를 각각 行國과 土著으로 구분하면서,[35] 城郭의 유무를 구분의 중요한 기준으로서 활용했다. 『史記』를 전재한 『漢書』 중 일부인 A9를 통해서도 알 수 있듯이, 漢代에 이르러 城郭이라는 개념은 단지 君을 위요하는 城과 民을 지키는 郭의 이중방어시설만을 가리키지 않았다. 城郭의 유무는 오히려 중국인들이 농경사회와 유목사회의 경관을 구분하는 중요한 기준이었다. 바꾸어 말하면 농경사회가 아닌 곳에서는 도읍에 城郭이 없을 수도 있었다.

B1. [馬韓은] 그 民들이 土著으로 곡식을 심고 누에와 뽕을 가꿀 줄 안다. … 城郭이 없다. … 그 나라에 할 일이 있거나 官家가 城郭을 축조할 때 나이 어린 勇健者를 [동원했다.][36]

---

34) 朴漢濟, 2008, 「遊牧國家와 城郭」 『歷史學報』 200, 423쪽.

35) 『史記』 卷123, 大宛列傳, "行國 [集解 徐廣曰 不土著]"(1959, 『史記 第十冊』, 中華書局, 3161쪽) ; 『資治通鑑』 卷19, 漢紀11, 武帝元狩元年, "烏孫康居奄蔡大月氏 皆行國 隨畜牧 … [隨畜牧逐水草而居 無城郭常處 故曰行國]"(1956, 『資治通鑑 第二冊』, 中華書局, 628쪽).

B2. [辰韓은] 城柵이 있다.[37]

B3. [弁辰] 또한 城郭이 있다.[38]

한편, 3세기 중반에 편찬된 『三國志』의 일부인 B의 기록을 통해서 농경사회일지라도 城郭이 없을 수 있고, 都가 아닐지라도 城郭이 있을 수 있음을 알 수 있다. B1은 『三國志』에 전하는 마한에 관한 내용 중 일부이다. 이에 따르면, 마한은 농경사회였음에도 불구하고 城郭이 없었다고 한다. 후속기록에서 官家가 城郭을 축조하는 장면이 묘사됨으로써 城郭의 존재가 확인되기도 하지만, 건설현장에서의 지게를 묘사하고 있는 기록의 성격상 도읍에 있던 성곽이 아니었을 가능성과 앞선 기록과 전거자료간의 시차가 있을 가능성이 각각 제기될 수 있다. 다만, 두 가능성 모두 마한의 중심지에 城郭이 없었다는 B1의 내용을 부정할 수는 없다. 마한은 농경사회임에도 불구하고 그 중심지에 城郭이 없었다고 묘사되었다.

반면, B2와 B3의 경우에는 진한과 변진에 관한 기록인데, 이에 따르면 양자 공히 城郭을 갖고 있었다. B2에는 城柵으로 되어 있지만, B3의 '또한[亦]'이란 표현을 통해 B2의 城柵과 B3의 城郭이 같은 의미임을 짐작할 수 있다. 후술하겠지만, 『三國志』의 묘사에 따르면 비록 진한과 변진은 城郭을 갖더라도 종묘와 궁실을 갖추지 못함으로써 '都'일 수 없었고, '邑'에 지나지 않았다.[39] '邑'의 경관에 城郭을 갖추고 있었던 셈이다. 즉 城郭은 '都'가

36) 『三國志』 卷30, 烏丸鮮卑東夷, "馬韓 … 其民土著 種植 知蠶桑 … 無城郭 … 其國中有所爲及官家使築城郭 諸年少勇健者"(1959, 『三國志 第三冊』, 中華書局, 849~852쪽).

37) 『三國志』 卷30, 烏丸鮮卑東夷, "辰韓 … 有城柵"(1959, 『三國志 第三冊』, 中華書局, 852쪽).

38) 『三國志』 卷30, 烏丸鮮卑東夷, "弁辰 … 亦有城郭"(1959, 『三國志 第三冊』, 中華書局, 853쪽).

39) 중국 지식인들의 기준에서 '都'의 조건은 종묘의 존재였으므로(권순홍, 2017, 「도성 관련 용어 검토 -'都'·'郭'·'京'을 중심으로-」 『史林』 62, 37~43쪽), 『삼국지』는 동이 가운데 고구려와 부여의 중심지만을 '都'로 분류했고, 종묘를 갖추지

아니더라도 조영되었고, 바꾸어 말하면 왕이 아닌 渠帥도 가질 수 있는 경관이었다.

결국 漢代 이래 중국에서는 도읍에 城郭이 조영됨으로써, 都'城'으로 불릴 정도로 경관상의 중요한 특징으로 자리 잡았지만, 중국 바깥에서는 그렇지 않았음을 확인했다. 정착생활을 하지 않는 유목사회에서는 비록 도읍일지라도 城郭이 조영되지 않음으로써 중원인들의 시선에서 하나의 특징으로 포착되었고, 정착생활을 하는 농경사회 중에서는 비록 都가 아닐지라도 城郭을 갖출 수 있었다. 이를 바꾸어 말하면, 城郭의 유무를 통해서 도성이 도성일 수 있는 이유를 설명하지는 못한다는 것이다.

이를 잘 반영하는 사례가 바로 고구려의 경우이다. 『삼국사기』에 따르면, 고구려는 이미 동명성왕 4년(기원전 34년)에 城郭을 갖추었다고 하지만,[40) 이때의 城郭이 앞서 살펴본 대로 중원인들의 시선에 따라 도읍을 둘러싼 평지성이었는지는 알기 어렵다. 다만, 고구려 최초의 도성으로 비정되는 중국 요령성 환인의 오녀산성은 城으로 볼 수 있지만, 산성이었으므로 위에서 말한 왕의 평상시 거처로서의 城郭일 수는 없었다. 따라서 고구려 도성에 관한 연구에서는 오래도록 오녀산성과 짝을 이루는 평지성을 찾기 위해 노력해 왔다. 이에 따라 환인 지역 내의 평지성 유적으로서 하고성자성과 나합성이 일찍부터 주목받았다. 그러나 양자는 오녀산성과 짝을 이루는 평지성으로 보기에는 공히 약점을 안고 있다. 전자의 경우는 방위상의 난점이다. 〈광개토왕비문〉의 "홀본 서쪽 산위에 도읍을 세웠다"[41)]는 묘사

못한 다른 중심지들은 '邑'으로 묘사했다. 비록 이 기준이 중국인의 잣대이고, 따라서 실상을 반영하지 못할지라도, 도성 경관의 형성 과정을 파악하기 위한 도식화에는 참고할 필요가 있다. 『삼국지』의 논리 안에서는 都와 邑의 질적 구분이 분명해 보인다.

40) 『三國史記』 卷13, 高句麗本紀1, "[東明聖王] 四年 … 秋七月 營作城郭宮室."

41) "於沸流谷忽本西城山上而建都焉"(韓國古代社會硏究所 編, 1992, 『譯註 韓國古代金石文 제1권』, 가락국사적개발연구원, 8쪽).

에서 알 수 있듯이 오녀산성의 동쪽에 홀본, 즉 평지성이 있을 만한 중심지가 위치해야 하지만, 하고성자성은 오녀산성의 서남쪽에 위치한다. 후자의 경우는 거리상의 약점이다. 나합성은 오녀산성과 직선거리로만 약 17㎞에 이른다. 실제 교통로를 통하면 약 35㎞ 떨어져 있으므로, 같은 권역으로 묶기에는 무리가 있다. 게다가 나합성에서는 고구려 시기의 유적, 유물이 출토되지 않고 있다는 약점 또한 안고 있다.[42] 양자가 이와 같은 무시하기 어려운 약점을 안고 있음에도 거듭 언급되었던 것은 평지에 분명, 오녀산성과 짝을 이루는 城郭이 있었을 것이라는 강박의 소산이다. 그리고 이 강박이야 말로 司馬遷 이래 중원 지식인들의 시선을 공유하고 있음을 쉽게 짐작할 수 있다. 즉, 城郭을 갖지 않는 것을 '行國'으로 분류하고 저급한 미개문명으로 간주하는 시선이다.[43] 다시 여기에는 한국사를 저급한 사회로 이해하려고 하는 식민주의 역사학의 시선까지 교차하고 있는지도 모른다.[44]

앞서 지적한 대로, 중국 바깥의 사회에서는 도읍일지라도 城郭, 즉 평지성을 갖지 않는 경우가 있었다. 또 城郭의 유무가 반드시 중심지의 복합도 내지 왕권의 집중도를 담보하지 않는다. 그러므로 고구려 초기 도성 역시 오녀산성과 짝을 이루는 평지성을 찾는 일에 집착할 필요는 없다. 평지성이 아닌 평지 거점이라는 개념과 함께 고려묘자촌이 주목되는 이유이다.[45] 결국 고구려의 최초 도성에는 평지성이 없었다고 보아도 좋다. 城郭은

---

42) 梁志龍, 2008, 「關于高句麗建國初期王都的探討 - 以卒本和紇升骨城爲中心 - 」, 동북아역사재단 편, 『졸본시기의 고구려역사 연구(2008년 한·중 고구려역사 연구 학술회의)』, 동북아역사재단, 55쪽.

43) 那波利貞, 1925, 「支那都邑の城郭と其の起原」『史林』 10-2, 12~13쪽.

44) 권순홍, 2016, 「고구려 '도성제'론의 궤적과 함의」『역사와 현실』 102, 199~205쪽.

45) 여호규, 2014, 「고구려 도성의 구조와 경관의 변화」, 대한문화재연구원 엮음, 『삼국시대고고학개론 Ⅰ』, 진인진, 69쪽 ; 양시은, 2014, 「고구려 도성 연구의 현황과 과제」『고구려발해연구』 50, 47쪽. 한편, 오녀산성과 짝을 이루는 평지성 찾기에 대해서 문제를 제기함과 동시에 정치적 권위를 갖는 평지 거점의 존재 자체를 부정하면서, 유일한 왕성으로서의 산성을 강조하기도 한다(기경량, 2017, 「고구려 초기 왕도 졸본의 위치와 성격」『인문학연구』 34).

고구려 도성의 필수 조건이 아니었기 때문이다. 다만 이처럼 城郭이 없음에도 불구하고 '都城'으로 부를 수밖에 없는 이유는 '도성'을 동아시아 역사상의 '王'과 마찬가지로, 이른바 전근대 혹은 전통시대 동아시아 각국의 중심지를 가리키는 통시적이고 공시적인 개념으로 이해하기 때문이다. 한·중·일의 역사서술에서 공유하는 역사용어로서 '도성'을 인정한다면, 결국 사회의 변화와 권력의 변천에 따라 도성의 공간과 경관이 변해가는 과정을 추적하며 분별하는 작업이 후속 과제일 따름이다.

2. 왕권의 성립 : 궁실 및 종묘

"宗廟와 先君의 [神]主가 있으면 都라 하고, 없으면 邑이라 한다."[46]는 『春秋左氏傳』의 기록을 통해 알 수 있듯이, 도성의 경관에서 빠질 수 없는 조건은 종묘의 존재였다. 춘추시대 이래로 종묘는 神과 교통할 수 있는 일종의 성역이자, 國의 大事를 집행하기 전에 반드시 거쳐야 하는 권위의 출처이며, 國의 존망과 연결된 國의 요체였다.[47] 다시 말해서, 도성이 도성일 수 있는 이유는 종묘의 존재라고 해도 과언이 아니다.[48] 적어도 당시 중국 지식인들의 눈에는 그랬다. 그리고 그것은 왕이 등장할 수 있는 조건이기도 했다. 그들의 기준에서 종묘를 갖지 못한 곳은 都일 수 없었고, 그곳의 최고지배자라 할지라도 왕일 수 없었다. 이는 『삼국지』에서 묘사된 동옥저와 예, 한 그리고 고구려와 부여의 차이를 통해 확인할 수 있다.

C1. 東沃沮는 … 大君王이 없고, 대대로 邑落에는 각기 長帥가 있다.[49]

---

46) 『春秋左傳正義』 卷10, "有宗廟先君之主曰都 無曰邑"(1999, 『春秋左傳正義 上 - 十三經注疏(標點本)』, 北京大學出版社, 291쪽).

47) 宋眞, 2012, 『中國 古代 境界 出入과 그 性格 變化』, 서울대학교 박사학위논문, 23~25쪽.

48) 권순홍, 2017, 앞의 논문, 37~43쪽.

C2. 濊는 … 大君長이 없다. … 單單大領의 서쪽은 樂浪에 속하게 하고, [單單大]領의 동쪽 7縣은 都尉가 主했는데, 모두 濊가 民이었다. 후에 都尉를 없애고, 그 渠帥를 봉하여 侯로 삼았다. … 正始 6年(245년)에 樂浪太守 劉茂와 帶方太守 弓遵이 領東의 濊가 句麗에 속하자 군사를 일으켜 그들을 쳤고, 不耐侯들이 邑을 들어 항복했다. 그 8년(247년)에 궐에 나아가 조공하니, 조를 내려 不耐濊王으로 고쳐 제수했다. 거처가 民間에 섞여 있었다.50)

C3. [馬]韓은 … 각각 長帥가 있다. 큰 자는 스스로 이름 하길 臣智라 했고, 그 다음은 邑借라 했다. … 國邑에 비록 主帥가 있지만, 邑落에 섞여 산다. … 또 國들은 각각 別邑을 갖는데, 이름 하길 蘇塗라 한다. … [辰韓에는] 또 작은 別邑들이 있는데, 각각 거수가 있다. 큰 자는 臣智라 이름 하고, 그 다음으로 險側이 있고, 다음으로 樊濊가 있으며, 다음으로 殺奚가 있고, 다음으로 邑借가 있다.51)

C4. 高句麗는 … 丸都 아래에 都했다. … 궁실을 잘 꾸몄다. … 그 國에는 王이 있다. … 涓奴部는 본래 國主였다. 지금은 비록 王이 되지는 못하지만, 適通代人은 古鄒加를 칭할 수 있고, 또한 宗廟를 세우고 靈星·社稷에 제사할 수 있다.52)

C5. 夫餘는 … 宮室, 倉庫, 牢獄이 있다. … 國에는 君王이 있다.53)

---

49) 『三國志』 卷30, 烏丸鮮卑東夷, "東沃沮 … 無大君王 世世邑落 各有長帥"(1959, 『三國志 第三冊』, 中華書局, 846쪽).

50) 『三國志』 卷30, 烏丸鮮卑東夷, "濊 … 無大君長 … 自單單大領以西 屬樂浪 自領以東七縣 都尉主之 皆以濊爲民 後省都尉 封其渠帥爲侯 … 正始六年 樂浪太守劉茂帶方太守弓遵 以領東濊屬句麗 興師伐之 不耐侯等擧邑降 其八年 詣闕朝貢 詔更拜不耐濊王 居處雜在民間"(1959, 『三國志 第三冊』, 中華書局, 848~849쪽).

51) 『三國志』 卷30, 烏丸鮮卑東夷, "韓 … 各有長帥 大者自名爲臣智 其次爲邑借 … 國邑雖有主帥 邑落雜居 … 又諸國各有別邑 名之爲蘇塗 … 又有諸小別邑 各有渠帥 大者名臣智 其次有險側 次有樊濊 次有殺奚 次有邑借"(1959, 『三國志 第三冊』, 中華書局, 849~853쪽).

52) 『三國志』 卷30, 烏丸鮮卑東夷, "高句麗 … 都於丸都之下 … 好治宮室 … 其國有王 … 涓奴部本國主 今雖不爲王 適通代人 得稱古鄒加 亦得立宗廟 祠靈星社稷"(1959, 『三國志 第三冊』, 中華書局, 843쪽).

C1과 C2에 따르면, 동옥저와 예에는 大君王 혹은 大君長이 없었고, 다만 각 읍락의 長帥 혹은 渠帥들이 있었을 뿐이다. 비록 C2에서 나타나듯이 渠帥들이 漢에 투항함으로써 不耐濊'王'의 칭호를 받지만, 그들이 들고 투항한 것은 國이 아닌 邑이었다. 거수들의 도시에는 종묘가 없었으므로, 邑일 수밖에 없었다. 또 주목할 것은 그들의 거처가 민간에 섞여 있었다는 점이다. 이는 민간으로부터 독립한 배타적 공간으로서의 宮室이 없었다는 의미일 수 있다.[54] 비록 漢에 의해 '王'의 칭호를 받았지만, 그들은 종묘가 없는 邑에서 배타적 공간으로서 궁실을 확보하지 못한 채 민간에 섞여 살고 있었으므로 왕일 수 없었다.

C3에 등장하는 韓의 경우, 동옥저 및 예와는 조금 달랐다. 韓 역시 왕은 없었지만, 臣智-邑借 혹은 臣智-險側-樊濊-殺奚-邑借와 같이 渠帥들의 등급이 구분되고 있었다. 기왕의 渠帥보다 큰 권력을 가진 상위 거수의 등장이었다. 한편, 지배 권력의 등급화뿐만 아니라 읍락에도 등급화가 진행되었다. C3에 등장한 國邑의 존재는 國邑-邑이라는 邑 간의 등급화를 전제한다. 다만, 비록 일반 거수보다 상위등급의 거수가 등장했지만, 지배자는 여전히 宮室 없이 읍락에 섞여 살고 있었고,[55] 일반 邑보다 상위의

53) 『三國志』 卷30, 烏丸鮮卑東夷, "夫餘 … 有宮室倉庫牢獄 … 國有君王"(1959, 『三國志 第三冊』, 中華書局, 841쪽).

54) 여호규, 2015, 앞의 논문, 299쪽.

55) C3의 '邑落雜居'에 대해서는 두 가지 해석이 가능하다. 첫째, 『三國志』의 해당 내용을 范曄이 『後漢書』에서 "읍락들이 섞여 있고, 또한 성곽이 없다(邑落雜居 亦無城郭)"(『後漢書』 卷85, 東夷列傳75 ; 1965, 『後漢書 第十冊』, 中華書局, 2819쪽)로 정리한 이래로, 읍락을 주어로 보고, '읍락이 섞여 있다'로 해석하는 방법이다. 단, '읍락이 섞여 있다'는 의미가 구체적으로 무엇인지 알기 어렵다. 둘째, 앞의 '國邑雖有主帥'를 고려하면, C2에 나오는 濊의 불내예왕과 마찬가지로, 漢의 主帥들 역시 '읍락에 섞여 살았다'고 해석하는 방법이다. C2의 '居處雜在民間'과는 표현과 어순에 차이가 있고, 주어 자리의 '읍락'을 부사어로 볼 수 있을지 의문이지만, 앞의 '비록'이란 표현을 유의할 필요가 있다. 비록 주수가 있더라도 '제어할 수 없는 상태(不能善相制御)'였던 이유는 '읍락들이 섞여 있어서'라기보다는 주수가 '읍락에 섞여 있었'기 때문으로 이해하는 것이 조금 더 설득력이 있기 때문이다.

邑으로서 國邑이 등장했지만, 종묘가 아직 보이지 않았으므로 都일 수는 없었다.[56]

반면, C4와 C5에 묘사된 고구려와 부여의 경우는 달랐다. 고구려와 부여의 중심지가 앞서 살펴본 동옥저, 예, 한의 중심지와 경관 상 차이를 보이는 것은 두 가지이다. 첫째, 宮室의 유무이다. 고구려와 부여의 왕은 민간에 섞여 살지 않았다. 宮은 특별히 왕이 사는 집을 가리키는데,[57] 궁실의 존재를 통해 왕이 자신만의 거주공간을 배타적으로 확보했음을 알 수 있다. 읍락에 섞여 살던 동옥저, 예, 한의 거수들과는 확실히 다른 거주형태였고, 궁실이라는 새로운 공간의 탄생이었다. 둘째, 宗廟의 유무이다. 앞서 지적한 대로 종묘의 존재는 都의 조건이었는데, C4에서 알 수 있듯이 고구려는 종묘를 가짐으로써 그 중심지가 都일 수 있었다. 부여의 경우 비록 종묘가 있었다는 기록은 없지만, 『三國志』에 인용된 『魏略』의 일문에서 부여의 중심지를 都로 표현하고 있으므로,[58] 부여의 중심지에도 종묘가 있었으리라 추측할 수 있다.[59] 따라서 부여에는 왕이 있었다.

종묘의 존재가 지닌 의미는 크게 두 가지로 볼 수 있다. 첫째, 공동

즉 배타적 공간으로서 宮室의 부재임과 동시에, 배타적 권력의 부재이기도 했다.

56) 한편, 『三國志』에서 倭를 설명할 때와 『後漢書』에서 馬韓을 설명할 때, 각각 "倭人 … 依山島爲國邑 … 皆統屬女王國 … 南至邪馬壹國 女王之所都"(『三國志』 卷30, 烏丸鮮卑東夷30 ; 1959, 『三國志 第三冊』, 中華書局, 845쪽), "韓有三種 … 馬韓最大 共立其種爲辰王 都目支國 盡王三韓之地"(『後漢書』 卷85, 東夷列傳75 ; 1965, 『後漢書 第十冊』, 中華書局, 2818쪽)라는 내용이 나온다. 궁실과 종묘의 설치 여부를 확인할 수 없는 馬韓과 倭의 중심지들을 都로 표현한 것이었다. 다만, 양자는 韓 혹은 倭의 여러 소국들의 중심지를 國邑으로 파악하면서, 이와 같은 여러 國邑들을 통제하는 상위의 중심지로서 辰王의 目支國과 女王의 邪馬壹國을 다른 國邑들과 구분하기 위해서라도 都로 평가할 수밖에 없었다. 여기서 다시 한 번 주목되는 것은 國邑과 都의 위상 차이이다.

57) 『爾雅注疏』 卷5, "宮謂之室 室謂之宮 … [古者貴賤所居皆得稱宮 … 至秦漢以來 乃定爲至尊所居之稱]"(1999, 『爾雅注疏 - 十三經注疏(標點本)』, 北京大學出版社, 124쪽).

58) 『三國志』 卷30, 烏丸鮮卑東夷30, "東明因都王夫餘之地"(1959, 『三國志 第三冊』, 中華書局, 843쪽).

59) 여호규, 2015, 앞의 논문, 300쪽.

조상에 대한 의례를 통해 구성원들을 통합시킴과 동시에 제사 주도권을 확보함으로써 집단 내부에서의 우위를 재확인한다.[60] 둘째, 권력의 시초와의 혈연적 연관성을 부각시킴으로써 현재 권력의 정통성과 정당성을 드러낸다.[61] 즉, 종묘의 존재는 제사권을 매개로 권력을 배타적으로 독점한 왕의 권력 형태를 상징하는 지표일 수 있다. 따라서 고구려 도성의 경관에 종묘가 등장하게 된 것은 중요한 정치적 의미를 가질 수밖에 없다. 비록 3세기 경 고구려는 종묘뿐만 아니라 여전히 시조묘 제사도 함께 운영했으므로, 이른바 '2묘 체제'로 설명되기도 하고,[62] 또 C4에서 알 수 있듯이, 전왕족인 연노부도 종묘를 가짐으로써 현왕족인 계루부는 계루부만의 배타성을 확보하지 못했다. 하지만 종묘의 의미를 숙지하고 있던 조위의 지식인에 의해 고구려에서도 종묘의 존재가 확인되었다는 점에 주목할 필요가 있다. 종묘의 존재를 통해 고구려와 부여는 都로 표현될 수 있었기 때문이다.

결국 궁실과 종묘의 유무, 이 두 가지 경관상의 차이는 거수와 왕 간의 질적인 위상 차이를 보여준 셈이다. 『삼국지』를 통해 알 수 있듯이, 왕의 등장과 함께 조성된 도성이라는 공간은 궁실과 종묘라는 왕의 권력을 뒷받침하는 배타적 공간을 확보하고 있었다. 즉, 양자의 존재가 도성이 도성일 수 있는 경관 상 특징이자, 조위 지식인의 시선으로 구분된 '都'와 '邑'의 차이였던 셈이다. 이로써 동옥저와 예, 한의 渠帥들은 邑에 살았던 반면, 고구려와 부여의 王들은 都에 살았던 것으로 묘사될 수 있었다. 비록 『삼국지』의 위와 같은 묘사가 3세기 당시의 실상을 반영하지 못할지라도, 종묘와 궁실의 유무에 따른 都와 邑의 구분이라는 『삼국지』의 논리는

60) 金子修一, 2006, 『中國古代皇帝祭祀の硏究』, 岩波書店, 157쪽.

61) 郭善兵, 2007, 『中國古代帝王宗廟禮制硏究』, 人民出版社.

62) 조우연, 2010, 「고구려의 왕실조상제사 - 4~5세기 '始祖 朱蒙'의 위상과 의미 변화를 중심으로 -」 『한국고대사연구』 60, 53쪽.

완결성을 갖추었다고 볼 수 있다.

그렇다면, 고구려는 언제부터 도성의 경관을 갖추고 있었을까. 『삼국사기』에 따르면, 고구려는 이미 건국 초기부터 궁실을 조영하고 있었다.[63] 고구려의 초기 도성으로 비정되는 중국 요령성 환인의 오녀산성의 경우, 비록 평상시의 거주처는 아닐지라도 다른 공간과는 구분된 왕의 배타적 공간이었다는 점에서 궁실의 의미를 지니고 있다고 볼 수 있다. 다만, 오녀산성의 경관에 주목할 필요가 있다. 오녀산성은 지형학적으로 butte지형을 이룸으로써,[64] 경관상의 신성성이 돋보이기 때문이다. 오녀산성이 단지 궁실의 역할만 하지 않았으리라고 추정하는 단서이다.

"황룡이 골령에 나타났다. … 경사스런 구름이 골령 남쪽에 나타났는데, 그 색이 푸르고 붉었다."[65]는 『삼국사기』의 기록이나 "검은 구름이 골령에 일어 사람들이 그 산을 보지 못하는데, 오직 수천 사람의 소리가 토공처럼 들렸다. 왕이 말하길 '하늘이 나를 위해 성을 쌓는다'고 했다. 7일이 지나 운무가 스스로 걷히자 성곽·궁대가 스스로 이루어졌다. 왕이 황천에게 절하고 나아가 거했다."[66]는 「동명왕편」의 기록을 통해 골령, 즉 오녀산성은 하늘과 주몽 사이의 소통과 감응의 매개공간이었다는 사실을 알 수 있다. 이로써 고구려 초기도성으로서 오녀산성은 天을 숭상하는 샤머니즘적 세계관 속에서 세계산·우주산으로서의 역할을 담당했던 것으로 해석될 수 있다.[67] 그 세계의 축에 거주하는 고구려 왕은 정치적 지배자일 뿐만

---

63) 『三國史記』 卷13, 高句麗本紀1, "[東明聖王] 四年 … 秋七月 營作城郭宮室."

64) 고구려연구재단 편, 2005, 『환인·집안 지역 고구려 유적 지질조사 보고서』, 고구려연구재단, 40쪽.

65) 『三國史記』 卷13, 高句麗本紀1, "[東明聖王] 三年 … 黃龍見於鶻嶺 … 慶雲見鶻嶺南 其色靑赤."

66) 『東國李相國全集』 卷3, 古律詩, 東明王篇, "玄雲起鶻嶺 人不見其山 唯聞數千人聲以起土功 王曰 天爲我築城 七日 雲霧自散 城郭宮臺自然成 王拜皇天就居."

67) 권순홍, 2015, 「고구려 초기의 都城과 改都 - 태조왕대 왕실교체를 중심으로 -」 『한국고대사연구』 78, 198쪽.

아니라, 종교적 지도자이기도 했다. 그리고 그가 거주했던 오녀산성 역시 정치적 중심으로서 왕의 배타적 공간임과 동시에 종교적 제의의 공간이기도 했던 셈이다. 본래 '宮'은 '廟'의 의미도 담고 있을 뿐만 아니라,[68] 실제로 商代부터 西周代까지의 宮은 종묘와 궁실의 기능이 복합된 건물이었다.[69] 정치적 중심과 제의적 중심을 동시에 가리킨다는 의미에서 오녀산성은 '宮'일 수 있었다. 단, 도성의 또 다른 경관상의 특징으로서 종묘가 있었는지에 대해서는 알 수 없다.

고구려가 건국 초부터 오녀산성과 같은 '宮'을 조영했다면, 고구려의 도성이 도성으로서의 지위를 확보한 시점은 종묘가 궁실로부터 분리되어 독립적인 공간을 마련한 시점과 밀접할 수 있다. 그리고 그 시점은 정치적 중심과 종교적 중심이 공간적으로 분리된 시점임과 동시에 고구려 왕이 종교적 지도자의 역할을 배제하고 정치적 지배자로서의 위상을 제고한 시점이기도 했다.

D1. 『위략』에서 말하길, … [고구려는] 宮室과 宗廟를 만들고 靈星과 社稷에 제사한다.[70]

D2. [동천왕] 21년(247년) 봄 2월, 왕은 환도성이 亂을 겪어 다시 都로 삼을 수 없으므로 평양성을 쌓고 民과 廟社를 옮겼다.[71]

D1에 나오는 『위략』의 저술은 고구려 '宗廟'가 등장하는 최초의 기록이다.

---

68) 『毛詩正義』 卷1, "干以用之 公侯之宮 宮 廟也"(1999, 『毛詩正義 - 十三經注疏(標點本)』, 北京大學出版社, 66쪽) ; 『毛詩正義』 卷18, "不殄禋祀 自郊徂宮 … 箋云 宮 宗廟也"(1999, 『毛詩正義 - 十三經注疏(標點本)』, 北京大學出版社, 1196쪽).

69) 宋眞, 2012, 앞의 논문, 18쪽.

70) 『太平御覽』 卷783, 四夷部4, 東夷4, 高句驪, "魏略曰 … 爲宮室宗廟 祠靈星社稷"(1960, 『太平御覽』, 中華書局, 3467쪽).

71) 『三國史記』 卷17, 高句麗本紀5, "[東川王] 二十一年 春二月 王以丸都城經亂 不可復都 築平壤城 移民及廟社."

魚豢의 『위략』은 대체로 265년 경 완료된 것으로 파악하는 것이 일반적이므로,[72] 고구려에는 늦어도 3세기 중반 경에 종묘가 존재했음을 알 수 있다. 또한 D1에서 궁실과 종묘가 병렬적으로 등장함으로써, 3세기 중반 경에 이미 고구려의 종묘가 궁실로부터 분리되어 독립적인 공간을 확보했음을 추측할 수 있다. 이를 추정할 수 있는 또 다른 증거가 D2이다. D2는 관구검에 의해 파손된 도성에 대한 동천왕의 조치내용이다. 동천왕은 기왕의 도성이었던 환도성이 심하게 훼손되어 쉽게 복구할 수 없다고 판단하고 이듬해인 247년에 새로 평양성을 쌓고 그곳에 民과 廟社를 옮겼다. 이때의 廟社는 종묘와 사직을 뜻하는데,[73] 廟社의 등장은 필연적으로 궁실과 종묘의 공간적 구분을 짐작하게 한다. 그리고 3세기 중반에 이미 고구려의 도성이 배타적이고 독립적인 공간으로서 종묘를 확보하고 있었음을 확인할 수 있다. 이로써 國邑이었던 고구려의 중심지가 都의 위상을 갖춘 시점은 3세기 중반 이전의 언젠가로 볼 수밖에 없다. 결국 도성이라는 공간이 다른 공간과 구분되는 결정적인 조건은 성곽의 유무가 아니라, 궁실과 종묘의 존재였다.

Ⅲ. 대왕의 등장과 도성 경관의 확립

1. 공권력의 출현 : 대창고와 뇌옥

어느 사회나 규범과 규제는 사회 유지를 위해 존재했다. 일반적으로 고대 사회에서 범죄로 간주되는 것은 씨족 존립의 토대로서 중시되는

72) 尹龍九, 1998, 「3세기 이전 中國史書에 나타난 韓國古代史像」 『韓國古代史研究』 14, 137쪽 참고.

73) 강진원, 2015, 「고구려 宗廟制의 전개와 변천」 『高句麗渤海研究』 53, 32쪽.

神에 반하는 행위, 즉 범해서는 안 될 금기에 대한 침해에 관한 것이었다.[74] 공동체에게 해가 되는 행위는 신의 질서에 가해진 汚穢 혹은 신에 대한 모독으로 간주됨에 따라 형벌은 그 汚穢와 모독을 깨끗이 제거하는 이른바 祓除나 修祓의 의미를 지니고 있었다.[75] 형벌의 주된 대상은 『史記』의 法三章과 같이,[76] 대체로 살인을 하거나, 사람에게 상해를 입히거나, 남의 물건을 훔치는 것이었고, 형벌의 내용은 고조선의 '범금8조'와 같이,[77] 살인은 죽음으로, 상해나 절도는 곡식이나 '沒入'을 통한 인간노동력으로 배상해야 한다는 것이었다. 그 외에 『漢書』의 應召注를 통해 알 수 있듯이,[78] 상해나 절도에 대한 노동력 배상은 '沒入'이 아닌 노역형으로 부과되기도 했다.

한편, 구금시설로서 뇌옥의 출현은 형벌 집행의 질적인 변화를 보여준다. 물리적 격리에 따른 인신의 구속은 기왕의 신체형보다 훨씬 효율적으로 권력이 개인을 통제할 수 있기 때문이다.[79] 또한 뇌옥과 같은 구금시설은 건설과 그 유지 및 운영에 인력과 비용이 뒤따르므로, 형벌 집행 권력의 정치적·경제적 지위가 강화·안정되고 형벌의 분화가 이루어져야 할 뿐만 아니라,[80] 그를 뒷받침할 재정이 필요할 수밖에 없다. 씨족사회와 구분되는

---

74) 白川靜, 2003, 『文字講話 Ⅱ』, 平凡社, 165쪽.

75) 李成九, 1991, 「中國古代의 市의 觀念과 機能」『東洋史學硏究』 36, 40쪽.

76) 『史記』 卷8, 高祖本紀8, 元年, "與父老約 法三章耳 殺人者死 傷人及盜抵罪"(1959, 『史記 第二冊』, 中華書局, 362쪽).

77) 『漢書』 卷28下, 地理志8下, "樂浪朝鮮民犯禁八條 相殺以當時償殺 相傷以穀償 相盜者男沒入爲其家奴 女子爲婢 欲自贖者 人五十萬 雖免爲民 俗猶羞之 嫁取無所讎 是以其民終不相盜 無門戶之閉 婦人貞信不淫辟"(1962, 『漢書 第六冊』, 中華書局, 1658쪽).

78) 『漢書』 卷2, 惠帝紀2, "上造以上及內外公孫耳孫有罪當刑及當爲城旦舂者 皆耐爲鬼薪白粲 [應召曰 … 城旦者 旦起行治城 舂者 婦人不豫外徭 但舂作米 皆四歲刑也]"(1962, 『漢書 第一冊』, 中華書局, 85~87쪽).

79) "수형자들의 격리는 다른 어떤 영향에 의해서도 흔들리지 않을 권력이 그들에게 최대한으로 강도 높게 행사될 수 있도록 보장하며, 그래서 고립은 전적인 복종의 첫 번째 조건이다"(미셸 푸코 지음·오생근 옮김, 2016, 『감시와 처벌』, 나남, 360쪽).

국가의 중요한 특징 중 하나가 공권력의 확립이라는 점을 염두에 둘 때,[81] 대창고와 뇌옥의 함의는 더욱 두드러진다. 국가의 중요한 특징으로서 공권력은 군대와 같은 무장한 사람들로만 이루어진 것이 아니라 감옥과 같은 강제 시설로 구성되며, 이러한 공권력을 유지하기 위해서는 조세수취와 함께 반드시 국가 재정이 필요하기 때문이다.

곧 뇌옥의 출현은 신장된 권력의 존재를 알림과 동시에 국가 재정용 창고, 이른바 대창고의 출현을 동반한다. 그리고 뇌옥과 대창고는 각각 사회질서를 위한 규제, 즉 공권력과 그것을 유지하기 위한 국가 재정의 상징인 셈이다.[82] 만약 그렇다면 대창고와 뇌옥은 이른바 국가 권력이 만들어 낸 도성의 경관일 수 있다.

E1. 夫餘는 … 宮室, 倉庫, 牢獄이 있다. … 이때(國中大會)에, 刑獄을 斷하고 囚徒를 풀어준다. … 用刑이 嚴하고 急하다. 사람을 죽인 자는 죽이고, 그 家人들을 沒하여 奴婢로 삼는다. 竊盜는 12배로 배상한다. 남녀가 음란하거나 부인이 투기하면 모두 죽인다. 투기하는 것을 더욱 미워하여 이미 죽인 후 그 시신을 國南 산 위에 썩을 때까지 둔다. 여자 집에서 이 시신을 얻고자 할 때는 牛馬를 바쳐야 내어준다.[83]

---

80) 韓容根, 1991, 「三國時代의 刑律硏究」『韓國史의 理解 - 古代考古編』, 신서원, 145쪽.

81) 프리드리히 엥겔스, 1991, 『가족, 사적 소유 및 국가의 기원』, 박종철출판사, 188쪽. 한편, 춘추시기까지 公室 내지 公國은 군주(왕, 제후)에 직속된 인적·물적 자원을 가리키며, 보통 경대부의 私邑에 대비하여 쓰였던 반면, 전국 말~秦代의 公室은 더 이상 사읍에 대비되는 것이 아니라, 국가 전체 내지 정부의 뜻으로 사용되었다(朴健柱, 2018, 「중국고대 私屬層의 신분제적 속성」『중국고중세사연구』 47, 70쪽).

82) 井上秀雄, 1976, 「朝鮮の初期國家 - 三世紀の夫餘國 - 」『日本文化硏究所硏究報告』 12, 67쪽.

83) 『三國志』 卷30, 烏丸鮮卑東夷, "夫餘 … 有宮室倉庫牢獄 … 於是時斷刑獄 解囚徒 … 用刑嚴急 殺人者死 沒其家人爲奴婢 竊盜一責十二 男女淫 婦人妒 皆殺之 尤憎妒 已殺 尸之國南山上 至腐爛 女家欲得 輸牛馬乃與之"(1959, 『三國志 第三冊』, 中華書局, 841쪽).

E2. 高句麗는 … 大倉庫가 없고, 집집마다 각자 작은 창고를 가졌는데, 그것을 이름 하길 桴京이라고 했다. … 牢獄이 없고, 죄가 있으면 諸加들이 評議하여 바로 죽이고 그 妻子를 沒入하여 노비로 삼는다.[84)]

E3. 倭는 … 租賦를 거두고, 邸閣이 있다.[85)]

E1에서 알 수 있듯이, 부여에는 창고와 뇌옥이 존재했다. 반면, E2에 나타나듯이 고구려의 경우에는 같은 都일지라도 대창고와 뇌옥이 없었다. E1의 창고는 E2의 대창고를 가리킬 텐데, 고구려는 대창고와 뇌옥이 없었음에도 都였으므로, 대창고와 뇌옥이 도성 경관의 필요조건은 아니었다. 이에 따라 종묘와 궁실만 갖춘 1단계 경관에서 창고 및 뇌옥 등을 갖춘 2단계 경관으로의 단계화가 가능했다.[86)] 주목할 것은 E1과 E2에서 나타나듯이 조위 지식인의 시선에서 궁실과 종묘만큼이나 창고와 뇌옥의 존재가 특기할 만큼 중요했다는 점이다. 잉여생산물의 보관처로서 창고는 이미 신석기시기부터 존재했지만, 중원 지식인들이 그 유무를 기록해야 했던 이유는 E1과 E2의 창고가 그러한 일반 창고와는 달랐기 때문이었다.

먼저, 대창고의 기능은 E3을 통해 유추할 수 있다. E3의 邸閣을 흔히 군사용 창고로 추정하기도 하지만,[87)] “활과 화살, 칼과 창을 병기로 삼고, 집집마다 스스로 갑옷과 무기를 가지”[88)]면서, 만약 “적이 있으면 諸加들이

---

84) 『三國志』 卷30, 烏丸鮮卑東夷, “高句麗 … 無大倉庫 家家自有小倉 名之爲桴京 … 無牢獄 有罪諸加評議 便殺之 沒入妻子爲奴婢”(1959, 『三國志 第三冊』, 中華書局, 843~844쪽).

85) 『三國志』 卷30, 烏丸鮮卑東夷, “倭 … 收租賦 有邸閣”(1959, 『三國志 第三冊』, 中華書局, 854~856쪽).

86) 여호규, 2015, 앞의 논문, 306쪽. 단, 이 경우 2단계 경관의 요소로서 牢獄 대신 신라의 政事堂 및 南堂이나 백제의 南堂과 같은 ‘별도의 정무시설’을 제시했지만, 해당 글에서도 이미 지적한 대로 고구려에서는 별도의 정무시설과 관련된 기록을 찾을 수 없으므로, 경관의 필수요소로 설정하기는 어렵다.

87) 日野開三郎, 1946, 「夫餘國考」 『史淵』 34.

88) 『三國志』 卷30, 烏丸鮮卑東夷, “以弓矢刀矛爲兵 家家自有鎧仗”(1959, 『三國志 第三冊』,

스스로 싸운다"[89]는 당시 부여의 상황을 참고할 필요가 있다. 만약 부여에서 병기의 관리와 배급을 국가가 담당하지 않고, 전사 개개인이 스스로 준비해서 나가 싸웠다면, 당시 부여보다 권력의 집중도 낮았던 왜 역시 그러했을 가능성이 높기 때문이다. 따라서 E3의 邸閣은 군사용 창고보다는 조세나 공납에 의한 징집품을 보관했던 창고로 추정될 수 있었다.[90] 더욱이 E3에서 알 수 있듯이 문맥상으로도 邸閣의 용도는 앞의 租賦와 관련이 깊을 수밖에 없다. 거두어들인 租賦를 보관했던 창고 즉, 국가 재정 창고였다. 이를 참고하면, E1의 창고 역시 E3의 邸閣과 같이 국가 재정용 창고였을 개연성이 크다. 기왕의 창고가 신성지에 설치되어 종교적 제의에 수반된 재분배 기능을 수행했다면, E를 통해 확인한 국가 재정용 창고는 세속적 수장의 경제적 기반으로서 그의 권위를 상징하는 대창고였다.[91] 다시 말해서, 대창고의 존재는 공권력을 뒷받침할 국가 재정의 출현을 알림과 동시에, 창고의 재분배 기능을 통제한 결과로서 귀족에 대한 왕의 상대적 권력 신장을 암시한다.

다음, 뇌옥의 의미는 E1과 E2의 비교를 통해 확인할 수 있다. E1에 따르면, 부여에는 강제 구금 시설로서 뇌옥이 존재함과 동시에, 살인죄와 절도죄, 음란죄와 투기죄에 관한 구체적인 형벌 조항도 나타나고 있다. 반면, E2에 따르면 고구려에는 뇌옥이 없을 뿐만 아니라, 상시적인 형벌 조항조차 보이지 않는다. 양자의 차이에 따라 부여가 고구려보다 사회 규제가 한층 강했다고 이해하거나,[92] E2의 귀족평의적 전통이 E1에는 기술되지 않은 점까지 고려하여, 고구려보다 부여의 왕권이 체계적이고

中華書局, 841쪽).

89) 『三國志』 卷30, 烏丸鮮卑東夷, "有敵 諸加自戰"(1959, 『三國志 第三冊』, 中華書局, 841쪽).

90) 井上秀雄, 1976, 앞의 논문, 68쪽.

91) 김창석, 2004, 『삼국과 통일신라의 유통체계 연구』, 일조각, 120~122쪽.

92) 井上秀雄, 1976, 앞의 논문, 70~73쪽.

독점적인 법적 권력을 누렸다고 해석하기도 한다.[93] 물론 고구려와 부여의 권력 집중도를 비교하기 위해서는 『삼국지』의 사료 성립 과정이나 고구려, 부여에 대한 찬자의 서술 태도까지 고려되어야 하지만, 뇌옥이라는 공간의 유무를 기준으로 하는 사법권의 성숙도 평가 및 단계화는 가능할 수 있다. 뇌옥의 존재는 보다 강력한 인신에 대한 구속과 강제력을 상징하기 때문이다.

한편, 뇌옥과 창고가 도성 안에 있었을 것이라는 사실은 어렵지 않게 추정할 수 있다. 다시 말해서, 뇌옥과 창고는 각각 사법권으로 대표되는 공권력과 그것을 뒷받침하는 국가 재정을 상징하는 도성 경관이었다는 점과 E2의 사례를 통해 비록 도성일지라도 뇌옥과 창고가 없을 수 있다는 사실을 추측할 수 있다. 즉, E2의 도성이 궁실과 종묘만 갖춘 1단계 도성 경관이라면, E1의 도성은 그 경관에 궁실과 종묘 뿐 아니라 뇌옥과 창고까지 갖춤으로써, 보다 집중된 왕권과 두드러진 국가 권력을 보여주는 2단계 도성 경관이라고 할 수 있다.

다만, E2가 어느 시점의 고구려 실상을 전하고 있는지에 대해서는 고민할 필요가 있다. 특히 그 가운데 '牢獄이 없다'는 구절의 해석을 놓고 이견이 있어 왔다. E2는 진수가 그 서문에서 밝혔듯이 244~246년에 있었던 조위 유주자사 관구검의 고구려 침략시 수집한 자료를 토대로 작성된 것이므로,[94] 3세기 중반을 하한으로 하고 있는 점은 분명하다. 문제는 그 상한시점

93) 이승호, 2017, 「3세기 부여의 刑罰 운용과 王權」『동국사학』 62, 10~12쪽. 단, 이 경우 E1의 "刑獄을 斷하고 囚徒를 풀어준" 주체를 부여 왕으로 해석함으로써, E2의 "죄가 있으면 諸加들이 評議"하는 고구려와의 차이를 부각시킴과 동시에 양자의 차이를 곧 권력구조 차이의 반영으로 이해했다. 그러나 비록 형벌에 대한 최종결정은 왕의 고유 권한일지라도, 고구려와 마찬가지로 부여도 諸加評議를 거쳤을 가능성과 고구려 역시 諸加評議를 거친 후 왕의 형식상 승인을 받았을 가능성이 높다고 보면서, 『삼국지』를 통해 알 수 있는 부여와 고구려의 권력구조는 대체로 비슷했을 것으로 이해하기도 한다(한영화, 2012, 「『三國志』 東夷傳에 보이는 한국 고대사회의 俗과 法」『史林』 43, 166쪽).

94) 『三國志』 卷30, 烏丸鮮卑東夷, "其後高句麗背叛 又遣偏師致討 窮追極遠 踰烏丸骨都

인데, 우선 『삼국사기』에 따르면 유리왕대부터 사면이 실시되고 있으므로,[95] 뇌옥의 존재를 짐작할 수 있고, 따라서 E2는 고구려의 국가형성 시기 중에서도 매우 이른 시기의 것으로 추측하는 견해가 있다.[96]

반면, E2 기사는 E1과 같은 시점의 내용을 담고 있을 것이므로, 고구려와 부여의 국가 성숙도만을 비교하여 E2의 시점을 소급하는 것은 무리라고 판단하면서 E2를 3세기대의 내용으로 파악하기도 한다.[97] 물론 『삼국지』의 기사들을 자의적으로 해석하여 연대를 소급하는 것은 위험하지만, 『삼국사기』에 따르면 E2와 달리, 창고와 뇌옥의 존재가 이미 3세기 이전에 있었던 것처럼 보이기도 한다.

앞서 언급한 대로 고구려에서는 이미 유리왕대부터 사면이 이루어지고 있었을 뿐만 아니라, 진휼도 실시되었다는 점을 주목할 필요가 있다. 『삼국사기』에 따르면, 유리왕대(기원전 19년~기원후 18년) 이래로 동천왕 즉위(227년) 전까지 총 6회의 사면기사가 등장하고,[98] 민중왕대(44~48년)부터 동천왕 즉위(227년) 전까지 창고를 열어 진휼하는 기사가 총 2회 등장한다.[99] 특히 주목할 것은 이때 진휼의 자금처이다. 만약 이때의

過沃沮 踐肅愼之庭 東臨大海 … 遂周觀諸國 采其法俗 小大區別 各有名號 可得詳紀"(1959, 『三國志 第三冊』, 中華書局, 840쪽).

95) 『三國史記』 卷13, 高句麗本紀1, "[琉璃明王] 二十三年 春二月 立王子解明爲太子 大赦國內."

96) 琴京淑, 2004, 『高句麗 前期 政治史 硏究』, 高麗大學校 民族文化硏究院, 36쪽 ; 한영화, 2012, 「한국 고대사회의 형벌권의 추이」 『韓國史學報』 47, 21쪽.

97) 李廷斌, 2006, 「3세기 高句麗 諸加會議와 國政運營」 『震檀學報』 102, 6쪽.

98) 『三國史記』 卷13, 高句麗本紀1, "[瑠璃明王] 二十三年 春二月 立王子解明爲太子 大赦國內" ; 『三國史記』 卷14, 高句麗本紀2, "[大武神王] 二年 春正月 京都震 大赦" ; 『三國史記』 卷14, 高句麗本紀2, "[閔中王 (卽位年)] 冬十一月 大赦" ; 『三國史記』 卷15, 高句麗本紀3, "[太祖大王] 二十五年 冬十月 扶餘使來 獻三角鹿長尾免 王以爲瑞物 大赦" ; 『三國史記』 卷16, 高句麗本紀4, "[新大王] 二年 春正月 下令曰 寡人生忝王親 本非君德 向屬友于之政 頗乖貽厥之謨 畏害難安 離羣遠遯 洎聞凶訃 但極哀摧 豈謂百姓樂推 群公勸進 謬以眇末 據于崇高 不敢遑寧 如涉淵海 宜推恩而及遠 遂與衆而自新 可大赦國內" ; 『三國史記』 卷16, 高句麗本紀4, "[山上王] 二年 … 夏四月 赦國內二罪已下."

99) 『三國史記』 卷14, 高句麗本紀2, "[閔中王] 二年 … 夏五月 國東大水 民饑 發倉賑給" ; 『三

진휼이 국가 재정이 아닌 왕실 재정에 의한 것이었다면, 위의 진휼기사는 공권력 출현의 지표일 수 없기 때문이다. 아래의 기사는 왕실 창고가 아닌, 국가 재정용 창고가 당시에 이미 존재했음을 암시한다.

F. [고국천왕] 16년(194년) … 겨울 10월에 … 有司에게 명하여, 매년 봄 3월부터 가을 7월까지 官穀을 내어 백성들의 家口 多少에 따라 차등 있게 賑貸하고, 겨울 10월에 돌려받는 것을 恒式으로 삼게 했다.[100)]

F는 고국천왕 16년(194년) 賑貸法 실시와 관련된 기사이다. 여기서 등장하는 官穀이라는 표현은 왕실 재정이 아닌 국가 재정으로서 官穀이 저장되어 있는 창고의 존재를 짐작케 한다. 또 F를 통해서 가구의 多少에 따른 차등을 파악하기 위한 행정력과 10월 상환을 담보하는 사법권까지 유추할 수 있다. 즉, 관부 및 공권력의 존재가 드러난 셈이다. F에서 보여주는 賑貸法의 실시는 창고를 동반한 국가 재정과 뇌옥을 바탕으로 하는 사법권을 전제하지 않고는 성립할 수 없다. 이때의 창고는 E2의 집집마다 가지고 있는 桴京과는 다른, 官穀을 보관할 수 있는 대창고일 수밖에 없다. 비록 E2에서는 3세기 중반까지도 고구려에 뇌옥과 국가 재정용 창고가 없었다고 묘사되었지만, 『삼국사기』에 나오는 유리왕대 이래의 사면기사와 진휼기사 그리고 F를 통해 늦어도 2세기 말에는 뇌옥과 국가 재정용 창고를 갖추었다고 유추할 수 있다.

G. 東沃沮는 … 나라가 작아 대국 사이에서 핍박받다가, 마침내 [高]句麗에게 臣屬했다. [高]句麗는 … 또 大加로 하여금 그 租稅와 貊布, 魚, 鹽, 海中食物을

國史記』 卷16, 高句麗本紀4, "[故國川王] 十六年 秋七月 隕霜殺穀 民饑 開倉賑給."

100) 『三國史記』 卷16, 高句麗本紀4, "[故國川王] 十六年 … 冬十月 … 命有司 每年自春三月至秋七月 出官穀 以百姓家口多少 賑貸有差 至冬十月還納 以爲恒式."

統責하게 하니, 천리를 짊어지고 바쳤다. 또 [동옥저가] 美女를 보내면 婢妾으로 삼고, 奴僕과 같이 대우했다.[101)]

한편 G는 동옥저가 고구려에 臣屬한 뒤, 동옥저에 대한 고구려의 지배방식을 설명하는 내용이다. 그중에서 눈에 띄는 것은 동옥저로부터 고구려 도성까지 천리를 짊어지고 왔을 租稅와 貊布, 소금과 해초류이다. 이를 통해서 大加가 동옥저로부터 거둬들인 조세 등을 보관했을 도성 내 창고의 존재를 어렵지 않게 짐작할 수 있다. 이와 같은 수취와 분배가 도성 내 대창고 없이 이루어진다는 것은 쉽게 상상하기 어렵다.[102)] 뿐만 아니라, 대창고를 지키기 위한 경비체계 및 大家들에게 분배하기 위한 행정력까지도 추측할 수 있다. 곧, 관부와 공권력의 존재이다. G를 통해서도 고구려에 이미 3세기 혹은 그 이전부터 대창고로 상징되는 국가 재정과 그 용처로서 관부 및 공권력이 존재했음을 알 수 있다.

비록 E2에 따르면, 고구려는 3세기 중반까지도 대창고와 뇌옥이 없었던 셈이지만, 『삼국사기』에 따르면, 늦어도 2세기 말에는 국가 재정 및 공권력의 확립과 함께 창고와 뇌옥을 갖추었다고 볼 수 있고,[103)] E2와 마찬가지로 『삼국지』에 기록된 G를 통해서도 이미 3세기 이전에 존재했던 고구려의 국가 재정용 창고와 뇌옥의 존재를 짐작할 수 있다. 창고와 뇌옥이 없던 1단계 경관에서 창고와 뇌옥을 갖춘 2단계 경관으로의 변화였다. 강조하고

101) 『三國志』 卷30, 烏丸鮮卑東夷, "東沃沮 … 國小 迫于大國之間 遂臣屬句麗 … 又使大加統責其租稅貊布魚鹽海中食物 千里擔負致之 又送其美女以爲婢妾 遇之如奴僕"(1959, 『三國志 第三冊』, 中華書局, 846쪽).

102) 김창석, 2004, 앞의 책, 111쪽.

103) 고구려가 대창고 시설을 조영한 시점을 창고와 관련된 직접적인 사료로서 『삼국사기』 고국원왕 12년조의 府庫 관련 기사("燕王皝 … 發美川王墓 載其尸 收其府庫累世之寶 虜男女五萬餘口 燒其宮室 毁丸都城而還")를 근거로 4세기로 보기도 하지만(여호규, 2015, 앞의 논문, 304쪽), 민중왕 및 동천왕대의 진휼기사와 사료 F 기사를 통해서 늦어도 2세기 말경에는 고구려의 국가 재정용 창고가 존재했음을 짐작할 수 있다.

싶은 것은 권력에 의한 경관의 변천이다. 관부 및 공권력의 확립이라는 권력 형태의 변화는 창고와 뇌옥이라는 공간을 창출함으로써 도성 경관의 변화를 가져왔다.

2. 대왕의 등장 : 태학과 불교사원

삼국의 발전은 통치영역과 지배체제의 두 방향으로 진행되었다. 전자에 따라 삼국이 정립하는 형세를 이루게 됨으로써, 삼국 간 주도권을 장악하기 위한 세력각축전이 전개되었다면, 이처럼 변화한 상황 속에서 생존하기 위해서는 후자가 필수적이었다. 기왕에 E2와 같이 諸加들이 평의하는 귀족평의체제의 한계를 극복하고 국가운영의 효율성을 제고할 필요가 있었기 때문이다. 그것은 귀족들에 대해 배타적인 권력을 잡게 된 이른바 대왕이 군국정사를 전제하는 정치체제로의 전환이었다. 그 지향은 기왕의 소국적 질서를 극복할 새로운 통치규범과 이념인 율령과 불교의 수용으로 나타났다.[104] 이데올로기의 교체였다.

이와 같은 권력관계의 변화와 지배체제의 전환은 필연적으로 도성의 경관에도 반영되었다. 4세기에 이르면 고구려 도성에 새로운 경관이 등장한다. 바로 태학과 불교사원이다. 태학이 권력의 지배윤리로서 유학을 교육하는 기관이었다면, 불교사원은 배타적 권력의 통치 이념으로서 불교를 상징하는 공간이었다. 공교롭게 양자가 소수림왕 2년(372년)이라는 동일한 시점에 수용되었다는 사실은 수용 주체로서의 고구려 지배 권력이 태학과 불교사원으로 상징되는 유학과 불교를 동시에 받아들임으로써 얻으려고 했던 효과를 짐작케 한다.

---

104) 김영하, 2012, 『한국고대사의 인식과 논리』, 성균관대학교 출판부, 87쪽.

H. [소수림왕] 2년(372년) 여름 6월, 秦王 苻堅이 사신과 승려 順道를 파견하여 佛像과 經文을 보냈다. 왕이 사신을 보내 廻謝하고 方物을 바쳤다. 大學을 세우고 子弟를 교육했다.[105]

H에 따르면, 고구려는 372년에 前秦으로부터 승려와 함께 불상과 경문을 받아들임과 동시에 태학을 세워 자제들을 교육시켰다고 한다.[106] 즉, 같은 해에 불교와 유학을 동시에 받아들인 셈인데, 이는 한층 더 배타화된 왕권, 즉 이른바 대왕의 출현과 관련이 있을 수 있다. 먼저 태학의 설치는 왕권의 유교적 합리화와 유학교육을 통한 인재양성 및 관료선발이라는 보다 객관적이고 진전된 정치기준의 설정을 위한 제도적 장치였다.[107] 이는 이듬해 이어진 율령 반포와 무관하지 않았다.[108] 율령 반포를 통해서 율령을 매개로 한 관료체제의 시발을 상정할 수 있다면, 그 관료체제를 운영할 인재군의 양성이야말로 태학 설립의 목적일 수 있기 때문이다. 즉, 태학의 설립과 곧 이은 율령의 반포는 귀족의 관료화에 따른 왕권의 배타화로 해석된다. 한편 불교의 경우, 고구려에 언제 전래되었는지에 대해서는 이견이 있지만, 지배 권력이 공인한 것은 바로 이때였다. 그리고 이것은 기왕의 분절적 토착신앙을 극복하고 고등종교를 수용함으로써 통치이념을 일원화하려는 지배 권력의 기획일 수 있었다.[109] 결국 태학과

105) 『三國史記』 卷18, 高句麗本紀6, "[小獸林王] 二年 夏六月 秦王苻堅 遣使及浮屠順道 送佛像經文 王遣使廻謝 以貢方物 立大學 敎育子弟."

106) 고구려의 태학을 東晉으로부터 수용한 것으로 보기도 하지만(高明士, 1984, 「東北諸國古代的學校敎育 - 韓國古代的學校敎育」 『唐代東亞敎育圈的形成 - 東亞世界形成史的一側面 下』, 國立編譯館中華叢書編纂委員會), 동진의 태학 운영은 원활하지 못했고 오히려 그 세속이 老莊에 심취하여 유학은 진흥하지 못했으므로 동진으로부터 수용되었을 가능성은 낮다(이정빈, 2014, 「고구려 태학의 설립의 배경과 성격」 『한국교육사학』 36, 164쪽).

107) 盧重國, 1979, 「高句麗律令에 關한 一試論」 『東方學志』 21, 110쪽.

108) 『三國史記』 卷18, 高句麗本紀6, "[小獸林王] 三年 始頒律令."

109) 金瑛河, 2002, 「韓國 古代社會의 政治構造」 『韓國古代社會의 軍事와 政治』, 高麗大學

불교사원의 등장은 현실과 이념 두 측면으로 왕권의 배타화를 상징했다.

만약 태학과 불교사원이 한층 더 배타화된 권력을 잡은 대왕의 등장을 보여주는 지표라면, 그 자리는 도성 공간에 마련됨으로써 경관의 일부를 차지했을 개연성이 크다. 다만, H를 통해서는 그 구체적인 모습을 상상하기는 어려우므로, 고구려가 참고했을 전진의 사례를 검토할 필요가 있다. 우선 태학이다. H에 따르면 고구려가 태학을 설립한 것은 372년인데, 고구려가 전진과 본격적으로 교류하기 시작한 시점이 370년이므로, 2년 만에 전진의 태학 제도를 처음부터 끝까지 받아들였다고 보기에는 사실 무리가 있다. 따라서 고구려는 이미 전진과 교류하기 전부터 태학에 대한 이해가 있었을 것으로 추정함과 동시에 전진에 앞서 전연과 고구려의 관계를 고려할 필요가 있다.[110] 이때 양자의 관계에서 중요한 매개자로서 342년 고구려에서 전연으로 끌려간 5만여 명의 포로[111]와 355년에 바쳐진 인질[112]이 주목된다. 그들의 일부가 질자가 되어, 전연의 관직을 얻고 도성과 왕궁의 숙위를 담당하기도 했기 때문이다.[113] 이로써 그들이 전연의 도성에 머물며 전연의 유학 교육기관이었던 東庠에서 수학했을 가능성이 제기되기도 했다.[114] 庠은 周代의 학교 명칭이자, 태학의 별칭으로 사용되었으므로,[115] 전연의 멸망 후 고구려로 귀환한 그들이 고구려 태학의

校 民族文化硏究院, 312쪽.

110) 이정빈, 2014, 앞의 논문, 165~166쪽.

111) 『三國史記』 卷18, 高句麗本紀6, "[故國原王] 十二年(342) 冬十月 燕王皝 … 發美川王墓 載其尸 收其府庫累世之寶 虜男女五萬餘口 燒其宮室 毁丸都城而還."

112) 『資治通鑑』 卷100, 晉紀22, "[永和11年(355)] 十二月 高句麗王釗遣使詣燕納質修貢 以請其母"(1956, 『資治通鑑』, 中華書局, 3150쪽).

113) 『資治通鑑』 卷102, 晉紀24, "[太和5年(370)] 十一月 … 戊寅 燕散騎侍郎餘蔚帥扶餘高句麗及上黨質子五百餘人 夜開鄴北門納秦兵 …"(1956, 『資治通鑑』, 中華書局, 3236쪽).

114) 이정빈, 2017, 「모용선비 전연(前燕)의 부여·고구려 질자(質子)」 『동북아역사논총』 57, 92~102쪽.

115) 『禮記注疏』 卷13, 王制, "上庠右學 大學也 在西郊 下庠左學 小學也 在國中王宮之東"(1999, 『禮記正義 - 十三經注疏(標點本)』, 北京大學出版社, 425~426쪽).

설립에 끼쳤을 영향을 상상하기는 어렵지 않다.

I1. 平原의 劉讚은 유학에 해박·통달했으므로 초빙해 東庠의 좨주로 삼았다. 그 世子 皝은 國冑를 이끌고 입학의 예물을 바친 후 수업 받았다. 廆도 정무의 여가에 친히 임하여 청강했다. 이에 길에 칭송의 소리가 있었고, 禮讓이 흥했다.116)

I2. 廆가 아들 皝을 세워 세자로 삼았다. 東横(横은 黌과 같다. 學舍이다. 載記에서는 東庠이라고 쓴다.)을 짓고 平原의 劉讚을 祭酒로 삼았다. 皝으로 하여금 諸生과 함께 수업 받도록 하고, 廆는 여가를 얻으면 또한 친히 임하여 청강했다.117)

I를 통해서 전연 동상의 경관을 상상할 수 있다. 이에 따르면, 전연의 동상은 세자의 교육까지 담당했는데, I2에서 알 수 있듯이 세자도 諸生들과 함께 수업을 들었으므로, 동상의 위치는 궁성 내부일 수 없다. 관료도 아닌 동상의 학생들이 궁성을 자유롭게 드나들 수는 없기 때문이다. 단, 세자가 통학할 수 있는 거리, 황제가 여가를 얻으면 가볼 수 있는 거리로서 궁성에서 그리 멀지 않았을 가능성이 높다. 앞서 제기한대로 H에 등장하는 고구려의 태학이 바로 I의 동상에서 수학했던 고구려의 질자들이 귀환하여 그 설립에 관여한 것이라면, 이를 통해서 고구려 태학의 경관까지도 유추할 수 있다.

116) 『晉書』 卷108, 載記8, 慕容廆, "平原劉讚儒學該通 引爲東庠祭酒 其世子皝率國冑束脩受業焉 廆覽政之暇 親臨聽之 於是路有頌聲 禮讓興矣"(1974, 『晉書 第九冊』, 中華書局, 2806쪽).

117) 『資治通鑑』 卷91, 晉紀13, "廆立子皝爲世子 作東横 [横 與黌同 學舍也 載記作東庠] 以平原劉讚爲祭酒 使皝與諸生同受業 廆得暇 亦親臨聽之"(1956, 『資治通鑑』, 中華書局, 2891쪽).

J. [소수림왕] 5년(375년) 봄 2월, 肖門寺를 처음 창건하고 順道를 두었다. 또 伊弗蘭寺를 창건하고 阿道를 두었다. 이것이 海東 佛法의 시작이다.118)

한편, 태학과 함께 전진의 불교를 받아들인 후 3년이 지난 375년에 고구려는 곧바로 肖門寺와 伊弗蘭寺라는 2개의 불교사원을 창건한다. 그리고 이것은 민간에 의한 설립이 아니라 지배 권력에 의한 창건이었다. J는 이 불교사원들이 고구려 도성 경관의 한 자리를 차지했는지 알려주지 않지만, 비교를 통해 추측은 가능하다. J에 등장하는 두 명의 승려 중 肖門寺의 順道는 H를 통해서 전진으로부터 왔음을 알 수 있다. 이에 따라 전진의 불교사원 사례를 참고하면 다음과 같다. 비록 사원은 아니지만 당시 전진의 도성이었던 長安에는 苻堅의 적극적인 지원 하에서 많은 譯場들이 설치되었고, 장안 안에는 사방의 승려들이 운집해 있었다.119) 이로써 順道가 전진의 도성에서 활동했을 개연성과 고구려에 와서도 그러했을 가능성을 상정할 수 있다.

게다가 J의 肖門寺를 省門寺로 전하는 『海東高僧傳』을 근거로 省 즉 官府의 門을 절로 삼음으로써 생긴 이름으로 파악하기도 한다.120) 이때의 省이 官府를 뜻하는지에 대해서는 확신하기 어렵지만, 중국 최초의 불교사원의 명칭 또한 前漢 시기 최초의 전래자가 처음으로 머문 곳이 鴻臚'寺'라는 관청이었다는 이유로 白馬'寺'라는 이름을 붙였다는 점은 참고할 만하다.121) 더욱이 '寺'라는 글자 자체에 이미 '관청[廷]'이라는 의미도 있으므로,122) 중국에 전해진 불교사원 역시 관청이 있는 도성 내부에서 출발했음을

---

118) 『三國史記』 卷18, 高句麗本紀6, "[小獸林王] 五年 春二月 始創肖門寺 以置順道 又創伊弗蘭寺 以置阿道 此海東佛法之始."

119) 李憲霞, 2009, 「十六國北朝時期長安城硏究」, 西北大學 碩士學位論文, 47쪽.

120) 申東河, 1988, 「高句麗의 寺院 造成과 그 意味」 『韓國史論』 19, 11쪽.

121) 高永霄, 1978, 「白馬寺考」 『中國佛教寺塔史志』, 大乘文化出版社, 3쪽.

122) "寺 廷也 有法度者也"(1963, 『說文解字』, 中華書局, 67쪽).

알 수 있다. 즉, 고구려에 처음 세워진 불교사원 역시 도성 안에 있었을 가능성이 높다.

더욱이 비록 후대의 사례이지만, 광개토왕대 세워진 평양의 9사[123]와 백제 사비도성 및 신라 왕경 내 불교사원 유적들의 분포를 참고하면,[124] 결국 고구려 최초의 불교사원으로서 肖門寺와 伊弗蘭寺 역시 태학과 마찬가지로 4세기 후반 고구려 도성 경관의 한 자리를 차지하고 있었음을 알 수 있다. 도성의 경관에 태학과 불교사원이 들어선 것은 단지 새로운 건물의 출현만을 의미하지 않았다. 지적한 대로 이것은 4세기 후반 고구려의 유학 및 불교 수용의 상징이었고, 바꾸어 말하면, 양자를 통한 고구려 왕권의 배타적 권력 독점, 곧 대왕의 전제화를 도성의 경관으로서 보여준 셈이다. 곧 3단계 도성 경관의 구현이었다.

Ⅳ. 맺음말

경관은 자연 그 자체가 아니라 역사 전개와 더불어 끊임없이 재생산된 사회적 산물이다. 경관을 만들어 내는 주체는 둘로 구분될 수 있다. 하나는 지배 권력이고, 다른 하나는 피지배층의 삶이다. 이 두 가지 주체에 의한 산물로서 공간이 생산되고, 그 공간의 시각적 이미지로서 경관이 펼쳐진다. 이상을 통해 그중에서도 지배 권력이 만들어 낸 경관을 살펴보았다.

---

123) 『三國史記』 卷18, 高句麗本紀6, "[廣開土王] 二年 … 創九寺於平壤."

124) 백제 사비도성 내 불교사원은 현재 알려진 곳만 20여 개소에 이르고, 정림사지와 능산리사지, 왕흥사지 등 대규모 사원들은 도성을 구성하는 주요 시설로서 도성의 경관을 규정하는 중요한 역할을 했다(李炳鎬, 2008, 「泗沘 都城과 慶州 王京의 比較 試論」 『新羅文化祭學術論文集』 29, 24쪽). 또 중고기 신라에서도 527년의 불교 공인 이후 왕경 내에 흥륜사와 영흥사, 황룡사 등 대규모 불교사원을 건립하기 시작하여 약 14개소의 불교사원이 건립되거나 존재했다(전덕재, 2009, 『신라 왕경의 역사』, 새문사, 235쪽).

강조하고 싶은 것은 都의 조건이다. 都'城'이라는 단어에 매몰되면 城郭에 집착하기 쉽지만, 城郭은 都의 조건이 아니었다. 단, 宗廟와 宮室만큼은 왕권의 성립을 상징함으로써, 都가 都일 수 있는 필수조건이었다. 한편, 倉庫와 牢獄은 都의 필요조건은 아니지만 충분조건으로서, 각각 국가재정과 사법권을 상징하는 공권력의 지표일 수 있었고, 태학과 불교사원은 이른바 대왕의 지배윤리와 통치이념을 상징하는 공간이었다. 이로써 도성의 경관이 형성된 시점과 경관의 변화 및 전개를 통한 지배 권력의 변천까지 짐작할 수 있었다.

요컨대, 고구려의 경우, 종묘와 궁실만을 갖춘 1단계 경관의 형성시점을 3세기 이전으로 추측할 수 있을 뿐이지만, 뇌옥과 창고를 갖춘 2단계 경관이 이미 2세기에 구현되었으므로, 1단계 경관은 그보다 훨씬 앞섰을 것으로 짐작할 수 있다. 단, 종묘와 궁실이 都의 조건이자, 왕의 존재를 상징하는 공간적 지표라는 점을 고려하면, 1단계 경관의 형성시점은 國邑에서 都城으로의 전환시점이자 고구려왕의 출현시점과 표리일 수밖에 없다. 한편, 종묘와 궁실, 뇌옥과 창고뿐만 아니라, 태학과 불교사원을 마련함으로써 대왕의 등장을 표출한 3단계 경관의 형성시점은 4세기 후반이었다.

王志剛·唐淼 陳爽(中國, 吉林省文物考古研究所 館員) 옮김

고구려 '졸본'과 '국내'에 대한 고증*

'卒本'과 '國內'는 문헌에 보이는 고구려의 초·중기 도성과 관련된 지리공간 개념이다. 현재 학계에서는 '졸본'은 대체로 지금의 중국 요녕성 환인현으로, '국내'는 중국 길림성 집안시에 위치하고 있다는 것에 공감하고 있다. 그러나 양자의 구체적인 범위에 대해서는 아직 결론도 내리지 못하였으며 체계적인 논증도 결핍된 상황이다. 알다시피 '졸본'과 '국내'의 지리공간 범위의 확증은 고구려 도성과 관련된 여러 논제를 해결하는 데 중요한 의미가 있기 때문에 이와 관련한 심층적 연구와 탐구가 필요하다고 본다. 본고에서 필자는 문헌기록과 고고학 자료를 활용하여 주로 환인과 집안에 위치한 고구려 유적의 유형 특징과 공간 분포 법칙에 따라 고구려 '졸본'과 '국내'의 지리공간 범위를 제시하고자 한다.

* 본 연구 성과는 국가사과기금 '고구려·발해문제'의 연구전항 「고구려문화의 형성과 발전 그리고 주변문화와 관계에 대한 연구」(17VGB015)와 「집안고구려왕도연구」(19VGH002), 길림성사과기금항목 「고구려산성의 계획과 사회조직구조 - 집안패왕조산성의 시각으로」(2018G9) 그리고 길림대학교기본과학연구업무비 「대유적보호와 고고유적의 공원건설연구」(2016QY003)의 단계적 성과이다.

Ⅰ. '졸본' 범위에 대한 연구사적 검토

『삼국사기』「고구려본기」에는 "始祖東明聖王, 姓高氏, 諱朱蒙(一云鄒牟, 一云象解) … 朱蒙行至毛屯穀(『魏書』云至普述水), 遇叁人 … 與之俱至卒本川(『魏書』云至紇升骨城). 觀其土壤肥美, 山河險固, 遂欲都焉. 而未遑作宮室, 但結廬于沸流水上居之. 國號高句麗, 因以高爲氏"[1]라는 내용이 기재되어 있다. 이 문헌에서는 고구려 정권의 건국 및 입도와 관련하여 '卒本川'과 '沸流水'라는 지리개념들이 나타났다.

고구려 정권의 국내 천도 이후,「고구려본기」에는 고구려왕이 졸본으로 가서 시조묘에 제사하였던 내용이 여러 차례 나온다. 예를 들면 신대왕 3년(167) "秋九月, 王如卒本, 祀始祖廟"라고 하고, 고국천왕 2년(180) "秋九月, 王如卒本, 祀始祖廟"라고 하고, 동천왕 2년(228) "春二月, 王如卒本, 祀始祖廟. 大赦."[2]라고 하는 내용 등이 있다.

호태왕비에 기록된 고구려 건국에 대한 "惟昔始祖鄒牟王之創基也, 出自北夫余 … 于沸流穀忽本西城山上而建都焉"[3]이라는 내용 중에서도 '비류곡'와 '홀본'이라는 지리개념이 출현하였다.

魏存成은 위 자료 중에 있는 '졸본천', '졸본', '홀본', '비류수' 그리고 '비류곡'은 같은 곳이며, '비류수', '비류곡'은(이후 비류수로 통칭한다) 물길을 나타내는 것이고, '졸본', '홀본', '졸본천'은(이후 졸본으로 통칭한다) 산간평지를 지칭한다고 본다. 그리고 이 관점은 현재 학계에서 기본적으로 통일된 의견으로 간주된다. 하지만 '비류수'가 대체 어느 수계인지, '졸본'의 확실한 지점이 어디인지, 범위가 어떻게 되는지, 나아가 고구려 정권의 건국지점과 최초 도시의 고증에 관련된 내용에 대해서는 현재 학계에서

1) (고려)김부식 저, 孫文范 등 교정, 2003,『삼국사기』(교정본), 길림문사출판사.
2) (고려)김부식 저, 孫文范 등 교정, 2003,『삼국사기』(교정본), 길림문사출판사.
3) 耿铁华, 2012,『고구려호태왕비』, 길림대학교출판사.

통일된 의견이 없으며, 서로 다른 관점을 가지고 있다.

이 중 한 관점은 졸본이 요녕성 환인현성 근처에 위치하고 있다고 주장하며 비류수가 혼강을 가리킨다고 보는 것이다. 오녀산성과 하고성자성지는 고구려 초기 도성과 밀접한 관련이 있다고 본다. 이런 관점은 더욱 구체적으로 보면 다시 세 가지 관점으로 나눌 수 있다. 첫째, 오녀산성과 하고성자성지는 산성 및 평지성으로 한 세트를 이루는 것이며, 이들이 함께 고구려 초기 도성을 구성한다고 보는 입장이다.[4] 둘째, 호태왕비의 고구려 건국입도사건의 기재에 근거하여 고구려의 첫 번째 도성은 오녀산성, 즉 흘승골성이라고 주장하는 입장이다.[5] 셋째, 『魏書』에 기록된 내용을 근거로 고구려 건국시기에 흘승골성은 이미 존재하였으며, 이 지역에 있는 고구려 건국 전 전한(서한)의 城址, 즉 하고성자성지가 흘승골성이라는 관점도 제시되었다.[6]

다른 하나의 관점은 졸본이 환인현성 동쪽에 부이강과 혼강의 합류점 근처에 위치한다고 보는 것이다. 이 경우 비류수는 부이강이고, 오녀산성은 고구려 초기 왕도 흘승골성이라고 주장한다. 아울러 나합성과 오녀산성은 하나의 산성과 하나의 평지성을 조합하는 형식을 채용한 고구려 초기도성이라고 파악한다.[7] 이러한 관점을 주장하는 다나카 도시아키는 이후의 논문에서 오녀산성은 고구려 초기 도성이고, 하고성자성지와 나합성은 고구려 초기 도성과 관련 있는 유적이라는 견해를 제시하였다.[8]

이상 두 관점은 비류수와 졸본의 위치에 대해 서로 동의하지 않았지만, 오녀산성이 고구려정권의 첫 번째 도성과 밀접한 관계가 있다는 점은

4) 魏存成, 2002, 『고구려유적』, 문물출판사.

5) 李新全, 2009, 「고구려의 초기도성 및 이주」 『동북사지』 2009-6.

6) 耿铁华, 2004, 「고구려흘승골성신고」 『고구려고고연구』, 길림문사출판사.

7) 田中俊明 저·陈春霞 역·刘晓东 교정, 2001, 「고구려 전기 왕도 졸본의 營筑」 『동북아고고자료역문집』 고구려발해특집호.

8) 田中俊明 저·慕容大棘 역, 1999, 「고구려의 전기왕도」 『역사와 고고정보·동북아』.

공히 인정하였다. 1996~2003년간에 요녕성문물고고연구소 등에서 오녀산성에 대해 체계적인 발굴을 하였는데, 발굴보고에서는 오녀산성이 고구려 초기 도성이라고 주장하였다. 그 후 李新全을 포함하여 일부 학자들은 오녀산성에 지금 남아있는 성벽의 건축 연대가 그보다 늦은 시기라고 언급하며, 그 연대를 4세기 말~5세기 초로 추정하였다. 오녀산의 정상부분은 고구려정권의 첫 번째 도성이겠지만, 고구려 건국초기에는 성벽을 축조하지 않았을 것이며, 현재 고고 발굴 양상은 이를 뒷받침하고 있다.

고구려 건국 초기의 성벽이 있는지 없는지를 막론하고 기존 고고 발견을 종합적으로 고려하여, 그리고 호태왕비 중에서 추모왕이 '忽本西城山上而建都焉'하였다는 내용을 결합해보면 오녀산은 고구려 초기 도성과 밀접한 관계가 있는 것이 틀림없다고 판단되며, 이에 대해서는 학계에서도 별다른 이견이 없다.

이런 인식에 근거해보면 '졸본'은 현재 환인현성 근처에 있다는 관점이 현재까지의 고고학적 양상과 상대적으로 일치한다. 다만 환인현성은 오녀산 서쪽에 위치하고 있는데, 양자의 방위 관계는 호태왕비에서 기재하였던 '졸본'과 고구려 초기 도성의 방위와 어긋난다. 이에 비해 '졸본'이 혼강과 부이강의 합류처에 위치하였다는 관점은 호태왕비에 서술된 '졸본'과 고구려 건도지점의 방위와 서로 일치하는데, 이 구역에 있는 고구려 건국 전후 내지 건국 초기의 유적 수량이 환인현성 근처에 비해서 풍부하지 않은 것이 사실이다. 고고학적 출토 양상과는 서로 부합하지 않는 측면이 있는 것이다.

이상을 통해 이전의 연구에서는 '졸본'의 범위를 추정하는 과정에서 해석하기 어려운 점이 있었음을 알 수 있다. 그런데 지금까지는 문헌기록과 고고 발견을 결합하여 연구하였지만, 주로 중요한 개별 유적이나 중요한 발견에만 착안하였기 때문에 연구시각을 더 큰 공간범위에 두지 못하였고 종합적이며 거시적인 연구를 전개하지 못하였다는 한계가 있다.

II. ‘졸본’ 범위에 대한 고증

지금까지 환인현 경내에서는 26곳의 고구려 유적이 발견되었다.[9] 필자는 박사논문에서 환인현 경내에 남아있는 고구려 유적의 분포 특징을 탐구하려고 했고 각 유적의 연대와 분기를 대략적으로 추정하였다. 연구에 따르면 연대가 고구려 건국 전후와 초기까지 기간의 유적은 모두 지금 혼강 중류 근처에 위치하고 있다. 범위는 서쪽의 환인현성부터 시작하여 동쪽의 부이강과 혼강이 합류하는 구역에 이른다. 필자는 이 구역이 바로 문헌에 기록된 ‘졸본’의 지리공간범위라고 파악한다. 문헌 중에 있는 ‘비류수’는 혼강을 가리킨다고 본다.

만약 고구려 중기 전후에 혼강 중류 구역에 있는 중요한 고구려 유적이 분포된 밀집한 구역을 종합적으로 고려하고 유적을 표지로 ‘졸본’의 지리공간범위를 획정하면 이 범위는 대략적으로 동쪽으로는 부이강이 혼강으로 흘러들어간 강구 근처에 있는 나합성에 이르고 서쪽으로는 마안산산성과 사도하묘군에 접하며, 남쪽으로는 미창구묘에 도달하고, 북쪽으로는 동고성 유적과 대황구묘군에 미친다고 본다(그림 1). 그 이유는 아래와 같다.

첫째, 지금 환인현 경내에 발견된 고구려 건국 초기에 속하는 고고유적은

---

9) a. 본고에서 환인현 경내에 있는 고구려 유적의 통계 결과는 주로 3개 자료에 기반하였다. 주요한 자료 출처는 2009년 서안지도출판사가 출판하여 국가문물국이 편집을 주관한 『중국문물지도집(요녕분책)』과 1990년 환인만족자치현문물지편집위원회가 편집하여 쓴 『환인만족자치현문물지』에 근거하였다. 두 가지 책 중에 고구려시기 유적을 확실하게 표시하는 것이 이외에도 봉명유적처럼 다른 시기 유적이나 유물이 있는 것인데 문물지에서 기록하였던 고구려시기에 속하는 유물을 출토한 유적도 포함한다. 세 번째 자료는 관련된 고고조사와 고고발굴보고, 그리고 연구논문에 기반한 것이다. 나합성이 이에 해당한다. b. 현재 환인저수지침몰구역에 있는 고구려 무덤은 고려묘자묘군(연강묘군을 포함) 이외에 남은 것에 대해 상세히 설명하지 않았다. 이 때문에 고려묘자묘군(연강묘군을 포함) 이외에 다른 50년대에 환인저수지를 건설할 때 발견한 10개 묘군을 합쳐서 환인저수지침몰구묘군이라고 부른다.

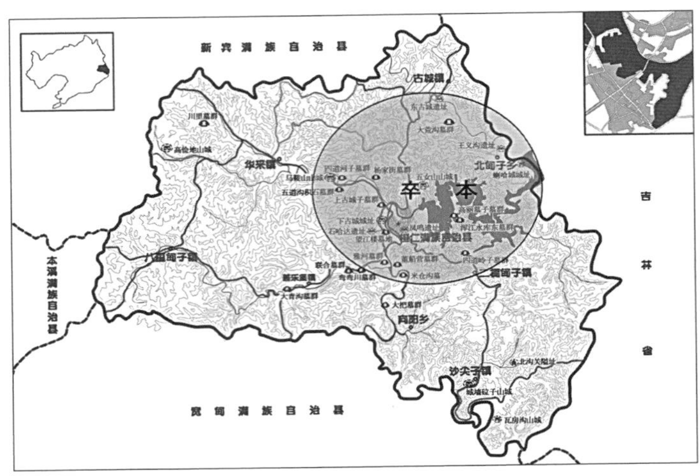

〈그림 1〉 '졸본' 지리공간범위설명도

모두 이 지리공간에서 자리잡고 있다. 지금까지 발견된 고구려 건국 초기의 유적은 왕의구 말기유적, 환인 하고성자유적 H1 및 성내에서 수집된 부분 유물, 그리고 오녀산 제3기 문화유적을 포함된다. 이 밖에 상고성자묘군, 환인 저수지 침몰구역묘군, 대황구묘군, 그리고 고려묘자묘군 중에 연대가 고구려 초기에 거슬러 올라갈 수 있는 일부 무덤도 위에서 말한 구역에 위치하고 있다.

그리고 환인현 경내에 지금까지 발견된 연대가 고구려 건국 전후에 거슬러 올라간 것 같은 망강루 묘지와 南邊石哈達遺蹟 등도 이 구역에 위치하고 있다.

둘째, 고구려 중기(대략 4세기 말~5세기 초) 이후에 이 구역의 고구려 유적은 여전히 환인구역과 혼강유역에 밀접하게 분포되어 있었다. 이 구역에서 발견된 유적의 유형은 다양하고 평지성, 산성, 묘장, 유적, 그리고 건축지를 포함한다. 이 구역의 면적은 환인현 총 면적의 20%를 차지하는 반면, 유적의 수량은 환인현 고구려 유적이 총수량의 80%에 가깝다. 이 구역 외에는 소량의 산성과 묘장만이 확인될 뿐이다. 지금 중국 경내에서 집안시를 제외하고는 유일하게 고구려 시기에 속하는 미창구벽화무덤도 포함되어 있다. 동고성유적에서 기와가 수집되었고 봉명유적에서도 권운문와당을 채집하였다.[10] 이 구역에서 유적이 밀접하게 분포하고 건축기와 및 고등급 무덤이 발견된 것은 혼강유역이 고구려의 핵심 통치구역이라는 사실을 충분히 증명한다.

셋째, '졸본'의 공간범위는 이 구역으로 추정하는 것이 고고발견과 부합할 뿐만 아니라 문헌에서 기록했던 내용도 맞출 수 있다.

이전에 학계는 고구려 초기 도성의 연구문제에서 주로 성지를 착안하였는데 환인과 혼강·부이강 합류점 사이에 있는 환인저수지침몰구역을 소홀히 하고 그 중요성도 중시하지 않았다. 1950~60년대에 환인저수지침몰구역을 조사할 때 바로 750여 개 무덤을 발견하였다. 발견한 무덤 수량은 지금 환인현성 근처보다 훨씬 많다. 그리고 고려묘자묘군에 대해 발굴을 두 번 하고, 두 번째 발굴에서 시기가 고구려 건국 전후 내지 고구려 건국 초기에 해당되는 무덤을 발견하였다. 이런 무덤은 반드시 고립하여 존재할 수 없으므로 무덤과 대응되는 고구려 초기 유적이 있어야 한다. 환인저수지 침몰구역 묘군과 관련된 유적은 오녀산성인지 혹은 환인현성 근처에 위치하는지도 모른다. 물론 저수지침몰구역에 있는데 아직 발견하지 못했을 가능성도 있다. 어쨌든 과거에 '졸본'범위를 환인현성 근처나 혼강과 부이강 합류점에 추정한 것이 모두 환인저수지침몰구역을 제거한 것이 사실이다. 저수지침몰구역에 있는 밀집되고 풍부한 고구려시기유적은 '졸본'의 지리공간범위에서 제외된 것이 적당하지 않다고 본다. 반면 환인저수지침몰구역에 있는 많은 고구려시기유적은 틀림없이 환인평야와 부이강·혼강 합류점 평야가 연결되는 곳이다. 따라서 양자가 서로 독립된 곳이 아니라 같은 하나의 큰 지리공간에 있는 것이 분명하다.

---

10) 봉명유적에서 와당이 수집된 일에 대해서는 요녕성문물고고연구소의 이신전 선생을 통해 들었다. 이 자료는 아직 발표하지 않은 것이다.

종래의 관점은 '졸본'의 범위를 지나치게 작게 추정하였다. 하지만 '졸본', '국내'는 고구려 초기와 중기 도성이 위치한 지역을 아우르는 호칭이다. '국내'는 큰 지리개념이며, 지금 집안시구, 압록강 중류 우안에 통구평원을 중심으로 넓은 구역을 포함하였다. '국내'에는 국강, 시원, 위나암, 두곡 등 여러 개 작은 지리단원이 포함되었다. '졸본'은 '국내'와 마주하여 일반적으로 큰 지리공간범위를 가리켜야 적당하다. 또한 이 공간범위에서 서로 연결된 지리단원이 몇 개씩 있어야 한다.

문헌으로 '졸본'이 위의 공간범위에 추정된다면 오녀산성은 마침 '졸본'서쪽에 위치하고 있었다. 필자는 이 점이 호태왕비에서 '忽本西城山上而建都焉'이라는 내용과 일치한다고 본다. 다만 호태왕비에는 '忽本西'를 '卒本'이라는 지리 범위의 서면이 아니라 서부로 이해해야 한다.

위에서 보듯이 '졸본'은 고구려 기원지 중의 하나로, 혼강 중류구역의 고구려의 또다른 진원지인 압록강 중류구역의 '국내'와 대응하고 비교적 큰 지리공간을 지칭하는 것이다. '졸본'이 동쪽에 부이강과 혼강 합류점으로부터 시작하여 서쪽에 환인현성 서면, 혼강 중류에 이르는 비교적 큰 구역에 추정되는 것이 적당하다고 본다. 이 결론은 고고발견과 일치하고 문헌기록에도 부합하는 것이다.

III. '국내' 범위에 대한 연구사적 검토

『삼국사기』나 중국 정사에서는 '국내' 및 '국내성'과 관련된 내용이 많이 나타났다.

지금 학계에는 '국내'는 지명, '국내성'은 성 이름이라는 인식이 대체로 통일되어 있다. 『삼국사기』「지리지」에서 유리왕이 22년에 천도했던 기록은 『삼국사기』「고구려본기」 내용과 모순되어서 학계는 국내성을 처음 축조한 연대와 성 이름의 출현연대에 대한 의견이 다르다. 필자도 이에 이 문제에 대해 글을 작성하여 탐구하려고 해 봤는데 본론취지와 관계가 없어 더 이상 토론할 필요가 없다.

비록 학계에서 국내성은 주의를 많이 끌었지만 '국내'의 지리공간과 관련된 연구는 매우 적은 상황이다.

金旭東 선생은 '국내'의 지리공간범위를 처음으로 명확히 하였다. 金旭東은 집안에서 바깥세상과 통행하는 두 가지 육로가 있다고 보고, 고구려는 남도과 북도에 있는 요새를 문으로 삼고 요새 내 압록강 이북의 밀폐된 공간이 바로 문헌에서 가리키는 '국내'라고 제시한다. 이것을 기반으로 金旭東은 고구려도읍구라는 개념을 한층 더 제기하였다. 즉 집안시시구를 중심으로 하고 동서 약 35㎞, 남북 약 5㎞ 이내에의 고구려 왕릉과 중요한 건축지가 있는 구역을 1~5세기 간에 고구려 정권의 통치중심으로 추정하였다.[11]

필자는 金旭東의 관점에 찬성한다. 하지만 집안 고구려 유적의 공간분포 규칙과 유형에서부터 손을 대면 고고학적 시각으로 '국내'의 지리공간범위를 명확히 진일보시킬 수 있고 고구려 중기 도성도읍의 구성과 공간 분구에 대한 인식을 심화시킬 수 있다.

Ⅳ. '국내' 범위에 대한 고증

지금까지 집안시 경내에서 발견된 고구려유적은 성지 9곳, 무덤 102곳, 유적과 건축지 21곳, 비석 발견지 1곳, 채석장 1곳 그리고 고구려 남북 2도 합해 모두 136곳이 있다.[12]

---

11) 金旭东, 2011, 「서유송화강·압록강유역에 양한시기의 고고학유존연구」, 길림대학교.

이들 유적은 대체로 동북→ 서남 방향, 집안 중부의 노령산맥을 횡단, 老嶺의 동측 압록강 유역과 서측 혼강 유역으로 양분된다.

지금까지 집안 경내에서 발견된 고구려 성 유적은 9곳이 된다. 그중 국내성과 환도산성은 통구평원의 중심지에 위치하고 그 나머지 성들을 수·륙교통 요충지에 수축하여 수비와 방어 역할을 담당하였다.

동북 방향으로 통구하 상류 老嶺 동쪽 기슭에 雙安古城이, 老嶺을 넘어 大羅圈河 상류의 통화현 경내에는 石湖關隘가 위치하고 있다. 서남 방향으로는 압록강 하류에 七個頂子關隘와 彎溝老邊牆關隘가 있고, 동쪽 방향에는 천연 요새인 압록강이 자리잡고 있다. 서쪽 방향으로는 老嶺산맥을 천연 요새로 이용하는 한편, 현재 학계에서 비정하는 고구려의 남·북도, 즉 혼강 중류의 新開河穀와 葦沙河谷에 서부 방어시설을 구축하였다. 구체적으로 북도에 關馬山城과 大川哨卡를, 남도에 望波嶺關隘와 霸王朝山城을 두었다.

이런 산성과 관애가 포위한 압록강 우안의 중류 구역은 바로 1~5세기에 고구려 초·중기 정치·경제·문화 중심이었고 사서에 기록된 '국내'의 구역이다(그림 2).

'국내' 구역의 중심지는 집안시 통구 평원에 위치하고 있다. 이 구역의 범위는 동쪽으로 민주유적, 남쪽으로 압록강, 서쪽으로 통구하, 북쪽으로

---

12) a. 제1차 전국문물조차를 했을 때 계통적인 성과가 형성되지 않았다. 집안시의 고구려시기유적의 수량통계는 주로 제2차와 제3차 문물조차결과를 종합으로 대비해서 제3차 문물조차데이터로 주제가 되고 제2차 성과 『집안시문물지』와 1993년 출판한 『길림성지·문물지』를 결합하였다. 그리고 이름이 바뀌거나 합병하는 유적을 선별하고 규명할 뿐만 아니라 제2차 문물지나 성지 중에 기록되었는데 제3차 문물조사에 없어지는 유적도 보충한다. 또한 행정구획의 변화를 고려하며 될 수 있는 대로 제3차 자료에 제공하는 최신의 유적 명칭을 이용한다. 그중 이름이 간결하지 않거나 뚜렷하게 틀리는 유적은 『집안시문물지』와 『길림성지·문물지』에서의 이름을 사용한다. b. 유적 통계 수치는 공식으로 발표된 "保護單位" 명칭에 준한 것으로 본 "保護單位" 명칭에 포함되는 구체적인 유적은 통계 수치에서 반영되지 않는다. 예를 들면 洞溝古墓群은 하나의 유적으로 계산되며 이에 포함되는 禹山墓區 · 麻線墓區 등 7곳의 무덤떼, 태왕릉 · 장군총 · 천추묘 · 5회분 등 왕릉과 귀족무덤, 그리고 호태왕비 등은 따로 통계 수치에 넣지 않았다.

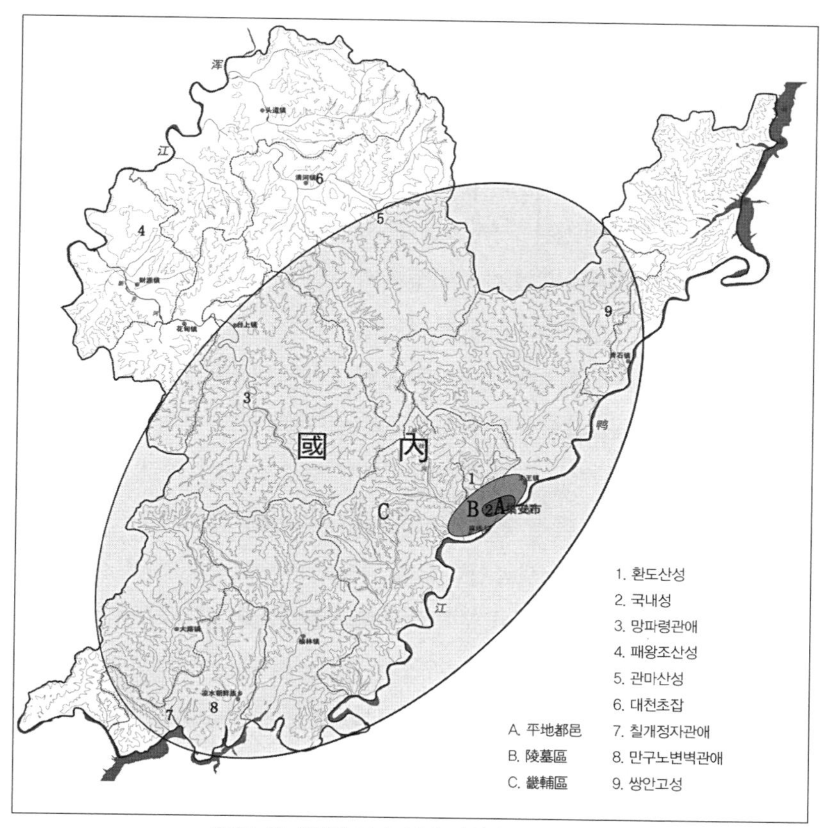

〈그림 2〉 '국내' 지리 공간 범위와 분구설명도

우산 남쪽기슭에 이른다. 이 범위에서 국내성, 동대자건축지, 이수원남유적, 민주유적 등의 중요한 건축유적지는 고구려 중기 왕도의 주체를 구성하며, 이를 '平地都邑'이라고 한다. '평지도읍'은 서북으로 2.5㎞ 되는 곳에 있는 환도산성과 함께 주로 궁실, 관공서와 예제건축 등 왕도의 주요 행정 기능을 행사하였다. 양자는 공통적으로 고구려 중기 도성의 핵심을 이루었고 '국내' 구역 중 '王城區'라고 할 수 있다(그림 3).

'王城區' 지역 바깥으로는 동쪽으로 태왕진 장군총에 이르고 남쪽으로 압록강을 경계로 하며, 서쪽으로 마선향 서대묘에 도달하고 북쪽으로 산성하묘구에 달하는 구역이 있다. 이 구역은 '평지도읍'의 외곽으로 반경 약 5㎞ 가량 뻗어 나가서 반환상처럼 '평지도읍'을 둘러싸고 있다. 이 구역에 있는 유적은 주로 무덤으로 기본적으로 집안시 통구묘군의 중심 구역이 포함되어 있다. 집안 고구려 왕실귀족 무덤은 주로 이 구역에 분포하며 지금까지 발견된 1~5세기에 고구려 왕릉과 대다수 고등급 무덤도 모두 이 구역에 위치하고 있다. 자연 지리 공간으로 보면 이 구역이 거의 통구평원의 지리 공간을 전부 차지한다.

이 구역에도 건축 유적이 일부 남아 있다. 예를 들면 1960년대에 바로 발견되었고, 2017년 길림성문물고고연구소에서 발굴한 태왕릉 능원 남쪽에 있는 태왕릉남유적이다. 지금까지 확보한 자료를 보면 이런 건축유적이 주위에 있는 능묘와 직접 관계가 있었을 가능성이 다분히 있고 왕릉의 능침 건축 유존이라고 생각한다.

위의 내용을 종합해보면 이 구역은 주로 무덤 및 관련 능침 건축 유적이 있는 반면, '王城區'에는 궁실과 관공서 등 일용 건축이 주로 남아있다. 양자는 유적 유형이 서로 다를 뿐만 아니라 기능에도 뚜렷이 차이가 난다. 이 구역은 '事生'의 '王城區'에서 '事死'의 능묘 그리고 능침과 관련된 유존으로 바뀌었고 고구려 중기 왕도의 '陵墓區'였던 것 같다(그림 3).

'陵墓區'의 바깥에는 유적의 등급이 현저히 낮아지고 아직까지 건축유적이나 건축기와도 발견되지 않고 고분유적만 있었다.

하지만 상하해방과 장천에서도 중요한 벽화무덤을 일부 발견하였는데 이런 무덤의 전체 등급, 수량, 밀도 등이 '陵墓區'보다 현저하게 낮고 장천1호분처럼 최고 등급 무덤의 경우 비정 연대는 평양 천도 이후로 파악된다. 이 구역은 '陵墓區'와 달리 고구려 중기 왕도의 중심구역을 벗어난다고 하겠다.

'陵墓區' 외곽에 압록강 우안 구역의 경우 '국내'의 범위에 포함되지만 자연 지리공간으로 보면 왕성의 중심 구역과 거리가 있다. 이 구역에

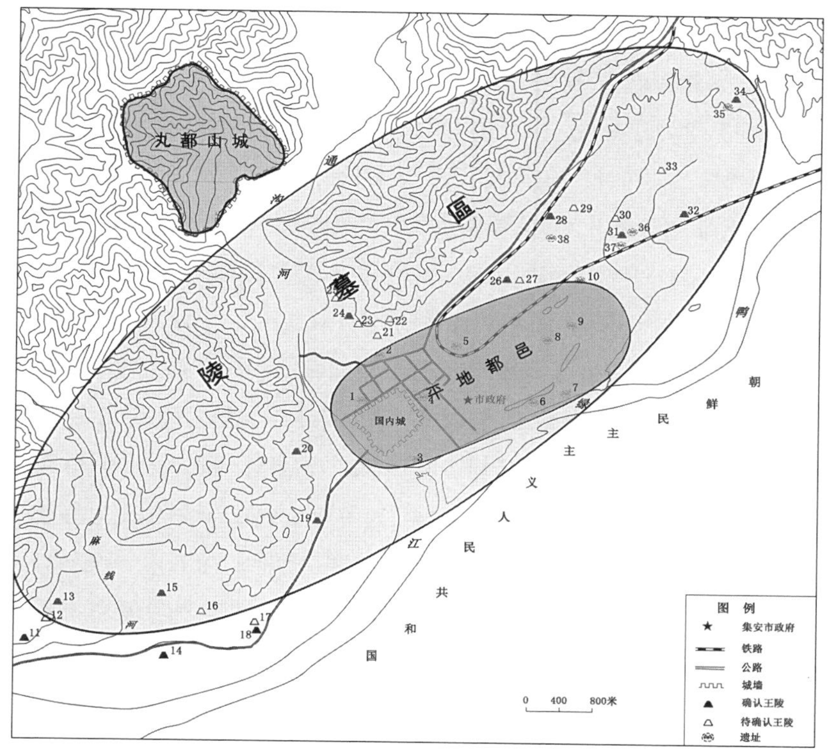

〈그림 3〉 '평지도읍', 환도산성과 '능묘구' 분포설명도

1. 北門外遺址 2. 梨樹園南遺址 3. 通溝河口遺址 4. 東門外遺址 5. 東台子遺址 6. 蓮花池遺址 7. 鎮江遺址 8. 胜利遺址 9. 气象站遺址 10. 民主遺址 11. 西大墓 12. 麻線610号墓 13. 麻線626号墓 14. 千秋墓 15. 麻線2100号墓 16. 麻線707号墓 17. 麻線2381号墓 18. 麻線2378号墓 19. 七星山211号墓 20. 七星山871号墓 21. 禹山0号墓 22. 禹山3319号墓 23. 山城下磚厂1号墓 24. 山城下磚厂36号墓 25. 山城下磚厂 145号墓 26. 禹山2110号墓 27. 禹山2112号墓 28. 禹山992号墓 29. 禹山901号墓 30. 禹山540号墓 31. 太王陵 32. 臨江墓 33. 黃泥崗大墓 34. 將軍墳 35. 將軍墳西南建筑遺址 36. 太王陵東遺址 37. 太王陵南遺址 38. 禹山建筑址

있는 유적의 등급은 '王城區'와 '陵墓區'보다도 현저히 낮기 때문에, 더 낮은 행정구획에 속했던 것으로 볼 수 있다. 그리고 궁전, 관공서, 예제건축, 능묘 등이 '王城區'와 '陵墓區'를 거의 완전히 덮고 있으며, 생존과 발전을 유지하는 자원 공급 공간이 없었음을 고려하면 '陵墓區' 외곽에 있는 '국내'의 범위는 '王城區' 및 '陵墓區'와 지리공간으로 연결되고 긴밀해서 왕성의

공급을 보장하는 역할을 담당했던 것으로 보이며, 이 구역을 왕성 바깥 둘레의 '畿輔區'라고 할 수 있다.

2006년 청석진 동북, 지금 운봉저수지 침몰 구역에서 고구려시기 무덤 2천여 개를 발견하여 이 구역도 고구려시기에 중요한 취락유적임을 증명했다. 그런데 지금까지 이 구역에서 조사하고 발굴하는 일이 너무 적어서 다만 지리공간의 연결성과 고고유적의 분포 특점을 고찰하면 이 구역은 이미 '국내'의 지리 공간 범위를 넘어섰다고 할 수 있다.

따라서 지금의 집안 시내를 중심으로 한 압록강 중류 우측 구역의 7개의 성지와 요새를 지표(標識)로 둘러싼 구역이 바로 문헌기록 상의 고구려 초·중기의 통치핵심구역, '국내' 지역이다. '국내'의 지리적 공간 범위는 대체로 동쪽으로 압록강 오른쪽 기슭, 서쪽으로 老嶺, 남쪽으로 압록강과 혼강이 합류하는 곳, 북쪽으로 운봉저수지 남단에 이르는 지역이다.

서로 다른 유형의 유적 분포 특징 및 자연지리적 환경을 종합적으로 고찰하여 '국내'를 다시 '王城區'·'陵墓區'·'畿輔區'로 나눌 수 있다. '王城區'에 동시기 무덤이 없고 '陵墓區'에 생활용 건축 유적을 볼 수 없다. 따라서 유적의 유형과 기능은 분명하게 구별되고 뚜렷한 계획 없이 형성된 것이 아니라, 고구려 초·중기에 왕도에서의 성과 능침건축에 대해 전체 계획이 있었음을 보여준다. '陵墓區' 바깥의 경우 유적의 등급이 현저히 낮아지고 고등급 건축도 볼 수 없다. 자연지리 공간으로 보면 왕도의 핵심통치구역을 넘은 것 같다. 그렇다면 '王城區'와 '陵墓區'에 각종 궁실·예제건축·무덤으로 차지한 상황에서 이 구역은 왕도의 자원 공급 기능을 하거나 궁실·황성 밖에 있는 왕도가 계속 존속할 수 있게 하는 후방보급기지 같은 역할을 했다. 이 구역은 왕도가 계속 남아 있고 발전하는 중요한 보장이므로 고구려 중기 왕도의 중요한 구성 부분으로 되어 있어 '畿輔區'라고 한다.

Ⅴ. 맺음말

혼강 중류에 위치한 '졸본'과 압록강 중류에 있는 '국내'는 老嶺을 사이에 두고 마주 보고 있는데, 수계로 서로 잇닿고 모두 요지를 차지하며 물을 의지하고 성을 쌓았다. 양자의 중심지도 모두 고구려의 왕도로 고구려 민족의 기원과 관련되어 있고 그 후 정권을 건립하고 발전시키는 것과 긴밀한 관계가 있다. 양자는 유사한 부분이 비교적 많지만 자연지리적 환경과 유적 분포의 특징에서는 뚜렷이 구별된다.

자연지리적 환경으로 보면 '졸본'은 현도군과 가까운데 그 넓은 자연지리 환경이 방어에는 불리하다. 그러므로 오녀산은 자연적 지형과 험준한 정도가 환도산에 비해서 훨씬 더 낫고 환인현성이 있는 혼강 중류 충적평원의 면적과 환경도 집안 통구평원에 비해서 뛰어나며 교통에서도 '국내'지역보다 더욱 편리한 편이다. 하지만 고구려 정권은 국가를 세우고 얼마 후에 '국내'로 천도한 것은 고구려 건국 초기에 통치자는 避禍求存을 주요 사상으로 중원정권을 피하기 위해 부득이한 것이었다. '국내'는 현도군과 멀리 떨어져 있고 길이 험난하여 가기가 어렵다. 서쪽은 老嶺으로 가로막히고, 동쪽은 압록강을 천연 참호로 삼고 상대적으로 폐쇄적이며 독립적인 공간이 형성되어서 전체적인 자연지리 방어 능력이 매우 뛰어나며 '졸본'보다는 자신을 지키는 데에 더욱 유리하게 된다. 중원정권이 고구려를 몇 번이나 토벌할 때 직면한 주요 문제는 바로 자연환경 문제이다. 이신전은 고구려 천도의 내적 원인에 대해 정확하게 논정했는데 이에 대해선 더 이상 논술하지 않겠다.

고구려는 '졸본'지역을 왕도로 삼은 시간이 짧고 국가도 건국 초기에 있던 상태여서 이 구역에서 고등급 유존이 남아 있지 않고 전체적인 건설 계획도 없는 것 같다. 지금까지 환인현 경내에서 발견된 유적은 주로 수계를 따라 하곡 근처에 분포하고 있다. 이는 고구려 유적의 분포 특징이고 이 밖에 다른 분포 규칙은 없는 것 같다. 현재 환인현 경내에서의 발굴작업에서 기와가 적게 발견되었고 오녀산성과 고검지산성 등 성지에서도 기와가 나오지 않았는데, 이는 이 구역이 유적의 등급이 낮다는 표식이다. 따라서 필자는 오녀산성 보고에서 제시하는, 고구려는 국내로 천도한 후에도 오녀산성이 원래대로 '聖都'역할을 한다는 내용을 인정하지 않는다. 하지만 『삼국사기』에서 역대 고구려 왕은 졸본에 가서 시조묘를 제사했다는 기록이 많이 나타나므로 '졸본' 범위에서 시조묘를 찾아보려는 것은 고고학 작업 중에 한 중점이라고 본다. 필자는 시조묘의 위치가 졸본의 평야지역이고, 오녀산은 아니었다고 본다. 그리고 유적에서 기와가 나오는 것은 시조묘 유적을 밝히는 중요한 참고 유물이 된다. 이전에 환인 경내에 동고유적에서만 기와를 발견하였으므로 필자도 중요한 참고유물로 이를 시조묘 유적으로 삼았다. 그런데 동고유적에 와당이 보이지 않고 지리적 위치도 '졸본' 중심지에서 멀리 떨어지므로 이를 시조묘로 추정하는 것은 큰 문제가 된다. 그동안 이신전 선생을 통해 봉명유적에서 권운문 와당이 수집되었던 일을 들었다. 이는 아주 중요한 단서인데 시조묘로 의심되는 봉명유적에 대해 향후 중점적인 고고학적 작업을 전개해야 한다.

'졸본'과는 대조적으로 '국내' 지역은 400여 년 동안 고구려의 왕도로 이어졌다. 고구려는 국내에 도읍한 중반 이후, 마침 중원 왕조가 분열과 전쟁 상황에 처한 배경으로 인해 고구려 정권에게 충분한 공간과 기회가 주어졌고 이를 발전시켰다. 비록 그동안 고구려는 曹魏와 前燕에 여러 차례 타격을 겪었으나 4세기 이후에 국력이 비교적 큰 발전을 이루었다. 동시에 고구려의 강역도 대폭 확장되어 점차 낙랑과 요동을 점령하였다. 위의 내용에 따라 '국내'에서의 고구려 유적은 뚜렷한 특징과 규칙을 갖고 분포한다. 특히 왕도의 핵심 구역에 대해 전체적인 계획을 명확하게 짜야 한다. '국내'의 바깥에 있는 산성과 요새로 구성된 방어 체계도 이런 전체적인 계획의 반영이다. '국내' 구역에 있는 왕도의 전체적인 배치와 방어체계는 4세기 중반 이후부터 5세기 초까지 계획한 것이고 고구려의 국력이 높아진 후에 더욱 더 완비하고 있었다. 하지만 비록 '국내' 지역에 남아있는 대부분의 고구려시기 유적의 연대는 4, 5세기경이고 더 이른 시기의 유적에서는 무덤만이 보이는데 왕릉의 배치 계획 그리고 '王城區'와 '陵墓區'의 구별이 엄격한 것으로 보아 왕도의 전체적인 계획은 국내로 천도한 초기에 이미 정하였고 이후 오랜 시간에 걸쳐 비로소 실현되었을 뿐이다.

'국내' 도읍기에 고구려의 이러한 개방적 왕도 모델은 아직 중원정권의 도성체제에서 이미 갖춘 예제적 의미가 빠졌으며, 외곽성을 쌓지 않고 엄격히 대치 배치를 하지 않은 것은 이 시기의 도성이 아직 원초적 단계에 머물렀음을 설명한다. 국내성의 건설은 고구려가 중원을 모방하여 都城禮制를 갖추려는 노력의 결과라고 볼 수 있는데 평양천도 초기까지만 해도 고구려는 아직 중원의 왕도배치 이념에 따라 도성을 수축하지 않은 것 같다. 平壤市內古城을 쌓을 때에 이르러서야 고구려는 비로소 중원의 도성배치 이념을 받아들이기 시작하였다.

고구려 후기의 왕도와 관련하여 평양이라는 지리 개념에 대해서는 실제 고증하고 해석할 필요가 있다. 하지만 북한 지역에 있는 고구려 유적에 대해서는 자료가 불충분하여 평양 부근 고구려 유적의 전체적인 분포와 문화 내용을 전면적으로 파악할 수 없기 때문에 섣불리 연구를 시작하면 오류가 생길 가능성이 크다. 이를 감안하여 필자는 평양이라는 지리 개념을 본문에 포함시키지 않고 검토하였다.

王志刚 · 唐淼

高句丽卒本与国内考*

“卒本”和“国内”是文献中与高句丽政权早·中期都城有关的地理空间概念. 目前学界对“卒本”大致位于今中国辽宁省桓仁县, “国内”位于今中国吉林省集安市已基本达成共识, 但对二者的准确范围既无定论也缺乏系统论证. 而“卒本”和“国内”地理空间范围的认定在高句丽都城及诸多重要问题的研究中具有极为重要的学术意义, 有必要深入研究和探讨. 笔者试在本文中, 结合文献记载和考古资料, 主要从桓仁和集安高句丽遗址的类型特点和空间分布规律入手, 试探讨高句丽“卒本”和“国内”的地理空间范围.

一. 卒本范围的过往研究

『三国史记·高句丽本纪』记载 : “始祖东明圣王, 姓高氏, 讳朱蒙(一云邹牟, 一云

* 本研究成果为国家社科基金“高句丽·渤海问题”研究专项 – 『高句丽文化的形成与发展及其与周边文化的关系研究』(17VGB015)及『集安高句丽王都研究』(19VGH002)·吉林省社科基金项目 – 『高句丽山城规划与社会组织结构 – 以集安霸王朝山城为视角』(2018G9)·吉林大学基础科学研究业务费 – 『大遗址保护与考古遗迹的公园建设研究』(2016QY003)阶段性研究成果.

象解). … 朱蒙行至毛屯谷(魏书云至普述水), 遇三人 … 与之俱至卒本川(魏书云至纥升骨城). 观其土壤肥美, 山河险固, 遂欲都焉. 而未遑作宫室, 但结庐于沸流水上居之. 国号高句丽, 因以高为氏1). 此条对高句丽政权建国立都的文献中出现了"卒本川"和"沸流水"的地理概念.

高句丽政权迁都国内之后,『三国史记·高句丽本纪』中多次出现高句丽王到卒本祭祀始祖庙的记载. 如新大王三年(167)"秋九月, 王如卒本, 祀始祖庙.", 故国川王二年(180)"秋九月, 王如卒本, 祀始祖庙.", 东川王二年(228)"春二月, 王如卒本, 祀始祖庙. 大赦."等等2).

好太王碑记载, "惟昔始祖邹牟王之创基也, 出自北夫余 … 于沸流谷忽本西城山上而建都焉"3), 出现了"沸流谷"·"忽本"的地理概念.

魏存成先生认为, 上述文献中出现的"卒本川"·"卒本"·"忽本"·"沸流水"·"沸流谷"应为同一地点, "沸流水"·"沸流谷"应指水而言(为便于表述, 后文统一称为"沸流水"), "卒本川"·"卒本"·"忽本"当指山间平地(为便于表述, 后文统一称为"卒本"). 这一观点, 在学术界已基本达成共识. 但对"沸流水"是哪条水系, "卒本"位于何地, 范围如何, 进而延伸到高句丽政权建国地点和第一座都城的考证, 学界却有不同观点.

第一类观点认为："沸流水"指今浑江, "卒本"在今辽宁省桓仁县县城附近, 高句丽的早期王城与位于桓仁县城附近的五女山城和下古城子城址密切相关. 此类观点可细分为三种观点. 第一种观点以魏存成先生为代表. 魏存成先生从高句丽都城的整体特征出发, 认为高句丽以山城和平原城结合作为都城的模式在集安为都期间已经完备, 更倾向于五女山城和下古城子城址结合, 共同作为高句丽的早期都城4). 第二种观点以李新全先生为代表. 李新全并未否认五女山城和下古城子城址间的密切关系, 但根据好太王碑"于沸流谷忽本西城山上而建都焉"的记载, 认为高

1) (高丽)金富轼著, 孙文范等校勘. 三国史记(校勘本)[M]. 吉林文史出版社, 2003.
2) (高丽)金富轼著, 孙文范等校勘. 三国史记(校勘本)[M]. 吉林文史出版社, 2003.
3) 耿铁华. 高句丽好太王碑[M]. 吉林大学出版社, 2012.
4) 魏存成. 高句丽遗迹[M]. 文物出版社, 2002.

句丽的第一座都城应为山城，即五女山城，亦即为『魏书』所记之纥升骨城[5). 第三种观点以耿铁华先生为代表. 耿铁华根据『魏书』"朱蒙至纥升骨城，遂居焉"的记载，认为朱蒙建国定都时纥升骨城已经存在，本地在高句丽建国前当有一座西汉城址，进而认为下古城子城址为纥升骨城[6).

第二类观点以日本学者田中俊明为代表. 他认为："沸流水"指今富尔江，"卒本"在今辽宁省桓仁县城东侧，富尔江与浑江交汇处附近. 五女山城是高句丽建都之纥升骨城，位于富尔江口的蝲哈城与五女山城共同作为高句丽早期都城[7). 田中俊明后又提出，五女山城为高句丽早期都城，喇哈城和下古城子城址可能都与早期都城有关[8).

以往观点虽对"沸流水"和"卒本"的位置存在异议，但却多肯定了五女山城与高句丽政权的第一座都城有密切关系. 1996~2003年，辽宁省文物考古研究所等单位对五女山城进行了系统发掘，发掘报告认为五女山城为高句丽早期都城. 后包括李新全在内的部分学者认为五女山城现存城垣的修筑年代较晚，年代约在4世纪末至5世纪初，五女山的山上部分，为高句丽政权的第一座都城. 高句丽在建国初期很可能未构筑城垣，起码来说，目前的考古工作尚未发现.

无论是否存在高句丽建国初期的城垣，综合考虑现有考古发现，并结合好太王碑对邹牟王"忽本西城山上而建都焉"的记载，五女山与高句丽早期都城存在密切关系当毋庸置疑，学界也多无异议.

基于这一认识，认为"卒本"位于今桓仁县县城附近的观点，虽与考古发现相对较为契合，但桓仁县城位于五女山西侧，二者的方位关系与好太王碑对"卒本"与高句丽早期都城的方位记载相悖. 而认为"卒本"位于浑江·富尔江交汇处的观点，虽与好

5) 李新全. 高句丽的早期都城及迁徙[J]. 东北史地，2009(6).

6) 耿铁华. 高句丽纥升骨城新考[C]. 高句丽考古研究，吉林文史出版社，2004.

7) (日)田中俊明著·陈春霞译·刘晓东校. 高句丽前期王都卒本的营筑[C]. 东北亚考古资料译文集·高句丽·渤海专号，2001.

8) (日)田中俊明著·慕容大棘译：『高句丽的前期王都』，『历史与考古信息·东北亚』1999年2期.

太王碑中对"卒本"与高句丽建都地点的方位相符，但这一区域高句丽建国前后至建国初期遗存显然不抵桓仁县城附近丰富，难以与考古发现匹配.

可见，以往研究对"卒本"范围的推定都存在难以解释的问题. 究其原因，以往研究虽然将文献记载与考古发现相结合开展研究，但研究主要着眼于个别重要遗址和重要发现，没有将视野放到一个大的空间范围内，开展宏观的综合研究.

二. 卒本范围的考证

桓仁县境内迄今共发现高句丽遗址26个[9]. 笔者曾在博士论文中对桓仁县境内现存高句丽遗址的分布特点做了探讨，并对每个遗址的大致年代和分期做了推定. 研究发现，年代约在高句丽建国前后至建国初期的遗址均分布于今浑江中游附近，西起桓仁县城，东至富尔江与浑江交汇处这一区间之内. 笔者以为，这一区域即为文献中"卒本"的地理空间范围. 文献中的"沸流水"应指浑江而言.

如果综合考虑高句丽中期前后浑江中游区域重要高句丽遗址分布的密集区域，并以遗址作为标志，界定"卒本"的地理空间范围，大致为东至富尔江汇入浑江江口南侧的蝲哈城，南至米仓沟墓，西至马鞍山山城和四道河墓群，北至东古城遗址和大荒沟墓群(图一). 理由大致如下.

第一，目前在桓仁境内发现的高句丽建国初期遗存均位于这一地理空间之内.

---

9) a. 本文中对桓仁县境内高句丽遗址的统计结果，主要有三个资料来源. 主要资料来源是根据2009年西安地图出版社出版的由国家文物局主编的『中国文物地图集(辽宁分册)』和1990年出版的由桓仁满族自治县文物志编纂委员会编写的『桓仁满族自治县文物志』. 除收录两书中明确标注为高句丽时期的遗址，还包括如凤鸣遗址这类包含其他时期遗存，但文物志中记录曾出土高句丽时期遗物的遗址. 第三个部分的资料来自相关的考古调查·考古发掘报告及研究论文，如蝲哈城. b. 现桓仁水库淹没区内的高句丽墓葬，除高丽墓子墓群(含连江墓群)外，余者无详细解释，难做进一步探讨，因此将50年代配合桓仁水库建设调查中发现的除高丽墓子墓群(含连江墓群)外的10个墓群合称为桓仁水库淹没区墓群.

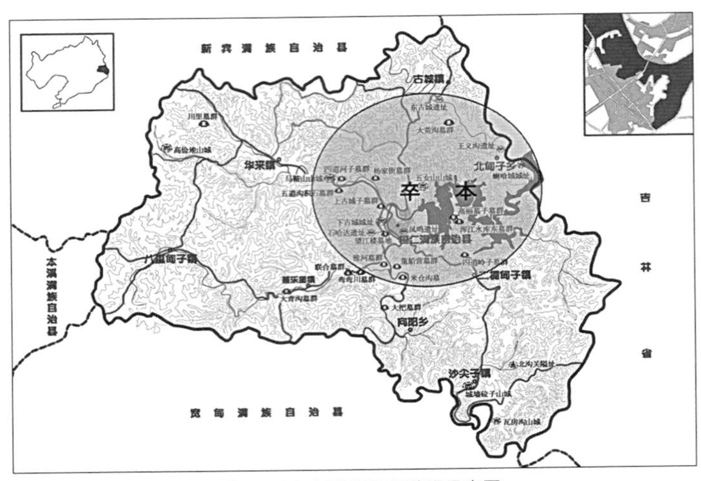

〈图一〉 "卒本"地理空间范围示意图

目前可基本明确年代属高句丽建国初期的遗存有五女山第三期文化遗存·桓仁下古城子城址H1及城内采集的部分遗物·王义沟遗址晚期遗存. 上述遗存文化面貌相同, 均为王义沟类型. 此外, 高丽墓子墓群·大荒沟墓群·上古城子墓群的部分积石墓, 以及桓仁水库淹没区墓群的部分墓葬可能亦属高句丽早期遗存, 这些遗存均位于上述地理区间之内.

同时, 桓仁县境内迄今发现的年代可能早至高句丽建国前后的望江楼墓地·南边石哈达遗址等也位于这一区间内.

第二, 在高句丽中期以后, 年代大致在4世纪末至5世纪初以后, 这一区域的高句丽遗址仍比较密集, 在整个桓仁地区·抑或在浑江流域考察, 这一地理区间的遗址密集度也是最高的. 遗址的类型也相当丰富, 山城·平地城·遗址·建筑址·墓葬均有发现. 这一区域仅占桓仁县地域面积的约五分之一, 遗址数量却占到了桓仁县高句丽遗址数量的约五分之四, 此区域之外, 只见有少量的山城和墓葬. 不仅遗址分布密集, 这一区域内发现的米仓沟壁画墓, 是目前中国境内除集安外唯一发现的高句丽时期壁画墓. 另外, 东古城遗址采集有瓦, 凤鸣遗址还曾采集有卷云纹瓦当[10]. 密集的遗址·高等级墓葬和建筑瓦件的发现, 说明这一区域地位重要, 将其视为浑江流域高句丽统治的核心区域并无不可.

第三, 将“卒本”的地理空间范围界定在这一区域与文献记载和考古发现相吻合.

以往学界在高句丽早期都城研究问题上主要着眼于城址, 忽视了位于桓仁县城和浑江与富尔江交汇处之间, 现桓仁水库淹没区的重要意义. 桓仁水库淹没区五·六十年代调查时即发现墓葬750余座, 墓葬数量远大与今桓仁县城附近. 两次对高丽墓子墓群的发掘, 均发现有高句丽建国前后至高句丽建国初期的墓葬. 这些墓葬必然并非孤立的存在, 应存在与墓葬对应的高句丽早期遗址. 与桓仁水库淹没区墓群关联的遗址, 可能是五女山城, 可能位于桓仁县城附近, 当然也可能位于水库淹没区内, 而尚未被发现. 但无论是何种情况, 以往将“卒本”推定在桓仁县城附近或浑江与富尔江交汇处附近, 均将桓仁水库淹没区内密集·丰富的高句丽遗存排除在“卒本”的地理空间之外, 显然并不合适. 恰恰相反, 桓仁水库淹没区内的大量高句丽时期遗存, 无疑成为联通桓仁县城平野和富尔江·浑江交汇处平野的纽带和桥梁, 说明二者并非彼此独立, 而是处于同一个大的地理空间之内.

以往观点均将“卒本”这一地理空间范围推定的过小. 实际上, “卒本”与“国内”是史书中对高句丽早期和中期都城所在区域的称呼. “国内”实为一较大的地理空间概念, 其中包含了尉那岩·豆谷·国岗·柴原等多个地理单元. “国内”区域应包括以今集安市区通沟平原为中心的鸭绿江中游右岸的广大区域. “卒本”与“国内”相对, 亦应是比较大的一个地理空间概念, 包含几个相互连通的地理单元自然并无不可.

如从文献角度考察, 将“卒本”推定为上述空间范围, 五女山城恰位于“卒本”的西部. 笔者以为, 这一点与好太王碑中“忽本西城山上而建都焉”的记载相吻合. 只不过需将好太王碑中的“忽本西”理解为“卒本”这一地理范围的西部, 而非西侧.

综上, 笔者认为, “卒本”实则是对高句丽民族发源地之一的浑江中游区域的一个整体称谓, 与指代高句丽另一起源之地鸭绿江中游区域的“国内”概念对应, 均指一个较大的地理空间范围. 因此, 将“沸流水”推定为浑江, “卒本”推定为东至富尔江汇

10) 凤鸣遗址采集有瓦当的信息笔者听闻自辽宁省文物考古研究所李新全先生, 目前此资料未见发表.

入浑江江口, 西至桓仁县城西侧, 两者之间浑江中游的较大区域是比较合适的, 这一认识既与文献记载吻合, 也与考古发现相符.

三. 国内范围的过往研究

『三国史记·高句丽本纪』儒留王条下记载："二十二年(3)冬十月, 王迁都于国内, 筑尉那岩城"[11). 故国原王条下记载："十二年(342)春二月, 修葺丸都城, 又筑国内城". 这里出现了"国内"和"国内城"的记载.

中国史书中也见有"国内"和"国内城"的记载.

『北史·高句丽传』："其外复有国内城及汉城, 亦别都也. 其国中呼为三京"[12).

『隋书·东夷·高丽传』："复有国内城·汉城, 并其都会之所, 其国中呼为'三京'."[13).

『旧唐书·高丽传』："国内及新城步骑四万来援辽东 … 男生为二弟所逐, 走据国内城死守, 其子献诚诣阙求哀."[14).

『新唐书·高丽传』："高丽(高句丽)发新城·国内城骑四万救辽东."[15).

目前学界对"国内"为地名, "国内城"为城名的认识, 已基本达成共识. 因『三国史记·地理志』中对儒留王二十二年迁都的记载与『三国史记·高句丽本纪』中存在矛盾, 导致学界对国内城的始建年代和城名出现年代问题存在不同意见, 笔者也曾撰文进行了探讨, 但这一问题与本文主旨无关, 故不予探讨.

虽然学界对国内城的关注较多, 但却很少有研究涉及"国内"的地理空间范围问题.

金旭东先生首次比较明确的界定了"国内"的地理空间范围. 金旭东先生认为：以

---

11) (高丽)金富轼著, 孙文范等校勘. 三国史记(校勘本)[M]. 吉林文史出版社, 2003年.

12) (唐)李延寿. 北史·高句丽传[M]. 中华书局, 1975.

13) (唐)魏征等. 隋书·东夷·高丽传[M]. 中华书局, 1975.

14) (后晋)刘昫等. 旧唐书·高丽传[M]. 中华书局, 1975.

15) (北宋)欧阳修等. 新唐书·高丽传[M]. 中华书局, 1975.

集安通往外界的两条陆路通道，即高句丽南道和北道上的关隘为门，在关隘以内鸭绿江以北区域形成一个相对封闭的空间，这一空间应该是文献所指的“国内”．同时，金旭东先生指出，以现集安市区为中心，东西宽35公里，南北长5公里的区域内，是高句丽多座王陵和重要建筑遗存的分布区，这一区域是公元1~5世纪高句丽的政治·经济·文化中心，金旭东先生将这一区域命名为“高句丽都邑区”[16)]．

金旭东先生对“国内”地理空间范围的界定笔者大体表示赞同．但笔者认为，从集安地区高句丽遗址的类型特点和分布规律入手，可以进一步从考古学的视角明确“国内”的地理空间范围，并深化对高句丽中期都城都邑布局和空间分区的认识．

四．国内范围的考证

集安市境内迄今发现的高句丽遗址包括城址9座；遗址及建筑址21处；墓葬102处；采石场1处；碑刻发现地1处，再加上高句丽南道和北道，共计136处[17)]．

遗址的地理空间分布，以东北－西南走向，横亘于集安市中部的老岭山脉为界分为东侧的鸭绿江流域和西侧的浑江流域两个部分．遗址主要沿鸭绿江·浑江两条水系，以及鸭绿江支流通沟河·麻线河·太平河·榆林河·凉水河·大路河；浑江支流

---

16) 金旭东．西流松花江·鸭绿江流域两汉时期考古学遗存研究[D]．吉林大学，2011．

17) a．由于第一次全国文物普查并未形成系统的普查成果，对集安市高句丽时期遗址的数量统计主要是综合比对了第二次·第三次文物普查结果，以第三次文物普查数据为主体，结合二普成果『集安县文物志』和1993年出版的『吉林省志·文物志』，甄别查实了更名和合并的遗址，并将二普文物志或省志中曾经著录，三普时已消失的遗址也增补进来．在遗址命名上，考虑行政区划的变更，尽量使用三普资料提供的最新遗址定名，部分遗址三普资料的命名累赘繁琐或明显错误的，参考使用了『集安县文物志』或『吉林省志·文物志』中的遗址名称．

b．遗址的计数原则是以正式公布的保护单位名称作为1个整体计数，不包括遗址内包含的单体遗存．如洞沟古墓群只作为一个遗址计数，其中包含的禹山墓区·麻线墓区等7个墓区，太王陵·将军坟·千秋墓·五盔坟等王陵和贵 族墓葬，以及好太王碑等，均未单独计数．

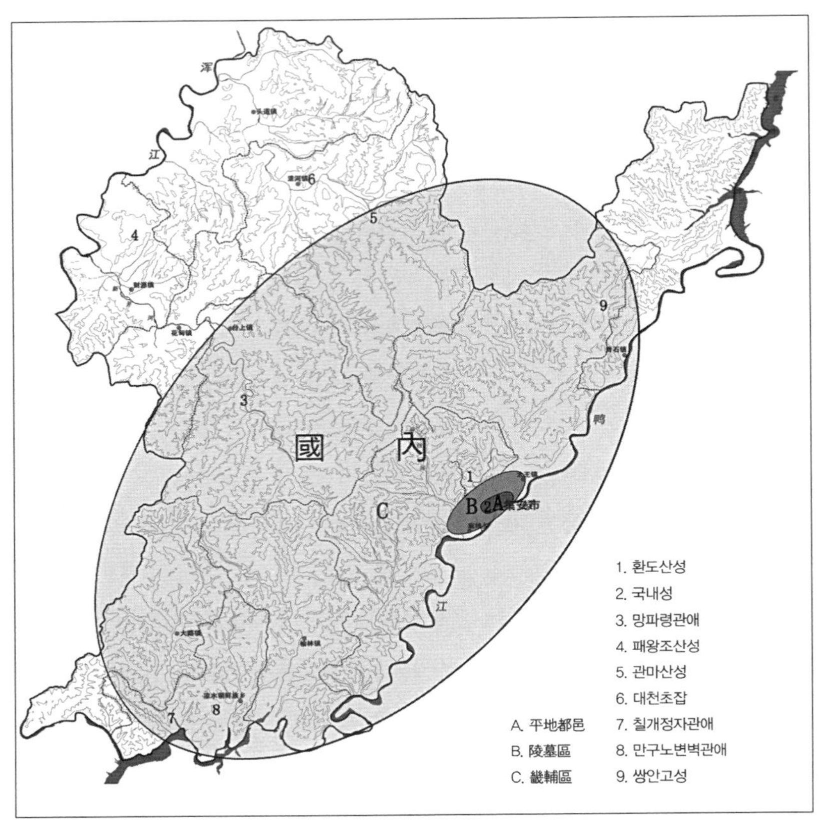

〈图二〉 "国内"地理空间范围及分区示意图

新开河·苇沙河分布. 绝大部分位于江河两岸的台地和山坡之上, 或处于河谷平地上.

集安境内的高句丽遗址中, 目前发现9座城址. 除国内城·丸都山城位于中心腹地外, 余者均扼守水陆要道, 起到防御和守备的作用. 东北方向通沟河上游的老岭东麓建有双安古城, 越过老岭, 在大罗圈河上游的通化县境内构筑有石湖关隘 ; 西南方向的鸭绿江下游构筑有七个顶子关隘·弯沟老边墙关隘 ; 东侧滨依鸭绿江天堑 ; 西侧凭靠老岭山脉为天险, 并在鸭绿江中游联通浑江中游的两条主要河谷, 浑江支流的新开河谷和苇沙河谷内, 即目前学界多推定为高句丽南·北二道之上, 北道设关马山城和大川哨卡, 南道设望波岭关隘和霸王朝山城, 作为西线的防御设施.

这些山城关隘的设置并不是随意的，他们合围于鸭绿江中游右岸的区域，应该即为公元1~5世纪高句丽早中期的政治·经济和文化核心区，即史书中记载的所谓"国内"区域(图二).

"国内"区域的中心，由位于集安通沟平原的中心区域，西至通沟河·南滨鸭绿江·北抵禹山南麓·东达民主遗址的区间内，以现国内城·梨树园南遗址·东门外遗址·北门外遗址·东台子建筑址·莲花池建筑遗址·民主遗址等重要建筑遗址共同组成了集安地区高句丽中期王都的主体，可称之为高句丽中期的"平地都邑"."平地都邑"与位于其西北的丸都山城，共同组成了高句丽中期都城的核心部分.二者所处区域，笔者认为主要包含了宫室·衙署和礼制建筑，当行使王都的行政职能，可谓之"国内"之中的"王城区"(图三).

"王城区"外围，西至麻线乡的西大墓·东至太王镇的将军坟·北至山城下墓区·南以鸭绿江为界，以高句丽"平地都邑"为核心，向外辐射半径约5公里，大致呈半环状围绕在高句丽"平地都邑"周围.这一区域是洞沟古墓群墓葬分布的核心区域，从自然地理分区上基本占据了通沟平原的全部范围.这一区域内目前发现的遗存以墓葬为主，是集安地区主要的王室贵族墓葬分布区，目前经考古工作确认的集安地区1~5世纪高句丽积石墓王陵·疑是王陵和绝大多数贵族墓葬均位于这一区域之内.此区内发现的将军坟西南建筑遗址·太王陵南遗址等几处建筑遗址也明显与周边的墓葬有关，当属墓葬的陵寝建筑遗存.这一区域与"王城区"以宫室·衙署和礼制建筑为主的遗址类别和遗址功能分区明显有所区别，而是已由"王城区"的"事生"转为"事死"的陵墓及相关遗存，可将这一区域称为"陵墓区"(图三).

在"陵墓区"的外围，目前考古工作发现的高句丽遗址几乎均为墓葬，只见有零星遗址.这一区域绝少发现建筑瓦件，更无大规模建筑遗迹发现.这一现象说明这一区域遗址的等级已明显降低，已经超出了高句丽王都的中心区域.

"陵墓区"的东北方向，上解放·下解放·长川，直到青石镇的蒿子沟村，鸭绿江右岸坡地地势相对优越，发现了如冉牟墓·长川墓群·蒿子沟一号墓等高句丽重要墓葬.但这一区域墓葬数量·密度和等级已明显低于"陵墓区"，其中相当一部分为高句丽迁

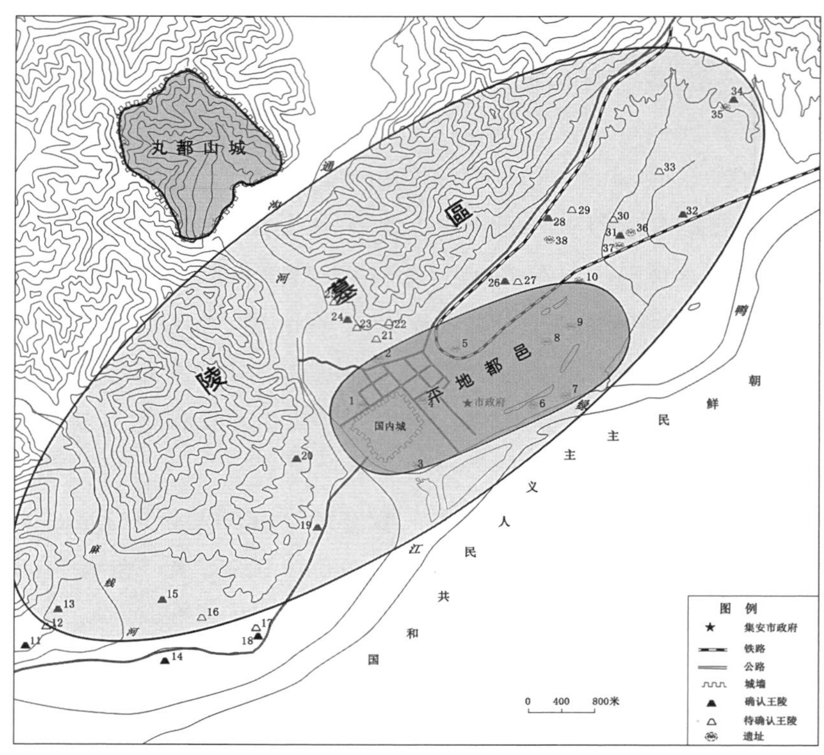

〈图三〉"平地都邑"·丸都山城和"陵墓区"分布示意图

1. 北门外遗址 2. 梨树园南遗址 3. 通沟河口遗址 4. 东门外遗址 5. 东台子遗址 6. 莲花池遗址 7. 镇江遗址 8. 胜利遗址 9. 气象站遗址 10. 民主遗址 11. 西大墓 12. 麻线610号墓 13. 麻线626号墓 14. 千秋墓 15. 麻线2100号墓 16. 麻线707号墓 17. 麻线2381号墓 18. 麻线2378号墓 19. 七星山211号墓 20. 七星山871号墓 21. 禹山0号墓 22. 禹山3319号墓 23. 山城下砖厂1号墓 24. 山城下砖厂36号墓 25. 山城下砖厂145号墓 26. 禹山2110号墓 27. 禹山2112号墓 28. 禹山992号墓 29. 禹山901号墓 30. 禹山540号墓 31. 太王陵 32. 临江墓 33. 黄泥岗大墓 34. 将军坟 35. 将军坟西南建筑遗址 36. 太王陵东遗址 37. 太王陵南遗址 38. 禹山建筑址

都平壤以后的墓葬. 这一区域从空间视角看已处于"陵墓区"的自然地理空间之外；时间视角看, 多数墓葬的时代已晚至迁都平壤以后；从墓葬等级视角观之, 虽有个别高等级墓葬, 但与"陵墓区"高等级墓葬密布有明显区别. 此区应有别于"陵墓区", 划出"陵墓区"之外比较合适.

"陵墓区"的西侧, 鸭绿江的支流·沟谷较多, 自然环境和地势相对较差, 发现的墓葬规模多较小，但墓群分布较为密集. 这一区域虽无高句丽遗址发现，但必须考虑到目前对遗址的认定仅仅依据文物普查，没有开展专项调查工作；以往考古工作中普通的高句丽时期平民居址往往遗物较少，多难以发现；也可能与山区适合人类居住的空间有限，古代遗址多与现代村落重合等原因有关. 目前随河流分布的密集墓群周边应有相应的高句丽时期遗址存在，只不过尚未被发现.

上述"陵墓区"外围的鸭绿江右岸区域，这些相对密集分布的遗址，处于关隘合围的高句丽"国内"范围之中，但已距离王城的中心区域较远，在自然地理空间上，也已经位于通沟平野之外，遗址的等级明显降低，这些区域有别于"王城区"和"陵墓区"，而属于更低一个层次的行政区划. 鉴于"王城区"和"陵墓区"之内几乎完全被宫殿·衙署·礼制建筑·陵墓所覆盖，没有维系其存在发展的资源供给空间. 陵墓区之外的"国内"范围与王城区和陵墓区地理空间联通，关系紧密，恰应起到支持王城供给的作用，是为王城外围的"畿辅区".

在青石镇再东北，今云峰水库淹没区内，2006年调查发现了两千余座高句丽时期墓葬，说明这一区域也是高句丽时期的一处重要聚落遗址. 但这一区域目前开展工作仍较少，仅从地理空间的连通性和考古遗址分布的特点考察，笔者认为这一区域恐已位于"国内"的地理空间范围之外.

综上，在大致以今集安市区为中心的鸭绿江中游右区域，以7座城址·关隘为标识，环围成史书中提及的高句丽中期统治核心区—"国内". "国内"的地理空间范围，大致为东至鸭绿江右岸，西不过老岭，南达鸭绿江和浑江交汇处，北抵云峰库区南端18).

在"国内"之中，由占据通沟平野中心位置的"平地都邑"和丸都山城组成了高句丽中期的政治·经济·文化核心区—王城区. 包围于王城区之外，外部范围大致以通沟平原的地理空间为限，约以"平地都邑"中心辐射5公里范围内，现有全部王陵和绝大多数王室贵族墓葬均发现于此区之内，这一区域是与王都存在直接关联，是为"陵墓

18) 笔者在博士论文『高句丽王城及相关遗存研究』中对"国内"的地理空间范围未以文字给予明确说明，尤其对"国内"的西界，博士论文"国内"地理空间范围及分区示意图.

区”. 王城区的主体是由多个不同功能的建筑遗址组成的“平地都邑”, 其中不见同时期墓葬. 同时, “陵墓区”内也不见与陵墓无关的日用建筑遗存. 这一严格区分, 是与城·陵建筑的总体规划有关的, 不会是无意识偶然形成的结果. 在陵墓区之外, 从地理空间上已超出王都的核心统治区域, 从遗存类别上等级明显降低, 更无高等级建筑, 这一区域可视为王都统治的外围区域. 这一区域虽与王都的核心功能无关, 但在“王城区”和“陵墓区”几乎被各类建筑和墓葬占满的情况下, 这一区域应发挥了王都的资源供给功能, 是王都得以存续的重要后勤保障, 当为王都的一个组成部分. 姑且称其为“畿辅区”.

高句丽中期对“国内”这一地理空间, 以及其中“王城区”·“陵墓区”和“畿辅区”的功能分区, 充分利用了自然地理空间的特点, 既是行政建制和政治·文化上的功能分区, 也体现了人与自然的完美结合, 是高句丽政权充分利用适应自然环境, 并实施整体规划的结果.

五. 余论

分别位于浑江中游·鸭绿江中游的“卒本”和“国内”隔老岭相望, 以水系相连, 据险筑城, 依水而居, 两个区域的中心均曾作为高句丽的王都, 与高句丽民族起源, 政权的建立·发展和壮大有紧密联系. 二者虽具较多相似性, 但却也在自然地理特点·遗存分布和规划布局上有明显的区别.

从自然地理特点上来看, “卒本”区域距离玄菟郡较近, 区域大的自然地理特点不利防御, 故而虽然五女山从单体的自然地势和险峻程度远胜丸都山；桓仁县城所处的浑江中游冲击平原的面积和环境也优于集安通沟平原；“卒本”的交通便利程度更远胜于“国内”地区. 但高句丽政权在建国不久后却要迁都“国内”, 这是与高句丽政权建立初期, 统治者以避祸求存为主要思想, 躲避中原政权追讨的无奈之举. “国内”区域远离玄菟郡, 道路艰险难行, 西以老岭为阻, 东以鸭绿江为堑, 地理空间相对封闭独立，区域整体的自然地理防御能力很强，与“卒本”地区相比更利于自保．中原政权数次征讨高句丽面临的主要困难就是自然地理的困难． 对高句丽迁都国内的原因，李新全先生做过精辟论证，在就不在进一步引申了．

由于高句丽王都在“卒本”地区的时间较短，且处于政权建立初期，未在这一区域留下较高等级的遗存，对这一区域的营建也似乎并无整体规划．桓仁县迄今发现的遗址主要沿水系分布于河谷近周，这是高句丽遗址分布的普遍特点，此外似乎并无规律．现有工作在桓仁县境内极少发现瓦件，包括五女山城·高俭地山城等城址不见瓦件，是这一区域遗址级别较低的标志，所以，笔者一直不认同『五女山城』报告中提及的即使在高句丽迁都“国内”之后，五女山城仍具有“圣都”意义．唯有『三国史记』中频繁提及的历代高句丽王至卒本祭祀始祖庙的记载，在“卒本”范围内寻找始祖庙是一项考古工作的重点．笔者认为始祖庙当位于“卒本”内的平野之上，而非五女山上．而遗址内见有瓦件，是作为始祖庙遗址的重要遗物参考．以往桓仁境内只有东古城遗址发现过瓦，故而笔者曾将其作为可能为始祖庙遗址的重要参考．但东古城遗址未见瓦当，地理位置也偏离“卒本”中心区域较远，这成为推定其为始祖庙的最大问题．近年从李新全先生处得知凤鸣遗址采集过卷云纹瓦当，这是极为重要的线索，应将凤鸣遗址作为疑是始祖庙来重点开展考古工作．

与“卒本”形成鲜明对比的是，“国内”地区作为高句丽王都长达400余年，高句丽都国内的中后期，恰逢中原王朝分裂·战乱的历史背景，给了高句丽政权充分的发展时机和空间，期间高句丽政权虽经历过曹魏·前燕的数次打击，但却在4世纪以后实现了国力的大发展，疆域得到大幅扩展，逐步占据了乐浪和辽东．前文所述“国内”之中的高句丽遗存分布有着鲜明的特点和规律．尤其王都的核心区域，应有着明确的整体规划．“国内”区域的外围，以山城和关隘合围的防御体系，也是这种整体规划的反应．对“国内”区域王都布局和防御体系的整体规划应该是在4世纪中后期至5世纪初这一时期，高句丽国力发展·政权强大后得以完备和完整实现的．但不应忽视的是，虽然“国内”区域现存的高句丽时期遗址大部分年代约在4·5世纪之交，年代更早的遗存只见墓葬．但从王陵分布的规划和“王城区”与“陵墓区”的严格区分来看，这种对王都的整体规划, 应在高句丽移都国内的初期就已经确定下来, 只不过对王都布局的最终实现可能经历了更长的时间.

高句丽以"国内"为都期间, 这种开放式的王都模式仍不具有中原政权都城早已具有的礼制意义, 不筑城垣, 没有明确的对称布局是其都城较为原始的表现. 国内城的始建年代应已晚至公元4世纪. 构筑国内城可能是高句丽政权开始考虑效法中原, 建立都城礼制的尝试. 但直至迁都平壤的初期, 高句丽似乎仍未依照中原王都布局理念构筑都城, 直至构筑平壤市区内古城, 中原都城的布局理念似乎方才被高句丽政权所接受.

与高句丽晚期王都相关的"平壤"这一地理概念, 其实仍需释读, 但限于朝鲜地区高句丽遗址的资料不全问题, 对今朝鲜平壤周边高句丽遗址的整体分布和文化内涵情况得不到全面掌握, 开展研究出现偏颇的可能性较大. 鉴于此, 笔者暂未将"平壤"这一高句丽历史文献中同样多见和存在较多争议的地理概念列入本文加以探讨.

백 다 해

5세기 중반 국제정세와 고구려·송 교섭의 의미
-459년 사행을 중심으로-*

Ⅰ. 머리말

459년 11월 己巳, 고구려는 송에 사신을 파견했다.[1] 450년대 고구려와 송의 관계라는 맥락에서 해당 사행을 보면, 이는 정례적 일처럼 여겨진다. 그런데 뒤이어 肅愼國이 등장하고 숙신이 楛矢·石砮를 바칠 때, 고구려가 譯을 맡았다는 사실이 함께 전해진다.[2] 이를 통해 459년 고구려는 단독으로 사신을 파견했던 것이 아니라 肅愼과 함께했음을 알 수 있다.[3] 더구나 전통적으로 숙신은 遠夷의 상징이었으며, 숙신의 조공은 덕이 있는 천자의 출현과 그의 통치에 따른 태평성세를 의미했다. 숙신이 함께했던 459년 사행[4]을 여타 사행과 다른 맥락에서 접근해야 하는 이유가 여기에서

* 본 논문은 「高句麗와 宋 교섭의 의미 : 459년 사행을 중심으로」 『高句麗渤海硏究』 66, 2020을 수정·보완하였다.

1) 『宋書』 卷6, 本紀6 孝武帝 大明 3年, "十一月 己巳, 高麗國遣使獻方物. 肅愼國重譯獻楛矢·石砮. 西域獻舞馬."

2) 『宋書』 卷29, 志19 符瑞下, "孝武帝 大明三年 十一月 己巳, 肅愼氏獻楛矢石砮, 高麗國譯而至."

3) 다만 사료마다 사행이 이뤄진 시점과 사행에서 고구려의 역할이 다르게 기록되어 있어 혼란을 준다. 관련 사료는 Ⅲ장에서 재검토할 예정이다.

생긴다.

그러나 고구려와 송의 교섭을 다룬 기존 연구에서 해당 사행은 크게 주목받지 못했다. 이는 기왕의 연구가 양국 교섭의 거시적 측면을 탐색하는 데 치중했기 때문이다. 실제 관련 기록이 부족한 고구려와 송의 교섭은 국제정세의 흐름과 같은 거시적 틀에서 분석됐으며, 양국의 교섭은 북위를 견제하기 위한 것으로 이해됐다.[5] 최근에는 북위 견제라는 기존 견해를 수용하는 가운데, 교섭 배경과 목적을 다각도에서 분석하려는 시도가 행해졌다. 백제 견제,[6] 산동 일대의 동향 탐색과 국제정세 대응,[7] 선진문물 입수에[8] 초점을 둔 해석은 이러한 시도의 결과라고 할 수 있다. 이로써 양국 교섭의 전반적인 흐름은 정리됐다. 하지만 거시적 흐름에 집중한 나머지 개별 교섭이 가지는 의미를 분석하는 데까지 나아가지 못했다.

오히려 459년 사행은 위진남북조시대 숙신 조공의 의미를 분석하는 과정에서 다뤄졌다. 특히 周代 이후 오랜 기간 자취를 감췄던 숙신 조공이 위진남북조시대 재개된 배경과 의미를 찾는 데 집중했다.[9] 이 과정에서

---

4) 고구려와 숙신이 함께 송에 사신을 파견한 일을 본 글에서는 '459년 사행'으로 명명했다. 여기에는 고구려가 숙신을 단순히 대동한 것이 아니라 숙신의 사신 파견 전반을 주도했다는 의미가 내포되어 있다.

5) 노태돈, 1980, 「5~6세기 동아시아의 國際情勢와 高句麗의 對外關係」『東方學志』 44(노태돈, 1999, 『고구려사 연구』, 사계절, 3부 2장 재수록) ; 이성제, 2005, 『高句麗 西方政策의 연구 : 北朝와의 對立과 共存의 관계를 중심으로』, 국학자료원.

6) 김철민, 2016, 「高句麗 長壽王代 對宋外交와 그 背景」『한국사학보』 63.

7) 백다해, 2016, 「5세기 국제정세와 장수왕대 對宋關係의 성격」『역사와 현실』 102.

8) 김진한, 2018, 「5世紀 高句麗의 對宋外交 再檢討」『역사학보』 237.

9) 池內宏, 1935, 「肅愼考」『滿鮮史硏究』 上世 第一冊, 吉川弘文館 ; 飯塚勝重, 1974, 「肅愼の楛矢に關する一試論」『アジア·アフリカ文化硏究所硏究年報』 9 ; 日野開三郎, 1988, 「肅愼一名挹婁(後肅愼)考」『東北アジア民族史(上)』 제14권, 三一書房 ; 張殿甲, 2007, 「關于楛矢石砮的考証」『東北史地』 2007-09 ; 赤羽奈津子, 2009, 「肅愼朝貢の意義について : 東夷朝貢の一側面」『特集 東アジアの歷史と現代硏究會 硏究論集』, 7(赤羽奈津子, 2014, 「朝鮮三國時代における對外關係史硏究」, 龍谷大學 博士學位論文, 2장 재수록) ; 郭威, 2010, 「肅愼·挹婁与魏晋南北朝的朝貢關系」『才智』 2010-06 ; 程尼娜, 2014, 「漢至唐時期肅愼·挹婁·勿吉·靺鞨及其朝貢活動硏究」『中國邊疆史地硏究』 24-2.

고구려가 숙신 조공을 중개한 정황을 포착하고, 과거 遼東郡이나 東夷校尉府의 역할을 고구려가 대체한 것으로 이해하는 등 고구려와 숙신 조공의 상관성이 분석됐다.[10] 한편 고구려가 域內 패자로서의 위상을 과시하기 위해 459년 사행을 추진했다는 분석도 있다.[11]

지금까지의 연구로 459년 사행의 많은 부분이 해명됐다. 그럼에도 몇 가지 규명해야 할 문제가 상존해있는데, 첫째, 시점의 문제이다. 기존 연구에서 459년 고구려의 사행, 특히 숙신을 대동한 것이 가지는 의미는 대체로 설명됐다. 그러나 왜 459년이었는가는 충분히 해명되지 못했다. 당시 양국의 국내외적 상황과 교섭 양상을 고려했을 때, 사신 파견이 행해진 일정한 배경이 있었음을 생각해 볼 수 있다. 따라서 459년이라는 시점이 가지는 의미를 밝힐 필요가 있다.

둘째, 459년 사행이 양국 교섭사에서 가지는 의미에 관한 것이다. 주지하듯이 대외교섭은 한 측의 일방적 행동이라기보다 쌍방작용의 결과이며, 각국의 이익을 극대화하는 방향으로 진행된다. 해당 사행이 고구려뿐 아니라 송에게 주었던 의미를 살펴야 하는 이유가 여기에 있다. 이처럼 459년 사행이 송에게 주었던 효과를 함께 고려할 때, 양국 교섭의 진정한 의미를 살피는 것이 가능할 것이다. 한편 고구려의 상황도 재고의 여지가 있다. 그간 459년 사행은 고구려가 숙신을 활용, '域內 세력에 대한 영향력을 강화'하기 위한 것으로 여겨졌다. 하지만 당시 무슨 이유로 역내 영향력을 강화해야 했는지, 충분히 설명되지 못했다. 이 부분은 450년대 중반 이후, 고구려 서북방 일대의 정세변화와 연계해 살펴볼 여지가 있다. 그밖에 사신 파견의 효과도 탐색할 여지가 있다.

본 글에서는 이와 같은 문제의식을 바탕으로 459년 사행을 재검토해보고

---

10) 赤羽奈津子, 2009, 위의 논문.

11) 김락기, 2013, 『고구려의 동북방 변경과 물길 말갈』, 경인문화사 ; 이동훈, 2019, 「고구려와 북조의 조공관계 성격」 『한국사학보』 75.

자 한다. 먼저 위진남북조시대 재등장한 숙신의 실체를 확인한 후, 해당 시기 고구려와 숙신의 관계를 탐색한다. 이어서 관련 사료를 재검토하고, 459년이라는 시점에 주목해 이것이 추진된 배경과 사행이 가지는 의미를 송과 고구려, 양 측의 입장에서 살펴보고자 한다. 이러한 시도가 고구려와 중원왕조 간의 교섭 양상을 입체적으로 규명해보는 계기가 되기를 기대한다.

II. 魏晉南北朝時代 肅愼과 高句麗의 관계

숙신은 稷愼, 息愼이라고도 불리는 고대종족의 일종이다. 이들의 활동은 고전 문헌에서 확인되는데, 대체로 덕이 있는 천자가 중원을 다스리면, 그 덕에 감화돼 조공해 오는 존재로 묘사됐다. 이에 전통적 인식에서 숙신의 조공은 덕을 갖춘 정통성 있는 천자의 출현과 그의 통치에 따른 천하태평의 상징으로 여겨졌다.[12)] 그리고 이러한 인식은 시대를 막론하고 통용됐다.[13)] 그러나 정작 종족 계통이나 활동 지역, 생활 습속과 같이 숙신의 실상과 관련된 정보는 상당히 불분명하다. 막연히 중국 동북방에 살았다고 여겨져 왔을 뿐이다.[14)] 게다가 周代 입조했던 것을 끝으로, 숙신의 조공마저 천여 년 가까이 확인되지 않으면서[15)] 숙신은 오랜 기간 사람들의

12) 자세한 내용은 한규철, 1988, 「肅愼·挹婁硏究」『백산학보』 35, 27~35쪽 참조.

13) 池內宏, 1935, 앞의 논문, 433쪽.

14) 飯塚勝重, 1974, 앞의 논문, 12쪽. 한편 숙신의 실체를 파악하기 위해 고고학계에서도 상당한 관심을 기울였다. 장기간 화북지역부터 흑룡강에 이르기까지 광범위한 지역을 두고 숙신의 활동 지역을 살핀 결과, 최근 흑룡강 동부지역의 물질자료를 숙신의 것으로 보는 데 잠정 합의된 듯하다. 하지만 이에 대한 반론도 있어(이종수, 2014, 「黑龍江省 東部지역 先史文化와 숙신」『東洋古典硏究』 57) 숙신의 분포 및 활동상에 관한 것은 단정 짓기 어렵다.

15) 『晉書』 卷97, 列傳67 肅愼, "周武王時 獻其楛矢·石砮. 逮於周公輔成王 復遣使入賀.

기억에만 존재하게 됐다.

그런데 236년을 기점으로 숙신이라 일컬어지는 집단이 갑자기 사료에 등장한다. 이에 숙신의 실체를 비롯해 고전 속 숙신과 3세기에 재등장한 숙신의 관계를 밝히기 위한 시도가 이어졌다. 그러나 236년 이후 확인되는 숙신은 고전 문헌 속의 숙신(일명 古肅愼)보다는 동시기 중국 동북지역에서 활동했던 挹婁로 보는 것이 일반적이다.[16] 『三國志』 挹婁傳에 기록된 읍루의 지리 경계나 거주환경, 습속에 관한 서술과 『晉書』 肅愼傳의 관련 기록은 세부적인 부분에서 차이가 있지만[17] 동일 집단에 관한 서술로 보기에 무리가 없을 정도로 흡사한 부분이 많다.[18] 요컨대 위진남북조시대 사료에서 재등장하는 숙신은 읍루의 다른 명칭이며, 읍루와 숙신은 동일 집단을 가리킨다고 보는 편이 합당할 듯하다. 다만 유의할 것은 당시 숙신 또는 읍루라는 명칭이 단순 혼용된 것은 아니었다는 점이다. 실제 『삼국지』나 『진서』에서 숙신은 중원왕조로의 조공과 같이 정치적 상황에서 주로 확인되는 반면, 읍루는 挹婁貂로 대표되듯 동북방 종족집단의 실제 활동과 관련된 내용에서 주로 확인된다.[19] 이로 보아 숙신과 읍루라는 명칭은 상황에 따라 선택적으로 사용됐을 가능성이 크다.

관련하여 曹魏의 사례도 참조된다. 조위는 魏, 蜀, 吳 삼국이 병립하는 상황에서 조위 중심의 천하관을 공표하고, 동시에 자국의 정통성을 확보하기 위해 읍루의 조공을 마치 숙신의 조공인 것처럼 기록했다.[20] 그리고

爾後千餘年 雖秦漢之盛 莫之致也."

16) 한규철, 1988, 앞의 논문, 11~12쪽.

17) 대표적인 차이로 북쪽 경계의 기록 여부와 기르는 가축의 종류, 그리고 君長의 유무 및 사회분화를 지적할 수 있다.

18) 이정빈, 2019, 「양맥·숙신의 난을 통해 본 3세기 동아시아와 고구려」 『한국사연구』 187, 111~112쪽.

19) 程尼娜, 2014, 앞의 논문, 21~22쪽.

20) 여호규, 2017, 「고구려와 중국왕조의 만주지역에 대한 공간 인식」 『한국고대사연구』 88, 182~184쪽.

이때부터 위진남북조시대 전반에 걸쳐 숙신의 조공이 확인되는 것으로 보아[21] 읍루를 숙신으로 보는 인식은 당대 통용됐던 듯하다. 여기에는 여러 세력이 공존하는 시대적 특성이 녹아있다. 이처럼 위진남북조시대 숙신의 재등장은 숙신 조공의 함의와 불가분의 관계에 있었다. 숙신이 재생산 된 것이다.

중요한 것은 숙신이라는 명칭이 동시기 고구려사에서도 확인된다는 사실이다. 아래는 관련 기록을 정리한 것이다.

A-1. 숙신의 사자가 이르러 紫狐裘와 白鷹, 白馬를 바쳤다. 왕이 연회를 베풀어 그들을 (돌려)보냈다.(『三國史記』 卷15, 高句麗本紀3, 太祖大王 69年(121) 冬10月)

A-2. 숙신이 침입해 와 변방의 백성을 도륙했다. 왕이 군신에게 이르기를, "과인이 보잘것없는 몸인지라 국가의 일을 거듭 그르쳤으며, 덕을 드리울 수 없고 위엄을 떨칠 수 없어서 隣敵이 우리의 강역을 침범하는데 이르렀다. …" 신하들이 모두 말하기를, "왕의 동생 達賈가 용맹하면서도 지략이 있어 大將을 맡을 만합니다." 왕이 이에 달가를 보내 가서 그들을 토벌하게 했다. 달가가 뛰어난 지략으로 엄습하여 檀盧城을 빼앗고, 추장을 살해했으며, 600여 가를 扶餘 남쪽 烏川으로 옮기고, 항복한 부락 6~7곳을 부용으로 삼았다. 왕이 크게 기뻐하여 달가를 배하여 安國君으로 삼고, 내외의 군사 일을 맡게 했으며, 梁貊·肅愼諸部落을 겸하여 통치하게 했다.(『三國史記』 卷17, 高句麗本紀5, 西川王 11年(280) 冬10月)

A-3. 八年 戊戌 教遣偏師 觀□愼土谷 因便抄得莫□羅城加太羅谷 男女三百餘人. 自此以來 朝貢論事.(〈廣開土王碑〉)

21) 위진남북조시대 숙신 조공의 개별적인 사례 분석은 池內宏, 1935, 앞의 논문 ; 飯塚勝重, 1974, 앞의 논문 ; 日野開三郎, 1988, 앞의 논문 ; 赤羽奈津子, 2009 앞의 논문 참조.

A-1, 2는 각각 태조왕, 서천왕대 숙신 관련 기록이다. 태조왕대 공물을 보내며 우호 관계를 맺었던 숙신이 서천왕대에는 고구려를 침략하는 隣敵으로 여겨졌음을 알 수 있다. 한편 광개토왕대 고구려는 偏師를 보내 숙신을 공략, 남녀 300인을 抄得했으며, 숙신이 고구려에게 '朝貢·論事'하는 성과를 거두었다(A-3). 이때 복속된 숙신은 일정 주기로 고구려에 조공했으며, 내정의 여러 현안을 고구려와 상의했을 것으로 여겨진다.[22]

여기서 확인되는 숙신은 어떤 집단일까. 선학들이 지적한 것처럼 이때 숙신 역시 읍루로 보는 편이 합당하다.[23] 실제 고구려는 태조왕대부터 동북방면으로의 진출을 본격화했다. 이로 보아 A의 숙신은 장광재령 동부, 목단강 유역을 거점으로 했던 세력으로 추정된다.[24] 실제로 이 일대의 발굴 조사결과, 漢~魏晉代로 편년되는 읍루 관련 유적이 다수 확인됐다.[25] 특별히 최근 연구에서 주목하는 것은 鳳林文化이다.[26] 실제 관련 문화층에서 확인된 고고 자료를 보면, 이 문화를 향유했던 세력은 일정 수준 이상의 정치 집단을 형성해 정착 생활을 했으며, 고구려·부여·옥저 등 주변 세력과 교류했을 가능성이 크다고 한다.[27] 이로 보아 고구려와 교류하기도 하면서

22) 武田幸男, 1989, 『高句麗史と東アジア : 「廣開土王碑」研究序說』, 岩波書店, 115~119쪽.

23) 여호규, 2009, 「〈廣開土王陵碑〉에 나타난 高句麗 天下의 공간 범위와 주변 族屬에 대한 인식」 『역사문화연구』 32, 23~24쪽 ; 임기환, 2012, 「고구려의 연변 지역 경영 : 柵城과 新城을 중심으로」 『동북아역사논총』 38, 58~60쪽.

24) 千寬宇, 1979, 「廣開土王陵碑 再論」 『全海宗博士華甲紀念史學論叢』, 일조각, 537쪽 ; 김현숙, 2005, 『고구려 영역지배방식 연구』, 모시는사람들, 423~426쪽 ; 임기환, 2012, 앞의 논문, 67~70쪽 ; 김락기, 2013, 앞의 책, 30~37쪽 ; 여호규, 2017, 앞의 논문, 193쪽.

25) 삼강평원 일대 읍루의 고고학 발굴현황과 관련해서는 강인욱, 2009, 「靺鞨文化의 形成과 2~4세기 挹婁·鮮卑·夫餘系文化의 관계」 『高句麗渤海研究』 33 ; 강인욱, 2015, 「三江平原 滾兎嶺·鳳林문화의 형성과 勿吉·豆莫婁·靺鞨의 출현」 『高句麗渤海研究』 55 ; 이종수, 2011, 「三江平原地域 초기철기문화의 특징과 사용집단 분석 : 挹婁·勿吉과의 관련성을 중심으로」 『高句麗渤海研究』 41 ; 유은식, 2018, 「고고학자료로 본 沃沮와 挹婁」 『한국상고사학보』 100 참조.

26) 範恩實, 2014, 『靺鞨興嬗史研究』, 黑龍江教育出版社, 85~89쪽.

상쟁했던 A의 숙신(읍루)은 鳳林文化와 관련이 깊은 세력일 가능성이 크다.[28)]

중요한 것은 읍루가 고구려사에서 숙신으로 기록됐으며, 나아가 이들이 고구려 천하의 주요 구성원으로 자리 잡았다는 사실이다. 이처럼 고구려는 위진남북조시대라는 특수한 상황에서 출현한 숙신 관련 인식을 수용했다.[29)] 나아가 이를 적극 활용했다. 이는 앞으로 살펴볼 459년 사행을 이해하는 데 시사하는 바가 크다.

III. 459년 사행의 재검토

459년 사행은 숙신이라는 상징적 존재가 동행했던 이례적인 사행이었다. 다만, 관련 내용을 살펴보기에 앞서 사료를 먼저 검토할 필요가 있다. 짧은 기록임에도 불구하고 사료마다 내용이 조금씩 다르기 때문이다. 사행과 관련된 기록은 『宋書』 本紀, 符瑞志, 高句驪傳, 그리고 『南史』 및 『太平御覽』에서 확인할 수 있다.

B-1. 11월 己巳, 고려국이 사신을 보내 방물을 바쳤다. 숙신국이 重譯하여 楛矢·石砮를 바쳤다. 서역이 舞馬를 바쳤다.(『宋書』 卷6, 本紀6 孝武帝, 大明 3년(459))

B-2. 孝武帝 大明 3년(459) 11월 己巳, 숙신씨가 楛矢·石砮를 바쳤는데, 고려국이 譯하여 이르렀다.(『宋書』 卷29, 志19 符瑞下)

B-3. 이 해 婆皇, 河西, 高麗, 肅愼 등의 나라가 각각 사신을 보내 조공했다.

27) 이정빈, 2019, 앞의 논문, 114~116쪽.

28) 範恩實, 2014, 앞의 책 ; 이정빈, 2019, 앞의 논문.

29) 여호규, 2017, 앞의 논문, 195~196쪽.

서역이 儛馬를 바쳤다.(『南史』 卷2, 宋本紀 孝武帝 大明 3년(459))

B-4. 大明 3년(459), [고구려가] 또 숙신씨의 楛矢·石砮를 바쳤다.(『宋書』 卷97, 列傳57 夷蠻 高句驪國)

C-1. 大明 2년(458), [고구려가] 또 숙신씨의 楛矢·石砮를 바쳤다.(『南史』 卷79, 列傳69 東夷 高句麗)

C-2. 大明 2년(458), [고구려가] 또 숙신씨의 楛矢·石砮를 바쳤다.(『太平御覽』 卷783, 四夷部4 東夷4 高句麗)

B와 C는 동일 사건에 관한 기록이다. 그러나 사행이 이뤄진 시점 및 고구려와 숙신의 관계, 고구려의 역할이라는 측면에서 차이를 보인다. 먼저 사행이 행해진 시점을 살펴보자. B는 사행을 459년으로 기록했다. 반면 C에서는 그보다 1년 전인 458년의 일로 전한다. 450년대 고구려는 총 5회 사신을 파견했으며,[30] 제시된 458년과 459년 모두 송에 사신을 보냈다.[31] 따라서 기록을 단순히 종합할 경우, 숙신의 조공이 458년과 459년 잇달아 이뤄졌다고 볼 수 있다. 그러나 C는 『南史』 및 『太平御覽』의 기록임에 유의해야 하며, C의 문장구조나 내용도 염두에 둘 필요가 있다. 『남사』 고구려전의 내용(C-1)은 연도를 제외하면 『송서』 고구려전의 기록(B-4)과 완벽히 동일하다. 『태평어람』의 기록(C-2)도 마찬가지이다. 이는 C의 기록이 『송서』 고구려전을 모본으로 했음을 암시한다. 널리 알려진 것처럼 『송서』는 沈約이 南齊代 편찬한 사서로, 當代史로서의 가치를 가진다. 더구나 송은 국사 편찬을 중시해 사서 편찬에 필요한 자료를 다양하게

30) 고구려는 451년, 453년, 455년, 458년, 459년에 송에 사신을 보냈다.

31) 『宋書』 卷6, 本紀6 孝武帝 大明 2年 10月, "乙未, 高麗國遣使獻方物." ; 『宋書』 卷6, 本紀6 孝武帝 大明 3年 "十一月 己巳, 高麗國遣使獻方物. 肅愼國重譯獻楛矢·石砮. 西域獻舞馬."

보존했으며, 『송서』는 이를 토대로 편찬됐다는 점에서 신뢰성이 높다고 한다.[32] 사서가 가지는 특징 및 관련 기록을 종합했을 때, 458년으로 기록한 C는 誤記일 가능성이 크다. 따라서 해당 사행은 459년의 일로 보는 것이 합당하다.

고구려의 역할도 살펴볼 필요가 있다. B-1과 3을 보면, 고구려와 숙신은 동시에 당도했을 뿐 사신 파견은 서로 관계없는 독자적 행동처럼 서술됐다. 반면 B-4는 고구려가 숙신씨의 특산품인 호시·석노를 바쳤다고 하여 마치 숙신이 송 조정에 아예 이르지 않은 것처럼 기록했다. 따라서 459년 숙신이 실제로 송에 갔는지, 이것이 고구려와 관련이 있는지, 만약 관련이 있다면 고구려의 역할은 어디까지였는지 파악할 필요가 있다.

B-4를 제외한 다른 기록에서는 모두 숙신의 존재를 암시하는 표현이 확인된다. 따라서 459년 숙신을 표방한 집단이 송에 당도한 것은 사실인 듯하다. 관건은 이것이 숙신의 단독 행동이었는지, 아니면 고구려가 관계됐는지의 여부일 것이다. 고구려는 물론 숙신이 위치한 중국 동북지방에서 송에 가기 위해서는 해로의 이용이 필수적이었다. 여기에는 조선·항해술과 같은 고도의 기술이 필요했다. 또한 절기별 해로의 변화는 물론 항로 및 선박의 상황을 파악할 수 있는 전문가 집단이 동반되지 않을 경우, 성공적인 항해가 어려운 실정이었다. 이러한 상황을 고려했을 때, 해로를 이용해 본 경험이 전혀 없었던 숙신이[33] 단독으로 사신을 파견했다고 보기는 어렵다.[34]

---

32) 신승하, 2000, 『중국사학사』, 고려대학교출판부, 100~101쪽.

33) 동북방 삼림종족인 挹婁, 勿吉은 내륙 수로를 이용하기는 했으나(『三國志』 卷30, 魏書30 烏丸鮮卑東夷傳 挹婁, "… 其國便乘船寇盜, 鄰國患之") 이들이 해로를 사용한 흔적은 확인되지 않는다.

34) 한편 숙신의 독자적인 사행으로 보는 견해도 있으며(송기호, 2008, 「5세기 후반 高句麗의 북방 경계선」 『한국 고대 사국의 국경선』, 서경문화사, 233쪽), 숙신이라 기록되었지만 실제로는 삼강평원 남쪽에 살았던 읍루의 일부 세력이 해로를 이용, 송에 조공한 것으로 보기도 한다(程尼娜, 2014, 앞의 논문, 28쪽).

나아가 숙신이 송에 호시·석노를 바칠 때 '고려국이 譯했다'는 기록을 참조하면(B-2), 고구려의 역할은 단순히 숙신의 사신을 안내하는 데 그치지 않았음을 알 수 있다. 선행연구에서는 중원왕조와 매개할 수 있는 제3세력의 常存을 숙신 조공의 특징으로 지적했다.[35] 실제 숙신이 조위·후조에 조공할 때에도 요동군 및 고구려의 조력이 있었다.[36] 다만 제3세력의 조력은 숙신에게만 국한된 현상이 아니었다. 중원왕조와 교섭 경험이 없었던 세력이 주변의 도움을 받아 교섭한 사례가 사료에서 적잖이 확인되기 때문이다. 실례로 신라는 521년 梁에 처음 사신을 파견함에 백제와 동행했으며, 백제 사신의 도움으로 양과 소통했다.[37] 관련 사료나 여러 정황을 종합했을 때, 459년 숙신의 사신 파견은 고구려의 주도하에 이뤄졌다고 볼 수 있다. 그렇다면 고구려는 왜 숙신과 함께 송에 갔을까. 이를 통해 양국이 추구했던 것은 무엇일까.

Ⅳ. 459년 사행의 추진 배경과 의미

1. 宋의 建康 중심 天下觀 정립

459년 사행은 송과 고구려 양국의 이해관계 속에서 탄생한 정치적 교섭의 실질적 결과물이었다. 따라서 해당 사행은 459년 전후 양국의 대내외적 상황과 긴밀히 연계돼 있다. 먼저 송의 상황을 살펴보자. 제3대

35) 飯塚勝重, 1974, 앞의 논문, 14쪽.

36) 『三國志』 卷4, 魏書4 陳留王 景元 3年(262) 夏4月, "遼東郡言肅愼國遣使重譯入貢, 獻其國弓三十張, 長三尺五寸, 楛矢長一尺八寸, 石弩三百枚, 皮骨鐵雜鎧二十領, 貂皮四百枚." ; 『晉書』 卷105, 載記5 石勒下, "時高句麗 肅愼致其楛矢, 宇文屋孤並獻名馬于勒."

37) 『梁書』 卷54, 列傳48 諸夷 東夷 新羅, "… 語言待百濟而後通焉."

황제 文帝가 즉위한 이래, 송은 元嘉의 治로 평가될 정도로 번영을 누렸다. 안정된 통치가 장기간 이어졌으며, 대외적으로 북위와 몇 차례 충돌이 있었지만 대체로 국경지대의 소규모 국지전에 불과했다. 그런데 문제 재위 말년 상황이 급변했다. 발단은 외부에서 비롯됐다. 문제는 재위 후반기 北伐을 추진했는데, 이는 국가의 역량을 총동원한 대규모 전쟁이었다. 송은 북벌에 필요한 군수품 마련을 위해 관리의 봉록을 삭감했으며,[38] 金帛·雜物 등의 헌상을 종용했다.[39] 그뿐만 아니라 국경 6주인 青州·冀州·徐州·豫州·南兗州·北兗州에서 백성을 징발하여 북벌에 참여하게 하는 등[40] 전쟁 준비에 만전을 다했다. 그러나 철저한 준비에도 불구하고 송은 북위와의 전투에서 연전연패를 거듭했다. 북위군은 파죽지세로 남하해, 개전 10개월만인 450년 12월 건강의 건너편 瓜步로 진격하며 송을 위협했다.[41] 전쟁은 예상치 못한 북위의 귀환으로 갑자기 종결되었으나[42] 450년 전쟁으로 송의 북방 전역이 전란에 휩싸이며, 송은 막심한 인적·물적 피해를 입었다.[43]

설상가상 송은 북벌의 여파를 회복하기도 전에 내전에 휩싸였다. 皇太子

38) 『宋書』 卷5, 本紀5 文帝 元嘉 27年(450) 2月, "以軍興減百官俸三分之一."

39) 『資治通鑑』 卷125, 宋紀7 太祖文皇帝 元嘉 27年(450), "是時軍旅大起, 王公·妃主及朝士·牧守, 下至富民各獻金帛·雜物以助國用."

40) 『資治通鑑』 卷125, 宋紀7 太祖文皇帝 元嘉 27年(450), "又以兵力不足, 悉發青·冀·徐·豫·二兗六州 三五民丁, 倩使暫行."

41) 『宋書』 卷5, 本紀5 文帝 元嘉 27年(450) 12月, "庚午, 虜僞主率大衆至瓜步."; 『資治通鑑』 卷125, 宋紀8 太祖文皇帝 元嘉 28年(451) 春正月, "丙戌朔 魏主大會羣臣於瓜步山上, 班爵行賞有差."

42) 『宋書』 卷5, 本紀5, 文帝 元嘉 28年(451) 春正月, "丁亥, 索虜自瓜步退走." 『송서』에는 退走로 되어 있으나, 북위 황태자의 반란으로 급히 돌아간 듯하다. 이와 관련하여 최진열, 2011, 『북위황제의 순행과 호한사회』, 서울대학교출판문화원, 210~213쪽 참조.

43) 『資治通鑑』 卷126, 宋紀8 太祖文皇帝 元嘉 28年(451), "魏人凡破南兗·徐·兗·豫·青·冀六州, 殘破六州之生聚耳, 六州城守未嘗失也. 殺傷不可勝計. 丁壯者卽加斬截. 嬰兒貫於槊上, 盤舞以爲戲. 所過郡縣, 赤地無餘, 春燕歸, 巢於林木. 室廬焚蕩, 燕無所歸, 故巢林木. 魏之士馬死傷亦過半, 國人皆尤之."

劉劭가 문제를 시해하고 황위에 오른 것이다. 이 일로 송은 황태자 유소의 세력과 그를 반대하는 武陵王 劉駿의 세력으로 양분되어 4개월간 내전을 거듭했다. 그 결과 유준이 유소를 제압, 효무제로 등극했으나 내전의 피해는 상당했다. 당시 내전을 두고 劉誕의 參軍事 沈正은 "국가의 이러한 재앙은 천지가 개벽한 이래로 듣지 못했다"고 했는데,[44] 이는 송의 혼란한 내부 상황을 단적으로 보여준다.

450년대 송은 재앙과 같은 내전을 극복하고 국가 질서를 회복해야 했다. 나아가 북벌로 실추된 국가 위상을 재정립, 도약의 계기를 마련해야 했다. 이는 황위에 오른 효무제가 직면한 과제였다. 실제 효무제는 이를 해결하기 위해 여러 조치를 단행했다.

D-1. 乙卯, 揚州가 관리하던 6군을 王畿로 삼고, 東揚州를 揚州로 삼았다.(『宋書』 卷6, 本紀6, 大明 3年(459) 2月)

D-2. 송효무제 대명 3년(459), 尙書左丞 荀萬秋에게 五路(=五輅)를 만들게 했다.(『宋書』 卷18, 志8 禮樂5)

D-3. 이보다 앞서 동진(江左)[45] 이래로 제도에 빠진 것이 많았는데, 효무제가 明堂을 짓고 五輅를 만들었다. …(『宋書』 卷31, 志21 五行2 恒暘)

위 사료는 효무제대 단행된 조치의 일부를 정리한 것이다. 짧은 기록이지만 송의 질서 개편과 관련된 의미 있는 조치가 다수 포함되어 있다. 먼저 눈에 띄는 것은 王畿의 제정이다. 왕기란, 왕성 사방 1천 리 땅으로[46]

---

44) 『資治通鑑』 卷127, 宋紀9 太祖文皇帝 元嘉 30年(453), "參軍事沈正說司馬顧琛曰, "國家此禍, 開闢未聞 …."

45) 江左는 두 가지 의미로 사용되었다. 하나는 東晉-宋-齊-梁-陳의 다섯 왕조와 그 통치구역 전역을 가리키는 것이고, 다른 하나는 東晉만을 지칭하는 것이다. 여기서는 후자의 의미로 사용된 듯하다.

46) 『周禮』 夏官 職方氏, "乃辨九服之邦國 方千里曰王畿."

황제가 있는 중심지와 그 근방을 가리킨다. 胡族을 피해 강남 일대에 터를 잡았던 남조계는 자신들의 정통성을 西晉의 계승에서 찾았다.[47) 동진 이래 계속됐던 북벌은 서진의 수도이자 천하의 중심인 洛陽을 회복함으로써 자신들의 정통성을 회복하기 위한 노력이었다. 이처럼 동진 이래, 건강을 수도로 삼아 새로운 왕조가 건국됐지만, 낙양을 천하의 중심에 두는 인식은 여전히 지배적이었다. 당연히 왕기도 낙양과 그 주변의 땅으로 여겨졌다. 그런데 D-1과 같이 효무제는 건강이 속해있던 揚州의 6郡을 분리해 새롭게 왕기를 제정했다. 이와 같은 조치는 건강이 천하의 중심이 됐음을 선포한 것과 다름없다. 즉, 낙양을 정점으로 했던 기존 천하관이 아닌 건강을 중심으로 하는 송의 천하관 구축을 선포했던 것이다.[48) 왕기 제정은 그 출발이었다. 그 전에도 건강을 천하의 중심으로 보는 인식은 존재했다.[49) 그러나 왕기의 설정을 통해 이것이 제도로 정착됐다는 점에서 459년 조치가 가지는 의미는 작지 않다고 할 수 있다.

같은 해, 효무제는 尙書左丞 荀萬秋에게 五輅(=五路)의 제작을 명하였다 (D-2 참조). 오로는 천자가 사용하는 다섯 종류의 수레인데, 예부터 오로의 사용은 왕기 및 九服의 설정과 관련이 있었다. 따라서 왕기 제정에 이은 오로 제작 역시 건강을 중심으로 한 천하관 구축의 연장선에 있는 조치로 여겨진다. 이와 함께 明堂의 건립도 주목된다. 명당과 그곳에서 행해진 의례는 천명을 받아 통치한다는 중국 정통사상 구현의 핵심적 공간이었다. 낙양을 떠날 수밖에 없었던 동진은 새로운 터전에서 明堂禮를 행했지만 정작 祭場으로서의 명당을 세우지 않았다.[50) 이 역시 천하의 중심을 낙양으

---

47) 堀內淳一, 2017, 「それぞれの'正義'」 『魏晉南北朝史のいま』, 勉誠出版, 77~79쪽.

48) 戶川貴行, 2015, 『東晉南朝における傳統の創造』, 岩波書店, 117쪽.

49) 戶川貴行는 『晉書』와 『宋書』에서 확인되는 王畿·神州의 용례를 분석하였다. 이를 통해 기존에 낙양만 가리키던 것에서 370년을 기점으로 낙양·건강을 병용해 지칭하다가 459년 이후부터는 건강만을 가리키는 표현으로 변화했음을 밝혔다 (戶川貴行, 2015, 위의 책, 130~133쪽).

로 보는 의식과 관련이 있다. 그런데 효무제는 대명 연간 명당을 처음으로 세워(明堂肇建) 각종 의례를 행했다. 이 또한 낙양 회복과 귀환을 염원했던 기존의 의식이 약해진 결과이자, 동시에 건강 중심의 천하관이 표출된 직접적인 사례라고 할 수 있다.

이처럼 효무제는 대내 질서를 바로잡고, 대외 위상을 공고히 할 목적으로 건강 중심의 천하관 구축을 추진했다. 그리고 459년은 효무제가 착수했던 일이 본격화되는 때였다. 동년 11월, 천자의 덕에 교화되면 조공해 온다는, 정통성의 상징인 숙신이 송에 이르러 호시·석노를 바쳤던 것이다. 이를 우연의 결과로 볼 수 있을까. 더구나 450년대 송과 긴밀한 관계였던 고구려가 해당 사행을 주관했다는 점에서 숙신의 사신 파견 및 조공은 단순한 우연으로 보기 어렵다.

한편 같은 해, 西域도 특산품을 보냈다.[51] 중원왕조의 전통적 세계관에서 천자의 덕에 감화돼 조공해 오는 세력으로 숙신과 함께 거론되었던 것은 南方의 越裳이었다.[52] 이는 조위의 사례에서도 확인된다.[53] 다만, 강남 일대에 자리했던 송이 가진 월상에 대한 인식은 재고의 여지가 있다. 월상은 대개 交趾 남쪽 지역에서 활동했다고 알려졌는데, 한이 해당 지역을 交州로 삼은 이래 강남에서 활동했던 남조계는 교주를 두어[54] 이 일대의 세력과 충돌하면서 교류했다. 즉, 천자의 덕에 감화돼 조공해 오는 이종족

50) 『宋書』 예지에 따르면 송 효무제 대명 연간에 '明堂肇建'이라 하여 명당이 처음 건립되었다고 하는데 반해 『晉書』에는 東晉이 행했던 明堂禮의 사례가 다수 확인된다. 관련하여 戶川貴行는 제장이 마련되지 못한 경우 다른 제장에서 의례를 행한 사례를 예로 들며, 동진대 건축물로서의 명당은 없었으나 명당례가 행해졌다고 보았다(戶川貴行, 2015, 위의 책, 140~143쪽).

51) 『宋書』 卷6, 本紀6 孝武帝 大明 3年, "十一月 己巳, 高麗國遣使獻方物. 肅愼國重譯獻楛矢·石砮. 西域獻舞馬."

52) 여호규, 2017, 앞의 논문, 183쪽.

53) 『三國志』 卷2, 文帝紀 黃初 7年 正月 所引 『魏氏春秋』, "肅愼納貢, 越裳效珍, 條支絶域, 侍子內賓."(여호규, 2017, 위의 논문, 183쪽 각주 62번 재인용).

54) 『宋書』 卷38, 志28 州郡4 交州, "領郡八, 縣五十三. 戶一萬四百五十三. 去京都水一萬."

의 대표로 숙신과 월상이 거론되는 것이 일반적이었지만, 각국의 상황에 따라 그 인식이 달랐을 수 있음을 염두에 둘 필요가 있다.[55] 실제 송은 前漢 이래, 중원왕조와 통교했던 西域 일대를 絶域으로 여겼던 듯하다.

> E. <u>중원의 상란이 계속되어 胡人이 번갈아 흥기하여 西域과 江東이 가로막혀 重譯이 오고 가지 못했다</u>. 呂光이 龜茲에 이른 것도 오히려 蠻夷가 蠻夷를 벌한 것이지 중국의 뜻이 아니다. 이로부터 여러 나라가 나뉘기도 하고 합쳐지기도 하니 이기고 지거나 (힘의) 강약을 자세히 기록하기 어렵다. … 양이 천명을 받은 뒤 正朔을 받들고 궐에 조공한 나라로는 仇池, 宕昌, 高昌, 鄧至, 河南, 龜茲, 于闐, 滑 등 여러 나라가 있다. 지금 그들의 풍속을 엮어 西北戎傳을 삼았다.(『梁書』 卷54, 列傳48, 西北戎 序)(밑줄은 필자)

해당 사료는『梁書』의 기록이지만 남조계의 서역 인식을 살필 수 있는 중요한 자료이다. 이에 따르면 五胡의 喪亂 이후, 서역과 江東이 가로막혀[絶域] 통교가 어려웠는데, 梁代에 이르러 서역 국가들이 조공해 오면서 관련 정보가 수집되어 西北戎傳이 지어졌다고 한다.[56] 실제 459년을 제외하면 서역이 송에 사신을 파견한 것은 422년 단 한 번뿐이었다. 이마저도 西涼과 北涼의 대립이라는 특수한 상황에 기인한 것이었다.[57] 그리고 459년 이후부터 양에 이르기까지 西域이 남조계에 사신을 파견했다는 내용은 확인되지 않는다. 오히려 宋·南齊는 서역을 柔然(芮芮)에 속했다고 인식할 정도로[58]

---

55) 『宋書』에 월상 관련 기록이 전무한 것은 월상이 실제 송에게 遠夷나 絶域으로 인식되지 않았음을 보여준다.

56) 西北戎傳의 지리·습속 기사는 梁代 입수되거나 정리된 자료를 원전으로 한다는 연구가 참조된다(전상우, 2019, 「『梁書』 諸夷傳의 기초적 분석」 『목간과 문자』 22, 299쪽).

57) 『宋書』 卷98, 列傳58 氐胡 胡大且渠蒙遜, 永初 3年(422), "三月, 恂武衛將軍宋承廣武將軍張弘舉城降, 恂自殺, 李氏由是遂亡. 於是鄯善王比龍入朝, 西域三十六國皆稱臣貢獻."

동진 이래 서역과의 관계는 소원했다. 이로 보아 송은 월상보다 서역 일대와의 통교를 더 어렵게 여겼다. 그러한 서역이 459년 불현듯 송에 사신을 보내 舞馬(儛馬)를 바쳤던 것이다.

459년 숙신과 서역의 행보는 과연 우연일까. 서역은 자세한 기록이 없어 확인이 어렵다. 다만 숙신의 경우 사행에 고구려가 관여했으며, 450년대 고구려는 송과 빈번히 교섭했음을 상기할 필요가 있다. 관련해 다음의 사료를 보자.

> F. (대명) 7년(463) 조서를 내려 말하기를, "使持節 散騎常侍 督平營二州諸軍事 征東大將軍 高句驪王 樂浪公 (高)璉은 대대로 忠과 義로 섬겨 海外의 藩이 됐으며, 본 조정(의 뜻)을 성실히 이어서 殘險한 무리를 제거하는 데 뜻을 두었소. <u>ⓐ(또한 고구려왕은) 외진 곳[沙表]과 통역해 왕도[王猷]를 (널리) 펼쳤으니[通譯沙表 克宣王猷]</u> 進用으로 장려하여 도타운 절의를 표창해야 할 것이오. 車騎大將軍 開府儀同三司으로 삼고, 持節 常侍 都督 王公은 이전과 같이 하겠소."라고 했다.(『宋書』 卷97, 列傳57 夷蠻 高句驪國)(밑줄은 필자)

F는 463년 효무제가 장수왕에게 보낸 조서이다. 장수왕을 車騎大將軍으로 삼고 開府儀同三司를 더한다는 것이 주요 내용이다. 이때 효무제가 장수왕의 책봉호를 조정한 이유는 무엇일까. 그동안 해당 조서는 송이 漠北의 柔然과 통교하는 데 고구려가 중계자 역할을 한 것과 관련이 있다고 이해됐다.[59] 특히 내용 중 '通譯沙表 克宣王猷'의 해석이 주요했다. 그동안

---

58) 『宋書』 卷95, 列傳55 芮芮虜, "西域諸國焉耆者, 鄯善, 龜茲, 姑墨東道諸國, 並役屬之."; 『南齊書』 卷59, 列傳40 芮芮虜, "晉世什翼圭入塞內後, 芮芮逐水草, 盡有匈奴故庭, 威服西域."

59) 노태돈, 1999, 앞의 책, 307~308쪽. 노태돈이 처음 이러한 견해를 제시한 뒤, 후속 연구는 모두 이러한 시각을 공유하고 있다.

F-ⓐ에 입각해 송은 화북의 군사 강국인 북위를 견제하기 위해 주변세력과 연합전선을 펼쳤으며, 여기에 고구려·유연이 참여했고, 연합전선의 유지를 위해 고구려는 송과 유연을 중계했다고 여겨졌다. 그리고 이를 F가 방증한다고 봤다. 실제 해당 조서가 공표되기 1개월 전인 463년 6월, 고구려와 芮芮(=柔然)의 사신이 동시에 송에 당도했다.[60] 이러한 정황을 보면, 선학들의 지적처럼 '通譯沙表'는 유연과 관계된 표현일 수도 있다.[61]

그러나 F-ⓐ의 '通譯沙表 克宣王猷'는 재고의 여지가 있다. 먼저 沙表를 보자. 그동안 沙表는 '사막 나라의 뜻'으로 해석됐다. 그러나 沙表에는 '외진 곳' 또는 '변방'과 같은 의미가 있다.[62] 즉, 通譯沙表는 '외진 곳(변방)과 통역했다'는 의미로 새길 수 있다. 게다가 바로 다음 구인 '克宣王猷'의 王猷는 王道와 통한다. 따라서 해당 구는 '王道(王猷)를 널리 펼쳤다'는 뜻으로 볼 수 있다.[63] 정리하면, F-ⓐ는 '외진 곳과 통역해 王道를 널리(변방까지) 펼쳤다'고 새기는 것이 가능하다. 조서의 핵심이 되는 F-ⓐ를 이처럼 해석할 경우, 沙表에 입각해 고구려가 송과 유연을 연계했다고 보았던 기존 시각은 재고될 필요가 있다.[64] 실제 고구려와 유연은 같은 시기에 사신을 보냈으나 漠北에 근거지를 뒀던 유연은 土谷渾을 경유해

---

60) 『宋書』 卷6, 本紀6 孝武帝 大明 7년(463) 6月, "戊申, 芮芮國·高麗國遣使獻方物."

61) 김진한은 송의 요청을 받은 고구려가 노력한 결과 463년 고구려와 유연이 송에 함께 사신을 파견했다고 보았다(김진한, 2018, 앞의 논문, 47~48쪽).

62) 沙表의 용례와 관련하여 다음의 기사가 참조된다. 『宋書』 卷16, 志6 禮3, "高祖武皇帝明並日月, 光振八區, 拯已溺之晉, 濟横流之世, 撥亂寧民, 應天受命, 鴻徽洽于海表, 威稜震乎沙外." 이를 참조하면, 沙表는 변방, 혹은 중원에서부터 먼 지역을 뜻하는 沙外, 海表가 합쳐진 표현[沙(外)(海)表]일 가능성이 크다.

63) 기존 연구에서는 克宣王猷를 ① '짐(=효무제)의 뜻을 잘 펼친 것(노태돈)', ② '짐의 덕화를 크게 떨친 것(한국사데이터베이스)', ③ '王道를 잘 펼친 것(김진한)' 등으로 해석하였다.

64) 그렇다고 5세기 고구려와 유연의 관계마저 부정하는 것은 아니다. 시간차가 있지만 479년 고구려와 유연이 함께 지두우 분할 사건을 모의했던 것을 보면, 5세기 두 세력 사이에 일정한 연대가 있었던 것은 사실인 듯하다.

건강에 이르렀다.[65] 반면 고구려는 산동 반도를 거치는 해로를 이용했다. 양자가 이용했던 경로가 전혀 달랐던 것이다. 오히려 '외진 곳과 통역했다'는 F-ⓐ 전반부 4글자를 생각한다면, F는 遠夷로 여겨졌던 숙신의 사행을 주도하고, 또 송과 숙신의 원만한 교섭을 위해 통역까지 맡았던 459년 사행과 관련된 서술로 보는 것이 합당하지 않을까.[66] 특히 숙신의 조공은 왕도정치를 펼치는 천자의 덕에 감화된 결과로 여겨졌다는 점에서 더욱 그러하다.

한편 F를 위와 같이 해석할 경우, 459년 사행이 추진된 데에 송의 요청이 있었다고 볼 여지도 있다.[67] 관련 기록이 없어 조심스럽지만, 고구려는 458년과 459년 잇달아 사신을 보냈다. 이와 연계해 볼 때,[68] 458년 파견됐던 고구려의 사신을 통해 송이 숙신의 동행을 요청했을 가능성도 있다. 중요한 것은 459년 사행이 송의 필요에 고구려가 부응하는 과정에서 탄생한 산물이었다는 사실이다.

---

65) 『宋書』 卷95, 列傳55 芮芮虜, "… 自西路通京師, 三萬餘里."

66) 다만 4년이나 지난 시점에 해당 조서가 반포되었다는 점은 재고의 여지가 있다. 그러나 고구려가 462년 돌연 북위와 교섭했다는 점을 상기해야 한다(『三國史記』 卷18, 高句麗本紀6, 長壽王 50년(462) 春3月, "遣使入魏朝貢"). 송으로서는 자신들과 지속적으로 교섭했던 동방의 고구려가 북위와 교섭을 재개했다는 것만으로도 위기감을 느꼈을 수 있다. 이에 송은 과거 우호적이었던 고구려의 태도를 상기시킴과 동시에 加官으로 장수왕을 우대함으로써 양국의 결속을 다지려 했던 것은 아닐까.

67) 赤羽奈津子 역시 459년 사행은 중국 측의 요구에 따른 것이라고 봤다. 다만 고구려로서는 백제·신라를 견제하기 위해 중국과 우호 관계를 지속할 필요가 있었으며, 이를 위해 중국의 요구를 일방적으로 수용할 수밖에 없었다고 보아(赤羽奈津子, 2009, 앞의 논문), 고구려의 입장을 수동적으로 파악했다는 한계를 가진다.

68) 『宋書』 卷6, 本紀6 孝武帝 大明 2年(458) 10月, "乙未, 高麗國遣使獻方物."

2. 高句麗의 서북방 동요 억제와 北魏 견제

마지막으로 고구려가 459년 사행을 추진했던 배경과 그 의미를 살펴볼 필요가 있다. 고구려 측에 실효가 없었다면 고구려가 이러한 사행을 추진할 이유가 없었기 때문이다. 결론부터 이야기하자면, 고구려는 서북방 일대 동향에 대응하는 동시에 대외정책의 안정화를 위해 해당 사행을 추진했다.

먼저 주목되는 것은 고구려 서북방의 동향 변화다. 5세기 고구려의 서북방에는 北魏, 契丹, 夫餘, 勿吉 등이 존재했다. 다양한 세력이 공존했으나 436년 北燕을 둘러싼 北魏와의 갈등이 일단락된 후, 물길이 북위에 조공하며 본격적으로 남하하는 475년까지 서북방 정세는 대체로 안정적이었다고 여겨져 왔다.[69] 실제 『삼국사기』를 비롯해 5세기 중반 고구려 관련 자료에서 서북방 정세의 긴박함을 알리는 내용은 찾기 어렵다. 그렇다고 아무런 움직임이 없었던 것은 아니다. 특히 450년대 중반 이후 변화가 감지되는데, 다음의 사료를 보자.

G-1. … 이달에 于闐·扶餘 등 50여 국이 각각 사신을 보내 조헌했다.(『魏書』 卷5, 本紀5 高宗文成帝 太安 3年(457) 12月)

G-2. 정시 연간(504~507), 世宗이 東堂에서 사신 芮悉弗을 引見하자 (예)실불이 말하기를, "高麗는 하늘과 같은 정성으로 대대로 여러 대에 걸쳐 충성하여 땅에서 나거나 거두어들이는 것을 조공[王貢]에서 빠뜨린 적이 없었습니다. 다만 황금은 夫餘에서 나오고, 珂는 涉羅에서 생산합니다. 지금 夫餘는 勿吉에게 쫓겨났고, 涉羅는 백제에게 병합됐는데 국왕인 신 雲은 끊어진 나라를 잇는 의를 생각하여 (그 나라 사람들을) 모두 경내로 옮기게 했습니다. (지금) 두 가지 물건이 王府에 오르지 못한 것은 실로 두

---

69) 송기호, 2008, 앞의 논문, 201쪽.

적 때문입니다."라고 했다.(『魏書』 卷100, 列傳88 高句麗)

5세기 부여의 동향과 관련된 G는 단편적이지만 서북방 일대의 상황을 추론할 수 있는 단서를 제공한다. 農安·吉林일대를 중심으로 활동했던 부여는 3세기 이후 점차 쇠락해갔으며, 4세기 前燕 및 고구려의 침입으로 그 세력은 완전히 축소됐다.[70] 이후 부여는 G-2와 같이 고구려에 공물을 바치며 부용하는 방식으로 국가의 명맥을 유지했다고 여겨진다.[71] 그런데 457년 부여가 돌연 북위에 사신을 파견했다. 물론 이때 부여의 사신 파견은 1회에 그쳤으며, 이를 끝으로 중국 측 기록에서 부여의 행적은 더이상 확인되지 않는다. 그러나 장기간 부용했던 부여의 돌출적인 행동으로 고구려는 일정한 불안감을 느꼈던 듯하다. 게다가 당시 고구려는 북위와 줄곧 긴장 관계에 있었다. 자연히 북위에 사신을 보냈던 부여의 행동에 민감할 수밖에 없었다.

이런 와중에 한동안 서남방 경략에 주목했던 북위의 대외정책에도 일련의 변화가 생겼다. 황제가 遼西 일대 순행에 나서는 등 동방의 동향에 관심을 보이기 시작했던 것이다. 실제 문성제는 부여가 사신을 파견한 457년 요서에 行宮을 짓게 한 후,[72] 458년과[73] 460년[74] 잇달아 요서 일대를 순행했다. 이때 순행은 의례적 성격이 강했다. 하지만 순행이 가지는

70) 부여의 쇠퇴와 관련된 내용은 이승호, 2018, 「부여 정치사 연구」, 동국대학교 박사학위논문, Ⅳ장 및 Ⅵ장 참조.

71) 이승호, 2018, 위의 논문, 217~219쪽.

72) 『魏書』 卷5, 本紀5 高宗文成帝 太安 3年(457) 冬10月, "將東巡, 詔太宰常英起行宮於遼西黃山."

73) 『魏書』 卷5, 本紀5 高宗文成帝 太安 4年(458), "春正月, 乙卯, 行幸廣寧溫泉宮, 遂東巡平州. 庚午, 至於遼西黃山宮, 遊宴數日, 親對高年, 勞問疾苦. 二月 丙子, 登碣石山, 觀滄海, 大饗羣臣於山下, 班賞進爵各有差. 改碣石山爲樂遊山, 築壇記行於海濱."

74) 『魏書』 卷108, 禮志1 祭祀上, "和平 元年 正月, 帝東巡. 歷橋山, 祀黃帝；幸遼西, 望祀醫無閭山."

정치적 의미와 함께[75] 이 지역으로의 순행이 436년 북연 병합 후 약 20년 만의 일이었음을 고려할 때, 정치적 의도가 없었다고 보기도 어렵다. 나아가 문성제는 종친인 樂浪王 拓拔萬壽를 和龍에 주둔시켜 요서 일대를 정비하게 했다.[76] 이같이 450년대 후반 북위는 요서 일대로 눈길을 돌렸다. 요서를 사이에 두고 북위와 긴장관계에 있던 고구려로서는 이러한 정세변화에 대응할 필요가 있었다.

다소 시간차는 있지만 勿吉의 동향도 무시할 수 없었다. 475년 북위에 사신으로 갔던 乙力支는 물길이 이미 고구려의 10落을 공파했으며, 동시에 백제와 모의해 고구려를 공격하려 했다며[77] 북위에게 자신들의 존재감을 과시했다. 물길의 호언장담과 달리 실제 물길은 5세기 후반까지 당초 본거지였던 장광재령 일대를 넘어오지 못한 상태였다.[78] 그러나 물길의 움직임이 고구려의 서북방 일대에 흩어져 있던 여러 종족집단의 연쇄적 움직임을 촉발할 수도 있었다.

요컨대 457년 부여의 사신 파견을 시작으로, 북위의 대외정책 변화 및 요서 정비, 그리고 물길의 동향까지 450년대 중반 이후 고구려 서북방 정세는 조금씩 동요하기 시작했다. 고구려에 부용했던 부여의 단독 행동은 그 시발점이었다. 더구나 부여는 고구려의 주요 교역품인 黃金의 주요 공급지였다(G-2). 만약 부여가 고구려의 세력권에서 이탈할 경우 고구려는

---

75) 하워드 J. 웨슬러 지음, 임대희 옮김, 2005, 『비단같고 주옥같은 정치』, 고즈윈, 345~346쪽.

76) 『魏書』 卷5, 本紀5 高宗文成帝 和平 2年(461) 7月, "戊寅, 萬壽爲樂浪王 加征北大將軍 鎭和龍," 한편 탁발만수전에서는 和平 3年(462) 征東大將軍이 되어 和龍에 진수했다고 전한다(『魏書』 卷19上, 列傳7上, 景穆十二王 樂浪王萬壽, "樂浪王萬壽 和平三年封拜征東大將軍 鎭和龍.").

77) 『魏書』 卷100, 列傳88 勿吉, "自云其國先破高句麗十落 密共百濟謀從水道幷力取高句麗 遣乙力支奉使大國 請其可否."

78) 여호규, 2018, 「5세기 후반 高句麗·勿吉의 충돌과 북방 接境空間의 변화」 『중앙사론』 47, 169~170쪽.

주요 교역품을 상실하게 될 수도 있었다. 물론 이때 부여의 북위로의 사신 파견은 단 1회에 그쳤다. 하지만 요서 일대의 정세변화 및 부여의 가치를 생각했을 때, 이는 가벼이 넘길 수 있는 문제가 아니었다.

459년 사행은 이러한 상황 속에서 이뤄졌던 것이다. 특히 사행에 동원됐던 숙신이 고구려 천하의 구성원이었음을 감안했을 때, 사행을 추진했던 고구려의 행동에 일정한 의도가 있었음이 분명하다. 요컨대 당시 고구려는 숙신을 이용, 독자적 행동을 취하려 했던 부용 세력에게 경고의 메시지를 던지는 한편, 질서 밖에 있던 세력에게는 자국의 영향력을 선전하고자 했던 것은 아닐까.[79] 이로써 서북방 세력의 동요를 억제하고, 나아가 이 일대에서 고구려의 영향력을 공고히 하고자 했을 것이다.

이 밖에도 459년 사행은 송과 결속을 강화하는 한편 북위를 견제한다는 외교 책략으로서의 의미도 가진다. 다음의 사료를 보자.

H-1. … 그대는 지난날, <u>북으로는 芮芮(=柔然)과 내왕하고, 서로는 赫連·蒙遜·吐谷渾과 (우호관계를) 맺었으며, 동으로는 馮弘·高麗와 연합했는데</u>, 이 나라는 내가 모두 멸했소. 이로써 보면 그대가 어찌 독립할 수 있겠는가. 芮芮의 吳提는 이미 죽었으며, 그의 아들 菟害眞(吐賀眞)도 凶迹을 습격하다가 올해 2월에 죽었소. 내가 지금 북쪽(=유연)을 정벌하려는 것은 有足之寇를 먼저 제거하려는 것일 뿐이오. 그대가 만약 (나의) 명을 따르지 않는다면, 다가오는 가을에 다시 와서 (그대의 나라를) 취할 것이오. 이는 그대가 無足하기 때문에 먼저 토벌하지 않는 것이니 사방[諸方]이 평정된다면 다시는 놓아두지 않을 것이오.(『宋書』 卷95, 列傳85 索虜傳)

H-2. … 또한 고구려는 의롭지 못하여 거스르고 속이는 일이 하나가 아닙니다. 겉으로는 隗囂가 스스로 자신을 藩이라고 낮추어 쓰던 말버릇을 본받으면

79) 이동훈, 2019, 앞의 논문, 37쪽.

서도, 속으로는 흉악하고도 위험한 행동을 품어 남으로는 劉氏(=宋)와 내통하기도 하고, 북으로는 蠕蠕(=柔然)과 맹약을 맺어 강하게 결탁하기도 함으로써 폐하의 정책을 배반하려 하고 있습니다.(『三國史記』 卷25, 百濟本紀3, 蓋鹵王 18년(472)(밑줄은 필자)

위의 사료는 고구려와 송의 관계에 대한 북위·백제의 인식을 보여준다. 두 사료 모두 고구려나 송이 아닌 주변국의 기록이므로 양국 관계가 과장되었을 수도 있다. 하지만 이를 감안하더라도 5세기 중반 주변국(최소한 북위나 백제)은 고구려와 송의 관계를 긴밀하다고 인식했다. 실제 436년 북연 문제를 둘러싼 북위와의 갈등이 종식된 후 고구려는 송에 집중하는 대외정책을 추진했다.[80] 이는 사신 파견 횟수나 특별 사행의 존재를 통해서도 확인할 수 있다.[81]

그런데 앞서 살핀 것처럼 450년대 고구려를 둘러싼 정세가 급격히 변화했다. 백제·신라와의 전투가 표면화됐으며, 부여의 이례적인 움직임도 포착됐다. 게다가 북위마저 요서 일대에 관심에 보이며 서방에서의 긴장감도 높아진 상태였다. 이러한 상황에서 고구려는 기존의 대외관계를 안정적으로 유지할 필요가 있었다. 459년 사행은 이러한 상황 속에서 탄생했던 것이다. 더구나 숙신의 조공은 새로운 대내외 질서를 정립하고자 했던 송에게도 절실한 일이었으며, 앞서 살핀 것처럼 해당 사행에는 송의 요청이 적잖은 비중을 차지했던 듯하다. 이처럼 고구려는 기존의 대외관계를 안정화하는 한편 변화하는 국제정세에 대응할 시간을 벌고자 459년 사행을 추진했다.

---

80) 이성제, 2005, 앞의 책, 2장 참조 ; 김철민, 2016, 앞의 논문 ; 백다해, 2016, 앞의 논문.

81) 455년 사행은 문제의 국상 2주기(再周)를 조문하기 위한 弔問使였다. 고구려가 조문사를 파견한 사례가 많지 않음을 고려할 때, 양국의 친밀한 관계를 생각해 볼 수 있다.

다른 한편 459년 사행은 북위에 대한 일종의 견제수단이 될 수도 있었다. 중원에 두 명 이상의 천자가 공존하는 상황에서 숙신의 조공은 정통성 및 통치의 정당성을 공인받을 수 있는 중요한 수단이었다.82) 조위가 숙신의 조공을 염원했던 것도 이 때문이었다. 실제 위진남북조시대 여러 왕조는 정통성을 가진 중원의 지배자임을 증명하기 위해 다양한 상징을 활용했다.83) 예컨대 後秦이나 南燕은 樂人·伎人 확보 몰두했는데, 이는 이들이 중국(漢族)적 예악에 밝을 뿐 아니라 정통성 있는 융성한 국가임을 과시하기 위한 수단이었기 때문이었다.84) 정통성 확보를 위한 노력은 북위에서도 계속됐다. 북위는 정통성을 주장하기 위해 동진은 僭晉司馬叡로, 송은 島夷로 폄하했다.85) 그뿐 아니라 북위는 송의 報聘使에게 黃甘(=黃柑)을 바칠 것을 요구했는데, 당시 黃甘은 淮水 이남 지역인 荊州·揚州에서 중앙 조정에 바치는 특산품이었다. 즉 북위는 송의 사신단에게 황감과 같은 물품을 가져오게 함으로써 島夷(송)가 중원의 정통성 있는 지배자인 북위에게 조공해오는 것처럼 인식했던 것이다.86)

위의 사례에서 확인되는 것처럼 정통성의 확보는 남·북 모두에게 중요한 문제였다. 고구려는 각국의 상황을 인지하고 있었을 뿐 아니라 숙신의 조공이 가져올 여파도 충분히 이해하고 있었다. 이러한 상황에서 추진된 459년 사행에 과연 북위에 대한 의식이 아예 없었다고 단정 지을 수

---

82) 赤羽奈津子, 2009, 앞의 논문.

83) 堀内淳一, 2017, 앞의 논문, 71~76쪽.

84) 지배선, 1998, 『中國 中世史 硏究』, 연세대학교출판부, 210~211쪽.

85) 川本芳昭, 1998, 「五胡十六國·北朝時代における'正統'王朝について」 『魏晉南北朝時代の民族問題』, 汲古書院, 81~82쪽. 남조계에 대한 폄하인식은 『魏書』의 체제에 그대로 반영됐다고 한다. 최진열, 2018, 「5~6세기 2개의 遼東 : 北魏의 天下觀과 역사왜곡이 만들어낸 고구려의 요동과 북위의 요동」 『동북아역사논총』 62, 165~175쪽 참조.

86) 堀内淳一, 2018, 『北朝社會における南朝文化の受容 : 外交使節と亡命者の影響』, 東方書店, 2장 참조.

있을까. 이는 胡族이나 진정한 중원의 지배자가 되기를 바랐던 북위에 대한 자극이자, 동시에 견제였다.

정리해보면 459년 사행은 건강 중심의 천하관을 정립하여 대내외 질서를 재편하고자 했던 송과 대외동향에 기민하게 대응하는 동시에 부용 세력에게 영향력을 강화하는 한편 북위를 견제하고자 했던 고구려의 이해관계 속에서 탄생한 외교적 산물이었다. 사료에는 약 60년에 가까운 시간 동안 지속된 양국 교섭을 '송에 사신을 보내 조공했다', 또는 '고(구)려국이 사신을 보내 조공(조헌)했다'와 같은 형식적인 문구로 전할 뿐이다. 그러나 고구려와 송은 사료의 기록보다 다채로운 방법으로 각자의 필요를 충족하고자 했다. 459년 사행은 이러한 양국의 이해관계가 단적으로 드러난 사례였다. 459년 사행의 의미는 여기에서 찾을 수 있다.

Ⅴ. 맺음말

459년 고구려는 숙신을 대동하여 송에 사신을 파견했다. 본 글에서는 459년에 이와 같은 형태의 사신이 추진된 배경과 그것이 가지는 의미를 살펴보았다. 그리고 이것이 건강 중심의 천하관을 정립하려 했던 송과 서북방의 동요를 억제하는 한편 요서 일대의 관심을 높이는 북위를 견제하려 했던 고구려의 이해관계 속에서 탄생한 외교적 산물이었음을 밝혔다.

전통적으로 숙신은 덕이 있는 천자가 출현하여 중원을 다스리면 그 덕에 감화되어 호시·석노를 가지고 조공해 오는 상징적 존재로 여겨졌다. 그런데 周에 조공한 것을 끝으로, 숙신의 활동은 천여 년 가까이 확인되지 않았다. 숙신이라는 명칭이 다시 확인되는 것은 위진남북조시대다. 이때 숙신은 3세기 동북지방에서 활동했던 읍루였다. 하지만 여러 왕조가 병존했던 시대적 상황 속에서 숙신은 왕조의 정통성과 결부되어 재생산되었으며, 읍루의 조공은 숙신의 조공으로 여겨졌다. 이러한 인식은 동시기 독자적 천하관을 가졌던 고구려에도 수용됐는데, 459년 고구려가 대동했던 숙신은 이와 관련이 있다.

앞서 언급했던 것처럼 459년 사행은 송과 고구려 양국의 합치된 이해관계 속에서 탄생한 산물이었다. 북벌 실패와 내전으로 상처 입은 대내외 질서의 재편을 꾀했던 효무제는 王畿의 제정, 五輅의 제작 및 明堂 건립을 추진하며, 수도 건강을 중심으로 하는 천하관을 구축하고자 했다. 459년은 일련의 정책이 본격화되는 때였다. 이해 이뤄진 숙신의 조공은 건강 중심의 천하관 수립을 꾀했던 송의 행동에 정당성을 부여해 주었을 것이다.

한편 459년 사행은 고구려에게도 일정한 효과가 있었다. 고구려에 부용했던 부여가 북위에 조공한 것을 시작으로, 450년대 중반 고구려 서북방에서는 북위의 요서 정책 강화 및 물길의 남하 등 일련의 변화가 확인된다. 이에 고구려는 서북방 상황 변화에 대응하고, 영향력하에 있던 세력의 동요를 최소화하기 위해 숙신을 이용했다. 이는 동시에 친선관계였던 송의 요청을 충족시킬 뿐 아니라 고구려와 긴장관계에 있던 북위를 견제한다는 효과도 있었다. 특히 숙신의 조공은 이질적인 왕조가 공존하는 상황에서 왕조의 정통성을 보여주는 중요한 척도로 여겨졌다. 이에 고구려는 숙신을 이용, 송에 조공하게 함으로써 호족이지만 중원의 지배자가 되기를 바랐던 북위를 자극했다. 다른 한편 동아시아 내에서 고구려의 위상을 제고한다는 효과도 있었다.

비록 459년과 같은 형태의 사행은 단 1회에 그쳤다. 하지만 고구려와 송 양국의 필요에 따라 이익을 극대화하는 과정에서 출현했다는 점에서 해당 사행이 양국 교섭사에 가지는 의미는 작지 않다고 할 수 있다.

김 강 훈

618~629년 영류왕의 대외정책과 고구려-당·신라 관계의 변화

Ⅰ. 머리말

618년 9월 고구려에서는 嬰陽王이 죽고 榮留王이 즉위하였다.[1] 그 무렵 중원에서는 隋가 멸망하고 唐이 세워졌지만, 혼란은 쉽게 진정되지 않고 있었다. 따라서 앞으로 중원 국가와의 관계를 어떻게 설정할지가 고구려의 주요 국가 과제로 떠올랐을 것이다. 당의 입장도 마찬가지였다. 수의 전철을 밟지 않기 위해 대고구려 관계를 신중히 전개할 필요를 인식했을 것이다. 따라서 고구려가 619년 2월 당에 사신을 파견하면서 본격적으로 양국 관계가 시작된[2] 이래, 10여 년 동안 두 나라는 우호관계를 지속하였다. 고구려와 당은 오랜 전쟁으로 인한 피해를 복구하고 내부 안정을 위해 공존관계를 추구할 수밖에 없었던 것이다.[3]

---

1) 『三國史記』 卷20, 高句麗本紀8, 嬰陽王 29年(618) 9月 “王薨 號曰嬰陽王” ; 榮留王 卽位年 “諱建武 嬰陽王異母弟也 嬰陽在位二十九年薨 卽位.”

2) 당 무덕 2년(619) 윤2월 반포된 조서에서 ‘高句麗遠送誠款’의 구절을 근거로 619년 윤2월 이전 양국 간 교섭이 이루어졌을 가능성이 제기되었다(이정빈, 2016, 「고구려-당 관계의 성립과 변경지대(618~624)」 『高句麗渤海硏究』 54, 高句麗渤海學會, 61~62쪽).

620년대 고구려와 당이 우호관계를 수립·유지한 또 다른 배경으로 지적되는 것은 동돌궐이다. 당시 동북아시아 정세를 주도한 세력은 동돌궐이었다. 동돌궐은 여러 군웅세력과 연계하여 중원을 압박하였으며 당은 동돌궐의 공세를 막아내는 것이 급선무였다.[4] 고구려도 동돌궐의 세력 확장을 경계하고 있었기 때문에 양국의 이해가 일치할 수 있었다.[5]

하지만 당 태종이 즉위하면서 고구려-당 관계는 변화의 조짐이 일어나기 시작했으며,[6] 동돌궐이 당에 복속되는 것을 계기로 변모하였다고 이해된다.[7] 그리고 631년 당이 고구려가 세운 경관을 파괴하면서[8] 양국 관계는 단절되고, 고구려는 천리장성을 축조하면서 군사적 대비를 본격화하였다. 동북아시아 국제질서가 당 중심으로 재편되고 당의 군사적 위협이 고조되자, 고구려-당 관계는 새로운 단계로 전환되었다고 할 수 있다.

이와 같이 영류왕대 고구려와 당의 관계는 여러 각도에서 심도 있게 연구되었다.[9] 그에 비해 기존의 연구는 영류왕대 對新羅關係에 크게 관심을

---

3) 盧重國, 1981, 「高句麗·百濟·新羅사이의 力關係變化에 대한 一考察」『東方學志』 28, 연세대학교 국학연구원, 93쪽.

4) 隋末唐初 동돌궐과 당·군웅 할거 세력과 관계에 대해서는 정재훈, 2016, 『돌궐유목제국사』, 사계절, 293~328쪽 참조.

5) 김진한, 2009, 「榮留王代 高句麗의 對唐關係와 西北方情勢」『정신문화연구』 117, 한국학중앙연구원, 317~326쪽 ; 정원주, 2011, 「榮留王의 대외정책과 정국운영」 『高句麗渤海硏究』 40, 高句麗渤海學會, 18~21쪽 ; 이정빈, 2016, 앞의 글, 66쪽.

6) 李丙燾, 1959, 『韓國史』(古代篇), 乙酉文化社, 484쪽 ; 李萬烈, 1977, 「高句麗와 隋·唐과의 戰爭」『한국사』 2, 국사편찬위원회, 501~502쪽.

7) 盧重國, 1981, 앞의 글, 94쪽 ; 임기환, 2006, 「7세기 동북아시아 국제질서의 변동과 전쟁」『전쟁과 동북아의 국제질서』, 일조각, 75~76쪽 ; 김진한, 2009, 앞의 글, 328쪽.

8) 『三國史記』 卷20, 高句麗本紀8, 榮留王 14年 "唐遣廣州司馬長孫師 臨瘞隋戰士骸骨祭之 毁當時所立京觀."

9) 앞서 언급한 연구 외에 최근 대당관계를 중심으로 영류왕대 정국동향을 살핀 연구는 다음이 있다. 방용철, 2011, 「高句麗 榮留王代의 정치 동향과 對唐 관계」 『大丘史學』 102, 大丘史學會 ; 윤성환, 2013, 「고구려 영류왕의 對唐 조공책봉관계 수립 정책의 의미」『東北亞歷史論叢』 39, 동북아역사재단 ; 吳珍昔, 2015, 「高句麗後期 榮留王代 정국변동과 淵蓋蘇文의 정변」, 서강대학교 석사학위논문 ; 윤성환,

두지 않았다.[10] 6세기 후반 이후 고구려의 대외정책이 중국 세력에 대비하면서 한강 유역을 되찾아 독자적인 세력권을 재건한다는 것이었다는[11] 점을 고려한다면, 영류왕대 대신라관계도 비중 있게 다루어질 필요가 있다.

더욱이 수와 당 고조가 삼국 간 관계에 개입하지 않았던 것에 비해, 당 태종은 삼국의 역관계에 관여하려 하였다.[12] 당 태종이 즉위하는 626년 이후 고구려-당 관계가 고구려-신라 관계와 연동될 가능성이 높아졌음을 의미한다. 이전과는 다른 외교전략을 수립해야 할 새로운 환경이 조성되었던 것이다. 대응책을 둘러싼 논의가 고구려 지배층 내에서 진행되었을 터인데, 대외정책을 둘러싼 정치세력 간의 갈등 또한 고조되었을 것으로 짐작할 수 있다.

이 글에서는 7세기 동북아시아 국제정세가 고구려와 수·당의 충돌 및 한반도 내 삼국 간 전쟁이라는 두 축에서 점차 하나의 축으로 통합되어 갔다는 관점에서,[13] 영류왕대 고구려-당 관계와 고구려-신라 관계의 연동성에 주목하고자 한다. 그리고 영류왕대 대외정책의 변동을 국내정치세력과 연관하여 해석하고자 한다. 다만 논의의 시기를 한정하고자 한다.

2018, 「624~642년 고구려의 대당(對唐)외교와 정국동향」『東北亞歷史論叢』 59, 동북아역사재단.

10) 영류왕대 대신라관계에 대해서는 정원주, 2011, 앞의 글, 24~26쪽 ; 최호원, 2013, 「연개소문의 정변과 高句麗·新羅 關係」『史叢』 80, 高麗大學校 歷史硏究所, 129~145쪽 참조.

11) 임기환, 1995, 「고구려와 수·당의 전쟁」『한국사』 4, 한길사 ; 여호규, 2002, 「6세기 말~7세기초 동아시아 국제질서와 고구려 대외정책의 변화」『역사와 현실』 46, 한국역사연구회 ; 임기환, 2006, 앞의 글 ; 여호규, 2016, 「동북아시아 정세의 변화와 삼국의 대응」『신라의 삼국통일』, 경상북도문화재연구원 ; 여호규, 2019, 「7세기 국제정세 변동과 고구려의 외교적 선택」『내일을 읽는 한·중관계사』, 알에이치코리아.

12) 여호규, 2006, 「책봉호 수수(授受)를 통해 본 수·당의 동방정책과 삼국의 대응」『역사와 현실』 61, 한국역사연구회.

13) 임기환, 2006, 앞의 글.

영류왕대 고구려의 대외정책은 대당관계와 대신라관계를 중심으로 네 시기로 구분할 수 있다고 본다. 영류왕이 즉위한 618년부터 당 태종이 朱子奢를 파견하여 삼국 간 관계에 개입하기 시작한 626년까지의 시기, 고구려·신라·당 회맹이 추진된 626년부터 낭비성 전투로 회맹 企圖가 실패로 끝나게 되는 629년 8월까지의 시기, 이후 대당관계가 단절되는 629년 후반기~638년까지의 시기, 다시 대당외교가 재개되는 639년부터 영류왕이 시해되는 642년까지의 시기가 그것이다. 이 중 본 논문에서는 첫 번째, 두 번째 시기를 분석 대상으로 삼겠다. 영류왕 재위 기간을 고려했을 때 절반에 가까운 시기이기도 하며, 특히 대당관계에서 10여 년 동안 유지되었던 우호관계가 낭비성 전투를 계기로 단절된다고 이해되기에 대외정책의 변화를 감지할 수 있기 때문이다.

Ⅱ. 영류왕의 즉위와 초기 대외정책의 방향

영류왕의 즉위와 관련하여 『삼국사기』 고구려본기에 아래의 사료가 전하고 있다.

A. 영류왕의 이름은 建武이며 영양왕의 異母弟이다. 영양왕이 재위 29년에 죽자, 왕위에 올랐다(『三國史記』 卷20, 高句麗本紀8, 榮留王 卽位年).

사료 A의 즉위 기사에서 파악할 수 있는 정보는 영류왕의 諱가 건무이며 그가 先王인 영양왕의 異母弟라는 것이 전부이다. 여기서 유의할 것은 영류왕이 영양왕의 이모제로서 왕위에 올랐다는 점이다. 고구려에서 왕위의 부자 계승이 확립된 이래 형제 간 왕위 계승일 경우 전왕의 아들이 없음을 밝히는 데 비해, 영류왕은 그렇지 않다는 점에서 비정상적인 왕위 계승일 가능성이 제기되었다.[14] 심지어 對隋 강경 귀족세력이 정변을 일으켜 영양왕을 제거하고 영류왕을 즉위시켰다고 보는 견해도 있다.[15]

반대로 영류왕이 異母弟이긴 하지만, 전쟁수행능력과 외교력을 겸비한 인물이 부각될 수밖에 없던 당시 정세 가운데 순탄하게 왕위를 계승했다고 이해하는 견해가 있다.[16] 대수전쟁에 대한 고구려 조정의 평가가 긍정적이었고 영양왕·영류왕대 정국주도세력이 변화했다고 보기 힘들다는 견해도[17] 영류왕의 즉위가 순조로웠다는 이해와 궤를 같이 한다.

영양왕의 훙거와 영류왕의 즉위를 어떻게 바라보냐에 따라 영류왕대 정국을 이해하는 시각이 달라질 수 있다. 따라서 영류왕이 영양왕의 異母弟였다는 사실은 신중하게 접근할 필요가 있다. 『삼국사기』에는 영류왕의 즉위 이전 정치적 지위나 군사 활동이 누락되어 있으며,[18] 영류왕이 桓權을 태자로 책봉한 기록도 찾아볼 수 없다.[19] 영류왕 자신과 그의 직계 후손에

---

14) 임기환은 대외정책의 변화, 영류왕의 비정상적 왕위 계승, 영류왕 2년 시조묘 제사를 근거로, 평원왕·영양왕대는 대외 강경책을 견지한 평양계 귀족세력이 정국 운영을 주도하였는데, 국내계 귀족세력들이 영류왕의 즉위를 지원하여 정국을 주도하게 되면서 대당 유화 정책을 추진했다고 이해하였다(임기환, 1992, 「6·7세기 高句麗 政治勢力의 동향」『韓國古代史硏究』 5, 한국고대사학회, 39~41쪽 ; 2004, 『고구려 정치사 연구』, 한나래, 299~301쪽). 영류왕은 여러 왕위 계승 후보자 중 한 명이었는데 연씨 세력의 지원으로 왕위에 올랐다고 파악하는 견해(선봉조, 2009, 「榮留王代 政局主導權의 變化樣相과 淵氏勢力」『高句麗渤海硏究』 33, 高句麗渤海學會, 111쪽), 영류왕이 기존 귀족세력들의 지지를 받아 영양왕의 아들을 대신하여 즉위하였고 이는 왕위계승의 원칙에 어긋나는 일이었다고 평가하는 견해(최호원, 2013, 앞의 글, 131~132쪽) 등이 있다.

15) 李道學, 2006, 「高句麗의 內紛과 內戰」『高句麗硏究』 24, 高句麗硏究會, 20~30쪽.

16) 방용철, 2011, 앞의 글, 38쪽.

17) 김진한, 2009, 앞의 글, 313~316쪽. 한편 영류왕 즉위 초 장기간 도성을 비우고 시조묘 친사를 행할 수 있었던 배경에 정당한 왕위 계승과 왕권의 안정이 있었다고 보기도 한다(정원주, 2011, 앞의 글, 16쪽).

18) 영류왕은 즉위 이전 對隋 전쟁에서 來護兒가 이끄는 隋軍을 격파하는 공로를 세웠는데(『隋書』 卷64, 列傳29, 來護兒), 『삼국사기』에는 당시 고구려군을 지휘한 인물이 누구인지 밝히지 않고 있다.

19) 영류왕대 태자 책봉이 이루어진 사실은 太子 桓權이 640년 당에 사신으로 파견된

대한 왕위 계승 관련 기록이 소략한 까닭은 영류왕이 연개소문에게 시해되어 관련 사료가 온전히 전해지지 못했기 때문일 것이다. 따라서 영류왕이 영양왕의 異母弟라는 것도 국내 전승의 독자적인 원전에서 근거했다기보다는 중국 측 기록에서 채록되었을 가능성이 높다.[20] 그러므로 사료 A에서 왕위 계승에 관한 정보가 기술되어 있지 않다고 하여 그가 비정상적으로 즉위했다고 단정하기 어렵다. 물론 왕위 계승의 원칙인 적장자 계승이 아니므로 정통성에 일정 정도 한계가 있었을 가능성은 있다. 그렇다고 정변 내지 정치세력의 변동까지 있었다고 볼 적극적인 근거는 부족하다.

시각을 달리해서 영류왕이 영양왕대 정치를 어떻게 인식했는지 살펴볼 필요가 있다. 정변 내지 집권 세력의 급격한 변화로 인한 왕위 계승일 경우 前王의 치세를 우호적으로 평가하지 않을 것임을 쉽게 예상할 수 있기 때문이다.

먼저 대수전쟁에 대한 평가이다. 영양왕이 사망하기 직전인 618년 8월 고구려 사신이 왜에 도착하여 수 양제의 침입을 격퇴하였음을 알렸다.[21] 여기에서 전쟁을 승리로 이끈 고구려인의 자부심이 드러나는데,[22] 대수전쟁이 최종적으로 고구려의 승리로 종결되었음을 왜에 알리려는 목적에서 시행된 사행이었기 때문이다. 또한 전쟁에서 붙잡은 포로와 노획한 무기류를 왜에 전하였는데, 이는 당시 고구려에서 전쟁 포로의 분급 등 전쟁

기록을 통해 알 수 있다. 『舊唐書』 卷199上, 列傳149上, 東夷 高麗 "[貞觀]十四年 遣其太子桓權來朝 并貢方物 太宗優勞甚至."

20) 실제로 영류왕의 諱가 건무이며 그가 영양왕의 異母弟라는 정보는 신·구당서 고려열전에 기재되어 있다. 『舊唐書』 卷199上, 列傳149上, 東夷 高麗 "其王高建武 卽前王高元異母弟也" ; 『新唐書』 卷220, 列傳145, 東夷 高麗 "隋末 其王高元死 異母弟 建武嗣."

21) 『日本書紀』 卷22, 推古天皇 26年 "秋八月癸酉朔 高麗遣使貢方物 因以言 隋煬帝興卅萬衆攻我 返之爲我所破 故貢獻俘虜貞公普通二人 及鼓吹弩抛石之類十物 并土物駱駝一匹."

22) 김진한, 2009, 앞의 글, 313쪽.

유공자에 대한 논공행상이 시행되었음을 시사한다. 여기에 그치지 않고 전사자에 대한 포상, 백성에 대한 사면 등의 조치가 수반되었을 가능성이 높다. 따라서 영양왕은 재위 마지막까지 전쟁을 승리로 이끈 국왕으로서의 권위를 유지하고 있었다. 王弟였던 영류왕은 대수전쟁에서 직접 전투에 나서 승리를 이끌었으며 특히 평양성 방어에 성공하면서 그의 위상은 더욱 부각되었을 것이다.23) 이후 그의 정치·군사 활동이 사료에 드러나지 않지만, 대수전쟁에 대한 긍정적인 평가가 주류인 상황에서 戰功을 바탕으로 상당한 발언권을 행사하지 않았을까 추측된다.

또한 대수전쟁의 승리는 왕권 강화의 계기로 작용했으며, 영양왕은 『新集』의 편찬,24) 새로운 국왕 근시 조직인 中裏制의 운영25) 등을 통해 정국 운영의 주도권을 쥐고자 하였고 상당한 성과를 거두었다고 이해된다.26) 새롭게 즉위한 영류왕의 입장에서 영양왕대 실현된 왕권의 고양은 정치적 자산으로 활용될 수 있었다. 그렇다면 영류왕이 영양왕대를 특별히 부정적으로 인식했다고 보기는 어렵다.

이를 방증하는 것이 영양왕릉의 조성이다. 고구려에서 왕릉은 국왕의 사후 조영되었으며, 죽은 왕의 능을 축조하는 과정은 신왕의 권위와 왕권의 정당성을 확보하는 정치적인 행위와 밀접히 관련되어 있었다.27) 왕릉의

---

23) 내호아가 이끈 隋軍과 고구려군의 공방전에 대해서는 徐仁漢, 1991, 『高句麗 對隋·唐戰爭史』, 國防部戰史編纂委員會, 81~86쪽과 이정빈, 2018, 『고구려-수 전쟁』, 주류성, 201~209쪽 참조.

24) 『三國史記』 卷20, 高句麗本紀8, 嬰陽王 11年 正月 "詔大學博士李文眞 約古史爲新集五卷 國初始用文字時 有人記事一百卷 名曰留記 至是刪修." 『新集』 편찬은 왕권의 안정 내지 강화와 관련 있다고 이해되고 있다.

25) 평원왕은 왕권을 지지할 수 있는 제도적 장치 중 하나로서 막리지로 대표되는 새로운 국왕 근시 조직인 中裏制를 개편·운영하였다(李文基, 2003, 「高句麗 中裏制의 構造와 그 變化」 『大丘史學』 71, 大丘史學會). 영양왕대 활동했다고 추정되는 연개소문의 조부 淵太祚가 막리지를 역임한 것으로 보아, 평원왕대 새롭게 정비된 중리제는 영양왕대에도 지속적으로 운영되었음을 알 수 있다.

26) 김진한, 2009, 앞의 글, 82쪽.

입지와 규모는 전왕에 대한 정치적 평가를 반영함과 동시에 신왕의 정치 지향을 간접적으로 드러낸다.[28] 평양지역에 위치한 고구려 왕릉급 고분의 피장자를 검토한 연구에 따르면, 영양왕릉은 강서대묘 내지 강서중묘로 비정되고 있다.[29] 두 고분은 규모와 입지 면에서 여타 왕릉급 고분과 비교해도 손색없다.[30] 영양왕의 무덤을 강서대묘 내지 강서중묘로 볼 수 있다면, 영양왕의 장례와 왕릉 축조가 정상적으로 이루어졌고 영류왕은 왕릉 조영을 통해 영양왕대의 정치를 계승하겠다는 의지를 표출했다고 이해해도 그리 무리한 일로 생각되지 않는다.

여러 정황을 검토한 결과 영양왕 사후 영류왕은 순탄하게 왕위를 계승했다고 생각된다. 영양왕대 왕권의 위상을 보건대 왕위계승자를 선정하는 과정을 영양왕이 주도했을 가능성이 높으며 왕실 내 합의도 뒤따랐을 것이다. 여기에는 대수전쟁 과정에서 증명된 영류왕의 군사적 능력이 왕위계승자로 선택되는데 중요한 잣대가 되었음이 분명하다. 지배층과 고구려 민에게 왕위 계승의 정당성을 인정받을 수 있는 요소였기 때문이다.[31] 다만 적장자 계승이 아니라는 점에서 즉위 초 일정 부분 정통성에 의문이 제기되었을 가능성은 있다. 이를 해소하기 위해 영류왕은 자신의

---

27) 孔錫龜, 2008,「集安지역 高句麗 王陵의 造營」『高句麗渤海硏究』31, 高句麗渤海學會.

28) 대동강 유역에서 최대 규모인 경신리 1호분을 문자명왕릉으로 비정하고, 안장왕이 부친의 무덤 축조를 관할하면서 왕권의 위상을 제고하려는 목적으로 대규모 고분을 조영했다는 연구가 참고가 된다(강진원, 2014,「평양도읍기 고구려 왕릉의 선정과 묘주 비정」『한국 고대사 연구의 자료와 해석』, 사계절, 484~485쪽).

29) 각 연구자들의 구체적인 비정은 기경량, 2017,「평양 지역 고구려 왕릉의 위치와 피장자」『韓國古代史硏究』88, 한국고대사학회, 14쪽의 표1 평양 시기 왕릉 묘주 비정 현황 참고.

30) 강현숙, 2006,「중국 길림성 집안 지역 고구려 왕릉의 구조에 대하여」『韓國古代史硏究』41, 한국고대사학회, 13쪽, 18쪽.

31) 대수전쟁에서 활약상이 큰 영향을 미쳐 영류왕이 다수 귀족들의 합의에 의해 왕으로 추대되었을 가능성을 제기한 최근의 연구가 있다(정호섭, 2018,「고구려 淵蓋蘇文 家門의 궤적과 복원」『東方學志』185, 연세대학교 국학연구원, 79쪽).

권위를 강화하기 위한 시책의 추진이 필요하였으며, 이러한 측면에서 즉위 이듬해에 행한 始祖廟 제사를 이해할 수 있다.[32] 신성한 시조의 권위를 빌려 왕권을 제고하려고 했던 것이다.[33] 이와 더불어 영류왕은 정통성을 확립하기 위한 노력의 일환으로 부왕인 평원왕을 내세웠을 가능성이 높다. 구체적인 사료가 부재하나 영류왕은 영양왕의 異母弟가 아닌 평원왕의 아들임을 내세워 왕위 계승의 정당성을 포장했을 것이다.

영류왕의 즉위과정과 즉위 초 정치적 행보에 대한 위와 같은 이해가 타당하다면, 영류왕은 평원왕의 후계자로서 평원왕·영양왕대 정치의 계승을 표방했을 것이며, 이는 국내정치 뿐만 아니라 대외정책에도 반영되었을 것이다. 평원왕·영양왕대 고구려는 수의 등장과 중원 통일이라는 새로운 국제정세에 외교·군사적 대응을 병행하면서 수의 압력을 견제하고 북방과 남방에서 독자적인 세력권의 회복을 추구하였다.[34] 이는 최종적으로 수의 침입을 물리치는 것으로 귀결되었다. 따라서 수의 패망 이후에도 기존의 대외정책은 지배층에게 충분이 공감되고 계속 유지될 여지가 있었다. 영류왕 초 대외정책은 6세기 말 이래 고구려의 대외정책을 계승하여 당과 외교관계를 수립하는 동시에 중원의 정세 변동을 예의주시하면서 독자세력권의 회복을 추구하는 것이었음을 짐작할 수 있다.

영류왕은 재위 2년(619), 4년(621), 5년(622) 잇달아 사신을 파견하여 당과 관계 수립에 적극적으로 나섰다. 견당사를 지속적으로 파견한 것은

32) 『三國史記』 卷20, 高句麗本紀8, 榮留王 2年 "夏四月 王幸卒本 祀始祖廟 五月 王至自卒本."

33) 朴承範, 2001, 「高句麗의 始祖廟儀禮」 『東洋古典硏究』 15, 東洋古典學會, 123~124쪽 ; 姜辰垣, 2008, 「高句麗 始祖廟 祭祀 硏究」 『韓國史論』 54, 서울大學校 國史學科, 49~50쪽. 다만 영류왕의 시조묘 제사를 국내 지역을 기반으로 한 특정 정치세력과 연관하여 해석하는 데는 신중할 필요가 있다. 안장왕과 평원왕은 시조묘 제사를 거행한 후 돌아오는 경로 상의 州邑, 州郡으로 표현된 지역에 경제적으로 위무하거나 사면을 시행하였지만, 영류왕은 619년 4월 졸본으로 순행하여 시조묘에 제사하고 5월 도성으로 돌아오는 과정에서 별다른 정치적 행위를 하지 않았기 때문이다.

34) 각주 11) 참조.

당의 내부 동향과 중원의 정세를 파악하려는 목적도 있었겠지만, 당 초기 대외 정책이 고구려에게 우호적으로 작동하였기에 가능하였다. 당 고조는 619년 윤2월 반포한 조서에서[35] 주변국의 독자적 세력권을 인정하며 신속을 강요하지 않겠다는 대외정책의 기조를 선언하고, 특별히 수대 고구려 원정의 폐단을 언급하며 주변국과 화친을 도모하고 있음을 강조하였다.[36] 이 조서는 무리한 대외원정으로 초래된 민심의 동요를 수습하고 수와 비교하여 차별성을 부각시키기 위해 대내용으로 발표된 것이지만, 고구려도 수·당 교체에 따른 대외정책의 변동을 충분히 인지하고 있었을 것이다.

당 초기 대외정책의 방향은 622년 당이 포로 교환을 제의하는 국서를 고구려에 보내면서 공식적으로 전달되었다. 여기서 '統攝遼左', '各保疆埸', '二國通和' 등의 표현을 통해,[37] 당은 요하 以東 지역에 대한 고구려의 통치권을 인정하고 수와 달리 고구려 영역을 침범하지 않을 것임을 천명하면서 우호관계를 지속하려는 의지를 피력하였다.[38] 그런데 유의할 점은 '各保疆埸'의 전제로서 고구려가 대대로 중원왕조의 제후국으로 조공책봉관계를 맺어왔음을 강조하고 있다는 것이다. 양국관계가 실질적으로 대등한 우호관계이지만, 당이 형식적이나마 천자국 - 조공국의 관계를 지향했음을 엿볼 수 있다.[39] 당이 일원적 국제질서를 주도할 역량을 갖추게 된다면

---

35) 『冊府元龜』 卷170, 帝王部170, 來遠 "唐高祖武德二年閏二月詔曰 畫野分疆 山川限其內外 遐荒絶域 刑政殊於函夏 是以昔王御世 懷柔遠人 義在羈縻 無取臣屬 … 有隋季世 黷武耀兵 萬乘疲於河源 三年伐於遼外 構怨連禍 力屈貨殫 朕祗膺寶圖 撫臨四極 悅近來遠 追革前弊 要荒藩服 宜與和親 …."

36) 김수진, 2008, 「隋·唐의 高句麗 失地論과 그 배경」 『韓國史論』 54, 서울大學校 國史學科, 87~88쪽 ; 李基天, 2016, 「7世紀初 唐의 對外戰爭 名分과 國際秩序」 『中國古中世史研究』 39, 中國古中世史學會, 219~220쪽 ; 이정빈, 2016, 앞의 글, 62~63쪽.

37) 『舊唐書』 卷199上, 列傳149上, 東夷 高麗.

38) 徐榮洙, 1987, 「三國時代 韓中外交의 전개와 성격」 『古代韓中關係史의 研究』, 三知院, 141쪽 ; 여호규, 2002, 앞의 글, 47쪽 ; 김수진, 2008, 앞의 글, 87~88쪽 ; 김진한, 2009, 앞의 글, 322쪽 ; 윤성환, 2013, 앞의 글, 122쪽 ; 李基天, 2016, 앞의 글, 220쪽.

고구려가 藩服으로서 책무를 다하지 않는다는 구실을 들어 양국 관계가 언제든지 변화될 가능성이 있음을 암시하고 있는 것이다. 반면 5~6세기 고구려가 북위와 조공책봉관계를 맺어 독자적인 세력권을 국제적으로 공인받았던[40] 역사적 경험을 바탕으로 당 고조의 서신을 읽는다면, 고구려는 조공책봉관계를 통해 독자세력권을 용인 받을 수 있다는 기대를 가졌다고 추측된다. 포로 교환이란 상당한 기일이 소요되는 작업임을 감안한다면, 해당 사안이 성공적으로 마무리되자 624년 1월 당이 영류왕을 上柱國遼東郡公高麗王으로 책봉하면서[41] 양국은 5년여 동안의 탐색을 끝내고 공식적인 관계를 정립하게 되었다.

그런데 이때 책봉은 영류왕에 한정되지 않고 고구려·백제·신라 삼국의 국왕을 대상으로 한 것이었다. 중원왕조가 삼국에게 동시에 책봉호를 수여한 것은 이례적인데, 여기에는 삼국에 대한 견제[42] 내지 삼국을 대등하게 대우하겠다는 뜻이 담겨 있다고 이해된다.[43] 622년 외교문서에 대해 고구려가 독해한 바대로 양국관계가 전개되지 않을 것임을 시사하는 것이다. 본래 독자적 세력권이란 현실적인 힘을 통해 획득한 것이지 책봉을 통해 얻어질 수 있는 성질의 것이 아니었다. 당이 제시한 '各保疆埸'도 당시의 현상을 설명한 것일 뿐, 중원 내 역학관계의 변화나 국제정세의 변동 등으로 언제든지 당의 입장이 변화될 수 있다는 것을 고구려 또한 인지하고 있었을 것이다. 따라서 지속적인 대당교섭과는 별개로 독자세력

39) 이정빈, 2016, 앞의 글, 73쪽.

40) 노태돈, 1984, 「5~6世紀 東아시아의 國際情勢와 高句麗의 對外關係」『東方學志』 44, 연세대학교 국학연구원 ; 1999, 『고구려사 연구』, 사계절, 335~337쪽 ; 임기환, 2002, 「南北朝期 韓中 冊封·朝貢 관계의 성격」『韓國古代史硏究』 32, 한국고대사학회, 28~30쪽.

41) 『舊唐書』 卷1, 本紀1, 高祖 武德 7年(624) 正月 己酉 "封高麗王高武爲遼東郡王 百濟王扶餘璋爲帶方郡王 新羅王金眞平爲樂浪郡王."

42) 신형식, 1984, 「三國의 對中關係」『韓國古代史의 新硏究』, 一潮閣, 314쪽.

43) 여호규, 2006, 앞의 글, 52쪽.

권 회복을 위한 남방 공략은 영류왕 초기 지속적으로 추진되었다고 추정된다.

그런데 『삼국사기』 고구려본기와 신라본기에는 620년대 고구려가 신라를 공격한 기사가 보이지 않는다. 고구려가 대당관계를 악화시키지 않기 위해 남방에 대한 공세를 완화했다는 해석이 가능하다.[44] 하지만 다음 기록에서 다른 정황이 포착된다.

B-① 貞觀 초 고구려와 백제가 함께 신라를 공격하니 잇달아 병사를 내기를 여러 해 그치지 않았다. 신라가 사신을 보내 위급함을 알렸다.[45](『舊唐書』 卷189上, 列傳139上, 儒學上, 朱子奢).

B-② [武德] 9년(626) 신라와 백제가 사신을 보내 建武를 탓하기를, 길을 막아 入朝를 할 수 없으며 또한 서로 틈이 생겨서 여러 차례 싸웠다고 하였다.[46] (『舊唐書』 卷199上, 列傳149上, 東夷 高麗).

626년 신라는 당에 사신을 보내 고구려·백제 또는 고구려가 여러 해 동안 계속 침략하고 있음을 호소하고 구원을 요청하는 표문을 올렸다. 『삼국사기』 백제본기·신라본기에는 623·624·626년 백제가 신라를 공격했던 사실이 기록되어 있다. 특히 624년 백제는 신라의 速含城 등 여섯 성을 공격하였는데,[47] 신라인들이 나라의 存亡이 이 전투에 달렸다고 인식할 정도로 중요한 지역에서 대규모로 벌어진 전투였다.[48] 전투 지역은

44) 임기환, 2004, 앞의 책, 300쪽에서는 영류왕이 대당 온건책을 구사하면서 백제·신라의 대당 외교를 막으려는 소극적인 입장이었다고 이해하였다.

45) "貞觀初 高麗百濟同伐新羅 連兵數年不解 新羅遣使告急."

46) "九年 新羅百濟遣使訟建武 云閉其道路 不得入朝 又相與有隙 屢相侵掠."

47) 『三國史記』 卷4, 新羅本紀4, 眞平王 46年 10月 ; 『三國史記』 卷27, 百濟本紀5, 武王 25年 10月.

48) 『三國史記』 卷47, 列傳7, 訥催 "或立議曰 大王以五軍 委之諸將 國之存亡 在此一役" ; 정동준, 2002, 「7세기 전반 백제의 대외정책」 『역사와 현실』 46, 한국역사연구회,

함양, 합천, 산청 등으로 비정되는데,[49] 백제는 이 지역을 차지하면서 소백산맥을 넘어 낙동강 서안 지역으로 진출할 수 있는 교두보를 마련하였다.[50] 차후 백제가 이 지역을 전초기지로 삼아 대대적인 공략을 감행할 것이 예상되는 상황에서, 서부 변경의 거점인 대야성이 적의 공격에 노출되면서 신라인의 불안감이 증폭되었을 것이다. 신라가 침략 국가로 백제를 지목한 배경에는 연이은 백제와의 전쟁 경험이 밑바탕에 있었던 것이다.

그렇다면 표문에서 고구려가 여러 차례 신라를 침략했다는 것도 사실로 인정할 수 있다. 침략 국가로 백제보다 고구려를 먼저 언급하거나 고구려 단독으로 지목하고[51] 있다는 점에서 고구려의 공세가 만만치 않았음을 느낄 수 있다.[52] 더불어 신라는 고구려가 조공로를 막고 있음을 강조하고 있는데, 당의 개입을 이끌어 내기 위한 의도적인 언사일 가능성이 있다. 당과 직접적으로 연관이 없는 사안일 경우 당의 개입을 확신하기 어려웠기 때문이다.[53] 그렇지만 표문에 적기된 내용이 완전히 허구일 가능성은 적다.[54] 신라는 조공로가 차단될 위기감을 실질적으로 느꼈다고 보아야

53~54쪽.

49) 정구복·노중국·신동하·김태식·권덕영 주석, 2012, 『역주 삼국사기』 3, 한국학중앙연구원출판부, 141~142쪽 및 2012, 『역주 삼국사기』 4, 한국학중앙연구원출판부, 401~402쪽.

50) 李文基, 2016, 「648·649년 신라의 對百濟戰 승리와 그 의미」 『新羅文化』 47, 동국대학교 신라문화연구소, 205~206쪽.

51) 사료 B-①의 기술과 같이 고구려와 백제가 '함께' 신라를 공격하였는지, 아니면 개별적으로 공격하였는지는 불분명하다. 626년 백제는 고구려가 조공로를 막는다고 호소하는 표문을 당에 전달하고 있어 고구려와 백제의 連和 내지 동맹을 상정하기에 주저되기 때문이다. 620년대 고구려와 백제의 관계에 대한 최근의 연구로 宣奉助, 2017, 『7세기 濟·麗同盟 硏究』, 한국학중앙연구원 박사학위논문, 125~154쪽이 참고가 된다.

52) 정원주, 2011, 앞의 글, 25쪽 및 최호원, 2013, 앞의 글, 134쪽에서도 626년 신라의 표문을 근거로 신라에 대한 고구려의 공격이 거셌다고 이해하고 있다.

53) 박윤선, 2007, 「7세기 전반 삼국의 역관계와 백제의 대당외교」 『역사문화연구』 27, 한국외국어대학교 역사문화연구소, 27쪽.

54) 宣奉助, 2017, 앞의 박사학위논문, 132~133쪽에서는 고구려가 당과 관계 개선을

한다.

고구려가 신라의 대당 사행을 방해하는 방법으로 해상교통로의 차단을 떠올릴 수 있다. 하지만 신라의 견당사가 언제 출발할지 예측하기 어려운 상황에서 고구려가 항시 해상을 봉쇄하기 어려우며, 신라도 사신단을 호위하기 위한 대응책을 마련한다는 점에서 해상교통로의 차단은 그 효과를 예측하기 어렵다.[55]

다음으로 고구려가 신라의 대당 창구 역할을 하던 党項城을 공격하는 방법이 있다. 실체에 대한 논란이 여전하지만, 642년 고구려와 백제가 함께 당항성을 공격하여 조공로 차단을 시도한다는 신라의 호소를 보건대,[56] 620년대에도 고구려가 신라의 당항성을 직접 공격하려 했을 가능성이 있다. 다만 고구려가 수군을 동원하여 해상으로 공격했다고 보기는 어렵다. 당항성은 현재 화성 唐城으로 추정되는데, 7세기를 전후하여 구봉산 정상부에 둘레 363m, 외벽 높이 4-5m의 테뫼식 석축성벽이 축조되어 있었으며, 주변 지형이 자연적으로 방어에 유리하여 성으로 접근하기가 용이하지 않았다.[57] 따라서 해상을 통한 기습적인 공격은 작전의 성공을 담보하기 어려우며 설사 당항성 공략에 성공하더라도 신라의 반격에 지속적으로 노출될 수밖에 없었다.

그렇다고 고구려가 육로를 통해 당항성을 공격한다는 것도 녹록하지

추구하던 와중에 신라의 조공로를 방해할 이유가 없다고 하면서, 당의 구원을 이끌어내기 위한 외교적 언사로 이해하고 있다. 하지만 당시 독자세력권의 회복이라는 측면에서 고구려 대외정책을 이해한다면 대당관계가 대신라관계를 강제했다고 보기 힘들다. 후술하듯이 당 태종이 삼국 간의 관계에 개입하기 시작한 626년부터 고구려가 대당관계와 대신라관계를 연동하여 인식했다고 볼 수 있다.

55) 해상교통로 차단의 어려움에 대해서는 박종욱, 2017, 「백제의 對中國交涉 航路」 『百濟學報』 19, 백제학회, 127쪽 참조.

56) 『三國史記』 卷5, 新羅本紀5, 善德王 11年 "秋七月 百濟王義慈大擧兵 攻取國西四十餘城 八月 又與高句麗謀 欲取党項城 以絶歸唐之路 王遣使 告急於太宗."

57) 경기문화재단, 2009, 『당성』, 12쪽, 38~39쪽 ; 황보경, 2015, 「7세기 초 삼국의 정세와 당항성 전투의 의의」 『軍史』 96, 국방부 군사편찬연구소, 153~154쪽.

않은 일이었다. 7세기에 들어서면서 신라는 한강 이북 지역에 대한 방어체계 구축을 본격화하였다고 한다.[58] 따라서 고구려군이 신라가 구축한 한강 유역의 방어체계를 돌파하여 당항성에 곧장 이르기는 힘들었을 것이다.

신라는 604년 남천주를 폐지하고 북한산주를 설치하면서[59] 한강 유역 방어 거점을 한강 이남에서 이북으로 조정하였다. 그런데 620년대 고구려는 포천 반월산성으로 추정되는 낭비성을[60] 전초기지로 삼아 신라가 영유하고 있던 한강 하류 유역을 압박하고 있었다. 즉 한강 하류 이북 지역에서 양국이 첨예하게 대치하던 상황이었던 것이다.[61] 여기에 고구려군의 공세가 강화되면서 한강 하류 유역 일대에서 양국의 군사 충돌이 연이어 발생하였고 신라인들의 위기감이 고조되었을 것이다. 신라는 이를 과장하여 고구려가 조공로를 차단한다고 당에게 전달했을 가능성이 있다. 사실 신라가 한강 유역을 확보한 후 독자적인 대중 교섭이 가능했기 때문에, 한강 하류 유역에 대한 고구려군의 공세를 대중교통로의 차단으로 해석할 수도 있는 것이다. 즉 신라가 조공로 차단을 호소한 배경에는 당의 협력을 구하려는 의도와 함께 한강 유역을 상실할 수 있다는 신라인들의 위기의식이 반영되어 있었다.

---

58) 서영일, 2010, 「산성 분포로 본 신라의 한강유역 방어체계」 『고고학』 9-1, 중부고고학회. 서영일은 신라의 한강 유역 방어체계의 궁극적인 목표를 당성진의 보호와 경기만 일대의 해상권 장악이라고 보았다.

59) 『三國史記』 卷4, 新羅本紀4, 眞平王 26年 7月 "廢南川州 還置北漢山州."

60) 낭비성의 위치에 대해서는 청주, 파주 칠중성, 함경도 덕원·안변 일대, 포천 반월산성 등으로 보는 견해가 있는데, 7세기 전반 삼국 간 정세와 고고학 발굴 성과를 종합해 볼 때 포천 반월산성으로 비정하는 견해가 타당하다고 생각된다. 낭비성 위치에 관한 연구사와 구체적인 논의는 장창은, 2014, 『고구려 남방 진출사』, 景仁文化社, 315~320쪽 ; 윤성호, 2019, 「신라 진평왕대 대고구려 전투의 의미」 『역사와 경계』 110, 부산경남사학회, 179~183쪽 참조.

61) 장창은은 620년대 고구려가 대당관계 안정을 바탕으로 낭비성 방면으로 진출하여 포천천로를 중심으로 신라와 충돌했다고 이해한다(장창은, 2014, 위의 책, 320~321쪽).

남방을 대상으로 한 독자세력권 재건 시도가 일정 정도 성과를 거두고 있었던 데 비해, 요서 일대에 대한 세력권 회복은 고구려의 의도대로 진행되지 못하고 있었다. 고구려는 7세기 초 요서 지역에 군사 기지를 운영하였으나, 수는 고구려의 武厲邏를 빼앗아 通定鎭을 설치하는 등 요서 동부 지역에 대한 지배를 시도하였다.[62] 645년 당군이 고구려를 침공할 때 통정진을 활용한 것으로 보아,[63] 7세기 중반까지 요서일대에서 고구려의 영향력은 이전 수준으로 회복되지 못했다고 추정된다. 그에 비해 당은 일찍이 요서 서부지역에 대한 지배력을 꾸준히 확대해 나갔으며 이는 624년 영주도독부 설치로 이어졌다.[64] 이에 짝하여 거란에 대한 당의 영향력도 점증되었다. 621년 거란 별부 酋帥 孫敖曹가 당에 내부하였고, 623·624년 거란이 당에 조공하는 모습이 확인된다.[65] 반면 620년대 전반 고구려와 거란의 관계를 알려주는 사료는 찾기 어려운데, 천리장성이 고구려인이 인식한 영역의 경계를 나타내며 그 바깥 지역에 대한 放棄를 의미한다는 연구를[66] 참고한다면, 당과의 갈등을 유발할 수 있는 거란 공략을 620년대에 적극적으로 실시하기에 조심스러웠을 것이다.

이상을 통해 영류왕 초기 대외정책은 평원왕·영양왕대 대외정책을 계승

62) 『隋書』 卷65, 列傳30, 李景 "明年(611) 攻高麗武厲城破之 賜爵苑丘侯物一千段" ; 『資治通鑑』 卷181, 隋紀5, 煬帝 大業 8年 7月 "是行也 唯於遼水西拔高麗武厲邏〈高麗置邏於遼水之西 以警察度遼者〉 置遼東郡及通定鎭而已" ; 이성제, 2005, 「高句麗와 契丹의 관계」 『北方史論叢』 5, 고구려연구재단, 159~160쪽. 이용범은 이를 고구려 西進策의 종말로 보고 있다(李龍範, 1987, 「高句麗의 膨脹主義와 中國과의 關係」 『古代韓中關係史의 研究』, 三知院, 201쪽).

63) 『資治通鑑』 卷197, 唐紀13, 太宗 貞觀 19年 "夏四月 戊戌朔 世勣自通定濟遼水 至玄菟."

64) 이정빈, 2016, 앞의 글.

65) 『舊唐書』 卷199下, 列傳149下, 北狄 契丹 ; 『冊府元龜』 卷970, 外臣部15, 朝貢3, 武德7年(624) 2月. 이성제, 2005, 앞의 글, 161쪽에서 거란의 향배가 일찍부터 당으로 기울었고 요서지역의 세력관계를 당이 주도했다고 이해한 바가 있다.

66) 李龍範, 1987, 앞의 글, 201쪽 ; 이성제, 2005, 위의 글, 161~162쪽 ; 윤상열, 2015, 「고구려 後期 天下觀念의 변화상과 그 의미」 『白山學報』 101, 白山學會, 103쪽.

해 당에 대해서는 우호관계를 수립하여 중원의 정세를 파악하는 데 주력하였고 '조공책봉관계에 따른 各保疆埸'을 기대하며 당의 책봉을 받았음을 알 수 있다. 동시에 중원 정세의 변동에 대응하여 독자세력권 회복을 추구하며 한강 유역에 대한 공세를 강화해 나갔지만, 당과의 갈등을 유발할 수 있는 요서 일대에 대한 영향력 확대에는 소극적이었다고 평가할 수 있다.

III. 영류왕의 會盟 企圖와 좌절

고구려의 대외정책은 신라의 호소에 당이 朱子奢를 삼국에 파견하면서 전환의 계기가 마련되었다. 당 고조가 삼국의 왕을 동시에 책봉했지만 삼국 간의 관계에 개입한 정황이 드러나지 않는데 비해, 당 태종은 즉위하자마자 삼국 간 문제에 적극적으로 관여하기 시작했음을 의미하기 때문이다.

C-① 조서를 내려 散騎侍郎 朱子奢에게 부절을 주어 화해하도록 설득하니, 건무가 사죄하고 두 나라[백제, 신라]와 화평할 것을 청하였다.[67](『新唐書』 卷220, 列傳145, 東夷 高麗).

C-② 조서를 내려 員外散騎侍郎 朱子奢를 보내어 화해하도록 하니, 건무가 표문을 올려 사죄하면서 신라와 더불어 [당] 사신과 대면하여 會盟할 것을 청하였다.[68](『舊唐書』 卷199上, 列傳149上, 東夷 高麗).

C-①·②에는 B-①·②의 신라의 호소에 대한 당의 조치와 고구려의 대응이 기술되어 있다. 당이 朱子奢를 파견하여 삼국 간에 상호 침략을 중단하고

---

67) "有詔散騎侍郎朱子奢持節諭和 建武謝罪 乃請與二國平."

68) "詔員外散騎侍郎朱子奢往和解之 建武奉表謝罪 請與新羅對使會盟."

화해할 것을 종용하자, 고구려는 사죄하는 표문을 올려 두 나라[백제, 신라]와 화평할 것을 청하고, 특별히 신라와 더불어 '對使會盟'할 것을 청하였다고 한다. 이때 '使'를 '신라의 사신'으로 해석한다면[69] 고구려와 신라의 각 사신이 만나 회맹을 실시하겠다는 의미로 읽힐 수 있다. 하지만 당에게 회맹을 요청하고 있기 때문에 당을 제외하고 고구려-신라 양국 간 회맹으로 이해하기는 곤란하다. 따라서 '使'는 '당의 사신'으로 이해하는 것이 바람직하다. 즉 당 태종을 대리하는 칙사를 주재자로 하여 고구려·신라·당이 회맹할 것을 요청했다는 의미로 파악된다.

사료 C에 대해 기존 연구는 대체로 당이 삼국 역관계에 관여하기 시작했다는 점에 의미를 부여하고 있다.[70] 당 중심의 국제 질서를 구현하려는 당 태종의 의지가 반영된 사건으로 이해하는 것이다. 하지만 의도와 달리 당의 개입은 당-돌궐 관계와 당 내부 정치 상황 등으로 한계가 뚜렷하였고, 표면상 고구려가 화평을 제안하면서 당 중심의 국제질서를 인정한 듯한 모습을 취했지만 실제로 신라에 대한 공세를 멈추지 않았다고 이해하고 있다.[71] 사실상 당의 개입은 실패로 돌아갔고[72] 고구려의 독자적인 세력권

---

69) 국사편찬위원회, 1990, 『中國正史 朝鮮傳』 譯註2, 246쪽에서는 "建武가 表文을 올려 謝罪하면서 新羅의 使臣과 對坐시켜 [新羅와] 會盟할 것을 청하였다"로 해석하고 있다. 한편 충주고구려비의 성격을 會盟碑로 파악하는 입장에서, 5세기 중반 고구려 태왕과 신라 매금이 만나 형제관계를 하늘에 약속하며 회맹을 하였는데, 이러한 경험을 바탕으로 양국이 다시 회맹하여 우호관계를 회복하겠다는 뜻을 당에 전달한 것으로 이해하는 견해가 있다(박찬흥, 2013, 「중원고구려비의 건립 목적과 신라의 위상」 『韓國史學報』 51, 高麗史學會, 155~157쪽).

70) 주자사 파견은 그 자체가 삼국 간 문제에 대한 적극적인 개입이 아니라 고구려의 독자적인 세력권을 인정한다는 의미로 해석하는 견해도 있다(丁善溶, 2008, 「隋·唐 초기 中國的 世界秩序의 변화과정과 삼국의 대응」 『新羅史學報』 12, 新羅史學會, 118~119쪽).

71) 여호규, 2006, 앞의 글, 52쪽 ; 최호원, 2013, 앞의 글, 133~134쪽. 조서에 당의 권유를 따르지 않을 경우 처벌 조항이 없으며 일방적으로 고구려를 책망하지 않은 것으로 보아 당의 간섭이 강력하지 못했다고 판단하기도 한다(김지영, 2016, 「7세기 고구려와 백제 관계의 변화」 『인문학연구』 32, 경희대학교 인문학연구원, 113~114쪽).

을 인정하는 결과로 이어졌다는 것이다.[73]

그런데 영류왕이 사죄하고 화평을 제의하면서 당에 보낸 표문을 외교적 虛辭로 치부하기 어렵다. 후술하듯이 626년 백제는 화친을 종용하는 당 태종의 요구를 수용하였다. 그런데 백제는 627년 신라의 西邊을 공격하여 두 성을 빼앗는 성과를 올리고 옛 영토의 회복을 목표로 대대적인 신라 침공을 준비하고 있었다. 신라는 급히 당에 사신을 파견하여 이 사실을 알렸다. 백제는 전해 주자사를 통해 전달된 당 태종의 의사, 즉 삼국 간에 화평하라는 메시지에 배치되는 행위를 했던 것이다. 이에 당은 자국 중심의 국제 질서 유지를 목표로 적극적으로 개입하였다.[74] 백제는 즉각 사죄의 표문을 올렸지만, 628년 2월 신라 가잠성을 공격하는 등 신라에 대한 공세를 곧 재개하였다.[75]

만약 고구려가 한강 유역에 대한 공세를 지속했다면, 신라는 627년 백제의 침입을 알리는 표문을 당에 보낸 것과 마찬가지로, 고구려의 동향을 당에 보고했을 것이다. 그런데 629년 8월 낭비성 전투 전까지 양국 간 갈등이 발생했음을 전하는 기록이 없다. 더구나 낭비성 전투는 신라가 고구려를 선제공격한 사건이었다. 백제와 달리 고구려는 신라에 대한 공세를 중단했을 가능성이 높은 것이다. 따라서 고구려의 사죄를 형식적 조치로 이해하기 곤란하다.

이와 관련하여 사료 C-②에서 주목해야 할 구절이 있다. 바로 '會盟할 것을 청하였다'는 구절이다. 선행 연구에서는 여기에 특별한 관심을 두지 않았다. 고구려의 사죄가 실질적이지 않기 때문에 그 후속조치로 제시한

72) 鬼頭清明, 1976, 『日本古代國家の形成と東アジア』, 校倉書房, 108쪽.

73) 임기환, 2006, 앞의 글, 74~75쪽.

74) 박윤선, 2007, 앞의 글, 27쪽.

75) 『三國史記』 卷27, 百濟本紀5, 武王 29年 2月. 이를 『구당서』 백제전은 "璋因遣使奉表陳謝 雖外稱順命 內實相仇如故"로, 『신당서』 백제전은 "璋奉表謝 然兵亦不止"라 하고 있다.

회맹도 의례적인 표현으로 이해하는 것이다. 하지만 고구려가 당의 요구에 적극 호응하여 신라에 대한 공격을 중단했다면, 신라와 會盟을 요청한 사실도 새로운 시각에서 고찰할 필요가 있다. 이를 위해 다음 기록을 먼저 상세히 살펴볼 필요가 있다.

D. 朱子奢는 蘇州 吳人이다. 어렸을 적에 鄕人 顧彪로부터 『春秋左氏傳』을 배우니 후에 諸子書와 史書까지 널리 읽었고 글을 잘 지었다. 隋 大業(605-618) 중에 直秘書學士였는데, 천하가 크게 어지러워지자 관직에서 물러나 고향으로 돌아갔다. 이윽고 杜伏威에게 의탁하였는데 武德 4년(621) 두복위를 따라 입조하여 國子助敎에 제수되었다.

貞觀 초 고구려와 백제가 함께 신라를 공격하니 잇달아 병사를 내기를 여러 해 그치지 않았다. 신라가 사신을 보내 위급함을 알렸다. 이에 朱子奢를 임시로 員外散騎侍郎으로 삼아 사신으로 보내어 삼국의 원한을 풀도록 타이르게 하였다. 바르고 儀觀을 갖추니 東夷가 크게 흠모하고 공경하여 삼국의 왕이 모두 表를 올려 사죄하니, 선물을 후하게 보내주었다.

일찍이 주자사가 사신으로 나갈 때 태종이 이르길 "海夷가 자못 학문을 중시한다. 경은 대국의 사신이 되었으니 반드시 그 선물에 기대어 講說하지 말도록 하라. 사신에서 돌아왔는데 내 뜻에 맞도록 했다면 마땅히 中書舍人으로 경을 대하리라."라고 하였다. 주자사가 그 나라에 이르러 오랑캐의 마음을 기쁘게 하기 위해 『春秋左傳』을 제목으로 강의하고 또 미녀를 선물로 받았다. 사신에서 돌아오니 태종이 뜻을 어긴 것을 책망하였으나 오히려 그 재주를 아껴 심히 꾸짖지 않고 散官直國子學으로 삼았다.[76](『舊唐書』 卷189上, 列傳139上, 儒學上 朱子奢).

---

76) "朱子奢 蘇州吳人也 少從鄕人顧彪習春秋左氏傳 後博觀子史 善屬文 隋大業中 直祕書學士 及天下大亂 辭職歸鄕里 尋附于杜伏威 武德四年 隨伏威入朝 授國子助敎 貞觀初 高麗百濟同伐新羅 連兵數年不解 新羅遣使告急 乃假子奢員外散騎侍郎充使 喩可以釋三國之憾 雅有儀觀 東夷大欽敬之 三國王皆上表謝罪 賜遺甚厚 初 子奢之出使也 太宗謂

주자사는 어릴 적 顧彪로부터 『春秋左傳』을 배워 文辭에 능했다고 한다. 또한 直秘書學士와 國子助敎를 역임했다는 점에서 유학적 소양이 풍부한 인물임을 짐작할 수 있다. 주자사가 고구려와 백제에서[77] 『春秋左傳』을 講說한 배경이 여기에 있을 것이다. 그런데 당 태종은 주자사를 사신으로 보내기 전에 그를 불러 강설을 하되 선물을 받지 말 것을 당부하며,[78] 자신의 뜻에 따른다면 正5品上에 해당하는 中書舍人[79]에 임명할 것을 약속하였다. 여기서 당 태종이 언급한 '稱旨'를 선물을 받지 말라는 의미로 이해하기는 곤란하다. 황제의 명과 다르게 주자사는 미녀를 선물로 받았고 태종은 이를 질책했지만, 결국 그의 재주를 아껴 散官直國子學[80]에 임명했기 때문이다. 따라서 당 태종이 염려한 부분은 단순히 선물의 수증이 아니라, 선물로 인해 자신의 의사가 고구려와 백제 측에 온전히 전해지기 어려울 수 있다는 것이었다고 짐작된다. 즉 주자사가 비록 선물을 받는 행위를 하여 황제의 당부를 어겼지만, 고구려와 백제에 전하고자 했던 당 태종의

曰 海夷頗重學問 卿爲大國使 必勿藉其束脩 爲之講說 使還稱旨 當以中書舍人待卿 子奢至其國 欲悅夷虜之情 遂爲發春秋左傳題 又納其美女之贈 使還 太宗責其違旨 猶惜其才 不至深譴 令散官直國子學."

77) 사료 D에서 주자사가 '그 나라[其國]'에 이르러 『春秋左傳』을 강설했다고 하는데, 『玉海』 卷153, 朝貢, 外夷來朝, 內附, 唐高麗請頒曆에서 "貞觀初 朱子奢至高麗百濟爲發春秋題"라고 하여 고구려와 백제에서 강설했음을 확인할 수 있다(宣奉助, 2017, 앞의 박사학위논문, 142쪽).

78) 『新唐書』 卷198, 列傳123, 儒學上 朱子奢 "帝戒曰 海夷重學 卿爲講大誼 然勿入其幣還當以中書舍人處卿 子奢唯唯."

79) 『新唐書』 卷47, 志37, 百官2, 中書省 "舍人六人 正五品上 掌侍進奏 參議表章 凡詔旨制敕璽書冊命 皆起草進畫 既下 則署行."

80) 直國子學은 國子監 直官 중 하나인 明五經直인데, 直官은 정규 관원이 아니면서 다른 관청에 임시로 差遣하는 경우 칭해지는 것이다. 주자사는 본래 종6품상의 국자조교였는데 대외사절로 파견되기 위해 종5품하 員外散騎侍郎에 假授되었고 당으로 돌아온 후 散官直國子學에 임명되었다. 直官의 복색은 직관 임명 전 본래 관품에 따른다는 규정을 보건대 주자사는 종5품하의 품계를 지니고 국자감에서 오경을 강의했다고 볼 수 있다. 당대 直官에 대해서는 李錦綉, 1995, 「唐代直官制初探」 『國學研究』 3, 北京大學中國傳統文化研究中心 참조.

의사를 정확히 전달하고 관철했다고 이해할 수 있다.

그렇다면 당 태종이 주자사의 입을 빌려 고구려와 백제에 전하고자 했던 것을 무엇일까. 이를 추정하는데 의사 전달의 수단으로 『春秋左傳』이 활용된 사실에 주목할 필요가 있다.[81] 당 태종은 신라의 호소를 수용하여 삼국 간의 상쟁을 멈추게 하려는 목적으로 주자사를 파견하였다. 따라서 주자사는 『춘추좌전』을 강설하면서 춘추시대 열국 간에 발생한 각종 분쟁을 언급하지 않을 수 없었을 것이다. 그리고 그 해결책으로 회맹이 역할을 했던 사례가 강조되었을 가능성이 높다. 회맹은 춘추시대를 상징하는 정치현상이라 할 정도로 빈번히 시행되었는데, 열국 간에 전쟁, 화목, 세력관계 확인, 중개, 상호원조 등을 목적으로 이루어졌다. 이 중에서 주자사는 전쟁을 끝내고 화목을 맹세하는 회맹, 전쟁상태인 양국을 중개하기 위해 제3국이 주최한 회맹의 사례를 특히 강조하였을 것이다.[82] 『춘추좌전』에는 춘추시대 시행된 여러 회맹이 기록되어 있기에, 다른 경전이나 사서에 비해 회맹의 영토 분쟁 해결 기능을 설파하기에 가장 적절하다.[83]

---

81) 624년 당 고조는 道士를 고구려에 보내 『老子』를 강론하게 하였다. 이는 국가사상이었던 도교를 고구려에 전래하여 조공책봉관계 속에서 당의 영향력을 과시하려는 목적이었다고 한다(김수진, 2010, 「7세기 高句麗의 道教 受容 배경」 『韓國古代史研究』 59, 한국고대사학회, 185쪽). 당이 624년, 626년 연속해서 특정한 목적을 달성하기 위한 수단으로 경전의 강설을 활용했다는 점이 흥미롭다. 또한 당 황제는 서적의 하사를 통해 자신의 의사를 전달한 바가 있다. 648년 당 태종은 김춘추에게 『晉書』를 하사하였는데, 삼국의 존재를 인정하지 않는 『晉書』를 통해 고구려와 백제를 멸망시키겠다는 의지를 드러낸 것이었다(이성규, 2004, 「中國古文獻에 나타난 東北觀」 『동북아시아 선사 및 고대사 연구의 방향』, 학연문화사, 50~52쪽). 당 현종은 자신이 주석한 『孝經』을 경덕왕에게 하사하여 제후의 효를 요구하였다고 한다(김영하, 2005, 「新羅 中代의 儒學受容과 支配倫理」 『韓國古代史研究』 40, 한국고대사학회, 150쪽 ; 2007, 『新羅中代社會研究』, 일지사, 208쪽). 『춘추좌전』의 강설도 동일한 맥락에서 이해할 수 있을 것이다.

82) 춘추시대 회맹이 시행된 국면과 그 기능, 구체적 사례에 대해서는 高木智見, 1985, 「春秋時代の結盟習俗について」 『史林』 68-6, 史學研究會, 44~47쪽 참조.

83) 『춘추좌전』에는 국가 간 이루어진 盟 108회, 會 85회, 會盟 45회가 기록되어 있다고 한다(徐杰令, 2004, 「春秋會盟禮考」 『求是學刊』 31-2, 11쪽).

회맹을 통해 국가 간 영토의 경계를 획정하여 분쟁을 해결한다는 논리가 당에서 지속적으로 활용되었다는 점도 당 태종의 의도를 이해하는데 도움이 된다. 예컨대 당의 요구에 따라 시행된 664년 熊嶺會盟, 665년 就利山會盟은 신라와 웅진도독부 간 영역의 경계를 확정하는 것이 일차 목적이었고 향후 서로 강역을 침범하지 않겠다는 서약을 하였다.[84] 또한 8세기 당은 토번과 여러 차례 회맹을 하였는데 국경 획정과 상호 간 국경 침범 금지가 주된 내용이었으며,[85] 794년 당과 南詔 간 맺어진 맹약은 남조가 당에 귀부한다는 것과 서로 침범하지 않는다는 것이 주요 내용이었다.[86]

주자사가 『춘추좌전』을 강설했다는 점과 당대 시행된 회맹의 사례를 참고한다면, 당 태종이 주자사를 통해 고구려와 백제에 전달하고자 한 바는 '삼국은 회맹을 실시하여 상쟁을 중지하고 우호관계를 수립하라'는 것이었다고 추정할 수 있다. 즉 회맹 개최는 당이 먼저 요구했으며 고구려는 그 제안에 화답한 것이었다.

주자사는 고구려와 백제를 거친 후 신라에 도착하였다.[87] 백제의 반응이 사료에 분명히 드러나지 않는데, 백제도 사죄의 내용을 담은 표를 올렸다는 점, 태종이 주자사를 散官直國子學에 임명한 것은 사행 전체를 평가하여 내린 결정이라는 점, 626년 12월 백제가 사절을 당에 파견한 점[88] 등을

84) 『三國史記』 卷6, 新羅本紀6, 文武王 5年 8月 "若有背盟 二三其德 興兵動衆 侵犯邊陲 明神監之 百殃是降 子孫不育 社稷無守 禋祀磨滅 罔有遺餘"; 『三國史記』 卷7, 新羅本紀7, 文武王 11年 7月 答薛仁貴書 "至麟德元年 復降嚴勅 責不盟誓 卽遣人於熊嶺 築壇共相盟會 仍於盟處 遂爲兩界 盟會之事 雖非所願 不敢違勅 又於就利山築壇 對勅使劉仁願 歃血相盟 山河爲誓 畫界立封 永爲疆界."

85) 당-토번 회맹에 대한 최근의 논의로 菅沼愛語, 2010, 「唐·吐蕃會盟の歷史的背景とその意義」 『日本西藏學會會報』 56, 日本西藏學會 ; 菅沼愛語, 2011, 「德宗時代の三つの唐·吐蕃會盟」 『史窓』 68, 京都女子大學史學會 참조.

86) 정면, 2015, 『남조국(南詔國)의 세계와 사람들』, 도서출판 선인, 188~189쪽.

87) 『三國史記』 卷4, 新羅本紀4, 眞平王 48年 7月 "遣使大唐朝貢 唐高祖遣朱子奢來 詔諭與高句麗連和."

88) 『冊府元龜』 卷970, 外臣部15, 朝貢3 "[武德九年]十二月 高麗百濟黨項 並遣使朝貢."

고려할 때 백제가 당의 회맹 개최 요구를 거절했다고 보기 어렵다. 신라는 당의 요구를 일방적으로 수용해야 되는 입장이었기 때문에 주자사가 신라에서 『춘추좌전』을 강설할 필요는 없었고 회맹 개최 여부에 대한 일정한 정보만 전달하였을 것이다.

당의 제안은 조서를 통해 공식적으로 고구려와 백제에 전달되지 않은 듯하다. 만약 고구려와 백제가 미온적으로 반응하거나 거부할 경우 당의 권위에 타격을 줄 수 있기 때문이었다. 따라서 조서에는 삼국의 화친을 권유하는 내용만 담고, 사신을 통해 구두로 고구려와 백제를 설득하여 회맹에 참여하도록 유도하는 것이 현실적인 방법이었을 것이다. 이를 실현하기 위해 유학자를 파견한 것은 당연한 선택이었다. 주자사는 『唐書』 儒學列傳에 입전된 인물 중 당 태종대 사신으로 파견된 자들 가운데 유일하다.[89] 『춘추좌전』에 통달한 주자사가 회맹의 의미와 기능에 대해 설명하고 고구려와 백제를 설득할 수 있는 적임자였던 것이다.

626년 당이 삼국에게 회맹 개최를 요구한 데에는 기본적으로 625년 이후 당의 대외정책 기조가 반영되어 있다. 625년 당 조정에서는 고구려에게 稱臣을 강요하지 않겠다는 당 고조의 입장과 요동은 중원왕조의 故土이므로 不臣을 허락해서는 안 된다는 裵矩, 溫彦博의 입장으로 나뉘어 오랜 기간 논의가 이어졌다.[90] 결국 당 고조가 배구와 온언박의 주장을 수용하면서 당은 고구려와 군신관계를 유지하기로 결론을 지었다.[91] 또한 625년

89) 염경이, 2005, 「당 태종대의 사신 파견과 그 외교적 역할」 『대동사학』 5, 대동사학회, 101쪽.

90) 『舊唐書』 卷61, 列傳11, 溫大雅 附 彦博 ; 『舊唐書』 卷199上, 列傳149上, 東夷 高麗. 논의가 이루어진 시점에 대해 『通典』 卷186, 邊防2, 東夷下 高句麗에서는 무덕 8년(625) 3월로, 『唐會要』 卷95, 高句麗에서는 무덕 8년 3월 11일로 기록하고 있다. 한편 『冊府元龜』 卷990, 外臣部35, 備禦3에서는 무덕 8년 5월 己酉(16일)로 되어 있다. 칭신 문제를 둘러싼 논의가 3월부터 시작되어 5월 己酉에 최종 결정되었다고 이해된다. 즉 두 달간에 걸쳐 오랜 기간 논의가 이루어졌음을 알 수 있다.

91) 당 중심 국제질서로의 재편, 나아가 당의 패권주의를 드러낸 것으로 이해하는

7월 당 고조는 돌궐에 보내는 외교 문서를 '書'에서 '詔勅'으로 전환하는 조치를 단행하였다.[92] '書'는 敵國禮로 일컬어지는 대등한 관계에서 사용되는 문서 형식으로 이해되는 바, 당-돌궐 관계를 대등관계에서 군신관계로 전환하는 조치라 할 수 있다.[93] 당은 624년 무렵 군웅 세력을 대부분 진압하면서 대외문제에 적극적으로 대처할 수 있는 여건을 갖추게 되었고,[94] 이것이 625년 고구려와 돌궐에 대한 대외정책의 기조가 변화하는 배경이 되었던 것이다. 그 연장선상에서 당의 회맹 개최 요구를 이해할 수 있다.

본디 회맹의 개최는 周 天子의 권한이었는데, 봉건제가 붕괴되고 천자의 권위가 하락하면서 霸者가 강력한 국력을 바탕으로 대규모 회맹을 주최하게 되었다.[95] 춘추시대 패자 출현 이후 회맹은 패자가 천하질서의 주재자임을 선포하고 맹주와 회맹참가국이 군신관계를 수립하는 의례로서의 기능을 지녔다.[96] 당시 고구려, 백제, 신라는 명분상으로 당의 책봉을 받은

견해가 있다(李昊榮, 1997, 『新羅三國統合과 麗·濟敗亡原因硏究』, 書景文化社, 109쪽).

92) 『資治通鑑』 卷191, 唐紀7, 高祖 武德 8年 "先是 上與突厥書用敵國禮 秋七月 甲辰 上謂侍臣曰 突厥貪婪無厭 朕將征之 自今勿復爲書 皆用詔勅."

93) 김진한, 2009, 앞의 글, 324쪽.

94) 김진한, 2009, 앞의 글, 324쪽.

95) 金一出, 1949, 「春秋會盟論考」 『歷史學硏究』 1, 歷史學會, 正音社 ; 김일출, 2017, 「춘추회맹논고」 『김일출저작선집』, 선인. 이 글에서는 도현철 편, 『김일출저작선집』을 이용하였다.

96) 맹주는 載書 작성의 권한을 지녔고 재서에 기재된 서약사항의 준수를 회맹참가국에게 강제할 수 있었으며, 맹약을 어긴 제후를 처벌할 권한을 지니고 있었다(김일출, 2017, 위의 글, 102쪽 ; 吉本道雅, 1985, 「春秋載書考」 『東洋史硏究』 43-4, 東洋史硏究會, 607~616쪽). 또한 패주는 회맹참가국에게 국정 보고, 공물 헌상, 교전의 사전 승인 요청, 政令에 대한 복종을 요구하였다(이춘식, 2006, 「동아시아의 국제사회의 형성과 조공외교」 『동양정치사상사』 5-2, 한국동양정치사상사학회, 207~212쪽). 따라서 회맹은 대국이 패자가 되었음을 선언하는 표지이자 회맹에서 정령을 반포하는 등 覇政을 실시하는 방식으로 기능하였다(張全民, 1994, 「試論春秋會盟的歷史作用」 『吉林大學社會科學學報』 1994-6, 46쪽 ; 徐杰令, 2004, 앞의 글, 11쪽).

제후국이었다. 당이 삼국 간의 영역 분쟁에 개입하여 화해를 조정하는 회맹이 성사된다면, 동방에서 천자국으로서 당의 지위가 보다 공고해질 수 있는 것이다. 명분적·관념적인 천자국에서 실질적인 천자국으로 발돋움하기 위한 시도의 일환이었던 것이다. 더욱이 회맹은 의례를 수반하기에 당 중심의 국제질서를 가시적으로 드러낼 수 있는 기회이기도 하였다. 결국 당 태종은 천자 내지 패자의 입장에서 회맹을 실시하여, 당-고구려·백제·신라 관계가 군신관계임을 의례를 통해 표현함으로써 동방에서 당 중심의 국제질서를 구현하려 했던 것이다.[97]

고구려에서 유학에 대한 이해 수준을 고려한다면,[98] 고구려도 당의 회맹 요구에 담겨 있던 의도를 충분히 간파했을 것이다. 따라서 회맹 요구의 수용 여부를 둘러싸고 고구려 조정 내에서 논의가 치열하게 전개되었을 것이다. 구체적인 양상을 파악할 수 있는 사료가 전무하기 때문에 단정하기는 곤란하지만, 기존의 대외정책을 고수하여 독자세력권의 회복을 추구하며 당의 회맹 요구를 거절하자는 입장과 국제정세의 변동에 기민하게 대응하여 당의 회맹 요구를 수용함으로써 당과 우호관계를 지속하는 것을 중시하는 입장으로 대별할 수 있다고 본다. 즉 대외정책을 둘러싸고 정치세력 간의 의견 대립을 상정할 수 있는 것이다.

당을 盟主로 인정하고 회맹에 참가하는 것은 영류왕 초기 대외정책과는 분명히 다른 것이었다. 회맹 요구의 수용은 당 중심의 국제질서에 고구려가 완전히 편입된다는 것을 의미하기 때문이다. 더구나 고구려와 신라가

---

97) 665년 취리산 회맹에서 당은 춘추시대 패자와 같은 입장으로 盟主가 되어 회맹을 매개로 동방에서 당 중심의 국제질서를 유지하려는 목적을 지녔다는 견해가 참고가 된다(布山和男, 1996, 「新羅文武王五年の會盟にみる新羅·唐關係」 『駿台史學』 96, 駿台史學會 ; 박찬홍, 2006, 「655년 신라·백제·당나라의 취리산 회맹문」 『내일을 여는 역사』 26, 내일을여는역사재단).

98) 『舊唐書』 卷199上, 列傳149上, 東夷 高麗 "俗愛書籍 至於衡門廝養之家 各於街衢造大屋 謂之扃堂 子弟未婚之前 晝夜於此讀書習射 其書有五經及史記漢書范曄後漢書三國志孫盛晉春秋玉篇字統字林 又有文選 尤愛重之."

당의 제후국이라는 동등한 지위를 가지고 회맹에 참여하는 것이기에, 동북아 지역에서 고구려의 중심적 위상을 부정하는 것이며, 나아가 독자세력권의 재건이라는 대외정책의 폐기로 이해될 수 있는 것이다. 따라서 회맹 반대 세력은 독자세력권의 추구라는 전통적인 대외정책을 고수하고자 했다고 이해할 수 있다.

그렇다면 당의 요구를 수용해 회맹을 추진하자는 입장이었던 정치세력은 어떤 측면에 주목했던 것일까. 영류왕 초기 고구려는 당과 우호관계 수립과 한강 유역 공략을 함께 추진하였다. 그런데 당이 백제와 신라에 대한 공세를 중단할 것을 요구하자, 대외정책의 두 축이 동시에 시행될 수 없는 상황에 직면하게 된 것이다. 당의 요구를 형식적으로 수용하여 남방에 대한 공세를 일시 완화하는 방법도 있지만 임시방편일 뿐이었다. 공격을 재개한다면 결국 당과의 관계가 악화되는 방향으로 나아간다는 점에서 당의 요구를 거절하는 것과 별반 다르지 않았다. 따라서 회맹 수용 세력은 당시 대외정책의 방향 중에서 대당관계를 우선하여 당의 회맹 개최 요구를 수용하고 대신라관계의 전환을 꾀했다고 이해할 수 있다.

회맹 반대 세력의 구성을 파악하기는 매우 어려운데, 한강 유역의 탈환을 강렬히 추구했던 정치세력이 포함될 수 있다. 6세기 말 온달은 阿旦城으로 출정하면서 '鷄立峴과 竹嶺 서쪽을 되찾지 못한다면 군사를 돌리지 않겠다'고 맹세하였고, 연개소문은 644년 신라에 대한 공격을 그만두라는 당 태종의 조서에 대해 '신라가 빼앗아간 고구려 城邑을 반환하지 않으면 전쟁이 그치지 않을 것'이라고 답변하였다.[99] 이는 전쟁을 통해 한강 유역의 회복을 목표로 하는 정치세력이 존재했음을 보여준다.[100] 사실

---

99) 『三國史記』 卷45, 列傳5, 溫達 "臨行誓曰 鷄立峴竹嶺已西 不歸於我 則不返也"; 『三國史記』 卷21, 高句麗本紀9, 寶藏王 3年 正月 "往者 隋人入寇 新羅乘釁 奪我地五百里 其城邑皆據有之 自非歸我侵地 兵恐未能已."

100) 윤성환, 2011, 「6세기 말~7세기 고구려 지배세력의 대외인식과 대외정책」 『民族文化』 37, 한국고전번역원, 158~159쪽에서 한강 유역의 회복은 고구려 대다수

한강 유역의 회복은 그 자체가 목적이기보다는 독자세력권의 재건을 달성하기 위한 전제조건으로서의 성격이 강했다. 그런데 당이 구상한 회맹은 고구려의 독자적 위상을 부정하는 것이기에, 온달과 연개소문의 발언으로 상징되는 정치세력은 회맹에 반대했다고 추정할 수 있다.

당의 회맹 요구를 받아들이자고 주장한 정치세력의 구성을 파악하기 곤란하기도 마찬가지인데, 사료 C에서 건무 즉 영류왕이 화평과 회맹을 청했다고 밝히고 있다는 점이 주목된다. 국서가 국왕의 명의로 작성되는 것이 당연하지만, 624년 당이 道士를 보내 『老子』를 강론할 때 영류왕이 국인들을 거느리고 직접 듣는 등 영류왕이 대당외교를 주도하는 모습이 확인되는 바, 영류왕이 회맹 추진을 주도했다고 이해해도 무리가 없을 것 같다. 영류왕 외에 더 이상 회맹 추진 세력을 밝혀내기는 어렵지만, 동조한 귀족세력도 상당했을 것이다.

그런데 영류왕이 당의 회맹 개최 요구를 일방적으로 수용한 것은 아니었다. 당은 삼국 간 화평을 종용하며 그 수단으로 회맹을 제안하였다. 고구려는 이에 화답하여 백제·신라와 화평할 것을 청하면서 당 사신을 주재자로 하여 신라와 회맹하기를 요청하였다. 즉 영류왕은 당의 요구와 달리 백제를 제외하고 고구려·신라·당 회맹을 요청했던 것이다. 이는 영류왕이 어떤 의도로 회맹을 요청했는지 이해할 수 있는 실마리를 제공해준다.

고구려는 회맹을 요청하는 표문에서 신라와 상쟁하게 된 배경에 대해 구체적으로 해명했을 것이다. 여기에는 분명 한강 유역이 본래 고구려 영역이라는 점, 신라가 고구려의 영역을 침탈했다는 점이 강조되었다고 보아야 한다. 고구려는 갈등의 원인이 신라에게 있음을 드러내어 자국의 행위가 결코 당-신라 관계를 훼손하려는 것이 아님을 전달하려 했던 것이다.

지배세력이 공유한 대외인식이라고 하였는데, 이를 현실적으로 수행하기 위해 군사 행동에 적극적으로 나선 정치세력과 그렇지 않은 정치세력에 대한 구분이 필요하다고 생각된다.

여기에 당의 회맹 요구에 순응하는 태도를 취하면서 신라가 호소한 '조공로 차단'이 허위임을 명백히 드러내고자 했다고 볼 수 있다. 고구려는 한강 유역이 고구려 영역임을 선전하여 신라 공격이 정당한 행위임을 피력하는 동시에, 고구려-신라 간 대립은 당과는 무관한 사안임을 밝혀 고구려-신라 관계에 당의 개입을 최소화하는 효과를 노렸다고 이해할 수 있는 것이다.

더 나아가 춘추시대 회맹에서 盟主가 제후국 간 침탈한 땅을 돌려주도록 한 조치에 주목해서,[101] 당이 신라를 압박하여 한강 유역을 고구려에게 반환하도록 유도할 것이라는 희망을 가졌을 수도 있다. 즉 영류왕은 당과 우호관계를 유지하면서 한강 유역을 회복할 수 있는 수단으로 회맹을 인식했을 가능성이 있는 것이다. 회맹에서 고구려-신라 간 화평을 맹세하는 것에 그치는 것이 아니라 한강 유역이 본래 고구려의 영역임을 인정받는 기회로 생각했던 것이다. 그런데 백제가 회맹에 참여한다면 한강 유역의 영유권 문제는 복잡해질 수밖에 없었다. 백제가 한강 유역에 대한 소유권을 주장할 경우 고구려의 의도대로 사안이 전개될 가능성이 높지 않았기 때문이다. 따라서 영류왕은 백제를 제외하고 고구려·신라·당의 삼국 회맹을 요청했던 것이다. 결국 영류왕은 당의 요구에 적극 동조하여 신라와 화평을 추구하는 방향으로 대외정책을 전환하는 대신, 회맹을 활용하여 고구려의 이익을 최대한 달성하려 했다고 이해할 수 있다.

그러나 영류왕의 의도가 실현될지는 미지수였다. 당이 한강 유역에 대한 고구려의 영유권을 인정할지 불확실하며, 만약 인정한다 하더라도 신라가 이를 수용할지는 장담할 수 없는 문제였다. 영토의 할양은 국가의

---

101) 예컨대 춘추시대 晉 平公은 즉위 직후 湨梁에서 제후들과 회동하여 서로 침탈한 땅을 돌려주라고 명령하였다(『春秋左傳』 襄公 16年 "葬晉悼公 平公卽位 … 會于湨梁 命歸侵田"). 맹주의 임무 중 하나가 국가 간 상쟁을 멈추게 하고 다른 나라를 침략하여 뺏은 땅을 돌려주도록 하는 것이었다(『春秋左傳』 襄公 26年 "及趙文子爲政 乃卒治之 文子言於晉侯曰 晉爲盟主 諸侯或相侵也 則討而使歸其地 今烏餘之邑皆討類也 而貪之 是無以爲盟主也 請歸之 公曰諾" ; 이춘식, 1997, 『事大主義』, 고려대학교 출판부, 210~211쪽).

존망이 달려있지 않은 이상에는 실현되기 어려우며, 신라가 당의 주문을 거절할 경우 당이 이행을 강제할 수 있는지도 분명하지 않았다. 따라서 회맹 요구 수용 여부를 둘러싼 정치세력 간 입장 차이는 간극을 좁히기 힘들었을 것이다.

하지만 회맹의 성격에 대해 최소한 합의한 부분도 있었다고 추정된다. 그것은 회맹을 매개로 형성된 국제질서가 고정불변한 것이 아니라는 점이다.[102] 고구려 조정 내에서 회맹을 둘러싼 논쟁이 전개되었지만, 최종적으로 당의 회맹 요구를 수용한 배경에는 회맹이 국익을 확보하기 위한 외교 수단이자 국익에 배치되는 방향으로 사태가 흘러갈 경우 언제든지 회맹은 파기될 수 있다는 점이 작용했다고 볼 수 있다.

고구려는 신라와 회맹을 실행하기 위한 사전 조치를 실행하는데, 그것은 신라에 대한 공세를 중단하는 것이었다. 그런데 627년에 이르러서도 회맹 논의는 진전되지 않고 답보상태에 머무르고 있었다. 백제가 당의 회맹 요구를 받아들였음에도 불구하고 신라에 대한 공세를 늦추지 않았기 때문이다. 627년 당 태종은 백제에 璽書를 보내 즉시 싸움을 멈추라고 명령하면서 일방적으로 신라를 두둔하고 백제를 책망하였다.[103] 626년 주자사를 파견하여 삼국 간 화해를 종용했던 것과는 사뭇 다른 분위기인 것이다. 백제에 대한 당의 태도가 급변한 것은 백제가 회맹 개최를 수용하는 의사를 전달했음에도 불구하고 신라에 대한 공세를 지속하여 회맹 개최가 진척되지 못했기 때문으로 풀이된다. 회맹이 무산될 상황에 처하자 회맹 추진 세력은 회맹의 성사를 위한 노력을 다른 방면에서 시도하였다. 이와 관련하

102) 춘추시대 약소 열국은 패주에게 정치적·군사적으로 복속되어 있었지만, 이는 자국의 안전과 이익을 위한 행위였으며 국익의 행방과 국제정세의 변동, 국력 등에 따라 수시로 맹주와 회맹참가국의 관계는 교체되거나 단절되었다(이춘식, 1997, 위의 책, 313~317쪽).

103) 李昊榮, 1997, 앞의 책, 120쪽 ; 노중국, 2012, 『백제의 대외 교섭과 교류』, 지식산업사, 373쪽 ; 김지영, 2016, 앞의 글, 114쪽.

여 다음 기록에 주목하고자 한다.

E-① 貞觀 2년(628) 돌궐 頡利可汗을 격파했다. 建武가 사신을 보내 축하하고 아울러 封域圖를 올렸다.[104](『舊唐書』 卷199上, 列傳149上, 東夷 高麗).

E-② 태종이 얼마 뒤 돌궐 頡利를 붙잡았다. 建武가 사신을 보내 축하하고 아울러 封域圖를 올렸다.[105](『新唐書』 卷220, 列傳145, 東夷 高麗).

E-③ [貞觀 2年(628)] 9월 고구려왕 건무가 사신을 보내 돌궐의 頡利可汗이 격파된 것을 축하하고 아울러 封域圖를 올렸다.[106](『冊府元龜』 卷970, 外臣部15, 朝貢3).

사료 E-①·②에는 당이 돌궐 군주 힐리가한을 격파 내지 생포하자 영류왕이 사신을 보내 이를 축하하고 아울러 封域圖를 바쳤음을 전하고 있다. 지금까지 봉역도 헌상의 의미는 당의 돌궐 격파와 관련하여 해석되어 왔다. 당이 최대의 경쟁 세력이었던 돌궐을 완전히 제압하자, 고구려는 동방으로 당의 세력 확장을 경계하면서 우호관계를 지속하고 고구려의 영역과 세력권을 분명히 하고자 봉역도를 헌상했다는 것이다.[107] 국제정세를 고려한다면 충분히 타당한 설명이지만, 그 직전 고구려와 당 사이에 주요 의제가 회맹 개최였다는 점을 고려한다면 다른 해석도 가능하리라 생각된다.

이를 위해 먼저 고구려가 당에 봉역도를 헌상한 시기를 검토할 필요가 있다. E-①에서는 정관 2년(628) 당이 돌궐 힐리가한을 격파하자 고구려가 이를 축하하면서 봉역도를 올렸다고 한다. 그런데 선행 연구에서 여러

---

104) "貞觀二年 破突厥頡利可汗 建武遣使奉賀 幷上封域圖."

105) "太宗已禽突厥頡利 建武遣使者賀 幷上封域圖."

106) "九月 高麗王建武 遣使奉賀破突厥頡利可汗 並上封域圖."

107) 封域圖 헌상이 지니는 의미에 대한 여러 견해는 윤성환, 2018, 앞의 글, 20~21쪽에 정리되어 있다.

차례 지적되었듯이 당은 629년 11월 돌궐 힐리가한에 대한 정벌을 개시하였고 630년 3월 그를 생포하였기 때문에,[108] E-①의 정관 2년은 오류일 가능성이 있다. E-②에서 구체적인 연도는 없지만 힐리가한을 붙잡았다[禽]는 표현을 쓰고 있어서 봉역도 헌상이 630년일 가능성은 더 높아진다. 그런데 E-③은 봉역도 헌상이 628년 9월에 이루어졌다고 기록하고 있다. 고구려 사신이 당 태종과 대면한 시기를 특정하고 있는 것이다. 이때 전달된 국서의 주요 내용이 '돌궐 힐리가한 격파 축하와 봉역도 헌상'이었다. 따라서 '힐리가한 격파'는 역사적 사건으로 이해하기보다 고구려가 당에 보낸 국서에 기재된 표현이라는 점에 주의해서 접근할 필요가 있다.

627년 동돌궐은 부용 집단이 이탈하고 자연재해로 경제적 타격을 받는 등 세력이 약화되기 시작하였고, 628년에는 해, 거란, 습 등이 당에 투항하고 종실의 이반 등이 발생하면서 힐리가한의 세력은 더욱 축소되었다.[109] 당이 군사행동에 나서기 전에 동돌궐은 내부에서 무너지고 있었던 것이다. 628년 장성을 쌓아 변방을 방비하자는 주청이 있었는데, 당 태종은 네 가지 이유를 들어 돌궐이 장차 망할 것을 예상하며 장성 건설을 허락하지 않았다.[110] 이미 628년경 동돌궐 세력의 와해는 기정사실화 되어 있었던 것이다. 따라서 고구려가 628년 당에 보낸 국서에서 '돌궐 힐리가한이 격파되었다'고 표현할 수 있었던 것이다.[111] 그렇다면 고구려가 자국의

---

108) 『舊唐書』 卷2, 本紀2, 太宗上 貞觀 3年 11月 "庚申 以并州都督李世勣爲通漢道行軍總管 兵部尙書李靖爲定襄道行軍總管 以擊突厥" ; 『舊唐書』 卷3, 本紀3, 太宗下 貞觀 4年 3月 "庚辰 大同道行軍副總管張寶相生擒頡利可汗 獻于京師."

109) 정재훈, 2016, 앞의 책, 293~328쪽.

110) 『新唐書』 卷215上, 列傳140上, 突厥上 "或請築古長城 發民乘塞 帝曰 … 有是四者 將亡矣 當爲公等取之 安在築障塞乎."

111) 윤성환은 627년 이후 동돌궐의 세력 약화 및 요서지역 정세의 변화가 봉역도 전달의 계기가 되었다고 하였다(윤성환, 2018, 앞의 글, 23~27쪽). 여기서는 『舊唐書』, 『冊府元龜』 찬자가 당의 존재를 돋보이게 하기 위해 봉역도 전달의 계기를 '당의 돌궐 격파 축하'로 과장, 윤색했다고 보았는데, 필자는 고구려 측이 당시 국제정세를 표현하면서 '돌궐 힐리가한 격파'로 기술했다고 이해한다는

세력권을 당에 알리면서 우호관계를 지속하려 했다는 기존의 이해는 타당성을 지닌다. 국제질서가 당을 중심으로 재편되고 있던 정세를 고구려가 정확히 인지하고 있었음을 증명하기 때문이다. 封域이 제후가 분봉 받은 지역이라는 의미가 있기에, 당을 중심으로 재편되고 있던 국제정세 가운데 고구려-당이 제후국-천자국 관계임을 재차 천명하여 당과 우호관계를 유지하겠다는 의지를 전달하려 했던 것이다.

하지만 사료 E-③에서 '돌궐 격파 축하'와 '봉역도 헌상'을 병렬로 기재하고 있다는 점도 유의할 필요가 있다. 당이 동돌궐을 정벌하면서 국제정세가 변동되자 이에 고구려가 반응하여 봉역도를 헌상한 것이 아니기 때문에 봉역도 헌상을 반드시 돌궐 문제에 한정할 필요가 없는 것이다. 封域은 강역, 영역이라는 의미를 지니고 있기 때문에, 봉역도에 당과 접경을 이루는 지역만 표현되거나 강조되었다고 보기 어렵다.[112] 고구려 전체 영역이 표시되어 있다고 이해하는 것이 합리적이다.

당시 고구려가 영역 문제와 관련하여 당에게 인지시키길 바랐던 부분은 고구려와 당의 경계뿐만 아니라 고구려와 신라의 경계도 포함되어 있었을 것이다. 한강 유역에 대한 강렬한 고토회복의식을 감안한다면, 봉역도에서 한강 유역은 고구려 영역에 포함되어 있었을 것이다. 한강 유역을 둘러싼 고구려와 신라의 지속되는 상쟁과 회맹 개최를 둘러싼 논의가 진행된 점을 감안한다면, 봉역도 헌상은 일차적으로 고구려·신라·당 회맹에 대비하여 한강 유역이 본래 고구려 영역임을 재차 당에 알리려는 목적에서 시행되었다고 생각된다. 또한 백제의 신라 공격으로 회맹 개최가 불분명해지자, 당에게 회맹 개최의 재개를 강력히 요구하려는 목적도 내재해 있었다

점에서 차이가 있다. 한편 E-②에서 힐리가한을 붙잡았다는 기록은 '돌궐 힐리가한 격파'를 자의적으로 해석한 『신당서』 고려전 찬자의 오류로 이해된다.

112) 대부분 연구에서 고구려는 당의 세력 확장에 대비하여 고구려-당의 경계를 분명히 하려는 의도에서 봉역도를 헌상했다고 보거나 봉역도와 천리장성 축조를 연관하여 이해하는 등 고구려-당 관계를 바탕으로 봉역도를 이해하고 있다.

고 추측된다. 결국 626~628년 고구려와 당 사이에 주요 현안은 회맹 개최였던 것이다. 봉역도 헌상은 626년 당의 회맹 개최 요구를 수용하자는 입장을 지녔던 정치세력이 추진했다고 이해하는 것이 순조롭다. 따라서 영류왕이 주도했다고 이해해도 무리가 없을 것 같다.[113] 사료 E에서 봉역도를 헌상한 주체를 建武로 밝히는 것도 이 때문일 것이다.

영류왕은 약 3년 동안 고구려·신라·당 회맹을 企圖하며 당과 우호관계를 지속하였고 신라에 대한 공세를 중단하였다. 그런데 신라가 고구려를 공격하는 사태가 발생하였다. 629년 8월 이찬 任末里, 파진찬 龍春·白龍, 소판 大因·舒玄을 지휘부로 하는 신라군은 고구려 낭비성 공략에 나섰는데, 초반에는 고구려군에 밀려 고전하다가 김유신의 분전으로 전세를 역전하여 결국 낭비성을 차지하였다.[114] 고구려는 한강 하류 유역을 공략하는 전진기지를 상실한 셈이 되는데, 638년 양국 간 전쟁이 재개되는 지점이 七重城임을 보아[115] 낭비성 전투를 계기로 양국 경계는 임진강·한탄강 유역으로 조정되었음을 알 수 있다.[116]

낭비성의 상실은 영역의 후퇴에 그치는 것이 아니라 정치세력 간의 갈등을 증폭시킬 수 있는 사안이었다. 당을 매개로 한강 유역을 회복한다는 취지로 회맹이 추진되었고 이를 위해 신라에 대한 공세를 중단하였는데, 신라는 이를 기회로 삼아 고구려를 공격하였고 결국 고구려는 낭비성을 상실하는 사태가 초래된 것이었다. 따라서 회맹을 기도했던 영류왕과

113) 봉역도 헌상은 당과 우호관계를 지속하려는 영류왕의 의지가 반영된 산물이라고 이해하는 견해가 있다(방용철, 2011, 앞의 글, 40~41쪽 ; 방용철, 2015, 「연개소문의 집권과 고구려의 대외정책 변동」『韓國古代史研究』 80, 한국고대사학회, 164쪽).

114) 『三國史記』 卷4, 新羅本紀4, 眞平王 51年 8月 ; 『三國史記』 卷41, 列傳1, 金庾信上.

115) 『三國史記』 卷5, 新羅本紀5, 善德王 7年.

116) 徐榮一, 2001, 「6~7世紀 高句麗 南境 考察」『高句麗研究』 11, 高句麗研究會, 38쪽 ; 權純珍, 2007, 「경기지역 新羅 '北進期城郭'에 관한 일고찰」『新羅史學報』 9, 新羅史學會, 35쪽 ; 장창은, 2014, 앞의 책, 321~323쪽.

정치세력에 대한 책임론이 제기되었을 것이며 영류왕의 정국 주도권이 약화될 수밖에 없었다.

고구려의 대외정책도 전환되었다. 먼저 대당외교가 단절되었다. 『삼국사기』에는 낭비성 전투 직후인 629년 9월 당에 사신을 보내 조공하였다는 기록이 있다.[117] 고구려가 당과 우호관계를 지속하기 위해 신라에 대한 보복전을 전개하지 않고 당과 교섭했다는 해석이 가능하지만,[118] 이 기록은 『冊府元龜』에서 채용한 것으로[119] 사신의 이동거리와 황제 대면 이전 장안에 머무르는 시간 등을 고려할 때 낭비성 전투 이전 파견된 사신으로 이해해야 한다. 이때의 견당사를 마지막으로 639년 사신 파견을 재개할 때까지 10년 동안 대당외교는 중단된다.

대외정책의 변화는 對倭·對百濟 관계를 통해서도 감지된다.[120] 630년 3월 大使 宴子拔과 小使 若德을 대표로 하는 사신단이 왜를 방문하여 6개월 동안 체류하였다.[121] 8세기 발해 사신이 일본에 도착하여 천황을 대면하기까지 약 3개월 정도 소요된 사례로[122] 비추어 보아, 이때 고구려 사신은 낭비성 전투가 종결된 직후 파견되었다고 볼 수 있다. 이전에 주로 승려를 파견하여 문화적 교섭에 집중하던 모습과 달리 정식 사절단이 파견되었는데, 고구려가 신라와 당에 대한 견제의 목적으로 왜를 정치·군사적 교섭의 대상으로 이해하기 시작했음을 알 수 있다.[123] 더구나 백제 사절단과

---

117) 『三國史記』 卷20, 高句麗本紀8, 榮留王 12年 "秋八月 新羅將軍金庾信 來侵東邊 破娘臂城 九月 遣使入唐朝貢."

118) 방용철, 2015, 앞의 글, 164~165쪽.

119) 『冊府元龜』 卷970, 外臣部15, 朝貢3 "[貞觀三年] 九月 高麗百濟新羅 並遣使朝貢."

120) 정동준, 2002, 앞의 글, 64~65쪽 ; 김지영, 2016, 앞의 글, 115쪽.

121) 『日本書紀』 卷23, 舒明天皇 2年 "三月丙寅朔 高麗大使宴子拔小使若德 百濟大使恩率素子小使德率武德 共朝貢 秋八月 … 庚子 饗高麗百濟客於朝 九月癸亥朔丙寅 高麗百濟客歸于國."

122) 김종복, 2008, 「8~9세기 渤海와 日本의 외교적 갈등과 해소」 『韓國史學報』 33, 高麗史學會, 120~121쪽 ; 2009, 『발해정치외교사』, 일지사, 215~217쪽.

123) 김지영, 2005, 「7세기 고구려 대왜(對倭) 관계의 변화 - 630년을 기점으로」 『역사와

입국, 향연 참가, 귀환을 함께 하였는데, 이 역시 이전에는 볼 수 없었던 새로운 형태의 대외교섭이었다.

회맹의 주요참가국인 신라가 고구려를 공격하면서 더 이상 회맹 논의는 진전되기 어려워졌다. 낭비성 전투는 영류왕이 약 3년 동안 추진한 회맹이 실패로 끝났음을 보여준다. 영류왕으로 대표되는 회맹 추진 세력은 낭비성 상실에 대한 책임에서 자유로울 수 없었을 것이다. 10여 년간 지속되어 왔던 당과의 우호관계를 지속할 동력도 상실되면서 고구려의 대외정책은 다시 변화하는데, 그 시발점이 629년 8월 낭비성 전투였던 것이다.

Ⅳ. 맺음말

이상에서 영류왕이 즉위한 618년 9월부터 낭비성 전투가 발생한 629년 8월 직후까지의 시기를 대상으로 고구려의 대외정책을 확인해 보았다. 영류왕은 비록 前王인 영양왕의 異母弟였지만 대수전쟁에서의 戰功을 바탕으로 순조롭게 왕위를 계승하였다. 그는 父王인 평원왕을 계승한 점을 강조하면서 부족한 정통성을 보완하려 하였고, 영양왕대 고양된 왕권의 위상을 적극 활용하려 하였다. 영류왕 초기 국정운영의 기조는 평원왕·영양왕대 정치의 계승이었던 것이다. 대외정책도 마찬가지였다. 수가 중원을 통일한 이후 고구려는 중원의 정세 변동에 외교·군사적 대처를 병행함과 동시에 독자세력권의 회복을 추구하였다. 그에 따라 영류왕 초기 고구려는 당과 조공책봉관계를 맺으며 우호관계를 유지하였다. 또한 남방에서는 한강 하류 유역에 대한 공세를 강화하여 신라를 압박하였다.

626년 당의 주자사 파견을 계기로 고구려의 대외정책은 전환되었다.

현실』 57, 한국역사연구회.

당 태종은 삼국 간 화평을 종용하면서 당을 맹주로 하고 삼국이 참여하는 회맹의 개최를 요구하였다. 전쟁을 통한 한강 유역의 탈환을 주장하는 정치세력은 고구려의 독자적 위상을 부정하는 회맹의 개최에 반대하였지만, 영류왕은 당의 요구를 수용하였다. 대외정책의 두 축이 동시에 진행될 수 없는 상황에 직면하게 되자, 영류왕은 당과의 우호관계를 우선하여 신라와의 화평을 선택했던 것이다. 하지만 당의 회맹 요구를 일방적으로 받아들이지 않고, 한강 유역을 회복할 수 있는 수단으로 회맹을 활용하려는 시도를 하였다. 이는 628년 당에 헌상한 봉역도에서 잘 드러난다. 봉역도 헌상은 한강 유역에 대한 영유권이 고구려에 있음을 당에 알리면서 회맹 개최를 통해 이 지역을 회복하려는 목적에서 단행된 것이었다.

그런데 629년 8월 신라가 고구려의 낭비성을 빼앗아 가면서 영류왕의 회맹 기도는 실패로 끝나고 말았고, 영류왕의 정국 주도권이 약화될 수밖에 없었다. 회맹을 추진하면서 신라에 대한 공세를 중단한 것이 오히려 반격의 빌미를 제공했기 때문이다. 결국 고구려는 당과 관계를 단절하고 백제·왜와 밀착하는 방향으로 대외정책을 전환하게 되었다.

영류왕의 회맹 기도는 620년대 중반 당 중심의 국제질서가 형성되어 가고 있던 국제정세에 민감하게 반응한 결과였다. 회맹 개최와 봉역도 헌상은 당의 우월한 지위를 인정한 것이지만, 그러한 관계 속에서 영류왕은 고구려의 국익을 실현하고자 노력하였다. 고구려·신라·당 회맹을 시행하여 한강 유역을 회복하려는 시도는 그 일환이었다. 국제정세의 변동 속에서 능동적으로 대처하여 이익을 추구하는 모습에서 영류왕의 회맹 기도는 실리적 외교로 평가할 수 있다. 하지만 실리는 고사하고 신라에게 영역을 상실하면서 대외정책을 둘러싼 정치세력 간 대립의 심화가 초래되었다. 이는 향후 정국에도 영향을 미치게 되었다고 생각되는데, 차후 연구를 통해 밝혀보도록 하겠다.

井上直樹

高句麗 遺民의 對日外交

Ⅰ. 머리말

『日本書紀』에서는

① 『日本書紀』 天智紀10年(671) 正月 丁未條(以下, 『日本書記』는 省略함)
丁未(九日), 高麗遣上部大相可婁等進調.

라고 하여, 671년 正月 9일에 可婁 등 高句麗 사절이 日本에 도착해서 調를 헌상하였다고 전한다. 그보다 약 2년 3개월 전인 668년 9월에 고구려는 당·신라 연합군의 공격을 받고 멸망하였으니 『일본서기』에 전하는 671년에 고구려 사절은 고구려가 멸망한 이후의 일이기 때문에 고구려가 파견한 사절로 볼 수 없다. 고구려를 멸망시킨 당나라는 평양에 安東都護府를 설치하고 있었기 때문에 ①에 보이는 고구려 사절은 安東都護府에 있었던 고구려 유민일 가능성이 지적되었다(井上光貞 외[1965]). 다만 그 경우 安東都護府가 어떤 원인으로 당나라 官人이 아닌 고구려 유민을 파견하였는지, 또한 무슨 까닭으로 일본에 사절을 파견하여야 하였는지에 대한 의문이 생긴다.

이에 대하여 鈴木[1968]나 林起煥[2004]은 그 1년 후인 670년에 고구려 유민의 반란이 있었기 때문에 ①에 보이는 사절은 고구려 유민이라고 주장하였다. 한편 신라는 고구려 유민을 金馬渚(全羅北道 益山市)에 안치하고 고구려를 부흥시키고 있었다. 이를 소위 小高句麗國이라고 하지만, ①에 보이는 사절은 소고구려국에서 파견되었다고 보는 견해도 일찍부터 제시되어 지금까지도 많은 연구자들이 이러한 논지를 주장하고 있다.[1)]

이와 같이 ①에 보이는 고구려 사절에 대해서는 여러 의견이 제시되어 있긴 하지만, 지금도 定說이 없다고 할 것이다. 그러나 이것은 당나라나 신라의 고구려 유민정책과 깊은 관계가 있기 때문에 고구려 유민의 동향 파악뿐만 아니라 당·신라 등 고대 동아시아 史的 전개과정의 해명에도 경시할 수 없는 중요한 문제이기도 하다. 때문에 지금까지 많은 연구자가 치밀하게 이에 대해 검토해왔지만[2)] 그들의 연구 성과 중에는 수긍하기

---

1) 福田芳之助, 1913,『新羅史』, 若林春和堂 ; 今西龍, 1934,「全羅北道西部地方旅行雜記」『百濟史研究』, 近澤書店 ; 村上四男, 1978,「新羅國と報德王安勝の小高句麗國」同著『朝鮮古代史研究』, 開明書院(原載, 1966,「新羅と小高句麗國」『朝鮮學報』37·38合併号) ; 筧敏生, 2002,「百濟王姓の成立と日本古代國家」同著『古代王權と律令國家』, 校倉書房(原載, 1989,「百濟王姓の成立と日本古代帝國」『日本史研究』317) ; 盧泰敦, 2012,『古代朝鮮三國統一戰爭史』, 岩波書店(橋本繁譯, 原著, 2009,『삼국통일전쟁사』, 서울대학교출판부).

2) 高句麗 遺民의 動向, 小高句麗國의 연구에 대해서는 註1) 이외에 池內宏, 1960,「高句麗滅亡後の遺民の叛亂及び唐と新羅との關係」『滿鮮史研究』上世篇2, 吉川弘文館(原載, 1929,『滿鮮地理歷史研究報告』11) ; 日野開三郎, 1984,「唐の高句麗討滅と安東都護府」『日野開三郎全集第八 小高句麗國研究』, 三一書房(原載, 1954,『史淵』63) ; 古畑徹, 1983,「7世紀末から八世紀初にかけての新羅·唐關係 - 新羅外交史の一試論 -」『朝鮮學報』107 ; 梁炳龍, 1989,「羅唐戰爭 進行過程에 보이는 高句麗 遺民의 對唐戰爭」『史叢』46 ; 盧泰敦, 1997,「羅唐戰爭期(669~676) 新羅의 對外關係와 軍事活動」『軍史』34 ; 徐榮教, 2006,『羅唐戰爭史研究』, 아세아문화사 ; 李廷斌, 2009,「고연무의 고구려 부흥군과 부흥운동의 전개」『역사와 현실』72 ; 李相勳, 2013,『나당전쟁 연구』, 周留城 ; 植田喜兵成智, 2014a,「唐人郭行節墓誌からみえる羅唐戰爭 - 671年の新羅征討軍派遣問題を中心に -」『東洋學報』96-2 등 참조.

어려운 논지도 적지 않다.

이에 본고에서는 이 문제의 중요성을 고려하고 당나라를 향한 고구려 유민의 저항운동, 이에 따른 당·신라의 대응, 그리고 고구려 사절의 일본 파견 등 문제에 대한 기존 연구를 비판적으로 검토함으로써 7세기 후반 東아시아 세계의 史的 전개과정을 해명하는 단서를 제공하고자 한다.[3]

II. 高句麗 遺民運動－『三國史記』安勝亡命記事의 再檢討

고구려 멸망 후 당나라는 安東都護府를 평양에 설치하였지만 당나라의 고구려고지 지배는 순조롭지 않았다.

② 『資治通鑑』唐紀·總章2年(669) 4月條

高麗之民多離叛者. 勅徙高麗戶三萬八千二百於江淮之南及山南·京西諸州空曠之地, 留其貧弱者使守安東.

에 있는 것처럼 많은 '離反者'를 내고 당나라는 많은 고구려 유민을 江淮지방에 강제이주 시켰다. 이것은 고구려 유민의 반란을 예방하기 위한 조치였지만 그 후 고구려 유민의 대규모 반란이 일어났다.

이 고구려 유민의 반란은 여러 史料에 전해지고 있는바, 우선 사료에 대한 선행 연구를 비판적으로 검증하면서 고구려 유민의 반란 과정을 파악하고자 한다.

고구려 유민의 동향을 보여주는 사료들은 다음과 같다.

3) 이들 문제의 자세한 것은 井上[2016]에서도 논급하고 있다. 이 보고는 井上[2016]을 일부 개정한 것이다.

③ 高句麗本紀·寶臧王總章2年(669)條

[總章] 二年己巳二月, 王之庶子安勝, 率四千餘戶投新羅.(※[ ]; 著者, 以下同様)

④『新唐書』高宗本紀·咸亨元年(670) 4月條

四月, 高麗酋長鉗牟岑叛, 寇邊. 左監門衛大將軍高侃爲東州道行軍總管, 右領軍衛大將軍李謹行爲燕山道行軍總管, 以伐之.

⑤『新唐書』高麗伝

總章二年(669), 徙高麗民三萬於江淮·山南. 大長鉗牟岑率衆反, 立藏外孫安舜爲王. 詔高侃東州道, 李謹行燕山道, 並爲行軍總管討之. 遣司平太常伯楊昉綏納亡餘. 舜殺鉗牟岑走新羅.

⑥『資治通鑑』唐紀·咸亨元年(670) 4月條

高麗酋長劍牟岑反, 立高藏外孫安舜爲主. 以左監門大將軍高侃爲東州道行軍總管, 發兵討之. 安舜殺劍牟岑奔新羅.

⑦ 新羅本紀·文武王紀10年(670) 6月條

六月, 高句麗水臨城人牟岑大兄收合殘民, 自窮牟城至浿江南, 殺唐官人及僧法安等, 向新羅行至西海史冶島, 見高句麗大臣淵淨土之子安勝, 迎致漢城中, 奉以爲君. 遣小兄多式等哀告曰, 興滅國繼絶世, 天下之公義也. 惟大國是望, 我國先王臣, 失道見滅, 今臣等得國貴族安勝, 奉以爲君, 願作藩屛, 永世盡忠. 王處之國西金馬渚.

⑧ 新羅本紀·文武王紀10年(670) 8月條

遣沙湌須彌山封安勝爲高句麗王, 其冊曰, 維咸亨元年歲次庚午秋八月一日辛丑, 新羅王致命高句麗嗣子安勝, 公大祖中牟王, 積德比山, 立功南海 … 先王正嗣, 唯公而已, 主於祭祀, 非公而誰, 謹遣使一吉湌金須彌山等, 就披策, 命公爲高句麗王, 公宜撫集遺民, 紹興舊緖, 永爲鄰國, 事同昆弟, 敬哉, 敬哉.

이들 ③·⑦·⑧은 한국계 사료, ④·⑤·⑥은 중국계 사료로 각각 독자적인 정보를 전하고 있지만, 차이점도 적지 않다. 여기에서 문제가 되는 것은

③ 安勝亡命記事이다. ③에서는 安勝이 669년 2월에 신라에 망명하였다고 기록하고 있지만, ⑦에서는 安勝이 670년 6월에 金馬渚에 안치되고 있어 1년의 시간 차이가 있다. 이것에 관해서 林起煥[2004]은 ③의 연대에 대해서는 疑義를 제기한 바 있는데, 林起煥은 安勝 등 고구려 유민이 ③에 보이는 것처럼 669년에 신라에 유입되었지만 金馬渚에 안치시키는 것은 그 1년 후이고 이 기간 동안 고구려 유민에 관한 기록도 없어서 ③은 669년의 사건이 아니라 당군의 군사적인 압력에 의해서 漢城(黃海南道載寧)에 의거한 고구려 유민이 와해된 672년 말에서 673년 초에 관한 것이라고 보았다. 이처럼 ③에 대해서는 회의적인 견해가 제기되고 있긴 하지만, 安勝 및 고구려 유민의 동향을 이해하기 위해서는 경시할 수 없는 문제이기 때문에, ③에 대해 비판적으로 재검토할 필요성이 있다.

安勝의 신라 망명을 672년 말에서 673년 초라고 보는 林起煥說은 ③·⑦뿐만 아니라 중국계 사료인 ⑥에 보이는 연대도 잘못된 것이라고 하는 대담한 가설이지만, 그들 모든 사료를 전부 잘못된 것이라고 보는 것은 상당히 신중하지 않으면 안 된다. 林起煥은 安勝의 신라도망의 이유를 당군의 군사적인 압력이라고 보고 있지만, 安勝이 劍牟岑과 저항운동의 주도권을 둘러싸고 싸운 결과 劍牟岑을 살해하고 고구려 유민의 일부를 거느리고 신라에 망명하였다고 상정하는 것도 가능하다.

林起煥은 安勝도 고구려 유민과 함께 672년 말에서 673년 초까지 漢城을 거점으로 삼아 당군과 대치하였다고 주장하지만, 이러한 주장대로라면 당군도 安勝이 의거한 漢城을 공격한 기록이 존재해야 할 것 같다. 그러나 ④·⑤·⑥에서는 전혀 그러한 사실이 보이지 않는다. 저항운동의 중심인물인 安勝과 당군이 교전하는 것이 보이지 않은 것은 이해되지 않는 점이기 때문에 그런 점에서도 林起煥說에 동의할 수 없다.

그렇다면 ③은 어떻게 이해할 수 있을 것인가? 일찍이 그 문제를 언급한 池內[1960]나 村上[1978]은 ③의 前後가 『資治通鑑』에서 轉載되는 것에 대해서

③만 그렇지 않은 것이며, 이것을 '新羅古記錄'에 의거한 것이라고 생각해서 높게 평가하였다. 그렇지만 이렇게 이해할 수 있는지에 대해서는 의문의 여지가 있다.

의문의 첫째는 ③이 安勝을 '寶臧王의 庶子'라고 한 것이다. 같은 '新羅古記錄'이라고 생각되는 ⑦에서는 安勝을 淵淨土의 아들이라고 해서 같은 계통의 '新羅古記錄'에 의거하면서도 安勝의 出自에 대해 相違하는 것은 납득하기 어렵다. 이런 점에서 ③은 '新羅古記錄'을 바탕으로 하는 것이라고 높게 평가하는 것은 동의하기 어렵다.

의문의 둘째는 ③에 보이는 669년의 安勝이 신라로 逃亡한 記事가 신라본기에 보이지 않은 것이다. '新羅古記錄'에 의거할 것으로 생각되는 ③에 대응하는 기사가 신라본기에 보이지 않고 고구려본기에만 전해지고 있는 것은 문제가 있다. 池內나 村上도 이것을 지적하고 의문을 남겼지만, 그 이상 언급하지 않고 ③을 평가하였다. 이것은 ⑦에 보이는 安勝 망명기사도 마찬가지다. 고구려본기에서는 ⑦에 대응하는 기사가 없고, 고구려본기에서는 安勝이 아니고 安舜의 망명기사를 전하고 있을 뿐이며, 게다가 그것은 『자치통감』의 전재에 지나지 않기에 반드시 신라본기에 대응하는 것이라고 말할 수 없다. 『三國史記』는 中尾[1985]가 지적한 것과 같이 원칙적으로 각 본기에 대응하는 기사를 마련하고 상호 모순이 없도록 편찬하였다. 그렇지만 安勝이 신라로 도망한 것에 대해서는 2년 연속해서 삼국사기 본기간 대응하는 기사가 보이지 않고, 669년은 고구려본기에만, 670년은 신라본기에만 기록되고 있다. 이처럼 여러 가지 기록간의 관계상 ③에 관한 의문을 품을 수 밖에 없다.(〈표 1-1〉 참조)

만일 ③을 사실이라고 인정하면 安勝은 669년에 신라에 망명하고 약 1년 후에 다시 고구려에 돌아가고, 그 몇 개월 후에 다시 신라로 도망하게 되고, 불과 2년 동안에 두 번 신라에 유입하게 되어 버린다. 이러한 것도 상정할 수는 있지만, 고구려에서 신라로 도망한 安勝이 불과 1년 후에 다시 고구려에 돌아가고 저항운동에 참가하였다고 하는 것은 상당히 믿기 어렵다. 또 林起煥이 지적한 고구려 유민 處遇에 대한 1년의 공백기간에 관한 의문점도 있다. 이것도 ③에 대한 세 번째 의문이 될 것이다.

이상과 같이 ③을 신라측 독자적인 정보를 전하는 것으로 높게 평가하는 것은 문제가 있다. 그러면 ③은 어떻게 이해할 수 있을까? 다음의 ⑨ 기록을 주목해 볼 수 있다.

⑨ 高句麗本紀·寶臧王紀·咸亨元年(670)條

至咸亨元年庚午歲夏四月, 劍牟岑欲興復國家叛唐, 立王外孫安舜【羅紀作勝】爲主. 唐高宗遣大將軍高侃爲東州道行軍摠管, 發兵討之. 安舜殺劍牟岑奔新羅.(※【 】는 分註)

⑨는 ⑥을 거의 그대로 전재한 것이다. 고구려본기 편찬자들은 신라본기의 安勝 기사를 고려해서 分註에서 그 차이점을 표시한 것뿐이고, 安舜을 安勝으로 수정하지도 않았으며, 淵淨土의 아들이라고 한 신라본기와 일치하지 않은 것에 대해서도 분주에서 표시하지 않았다. 여기에서는 어디까지나 신라본기의 전거가 되는 국내 사료보다 『資治通鑑』이 우선되었던 셈이다.

그런데 安勝의 도망 기사는 고구려본기 입장에서도 중요한 것이고, 신라본기에 대응시켜 고구려본기에도 기재해야 마땅했을 것이다. 그렇지만 旣述한 것과 같이 고구려본기는 『자치통감』에 의거해서 安舜의 신라 도망기사를 삽입하였다. 그 때문에 원래 신라본기에 대응해야 할 예정이었던 安勝의 도망기사가 누락된 것으로 여겨진다. 그 때문에 고구려본기 편찬자들이 주목한 것이 ② 冒頭에 보이는 "高麗之民 多離叛者"라는 부분이었다고 생각된다. ③에 이어지는 부분은 "夏四月, 高宗移三萬八千三百戶於江淮之南及山南·京西諸州空曠之地"이고, ②의 轉載이다. 원래 ③에 해당한 부분은 ②의 "高麗之民多離叛者"이었다. 安勝의 신라도망은 당나라에 대한 '離叛'이고, 또한 ③을 해당 부분에 삽입해도 원래의 文意가 크게 손상되는 것이 없다. 그것에 고구려 유민의 강제이주 시기도 고려되고 ③에 보이는 安勝의 신라 도망기사가 그것보다 이른 669년 2월의 것으로 해서 삽입되었을 것이다. 그 결과 ③에 보이는 669년에 해당하는 安勝 도망에 대응한 기사가 신라본기에 누락되고, ⑦에 보이는 670년 安勝의 신라유입에 대응하는 기사가 고구려본기에도 기재되지 않았다. 그것을 고려해서 ⑨에 분주가 추가되고 整合性이 도모되었지만, ③에 대해서는 어떠한 추가적인 설명도 하지 않았다.(〈표 1-2〉 참조).

이렇게 추정하는 것이 큰 무리가 없다고 한다면 ③은 669년이 아니고 670년으로 이해될 수 있다. 安勝의 아버지인 淵淨土는 666년 12월에 신라에 투항하였고 安勝도 그 때 아버지를 따라서 신라에 투항한 것 같다. 그 후 ⑦에 보이는 것처럼 신라에서 마중하려고 하였지만, 劍牟岑을 살해해서 670년에 고구려 유민 四千餘戶와 함께 신라로 도망하였다고 생각된다.

그러면 安勝의 신라 도망과 밀접한 관계가 있는 고구려 유민의 당나라에 대한 저항운동은 구체적으로 어떻게 진행되었던 것인가? 이것에 대해서도 논란이 많고 아직 定說을 보이지 않은 부분도 적지 않다. 그래서 다음에는 고구려 유민의 당나라에 대한 저항운동에 관해 논하고자 한다.

〈표 1-1〉 安勝關係記事

西曆	月	高句麗本紀	新羅本紀
669	2	○	×
670	6	×	○

〈표 1-2〉 安勝關記事變化關係

西曆	月	高句麗本紀		新羅本紀
		安勝記事挿入前	安勝記事挿入後	
669	2	× ―――	―――▶ ○	×
670	6	○ ―――	―――▶ ×	○

Ⅲ. 高句麗 遺民의 反亂과 唐·新羅

1. 高句麗 遺民의 叛亂과 安東都護府

고구려 유민의 반란은 ④·⑤·⑥에 보이지만 그것과 관련해서 주목되는 것이 ⑩이다.

⑩ 新羅本紀·文武王紀10年(670) 3月條

三月, 沙飡薛烏儒與高句麗高延武各率精兵一萬, 度鴨綠江至屋骨, □□□靺鞨兵先至皆敦壤待之. 夏四月四日, 對戰, 我兵大克之, 斬獲不可勝計, 唐兵繼至, 我兵退保白城. ※□ : 原文不明部分

이것에 따르면 신라의 薛烏儒와 고구려 유민 高延武가 거느리는 정예가 鴨綠江을 넘어가서 靺鞨兵·당군과 교전하였던 것으로 이해된다. 일찍이 이 기사에 주목한 池内[1960]는 高延武와 신라의 薛烏儒가 고구려 유민의 반란을 원조하기 위해서 北上하였지만, 臨津江을 北境으로 한 신라가 鴨綠江을 넘어서 遼東까지 진출하였다고 생각하기 어렵기 때문에 鴨綠江은 浿江(大同江)의 오기라고 지적하였다. 그것에 대해서 盧泰敦[1997]·[2012], 林起煥[2004], 徐榮敎[2006], 李相勳[2013], 李廷斌[2009], 植田[2014a]은 ⑩에서 신라군이 요동에 진출하였다고 보고 池内說을 비판하였다. 특히 盧泰敦[1997]은 ⑩이 신라의 "作戰 報告書"와 같은 '古記錄'을 바탕으로 한 것이며, 반드시 池内처럼 鴨綠江을 浿江(大同江)의 오기라고 볼 필요는 없다고 하였다. 고구려 유민의 반란을 이해하기 위해서는 먼저 이에 대해서 검토할 필요가 있다.

既述한 것 같이 근년에는 많은 연구자들이 ⑩에서 신라·고구려 유민군이 요동까지 진출하였다고 하지만 그 경우 경시할 수 없는 문제가 평양에 설치된 安東都護府의 존재이다. 盧泰敦[1997]이 "평양에 강력한 당군이 주둔하고 있었다면 그 북방 멀리까지 進軍한 것은 상정하기 어렵다"라고 지적한 것 같이 安東都護府가 신라군의 북상에 크게 관여하고 있었다고 생각되기 때문이다. 신라군의 요동 진출을 인정한 연구자들의 견해를 보면 그들은 그 때 安東都護府가 평양이 아니고 요동의 新城(遼寧省撫順)에 존재하고 있었다고 생각하고 있다. 그 근거로 생각되는 것이 ⑪이다.

⑪ 『舊唐書』薛仁貴伝

高麗既降, 詔仁貴率兵二萬人與劉仁軌於平壤留守, 仍授右威衛大將軍, 封平陽郡公兼檢校安東都護. 移理新城.

위 사료와 같은 내용은 『新唐書』薛仁貴伝에서도 보인다. 池內[1960]는 ②에 보이는 고구려 유민 강제 이주 시기에 薛仁貴도 고구려 유민을 鎭撫하기 위해서 요동에 있는 新城으로 옮겨가고 二萬의 鎭兵도 철퇴시켜 이에 고구려 유민이 安東都護府의 '虛'를 틈타 반란을 일으켰다고 추정하였지만, 신라의 요동 북상을 수긍한 연구자들은 薛仁貴의 이동과 동시에 安東都護府도 新城에 移轉하였다고 생각하고 있는 것 같다. 그렇다면 신라군 북상의 障害도 해소되고 있었다고 이해하고 있는 듯하다.

그렇지만 간과할 수 없는 것은 아래와 같은 ⑫이다.

⑫ 『資治通鑑考異』唐紀·儀鳳元年條

『實錄』, 咸亨元年, 楊昉·高侃討安舜. 始拔安東都護府, 自平壤城移於遼東州. 儀鳳元年二月甲戌, 以高麗餘衆反叛, 移安東都護府於遼東城. 蓋咸亨元年言移府者終言之也. 儀鳳元年言高麗反者, 本其所以移也. 『會要』, 無咸亨元年移府事, 此年云移於遼東故城. 今從之.

⑫에 보이는 『實錄』에 따르면 670년 高侃 등이 고구려 유민을 격퇴시켜 安東都護府를 탈취한 후, 安東都護府를 平壤城에서 遼東州(遼寧省遼陽市)로 이전하였다고 이해할 수 있다. 司馬光은 이것이 『唐會要』에 보이지 않았기 때문에 그 때의 安東都護府 移轉을 인정하지 않았지만, 池內[1960]는 670년의 安東都護府 移轉 기사가 『高宗實錄』에 의거하고 있어서 믿을 수 있는 것이라고 판단하였고, 日野[1984]나 梁炳龍[1989]도 당군이 평양의 安東都護府를 탈취한 후 安東都護府는 遼東州로 移轉되었다고 이해하고 있다.[4)]

한편 『新唐書』 高麗伝에는 ⑤에 이어서 다음의 기록이 보인다.

⑬ 『新唐書』 高麗伝

[高]偘[=高侃]徙都護府治遼東州. 破叛兵於安市. 又敗之泉山, 俘新羅援兵二千.

위 기록에 따라 최근 植田[2014a]은 高侃이 新城에 移轉한 安東都護府를 遼東州로 옮겼다고 주장하였다. 그렇지만 植田은 ⑫의 『實錄』에 보이는 咸亨元年의 安東都護府 이전은 인정하고 있다. ⑫에 보이는 『實錄』에 따르면 安東都護府는 平壤城에서 遼東州로 이전하였다고 이해해야 되는데, 新城에서 遼東州로 옮기는 것이 아니다. ⑫에 보이는 『實錄』의 遼東州로 移轉한 기사만 인정하고 '平壤城에서'의 부분을 부정하는 것은 ⑫에 보이는 『實錄』에 대한 평가에 있어 一貫性이 없고, 그것 때문에 해석의 설득력도 떨어지기 때문에 이 점은 수긍하기 어렵다.[5)] 만일 新城에 安東都護府가 있다고 한다면 왜

4) 李丙燾, 1980, 「高句麗の一部遺民にたいする唐の抽戶政策」 『韓國古代史研究 - 古代史上の諸問題』, 學生社(原著, 1976, 『韓國古代史研究』, 博英社)도 그렇게 이해해야한다고 하지만 그 전에 薛仁貴에 의해 都護府가 新城에 移置하였다고 하고 이 경우의 '都護府 移轉'이라는 것은 '都護府의 出征 本部'가 遼東城으로 철수한 것이라고 지적하였다.

5) 植田喜兵成智, 2014a, 「唐人郭行節墓誌からみえる羅唐戰爭 - 671年の新羅征討軍派遣問題を中心に - 」 『東洋學報』 96-2은 "669년경에 高侃은 遺民 征討에 갔고 게다가 安東都護인 것은 틀림없다"라고 주장하고 있지만, 만일 고구려 유민의 반란을

고구려 유민의 반란이 일어나지 않는 新城의 安東都護府를 遼東州로 이동해야만 하는가라는 의문점도 생긴다.

⑬에 보이는 安東都護府 移轉記事는 ⑤에 보이는 楊昉이 고구려 유민을 제압한 결과이며, ⑫에 보이는 『實錄』과 거의 같은 구조로 되고 있다. ⑤·⑬의 原典은 ⑫에 보이는 『實錄』일 가능성이 높고, ⑫에 보이는 『實錄』은 670년의 安東都護府 移轉을 전하고 있는 귀중한 사료이기도 하기에 경시하면 안 될 것이다. 盧泰敦·林起煥·徐榮敎·李相勳·李廷斌 등이 安東都護府에 대해서 논의할 때 ⑫에 보이는 『實錄』이나 위 기록 ⑬에 대해 언급하지 않은 것은 이해할 수 없다. 지금까지 본 것처럼 ⑩에 보이는 신라군이 북상할 때 평양에 安東都護府가 존재하고 있었다고 생각할 수밖에 없다.

그러면 이런 상황 아래에서 ⑩에 보이는 것처럼 '신라군은 요동까지 진출할 수 있었는가'라는 점을 다시 고찰해야 한다. 이것을 검토하기 위해서 무시할 수 없는 것은 ②에 보이는 것처럼 고구려 유민의 강제이주에 따라서 安東都護府는 '貧弱者'가 수호한 상태였던 것, 總章 3년(670) 1월 3일까지는 安東都護府의 鎭將인 劉仁軌도 致仕하고(『資治通鑑』 唐紀·咸亨元年正月丁丑(3日)條), 당군의 일부도 本國으로 퇴각한 것이다.(『舊唐書』 劉仁軌伝)[6] 적어도 ⑩에 보이는 신라군이 북상한 670년 3월경 安東都護府의 군사력은 크게 약화되어 있었고 반드시 강력한 군사력을 구비하고 있었던 것이 아닌 상태였다.[7]

669년이라고 하면 ④·⑥·⑦보다 1년 이른 셈이다. 한편으로 植田은 ⑩을 고구려 유민 반란 전이라고 해서 고구려 유민 반란을 670년 3월 이후라고 지적하고 있어 모순된다.

6) 『舊唐書』 劉仁軌伝에서는 "總章二年, 軍廻, 以疾辭職, 加金紫光祿大夫, 許致仕"라 하고 梁炳龍, 1989, 「羅唐戰爭 進行過程에 보이는 高句麗遺民의 對唐戰爭」 『史叢』 46은 '軍廻'를 劉仁軌가 군대를 거느리고 귀국한 것을 의미한다고 한다.

7) 梁炳龍, 1989, 「羅唐戰爭 進行過程에 보이는 高句麗遺民의 對唐戰爭」 『史叢』 46은 그 당시 安東都護府에서는 親唐적인 고구려 유민과 소수의 당나라 官吏가 존재하고 있었을 뿐이었다고 추정하였다.

安東都護府의 군사력이 약화되어 있었다고 생각하는 것과 ⑩에 신라 북상에 대한 기록이 비교적 상세하게 나타나는 것을 보면, 당시 신라는 멀리 요동까지 병사를 북상시켰다고 생각된다. 植田[2014a]에 따르면 고구려 유민의 반란과 관련해서 당군이 신라군을 토벌하기 위한 군대도 파견하고 있었지만, 이것은 요동에서의 고구려 유민의 반란에 신라가 깊게 관련하였던 사실을 시사한다. 이것은 아마 ⑩에 보이는 요동에서의 신라의 군사행동과 관계가 있는 것 같다. 이러한 것도 신라군의 요동 북상의 근거가 될 수 있을 것이다.

그렇다면 신라는 왜 멀리 요동까지 진출하였는가? 이것을 이해하기 위해서 무시할 수 없는 것이 신라는 669년부터 舊百濟領에 군사적 공략을 하며, 요동 방면에서 고구려 유민의 반란이 당나라의 신라에 대한 침공을 억제하고 신라의 百濟 故地 진출을 용이하게 하였다는 盧泰敦[1997]이나 植田[2014a]의 지적이다. 신라는 舊百濟領을 둘러싸고 당나라와 대립을 강화하고 있었고 당나라의 지배에 저항한 고구려 유민을 적극적으로 지원하고 그것을 이용하면서 당나라의 대대적인 군사개입을 저지할 것을 기대한 것 같다. ⑩에서는 신라군과 함께 고구려 장군인 高延武가 보이지만 그의 파견은 고구려 유민과의 연계를 원활하게 하여 당나라에 저항운동을 전개하는 고구려 유민을 지원하기 위한 것이었다고 여겨진다.

⑩에 따르면 북상한 신라군은 당나라의 정토군이 투입되자마자 퇴각하였다. 신라가 옛 백제 땅에 군사 공격을 하였기 때문에 신라와 당나라의 대립은 첨예화되고 있었고, 그것에 더해서 신라 북방에서 당나라와 대립하는 것은 신라 입장에서는 두 방면에서의 당나라와 전면적인 충돌은 가능하면 회피하고 싶었던 것으로 볼 수 있다. 당나라에 대한 저항운동의 주체는 어디까지나 고구려 유민으로 단지 신라는 그것을 지원하는 입장을 관철하려고 한 것 같다고 추측할 수 있다. ⑩ 이후 신라의 적극적인 북상군 증파가 보이지 않는 것은 그것을 반영한 것으로 보인다. 또한 ⑬에서는

'新羅援兵'이 보이지만 그것도 당나라에 저항하는 것은 어디까지나 고구려 유민이고, 신라는 그것을 지원하는 존재였던 사실을 반영하고 있다고 볼 수 있을 것이다. 다만 그것은 신라의 사정에 지나지 않고 당나라는 신라가 고구려 유민의 저항운동을 지원하는 것을 간파하고 薛仁貴가 신라를 정토하기 위해서 파견되었다.[8)]

2. 高句麗 遺民의 叛亂과 唐·新羅

이와 같이 신라가 고구려 유민을 지원하는 사이에 ④·⑤·⑥·⑦에서 보이는 것처럼 평양에서 劍牟岑을 중심으로 한 고구려 유민의 반란이 일어났다. ⑥은 劍牟岑 등의 봉기를 4월로 기록하였지만, ⑩에 보이는 신라의 군사 활동이 같은 해 3월이었으니까 아마 劍牟岑 등의 반란은 ⑩에 보이는 신라군의 북상 그리고 고구려 유민에 대한 지원이 행해진 후에 일어난 것으로 생각된다. ⑦은 그것은 6월이라고 하지만 池內[1960]가 지적한 것과 같이 일련의 행동은 모두 6월에 일어난 것에 불과하다. ⑦에서는 劍牟岑이 窮牟城에서 浿江(大同江) 남쪽으로 이동한 후, 唐 官人이나 僧 法安을 살해하였다고 하지만, 그것은 ④·⑥ 등에서 감안해서 670년 4월경으로 볼 수 있을 것 같다. 그 후 ⑦에 보이는 것처럼 劍牟岑은 신라로 가고 安勝을 임금으로 推戴하였다. 그 때 劍牟岑이 신라로 가는 것은 신라가 고구려 유민을 원조하는 것을 알고 있었기 때문이고, ⑩에 보이는 신라의 군사 활동도 여기에서 영향을 받은 것으로 추측된다.

이와 같이 당나라의 지배에 불만을 품고 있었던 고구려 유민들은 薛仁貴·劉仁軌의 전출·致仕 등 安東都護府의 약화, 그리고 신라의 지원을 계기로 해서 봉기하였다.

---

8) 당나라의 신라征討에 대해서는 植田喜兵成智, 2014a, 「唐人郭行節墓誌からみえる羅唐戰爭 - 671年の新羅征討軍派遣問題を中心に -」 『東洋學報』 96-2 참조.

⑭ 『資治通鑑』咸亨2年(671) 7月條 秋七月乙未朔, 高侃破高麗餘衆於安市城.

위 기록 ⑭에 따라 安市城에서도 고구려 유민과 당군이 교전한 사실을 통해 요동에서 고구려 유민의 반란이 일어났음을 알 수 있다. 이에 대해 당나라는 ④·⑤·⑥에 보이는 것처럼 高侃·李謹行을 行軍總管으로서 삼아 고구려 유민의 정토를 진행하였다. 고구려 유민을 지원하고 당나라의 군사력을 분산시키려고 한 신라의 의도대로 되었다고 말할 수 있을 것이다.

한편, 劍牟岑은 安勝을 漢城에 맞이했지만 그에 의해서 살해되었다. 그 후 安勝은 ⑦·⑧에서 엿볼 수 있는 것처럼 같은 해 7월경, 신라로 도망하였다. 지적한 바와 같이 그 일부를 전하는 것이 ③이며, 四千餘戶의 고구려 유민이 安勝과 함께 신라에 유입되었다. 이에 신라는 安勝을 고구려왕으로 책립하였다. 신라가 安勝을 고구려왕으로 삼아 고구려를 부흥시키고자 한 것은 村上[1978]이 지적한 것과 같이 고구려 유민을 慰撫하기 위함이다. 그러나 그것만이 아니었다. 安勝이 신라에 도망하였을 때 고구려 유민들은 아직 당나라에 대한 저항운동을 전개하고 있었다. 신라는 당나라의 군사적인 압력을 경감시키기 위해서 고구려 유민들의 활동을 지원하고 있었다. 그 때문에 신라 입장에서는 유입된 고구려 유민을 바로 신라의 인민으로서 흡수한다는 것은 고구려 유민의 자립이라는, 당나라에 대한 저항운동의 원동력을 신라가 탈취한 것으로 될 수도 있다고 여겼고, 신라에 대한 고구려 유민의 불신감을 양성할 가능성을 차단하고자 하였다. 고구려 유민을 지원하면서 당나라에 대항하려고 하는 신라 입장에서는 졸속적인 고구려 유민의 신라 편입을 꺼려 安勝을 고구려왕으로 삼아 고구려 유민을 按舞시키는 것을 통해서 고구려 유민에 대한 지원 자세를 보여주는 것이 필요하였다.[9] 그렇기 때문에 신라 땅에 고구려가 부흥되었다.

---

9) 筧敏生, 2002, 「百濟王姓の成立と日本古代國家」, 同著, 『古代王權と律令國家』, 校倉書房(原載, 1989, 「百濟王姓の成立と日本古代帝國」 『日本史研究』 317)은 신라왕이 "조

평양에서 요동지역까지 넓은 지역에 걸친 고구려 유민의 반란에 대해서 당나라는 ⑭에 보이는 것처럼 요동지방에 일어난 부흥운동을 제압하고, 672년에는 평양에 진출하였으며, 나아가 한반도 중부까지 남하해서 고구려 유민·신라군과 교전해서 그들을 격파하였다. 그 후의 고구려 유민·신라군과 당군과의 교전은 아래와 같은 ⑮·⑯·⑰·⑱·⑲에 보인다. 그렇지만 문제가 되는 것은 여기에서도 사료의 해석을 둘러싸고 연구자들 사이에 의견의 차이가 보인다는 것이다.

⑮ 『舊唐書』 高宗紀·咸亨四年(673) 閏5月條

閏5月丁卯, 燕山道總管李謹行, 破高麗叛黨於瓠盧河之西, 高麗平壤餘衆遁入新羅.

⑯ 『資治通鑑』 唐紀·咸亨四年(673) 閏5月條

咸亨四[673]年閏5月, 燕山道總管·右領軍大將軍李謹行, 大破高麗叛者於瓠蘆河之西, 俘獲數千人. 餘衆皆奔新羅.

⑰ 『唐書』 高麗伝

李謹行破之于發盧河. 再戰, 俘馘萬計. 於是平壤痍殘不能軍, 相率奔新羅. 凡4年乃平.

⑱ 新羅本紀·文武王13年(673) 9月條

[九月]王遣大阿湌徹川等, 領兵船一百艘鎭西海. 唐兵與靺鞨·契丹兵來侵北邊, 凡九戰我兵克之. 斬首二千餘級. 唐兵溺瓠瀘·王逢二河死者, 不可勝計.

⑲ 新羅本紀·文武王13年(673) 冬條

冬, 唐兵攻高句麗牛岑城降之. 契丹·靺鞨兵攻大楊城·童子城滅之.

선 전체의 왕이 되기 위해서는 下位에 百濟·고구려王權을 위치해야할 필요가 있고", 그 때문에 安勝을 책립하였다고 하지만 그 당시 신라가 그렇게 인식하고 있는 것을 보여준 사료적인 근거는 없기 때문에 이러한 이해에 따르기 어렵다.

⑮·⑯·⑰에서는 당군이 673년 윤5월에 瓠盧河(瓠蘆河·發盧河)에서 고구려 유민에 승리하였고 나머지 고구려 유민 세력들도 신라로 도망가게 되어 고구려 유민의 반란이 종식되었다고 한다. 그렇지만 ⑱에서는 같은 해 9월에 신라가 당군을 물리치고 瓠瀘·王逢河에서 많은 당군이 溺死하였다고 했다. 瓠盧河(瓠蘆河·發盧河·瓠瀘河)는 臨津江 中流에 비정되고 있지만(池內[1960], 盧泰敦[2012]), 이 교전을 중국계 사료는 윤5월로 해서 당나라가 승리하였다고 하고, 한국계 사료는 9월로 해서 신라가 이겼다고 기록하고 있다. 또한 ⑲에서는 고구려 유민이 당군과 교전한 기록이 다시 보이고 중국계 사료와 모순되는 정보를 전하고 있는 것이다.

이것에 대해서 池內[1960]는 ⑱에 고구려 유민이 보이지 않는 것, 교전 시기에 차이가 보이는 것에서 ⑱을 上元元(674)·上元2(675)년에 벌어진 당나라와 신라의 교전 기사로 보고 ⑲도 673년 윤5월의 고구려 유민 반란 평정 전에 있었던 사실로 실제로는 672년 겨울에 일어난 것이라고 주장하였다. 그것에 대해서 古畑[1983]은 ⑮ 등에서 윤5월에 고구려 유민이 패배해서 신라로 도망하였기 때문에 그들을 쫓아 당군이 진격하였지만 ⑱에 보이는 것처럼 9월 전투에서 당군이 패배하고, 그런 상황을 보고 다시 일어난 고구려 유민을 당군이 다시 공격하였던 것으로 보면서 池內說을 비판하였다.

한편 최근 盧泰敦[2012]은 당나라와 고구려 유민의 교전을 9월로 보고 이 전투이후 고구려 유민이 보이지 않은 것에서 당나라 입장에서 보면 승리이고, 신라도 남하한 당군을 이 전투에서 저지하였기 때문에 신라의 입장에서 보면 승리여서 사료는 각각의 입장을 반영하고 있는 것이라고 설명하였다. 이와 같이 673년의 교전 기사도 복잡하며, 그렇기 때문에 盧泰敦설과 같이 모순된 사료를 정합적으로 해석하려고 시도되긴 하였지만, 그럼에도 불구하고 중국계 사료와 한국계 사료에 있어서 전투시기에 차이가 있는 문제점은 여전히 존재한다.

아마 이것은 윤5월이나 9월 중이란 양자택일의 문제가 아니라 古畑이 지적하는 것처럼 윤5월과 9월에 각각 전투가 일어나고 그것을 ⑰ 등 중국계 사료, ⑱ 등 한국계 사료는 전하고 있는 것 같다고 생각된다. 古畑은 註에서 언급한 것 뿐이고, 이에 대해 자세하게 언급하지 않았지만, 이렇게 해석하는 이유는 ⑱에 고구려가 보이지 않고, 또 전투지역도 王逢河(漢江 下流(池內[1960], 閔德植[1989]))까지 확대하고 있기 때문이다. 중국계 사료인 ⑰과 한국계 사료인 ⑱을 같은 전투 기록으로써 이해하려고 하였기 때문에 盧泰敦설이 내포한 문제나 池內설처럼 사료를 다른 연도로 이동시키는 것을 상정하지 않으면 안 되는 상황이 생겨버렸던 것이다. 그렇지만 그것을 한 번이 아니라 두 번에 걸쳐 일어난 교전이라고 이해하면 그러한 문제도 해결된다. 윤5월, 고구려 유민은 臨津江 유역에서 당군과 교전하고 패배를 맛봤다. 그 결과 고구려 유민의 주력은 큰 타격을 입고, 나머지 고구려 유민은 신라로 도망하고, ⑰에 보이는 것처럼 고구려 유민의 반란은 종식되었다고 생각된다. 한편 당군은 더욱 남하해서 王逢河까지 진출하였지만 이것은 신라에도 위협이었다. 그래서 고구려 유민 대신에 신라군이 주력이 되고 당군을 요격하고 격퇴한 것 같다. ⑱은 그것을 설명하고 있을 것이다. ⑲는 아마 古畑이 지적한 것과 같이 신라가 승리한 결과 다시 고구려 유민이 봉기하였지만 당군이 그들을 격파하는 것을 전하고 있다고 이해된다.

이렇게 해석해서 고구려 유민 대신에, 신라가 당나라와의 대립 전면에 등장하게 되었다. 한편 674년 당나라는 이 패배를 만회하기 위해서 劉仁軌를 총사령관으로 한 신라 정토군을 파견하여 신라에 군사적인 공세를 강화하고, 그 후 신라는 당나라와의 전면적인 전투에 돌입하게 되었다. 고구려 유민은 ㉑에 보이는 것처럼 그 후도 당나라에 저항운동을 전개하였지만, 옛날과 같은 세력은 형성되지 않았고, 당군에 제압당해 버렸다. 고구려 유민의 당나라에 대한 반항심은 그 후로도 존재하였고, 寶臧王이 요동에 귀환한 시기에 그것이 표면화된 적도 있었지만(『舊唐書』·『新唐書』 高麗傳 등), 670년에 일어난 대대적인 고구려 유민의 반란은 673년 윤5월에 전투가 끝나고 일단 종언을 맞이하였다.

이러한 고구려 유민의 반란 중에 ①에 보이는 것과 같이 671년 정월, 고구려 사절이 일본에 도착한 것으로 보이며, 그 이후로도 고구려 사절이 일본에 파견되었다고 볼 수 있다.

그러면 다음에서는 지금까지 밝힌 고구려 유민의 반란을 고려하면서 다시 해당 시기에 보이는 고구려의 遣日本使에 대해서 생각하고자 한다.

Ⅳ. 高句麗 遺民의 對日外交와 新羅

1. 高句麗 遺民 叛亂時의 高句麗 使節의 日本 派遣

①에 보이는 고구려 사절의 파견에 대해서는 머리말에서 말한 것과 같이 당나라에 저항운동을 전개한 고구려 유민 혹은 小高句麗國에서 파견된 것이라는 주장이 제시되어 있다. 한편 기왕의 연구에서는 전혀 언급되지 않았지만 7세기에 신라가 일본과 밀접한 관계가 있었던 '任那'사절을 僞稱해서 '任那調'를 보내면서 신라가 유리한 방향에서 對日外交를 전개하고 있었던 것을 상기하면[10] 이들의 경우도 신라가 고구려 사절을 위칭하였을 가능성도 있다. 지금까지 연구에서는 이 가능성이 전혀 고려되지 않은 상태에서 ①에 보이는 고구려 사절을 당나라에 저항운동을 전개한 고구려 유민 혹은 소고구려국에서 파견된 것이라고 보고 있다. 그렇지만 그것조차도

10) 신라가 '任那調'를 對日外交에 이용하고 있었던 것에 대해서는 井上直樹, 2011b, 「7世紀前半의 新羅 對日本外交」『2010年新羅學國際學術大會論文集 - 7世紀 東亞細亞의 新羅』 4, 慶州市·新羅文化遺産研究院 참조.

반드시 사료에서 상정할 수 있는 가능성을 충분히 검토한 결과 얻은 결론이라고 말하기는 어렵고 어디까지나 추측에 지나지 않는 것이다.

그러면 ①에 보이는 고구려 사절은 이들 세 가지 가능성 중에서 어떠한 성격의 것인가라는 문제가 제기되지만, 관계 사료가 극소수이기 때문에 하나를 특정하는 것은 너무 곤란하다고 할 수밖에 없다.

그래서 여기에서는 시점을 바꿔서 ①을 비롯해서 해당 시기의 고구려 사절의 일본 파견에서 신라의 관여에 주목하고 싶다. 신라가 僞高句麗使를 파견하는 경우는 물론이고, 소고구려국이 보낸 사절에 대해서도 그것이 신라 땅에 존재하고 있었던 관계상 신라의 영향 아래에 있었다는 사실은 상정하기 어렵지 않다. 또 당나라에 저항운동을 전개하고 있었던 고구려 유민의 사절 파견에 관해서도 해당지역에서 직접 일본에 건너가는 것이 아니라 아마 한반도남부 신라 땅을 거쳐서 일본에 갔던 것으로 보이고, 그 과정에서 신라의 지원을 받았다고 생각되며, 그 경우도 역시 신라의 영향 아래에서 파견되었을 가능성이 매우 높다. 신라는 고구려 유민에 '援兵'을 파견하고 지원하였기 때문에 고구려 유민의 일본에 대한 지원 요청에도 협력하고 있었을 것이다. 고구려 유민이 일본도 연계하여 당나라에 저항하는 것은 당나라와 대립하는 신라에게도 좋은 것이고, 그것을 방해할 특별한 이유도 없기 때문이다. 이렇게 생각하면 ①을 비롯한 고구려 사절의 일본 파견에는 신라가 깊게 관여하였다고 생각해도 좋을 것 같다.

그렇다면 '과연 해당 시기에 고구려 사절의 일본 파견에 신라가 어떻게 관여하고 있었을까? 혹은 그것에는 어떤 의도가 있었을까?'라는 것이 고구려 사절의 일본 파견을 탐구할 입장에서는 고려해야 할 문제일 것이다. 그래서 여기서는 지금까지 해왔던 연구와 달리 시점을 바꾸어 신라가 고구려 사절의 일본 파견에 대하여 어떤 관여를 하고 있었는지에 대해 검토하고자 한다. 그것을 검토하기 위해서 간과할 수 없는 것이 고구려 사절이 '新羅送使'를 수반한 경우와 그렇지 않은 경우를 구분하는 것이다.

① 이후 고구려 사절 관련 사료를 정리하면 아래와 같다.

⑳ 天武紀元年(672) 5月 戊午條

戊午(28日), 戊午, 高麗遣前部富加抃等進調.

㉑ 天武紀2年(673) 8月 癸卯條

癸卯, 高麗遣上部位頭大兄邯子·前部大兄碩干等朝貢. 仍新羅遣韓奈麻金利益送高麗使人于筑紫.

㉒ 天武紀4年(675) 3月 是月條

是月, 高麗遣大兄富干·大兄多武等朝貢. 新羅遣級飡朴勤修·大奈麻金美賀進調.

㉓ 天武紀5年(676) 11月 丁亥條

丁亥, 高麗遣大使後部主簿阿于·副使前部大兄德富朝貢. 仍新羅遣大奈末金楊原送高麗使人於筑紫.

㉔ 天武紀8年(679) 2月 壬子條

二月壬子朔, 高麗遣上部大相桓父·下部大相師需婁等朝貢. 因以新羅遣奈末甘勿那送桓父等於筑紫.

㉕ 天武紀9年(680) 5月 丁亥條

丁亥, 高麗遣南部大使卯問·西部大兄俊德等朝貢. 仍新羅遣大奈末考那送高麗使人卯問等於筑紫.

㉖ 天武紀11年(682) 6月 壬戌條

六月壬戌朔, 高麗王遣下部助有卦婁毛切·大古昴加貢方物. 則新羅遣大那末金釋起送高麗使人於筑紫.

672년 일본에 도착한 두 번째 고구려 사절에는 '新羅送使'가 보이지 않지만, 그 후에는 '新羅送使'가 확인된다. ㉒기록과 같이 네 번째 사절에서는 '新羅送使'가 보이지 않지만, 鈴木[1968]가 지적한 것과 같이 신라 사절도 동시에 파견되고, 같은 해 8월에는 고구려 사절과 신라 사절이 모두 筑紫에서 饗應이 이루어졌기 때문에(天武紀4年(675) 8月 己亥條), 함께 일본에 간 신라 사절이 '新羅送使'의 역할을 담당한 것 같다. 이와 같이 고구려 사절이 파견되는 모든 경우에 '新羅送使'가 수반한 것이 아니라, 671·672년의 경우, '新羅送使'가 없고, 그 후에는 모두 '新羅送使' 혹은 신라 사절이 함께 파견되고 있었다.

이에 대해서 종래에는 거의 주목되지 않았고[11], 今西[1934]는 이것을 '史料의 不備'라고 하였지만 사료에서는 '新羅送使'의 有無가 嚴然히 존재하고 있으며, '新羅送使'가 보이지 않은 것을 '史料의 脫漏'에 귀착할 수 없다. 오히려, 이것은 고구려 사절의 일본 파견에 있어서 신라의 관여를 이해하기 위해서 경시할 수 없는 부분이다.[12]

또한 주목해야 하는 것은 '新羅送使'의 수반이 고구려 유민의 반란이 종식된 673년 윤5월 이후에만 보이는 것이다. 고구려 사절의 파견과 관련하여 고구려 유민의 반란이 진압된 후에야 '新羅送使'를 수반시키는 것이 일본측으로 하여금 신라의 영향 아래에 행해진 것으로 과시하는 목적이 있었음을 의미한다. 다시 말하자면 신라는 그 전에는 굳이 이러한 전략을

11) 筧敏生, 2002, 「百濟王姓の成立と日本古代國家」 同著 『古代王權と律令國家』, 校倉書房(原載, 1989, 「百濟王姓の成立と日本古代帝國」 『日本史硏究』 317)은 "新羅送使" 수반의 유무에 대해서는 전혀 논급하지 않았지만 그렇다면 신라가 고구려 유민을 활용한 대일외교의 특성을 간과하는 가능성이 있을 것이다. 또한 村上四男, 1978, 「新羅國と報德王安勝の小高句麗國」同著『朝鮮古代史硏究』開明書院(原載 1966, 「新羅と小高句麗國」 『朝鮮學報』 37·38合併号)이나 古畑徹, 1983, 「7世紀末から八世紀初にかけての新羅·唐關係 - 新羅外交史の一試論 - 」 『朝鮮學報』 107 은 673년 이후의 사절에 보이는 "新羅送使" 수반에 주목하지만 그 이전에 보이는 遣使에 대해서는 특히 논급하지 않았다.

12) 鈴木靖民, 1968, 「百濟救援の役後の百濟および高句麗の使について」 『日本歷史』 241 이나 林起煥, 2004, 「고구려 유민의 활동과 보덕국」 『고구려 정치사 연구』, 한나래는 '新羅送使'가 없는 것을 근거로 671년과 672년의 사절을 당나라에 저항운동을 전개한 고구려 유민의 사절로 보고 있었기 때문에 '新羅送使'의 유무에 주목하고 있기는 있지만 그것을 통해서 해당시기의 모든 고구려사절의 일본 파견에 있어서의 신라의 관여를 검토하지 않았다.

채용하지 않았던 것으로 보인다. 여기에서 해당 시기 고구려 사절의 일본 파견에 대한 신라의 정치적인 의도를 짐작할 수 있다.

신라는 655년을 마지막으로 일단 대일외교를 단절하였지만[13] 668년 9월에, 대일외교를 재개해서(天智紀7年(668) 9月條), 다음해도 사절을 파견하는 등(天智紀8年(669) 9月條), 적극적인 대일외교를 전개하였다. 이것은 古畑[1983], 盧泰敦[2012]이 설명한 것과 같이 신라가 당나라와 항쟁한 것에 기인한다고 생각되지만, 당나라와 대립이 깊어지고 외교적인 고립에 빠지고 있었던 신라 입장에서는 일본과의 관계 개선은 焦眉의 과제였을 것이다. 그렇지만 해당 시기 신라의 급격한 외교 전환을 일본이 어느 정도 받아들였는지 신라에도 미지수이고, 대일외교의 성패는 아직 확정할 수 없다.

한편, 고구려는 6세기말 이후 적극적으로 사절을 일본에 파견하고 동맹관계를 강화시키면서 일본도 고구려를 지원하였다.[14] 신라는 이러한 고구려와 일본의 우호관계를 고려하면서 대일외교에 불안감이 있는 신라의 존재를 보여주지 않고 일부러 고구려 사절을 앞세웠던 것이다. 그 전까지 전개된 고구려·일본 우호관계에 의거해서 당나라에 저항운동을 전개하고 있는 고구려 유민의 지지를 얻으려고 한 것으로 생각된다.[15] 일본의 고구려 유민 지지는 당나라나 熊津都督府와의 대립을 의미하고 신라 입장에서도 일본과 당나라의 동맹을 저지할 수 있을 뿐만 아니라 당나라의 병력을 일본의 지원을 받은 고구려 유민에 향하게 하고, 신라에 대한 군사적인

13) 7세기 전반의 대일외교에 대해서는 井上直樹, 2011b, 「7世紀前半의 新羅 對日本外交」『2010年新羅學國際學術大會論文集 - 7世紀 東亞細亞의 新羅』4, 慶州市·新羅文化遺産研究院 参조.

14) 6세기 말에서 고구려 멸망까지의 고구려의 대일외교에 대해서는 井上直樹, 2011a, 「6世紀末から7世紀半ばの東アジア情勢と高句麗の對日本外交」『朝鮮學報』221 참조.

15) 盧泰敦, 2012, 『古代朝鮮三國統一戰争史』, 岩波書店(橋本繁 譯, 原著, 2009, 『삼국통일전쟁사』, 서울대학교출판부)은 ①에 보이는 고구려 사절이 熊津都督府의 적극적인 대일외교에 대항하기 위해서 신라가 소고구려국을 통해서 그것에서 파견되는 것이라고 하지만 熊津都督府가 일본에 파견한 사자는 모두 ① 이후의 것이며, 이것을 ①에 보이는 고구려 사절의 일본 파견 이유로 할 수 없다.

압력을 경감시키고자 한 것으로 여겨진다. 그렇기 때문에 신라는 '新羅送使'를 일부러 숨기고 고구려 사절만 내세워 일본의 고구려 유민 지원을 받아내려고 한 것으로 보인다.

한편, 신라와 대립한 熊津都督府나 그 지배 아래에 있는 백제 사람도 일본에서 원조를 얻기 위해서 일본에 사절을 파견하고 있었다(天智紀10年(671) 正月 辛亥(13日)條·2月 庚寅(23日)條·7月 丙午(11日)條). 671년 6월, 일본은 백제를 구원하는 것이 불가능하다는 것을 전하고 있지만(古畑[1983], 鈴木[2011]등), 신라는 백제의 사절 파견에 대응하여 같은 해 6월·10월 사절을 일본에 파견하였다(天智紀10年(671) 6月 是月條·10月庚午條). 이와 같이 신라는 熊津都督府나 백제 유민의 대일외교에 대응해서 고구려 사절과는 달리 신라 사절을 일본에 파견하였다.

그 후 ㉒에 보이는 것과 같이 672년 5월, 두 번째 고구려 사절이 일본에 도착하였다. 그때도 '新羅送使'는 보이지 않고, 고구려 사절을 주체로 한 것이었다. 이미 주장한 바와 같이 해당 시기 당나라는 요동에 있는 고구려 유민을 진압하고 평양에 진출하려 하고 있었다. 그때 파견된 고구려 사절은 이러한 긴박한 상황을 전하고 일본에서 지원을 얻는 것을 목적으로 한 것 같다.

그 전해인 671년 11월에 熊津都督府의 郭務悰 등 2,000인이 일본에 왔다(天智紀10年(671) 11月 癸卯(10日)條).[16] 그 한 달 전에 일본에 왔던 신라 사절은 郭務悰 등이 일본에 도착한 후인 12월 17일에 귀국하였기 때문에(天智紀10年(671) 12月 己卯條), 郭務悰 등에 관한 정보를 가지고 신라에 귀국한 것 같다. 그 후 일본에 온 것은 바로 이 두 번째 고구려 사절이었다. 그렇다면, 이 사절은 일본과 熊津都督府의 연계를 견제하고자 하는 역할도

16) 그 때 郭務悰 등의 성격에 대해서는 鈴木靖民, 2011, 「百濟救援の役後の日唐交涉 - 天智紀唐關係記事の檢討 - 」 同著 『日本の古代國家形成と東アジア』, 吉川弘文館(原載, 1972, 坂本太郎先生古稀記念會編, 『續日本古代史論集』 上, 吉川弘文館) 참조.

담당하였을 것으로 추측된다. 원래 고구려 사절의 일본 파견을 통한 일본의 고구려 유민 지원은 당나라의 熊津都督府와 일본과의 연계도 견제하는 측면도 있기 때문에 그러하다고 생각된다.

이와 같이 신라는 고구려 사절 파견을 대일외교에 많이 활용하였던 것이다. 고구려 유민을 지원하는 일본과 당나라의 연계조치, 그리고 그 지원을 얻고 활발하게 활동하는 고구려 유민의 존재는 신라의 당나라에의 군사적인 압력 경감에도 관련되기 때문에 고구려 유민의 원조를 목적으로 한 고구려 사절의 일본 파견은 신라에서도 매우 중요한 것이었다.

그렇지만 고구려 유민의 당나라에 대한 저항운동은 673년 윤5월에 종식되었다. 이것은 고구려 유민에 대한 지원을 목적으로 한 고구려 사절 파견의 '名分'을 잃어버린 것을 위미한다. 그렇지만 앞에서도 설명한 것처럼 그후에도 계속해서 고구려 사절이 일본에 파견되었다. 그리고 그것에는 '新羅送使' 혹은 신라 사절이 수반되고 있었고, 그 이전과 달리 신라의 관여를 일본에 명확하게 보여주었다. 그래서 다음에서는 이러한 상황 아래에서 파견된 고구려 사절의 일본 파견에 대해서 살펴보고자 한다.

2. 小高句麗國의 遣日本使 派遣과 新羅

고구려 유민의 반란 진압 후에 보이는 고구려 사절에 대해서도 신라가 고구려사를 僞稱하였을 가능성과 소고구려국이 파견하였을 가능성이 상정되지만, ㉖에 '高麗王'이 사절을 파견하였다고 하는 점, 그들 고구려 사절이 소고구려국 멸망 후에는 보이지 않는 점으로 보면 후자라고 생각해도 좋은 것 같다. 그리고 그 사절에서는 '新羅送使'나 신라 사절이 수반되고 있었다.

일찍이 고구려 사절 파견에 주목한 福田[1913]은 이것을 신라의 당나라에 대한 불안과 일본의 감정을 융화시키기 위한 전략적인 조치라고 하였다.

村上[1978]은 이전의 일본과 고구려 관계를 이용하여 신라가 일본과 우호적 관계를 유지하기 위하여 고구려 사절을 파견하였다면서 이 사절은 築紫에서 '公貿易'을 하였다고 설명하였다.

이에 대해서 鈴木[1968]은 해당 시기의 고구려 유민이 독자성을 가지고 있었고 고구려 사절의 파견을 신라가 하였다고 생각하는 것이 부당하며, '新羅送使'의 수반은 "고구려의 대외관계를 인정하면서도 신라의 관할 아래에 두고자 한 것"이라고 주장하였다. 또 古畑[1983]이나 梁炳龍[1989]도 '新羅送使'의 수반은 고구려 유민의 독자적인 대일외교를 감시하기 위한 것으로 보았다.

한편, 林起煥[2004]은 이러한 이해를 인정하면서, 신라가 소고구려국의 독자성을 인정하고 일본이 신라를 지원할 수 있도록 외교를 전개시켰다고 논한다.[17] 이과 같이 소고구려국의 遣日本使에 대해서도 연구자에 따라 인식이 다르다. 그래서 다시 이것에 대해서 상술하고자 한다.

먼저 고구려 사절이 筑紫에서 交易한 것에 대해서 검토하고자 하는데, 이것은 今西[1934]가 일찍이 지적한 것이지만, 그에 관한 사료가 없고 어디까지나 추측에 지니지 않으며, 筑紫에서 교역하는 것을 고구려 사절 파견의 주요 목적이라고 생각하기는 어렵다.

다음에는 고구려 유민의 대일외교에 관한 독자성에 대해서 검토하고자 한다. 고구려 사절은 고구려 소속 部명과 官等을 自稱하고 있었지만, 그것은 신라가 소고구려국을 인정하고 있었던 것을 전제로 한 것이다. 674년 신라는 安勝을 고구려왕에서 報德王으로 다시 책립하고 있었지만, 이것은 古畑[1998]이 지적한 것과 같이 당나라와의 대립을 전제로 해서 신라가 유민세력들도 모두 포함하여 당나라와 싸워야 하는 상황을 고려해서 행해

17) 근년에서는 李成市, 2014, 「6-8世紀の東アジアと東アジア世界論」『岩波講座 日本歷史 古代 2』, 岩波書店도 신라가 後顧의 우려를 제거하기 위해서 신라가 소고구려국을 활용하였다고 설명하였지만 자세한 경위 등은 논하지 않았다.

진 것이다. 고구려 유민이 조속하게 신라인민에 편입시키는 것은 통일된 세력 결집을 저해하는 것으로 꺼리어 신라가 고구려 유민을 신라인민으로써 재편성하는 것은 더욱 시간이 필요하였다. 그 후 685년, 安勝의 경주 이주를 계기로 해서 고구려 유민의 반란이 일어났지만(新羅本紀·神文王4年(684) 11月條), 이것은 이 시기까지 고구려 유민의 自立性을 보유하고 있었음을 시사한다. 이러한 것을 보면 고구려 유민은 신라 땅에서 어느 정도 독자성을 유지하고 있었다고 생각해도 큰 무리는 없을 것 같다.

그렇지만 그것을 전제로 해당 시기 고구려 유민의 대일외교가 소고구려국의 독자적인 것으로 판단할 수 있는지는 더욱 신중한 논의가 필요하다. 해당 시기 고구려 사절의 일본 파견 전후에는 예외 없이 신라 사절이 파견되고, 그것이 신라의 대일외교를 보완한 것으로 생각되기 때문이다. (〈표 2〉 참조)

처음으로 '新羅送使'가 수반된 673년 8월의 사절 파견에 앞서 신라에서는 같은 해 윤6월에 "賀騰極使·弔問使"가 일본에 파견되었다.(天武紀2年(673) 閏6月 己亥(15日)條) 675년 3월 경우도 같은 해 2월에, 676년 11월 20일 도착한 사절의 경우도 같은 달 3일에 신라 사절이 일본에 도착하고 있었다(天武4年(675) 2月 是月條·天武紀5年(676) 11月 丁卯(3日)條). 679년 2월의 경우, 그것에 앞서 1년 이내의 신라 사절 도달기사는 보이지 않지만, 天武紀7年(678) 是歲條에서는 金消勿·金世世 등이 파견되지만 폭풍우 때문에 도착하지 못하고, 送使인 加良井山만이 일본에 도래했다고 하니까, 이 경우도 고구려 사절에 앞서 신라 사절이 파견되고 있는 셈이다. 이어 680년 5월의 경우도 전해 679년 10월(天武紀8年(679) 10月 甲子(17日)條)에, 마지막 682년 6월의 경우도 전해 10월에 신라 사절이 파견되었다.(天武紀10年 10月 乙酉(20日)條 및 是月條)

이와 같이 673년 이후 '新羅送使'를 수반하여 일본에 파견된 고구려 사절의 전후에는 예외 없이 신라에서 일본에 사절이 파견되었다. 680~682년에

〈표 2〉 고구려유민 대외관계표

西曆	月	年號	年	天皇	年	고구려유민 대외관계	王	年	신라·백제유민의 대외관계
668	9	總章	1	天知	7	唐→高☆ 고구려 멸망	文武	8	新→日 ○
669	2		2		8	高→新□安勝 망명(고구려본기)		9	
	9								新→日 ○
	?								唐→新□造砮(羅紀만)
670	1		3		9			10	唐→新□백제령 점유를 질책
	3	咸亨	1			高·新→唐□遼東 진출			
	4					※高藏外孫安舜, 신라로 망명(중국사료)			
	6					※安勝을 金馬渚에 안치(신라본기)			
	8					新→安勝◎高句麗王			新→安勝◎高句麗王
	9								日→新□
671	1		2		10	[1]高→日 ○		11	新→百☆
	2								百→日 ○
	6								新→日 ○ 新→唐☆
									百→日 ○
	7					唐→高☆			唐→新□薛仁貴 질책
	10								新→日 ○ 新→唐☆
672	1		3	天武	1			12	新→百☆
	2								新→百★
	5					[2]高→日 ○			
	7					※唐→高☆※唐軍 평양 진출			唐→新◇
	8								新→唐☆
	9								新→唐□謝罪
	11								新→日 ○
	12								唐→高·新☆
	?								※新羅, 所夫里州 설치
673	閏5		4		2	唐→高☆고구려유민반란 종식		13	
	6								新→日 ○弔問使·賀騰極使※1
	8					[3]高→日 ○			
	9								唐→新★
	冬					唐→高☆※고구려유민잔당 제압			唐→高☆

674	9	上元	1						新→安勝◎報德王
675	2 3 7 9		2		4	 [4]高→日 ○		15	新→日 ○唐→新☆新→唐○唐→新◎ 新→日 ○(兼高句麗送使) 日→新□ 唐→新★新→唐○
676	10 11	儀鳳	1			安東都護府·熊津都督府철퇴 [5]高→日 ○(23일 도착)			日→新□ 新→日 ○(3日到着)唐→新☆
677	2		2		6				
678	?		3		7			18	新→日 ○送使만 도달 冬到達?
679	2 9 10	調露	4 1		8	[6]高→日 ○ 日→高□(歸國·發遣時 불명)		19	 日→新□(歸國·發遣時 불명) 新→日 ○
680	3 5 11	永隆	1		9	新→安勝·王妹 혼인 [7]高→日 ○ 日→高□齊明朝時來日使者歸國		20	 新→日 ○
681	7 10	開耀	1		10	日→高□	神文	21 1	日→新□ 唐→新◎ 新→日 ○傳達文武王薨去
682	6	永淳	1		11	[8]高→日 ○		2	
683	10 11	弘道	1		12	※安勝을 蘇判으로 삼고 京師에 머물게 함 ※高句麗民黃衿誓幢編成		3	 新→日 ○
684	閏5 11	 文明			13	日→高□※2 고구려유민 반란 小高句麗國 해체		4	

高 : 고구려유민/ 新 : 신라/ 百 : 백제유민/ 日 : 일본/ ○ : 朝貢/ ◎ : 冊立/ ☆ : 交戰勝/ ★ : 交戰敗/ □ : 使者派遣/ ◇ : 交戰勝敗不明/ [ ] : 고구려유민의 遣日本使(數字는 횟수)
※1 : 天武紀에는 閏6月乙亥로 되어 있지만 唐曆으로 換算하여 6월로 함.
※2 : 天武紀에는 5月戊寅으로 되어 있지만 唐曆으로 換算하여 閏5월로 함.

신라 사절이 두 번 파견되었지만 그것을 제외하면 673~682년은 고구려 사절과 신라 사절이 번갈아 일본에 파견되고 있는 셈이다. 만일 고구려 사절의 일본 파견이 신라와 관계없고 독자적인 것이라면, 사절 파견의 사이에 신라 사절이 파견된 것이 없이 매년 연속해서 사절을 파견해도 좋았을 것이다. 그렇지만 고구려 사절은 매년 파견된 것도 아니고, 또한 예외 없이 그 전후에 신라 사절의 일본 파견을 확인할 수 있다. 675·679·682년의 경우 사절 파견을 몇 년 만에 한번, 676·680년의 경우는 2년 연속이지만 모두 그 전후에 신라 사절이 일본에 파견되었다.

이것은 우연이라고 보는 것보다 신라의 대일외교를 충분히 의식하면서 고구려 사절이 파견되었다고 생각하지 않으면 쉽게 이해하기 어렵다. 고구려 사절의 파견을 신라의 대일외교와 聯動하고 있다고 생각되고, 고구려 유민이 독자적으로 대일외교를 전개하고 있었다고 생각하는 것은 어렵다고 판단할 수밖에 없다.

게다가 이것은 '新羅送使'를 수반한 673년 이전 즉 671·672년의 고구려 사절 파견 단계에서도 소급해서 확인된다. 왜냐하면 671년 1월, 672년 5월 경우도 669년 9월·671년 6월·672년 11월에 확인할 수 있는 것처럼 그 전후에 신라 사절이 일본에 파견되고 있었기 때문이다. 벌써 671·672년 단계에서도 고구려 사절이 신라의 강한 영향 아래에 있다고 언급하였지만 이러한 것도 그것을 방증하고 있다고 말할 수 있을 것이다.

이와 같이 고구려 사절의 파견은 신라의 영향 아래에 행해진 것으로 생각되고 고구려 유민이 독자적으로 외교를 전개하였다고 생각하기 어렵다. 만일 고구려 유민이 신라와 달리 독자적으로 사절을 일본에 파견하고 있었다면, 일본에서도 그들 사절을 入京시키고 영접하였다고 생각되지만, 같은 시기 入京하고 있었던 것은 모두 신라 사절뿐이고, 고구려 사절은 모두 筑紫에서 영접을 받은 것에 지나지 않는다. 이것은 일본도 고구려 사절의 일본 파견이 신라의 강한 영향 아래에 있었음을 인식하고 있었기 때문이라고 생각된다. 이것은 671·672년의 경우도 마찬가지로 이러한 상황 아래 신라는 감히 '新羅送使'의 존재를 명시하지 않고, 어디까지나 고구려 사절을 주체로 하였다. 이것은 앞서 언급하는 것과 같이 고구려 사절을 내세우는 것을 통해서 고구려 유민의 원조와 그것을 명분으로 당나라와 일본의 연계를 저지하려고 한 신라의 의도에 의한 것으로 생각된다.

이와 같이 신라의 영향 아래에서 고구려 사절이 파견되었지만, 그러한 상황에서 고구려 사절이 독자적인 외교를 전개하였을 개연성도 상정될 수 있을 것이다. 그렇지만 고구려 사절을 감시·감독하고 그것을 미연에 방지하기 위해서 新羅送使·新羅使가 고구려 사절에 수반한 것 같다. 고구려 사절의 일본 파견은 어디까지나 신라의 대일외교에 규제되고 있었다.

그러면 이러한 고구려 사절이 고구려 유민의 당나라에 대한 저항운동 진압 후에도 계속해서 일본에 파견되는 이유는 무엇일까? 그 경우 고려해야 하는 것은 고구려 사절의 일본 파견과 연동한 신라의 대일외교이다. 해당 시기 신라는 당나라와 대립하고 있는 상황에서 남방의 안전을 도모하기 위해서도 적극적인 대일외교를 전개하고 있었던 것이 古畑[1983]에 의해 지적된 바 있다. '新羅送使'가 고구려 유민의 遣日本使에 수반하게 되는 673년경, 신라는 옛 백제 땅에 所夫里州를 설치하는 등 舊百濟領 지배를 진전시키고 있었다. 그렇지만 그것은 당나라의 熊津都督府에 대한 저항을 의미하고 당나라와의 대립을 야기하기도 한다. 또한 신라가 그것과 관련해서 고구려 유민을 원조하고 있는 것도 대립을 깊게 하는 요인 중 하나가 되어 674년 이후 당나라의 대대적인 신라 정토로 발전하게 되었다.(『資治通鑑』 唐紀·上元元年(674) 正月條) 그 당시의 신라 입장에서 큰 문제는 첨예화한 당나라와의 대립에 어떻게 대처할까라는 것이었다. 이러한 상황에서 일본과의 우호관계 구축은 무엇보다 중요한 것 같다.

이미 언급한 것과 같이 신라는 671·672년, 고구려 사절을 일본에 파견해서 일본이 고구려 유민을 원조하는 것을 통해서 일본과 당나라의 동맹을 저지하고, 당나라의 군사적 압력을 경감시키려고 도모하고 있었다. 그렇지만, 고구려 유민의 당나라에 대한 저항운동은 673년 윤5월에 종식되어

버렸다. 그 때문에 당나라에 저항한 고구려 유민 원조를 명분으로써 일본에 원조를 구할 수 없게 되었다. 그래서 신라는 고구려 사절이 일본에 파견되었을 때 '新羅送使'를 수반시켜서 신라에 있는 고구려 유민의 소고구려국 부흥을 일본에 명시적으로 보여주는 것을 통해 계속해서 일본의 고구려 유민에 대한 원조, 또한 그것을 보호하는 신라에 대한 원조를 기대하였던 것으로 보인다. 그리고 그것에 의해 당나라와 일본이 연계하는 것을 방지하고, 신라에 대한 일본의 지원을 얻으려고 한 것 같다.

이와 같이 신라는 고구려 사절에 '新羅送使'를 수반시켜 그것이 신라의 영향 아래에 있는 것을 일본에 보여주는 것은 신라의 대일외교상 유효한 외교수단이었다. 신라는 일본에 친신라적인 외교를 위해서 신라가 멸망시킨 '任那'사절을 '新羅使'와 함께 일본에 파견해서 '任那調'를 보냈지만, 고구려 사절도 신라의 대일외교와 관련해서 일본에 파견되었던 것이다. 신라는 당나라와의 대립이라는 미증유의 위기적인 상황 아래에서 고구려 유민의 遣日本使를 적극적으로 활용하였다고 말할 수 있다.

그 후 당나라의 신라에 대한 위협은 678년 당나라의 정책 전환에 따라서 해소되었지만, 古畑[1983]가 지적한 것과 같이 舊百濟領 지배는 반드시 당나라에서 공인한 것도 아니고, 당나라가 다시 신라에 강경책을 채용할 가능성도 있었기 때문에 그 후에도 신라는 대일외교를 중시하고 적극적인 외교를 전개할 수밖에 없는 상황이었다. 이러한 상황 아래에서 신라의 대일외교와 보조를 맞추어 고구려 사절도 역시 일본에 적극적으로 파견되었던 것이다.

Ⅴ. 맺음말

이상 지금까지 고구려 멸망 후에 일어난 고구려 유민의 당나라에 대한 저항운동, 또한 고구려 유민의 遣日本使에 대해서 살펴보았다. 그것에 대해서는 여기에서 다시 논하지 않겠지만 주목되는 것은 고구려 유민에 대해서 신라가 크게 관여하였다는 사실이다. 고구려 유민의 반란은 당나라의 지배에 대한 저항이었지만, 그 봉기에 신라의 지원이 있었던 것은 무시할 수 없다. 신라의 지원을 계기로 고구려 유민은 당나라에 대대적인 저항운동을 전개하기 시작하였기 때문에 고구려 유민의 반란에 신라의 영향을 경시할 수 없는 이유의 하나가 여기에 있다. 다만 신라의 고구려 유민에 대한 지원은 옛 백제 땅에 행한 군사 침공과 연동해서 보면 신라는 고구려 유민을 원조해서 당나라에 대한 저항운동을 발발시켜 당의 군사력을 분산시키고 신라에 대한 군사적인 압력의 경감을 도모한 것이었다. 그렇기 때문에 유입한 고구려 유민들을 즉시 '신라의 인민'으로 편입하는 것은 꺼려졌을 것이다. 신라에 의한 고구려 유민 흡수는 고구려 유민들에게서 '自立'이라는 저항운동의 명분을 빼앗는 것이나 다름없었기 때문이다. 安勝의 고구려왕 책립, 옛 백제 땅에 소고구려국을 부흥시키는 것은 바로 해당 시기의 신라를 둘러싼 심각한 정세와 무관하지 않았다.

신라의 고구려 유민 지원의 정치적인 의의는 그것에만 머물지 않았다. 즉 신라는 당나라와의 대립에 의해 그때까지 적대하고 있었던 일본과의 관계를 개선시켜 일본이 당나라와 연계하는 것을 저지할 필요가 있었다. 이런 상황 아래서 신라는 당나라에 저항활동을 전개하고 있는 고구려 유민을 대일외교에 활용하고, 일본의 고구려 유민에 대한 지원을 얻는 것을 통해 일본과 당나라의 연계를 저지하려고 하였다. 그 후 고구려 유민의 당나라에 대한 저항운동이 진압된 다음에는 신라가 원조해서 부흥한 소고구려국의 지원을 핑계로 일본에서의 원조, 그리고 일본과 당나라의 연계를 저지하기 위한 '新羅送使'에 수반된 고구려 사절이 일본에 파견되었다. 지난 날 신라는 일본과 깊은 관계가 있었던 '任那使節'을 위칭하고 대일외교를 우위에 서서 전개하려고 하였지만, 고구려 멸망이후에는 그전에 일본과 동맹관계에 있었던 고구려의 유민이 '任那使節'의 역할을 담당하고 신라의 대일외교에 활용한 셈이었다. 이것은 소고구려국 멸망까지 계속되었지만, 신라가 대일외교에 있어서 고구려 사절의 일본 파견에 대한 중요성을 충분히 인식하고 있었던 것을 의미한다. 여기에 고구려 유민에 대한 신라의 영향을 경시할 수 없는 두 번째 이유가 있다.

이와 같이 고구려 유민의 활동은 7세기 후반의 신라, 그리고 그것에 적대적인 당나라, 신라 남방에 위치한 일본과도 밀접하게 관계가 있었다. 여기에 고구려 유민의 활동이 동아시아사에 어떠한 위치를 점할 수 있는가 하는 것에 대한 역사적 의의가 있을 것 같다.

井上直樹

高句麗遺民の対日外交

Ⅰ. はじめに

『日本書紀』には,

① 『日本書紀』天智紀10(671)年正月丁未条(以下,『日本書記』は省略)丁未(九日), 高麗遣上部大相可婁等進調.

とあって, 671年正月9日に, 可婁ら高句麗使節が日本に到達し, 調を獻上したと伝える. その約2年3か月前の668年9月, 高句麗は唐·新羅連合軍の攻撃によって滅亡しているから, この使節を, 高句麗から派遣されたものと考えるわけにはいかない. 高句麗を滅ぼした唐は, 平壤に安東都護府を設置していたから, 史料①の高句麗使節は安東都護府下の高句麗遺民の可能性が指摘されてきた(井上光貞他[1965]). しかし, その場合, なぜ安東都護府が唐の官人ではなく, 高句麗遺民を派遣したのか, なぜ日本に使節を派遣したのか, という疑問が存在する.

それに対して鈴木[1968]や林起煥[2004]は, その前年の670年に高句麗遺民の反乱か勃發していたことから, ①の使節は高句麗遺民と主張した. 一方, 新羅は高句麗遺民を金馬渚(全羅北道益山市)に安置し, 高句麗を復興させていた. これを一般に小高句麗國というが，①の使節は小高句麗國から派遣されたとする見解もいち早く提示され，その後も多くの研究者がこうした理解を示した[1]．

このように①の高句麗使節をめぐっては諸説あり，現在もなお定説をみない．しかし，これは唐や新羅の高句麗遺民政策とも深く関わっており，高句麗遺民の動向を理解するだけでなく，唐や新羅など古代東アジアの史的展開過程を解明する上でも軽視できない問題でもある．それゆえ，これまでも多くの研究者によって緻密な検討が積み重ねられてきたが[2]，それらの研究成果のなかには首肯し難いものも少なくない．

そこで，この問題の重要性に鑑み，改めて高句麗遺民の唐への抵抗運動とそれへの唐·新羅の対応，さらに高句麗使節の日本派遣について，既存の研究を批判的に討究し，7世紀後半の東アジアの史的展開過程を解明する端緒にしたいとおもう[3]．

---

1) 福田芳之助, 1913,『新羅史』, 若林春和堂；今西龍, 1934,「全羅北道西部地方旅行雑記」『百濟史研究』, 近澤書店；村上四男, 1978,「新羅國と報德王安勝の小高句麗國」同著『朝鮮古代史研究』, 開明書院(原載 1966,「新羅と小高句麗国」『朝鮮学報』37·38合併号)；筧敏生, 2002,「百濟王姓の成立と日本古代國家」同著『古代王権と律令國家』, 校倉書房(原載 1989,「百濟王姓の成立と日本古代帝國」『日本史研究』317)；盧泰敦, 2012,『古代朝鮮三國統一戰争史』, 岩波書店(橋本繁訳, 原著 2009,『삼국통일전쟁사』, 서울대학교출판사).

2) 高句麗遺民の動向, 小高句麗國の研究については, 註1以外に 池内宏, 1960,「高句麗滅亡後の遺民の叛乱及び唐と新羅との関係」『満鮮史研究』上世篇2, 吉川弘文館(原載1929,『満鮮地理歴史研究報告』11)；日野開三郎, 1984,「唐の高句麗討滅と安東都護府」『日野開三郎全集第八·小高句麗國研究』, 三一書房(原載 1954,『史淵』63)；古畑徹, 1983,「7世紀末から八世紀初にかけての新羅·唐関係－新羅外交史の一試論－」『朝鮮学報』107；梁炳龍, 1989,「羅唐戰争進行過程에 보이는 高句麗遺民의 對唐戰争」『史叢』46；盧泰敦, 1997,「羅唐戰争期(669~676)新羅의 對外関係와 軍事活動」『軍史』34；徐榮敎, 2006,『羅唐戰争史研究』, 아세아문화사；李廷斌, 2009,「고연미의 고구려 부흥군과 부흥운동의 전개」『역사와 현실』72；李相勳, 2013,『나당전쟁연구』, 周留城；植田喜兵成智, 2014a,「唐人郭行節墓誌からみえる羅唐戰争－671年の新羅征討軍派遣問題を中心に」『東洋学報』96-2 など参照.

3) これら問題の詳細については井上[2016]でも詳細に論じており，参照されたい．なお，本報告は井上[2016]を一部改訂したものである.

II. 高句麗遺民運動－『三国史記』安勝亡命記事の再検討

高句麗滅亡後, 唐は安東都護府を平壤に設置したが, 唐の舊高句麗領支配は必ずしも順調ではなく,

② 『資治通鑑』唐紀·總章2(669)年4月条

高麗之民多離叛者. 勅徙高麗戸三萬八千二百於江淮之南及山南·京西諸州空曠之地, 留其貧弱者使守安東.

とあるように多くの離反者を出し, 唐は多数の高句麗遺民を江淮などへ強制移住させたのであった. これは高句麗遺民の反乱を防ぐための措置であったが, その後, 高句麗遺民の大規模反乱が勃發したのであった.

この高句麗遺民の反乱は諸史料に伝えられているが, それら史料についての先行研究を批判的に検証しながら, 高句麗遺民の反乱過程を把握していくことにしよう.

まず, 高句麗遺民の動向を示す以下の③～⑨から検討しよう.

③ 高句麗本紀·寶臧王總章2(669)年条

[總章] 二年己巳二月, 王之庶子安勝, 率四千餘戸投新羅. (※[ ];)著者, 以下同様)

④ 『新唐書』高宗本紀·咸亨元(670)年4月条

四月, 高麗酋長鉗牟岑叛, 寇邊. 左監門衛大將軍高偘爲東州道行軍總管, 右領軍衛大將軍李謹行爲燕山道行軍總管, 以伐之.

⑤ 『新唐書』高麗伝

總章二(669)年, 徙高麗民三萬於江淮·山南. 大長鉗牟岑率衆反, 立藏外孫安舜爲王. 詔高偘東州道, 李謹行燕山道, 並爲行軍總管討之. 遣司平太常伯楊昉綏

納亡餘. 舜殺鉗牟岑走新羅.

⑥ 『資治通鑑』唐紀·咸亨元(670)年4月条

高麗酋長劍牟岑反, 立高藏外孫安舜爲主. 以左監門大將軍高侃爲東州道行軍總管, 發兵討之. 安舜殺劍牟岑奔新羅.

⑦ 新羅本紀·文武王紀10(670)年6月条

六月, 高句麗水臨城人年岑大兄収合残民, 自窮牟城至浿江南, 殺唐官人及僧法安等, 向新羅行至西海史冶島, 見高句麗大臣淵淨土之子安勝, 迎致漢城中, 奉以爲君. 遣小兄多式等哀告曰, 興滅國繼絶世, 天下之公義也. 惟大國是望, 我國先王臣, 失道見滅, 今臣等得國貴族安勝, 奉以爲君, 願作藩屏, 永世盡忠. 王處之國西金馬渚.

⑧ 新羅本紀·文武王紀10(670)年8月条

遣沙湌須彌山封安勝爲高句麗王, 其冊曰, 維咸亨元年歳次庚午秋八月一日辛丑, 新羅王致命高句麗嗣子安勝, 公大祖中牟王, 積德比山, 立功南海…(中略)…先王正嗣, 唯公而已, 主於祭祀, 非公而誰, 謹遣使一吉湌金須彌山等, 就披策, 命公爲高句麗王, 公宜撫集遺民, 紹興舊緒, 永爲鄰國, 事同昆弟, 敬哉, 敬哉.

これら③⑦⑧の朝鮮史料, ④⑤⑥の中國史料は, それぞれ独自の情報を伝えており重要だが, 相違点も少なくないが, ここで問題となるのは, ③の安勝亡命記事である. ③では安勝が669年2月に新羅に亡命したとしているが, ⑦では安勝が670年6月に金馬渚に安置され, 1年の時間差が認められるからである. これについては, 林起煥[2004]も③の年代について疑義を呈しており, 無視できない. 林起煥氏は, 安勝ら高句麗遺民が③のように669年に新羅に流入したものの, 金馬渚移置がその1年後のことで, その間, 高句麗遺民に関する記録もないことを問題視し, ③は669年のことではなく, 唐軍の軍事的圧力によって漢城(黄海南道載寧)に依拠した高句麗遺民が瓦解した672年末から673年初のことと説いたのである.

このように③をめぐっては懐疑的見解が提起されているのである. これは安勝お

よび高句麗遺民の動向を理解する上で軽視できない課題である．そこで次に③を批判的に検証してみたい．

安勝の新羅亡命を672年末から673年初のとする林起煥氏の見解は，『三国史記』の③⑦だけでなく中國史料の⑥の繋年も誤りとする大胆な仮説であるが，それら史料をすべて誤りとみなすにはかなり慎重でなければならない．林起煥氏は安勝の新羅逃亡の理由を，唐軍の軍事的圧力とするが，安勝が劍牟岑と抵抗運動の主導権を巡って争った結果，劍牟岑を殺害して高句麗遺民の一部を率いて新羅に亡命したと想定できなくもない．

林起煥氏は，安勝も高句麗遺民とともに672年末から673年初まで，漢城を拠点として唐軍と対峙していたとするが，それならば，唐軍も安勝の存在した漢城を攻撃したはずである．しかし，④⑤⑥はそれを伝えていない．抵抗運動の中心人物であった安勝と唐軍との交戦が見当たらないのは不審である．こうしたことからも，ただちに林起煥氏の見解に従うわけにはいかない．

では③はどのように理解できるであろうか．いち早くこれに言及した池内[1960]や村上[1978]は，③の前後が『資治通鑑』からの転載であるのに対して，③のみがそうでないことから，これを新羅の古記録に依拠したものとして高く評価した．だが，そのように理解できるかは疑問の餘地がある．疑問の第一は，③が安勝を寶臧王の庶子することである．同じ新羅の古記録と考えられる⑦では，安勝を淵浄土の子としており，同系統の新羅古記録に依拠しつつも，安勝の出自がそれぞれ相違するのは不可解である．このことから③を新羅の古記録にもとづくものとして高く評価するには躊躇せざるを得ない．

疑問の第二は，③の伝える669年の安勝の新羅逃亡記事が新羅本紀にみえないことである．新羅の古記録に依拠したであろう③に対応する記事が新羅本紀にみえず，高句麗本紀にのみ伝えられているのは不審である．池内や村上もこのことを指摘し，疑問が残るとしつつも，それ以上言及せず，③を評価するのである．これは⑦の安勝投降記事も同様である．高句麗本紀には⑦に対応する記事がなく，かつ高句麗本紀は安勝でなく，安舜の投降記事を伝えるのみで，しかも，それは『資治通鑑』の転載にすぎず，必ずしも新羅本紀に対応したものとはいえない．『三國史記』は，中尾[1985]が指摘するように，原則的に各本紀に対応記事を設け，矛盾のないように編纂されていた．しかし，安勝の新羅逃亡については二年連続して対応記事がみえず，しかも記事の欠如は669年が新羅本紀に，670年が高句麗本紀に認められるのである．このことは③への疑念を懐かせよう(表1-1参照)．

表1－1 安勝関係記事

西暦	月	高句麗本紀	新羅本紀
669	2	○	×
670	6	×	○

表1－2 安勝関記事変化関係

西暦	月	高句麗本紀		新羅本紀
		安勝記事挿入前	安勝記事挿入後	
669	2	× →	○	×
670	6	○ →	×	○

かりに③を史實とすれば，安勝は669年に新羅に亡命し，約一年後に再び高句麗に戻り，さらにその数ヶ月後に再度，新羅に逃亡したことになり，わずか二年の間に二度も新羅に流入したことになってしまう．こうしたことも想定できないわけではないが，高句麗から新羅へ逃竄した安勝が，わずか一年後に再度，高句麗領に戻り抵抗運動に参加したとは，にわかに信じがたい．さらに，林起煥氏の指摘した高句麗遺民への處遇についての一年の空白期間に対する疑点もある．

このことも③への疑問の第三となろう．

こうしたことから③を独自な情報を伝えるものとして高く評価するのは問題である．それならば③はどのように理解できるであろうか．そこで改めて注目されるのが，③以後のこととして記された以下の史料である．

⑨ 高句麗本紀·寶臧王紀·咸亨元(670)年条

至咸亨元年庚午歲夏四月, 劍牟岑欲興復國家叛唐, 立王外孫安舜【羅紀作勝】爲主. 唐高宗遣大將軍高侃爲東州道行軍揔管, 發兵討之. 安舜殺劍牟岑奔新羅. ※【 】は割注

⑨は⑥をほぼそのまま転載したものである. 高句麗本紀の編纂者たちは, 新羅本紀の安勝をふまえて割注でその差異を示したのみで, 安舜を安勝に改めることもせず, 淵淨土の子とする新羅本紀との不一致については割注でも示さなかった. ここでは, あくまでも新羅本紀の典拠となった國内史料よりも『資治通鑑』が優先されたのであった.

ところで, 安勝の新羅逃亡記事は高句麗本紀にとっても重要で, 新羅本紀に対応して高句麗本紀でも記載されるべきものであったであろう. しかし, 既述のように高句麗本紀は『資治通鑑』にもとづき安舜の新羅逃亡記事を挿入してしまった. そのため, 本来, 新羅本紀に対応するはずであった安勝の逃亡記事が挿入できなくなってしまった. そこで高句麗本紀編纂者たちが注目したのが, ②の冒頭の「高麗之民多離叛者」であった. ③に続く部分は「夏四月, 高宗移三萬八千三百戶於江淮之南及山南·京西諸州空曠之地」で, ②の転載であり, 本来, ③に該当する部分は, ②の「高麗之民多離叛者」であった. 安勝の新羅への逃亡は唐からの離叛であり, かつ③を当該部分に挿入しても本来の文意が大きく損なわれることはない. これに高句麗遺民の強制移住の時期も考慮され, ③の安勝の新羅逃亡記事がそれに先立つ669年2月のこととして挿入されたのであろう. その結果, ③の669年の安勝逃亡に対応する記事が新羅本紀に欠落することになり, さらに⑦の670年の安勝の新羅流入に対応する記事が高句麗本紀に欠落することになってしまった. それをふまえ, ⑨に割注が施され整合性が図れたが, ③は未対応のままとされたのであった(表1-2参照).

このように③は669年ではなく, 670年のことと理解されるのである. 安勝の父の

淵浄土は666年12月に新羅に投降しており，安勝もその時，父に従って新羅に投降していたのであろう．その後，⑦のように新羅から迎えられたものの，劍牟岑を殺害し，670年に高句麗遺民四千餘戸とともに新羅に逃亡したのである．

では，この安勝の新羅逃亡とも密接に関わる高句麗遺民の唐への抵抗運動は具体的にどのように推移したのであろうか．これについても異論が多く，いまだ定説をみない部分も少なくない．そこで，次に高句麗遺民の唐への抵抗運動について論究してみよう．

Ⅲ．高句麗遺民の反乱と唐と新羅

1．高句麗遺民の叛乱と安東都護府

高句麗遺民の反乱は，④⑤⑥にみえるが，それと関わって注目されてきたのが⑩である．

⑩ 新羅本紀·文武王紀10(670)年3月条

三月，沙湌薛烏儒與高句麗太因兄高延武各率精兵一萬，度鴨緑江至屋骨，□□□靺鞨兵先至皆敦壤待之．夏四月四日，対戦，我兵大克之，斬獲不可勝計，唐兵繼至，我兵退保白城)．※□：原文不明部分．

これによれば，新羅の薛烏儒と高句麗遺民の高延武率いる精鋭が鴨緑江を越え，靺鞨兵·唐軍と交戦したことになる．早くからこれに注目した池内[1960]は，高延武と新羅の薛烏儒らは高句麗遺民の反乱を援助するために北上したが，臨津江を北境とする新羅が鴨緑江を越えて遼東にまで進出したとは考え難く，鴨緑江は浿江(大同江)の誤りと指摘したのであった．それに対して，盧泰敦[1997]·[2012]，

林起煥[2004], 徐榮敎[2006], 李相勳[2013], 李廷斌[2009] や植田[2014a]は, ⑩から新羅軍らが遼東へ進出したとみなし, 池内説を批判した. 特に盧泰敦[1997]は, ⑩が新羅の作戦報告書などのような古記録にもとづくもので, 必ずしも池内のように鴨緑江を浿江(大同江)の誤りとする必要はない, と高唱した. そこで, 高句麗遺民の反乱を理解するためにも, まずこれについて考究してみたい.

既述のように, 近年では多くの研究者が⑩から新羅·高句麗遺民軍は遼東まで進出したとするが, その場合, 軽視できないのが平壤に設置された安東都護府の存在である. 盧泰敦[1997]が「平壤に強力な唐軍が駐屯していれば, その北方遠くまで進軍することは想定しがたい」と指摘するように, 安東都護府が新羅軍らの北上に大きく関わっていたと考えられるからである. そこで改めて新羅軍の遼東進出を認める研究者の見解をみてみると, 彼らはこの時, 安東都護府が平壤ではなく, 遼東の新城(遼寧省撫順)に存在していたと考えている. その根拠となったのが, 以下の⑪である.

⑪ 『舊唐書』薛仁貴伝

高麗既降, 詔仁貴率兵二萬人與劉仁軌於平壤留守, 仍授右威衛大將軍, 封平陽郡公兼檢校安東都護. 移理新城.

同様の内容は『新唐書』薛仁貴伝にもみえる. 池内[1960]は②の高句麗遺民強制移住時に, 薛仁貴も高句麗遺民鎭撫のため遼東の新城に移り, 二萬の鎭兵も撤退し, 安東都護府の虛に乗じて, 高句麗遺民が反乱を起こした, と推定したが, 新羅の遼東北上を首肯する研究者たちは, 薛仁貴の移動とともに安東都護府も新城に移転したとみなした. それならば, 新羅軍北上の障害も解消されていたことになる.

だが, 看過できないのは, 以下の⑫である.

⑫『資治通鑑考異』唐紀·儀鳳元年条

『實録』, 咸亨元年, 楊昉·高侃討安舜. 始抜安東都護府, 自平壤城移於遼東州. 儀鳳元年二月甲戌, 以高麗餘衆反叛, 移安東都護府於遼東城. 蓋咸亨元年言移府者終言之也. 儀鳳元年言高麗反者, 本其所以移也.『會要』, 無咸亨元年移府事, 此年云移於遼東故城. 今従之.

⑫の『實録』によれば, 670年に高侃らが高句麗遺民を撃退し, 安東都護府を奪取した後, 安東都護府を平壌城から遼東州(遼寧省遼陽市)へと移転させたという. 司馬光はこれが『唐會要』に見えないことから, この時の安東都護府の移転を認めないが, 池内[1960]は670年の安東都護府移転記事が『高宗實録』にもとづいており信用すべき, と判断し, 日野[1984]や梁炳龍[1989]も唐軍による平壌の安東都護府奪取後, 安東都護府は遼東州へ移転した, と理解した[4].

一方,『新唐書』高麗伝は⑤に続いて

⑬『新唐書』高麗伝

[高]偘[=高侃]徙都護府治遼東州. 破叛兵於安市. 又敗之泉山, 俘新羅援兵二千.

とあって, 近年, 植田[2014a]は, 高侃が新城に移転していた安東都護府を遼東州に移した, と説いた. ところが, その一方で, 植田氏は⑫の『實録』の咸亨元年の安東都護府移転を認めている. ⑫の『實録』に従えば, 安東都護府は平壤城から遼東州へ移転したのであって, 新城から遼東州へ移ったわけではない. ⑫の『實録』の遼東州への移転記事のみを認め,「平壤城より」の部分を否定するのは, ⑫の『實録』に対

4) 李丙燾[1980,「高句麗の一部遺民にたいする唐の抽戸政策」『韓国古代史研究－古代史上の諸問題』, 学生社(原著 1976,『韓国古代史研究』, 博英社)]もそのように理解すべきとするが, それ以前に薛仁貴によって都護府が新城に移置されていたとし, この場合の都護府の移転とは「都護府の出征本部」の遼東城への撤収であったと指摘する.

する評価の一貫性を欠き，それだけに解釋の説得力も減ぜざるを得ず，にわかに従い難い[5]．かりに新城に安東都護府があったとすると，なぜ，高句麗遺民の反乱が勃發したわけでもない新城の安東都護府を遼東州へ移動させなくてはならなかったのかという問題も生じてしまう．

⑬の安東都護府移転記事は，⑤の楊昉の高句麗遺民制圧をふまえてのもので，⑫の『實録』とほぼ同じ構造となっている．⑤⑬の原典は⑫の『實録』であった可能性が高く，⑫の『實録』は670年の安東都護府移転を伝える貴重な史料であり，軽視されてはならないとおもう．盧泰敦·林起煥·徐榮教·李相勲·李廷斌氏らが安東都護府について論じた際，⑫の『實録』や⑬に論及しないのは，実に不可解であるが，これまでみてきたように⑩の新羅軍の北上時，平壤に安東都護府が存在していたと考えざるを得ない．

では，そうした状況下で，⑩のように新羅軍は遼東まで進軍できたのかが，改めて問われなくてはならない．これを考究する上で軽視できないのは，②にあるように，高句麗遺民の強制移住によって安東都護府は貧弱者によって守護されていたこと，總章3(670)年1月3日には安東都護府の鎭將である劉仁軌も致仕し(『資治通鑑』唐紀·咸亨元年正月丁丑(3日)条)，これにともない唐軍の一部も本國に撤退していた(『舊唐書』劉仁軌伝)[6]ことである．少なくとも⑩の新羅軍が北上した670年3月頃，安東都護府の軍事力は大幅に削減されており，必ずしも強力な軍事力を具備していたわけではなかったのである[7]．

---

5) 植田喜兵成智[2014a，「唐人郭行節墓誌からみえる羅唐戰争－671年の新羅征討軍派遣問題を中心に－」『東洋学報』96-2]は「669年頃に高侃は遺民征討に赴いており，しかも安東都護であった点は間違いない」と述べるが，高句麗遺民の反乱を669年とすると，④⑥⑦より1年先んじてしまうことになる．一方，植田氏は⑩を高句麗遺民の反乱前のこととし，高句麗遺民の反乱を670年3月以後とも指摘しており，自己矛盾をきたしている．

6) 『旧唐書』劉仁軌伝には「總章二年，軍廻，以疾辞職，加金紫光祿大夫，許致仕」とあり，梁炳龍[1989，「羅唐戰争進行過程에 보이는 高句麗遺民의 對唐戰争」『史叢』46]は「軍廻」を劉仁軌が軍隊を率いて帰國したことを示すとする．

7) 梁炳龍[1989]は，当時，安東都護府には親唐的な高句麗遺民と少数の唐の官吏が存在していたにすぎなかったと推定する．

安東都護府の軍事力が弱体化していたこと，⑩が比較的詳細で，当該期の新羅の軍事行動の一端を伝えていた可能性が高いことから，この時，新羅は遠く遼東まで兵を進めたと考えておきたい．なお，同年，高句麗遺民の叛乱と関わって新羅征討軍も派遣されているが(植田[2014a])，これは遼東の高句麗遺民の叛乱に新羅が深く関わっていたことを示唆する．おそらく⑩の遼東における新羅の軍事行動とも無関係ではなかろう．こうしたことも新羅軍の遼東北上の根拠となろう．

それならば，新羅はなぜ遠く遼東まで兵を進めたのであろうか．これを理解する上で軽視できないのが，新羅は669年から舊百濟領への軍事的侵攻を強めており，遼東方面での高句麗遺民の反乱が，唐の新羅への征討を抑え，新羅の百濟故地への進攻を容易にするという盧泰敦[1997]や植田[2014a]の指摘である．新羅は舊百濟領をめぐって唐と対立姿勢を強めており，唐の支配に抵抗する高句麗遺民を積極的に支援し，それによって，唐の大々的な軍事的介入を阻止することを期待したのであろう．⑩には新羅軍とともに高句麗の將軍高延武がみえるが，彼の派遣は高句麗遺民との連携を円滑に図り，唐への抵抗運動を展開する高句麗遺民を支援するためであろう．

なお，⑩によると，北上した新羅軍は唐の征討軍が投入されると撤退している．新羅の舊百濟領への軍事的侵攻によって唐との対立は先鋭化しており，それに加えて新羅北方での唐との対立という，二方面での唐との全面的な衝突は，新羅からしてみれば，できるだけ回避したかったはずである．そのため，唐への抵抗運動の主体はあくまでも高句麗遺民で，新羅はそれを支援するという立場を貫こうとしたのであろう．⑩以後，新羅の北方における積極的な北上軍増派が見えないのは，これを反映しているといえよう．また，⑬には「新羅の援兵」がみえるが，これなども唐への抵抗があくまでも高句麗遺民を主体とし，新羅がそれを支援する存在であったことを反映しているといえる．もっともそれは新羅の事情にすぎず，唐は新羅による高句麗遺民の抵抗運動支援を看破しており，薛仁貴が新羅征討のために派遣されたのであった[8]．

2. 高句麗遺民の叛乱と唐・新羅

こうして新羅が高句麗遺民を援助するなか，④⑤⑥⑦のように，平壤で劍牟岑ら高句麗遺民の叛乱が勃發する．⑥は劍牟岑らの蜂起を4月とするが，⑩の新羅の軍事活動が同年3月であるから，おそらく劍牟岑らの叛乱は，⑩の新羅軍の北上，高句麗遺民への援助をふまえてのことであろう． ⑦はそれを6月とするが， 池内[1960]の指摘のように，一連の行動をすべて6月としたにすぎない．⑦には劍牟岑が窮牟城から浿江(大同江)南に移動した後， 唐官人や僧法安を殺害したとするが，それは④⑥などから勘案して，670年4月頃のことであったであろう．この後，⑦のように劍牟岑は新羅に向かい，安勝を君主として推戴したのであった．この時，劍牟岑か新羅に向かったのは，新羅の高句麗遺民援助を知っていたからであり，⑩の新羅の軍事活動はここにも影響を与えていたことが察せられるのである．

このように唐の支配に不満を懐いていた高句麗遺民たちは，薛仁貴·劉仁軌の転出·致仕など安東都護府の弱体化，新羅の支援を契機として蜂起したのであった．そして，

⑭『資治通鑑』咸亨2(671)年7月条

秋七月乙未朔，高侃破高麗餘衆於安市城．

⑭に，安市城(遼寧省海城市英城子山城)で高句麗遺民と唐軍が交戦したことからも明らかなように，遼東でも高句麗遺民の反乱が併發したのであった．これに対して唐は④⑤⑥のように，高侃·李謹行を行軍總管として高句麗遺民の征討を進めたのであった．高句麗遺民を支援し，唐の軍事力を分散させようという新羅の思惑通りになったというべきであろう．

8) 唐の新羅征討については植田[2014a]參照．

一方，平壤での反乱の首謀者である劍牟岑は，安勝を漢城に迎えたが，安勝によって殺害されてしまう．その後，安勝は⑦⑧からうかがえるように，同年7月頃，新羅に逃亡したのであった．既述のように，その一端を伝えたのが③で，四千餘戸の高句麗遺民が安勝とともに新羅へ流入したのであった．それを受け，新羅は安勝を高句麗王に冊立したのである．新羅が安勝を高句麗王とし，高句麗を復興させたのは，村上[1978]が指摘するように，高句麗遺民を慰撫させるためであろう．だが，それだけではなかったであろう．安勝の新羅逃亡時，高句麗遺民たちはまだ唐への抵抗運動を展開していた．既述のように，新羅は唐の軍事的圧力を軽減するため，その活動を支援していたのであった．それゆえ，新羅としても流入した高句麗遺民をただちに新羅の民として吸収することは，高句麗遺民の自立という唐への抵抗運動の原動力を新羅が奪ってしまうことになり，新羅への不信感をも醸成することにもなりかねなかった．高句麗遺民を支援しつつ，唐に対抗しようとしていた新羅にとって，拙速な高句麗遺民の新羅編入は憚られ，安勝を高句麗王とし高句麗遺民を安撫させることによって，高句麗遺民支援の姿勢を示すことが必要であったのである[9]．こうして新羅領内に高句麗が復興したのである．

平壤から遼東地域へと広範圍に及んだ高句麗遺民の反乱に対して，唐は⑭のように遼東の復興運動を制圧し，672年，平壤に進出し，さらに朝鮮半島中部まで南下し，高句麗遺民·新羅軍と交戦してこれを破ったのであった．その後の高句麗遺民·新羅軍と唐軍との交戦状況は，以下の⑮⑯⑰⑱⑲に認められるが，問題なのはここでも史料の解釋をめぐって研究者間に意見の相違が認められることである．

⑮『舊唐書』高宗紀·咸亨四(673)年閏5月条

---

9) 筧敏生[2002,「百濟王姓の成立と日本古代國家」同著,『古代王權と律令國家』, 校倉書房(原載 1989,「百濟王姓の成立と日本古代帝國」『日本史研究』317)]は，新羅王が「朝鮮全体の王となるためには，自ら下位に百濟·高句麗の王権を位置づける必要があ」り，そのため，安勝を冊立したとするが，当該期の新羅がそのように認識していたかどうかを示す史料的根拠はないため，そうした理解に従うわけにはいかない．

閏5月丁卯，燕山道總管李謹行，破高麗叛黨於瓠盧河之西，高麗平壤餘衆遁入新羅.

⑯『資治通鑑』唐紀·咸亨四(673)年閏5月条

咸亨四[673]年閏5月，燕山道總管·右領軍大將軍李謹行，大破高麗叛者於瓠蘆河之西，俘獲数千人．餘衆皆奔新羅.

⑰『唐書』高麗伝

李謹行破之于發盧河．再戦，俘馘萬計．於是平壤痍残不能軍，相率奔新羅．凡4年乃平.

⑱ 新羅本紀·文武王13(673)年9月条

[九月]王遣大阿湌徹川等，領兵舩一百艘鎮西海．唐兵與靺鞨·契丹兵来侵北邊，凡九戦我兵克之．斬首二千餘級．唐兵溺瓠瀘·王逢二河死者，不可勝計.

⑲ 新羅本紀·文武王13(673)年冬条

冬，唐兵攻高句麗牛岑城降之．契丹·靺鞨兵攻大楊城·童子城滅之.

⑮⑯⑰は唐軍が673年閏5月に，瓠盧河(瓠蘆河·發盧河)で高句麗遺民を破り，残存勢力も新羅に奔り，高句麗遺民の反乱が終息したと伝える．ところが，⑱では同年9月に新羅が唐軍を破り，瓠瀘·王逢二河で多くの唐軍が溺死したとする．瓠盧河(瓠蘆河·發盧河·瓠瀘河)は臨津江中流に比定されるが(池内[1960]，盧泰敦[2012])，この交戦を中國史料は閏5月とし，唐の勝利と伝え，朝鮮史料は9月とし，新羅の勝利とするのである． さらに⑲では終息したはずの高句麗遺民との交戦が再度見られ，中國史料と矛盾するかのような情報を伝えている.

これについて池内[1960]は，⑱に高句麗遺民がみえないこと，交戦時期が異なることから，⑱をその後の上元元(674)·上元2(675)年の唐と新羅の交戦記事とみなし，⑲も673年閏5月の高句麗遺民の反乱平定前と考えるべきで，672年冬のことと説いた．それに対して，古畑[1983]は⑮などから閏5月に高句麗遺民が敗北し新羅に奔ったため，これを追って唐軍が兵を進めたが，⑱のように9月の戦闘で唐軍が敗北し，それをふまえ勢力を盛り返した高句麗遺民を唐軍が再度攻撃したと理解できると説き，池内説を批判した．一方，近年，盧泰敦[2012]は唐と高句麗遺民の交戦を9月とした上で，この戦い以後，高句麗遺民がみえないことから，唐からみれば勝利であり，新羅もまた南下した唐軍をこの戦闘で阻止したため，新羅からみても勝利となり，史料はそれぞれの立場を反映している，と説明した．このように673年の交戦記事も複雑で，それだけに盧泰敦氏のように矛盾する各史料を整合的に解釋しようとする試みも提示されたのだが，それでもなお中國史料と朝鮮史料で戦闘時期が相違するという問題は依然として存在する．

おそらくこれは閏5月か9月のいずれかといった二者択一的なものではなく，古畑氏の指摘のように，閏5月と9月にそれぞれ戦闘が行われ，それを⑰などの中國史料，⑱の朝鮮史料は伝えているのであろう．古畑氏は註で言及したのみで詳論していないが，そのように解するのは⑱に高句麗遺民がみえず，また戦域も王逢河(漢江下流(池内[1960]，閔徳植[1989])まで拡大しているためである．そもそも⑰の中國史料と⑱の朝鮮史料を同一の戦闘記録として理解しようとしたため，盧泰敦氏のような問題や池内のように史料を移転させるということを想定せねばならなくなったのである．しかし，これを一度ではなく二度の交戦と理解すればそのような問題も解決する．閏5月，高句麗遺民は臨津江流域で唐軍と交戦し，敗北を喫した．その結果，高句麗遺民の主力は大打撃を受け，残餘の高句麗遺民は新羅に奔り，⑰のように高句麗遺民の反乱は終息したとされたのであろう．一方，餘勢を駆った唐軍はさらに南下し，王逢河まで進出したが，これは新羅にとっても脅威であった．そこで高句麗遺民に代わって新羅軍が主力となり，唐軍を迎え撃ち，撃退したのであろう．⑱はこのことを説明しているのであろう．⑲はおそらく，古畑氏の指摘のごとく，新羅の勝利によって再度，高句麗遺民か蜂起したが，唐軍によって撃破されたことを伝えていると理解される．

こうして高句麗遺民に代わって，新羅が唐との対立の表舞台に登場することになったのである．一方，674年，唐はこの敗北を挽回するため，劉仁軌を總司令官とする新羅征討軍を派遣し，新羅への軍事的攻勢を強め，これ以後，新羅は唐との全面的な戦闘に突入していくのであった．高句麗遺民は㉑のようにその後も唐への抵抗運動を展開するが，かつての勢いはもはやそこになく，唐軍に制圧されたのであった．高句麗遺民の唐への反抗心はその後も存在し，寶臧王の遼東への帰還に伴って，それが表面化することもあった(『旧唐書』·『新唐書』高麗伝など)が，670年に勃發した大々的な高句麗遺民の反乱は，673年閏5月の戦闘をもってひとまず終焉を迎えたのである．

このような高句麗遺民の反乱のなかで，①のように，671年正月，高句麗使節が日本に到着し，その後も高句麗使節が日本を訪れることになる．そこで，次にこれまで明らかにしてきた高句麗遺民の反乱などをふまえつつ，改めて当該期の高句麗の遣日本使について討究することにしたい．

Ⅳ．高句麗遺民の対日外交と新羅

1．高句麗遺民叛乱時の高句麗使節の日本派遣

①の高句麗使節の派遣をめぐっては，冒頭で示したように唐への抵抗運動を展開する高句麗遺民もしくは小高句麗國から派遣されたとする見解が提示されている．一方，既往の研究では全く論及されていないが，7世紀，新羅が日本とも関係の深かった「任那」使節を偽稱して「任那の調」を貢納し，自國に有利なように対日外交を展開していたことを想起するならば[10)]，この場合も新羅が高句麗使節を偽稱していた可能性も否定できない．これまでの研究では，この可能性については一

10) 新羅が「任那の調」を對日外交に利用していたことについては井上直樹[2011b，「7世紀前半의 新羅 對日本外交」『2010年新羅学國際学術大會論文集 7世紀 東亜細亜의 新羅』4，慶州市·新羅文化遺産研究院] 参照．

切考慮されておらず, ①の高句麗使節を, 唐への抵抗運動を展開する高句麗遺民か小高句麗國から派遣されたものとみなしていた. しかし, それすら, 必ずしも史料や想定しうる可能性を十分に吟味した上で得られた結論とは言いがたく, あくまでも推測の域を出ないのである.

では, ①の高句麗使節はこの三つのうち, どれに該当するのかというと, 関係史料が極少のため, 史料にもとづきこれら三つのなかから一つに特定するのは極めて困難であるといわざるを得ない.

そこで, 視点を変えて, ①をはじめ当該期の高句麗使節の日本派遣への新羅の関与に注目したい. 新羅による偽高句麗使派遣の場合はもちろんのこと, 小高句麗國からの使節派遣においても, それ自体が新羅領内に存在する以上, 新羅の影響下にあったことは想像に難くない. また, 唐への抵抗運動を展開していた高句麗遺民の使節派遣においても, 当該地域から直接, 日本に辿り着いたわけではなく, おそらく朝鮮半島南部の新羅領を寄港地として日本へと向ったはずで, その過程で新羅の支援を受けていたと考えられ, この場合も新羅の影響下にあった可能性が極めて高い. そもそも新羅は高句麗遺民に援兵を派遣し支援していたから, 高句麗遺民の日本への援助要請にも協力したであろう. 高句麗遺民と日本が連携して唐に抵抗することは, 唐と対立する新羅にとっても好都合で, それを妨げる理由もないからである. このように①をはじめ高句麗使節の日本の派遣には, 新羅が強く関わっていたと考えられる.

それならば, 当該期の高句麗使節の日本派遣に新羅がどのように関与していたのか, それにはどのような意図があったのかが, 高句麗使節の日本派遣を探究する上で問われなくてはならない. そこで, 既往の研究とは視点を変えて, 新羅の高句麗使節の日本派遣の関与のあり方から, ①をはじめ高句麗使節の日本派遣について考究してみたい.

その上で, これを追究する上で看過できないのが, 高句麗使節が, 新羅送使を随伴する場合とそうでない場合に区分されることである. ①以後の高句麗使節につ

いては

⑳ 天武紀元(672)年5月戊午条

戊午(28日), 戊午, 高麗遣前部富加抃等進調.

㉑ 天武紀2(673)年8月癸卯条

癸卯, 高麗遣上部位頭大兄邯子·前部大兄碩干等朝貢. 仍新羅遣韓奈麻金利益送高麗使人于筑紫.

㉒ 天武紀4(675)年3月是月条

是月, 高麗遣大兄富干·大兄多武等朝貢. 新羅遣級湌朴勤修·大奈麻金美賀進調.

㉓ 天武紀5(676)年11月丁亥条

丁亥, 高麗遣大使後部主簿阿于·副使前部大兄德富朝貢. 仍新羅遣大奈末金楊原送高麗使人於筑紫.

㉔ 天武紀8(679)年2月壬子条

二月壬子朔, 高麗遣上部大相桓父·下部大相師需婁等朝貢. 因以新羅遣奈末甘勿那送桓父等於筑紫.

㉕ 天武紀9(680)年5月丁亥条

丁亥, 高麗遣南部大使卯問·西部大兄俊德等朝貢. 仍新羅遣大奈末考那送高麗使人卯問等於筑紫.

㉖ 天武紀11(682)年6月壬戌条

六月壬戌朔, 高麗王遣下部助有卦婁毛切·大古昴加貢方物. 則新羅遣大那末金釋起送高麗使人於筑紫.

とあって, 672年に到達した第二回目の高句麗使節には新羅送使がみえないが, それ以後には新羅送使が確認できる. ㉒の第4回目には新羅送使がみえないが, 鈴木[1968]が指摘するように, 新羅使節も同時に派遣され, 同年8月には高句麗使節と新羅使節がともに筑紫で饗応されていることから(天武紀4(675)年8月己亥条), 一緒に来日した新羅使節が事實上, 新羅送使の役割を担ったのであろう. このように高句麗使節のすべてに新羅送使が随伴したのではなく, 671·672年の場合, 新羅送使はなく, それ以後はみな新羅送使あるいは新羅使節が一緒に派遣されていたのであった.

このことについては従来あまり注目されておらず11), 今西[1934]はこれを史料の不備とみなすが, 史料には新羅送使の有無が厳然と存在しており, 新羅送使の不在を史料の脱漏に帰すことはできない. むしろ, これは高句麗使節の日本派遣における新羅の関与のあり方を理解する上で軽視できないようにおもう12).

その上で軽視できないのは, 新羅送使の随伴が高句麗遺民の反乱の終息した673年閏5月以後であることである. 新羅は高句麗遺民の反乱鎮圧後, あえて新羅送使を随伴させ, 高句麗使節の派遣が新羅の影響下にあることを誇示するようになったことになる. 換言すれば, 新羅はそれ以前, あえてそうした戦略を採らなかったことになる. ここに当該期の高句麗使節の日本派遣に対する新羅の政治的意図が認められる.

新羅は655年を最後に, 対日外交を断絶するが13), 668年9月, 対日外交を再開し(天智紀7(668)年9月条), 翌年にも使者を派遣するなど(8(669)年9月条), 積極

---

11) 例えば筧[2002]は新羅送使の随伴の有無については全く論じていないが, これでは新羅の高句麗遺民を活用した對日外交の特性を見過ごしてしまう可能性があろう. なお, 村上[1978]や古畑[1983]は, 673年以後の使節の新羅送使随伴に注目するが, それ以前の遣使については特に論及していない.

12) 鈴木靖民[1968,「百濟救援の役後の百濟および高句麗の使について」『日本歴史』241]や林起煥[2004,「고구려 유민의 활동과 보덕국」『고구려 정치사 연구』, 한나래]は新羅送使がないことを根拠に, 671年と672年の使節を唐への抵抗運動を展開する高句麗遺民の使節とみなすため, 新羅送使の有無に注目しているとはいえるが, それをふまえて当該期のすべての高句麗使節の日本派遣における新羅の関与のあり方を検討しているわけではない.

13) 7世紀前半の新羅の對日外交については井上直樹, 2011b,「7世紀前半의 新羅 對日本外交」『2010年新羅学國際学術大會論文集 7世紀 東亜細亜의 新羅』4, 慶州市·新羅文化遺産研究院 参照.

的な対日外交を展開するようになる．これは古畑[1983]，盧泰敦[2012]の説くように唐との抗争に基因するが，唐との対立が深まり，外交的孤立に陥りつつあった新羅にとって，これまで敵対してきた日本との関係改善は焦眉の課題であった．しかし，当該期の新羅の急激な外交の転換は，日本にどこまで受け入れられるのか新羅にとっても未知数で，対日外交の成否はいまだ不確定であったであろう．

それに対して高句麗は6世紀末以後，積極的に日本に使節を派遣し同盟関係を強めており，日本も高句麗を支援していた[14]．新羅はこうした高句麗と日本との友好関係をふまえて，対日外交に不安の残る新羅の存在を示さず，高句麗使節を前面に出すことによって，それまでの高句麗·日本の友好関係に依拠し，唐への抵抗運動を展開する高句麗遺民の支持を得ようとしたのであろう[15]．日本の高句麗遺民への支持はそれと敵対する唐やその出先機関である熊津都督府との対立を意味し，新羅にとっても日本と唐との同盟を阻止することができるだけでなく，唐の兵力を日本の支援を受けた高句麗遺民に向けさせ，新羅に対する軍事的圧力を軽減させることにもつながるものでもあった．そうであるからこそ，新羅は新羅送使を示さず，高句麗使節を前面に出し，日本の高句麗遺民支援を得ようとしたのであろう．

一方，新羅と対立する熊津都督府やその支配下の百濟人も，日本に援助を求めるべく，日本に使節を派遣していた(天智紀10(671)年正月辛亥(13日)条·2月庚寅(23日)条·7月丙午(11日)条)．671年6月，日本は百濟救援不能を伝えているが(古畑[1983]，鈴木[2011]など)，新羅はこれに対抗するかのように同年6月·10月，使節を日本に派遣している(天智紀10(671)年6月是月条·10月庚午条)．このよ

---

14) 6世紀末から高句麗滅亡までの高句麗の對倭外交については井上直樹[2011a,「6世紀末から7世紀半ばの東アジア情勢と高句麗の對日本外交」『朝鮮学報』221]を参照．

15) 盧泰敦[2012]は，①の高句麗使節が熊津都督府の積極的な對日外交に對抗するために，新羅によって小高句麗國から派遣されたとするが，熊津都督府の日本への使節派遣はみな①の高句麗使節到来後のことであり，これを①の高句麗使節日本派遣の理由とするわけにはいかない．

うに新羅は熊津都督や百濟遺民の対日外交に対して，高句麗使節とは別に新羅使節を日本に派遣し，それに対抗していたのであった.

その後，㉒のように672年5月，第二回目の高句麗使節が日本に到着する．この時も新羅送使はみえず，高句麗使節を主体としたものであった. 既述のように，この頃，唐は遼東の高句麗遺民を鎮圧して，平壌に進出しようとしていた．この時の高句麗使節は，こうした逼迫した状況を伝え，日本から支援を得ることを目的として派遣されたのであろう.

なお，この使節の日本到着の前年11月，熊津都督府の郭務悰ら2000人が日本を訪れている(天智紀10(671)年11月癸卯(10日)条)[16)]．その一ヶ月前に日本に到着していた新羅使節は郭務悰の日本到着後の12月10七日に帰國しているから(天智紀10(671)年12月己卯条)，郭務悰らの情報をもって帰國したであろう．その後，日本に訪れたのが，この第二回目の高句麗使節であった．とすると，この使節は日本と熊津都督府との連携を牽制する役割も担ったであろう．もとより，高句麗使節の日本派遣による日本の高句麗遺民支援は，唐の出先機関である熊津都督と日本との連携をも牽制する側面も有しているため，こうしたことも期待されたのであろう.

このように新羅は高句麗使節派遣を対日外交に大いに活用したのであった．高句麗遺民支援による日本と唐との連携阻止，その支援による高句麗遺民の活發な活動は，新羅への唐の軍事的圧力軽減とも関連する以上，高句麗遺民の援助を目的とする高句麗使節の日本派遣は，新羅にとっても重要であったのである.

ところが，高句麗遺民の唐への抵抗運動は，既述のように673年閏5月をもって終息する．これは高句麗遺民への支援を目的とする高句麗使節派遣の名分が失われることを意味するが，前述のように，その後も引き続き高句麗使節が日本に派遣された．そして，それには新羅送使ならびに新羅使節か随伴しており，それ以前と異なり，新羅の関与が日本に明示されたのである．そこで，次にこうした状況下で派

16) この時の郭務悰らの性格については，鈴木[2011]参照.

遣された高句麗使節の日本派遣について考究してみることにしよう.

2. 小高句麗国の遣日本使派遣と新羅

高句麗遺民の反乱鎮圧後の高句麗使節についても, 新羅が高句麗使を偽称した可能性と, 小高句麗國からの派遣の可能性が想定されるが, ㉖に「高麗王」が使節を派遣したとすること, この高句麗使節が小高句麗國滅亡後は認められなくなることからみて, 後者と考えてよかろう. そして, この使節には新羅送使·新羅使節が随伴していたのであった.

いち早く高句麗使節派遣に注目した福田は, これを新羅の唐に対する不安と日本の感情を融和させるための戦略的措置と説いた. 村上[1978]はかつての日麗関係を利用して日羅関係の維持に努めるため高句麗使節が派遣されたとし, この使節は筑紫で公貿易を行ったと説いた. これに対して鈴木[1968]は, 当該期の高句麗遺民が独自性を有しており, 高句麗使節の派遣が新羅によるものとするのは不当で, 新羅送使の随伴は「高句麗の対外関係を認めながらも自家の管轄下に置こう」としたものと高唱した. また, 古畑[1983]や梁炳龍[1989]も新羅送使の随伴は高句麗遺民独自の対日外交を監視するためとした. 一方, 林起煥[2004]はそうした理解を示しつつ, 新羅が小高句麗國の独自性を認め, 新羅を支援させる外交を展開させた, と論じた[17]. このように小高句麗國の遣日本使についても研究者によって認識が異なる. そこで, 改めてこれについて論究してみたい.

まず, 高句麗使節の筑紫での交易についてであるが, これは今西[1934]が早くから指摘したところでもある. しかし, それに関する史料はなく, あくまでも推測に過ぎず, 筑紫での交易が高句麗使節派遣の主体目的であったとは考え難い.

---

17) 近年では, 李成市[2014, 「6-8世紀の東アジアと東アジア世界論」『岩波講座 日本歴史 古代2』, 岩波書店]も新羅が後顧の憂いを除くため新羅が小高句麗国を活用したと説くが, 詳細な経緯は論じられていない.

次に高句麗遺民の対日外交における独自性について考えてみたい. 高句麗使節は高句麗固有の部や官位を稱していたが, それは新羅が小高句麗國を認めていたことを前提とする. 674年, 新羅は安勝を高句麗王から報德王へと再度冊立しているが, これは古畑[1998]が指摘するように, 唐との対立を前提として, 新羅が一体となって唐と戦わねばならないという状況をふまえてのものであった. 拙速な高句麗遺民の新羅民への編入は, 勢力結集を阻害するものとして憚られ, 新羅が高句麗遺民を新羅民として再編成するにはさらなる時間を要した. その後, 685年, 安勝の慶州移住を契機として高句麗遺民の反乱が勃發するが(新羅本紀·神文王4(684)年11月条), これはこの時期まで高句麗遺民の自立性が保持されていたことを示していよう. こうしたことから, 高句麗遺民は新羅領内である程度, 独自性を保持していたと考えてもよかろう.

だが, それを前提に, 当該期の高句麗遺民の対日外交が, 小高句麗國の独自性にもとづくものと判断できるかは, なお慎重なる議論を要する. それは高句麗使節の日本派遣の前後には例外なく新羅からも使節が派遣され, それが新羅の対日外交を補完するような位置づけとなっていると考えられるためである(表2参照).

はじめて新羅送使が隨伴した673年8月の使節に先立って, 新羅からは同年閏6月に賀騰極使·弔問使が日本に派遣されていた(天武紀2(673)年閏6月己亥(15日)条). 675年3月の場合も同年2月に, 676年11月20日到着の使節の場合も同月3日に, 新羅使節が日本に到達している(天武4(675)年2月是月条·天武紀5(676)年11月丁卯(3日)条). 679年2月の場合, それに先立つ一年以内の新羅使節到達は認められないが, 天武紀7(678)年是歳条には, 金消勿·大奈麻金世々らが派遣されたものの暴風雨のため辿り着けず, 送使の加良井山が日本に到来したとするから, この場合も高句麗使節に先んじて新羅から使節が派遣されていたことになる. 続く680年5月の場合も前年10月に(天武紀8(679)年10月甲子(17日)条), 最後の682年6月の場合も前年10月に新羅使節が派遣されていた(天武紀10年10月乙酉(20日)条および是月条).

表2 高句麗遺民対外関係表

西暦	月	元号	年	天皇	年	高句麗遺民対外関係	王	年	新羅・百済遺民の対外関係
668	9	総章	1	天智	7	唐→高☆高句麗滅亡	文武	8	新→日○
669	2		2		8	高→新□安勝、亡命(高句麗本紀)		9	
	9								新→日○
	?								唐→新□造砮(羅紀のみ)
670	1		3		9			10	唐→新□百済領占有を叱責
	3	咸亨	1			高・新→唐□遼東進出			
	4					※高藏外孫安舜、新羅へ亡命(中国史料)			
	6					※安勝を金馬渚に安置(新羅本紀)			
	8					新→安勝◎高句麗王			新→安勝◎高句麗王
	9								日→新□
671	1		2		10	[1]高→日○		11	新→百☆
	2								百→日○
	6								新→日○ 新→唐☆ 百→日○
	7					唐→高☆			唐→新□薛仁貴の叱責
	10								新→日○ 新→唐☆
672	1		3	天武	1			12	新→百☆
	2								新→百★
	5					[2]高→日○			
	7					※唐→高☆※唐軍平壌進出			唐→新◇
	8								新→唐☆
	9								新→唐□謝罪
	11								新→日○
	12								唐→高・新☆
	?								※新羅、所夫里州設置
673	閏5		4		2	唐→高☆高句麗遺民反乱終息		13	
	6								新→日○弔問使・賀騰極使※1
	8					[3]高→日○			
	9								唐→新★
	冬					唐→高☆※高句麗遺民残党制圧			唐→高☆
674	9	上元	1						新→安勝◎報德王
675	2		2		4			15	新→日○唐→新☆新→唐○唐→新◎
	3					[4]高→日○			新→日○(兼高句麗送使)
	7								日→新□
	9								唐→新★新→唐○
676	10	儀鳳	1			安東都護府・熊津都督府撤退			日→新□
	11					[5]高→日○(23日到着)			新→日○(3日到着)唐→新☆
677	2		2		6				
678	?		3		7			18	新→日○送使のみ到達 冬到達か？

679	2		4		8	[6]高→日○		19	
	9	調露	1			日→高□(帰国、発遣時不明)			日→新□(帰国、発見時不明)
	10								新→日○
680	3	永隆	1		9	新→安勝、王妹婚姻		20	
	5					[7]高→日○			
	11					日→高□斉明朝時来日使者帰国			新→日○
681	7	開耀	1		10	日→高□		21	日→新□ 唐→新◎
	10						神文	1	新→日○伝達文武王薨去
682	6	永淳	1		11	[8]高→日○		2	
683	10	弘道	1		12	※安勝を蘇判 京師に留める		3	
	11					※高句麗民黄衿誓幢編成			新→日○
684	閏5				13	日→高□※2			
	11	文明				高句麗遺民反乱 小高句麗国解体		4	

高:高句麗遺民 新:新羅 百:百済遺民 日:日本 ○:朝貢 ◎:冊立 ☆:交戦勝 ★:交戦敗
□:使者派遣 ◇:交戦勝敗不明 [ ]:高句麗遺民の遣日本使、数字は回数
※1 天武紀は閏6月乙亥とするが、唐暦に換算して6月とする ※2 天武紀は5月戊寅とするが、唐暦に換算して閏5月とする

このように673年以後の新羅送使随伴の高句麗使節日本派遣の前後にはすべて新羅から日本に使者が派遣されており, 例外はない. 680年と682年の使節の間には新羅使節が二度派遣されているが, それを除外すれば673年から682年まで高句麗使節と新羅使節が交互に日本に派遣されていたことになる. 高句麗使節の日本派遣が新羅と関係なく, 独自的なものであったならば, 使節派遣の間に新羅使節を差し挟むことなく, 毎年連続して使者を派遣してもよさそうなものである. しかし, 高句麗使節は毎年派遣されたのではなく, かつ例外なくその前後に新羅使節の日本派遣が認められるのである. 675·679·682年の使節派遣は複数年に一度, 676·680年は二年連続であるが, いずれもその前後に新羅の使節が日本に派遣されている.

これは偶然というより, 新羅の対日外交を十分に意識した上で, 高句麗使節が派遣されたと考えなければ, 容易には理解しがたいところである. 高句麗使節の派遣は, 新羅の対日外交と連動して行われていたと考えられ, 高句麗遺民が独自に対日外交を展開していたとは考え難いと判断せざるを得ない. しかも, このことは新羅送使の随伴する673年以前の671年·672年の高句麗使節派遣時にも遡って確認できる. というのも671年1月, 672年5月の場合も, 669年9月·671年6月·672

年11月と，その前後に新羅使節が日本に派遣されているからである．すでに671·672年の高句麗使節が新羅の強い影響下にあったと述べたが，こうしたこともそれを傍証しているといえよう．

このように高句麗使節の派遣は，新羅の影響下にあったと考えられ，高句麗遺民が独自に外交を展開していたとは考え難いのである．そもそも高句麗遺民が新羅とは別に，独自に使節を日本に派遣していたのであれば，日本でもそれら使節を入京させて饗応したと考えられるが，当該期，入京しているのは新羅使節のみで，高句麗使節はみな筑紫で饗応されるに過ぎなかった．それは日本も高句麗使節の日本派遣が，新羅の強い影響下にあることを認識していたからではないだろうか．これは671·672年の場合もそうで，そうしたなかで，新羅はあえて新羅送使の存在を明示せず，あくまでも高句麗使節を主体としたのであった．それは縷述のように高句麗使節を前面に出すことによって，高句麗遺民の援助とそれを名目に唐と日本の連携を阻止しようとしたからであろう．

こうして新羅の影響下で高句麗使節が派遣されたが，そうした状況下で高句麗使節が独自の外交を展開することも想定されうることである．そこで，高句麗使節を監視·監督し，それを未然に防ぐために，新羅送使·新羅使が高句麗使節に随伴したのであろう．高句麗使節の日本派遣はあくまでも新羅の対日外交に規制されていたのであった．

ではこうした高句麗使節が高句麗遺民の唐への抵抗運動鎮圧後も引き続き日本に派遣されたのはなぜであろうか．その場合，考慮すべきなのは高句麗使節の日本派遣と連動する新羅の対日外交である．当該期，新羅は唐との対立をふまえ南方の安全を図るために，積極的な対日外交を展開していたことが古畑[1983]によって指摘されている．新羅送使が高句麗遺民の遣日本使に随伴するようになった673年頃，新羅は舊百濟領に所夫里州を設置するなど，舊百濟領支配を進展させていた．だが，それは唐の出先機関である熊津都督府への抵抗に外ならず，唐との対立を惹起することになる．さらに，新羅がそれと関連して高句麗遺民を援助していたことも対立を深める一因ともなり[18)]，674年以後の唐の大々的な新羅征討へと發展していった(『資治通鑑』唐紀·上元元(674)年正月条)．当該期の新羅にとって最大の問題は，先鋭化する唐との対立にいかに対處していくかであった．こうしたなかで日本との和平関係構築は何よりも重要であったであろう．

既述のように新羅は671·672年，高句麗使節を日本に派遣し，日本のそれへの援助によって日本と唐の同盟を阻止し，唐の軍事的圧力を軽減しようとしていた．ところが，高句麗遺民の唐への抵抗運動は673年閏5月をもって終息してしまった．そのため唐に抵抗する高句麗遺民援助を名分として日本に援助を求めることができなくなってしまった．そこで，新羅は高句麗使節の日本派遣に際して，新羅送使を随伴させ，新羅の影響下に新羅領内に高句麗遺民の小高句麗國が復興したことを日本に明示することによって，引き続き日本の高句麗遺民への援助，さらにはそれを擁する新羅への援助を期待すべく，従来とは異なり，高句麗使節に新羅送使を随伴させたのであろう．そして，それによって唐と日本との連携を防止し，新羅支援を得ようとしたのである．

このように高句麗使節に新羅送使を随伴させ，それが新羅の影響下にあることを日本に示すことは，新羅の対日外交上，新羅にとってきわめて有効な外交的手段であったのである．新羅はかつて日本に親新羅外交を採らせるべく，新羅が滅ぼした「任那」使節を新羅使とともに日本に派遣し，「任那の調」を獻上したが，高句麗使節もまた，新羅の対日外交と関わって日本に派遣されたのである．新羅は唐との対立という未曾有の危機的状況下で高句麗遺民の遣日本使を積極的に活用したといえる．

その後，唐の新羅への脅威は，678年の唐の政策転換によって解消していたが，既に古畑[1983]が指摘するように，舊百濟領支配は必ずしも唐から公認されていたわけではなく，唐が再度，新羅への強硬策に転じる可能性もあったため，その後も

18) 『資治通鑑』唐紀·上元元(674)年春正月条には，新羅が旧高句麗遺民を旧百済領へ安置したため，唐が文武王の官爵を剥奪したと伝える．

新羅は対日外交を重視し，積極的な外交を展開する．そうしたなかで，新羅の対日外交と歩調をあわせ，高句麗使節もまた日本に積極的に派遣されたのであった．

Ⅴ．結語

以上，これまで高句麗滅亡後の遺民の唐への抵抗運動，さらには高句麗遺民使節の日本派遣について詳論してきた．それについてここでは再論しないが，それをふまえて注視されるのが，高句麗遺民への新羅の関与の大きさである．高句麗遺民の反乱は，唐の支配への抵抗に基因するものであったが，その蜂起に新羅の支援があったことは軽視できない．新羅の支援を契機に高句麗遺民は唐への大々的な抵抗運動を展開し始めたのであり，高句麗遺民の反乱に新羅の影響を軽視できない理由の一つがここにある．

もっとも，新羅の高句麗遺民支援は，舊百濟領への軍事侵攻と関連して，高句麗遺民を援助し唐への抵抗運動を勃發させることによって，唐の軍事力を分散させ，新羅への軍事的圧力軽減を意図したものであった．そうであったからこそ，流入した高句麗遺民をただちに新羅の民に編入することは憚られたはずであった．新羅による高句麗遺民吸収は，高句麗遺民たちの自立という抵抗運動の名分を奪ってしまうことに外ならなかったからである．安勝の高句麗王冊立，舊百濟領の高句麗復興はまさに当該期の新羅を取り巻く厳しい情勢と無関係ではなかったのである．

新羅の高句麗遺民の支援の政治的意義はそれだけにとどまらなかった．すなわち，新羅は唐との対立によって，それまで敵対していた日本との関係を改善させ，日本が唐と連携するのを阻止する必要があった．こうしたなかで，新羅は唐への抵抗活動を展開する高句麗遺民を対日外交に活用し，日本の高句麗遺民への支援を得ることによって日本と唐との連携を阻止しようとしたのであった．やがて，高句麗遺民の唐への抵抗運動が鎮圧されると，今度は新羅領内に復興した小高句麗國の支援を口實に，日本からの援助，日本と唐との連携阻止のため，新羅送使に随伴された高句麗使節が日本に派遣されたのであった．かつて新羅は日本とも関係の深かった「任那」の使節を偽稱し，対日外交を優位に展開しようとしたが，高句麗滅亡後は，それ以前に日本と同盟関係にあった高句麗の遺民が，かつての「任那」使節の役割を担い，新羅の対日外交に活用されたのであった．これは小高句麗國滅亡まで継続されたが，このことは新羅が対日外交における高句麗使節の日本派遣の重要性を十分に認識していたことを意味する．ここに高句麗遺民に対する新羅の影響を軽視できない第二の理由がある．このように高句麗遺民の活動は，7世紀後半の新羅，さらにそれと敵対する唐，新羅南方の日本とも密接に関わっていたのであった．ここに高句麗遺民の活動の東アジア史上の意義が認められよう．

植田喜兵成智

'內臣之番'으로서의 百濟·高句麗 遺民
—武周~玄宗 開元 年間 유민의 양상과 그 변화—[*]

Ⅰ. 머리말

신라와 당은 660년에 백제, 668년에 고구려를 차례로 멸망시켰고, 그 결과 많은 遺民들이 발생하였다. 그들은 신라에 편입되거나 왜, 즉 일본열도로 건너갔고, 또 다른 이들은 당으로 徙民되었는데, 곳곳에서 새로운 생활을 시작하여, 관료, 군인, 기술자, 혹은 농민으로서 생애를 보냈다. 이렇듯 유민 자체가 다양한 존재였다. 본 논문에서는 다양한 유민 중 당의 영역에서 활동한 이른바 재당 백제·고구려 유민에 대해서 살펴보고자 한다.

근래 7세기 후반 동아시아사 분야에 있어 유민에 대한 연구는 활발히 진행되고 있다. 이전에는 재당 백제·고구려 유민의 활동에 대해서는 사료가 극단적으로 부족했기 때문에 연구에 어려움이 있었다. 그러나 중국에서 백제·고구려 유민을 포함한 당대 묘지명이 출토되어 이를 활용한 연구가 연이어 발표되었다.[1)]

---

* 본고는 일본 科學研究費助成事業의 지원을 받아서 수행한 연구 성과의 일부이다(JSPS KAKENHI Grant Number JP19K13371). 또한 植田喜兵成智, 2019, 「'內臣之番' 으로서의 百濟 · 高句麗遺民 - 武周시기부터 玄宗 開元期에 이르기까지 유민 양상

기왕의 연구를 살펴보면 주요 논점은 유민의 정체성, 혹은 백제·고구려의 제도사·사회사였다. 전자는 유민들이 중국에서 어떻게 자기 정체성을 유지했는가 하는 점과 그 정체성이 변화되어 중국에 동화됐는가 하는 점에 주목한 바가 많다. 후자는 유민 묘지명의 조상에 관한 기록에 보이는 고국 백제·고구려의 관직이나 행정 구획에 주목하여 이를 근거로 백제·고구려의 제도나 사회에 접근하는 연구 방식이다.

그런데 과연 위에서 본 관점으로만 재당 백제·고구려 유민의 위상을 충분히 파악할 수 있을까 궁금하다. 후자의 연구는 주로 유민 제1세대, 즉 초기 유민 묘지명에만 주목하여, 제2세대 이후 묘지명에 대해서는 거의 언급하지 않았다. 한편 전자의 연구는 정체성의 변화를 논하면서 제1세대 이후의 유민도 검토하였지만, 당 왕권이 유민들을 어떻게 대우했는가, 혹은 유민들이 중국 사회에서 어떤 위상을 지니고 있는가 하는 거시적인 관점이 미흡하다.

백제·고구려 유민들은 당 高宗代(649~683)부터 중국 역사상 유일한 女帝인 武則天 시대(684~705), 즉 武周시기에 살아남았으며, 盛唐으로 불리는 당 전성기인 玄宗의 開元·天寶期(713~756)를 거쳐서 安史의 난(753~763) 후에도 그 활동이 확인된다. 이렇게 유민 역사는 100년이 넘을 정도였는데, 기존에는 무주시기나 개원 연간에 초점을 맞춘 연구가 거의 없었다.

물론 무주시기 이후, 특히 개원기 유민에 대해서 언급한 연구가 전혀 없는 것은 아니다.[2] 다만 기왕의 연구는 이른바 蕃將으로 불리는 이민족

과 그 변화-」『고구려발해연구』 64를 수정한 글이다.

1) 중국에서의 대표적인 연구로는 다음의 논저를 들 수 있다. 姜清波, 2010,『入唐三韓人研究』, 暨南大學出版社 ; 苗威, 2011,『高句麗移民研究』, 吉林大學出版社 ; 拜根興, 2012,『唐代高麗百濟移民研究』, 中國社會科學出版. 한국에서의 유민 관련 연구 성과는 일일이 소개하기 어려울 정도로 많은데, 2012년 이후에 발표된 논고만 해도 60편이 넘는다. 한국과 일본의 유민에 관한 연구사 정리는 다음의 글을 참조. 植田喜兵成智, 2018,「韓國學界における遺民墓誌研究の現況 - 最近刊行された資料集の比較を中心に」『韓國朝鮮の文化と社會』 17, 135~153쪽.

출신 무관이나 고구려인 병사를 검토하면서 유민의 군사적인 역할을 밝힌 것이었다. 그러나 유민의 역할은 군사적인 것에만 한정된 것은 아니었다.

일반적으로 당에서 고위고관에 오른 유민들은 고국에서도 높은 지위의 권력자인 경우가 많았는데, 이들은 고종대부터 무주시기 사이에 실각, 숙청당하였다. 한편 현종대에 들어서 유민 출신인 王毛仲, 高仙芝 등 장군들이 많이 활약하였다. 이들은 노비나 城傍 같은 寒門 출신이었다. 그러므로 무주시기를 경계로 유민의 연속성이 단절되었을 가능성이 크고, 유민사의 관점에서 볼 때 무주시기·개원기를 살펴보는 것은 의미가 클 것으로 여겨진다.

당 왕권은 백제·고구려 유민을 비롯하여 그 영역 안에서 많은 이민족을 포섭하였고, 영역 밖의 突厥, 吐蕃, 新羅, 渤海 등 주변국과 교섭 또는 대립하였다. 즉 당은 끝없이 안팎의 이민족을 자신의 질서 속에 편입시키기 위해 힘썼다.[3] 그렇다면 당 질서 아래에서 백제·고구려 유민들의 위상은 어떠했을지 궁금하다.

또 신라와 당의 관계를 고려할 때 흥미로운 점은 양국 관계가 무주시기에는 적대적이었지만 당 현종대에는 우호적으로 변하였다는 사실이다.[4] 이미 양국이 대립한 나당전쟁에 있어 고구려 유민의 존재가 중요했으며,[5] 당의 정책에서 백제 유민도 신라를 견제하기 위해 이용되었다는 점이

2) 章群, 1986, 『唐代蕃將硏究』, 聯経出版社 ; 章群, 1990, 『唐代蕃將硏究續集』, 聯経出版社 ; 馬馳, 1990, 『唐代蕃將』, 三秦出版社 ; 池培善, 2006, 『고구려·백제 유민 이야기』, 혜안 ; 鄭炳俊, 2009, 「唐朝의 高句麗人軍事集團」 『東北亞歷史論叢』 24 ; 李基天, 2014, 「唐代 高句麗·百濟系 蕃將의 존재양태」 『韓國古代史硏究』 75 ; 李基天, 2018, 「唐代高句麗·百濟系蕃將の待遇及び生存戰略」, 宮宅潔編, 『多民族社會の軍事統治 - 出土史料が語る中國古代』, 京都大學學術出版會.

3) 金子修一, 1991, 『隋唐の國際秩序と東アジア』, 名著刊行會.

4) 古畑徹, 1983, 「七世紀末から八世紀初にかけての新羅·唐關係」 『朝鮮學報』 107.

5) 盧泰敦, 1997, 「羅唐戰爭期(669~676) 新羅의 대외관계와 군사활동」 『軍史』 34 ; 植田喜兵成智, 2014, 「唐人郭行節墓誌からみえる羅唐戰爭 - 671年の新羅征討軍派遣問題を中心に」 『東洋學報』 96-2.

지적된 바가 있다.[6] 따라서 이런 관점에서도 재당 백제와 고구려 유민의 위상을 파악할 필요가 있다고 본다.

이렇게 무주시기부터 현종대에 이르기까지 유민의 위상을 살펴보는 것이 중요한데도 불구하고 연구 자체가 부족한 상황이다. 이러한 연구 현황으로 인하여 개원 13년에 거행된 泰山 封禪祭에 '百濟帶方王', '高麗朝鮮王'을 칭한 백제·고구려의 옛 왕족들이 '內臣之番'으로 참석하였다는 중요한 역사적 사건조차 잘 알려지지 않고, 그 역사적 의미는 불분명한 채로 남아 있다. 기왕의 연구로는 유민 활동의 최말기로 언급한 견해,[7] 그리고 소고구려와 관련된 기록으로 본 견해가 있는데,[8] 자세한 고찰은 거의 이루어지지 않았다. 즉 고국이 멸망한 지 60년 후 거행된 봉선제에 백제와 고구려 유민들이 왜, 어떤 식으로 참석하였는지 밝혀지지 않았다는 것이다. 이 역시 무주시기에서부터 현종대에 이르기까지 유민의 양상이 충분히 파악되지 않았기 때문일 것이다.

본 논문에서는 다음과 같이 검토하고자 한다. 개원 연간의 봉선제에 백제·고구려 유민들이 참석한 이유를 밝히기 위해서 傳世文獻과 묘지명을 통해 무주시기에서부터 개원 연간에 이르기까지 백제·고구려 유민의 처우, 특히 당의 長安, 洛陽에 거주한 옛 왕족과 유력 가문의 동향을 중심으로 살펴보겠다.

---

6) 植田喜兵成智, 2015,「在唐百濟遺民の存在様態 - 熊津都督府の建安移轉の史的意義と關連させて」『朝鮮學報』236.

7) 盧泰敦, 1981,「高句麗 遺民史 硏究 - 遼東·唐內地 및 突厥方面의 集團을 중심으로」『韓沽劤博士停年紀念史學論叢』, 知識産業社. 그런데 근래 고구려와 백제 유민이 '內臣之番'으로 태산 봉선제에 참여한 사실에 대해 언급한 馮立君의 연구가 발표되었다(馮立君, 2016,「唐代朝鮮郡王考」『中國古中世史硏究』42 ; 馮立君, 2017,「대방군왕 작호에 대한 고찰 - 중국과 백제의 관계로부터」『百濟學報』19.). 그는 조선군왕 및 대방군왕이라는 작호를 지닌 역사적 의미를 고찰하여 두 작호가 고구려와 백제 양국이 당에 복속했다는 당의 인식을 나타내는 것으로 파악하였다. 다만 유민의 동향이나 당시의 국제 관계에 대해서는 주목하지 않았다.

8) 古畑徹, 1992,「いわゆる『小高句麗國』の存否問題」『東洋史硏究』51-2.

Ⅱ. 武周 정권과의 관계

1. 백제 유민

먼저 백제 유민부터 살펴보도록 한다. 660년에 당은 백제를 멸망시킨 후 그 옛 땅에 熊津都督府를 설치하여 羈縻 지배를 실시하였다.[9] 그러나 왜의 지원을 받은 백제 유민이 부흥운동을 일으켜 당의 기미 지배는 바로 위기에 빠졌다. 부흥운동은 잘 알려져 있듯이 663년 白村江 전투에서 백제·왜 연합군이 당·신라 연합군에 패배하여 끝났다. 그런데 의자왕은 백제 멸망 후 당의 장안으로 압송되어 그곳에서 죽었는데, 그 아들인 부여융은 백촌강 전투 이후 웅진도독으로서 백제의 옛 땅과 유민을 통치하게 되었다. 이후의 양상을 전하는 『구당서』 백제전의 내용은 다음과 같다.

[사료1] 『舊唐書』 卷199上, 百濟傳

(가) 於是[孫]仁師·[劉]仁願及新羅王金法敏帥陸軍進, 劉仁軌及別帥杜爽·扶餘隆率水軍及糧船, 自熊津江往白江以會陸軍, 同趨周留城. 仁軌遇扶餘豐之衆於白江之口, 四戰皆捷, 焚其舟四百艘, 賊衆大潰, 扶餘豐脫身而走. 僞王子扶餘忠勝·忠志等率士女及倭衆並降, 百濟諸城皆復歸順, 孫仁師與劉仁願等振旅而還. 詔劉仁軌代仁願率兵鎭守. 乃授扶餘隆熊津都督, 遣還本國, 共新羅和親, 以招輯其餘衆. 麟德二年八月, 隆到熊津城, 與新羅王法敏刑白馬而盟. … 仁願·仁軌等旣還, 隆懼新羅, 尋歸京師. 儀鳳二年, 拜光祿大夫·太常員外卿兼熊津都督·帶方郡王, 令歸本蕃, 安輯餘衆. 時百濟本地荒毁, 漸爲新羅所據, 隆竟不敢還舊國而卒.

9) 末松保和, 1996, 「百濟の故地に置かれた唐の州縣について - 池內博士の近業を讀む - 」 『末松保和著作集』 3, 吉川弘文館, 93~114쪽 ; 박지현, 2013, 「熊津都督府의 성립과 운영」 『韓國史論』 64.

(나) 其孫敬, 則天朝襲封帶方郡王, 授衛尉卿. 其地自此爲新羅及渤海靺鞨所分, 百濟之種遂絶.

(가)에 따르면, 유인원·유인궤 등 당의 장군들이 본국으로 귀국한 후 신라의 세력이 크게 성장하였기에 부여융은 장안으로 돌아갔다. 儀鳳 2년(677)에 光祿大夫·太常員外卿·兼熊津都督·帶方郡王을 제수받은 부여융은 당의 정책에 따라 백제의 옛 땅으로 다시 돌아가려 하였으나 이루지 못한 채 죽었다고 한다. 부언하자면 677년 이후에 나오는 웅진도독부는 백제 옛 땅이 아닌 요동반도 建安에 설치된 것이다.

(나)에 따르면, 부여융의 손자인 扶餘敬이 무주시기에 帶方郡王·衛尉卿을 제수받은 것으로 보아 명목상 백제 왕족으로 대우받았다고 생각된다. 그러나 신라·발해의 세력 성장으로 인하여 백제의 옛 땅으로 돌아갈 수 없었고 왕족의 혈통도 어느새 끊겼다고 한다. 실제로 백제 왕족들이 이 시기에 어떻게 활동했는지 전세문헌을 통해서는 파악하기 힘들다.

그런데 扶餘太妃 묘지명의 발견을 통해 무주시기 이후 왕족 부여씨의 활동을 단편적으로나마 파악할 수 있게 되었다.

[사료2] 「扶餘太妃墓誌銘」

太妃扶餘氏, 諱, 皇金紫光祿大夫·故衛尉卿·帶方郡王義慈曾孫, 皇光祿大夫·故太常卿·襄帶方郡王隆之孫, 皇朝請大夫·故渭州刺史德璋之女也.

이에 따르면 부여태비는 백제 의자왕의 증손녀이자 부여융의 손녀이다. 그 부여태비의 남편이 당 황실 李氏 일족의 虢王 李邕이었다. 부여태비는 이옹과 결혼한 후 嫡子 李巨를 낳았다.[10]

---

10) 金榮官, 2009, 「百濟 義慈王 曾孫女 太妃扶余氏 墓誌」『百濟學報』創刊號.

부여태비의 자매에 관하여 다음과 같이 흥미로운 기록이 있다.

[사료3]『舊唐書』卷112, 李巨傳

巨母扶餘氏, 吉溫嫡母之妹也.

[사료4]『舊唐書』卷186下, 酷吏下 吉溫傳

天官侍郎頊弟琚之孽子也.

[사료3]에 따르면 이거의 모친 부여씨, 즉 부여태비는 吉溫의 '嫡母'의 여동생이라고 한다. 嫡母란 庶子 입장에서 부친의 正妻를 부르는 말이다. 길온은 현종대 酷吏로 알려진 한인 관리인데 御史中丞 등을 역임하였다. [사료4]에 따르면 길온은 吉琚의 서자였다. 즉 부여태비의 자매가 낳은 아들이 아닌 것 같다. 따라서 무주시기 재상 吉頊의 남동생인 길거의 正妻는 백제 왕족 출신으로 추측된다.

이렇게 백제 왕족 부여씨는 당 황실 및 그 당시 유력 집안과 혼인 관계를 맺은 것이며, 당 중앙 정계에서 여전히 활동하고 있었음을 알 수 있다.『구당서』백제전에 보이지 않으나 백제 왕실은 현종대까지 이어졌다.

그런데 무주시기의 대표적인 백제 유민은 黑齒常之이다.[11] 흑치상지는 이민족 출신 장군으로 무주와 적대한 돌궐, 토번과의 전쟁에서 군공을 세우면서 燕國公(종1품)에 올랐다. 만년에 그는 謀叛의 죄로 형을 받아 죽었다.

사후 흑치상지는 명예가 회복되었다. 명예를 회복할 수 있도록 힘 쓴

---

11) 흑치상지·준 부자에 대해서는 다음의 글을 참조. 李道學, 1991, 「百濟 黑齒常之墓誌銘의 檢討」『鄕土文化』6 ; 李文基, 1991, 「百濟 黑齒常之 父子 墓誌銘의 檢討」『韓國學報』64 ; 馬馳, 1997, 「『舊唐書』「黑齒常之傳」의 補闕과 考辨」『백제연구총서』5 ; 植田喜兵成智, 2019, 「黑齒常之·俊親子の事績とその墓誌の制作背景」『古代文化』70-4.

이가 그 아들인 黑齒俊이었다. 흑치준은 31세로 사망했지만 부친 흑치상지의 명예를 회복하기 위해 그 짧은 생애를 바쳤다. 그런데 흑치준도 무주시기의 유력자와 연관된 것으로 추측된다. 흑치준 묘지명에 다음과 같은 기록이 보인다.

[사료5]「黑齒俊墓誌銘」

弱冠, 以別奏從梁王□西道行. 以軍功授遊擊將軍, 任右豹韜衛翊府左郎將.

이에 따르면 西道 지역에서 전쟁이 발발했을 때 흑치준은 別奏로서 梁王을 수행하여 군공을 세웠다고 한다.[12] 別奏는 장군 측근으로 從軍한 무관이며, 上司인 장군과 개인적 유대가 깊은 경우가 많았다.[13] 양왕은 황제 武則天의 조카 武三思를 가리킨다. 무측천 집권기에 무삼사는 황제 일족으로서 夏部尙書가 되었고 양왕의 작위를 받았는데, 사촌 魏王 武承嗣와 함께 무주 정권의 핵심적인 권력자였다.

12) '□西道' 지역의 구체적인 위치에 대해서는 논의의 여지가 있다. 흑치준의 묘지명에 따르면 20세 때, 즉 695년에 양왕 무삼사의 원정에 종군하였다고 하는데, 『資治通鑑』 권205, 唐紀21, 萬歲通天원년(696)조에 무삼사가 거란을 방어하기 위해 楡關道安撫大使가 되었다고 하는 기록이 있다. 유관은 勝州 방면, 즉 지금의 중국 내몽고자치구 오르도스 시 준거얼 기(准格爾旗)에 해당된다. 흑치준이 종군했다는 원정군은 이 부대를 가리킬 가능성이 높다(植田喜兵成智, 2019, 「黑齒常之·俊親子の事績とその墓誌の制作背景」 『古代文化』 70-4). 한편 696년에 무삼사를 따라 출정한 사실과 698년에 沙吒忠義가 돌궐을 방어하기 위해 天兵西道前軍總管으로 출정한 사실(『新唐書』 권4, 則天武后本紀 聖曆원년 8월조)을 하나의 사건으로 흑치준의 묘지명에 기록했다고 추정한 견해가 제기되었다(忠淸南道歷史文化硏究院, 2016, 『中國出土百濟人墓誌集成』, 181쪽). 향후 '□西道' 지역이 어느 곳을 가리키는지 신중히 검토할 필요가 있겠지만, 사료 상 무주시기의 양왕은 무삼사를 가리키는 것으로 보는 것이 타당하다.

13) 西村元佑, 1960, 「唐代敦煌差科簿の研究」 西域文化研究會編 『西南文化研究3 - 中央アジア古代語文獻』, 法藏館 ; 曾我部靜雄, 1968, 「日唐の傔人制度」 『律令を中心とした日中關係史の研究』, 吉川弘文館 ; 馬俊民, 「傔人·別奏考弁」 『南開學報』 1981年 第3期 ; 劉進寶 「唐五代"隨身"考」 『歷史研究』 2010年 第4期 ; 朱艷桐, 2013, 「唐代傔人研究」 蘭州大學碩士論文 등 참조.

여기서 주목해야 할 점은 무삼사가 명예 회복의 여부를 결정할 정도의 영향력을 가졌다는 사실이다. 아래와 같은 기록이 있다.

[사료6]『舊唐書』卷76, 越王貞傳

神龍初, 侍中敬暉等以沖父子翼戴皇家, 義存社稷, 請復其官爵. 武三思令昭容上官氏代中宗手詔不許.

이에 따르면 무측천에 대해서 반란을 일으켰던 越王 李貞의 명예회복 문제가 제기되었지만 무삼사가 그 움직임을 방해하였다고 한다. 거꾸로 말하자면 당시 무삼사의 권력은 컸기에 누구나 명예회복을 원한다면 그와 친밀한 관계를 구축할 필요가 있었다.[14] 따라서 흑치준이 무삼사 휘하에 있었다는 사실은 부친 흑치상지의 명예를 회복할 계기가 되었을 것으로 생각된다.

흑치상지의 명예회복에 대하여 흑치상지 묘지명에서는 다음과 같이 전해진다.

[사료7]「黑齒常之墓誌銘」

(가) 長子俊, 幼丁家難, 志雪遺憤, 誓命虜庭, 投軀漢節. 頻展誠效, 屢振功名.

(나) 聖曆元年, 冤滯斯鑒, 爰下制曰, 故左武威衛大將軍·檢校左羽林衛·上柱國·燕國公黑齒常之, 早襲衣冠, 備經驅策, 亟揚師律, 載宣績效. 往遘飛言, 爰從訊獄, 幽憤殞命, 疑罪不分. 比加檢察, 曾無反狀, 言念非辜, 良深嗟憫. 宜從雪免, 庶慰塋魂, 增以寵章, 式光泉壤. 可贈左玉鈐衛大將軍, 勳封如故. 其男遊擊將軍·行蘭州廣武鎭將·上柱國俊, 自嬰家咎, 屢效赤誠, 不避危亡, 捐軀徇國, 宜有褒錄, 以申優奬. 可右豹韜衛翊府左郎將, 勳如故.

---

14) 무측천과 무주 시기에 대해서는 다음의 문헌을 참조. 外山軍治, 1966,『則天武后』, 中央公論社 ; 氣賀澤保規, 1995,『則天武后』, 白帝社.

(다) 粤以聖暦二年壹月廿二日敕曰, 燕國公男俊所請改葬父者, 贈物一百段. 其葬事幔幕手力一事, 以上官供, 仍令京官六品一人檢校. 卽用其年二月十七日奉遷于邙山南官道北. 禮也.

이에 따르면, (가) 흑치준은 부친이 억울하게 죽자 그 누명을 벗기기 위해 당 조정에 충성을 다했고, (나) 그 덕에 制勅으로 흑치상지의 명예는 회복되어, (다) 조정의 지원으로 무덤 또한 改葬되었다고 한다.

위에서 살펴본 흑치상지의 伸寃 과정에 따르면, 흑치준이 무삼사에게 접근하였기 때문에 명예회복이 수월했던 것이 추정된다. 즉 당시 흑치준은 무삼사와 밀접한 관계에 있었음이 분명해 보인다.

또 무씨 일족과 밀접한 관계를 맺은 백제 유민은 흑치씨뿐만이 아니었다.

[사료8] 『新唐書』 卷206, 武承嗣傳

延秀母本帶方人. 坐其家沒入奚官, 以姝惠, 賜承嗣, 生延秀.

이에 따르면, 武延秀는 그 모친이 대방인이라고 한다. 무연수는 상술한 무삼사의 사촌인 위왕 무승사의 아들이다. 그리고 이 기록에 보이는 '대방'은 대방군을 가리키는 말인데, 당시 실제로 존재하지 않았고 부여융이 대방군왕으로 책봉받은 것처럼 당대에 백제의 별칭으로 쓰이기도 하였다.

무연수의 모친은 백제 출신이며 어떠한 죄에 연좌되어 內侍省 奚官局의 노비가 되었는데, 그 미모와 현명함으로 인하여 무승사에게 사여되었다.[15] 즉 백제 유민과 무씨 사이에는 혈연 관계가 있는 것이다.[16]

---

15) 무연수의 모친이 백제인이라는 것은 拜根興이 지적한 바가 있으나, 그 근거 사료를 명시하지 않았다(拜根興, 2012, 『唐代高麗百濟移民研究』, 中國社會科學出版, 102쪽).

16) 무씨와 백제 유민의 관계에 대해서는 이미 논한 바가 있다. 상세한 내용은 다음의 글을 참조. 植田喜兵成智, 2019, 「黑齒常之·俊親子の事績とその墓誌の制作背景」 『古

이러한 무주시기의 백제 유민 상황을 정리할 때 다음과 같은 『新唐書』 卷215上·突厥傳의 기록이 주목된다.

[사료9] 『新唐書』 卷215上, 突厥傳

(가) 虜圍趙州, 長史唐波若應之, 入殺刺史高叡, 進攻相州.

(나) 詔沙吒忠義爲河北道前軍總管, 李多祚爲後軍總管, 將軍嵎夷公福富順爲奇兵總管, 擊虜.

(다) 時中宗還自房陵, 爲皇太子, 拜行軍大元帥, 以納言狄仁傑爲副, 文昌右丞宋玄爽爲長史, 左肅政臺御史中丞霍獻可爲司馬, 右肅政臺御史中丞吉頊爲監軍使, 將軍扶餘文宣等六人爲子總管.

이에 따르면 (가) 성력 원년(698) 8월에 돌궐 默啜可汗이 당 영역을 침공하여, (나) 당 조정은 그를 막기 위하여 총관으로 사타충의, 이다조, 복부순을 파견하고, (다) 황태자 李顯(중종)을 대원수로 삼아 행군을 조직하였다고 한다. 자세한 논증은 생략하겠으나, (나) (다)에 나온 사타충의, 부여문선은 백제 유민으로 추정된다.

사타충의는 성씨 사타가 백제 성씨인 '沙宅'[17]과 통하며 그 출신도 三韓으로 칭하는 기록이 있는 바[18] 백제 유민인 것으로 추정된다.[19] 이렇게 볼 때 복수의 백제 유민들이 이 행군에 참여하였음을 알 수 있다.

그리고 묵철가한 토벌을 위해 편성된 河北道行軍은 단순한 군사적 목적뿐만 아니라 무측천의 후계자로서 중종 이현의 복권을 나타내는 정치적 목적을 지니고 있었다.[20] 이러한 행군에 복수의 백제 유민들이 총관으로

代文化』 70-4, 71~74쪽.

17) 백제부흥운동 때 장군으로 활약한 沙咤相如, 일본으로 건너간 沙宅紹明이 있었다.

18) 『文苑英華』 卷416, 封右武威衛將軍沙吒忠義郕國公制.

19) 사타충의와 관련된 논의는 姜淸波, 2010, 『入唐三韓人硏究』, 暨南大學出版社, 137~145쪽 참조.

참여한 것은 유민들이 무씨 및 이씨 등 당시 중앙 정계의 가문과 밀접한 관계에 있었음을 보여준다. 즉 무주시기에 백제 유민은 기록 상 활동이 보이지 않을 정도로 쇠퇴한 것이 아니라 오히려 당시의 유력 가문에 접근하여 당 중앙 조정에서 어느 정도 기반을 갖고 있었던 것이다.

2. 고구려 유민

다음으로 고구려 유민의 사례로 넘어가도록 한다. 당은 고구려를 멸망시킨 후 백제와 마찬가지로 기미지배를 실시하여 그 옛 땅에 안동도호부를 설치하였다. 도호부의 거점은 처음에 고구려 왕도였던 평양에 설치되었지만 고구려 유민의 군사적 저항과 신라와의 관계 악화로 인해 의봉 2년(677)에 요동반도 新城(撫順)으로 후퇴하였다.[21]

안동도호부가 신성으로 옮겨진 후 당 조정은 고구려 유민과 옛 영토의 통치를 위하여 고구려 마지막 왕이었던 高藏(寶藏王)을 요동도독으로 삼아 안동도호부에 보냈다. 이후 고구려 왕족들이 어떠한 대우를 받았는지에 관한 기록은 다음과 같다.

[사료10] 『舊唐書』 卷199上, 高麗傳

(가) 儀鳳中, 高宗授高藏開府儀同三司·遼東都督, 封朝鮮王, 居安東, 鎭本蕃爲主.

(나) 高藏至安東, 潛與靺鞨相通謀叛. 事覺, 召還, 配流邛州, 幷分徙其人, 散向河南·隴右諸州, 其貧弱者留在安東城傍.

(다) 高藏以永淳初卒, 贈衛尉卿, 詔送至京師, 於頡利墓左賜以葬地, 兼爲樹碑.

---

20) 松浦千春, 1990, 「武周政權論 - 盧陵王李顯の召還問題を手がかりに」 『集刊東洋學』 64, 13~15쪽.

21) 池內宏, 1960, 「高句麗滅亡後の遺民の叛亂及び唐と新羅との關係」 『滿鮮史硏究』 上世 2 ; 津田左右吉, 1964, 「安東都護府考」 『津田左右吉全集』 11, 岩波書店 ; 日野開三郞, 1984, 『日野開三郞東洋史學論集(小高句麗國の硏究)』 8, 三一書房.

(라) 垂拱二年, 又封高藏孫寶元爲朝鮮郡王.

(마) 聖曆元年, 進授左鷹揚衛大將軍, 封爲忠誠國王, 委其統攝安東舊戶, 事竟不行.

(바) [聖曆]二年, 又授高藏男德武爲安東都督, 以領本蕃. 自是高麗舊戶在安東者漸寡少, 分投突厥及靺鞨等, 高氏君長遂絶矣.

위의 기록은 다음과 같이 여섯 문단으로 나누어 분석할 수 있다. (가) 고장은 開府儀同三司·遼東都督·朝鮮王이 되어 고구려 유민과 옛 땅을 통치하게 되었다. (나) 그런데 고장이 말갈과 내통하였기에 邛州(지금의 중국 四川省 邛崍市)로 유배되었고 이와 동시에 많은 유민들 역시 고구려에서 멀리 떨어진 중국 河南 혹은 隴右 지역에 사민되었다. (다) 유배된 고장은 영순 원년(682)에 죽었다고 한다.

(라) 수공 2년(686)에 고장의 손자인 高寶元이 조선군왕에 봉해졌고, (마) 이어서 성력 원년(698)에는 忠誠國王으로 봉해졌다. 그때 무주 정권은 그를 안동도호부로 보내 고구려 유민을 통치하고자 하였지만 이루지 못했다. (바) 이듬해 성력 2년(699)에 고장의 아들 高德武를 안동도독으로 임명하여 재차 유민을 통치하려고 했다. 그러나 고구려 유민의 수가 점차 줄어들고 돌궐 혹은 말갈 땅으로 도망쳤으며 고구려 왕실의 혈통도 끊겼다고 한다. 이후 왕실 인물들의 행방은 전세문헌을 통해서는 알기 어렵다.

그런데 상술한 (가)와 (마)에 보이듯이 朝鮮郡王과 忠誠國王의 봉작은 각기 677년, 698년에 이루어졌는데, 해당 연차는 나당전쟁에서 신라가 이긴 해(676), 발해가 건국된 해(698)와 거의 같다. 이 사실에 주목하여 세력이 성장한 주변 민족에 대해 內屬된 이민족을 대치시키고자 한 당의 정책으로 보는 견해가 제기된 바 있다.[22] 이 견해가 옳다면 무주시기 고구려 유민은 어떠한 정략적 역할을 수행한 것으로 여겨진다. 이러한

22) 金子修一, 1991, 『隋唐の國際秩序と東アジア』, 名著刊行會, 278~283쪽.

관점에서 고구려 유민의 위상을 파악할 필요가 있다.

다음으로 왕족 이외의 고구려 유민의 활동을 살펴보도록 한다. 고구려 유민 중 가장 유력한 집안은 천남생 가문이었다. 주지하듯이 고구려 집권자였던 천개소문에게는 천남생, 천남건, 천남산이라는 세 형제가 있었다. 천개소문의 사후 형제 사이에서 다툼이 생겨 내분이 일어났다. 천남생은 그 아들 천헌성과 함께 당에 귀순하여 당군의 고구려 공격에 협력했다. 마침내 고구려는 멸망하여 보장왕, 천남산은 항복하였고 당은 그들을 장안으로 압송하였다. 한편 끝까지 저항한 천남건은 포로로 잡힌 후 중국 남방 黔州(貴州省)로 추방되었다.

고구려 멸망 후 천남생은 右衛大將軍·卞國公·特進·兼檢校右羽林軍 등을 역임하였다. 의봉 2년(677)에 요동 지방에 가서 고구려 옛 땅에서 당의 통치 정책에 참여하였다가 의봉 4년(679) 정월에 안동도호부 관사에서 죽었다고 한다.[23] 그는 안동도호부의 통치에 협력한 것에서 보듯이 당의 고구려 통치 정책에 있어 매우 중요한 인물이었음이 틀림없다.

다음으로 주목되는 것은 천남생의 아들 천헌성의 경력에 관한 기록이다. 천헌성은 개요 2년(682)에 부친의 작위를 이어 卞國公이 되었다. 그 주요 경력은 백제 유민 흑치상지와 마찬가지로 돌궐과의 전투에 참가하고 禁衛軍에서 근무한 것이다. 그러나 천수 2년(691)에 혹리 來俊臣의 무고로 누명을 쓰고 옥사하였다.[24]

이렇게 볼 경우 천헌성은 정치적으로 패배한 인물이며, 중앙 정계에서 유력 가문과 친밀한 관계를 만든 인물로 보기 힘들다. 다만「천헌성묘지명」에는 다음과 같은 주목할 만한 기록이 있다.

[사료11]「泉獻誠墓誌銘」

---

23)『舊唐書』卷199上, 高麗傳 ;『新唐書』卷110, 泉男生傳 ;「泉男生 묘지명」등 참조.
24)「泉獻誠墓誌銘」참조.

[天授]二年二月, 奉勅充檢校天樞子來使·兼於玄武北門押運大儀銅等事.

이에 따르면 천수 2년(691)에 천헌성은 檢校天樞子來使·兼於玄武北門押運大儀銅等事에 임명되었다. 이러한 관직으로 보아 그는 天樞 건설에 필요한 구리를 운반하는 임무를 부여받았다고 여겨진다. 천추에 관해서는 다음과 같은 기록이 있다.

[사료12] 『舊唐書』 卷6, 則天武后本紀 延載元年(694)8月條

梁王武三思勸率諸蕃酋長奏請, 大徵斂東都銅鐵, 造天樞於端門之外, 立頌以紀上之功業.

이 기록에 보이듯이 무삼사는 무측천의 공적을 찬양하기 위한 목적에서 이민족 수장과 함께 表를 올려, 구리와 쇠를 모아 낙양에 천추라는 기둥을 세우도록 청하였다. 실제로 천추가 완성되었을 때의 모습이 다음과 같이 전해진다.

[사료13] 『資治通鑑』 卷205, 則天武后 天冊萬歲元年(695)條

夏四月, 天樞成. 高一百五尺, 徑十二尺, 八面, 各徑五尺. 下爲鐵山, 周百七十尺, 以銅爲蟠龍·麒麟縈繞之. 上爲騰雲承露盤, 徑三丈, 四龍人立捧火珠, 高一丈. 工人毛婆羅造模, 武三思爲文, 刻百官及四夷酋長名, 太后自書其榜曰, 大周萬國頌德天樞.

이에 따르면 毛婆羅가 천추의 모형을 만들었고 무삼사가 명문을 지었으며, 文武百官 및 四夷 이민족의 수장 이름을 새기고 무측천 스스로는 '大周萬國頌德天樞'라 썼다고 한다. 요컨대 천추는 무주 정권에 의한 천하 통치를 가시적으로 나타내는 상징이었고, 그 건설은 정권의 정통성을 표방하는

데 있어 중요한 행사였다.

특히 천추에 이민족 수장의 이름이 새겨진 사실에 주목해야 한다. 원래 황제의 德化가 미치지 않는 이민족조차 황제 무측천의 덕을 사모하여 찾아왔다는 것은 그 덕이 얼마나 높은지를 나타내는 것이다. 기왕의 견해에 따르면 천추 건설에 있어 인도 출신인 阿羅憾이라는 인물이 보이는데 그 역시 四夷 수장 중 한 명으로 추정된다.[25)]

다시 천헌성의 관직 檢校天樞子來使·兼於玄武北門押運大儀銅等事를 살펴보겠다. 즉 그는 四夷 이민족의 수장으로서 천추에 來參하는 역할을 맡았고, 또 천추의 재료인 구리를 반입하였다. 천추의 중요성을 고려할 때 당시 무주 정권에 있어 천헌성이 중요한 존재였음을 알 수 있다.

그러나 천헌성은 결국 비명에 스러져 천추 완성 의례에 참석하지 못했다. 그 임무를 이어받은 인물이 고족유다.[26)]

[사료14] 「高足酉墓誌銘」

> 證聖元年, 造天樞成, 悅豫子來, 彫鐫乃就. 干靑霄而直上, 表皇王而自得. 明珠吐耀, 將日月而連輝, 祥龍□遊, 憑煙雲而矯首. 壯矣哉邈乎. 斯時也, 卽封高麗蕃長·漁陽郡開國公, 食邑二千戶.

그의 묘지명에 따르면, 증성 원년(695)에 천추가 완성되자 高麗蕃長·漁陽郡開國公으로 봉해졌다. '고려번장'이라는 고구려 유민을 대표하는 칭호를

---

25) 羅光林, 1958, 「景敎徒阿羅憾等爲武則天皇后營造頌德天樞考」『清華學報』新1-3 ; 石田幹之助, 1959, 「海外東方學界消息(十八)」『東方學』18 ; 任大熙, 1995, 「則天皇帝 통치시기의 정치와 인물」, 黃元九敎授定年紀念論叢刊行委員會, 『東아시아의 人間像』, 도서출판혜안.

26) 고족유에 관해서는 다음의 연구 등을 참조. 李文基, 2001, 「高句麗 遺民 高足酉 墓誌의 檢討」『歷史敎育論集』26 ; 拜根興, 2012, 『唐代高麗百濟移民硏究』, 中國社會科學出版, 223~234쪽 ; 李基天, 2018, 「唐代高句麗·百濟系蕃將の待遇及び生存戰略」, 宮宅潔編, 『多民族社會の軍事統治 - 出土史料が語る中國古代』, 京都大學學術出版會.

받았음을 감안하면 그는 천헌성을 대신하여 四夷 이민족의 수장 중 하나로 천추 의례에 참여한 것으로 보인다.[27)]

그런데 이러한 사례와 관련하여 주의해야 할 점은 고족유의 출신이다. 고족유는 요동 평양 사람으로 묘지명에 나오는데,[28)] 구체적인 조상의 경력이 보이지 않으므로 고구려 본국에서 유력한 가문 출신은 아니었던 것 같다.[29)] 즉 왕족도 아니고 천씨 가문도 아닌 것이다. 무주시기에 있어 고구려 유민은 왕족 혹은 천씨와 같은 유력한 가문 출신이 고위고관에 올랐다. 그러나 천헌성의 실각에 따라 원래 유력한 가문이 아닌 고족유가 유민의 대표가 되었던 것이다. 이러한 현상에 무주시기에서 다음 시대로 이행하는 유민 양상의 변화가 엿보인다.

---

27) 고족유가 蕃長으로 봉해진 이유에 대하여 拜根興은 그가 고구려 유민 중 최연장자였기 때문이라고 추측하였다(拜根興, 2012, 『唐代高麗百濟移民研究』, 中國社會科學出版, 223~234쪽). 한편 李基天은 요동에서 벌어진 거란과의 전투에서 활약한 高質이 冠軍大將軍·左玉鈐衛大將軍·柳城縣開國公에 봉해져 고구려 유민 중에서 세력을 얻고 있었으므로, 그에 대치시키기 위해 당 조정이 고족유를 기용했다고 지적하였다(李基天, 2018, 「唐代高句麗·百濟系蕃將の待遇及び生存戰略」, 宮宅潔編, 『多民族社會の軍事統治 - 出土史料が語る中國古代』, 京都大學學術出版會, 366쪽). 두 견해는 시사하는 바가 많지만 어느 쪽이 타당한지는 단정할 수 없다. 다만, 당시 왕족, 천씨, 그리고 고질 가문 등과 같이 고구려 유민 중 유력한 세력이 존재하였던 상황을 고려하면, 각 세력의 균형을 맞추기 위해 당시 나이도 많고 또 주류가 아니었던 고족유를 발탁했을 가능성을 배제할 수 없다. 이 점에 관해서는 이후에도 계속 검토하고자 한다.

28) 「高足酉墓誌銘」, "公諱足酉, 字足酉, 遼東平壤人也."

29) 고족유의 출자에 대하여 이문기는 고구려의 유력한 가문이었을 것으로 추정하였다. 묘지명에 "族本殷家, 因生代承, □居玄菟, 獨擅雄蕃 …"라는 구절이 있는데, 그는 이를 "一族은 본래 융성한 가문에서 태어나 이어 왔으니, 옛날에는 玄菟 땅에 살면서 雄蕃을 홀로 오로지 하였다"라고 해석하여 고족유 가문이 유력한 위상을 가졌음을 알 수 있는 근거 중 하나로 들었다(李文基, 2001, 「高句麗 遺民 高足酉 墓誌의 檢討」 『歷史教育論集』 26, 457~459쪽). 그러나 '殷家'는 문헌에서의 용례나 고유명사 玄菟의 對句라는 점을 고려할 때 중국 왕조 은나라를 가리키는 것으로 이해된다. 또 이 구절은 조상의 업적을 추상적으로 표기한 부분이므로 실제를 얼마나 반영한 기록인지 의문이 든다. 따라서 이러한 묘지명의 기록만으로 고족유를 유력한 가문 출신으로 판단하기 어렵다.

위와 같은 여러 사례를 통하여 무주시기에 백제·고구려 유민들 중 옛 왕족과 유력 가문이 당시의 권력자와 친밀한 관계를 맺어 그 집안을 유지하면서 당 조정에서 어떠한 정략적 역할을 담당하였다고 파악할 수 있다. 전세문헌에는 거의 보이지 않지만, 유민들은 중앙 정계와 밀접하게 교류함으로써 무주시기에 살아남은 것이다. 다음 Ⅲ장에서 개원기 유민의 활동을 살펴보겠다.

Ⅲ. 開元期의 활동과 봉선제

1. 백제 유민

무측천이 퇴위하여 무주시기는 끝났다. 이후 中宗·睿宗을 거쳐 玄宗이 즉위하여 개원기에 접어들었는데, 그 이전의 상황과 비교한다면 유민의 양상에 변화가 생겼다. 먼저 백제와 고구려 유민의 활동을 사료를 통해 살펴보겠다.

먼저 백제 유민의 경우 사료를 통해 확인할 수 있는 활동은 거의 없다. 앞장에서 본 바와 같이 왕족으로 부여태비가 있었는데, 그녀는 虢王 李邕 부인으로서 개원 연간 초에 왕비로, 개원 19년(731)에는 태비로 봉해졌다. 개원 연간 왕족 부여씨의 활동은 이 부여태비 외에는 확인할 수 없다.[30)]

그런데 사료상 개원 연간부터 꽤 늦은 시기인 元和 12년(817)에 扶餘準이라는 인물을 찾을 수 있다.[31)] 그는 성씨가 백제 王姓인 부여이고, 또 출신이

30) 金榮官, 2009,「百濟 義慈王 曾孫女 太妃扶余氏 墓誌」『百濟學報』創刊號.

31)『新唐書』卷216下, 吐蕃傳下, "[元和]十二年, 贊普死, 使者論乞髯來, 以右衛將軍烏重玘, 殿中侍御史段鈞弔祭之. 可黎可足立爲贊普, 重玘以扶餘準·李驂偕歸. 準, 東明人, 本朔方騎將. 驂, 隴西人. 貞元初戰沒于虜者. 使者知不死, 求之, 乃得還. 詔以準爲澧王府司馬, 驂嘉王友."

'東明'으로 전하는데, 東明은 당이 백제를 멸망시킨 후 그 땅에 설치한 기미주 중 하나이다.[32] 이 점을 고려하면 扶餘準은 왕족 출신의 백제 유민으로 추측된다.[33] 다만 朔方騎將이라는 중하급 무관직을 지닌 점, 이후에도 역시 禮王府 司馬라는 중상급 무관직을 역임한 사실을 고려하면, 부여융, 부여문선에 비하여 높은 지위에 있던 인물이 아닐 것이다.[34] 이처럼 후대 사료도 아울러 고려하면 백제왕족의 지위는 상당히 하락되었다고 생각된다.

왕족 이외의 백제 유민으로 개원 연간에 생존한 인물은 두 사람이 확인된다. 難元慶은 지방 折衝府의 都尉를 역임한 인물인데, 개원 연간에는 거의 활동하지 않고, 개원 11년(723) 汝州에서 사망했다.[35] 禰仁秀는 개원 연간 이전에는 右驍衛郎將이었다가 어느 시기에 상관의 죄에 연루되어 지방 절충부로 좌천당했다. 이후 그는 중앙으로 복귀할 기회를 잡지 못하고 개원 15년(727)에 이르러 사망했다.[36] 이렇듯 개원 연간에는 백제 유민의 눈에 띄는 활동은 거의 보이지 않는다.

---

32) 『三國史記』 卷37, 地理志4, "東明州四縣. 熊津縣, 本熊津村. 鹵辛縣, 本阿老谷. 久遲縣, 本仇知. 富林縣, 本伐音村."

33) 植田喜兵成智, 2015, 「在唐百濟遺民の存在様態 - 熊津都督府の建安移轉の史的意義と關連させて」 『朝鮮學報』 236, 116쪽 주(11) 참조.

34) 예왕부사마는 종4품하에 해당된다. 부여준은 貞元 3년(787)에 토번의 포로가 되었다가 30년 후인 元和 12년(817)에 이르러 당으로 돌아왔고, 그 때 예왕부사마를 제수받았다. 이 관직이 최종관직인지 확정할 수 없지만, 부여준이 오랫동안 포로로 생활했다는 점을 고려하면 사실상 최종관직으로 판단된다.

35) 李文基, 2000, 「百濟 遺民 難元慶 墓誌의 紹介」 『慶北史學』 23.

36) 예인수와 부인 若干氏는 先代 예소사와 마찬가지로 같은 墓域에 埋葬되었다. 이를 토대로 예씨 가문이 예인수 세대까지는 어느 정도 세력을 유지했다고 볼 수도 있다. 그러나 다음과 같은 몇 가지 이유로 예씨 가문은 쇠락했던 것으로 여겨진다. 첫째로, 아들 祢適은 관직을 오른 적이 없는 것 같다. 둘째로, 묘주 예인수가 죽은 지 매장까지 약 24년, 부인이 죽은 지 매장까지 약 12년이 걸렸다. 셋째로, 부인은 그 만년에 아들 예적의 집이 아니라 시집간 딸의 집에서 지냈다. 이런 상황을 고려할 때 예씨 가문은 예인수 사망 후 경제적 곤란을 겪은 것으로 추측된다(古代東アジア史ゼミナール, 2018, 「祢仁秀譯注」 『史滴』 40).

위의 사례에서 보았듯이 백제 유민의 활동은 묘지명 등 출토사료를 통해서도 확인하기 어렵다. 즉 백제 유민 활동은 무주시기에 비하여 명확히 줄어들었다고 생각된다.

2. 고구려 유민

다음으로 고구려 유민의 사례를 살펴보도록 한다. 먼저 왕실 후손을 살펴보면, 고구려 왕의 후손인 高震과 그 딸 高氏夫人의 묘지명이 발견되어 그 행적을 파악할 수 있다.

[사료15]「高氏夫人墓誌銘」

夫人姓高氏, 渤海人也. 齊之諸裔也. … 曾祖, 皇朝鮮王. 祖諱連, 皇封朝鮮郡王. 父震, 定州別駕. … 以配唐州慈丘縣長邵公陜之室焉.

[사료16]「高震墓誌銘」

唐開府儀同三司·工部尚書·特進·右金吾衛大將軍·安東都護·郯國公·上柱國高公墓誌銘并序

… 公諱震, 字某, 渤海人. 祖藏, 開府儀同三司·工部尙書·朝鮮郡王·柳城郡開國公. 禰諱連, 雲麾將軍·右豹韜大將軍·安東都護. 公迺扶餘貴種, 辰韓令族. 懷化啓土, 繼代稱王, 嗣爲國賓, 食邑千室.

고씨부인은 그 묘지명에 따르면 宣義郎·守唐州慈丘縣令 邵陜과 혼인하였다. 부인은 고장(보장왕)의 증손녀이며, 조부 高連은 朝鮮郡王, 부친 高震은 定州別駕였다고 한다. 한편 부친 고진 묘지명에 따르면 고련은 雲麾將軍·右豹韜大將軍·安東都護를 역임하였고, 고진은 開府儀同三司·工部尙書·特進·右金吾衛大將軍·安東都護·郯國公·上柱國이었다고 한다. 즉 고진의 묘지명에는 고련이 조선군왕이 되었다는 기록이 없고, 고련과 고진이 지닌 관작이 고씨부인의 묘지명과는 차이가 있다.

고진은 사망 연도로 역산해보면 701년생으로 추정되므로, 그 부친 고련은 개원 연간에 활동한 인물로 생각된다. 무주시기에 고장의 손자인 高寶元이 조선군왕으로 봉해진 사실을 고려하면 고련은 직계가 아니라 傍系일 가능성이 있기도 하다. 단정할 수는 없으나, 무주시기에 들어서 고보원에 이어 고련이 조선군왕이 되었을 가능성을 배제할 수 없다.

한편 고진은 조선군왕이 되었다는 기록이 없고, 나아가 안동도호를 역임했다는 기록 그 자체도 의심스럽다. 본인의 묘지명에서 안동도호가 되었다고 하지만 이 기록은 사실일 가능성이 낮다. 대력 7년(772)에 만들어진 「고씨부인 묘지명」에 따르면 당시 고진은 정주별가(종4품)였다. 그러나 대력 13년(778)에 만들어진 고진 묘지명에 따르면 안동도호를 비롯하여 開府儀同三司·郯國公(종1품) 등 매우 높은 관작을 지니고 있었다. 그러나 특별한 공로도 없던 고진이 단기간에 이렇게 빨리 승진했다고 보기는 어렵다. 이런 경우 사후 추증된 것으로 보는 것이 타당하다.

위의 사례를 통해 볼 때 개원 연간 이후 고구려 왕족의 지위는 현저히 하락된 상황이었다. 그들은 무주시기를 넘어서 살아남았지만 그 영향력은 눈에 띄게 약해졌다. 개원 연간 이후 고구려 왕족들은 사서에 남을 만한 활약을 하지 못했던 것 같다. 그러므로 고진 가문처럼 중급 관인으로 존재하였지만, 이전 시기와 달리 당 중앙 정계 및 유력 가문과 깊은 관계를 맺지 못했던 것으로 생각된다.

다음으로 왕족이 아닌 고구려 유민의 사례를 살펴보고자 한다. 몇몇 사례를 보면 새로운 경향, 새로운 세대의 출현이 보인다. 대표적으로 王毛仲, 高仙芝 등과 같은 인물을 거론할 수 있다.

왕모중은 노비로서 현종을 섬겼는데, 황제로부터 총애를 받아 입신출세한 인물이다.[37] 고선지는 安西 지역에서 군공을 세워 출세하였다. 단 본격적으로 장군으로 출세한 시기는 天寶 연간에 들어서서이다.[38] 王思禮는 고선지와 마찬가지로 서역 지역에서 군공을 세워 출세하였다. 이 역시 천보 연간에 들어서서부터 활약한 사람이다.[39] 李正己는 현종대 이후에 대두한 인물이며, 안사의 난 후 절도사로 활약하였다.[40]

이처럼 이전 시기와 달리 왕족과 천씨 이외의 유민들이 활약상을 보이고 있다. 이러한 새로운 세대의 출현에 관해서는 〈표 1〉에 보이는 것처럼 정리된다. 이 표는 전세문헌 및 유민 묘지명의 기록을 바탕으로 고구려 유민의 세대적 차이점을 정리한 것이다. 이를 통하여 700년대부터 710년대 사이에서 세대교체가 발생한 것으로 파악할 수 있다.

세대교체 후의 유민은 부친 세대가 입당한 뒤 본인은 당에서 태어난 입당 제2세대라고 할 수 있다. 세대교체로 인하여 개원기에 들어서 유민들의 상황에 변화가 생겼을 것이다.

다음으로 묘지명 사료를 통하여 유민 제2세대의 양상을 살펴보도록 한다. 먼저 당 중앙 정계와 관계가 있는 인물부터 보고자 한다.

---

37) 『舊唐書』 卷106, 列傳56 王毛仲傳 ; 盧泰敦, 1981, 「高句麗 遺民史 硏究 - 遼東·內地 및 突厥方面의 集團을 중심으로」 『韓沽劤博士停年紀念史學論叢』, 知識産業社 ; 池培善, 2006, 『고구려·백제 유민 이야기』, 혜안 ; 鄭炳俊, 2009, 「唐朝의 高句麗人軍事集團」 『東北亞歷史論叢』 24 참조.

38) 『舊唐書』 卷104, 列傳54 高仙芝傳 ; 盧泰敦, 1981, 「高句麗 遺民史 硏究 - 遼東·唐內地 및 突厥方面의 集團을 중심으로」 『韓沽劤博士停年紀念史學論叢』, 知識産業社 ; 鄭炳俊, 2009, 「唐朝의 高句麗人軍事集團」 『東北亞歷史論叢』 24 참조.

39) 『舊唐書』 卷110, 列傳60 王思禮傳 ; 盧泰敦, 1981, 「高句麗 遺民史 硏究 - 遼東·唐內地 및 突厥方面의 集團을 중심으로」 『韓沽劤博士停年紀念史學論叢』, 知識産業社 ; 鄭炳俊, 2005, 「'營州城傍高麗人' 王思禮」 『고구려발해연구』 19 ; 鄭炳俊, 2009, 「唐朝의 高句麗人軍事集團」 『東北亞歷史論叢』 24 참조.

40) 『舊唐書』 卷124, 列傳74 李正己傳 ; 盧泰敦, 1981, 「高句麗 遺民史 硏究 - 遼東·唐內地 및 突厥方面의 集團을 중심으로」 『韓沽劤博士停年紀念史學論叢』, 知識産業社 ; 鄭炳俊, 2009, 「唐朝의 高句麗人軍事集團」 『東北亞歷史論叢』 24 ; 鄭炳俊, 2012, 「德宗의 藩鎭改革 政策과 平盧節度使 李正己」 『中國史硏究』 81 참조.

〈표 1〉 在唐高句麗 遺民의 활동에 대한 시기구분

연대(서력)	640	650	660	670	680	690	700	710	720	730	740	750	760	770
墓誌銘 시기구분※1				Ⅰ期		Ⅱ期				Ⅲ期				Ⅳ期
高姓 묘지명의 조상 기술 방식※2				原初型		原初型＋殷人型				殷人型→渤海型				渤海型
제1세대 활동 기간							……							
제1.5세대 활동 기간		……					……							
제2세대 활동 기간							……							
제3세대 활동 기간								……						
제4세대 활동 기간														……
王毛仲 활동 기간														
高仙芝 활동 기간										……				
王思禮 활동 기간											……			
李正己 활동 기간												……		
通婚 사례※3	고구려계 중심 (총 8건 중 유민 성씨 7건)							한인계 중심 (총 4건 중 유민 성씨 1건)						

※1 묘지명 시기구분은 제작 시기를 기준으로 구분한다.
※2 원초형 : 단순하게 출자를 고구려로 표기. 은인형 : 출자를 은나라 사람 혹은 箕子로 표기.
발해형 : 출자를 발해인으로 표기.
※3 유민 성씨로 보이는 高, 泉, 王, 李씨를 고구려계로 삼았다.

[사료17]「李仁德墓誌銘」

當昔中宗晏駕, 韋氏亂常, 將欲毒黎元, 危宗廟. 公於是義形于色, 憤起于衷, 發皇明, 披紫闥, 奔走電激, 左右風趨, 心冠鷹鶴, 手刃梟鏡, 人抵再色, 帝宇廓清. 翊一人以御天, 功存社稷, 膺四履而列地, 封固山河. 是用拜公雲麾將軍行右屯衛翊府中郎將, 金城縣開國子, 食邑三百戶. 晝巡徼道, 環黃屋而竭誠, 夜拜殊榮, 佩紫綬而光寵. 是用遷公右威衛將軍, 錫馬承恩, 一日三見於天子, 以爵馭貴, 十卿同祿於諸侯. 是用加公冠軍大將軍, 進封開國公, 增二千戶.

[사료18]「高德墓誌銘」

唐元之初, 巨朋間釁, 我皇召貔熊, 斬梟鏡, 從安區寓, 立乎大功. 聖恩念勞, 捜平州白楊鎭將, 轉鄜州之龍交·岐州之杜陽兩府果毅, 俄遷陜州之萬歲·絳州之長平·正平·懷州之懷仁·同州之洪泉等五府折衝, 擢授右武衛翊府郎將, 超授定遠將軍·右龍武軍翊府中郎, 賜紫金魚袋·長上·上柱國, 內帶弓箭. 府君雖官授外府, 而身奉禁營, 每鑾輿行幸, 鳳扆巡遊, 校獵從禽, 盤遊縱賞, 府君常在□內, 親近供奉.

[사료19] 「李懷墓誌銘」

君門九重, 難以聞上, 遭中宗棄世, 韋氏擅權, 釣陳夜驚, 秦城洶洶. 公告難皇邸, 剪除無遺, 國祚中興, 實賴先覺. 拜游擊將軍·行右衛扶風郡積善府左果毅, 仍留長上. 聖主封禪, 加宣威將軍, 改左威衛河南洛汭府折衝. 俄加壯武將軍, 授左領軍衛翊府右郎將. 未盈五考, 加忠武將軍, 授左龍武軍翊府中郎將, 擧其要也. 仍留東京左屯營檢校.

[사료20] 「高木盧墓誌銘」

屬中宗孝和皇帝, 廓淸宇宙, 掃祲蕭墻. 君當奮袂提戈, 禦衛辰極, 故得名登簡冊, 位列珪璋. … 嗣子左領軍衛京兆府□□府折衝都尉·杖內供奉·借緋·長上·上柱國履生等, 痛深泣血, 悲割摧心. 卜宇奉周公之儀, 封樹遵仲尼之訓.

[사료21] 「王景曜墓誌銘」

公忠貞成性, 廉直居懷, 尤善駕馭, 明乎廐牧, 初授殿中奉乘. 稍轉七衛中候, 俄除率府司階, 尋改甘泉果毅, 無何加擊將軍·守翊府左郎將. 頃之加中郎, 超右威衛將軍·借紫金魚袋, 竝依舊仗內. 驅馳紫禁. 趨侍丹墀, 扈太液而登建章, 從長陽而過細柳, 作明君之牙爪, 爲聖主之腹心. 頃緣親累, 出爲冀州別駕.

李仁德은 韋皇后 일파 숙청 당시에 공을 세워 雲麾將軍·行右屯衛翊府中郎將·金城縣開國子·食邑三百戶를 제수받았다.[41] 高德도 마찬가지로 위황후 숙

41) 이인덕에 대하여 그가 고구려 유민이 아닐 가능성이 제기된 바 있다(金秀鎭, 2017, 「唐京 高句麗 遺民 硏究」, 서울대학교 국사학과 박사학위논문, 75~77쪽). 다만 몇 가지 이유로 필자는 고구려 유민일 가능성이 높다고 생각한다. 자세한 근거에 대해서는 별도의 글로 발표하고자 한다. 본고에서는 그 이유를 간략히

청 때 공로를 세워 개원 연간에 들어서 절충부도위나 위부중랑장을 역임하였다.[42] 李懷 역시 같은 공으로 위부 장교가 되어 宿衛했는데, 현종이 봉선제를 거행하였을 때 수행하였다고 기록되어 있다.

高木盧는 중년이 넘어서도 스스로 출세하지 않은 인물이었다. 그러다가 중종의 복위 시점, 즉 張易之 형제를 숙청할 당시에 공을 세웠다고 한다. 그 아들 高履生이 현종대에 절충부도위를 역임하고, 禁衛에서 숙위를 한 사실도 기록되어 있다.

한편 王景曜는 위에서 본 인물들과 사정이 조금 다르다. 그는 왕모중의 친척이었는데, 묘지명에 따르면 왕모중이 실각했을 때 같이 좌천되었다. 좌천 전에는 衛府 무관을 역임했고 황제의 측근이었다. 명확한 공로도 없이 출세한 것을 고려하면, 위황후 숙청에 공을 세운 왕모중의 출세에 따라 함께 승진한 것으로 추정된다.

위의 사례를 통해 볼 때 이인덕, 고덕, 이회는 모두 위황후 숙청을 계기로 출세했다는 공통점이 있다. 이는 현종의 측근으로 출세한 왕모중도 마찬가지이다. 또 고목로는 현종과 관계가 있는 것은 아니며 중종대 政變에

소개하는 것으로 그치고자 한다.

첫째로, 묘지명에 "眞裔散於殊方, 保姓傳於弈代"라는 조상의 행적이 보이는데, '殊方'은 원래 中華세계의 바깥을 가리키는 말이다. 그러므로 이인덕 가문은 당의 입장에서 보면 외국 출신일 가능성이 높다.

둘째로, 이인덕의 가문은 "其先蓋樂浪望族也"라고 하듯이 출신이 '樂浪'으로 표기되어 있다. 이 '樂浪'을 과거에 실제로 설치된 낙랑군, 혹은 중국 內地로 僑置된 낙랑군으로 보는 견해도 있다. 다만, 唐代 문헌에 나오는 '樂浪'은 고구려를 포함한 한반도의 각 세력 내지 한반도 전체를 가리키는 경우가 대부분이다.

셋째로, 『당대묘지명휘편』에 수록된 300건이 넘는 李氏 묘지명 중 '樂浪'을 출자로 칭하는 사례는 「李仁德墓誌銘」이 유일하다. 이처럼 「李仁德墓誌銘」은 특이한 사례에 속하므로 여타의 이씨와는 다른 성격을 지닌 것으로 여겨진다.

넷째로, 이인덕의 '金城郡開國男'이라는 작호이다. 郡號인 금성군이 西域(지금의 중국 甘肅省 蘭州)에 위치하므로 이인덕 가문을 서역 출신으로 김수진은 보았다. 작호의 郡號와 郡望은 연결되는 것이 일반적이지만 반드시 일치하는 것만은 아니다. 군망과 작호의 郡號가 다른 경우도 있다.

42) 李東勳, 2008, 「高句麗遺民 『高德墓誌銘』」 『韓國史學報』 31.

참여한 인물이다. 그리고 왕경요는 직접적으로 정변에 참여한 인물은 아니지만 왕모중과의 혈연관계로 인하여 출세했으므로, 간접적으로 정변에 관여했다고 볼 수 있다.

이처럼 중앙정계에서 정변에 관여하여 출세한 유민들의 유형을 왕모중형으로 부르고자 한다. 그들은 황제의 가까이에 있으면서 기회를 얻어 출세한 인물들이다.

한편 제2세대 유민 중 왕모중형과 다른 유형에 속하는 유민들도 당연히 존재했다. 다음으로 다른 유형의 유민 묘지명을 살펴보도록 한다.

[사료22] 「豆善富墓誌銘」

君以岳牧子解□檢校□□□軍事. 又以□方不靜, 朝廷徵任, 擢授潞州銅鞮府左果毅都尉, 加游擊將軍, □□□兵□臨西戎, 亟戰超勝, 授上柱國, 轉絳州武城府左果毅都尉. 開元十三年中, 扈從東封, 禮畢加忠武將軍, 進絳州□□府折衝都尉. 徐國公蕭嵩按節朔方, 兼巡河右, 請爲裨將. 時晉州晉安府折衝都尉. 玉潔冰雪, 歲寒不凋, 理有能名, 聲華遠播. 侍御史鄔元昌, 請監東都大和庫, 我皇思帑藏任重, 罕有克堪, 以君衆推, 帝曰兪往. 積行累功, 終始不替,特攝右金吾衛郎將, 依前監庫.

[사료23] 「高欽德墓誌銘」

大君御宇十有四載, 天下晏如也, 外戶不扃, 四郊無壘, 以逸預也. 復下嫁聖女, 以結其心, 殭屍猶横於路隅, 胡騎尙寇於城下, 蓋戎狄無厭, 負我玄德. 俗有聳聽, 皇心孑然. 乃將選韜鈐, 董夫是守, 帝惟簡哉, 得乎高公矣. 公敎人數年, 亦可以卽戎也. 自寧遠將軍制兼幽州副節度·知平盧軍事. 才可爲裨副冠首.

[사료24] 「高遠望墓誌銘」

解褐有制, 超拜淨蕃府果毅·兼保塞軍副使. 入仕從熏, 詎短服而爲耻. 白衣拜將, 豈埋輪而足榮. 集退晏如, 子父同道. 公淸不滯, 博施於人. 雖作宦醜夷, 亦吾道東也. 重虜入塞, □據窮漠, 狼心未革, 敢讎大邦, 請我唐不能有也. 君六驥先鋒, 摧堅却敵. 胡人稽首懼王者有師. 帝僉欽哉, 式獎敦效. 制授平州盧龍·幽州淸化二府折衝都尉·兼安東鎭副使, 賜紫金魚袋. 未經星歲, 又遷河南慕善府折衝, 依舊充副使. 國家擇才□□, 授職當人, 雖遽達六□, 豈三軍可奪. 無何, 制改郏鄏府折衝, 依前充副使. … 突厥與契丹都督□□于迷心未啓, 莫晤傾巢. 屢能逞暴肆凶, 竊擾荒裔, 蟻見城警, 敢亂大常. 君智懷不疑, □□□□. □戰遽息, 謀謨不羈. 克效克勤, 取捨在我. 自左驍衛郎將, 帝嘉其功, 拜安東大都護府副都護兼松漠使, 賜紫金魚袋·上柱國.

[사료25] 「南單德墓誌銘」

開元初, 上知素有藝能, 兼閑武略, 留內供奉射生. 後屬兩蕃亂離, 詔付夔祖汾陰公駈使, 頻立功効. 授折衝果毅, 次至中郎將. 軍旋, 以祿山背恩, 俶擾華夏. 公在麾管, 常懷本朝. 復遇燕郊妖氛, 再犯河洛, 元首奔竄, 公獨領衆歸降. 上念勳高, 特錫茅土, 封饒陽郡王, 開府儀同三司·左金吾衛大將軍, 食邑三千戶.

豆善富는 토번과의 전쟁에서 공을 세워 출세했다. 여러 절충부 무관을 역임했으며 마지막으로 중앙 禁衛에서 근무하였다.[43] 高欽德·高遠望 부자는 시기가 명확하지는 않지만 안동도호부와 관련된 관직을 받았고 당 동북 지역에서 거란과의 전쟁에서 공을 세웠다. 南單德은 당 동북 지역에서 활동하면서 안사의 난 때의 공으로 출세하였다.[44]

그들은 변경 전쟁에서 출세한 군인이었다. 전세문헌에 전하는 고선지·왕

43) 安政焌, 2015, 「『豆善富 墓誌銘』과 그 一家에 대한 몇 가지 검토」 『人文學硏究』 27.

44) 王菁·王其禕 「平壤城南氏 : 入唐高句麗移民新史料 - 西安碑林新藏大曆十一年『南單德墓誌』」 『北方文物』 2015-1 ; 장병진, 2015, 「새로 소개된 고구려 유민 "南單德"묘지에 대한 검토」 『高句麗渤海硏究』 52.

사례도 그들과 마찬가지로 당의 대외 전쟁에서 활약하여 출세한 인물들이다. 그러므로 이러한 유형에 속하는 유민들을 고선지·왕사례형으로 부르고자 한다.

이상에서 본 바와 같이 백제 유민·고구려 유민들은 모두 개원기에 들어서 전환기를 맞이하게 되었다. 즉 종래의 왕족과 무주시기에 활약한 가문의 쇠퇴를 의미하는 것이며, 유민의 존재 양태가 세대교체에 따라 변화되었음을 시사한다.

3. 태산 봉선제

당 현종대에 접어들어 중요한 국가적 의례가 진행되었다. 개원 13년(725)에 현종은 중국 태산에서 봉선제를 실시하였다. 이때 많은 문무백관이 의례에 참석하였다. 그 외에 당의 주변국 및 복속된 이민족의 수장과 사신의 참석도 확인된다. 그들 가운데에는 백제와 고구려의 유민도 있었다. 사료를 자세히 분석하면서 이러한 사실을 어떻게 파악할 수 있을지 살펴보도록 하겠다.

[사료26] 『舊唐書』 卷23, 禮儀志3 封禪條[45)]

> 壬辰. 玄宗御朝覲之帳殿, 大備陳布. 文武百僚, 二王後, 孔子後, 諸方朝集使, 岳牧擧賢良及儒生, 文士上賦頌者, (A)戎狄夷蠻羌胡朝獻之國, 突厥頡利發, 契丹, 奚等王, 大食, 謝颶, 五天十姓, 崑崙, 日本, 新羅, 靺鞨之侍子及使, (B)內臣之番, 高麗朝鮮王, 百濟帶方王, 十姓摩阿史那興昔可汗, 三十姓左右賢王, 日南, 西竺, 鑿齒, 雕題, 牂柯, 烏滸之酋長, 咸在位.

45) 『唐會要』 卷8에도 동일한 사실을 전하는 기록이 있기는 하지만, 誤字가 많은 관계로 본 논문에서는 『舊唐書』의 표기에 따른다.

위의 사료에 따르면 참석한 사신들은 두 종류로 구분된다. (A) '朝獻之國'의 그룹과 (B) '內臣之番'의 그룹으로 분류된 것이 그것이다. 참석한 세력을 간략하게 정리하면 〈표 2〉와 같다. 그리고 (B) 그룹 '내신지번'으로 '百濟帶方王'과 '高麗 朝鮮王'을 칭하는 자가 참석하였다.

〈표 2〉 朝獻之國·內臣之番일람

(A) 朝獻之國 그룹

	참석세력	참석자 지위	실제 참석자	비고
1	突厥	頡利發	阿史德頡利發	突厥第二帝國 毗伽可汗이 派遣.
2	契丹	王	松漠郡王 李召固	封禪 후, 廣化王 작위를 받고 東華公主 降嫁.
3	奚	王	饒樂郡王 李魯蘇?	李魯蘇의 入朝 기록은 없다. 다만, 封禪 후 奉誠王 작위를 받고 燕郡公主 降嫁.
4	大食	侍子及使	우마이야 왕조의 사신	開元 초에 사신 파견.
5	謝颶	侍子及使	자불리스탄의 사신	지금의 아프가니스탄 남부 자불주 지역.
6	五天十姓	侍子及使	五天竺 諸國에서 온 사신?	開元연간에 西天竺, 南天竺, 北天竺, 中天竺 사신이 朝貢. 南天竺은 開元8년(720)에 책봉을 받음.
7	崑崙	侍子及使	林邑 이남 세력의 사신?	眞臘(캄보디아) 사신이 武德 이래 朝貢.
8	日本	侍子及使	일본 사신?	718~733년까지 遣唐使 파견되지 않음.
9	新羅	侍子及使	신라 사신	703년 이후 거의 매년 사신 파견.
10	靺鞨	侍子及使	발해 사신	713년 渤海郡王 책봉. 719년 大武藝 즉위.

(B) 內臣之番 그룹

	참석세력	참석자 지위	실제 참석자	비고
1	高麗	朝鮮王	高寶元? 高連?	武周시기 高寶元이 朝鮮郡王이 됨. 開元연간 高連이 安東都護·朝鮮郡王이 됨?
2	百濟	帶方王	?	武周시기 帶方郡王으로 扶餘敬이 있었으나 이후 미상.
3	十姓	阿史那興昔亡可汗	西突厥 阿史那獻	西突厥 부락 통치. 長安3년(703) 임명, 개원연간 사망.
4	三十姓	左賢王	東突厥 阿史那毗伽特勤의 후손?	東突厥頡利? 突利可汗?의 증손자. 開元3년(715) 당에 귀순. 開元5년(718) 左賢王으로 東突厥부락 통치. 開元12년(724) 사망.
5	三十姓	右賢王	東突厥 墨特勤 혹은 그 후손	東突厥默啜可汗의 아들 墨特勤. 開元6년(718) 당에 귀순.

6	日南	酋長	日南郡의 이민족?	嶺南 愛州日南郡.
7	西竺	酋長	?	天竺? 西天竺?
8	鑿齒	酋長	嶺南지역의 이민족?	百越지역 풍습으로 '鑿齒'가 있었음.
9	雕題	酋長	姚州지역의 南蛮	雲南지역.
10	牂柯	酋長	江南지역의 南蛮?	江南지역의 羈縻州인 黔州都督府 밑에 牂州(牂柯郡)가 있었음. 開元연간 牂柯大酋長이 來朝.
11	烏滸	酋長	嶺南지역의 이민족	嶺南 貴州鬱平縣에 烏滸人이 거주.

그런데 (A) '조헌지국'은 당 영역 외에서 자립성을 가진 外臣에 해당되는 세력이며, (B) '내신지번'은 亡國 王家의 정통성을 이은 후손으로 보는 견해가 제기되었다.[46] 그렇다면 상술한 백제와 고구려의 왕족 후손 중 누군가가 봉선제에 참석했던 것으로 볼 수 있다.

봉선제의 성격에 관하여 다음과 같은 지적이 중요하다. 당대 봉선제는 그 이전 시기의 봉선제에서부터 변화하여 원래의 呪術적 성격을 벗어나 정치적 성격이 강해졌다고 지적된 바가 있다.[47] 그리고 당대의 봉선제에서는 새롭게 朝覲禮가 창설되어 天子와 복속된 주변 이민족 사이에 君臣관계를 설정하는 의례를 진행함으로써 會盟의 기능도 가지게 되었다는 견해가 제기되었다.[48] 실제로 위의 [사료26]에서 본 바와 같이 현종대의 봉선제에도 조근례가 실시되었고, 거기에 주변국에서 온 수장이나 사신들이 참석했던 것으로 보아 개원 연간의 봉선제도 국제적 외교무대였음이 틀림없다.

이러한 국제 관계와 연동되는 봉선제에 백제·고구려 유민이 참석한 것인데, 이 자리에는 신라와 발해의 사신 또한 참석하였다. 봉선제의 국제성을 감안하면, 백제와 고구려의 유민, 그리고 신라와 발해의 사신이 각자 '내신지번'과 '조헌지국'으로 참석한 점이 매우 대조적이다.

---

46) 古畑徹, 1992, 「いわゆる『小高句麗國』の存否問題」『東洋史研究』 51-2, 208쪽.

47) 金子修一, 2001, 『古代中國と皇帝祭祀』, 汲古書院, 83~139쪽.

48) 笠松哲, 2009, 「天下會同の儀礼 - 唐代封禪の會盟機能について」『古代文化』 61-1.

봉선제 참석자들이 복잡한 국제 관계에 놓인 사실을 잘 보여주는 것이 돌궐 관계자들이다. 동돌궐의 경우 毗伽可汗은 阿史德頡利發을 사신으로 삼아 봉선제에 보냈는데, 다음과 같이 복잡한 경위가 보인다.

[사료27]『舊唐書』卷194上, 突厥傳上

[開元]十三年, 玄宗將東巡, 中書令張說謀欲加兵以備突厥. 兵部郎中裴光庭曰, "封禪者告成之事, 忽此徵發, 豈非名實相乖." 說曰, "突厥比雖請和, 獸心難測. 且小殺者仁而愛人, 衆爲之用. 闕特勤驍武善戰, 所向無前. 暾欲谷深沉有謀, 老而益智, 李靖·徐勣之流也. 三虜協心, 動無遺策, 知我擧國東巡, 萬一窺邊, 何以禦之." 光庭請遣使徵其大臣扈從, 則突厥不敢不從, 又亦難爲擧動. 說然其言, 乃遣中書直省袁振攝鴻臚卿, 往突厥以告其意.

이에 따르면 동돌궐의 사신 파견을 둘러싸고 당 조정에서는 갑론을박을 거듭하였다. 그 무렵 당에서 가장 우려하던 일은 봉선제가 진행되는 사이에 그 틈을 타서 돌궐이 침공을 단행하는 것이었다. 결국 당 조정은 그러한 사태를 피하기 위해 동돌궐에게 봉선제에 사신을 파견하도록 요청하였다.

무주시기 이래 당과 동돌궐은 적대와 화친을 반복하고 있었다. 봉선제에 앞선 개원 9년(721)에 비가가한이 당 황제를 어버이처럼 섬긴다고 청하는 등 양국 관계는 개선되어 가고 있었다.[49] 따라서 동돌궐의 참석은 우호관계 지속의 의지 확인 및 군사행동에 대한 견제의 의도가 있었던 것이다.

한편 (B) 三十姓은 '내신지번'으로서 참석하였던 동돌궐 左賢王 阿史那毗伽特勤의 후손과[50] 右賢王 墨特勤 혹은 그의 후손을 가리킨다.[51] 그들은

49) 護雅夫, 1967,『古代トルコ民族研究 Ⅰ』, 山川出版社, 187~223쪽 ; 金子修一, 1991,『隋唐の國際秩序と東アジア』, 名著刊行會, 128~130쪽.

50)『新唐書』卷194下, 突厥傳下 ;「阿史那毗伽墓誌」는『新中國出土墓誌』陝西2에 수록 ; 古畑徹, 1992,「いわゆる『小高句麗國』の存否問題」『東洋史研究』51-2, 208쪽 참조.

개원 연간 초 默啜可汗의 죽음이 계기가 된 동돌궐의 내분을 피해 당으로 귀순하였다. 특히 墨特勤은 비가가한이 살해한 묵철가한의 아들이다. 그리고 묵특근과 함께 당으로 귀순한 그 여동생 賢力毗伽公主의 경우 당 조정이 그녀와 비가가한을 혼인시키고자 한 바 있는데,[52] 그들 망명자가 당에게 있어 뚜렷한 전략상의 가치를 지니고 있었음을 알 수 있다.

(B) 十姓은 西突厥 阿史那興昔亡可汗을 가리킨다. 貞觀 13년(639)에 阿史那彌射가 당으로 귀순한 후 흥석망가한에 봉해져 자신과 같이 귀순한 部落 집단을 다스렸다. 그 아들 元慶 역시 흥석망가한을 계승하였는데, 如意 원년(692)에 혹리에 의해 누명을 쓰고 죽었다. 이후 원경의 아들 獻이 長安 3년(703)에 흥석망가한으로 봉해졌다. 그때 아사나헌은 흥석망가한으로서 조상이 다스렸던 부락 집단을 다시 통치하라는 명령을 받았으나 동돌궐의 세력이 성행하였기에 그 압박을 견디지 못하고 장안으로 돌아갔다.[53]

삼십성과 십성의 사례를 통해 파악할 수 있는 것은 '내신지번'이 당의 대외 정책 및 당시의 국제 관계와 연동하고 있었다는 점이다. 따라서 개원 연간의 봉선제, 특히 조근례는 당과 각 세력의 관계를 나타내는 동시에 각 세력이 서로 견제하는 장이기도 했다. 이러한 시각에서 백제·고구려 유민이 이 의례에 참석하였던 이유를 살펴보아야 한다.

돌궐의 사례를 통해 볼 때 '조헌지국'과 '내신지번'의 관계에서 그 사이에

51) 『冊府元龜』 卷986, 外臣部 征討5 開元6年2月條 ; 古畑徹, 1992, 「いわゆる『小高句麗國』の存否問題」 『東洋史硏究』 51-2, 208쪽 참조.

52) 唐故三十姓可汗貴女賢力毗伽公主雲中郡夫人阿那氏之墓誌는 『儀顧堂題跋』 卷16에 수록. 羽田亨, 1913, 「唐故三十姓可汗貴女阿那氏之墓誌」 『東洋學報』 3-1 ; 內藤みどり, 1988, 『西突厥史の硏究』, 早稻田大學出版部, 182~183쪽 참조.

53) 『舊唐書』 卷194下, 突厥傳, "長安三年, 召還. 累授右驍衛大將軍, 襲父興昔亡可汗, 充安撫招慰十姓大使. 獻本蕃漸爲默啜及烏質勒所侵, 遂不敢還國. 開元中, 累遷右金吾大將軍. 卒于長安" ; 阿史那彌射 가문을 포함한 서돌궐의 동향에 관해서는 內藤みどり, 1988, 『西突厥史の硏究』, 早稻田大學出版部 참조.

모종의 대항관계를 만들고자 한 당의 의지를 엿볼 수 있다. 즉 고구려 왕족을 조선군왕으로, 백제 왕족을 대방군왕으로 봉한 것은 신라 및 발해에 대한 대항 조치인 것이다.

의봉 2년(677)에 백제 왕자인 부여융이 웅진도독·대방군왕으로, 마찬가지로 고구려 마지막 왕 고장도 요동도독·조선군왕으로 봉해졌다. 이 정책에 반영된 당의 의도에 대해서는, 670~676년에 걸쳐 발생한 나당전쟁을 겪은 당이 신라의 백제·고구려 故地 영유를 인정하지 않겠다는 뜻을 표명한 대항 조치로 보는 견해가 있다.[54]

또한 고장의 손자 고보원이 수공 2년(686)에 조선군왕으로, 성력 원년(698)에 충성국왕으로 봉해졌다. 후자의 책봉에 관해서는 같은 해에 발해가 건국된 사실을 고려할 때 이에 대항하는 조치로 보는 견해,[55] 동돌궐이 옹립했던 高麗 莫離支 高文簡에 대한 대항 조치로 보는 견해가 제기되어 있다.[56]

따라서 당 조정이 대방군왕이나 조선군왕으로 백제·고구려 왕족을 봉한 것은 결코 명목적 의도뿐만 아니라 현실적으로 신라·발해에 대한 견제 의도를 가진 정책이었다고 생각된다. 즉 개원 13년(725)의 봉선제에 '조헌지국'으로 신라와 발해의 사신이 참석했던 한편, '내신지번'으로 고구려왕의 후손 조선군왕, 백제왕의 후손 대방군왕이 참석한 것은 동아시아에서 대두한 신라와 발해에 대한 당의 견제 의도가 있었던 것이다.

그런데 그들 왕족들이 대방군왕·조선군왕을 칭하여 역사에 등장한 것은 '내신지번'으로 참석하였던 봉선제가 마지막이었다. 앞서 검토해 본 바와 같이 백제 유민과 고구려 유민은 세대교체로 인하여 그 존재 양태가 개원기

54) 古畑徹, 1983, 「七世紀末から八世紀初にかけての新羅·唐關係」『朝鮮學報』107, 14~21쪽.

55) 金子修一, 1991, 『隋唐の國際秩序と東アジア』, 名著刊行會, 278~283쪽.

56) 古畑徹, 1992, 「いわゆる『小高句麗國』の存否問題」『東洋史研究』51-2, 222쪽.

에 들어서 변화되었다. 그러므로 당의 입장에서 생각하면, 백제와 고구려 왕족의 정략적 가치는 저하되었고, 유민의 주역은 바뀌었다. 새로운 주역들은 황제의 측근으로, 혹은 당의 변경에서 군인으로 활약하였다.

Ⅳ. 맺음말

이상에서 무주시기부터 개원기에 이르기까지 백제·고구려 유민의 활동을 살펴보았다. 본 논문의 결론을 정리하자면 다음과 같다.

첫째로, 무주시기에 유민들은 당시 권력자와 밀접한 관계를 구축하여 그 세력을 유지해 갔다. 즉 이 시기 유민들은 여전히 활발하게 활동하였던 것이다.

둘째로, 개원기에 유민들은 세대교체의 진행에 따라 그 존재 양태가 변화하였다. 이후 옛 왕족이나 천씨 등 유력한 가문들이 쇠퇴하여 이 시기부터 새로운 유형의 유민들이 등장했다.

셋째로, 무주시기부터 개원 연간의 유민 양상에 대한 검토 결과를 바탕으로 개원 13년의 봉선제에 백제·고구려 유민이 참석한 사실은 다음과 같이 이해할 수 있었다. 옛 왕족을 각기 '百濟帶方王', 그리고 '高麗朝鮮王'으로 봉한 것은 앞선 시기부터 이루어진 신라·발해 등 東方 세력에 대한 견제 전략의 일환이었다. 그러나 개원기를 전후하여 유민의 양상이 크게 변화하였기 때문에 이후 옛 왕족들은 대신라·발해 정책에 이용되지 않았다.

넷째로, 봉선제에서 유민을 신라와 발해에 對峙시킨다는 당의 정책은 이후 신라·당 관계, 그리고 발해·당 관계에 영향을 미친 것으로 여겨진다. 개원기의 백제·고구려 유민의 변화와 '내신지번'으로서의 백제대방왕 및 고려조선왕의 쇠퇴는 궤를 같이하는 것이다. 봉선제 이후 신라는 당과 관계를 좀더 우호적으로 발전시켰고, 한편 발해는 대무예 시기에는 일시적으로 당과 대립하였지만 오랫동안 우호적 관계를 유지하였다. 내신으로서의 유민이 대치했을 때는 관계가 대립·적대적일 가능성이 항상적으로 존재하였지만, 내신으로서의 유민이 소멸함에 따라 대립의 요소도 해소되어 이후 당과 신라·발해 관계가 우호적으로 변하였다고 도식적으로 이해할 수 있지 않을까 한다. 이 가설에 대해서는 7세기 후반~8세기 전반 신라의 유민 정책이나, 신라와 발해 관계를 포함한 넓은 국제 관계의 시각에서 살필 필요가 있는 만큼, 앞으로 계속 검토하고자 한다.

김 수 진

고구려 유민 후속 세대의 중국 출자 표방과 당대 현실*

Ⅰ. 머리말

고구려 유민 1세대는 고구려에서 태어나 살다가 전쟁을 겪고, 敵國인 당으로 이주하였다. 이들은 입당 이후 '법적'으로 당인이 되었지만 당에서 태어난 유민 2·3세대와는 漢語의 구사나 당에 대한 인식 등에서 '태생적'으로 큰 차이가 있을 수밖에 없었다. 현재 남아있는 고구려 유민 묘지명의 제작 연대는 670년대부터 시작하여 776년까지 제작되었는데[1)] 702년까지

* 이 글은 필자의 박사학위논문(金秀鎭, 2017,「唐京 高句麗 遺民 硏究」, 서울대학교 대학원 국사학과)의 2장 3절 부분을 수정·보완하여 발표한 김수진, 2019,「고구려 유민 후속 세대의 중국 출자 표방과 당대 현실」『사학연구』 136을 정리한 것이다.

1) 고구려 유민 묘지명의 숫자는 논자마다 차이를 보이는데 이는 고구려 유민 여부에 대한 판단의 차이에서 기인하는 것으로 최대 27점까지 보고 있다. 필자는 23점의 묘지명(「高鐃苗 墓誌銘」,「高提昔 墓誌銘」,「李他仁 墓誌銘」,「泉男生 墓誌銘」,「高玄 墓誌銘」,「泉獻誠 墓誌銘」,「高牟 墓誌銘」,「高足酉 墓誌銘」,「高質 墓誌銘」,「高慈 墓誌銘」,「高乙德 墓誌銘」,「泉男産 墓誌銘」,「高木盧 墓誌銘」,「泉毖 墓誌銘」,「高欽德 墓誌銘」,「王景曜 墓誌銘」,「高遠望 墓誌銘」,「豆善富 墓誌銘」,「高德 墓誌銘」,「劉元貞 墓誌銘」,「高氏夫人 墓誌銘」,「高震 墓誌銘」,「南單德 墓誌銘」)을 대상으로 분석하였고,「似先義逸 墓誌銘」과 최근 소개된「高英淑 墓誌銘」과「高賓 墓誌銘」은 고구려계의 묘지명으로 볼 수 있지만 '유민'을 고구려 멸망 전후로 입당한 1세대와 그 후속 세대로 정의할 경우 포함할 수 없어 제외하였다.

만들어진 고구려 유민 묘지명에서는 '고구려'를 의미하는 명칭으로 출자를 표기하였다.[2] 그리고 730년 이후 만들어진 묘지명에서는 泉毖를 제외하면 모두 선조의 중국 출자를 표방하였는데 이와 같은 출자 표기의 경향성에 대해서는 선행 연구에서 이미 지적되었다.[3]

「高德 墓誌銘」을 소개한 연구에서는 고구려 고씨들이 문벌을 중요시하던 중국 사회에 적응하기 위하여 의도적으로 그 조상의 출자를 渤海 高氏로 변개, 자칭하였고 고구려계 인물들이 晋 永嘉 중에 고구려로 망명했다가 당으로 돌아왔다고 하는 것 역시 이민족 출신이 중국에 정착하면서 흔히 쓰던 용례로, 조작된 것이 분명하다는 점을 밝혔다.[4] 반면 고구려 유민 묘지명을 고씨와 고씨 이외의 가문으로 나누어 출자와 이주 계기를 분석한 후 고덕, 이은지·이회 부자, 이인덕, 왕경요, 유원정, 남단덕, 두선부 가문은 실제 중국 계통이었을 가능성을 제기한 연구도 발표되었다.[5] 묘지명의 작성부터 출자 표기, 기재 방식, 중원 출신으로의 가탁 현상 등에 대하여 종합적으로 다룬 연구에서는 출자 표기는 유민의 전략적 선택으로 설명하기도 하였다.[6]

묘지명에는 묘주와 관련된 다양한 개인 정보들이 기록되어 있는데 그중에서도 출자 표기를 유민 1세대와 후속 세대의 정체성 변화의 결정적인

---

2) 金秀鎭, 2017, 「唐京 高句麗 遺民 硏究」, 서울대학교 대학원 국사학과 박사학위논문, 88~89쪽.

3) 李文基, 2010, 「墓誌로 본 在唐 高句麗 遺民의 祖先意識의 變化」『大丘史學』 100, 91~92쪽 ; 李東勳, 2014, 「高句麗·百濟 遺民 誌文構成과 撰書者」『韓國古代史硏究』 76, 261~262쪽. 2015년에도 「高乙德 墓誌銘」과 「南單德 墓誌銘」이 새로 발견, 소개되었지만 경향성은 깨지지 않았다.

4) 이동훈, 2008, 「高句麗遺民 『高德墓誌銘』」『韓國史學報』 31, 21~28쪽.

5) 안정준, 2016, 「당대(唐代) 묘지명에 나타난 중국 기원(起源) 고구려 유민(遺民) 일족(一族)의 현황과 그 가계(家系) 기술 - 고구려 유민(遺民)의 개념과 범주에 대한 제언 -」『역사와 현실』 101, 37~49쪽.

6) 李成制, 2014, 「高句麗·百濟遺民 墓誌의 出自 기록과 그 의미」『韓國古代史硏究』 75.

단서로 보면서, 출자 표기와 정체성의 상관 문제는 유민 묘지명 연구에서 빠짐없이 언급되었다. 1세대는 고구려, 2세대 이후의 후속 세대는 중국으로 출자 표기가 대별되는 현상을 단순히 세대에 따른 정체성의 상실과 동화의 결과만으로 설명할 수는 없다. 오히려 이것은 역으로 후속 세대가 자신의 출자를 분명히 인식하고 그것을 불식시키기 위한 나름의 조치로 볼 수 있다.

이를 규명하기 위해서는 唐代 고구려 유민에 대한 인식은 물론 當代의 사회 구조를 시야에 두면서 현상을 포괄적으로 분석해야 한다. 따라서 이 글에서는 고구려 유민 후속 세대 묘지명에 나타나는 출자 표기의 양상을 정리하고, 당조의 이주자에 대한 정책과 법 규정 등을 분석하여 고구려 유민 후속 세대가 당대 사회에서 '唐人'으로 자리매김하는 과정을 살펴보고자 한다.

Ⅱ. 播遷의 강조와 望姓의 모칭

702년까지 만들어진 고구려 유민 묘지명 12점 중에는 高氏가 8명, 泉氏(=淵氏)가 3명, 李氏가 1명으로, 고구려 계통의 성씨가 분명한 고씨와 천씨의 비율이 91.6%로 절대적인 비중을 차지하고 있다.[7] 730년 이후 만들어진 묘지명 11점 중에는 고씨가 6명, 천씨,[8] 王氏, 豆氏, 劉氏, 南氏가 각 1명으로,

---

7) 高鐃苗, 高提昔, 李他仁, 泉男生, 高玄, 泉獻誠, 高牟, 高足酉, 高質, 高慈, 高乙德, 泉男産이 그들이다(사망일이 늦은 순서로 열거).

8) 「泉毖 墓誌銘」에서는 증조인 男生부터 선조에 대하여 분명히 기록하여 선조의 중국 출자를 표방하지 않아 분석 대상에서 제외하였다. 천비는 문음으로 태묘재랑을 거쳐 문관 출사를 준비하고 있었는데 남생의 후손으로서 음덕의 혜택을 입었다. 천씨 가문은 고구려 출신 이주자로서 명문가로 대접받고 있었다. 출신을 부정할 현실적 필요가 전혀 없었던 것이다. 천비의 문음과 출사에 대해서는 김수진, 2018, 「고구려 유민의 당조 출사 유형과 변화」 『한국학논총』 49, 50~52쪽.

고씨의 비율이 54.5%로 여전히 절반 넘게 차지하지만 유민 1세대 묘지명과 비교하면 후속 세대의 묘지명에서는 묘주의 성씨가 다양하게 나타나고 중국 계통의 성씨도 보인다는 점이 눈에 띄는 변화다.

730년대는 당에서 태어난 유민 2세대들이 노년에 접어들었고, 3세대들이 본격적으로 활약하는 시기였다. 이들 후속 세대는 당에서 태어난 당인으로 선조가 고구려 출신임을 밝히기보다는 선조를 중국 출신으로 개변하고, 주로 난을 피하여 중국에서 고구려로 건너갔다 다시 歸唐한 것이라는 '播遷'을 강조하면서 계보적으로도 완전한 漢人으로 거듭나기를 모색하였다. 〈표 1〉은 730년 이후 제작된 묘지명에 나타난 중국 출자 표방과 파천의 양상을 정리한 것이다.

〈표 1〉 730년 이후 제작된 묘지명에 나타난 중국 출자 표방과 파천

	묘주	묘지 작성	출자 표기	파천 시기	
				중국 → 고구려	고구려 → 중국
①	高木盧	730	渤海蓚人	遠祖(미상)	668년 전후(본인)
②	王景曜	735	其先太原人	永嘉之亂	唐初(父 : 排須), 645년?
③	豆善富	741	其先扶風平陵人	530년 이후 (6世祖步蕃 사후)	668년 전후? (父 : 夫卒)
④	高德	742	其先渤海人 漸離之後	永嘉之亂	645년?(祖宗 : 祖?)
⑤	劉元貞	744	其先出自東平憲王後	436년	軋封(乾封?[9] 666~668 : 祖 : 婁)
⑥	高遠望	745	先殷人 勃海高氏其宗盟	殷末	668년 전후? (高祖 : 瑗)
⑦	高欽德	天寶歲 庚戌 (746? 750?)	渤海人	×	668년 전후? (曾祖 : 瑗)
⑧	高氏夫人	772	渤海人 齊之諸裔	×	668년 (曾祖 : 보장왕)
⑨	高震	778	渤海人	×	668년 (祖 : 보장왕)
⑩	南單德	776	昔魯大夫蒯之後 容之裔	×	668년?(祖 : 狄)

9) 吳鋼 主編, 2006, 『全唐文補遺 千唐誌齋 新藏專輯』, 三秦出版社, 198쪽의 판독문에는

이 중 유민 1세대인 고목로를 제외하면 묘주는 모두 당에서 출생한 유민 2세대 이후의 인물들이다. 고목로는 고구려에서 한미한 가문 출신으로, 고요묘나 고모처럼 멸망 과정에서 특출난 공을 세우지 못했기 때문에 이러한 배경을 당에서도 극복하지 못하고 무산 종9품하의 최하위인 배융부위로 관직 생활을 마친 것으로 보인다.[10] 유민 1세대의 평균 수명은 60세였다. 고목로는 그들보다 20년을 더 살아 81세까지 장수하여 730년에 생을 마감하였다. 고목로가 보통의 유민 1세대처럼 700년을 전후로 사망했다면 그의 묘지명의 출자 역시 그때까지는 어느 정도 유용했던 고구려를 의미하는 명칭으로 표기하였을 것이다. 유민 1세대는 자신들의 출신을 숨길 수도 없었지만 고구려의 지배층 출신이라는 점은 당에서 정착하는데 긍정적으로 작용했기 때문이었다. 그러나 고구려 멸망 이후 두 세대의 시간이 흐른 730년대는 이주자에 대한 부세와 요역의 면제 혜택도 이미 소멸된 지 오래된 시점으로[11] 현실적으로 소용이 없는 고구려 출신임을 전면에 내세울 필요가 없었다. 또한 고목로 가문은 고구려에서도 크게 현달하지 못했기 때문에 묘지명에서 굳이 과거의 이력을 상세히 기록할 이유도

'軋封東平 得甫天室'로 되어 있다. 이에 대하여 안정준은 '軋封'은 문맥상 '乾封'일 가능성이 높다고 보았는데 이적이 乾封 2년(667) 고구려로 출정하였고, 수·당대 乾의 이체자로 '車+乚' 형태가 나타난다고 한다(안정준, 2016, 앞 논문, 53쪽 각주 40)). 국사편찬위원회 홍기승 편사연구사의 제보로 千唐志齋博物馆 사이트에 2019년 5월 21일 게시된 陈花容,『书法报·蛰庐经典百品』之刘元贞墓志라는 글에서 유원정 묘지명의 탁본을 확인할 수 있었는데 해당 부분은 위와 같이 확인된다. 최근 안정준도 이 자료를 확인하고, 기존에 제시했던 견해와 마찬가지로 乾封으로 판독하였다(안정준, 2019,「唐代 高句麗 遺民 一族인 劉元貞과 그의 부인 王氏 墓誌銘」『목간과 문자』23, 282쪽 판독문과 각주6) 참고).

10) 소그드계 묘지명에서도 고목로와 마찬가지로 최종 관직이 배융부위인 경우들을 종종 확인할 수 있다. 배융의 직임은 관례적으로 蕃族으로 충당하였다고 한다(李鴻賓, 1997,「唐代墓志中的昭武九姓粟特人」『文獻』1997-1, 126쪽). 이를 통해서도 고목로 묘지명에서 표방한 渤海蓨人이라는 출자가 사실이 아님을 알 수 있다.

11) 外蕃人投化者에 대해서는 10년 간 세금이 면제되는 규정이 있었다.『通典』卷6, 食貨6 賦稅下, "諸沒落外蕃得還者 一年以上復三年 二年以上復四年 三年以上復五年 外蕃之人投化者復十年";『新唐書』卷51, 食貨志1, "四夷降戶 附以寬鄉 給復十年."

없었다.

따라서 고목로 묘지명에서는 가문의 기원을 太公으로 끌어올리고 동쪽의 齊에 거주하다 遠祖가 난을 피해 海隅로 갔다가 당으로 돌아왔다고 하고, 渤海蓨人이라 하였다. 파천을 제외하면 여느 발해 고씨의 기원과 마찬가지다.[12] 이것은 『新唐書』의 宰相世系에서 고씨는 姜姓에서 나왔고, 齊太公부터 시작하여 10세손 洪이 渤海蓨縣에 머물렀다[13]는 내용과 거의 일치한다. 고목로 묘지명의 발해인은 당대의 명문세족인 발해 고씨를 모칭한 것이다.[14]

발해 고씨는 서진 말부터 大族으로 흥기하기 시작하였으나 북조에서 정치적인 부침을 겪으면서 士族化의 과정을 거쳤다. 발해 고씨의 郡望 또한 이러한 단계 속에서 점진적으로 형성되었다.[15] 북제의 멸망 이후 큰 타격을 입었으나 수말 그리고 당초의 혼란한 상황에서 재기하여 4명의 宰相과 2명의 使相을 배출한 명문세족이었다.[16] 따라서 고목로뿐만 아니라 고덕, 고흠덕·고원망 부자와 고구려 왕실의 후예가 분명한 보장왕의 손자

---

12) 「高木盧 墓誌銘」, "君諱木盧 渤海蓨人也 昔太公輔周 肇開王業 天眷錫命 受封東齊 鍾鼎玉食 七百餘載 後遇田和簒奪 分居荒裔 君之遠祖 避難海隅 暨我皇唐 大敷淳化 君乃越溟渤 歸桑梓…嗣子左領軍衛京兆府□□府折衝都尉仗內供奉借緋長上上柱國履生等 …." 이문기는 이러한 내용이 당대 발해 고씨의 묘지명에서 자주 보인다고 지적하였다. 「唐故朝議郎河南府壽安縣令賜緋魚袋渤海高府君墓誌銘」, "府君諱崋 字子至 渤海蓨人也 高氏之先 系自姜姓 太公旣受封于齊 其後支度別食高邑 子孫因而氏焉"(李文基, 2002, 「高句麗 寶藏王의 曾孫女 「高氏夫人墓誌」의 檢討」 『歷史敎育論集』 29, 158쪽). 판독문은 吴鋼 主編, 1997, 『全唐文補遺』 第4輯, 三秦出版社, 204쪽.

13) 『新唐書』 卷71下, 表第11下 宰相世系1下 高氏, "高氏出自姜姓 齊太公六世孫文公赤生公子高 孫傒 爲齊上卿 與管仲合諸侯有功 桓公命傒以王父字爲氏 食采於盧 謚曰敬仲 世爲上卿 敬仲生莊子虎 虎生傾子 傾子生宣子固 固生厚 厚生子麗 子麗生止 奔燕 十世孫量 爲宋司城 後入楚 十世孫洪 後漢渤海太守 因居渤海蓨縣 …."

14) 李文基, 2010, 앞 논문, 84쪽.

15) 仇鹿鸣, 2008, 「"攀附先世"与"伪冒士籍"」 『历史研究』 2008-2, 66쪽. 발해 고씨의 흥쇠와 분지화에 관해서는 高路加, 1998, 「渤海高氏与高姓宗族」 『河北学刊』 1998-5 참고.

16) 王蕾, 2007, 「唐代渤海高氏家族研究」, 陕西师范大学碩士学位论文, 11~12쪽.

고진과 증손녀 고씨 부인의 묘지명에서 당대 산동의 명문인 발해 고씨를 자처하고, 출자를 발해인으로 표기한 것이다.[17] 이는 문벌을 중시하던 중국 사회에 적응하기 위하여 의도적으로 그 조상의 출자를 변개한 것으로 볼 수 있다.[18]

그런데 고구려 출신의 발해 고씨 모칭이 8세기에 처음 나타난 것은 아니었다. 오호십육국 분열기의 개막으로 인구의 이동은 중국 왕조의 전통적인 지배영역이나 한족의 거주 범위를 넘어 중앙아시아의 오아시스 도시나 한반도 등에까지 이르렀다.[19] 이에 따라 중원에서 고구려로 유입된 중국계 流民도 상당수 있었고,[20] 반대로 중원으로 이주한 고구려인의 숫자도 상당하였다.[21] 장기간에 걸친 불안이 지속되자 서진 이후 북방 사회에서는 상시적인 인구 이동과 함께 籍貫의 이전이 빈번하게 나타났고,

17) 马一虹은 고구려 출신들이 중원에서 홀대받는 경향이 있었기 때문에 발해 고씨를 모칭하여 지위를 높이고자 하였고, 「고진 묘지명」의 발해인 역시 그러한 사례로 보았다(马一虹, 2002, 「唐封大祚榮"渤海郡王"号考 - 兼及唐朝对渤海与高句丽关系的认识 - 」『北方文物』 2002-2, 63쪽). 고진의 딸인 고씨 부인의 묘지명에서 "夫人姓高氏 渤海人也 齊之諸裔也"로, 齊의 후예라고 출자를 밝혔는데 이는 발해 고씨의 본향을 염두에 둔 표현으로, 보장왕의 후손마저 발해 고씨를 자처하였음이 증명되었다(李文基, 2002, 앞 논문, 157~159쪽 ; 宋基豪, 2007, 「고구려 유민 高氏夫人 墓誌銘」『韓國史論』 53, 490~491쪽 ; 이동훈, 2008, 앞 논문, 19~20쪽).

18) 이동훈, 2008, 위 논문, 21쪽 ; 李東勳, 2014, 앞 논문, 272~274쪽.

19) 關尾史郎, 1999, 「古代中國における移動と東アジア」『岩波講座 世界歷史19 移動と移民』, 岩波書店, 227쪽.

20) 오호십육국시기 고구려로 이주한 중국인에 관해서는 孔錫龜, 2003, 「4~5세기에 고구려에 유입된 중국계 인물의 동향 - 문헌자료를 중심으로」『韓國古代史研究』 32 ; 孔錫龜, 2004, 「高句麗에 流入된 中國系 人物의 動向 - 4~5世紀의 考古學 資料를 中心으로」『高句麗渤海研究』 18 ; 余昊奎, 2009, 「4세기 高句麗의 樂浪·帶方 경영과 中國系 亡命人의 정체성 인식」『韓國古代史研究』 53 ; 안정준, 2014, 「4~5세기 高句麗의 中國系 流移民 수용과 그 지배방식」『한국문화』 68 참고.

21) 북위의 경사에는 고구려인이 상당수 거주하고 있었던 것으로 보인다. 『魏書』 卷2, 太祖紀 第2 太祖 道武帝 珪 天興 元年(398) 春正月, "徙山東六州民吏及徒何高麗 雜夷三十六萬 百工伎巧十萬餘口 以充京師" 중국으로 이주한 고구려계 집단에 대한 상세한 연구는 이동훈, 2018, 「위진남북.조시기 중국의 코리안 디아스포라 - 고조선·고구려·부여계 이주민 집단 연구」『韓國史學報』 72 참고.

북위에서도 地望을 사칭하는 현상이 보편적으로 존재한 것이다.[22)] 『魏書』에 나타난 高崇과 高肇도 그러한 예이다.

A-1. 高崇의 자는 선덕이고, 渤海蓨人이다. 4세조 撫가 진나라 영가 중에(307~312) 형 顧와 함께 난을 피하여 고구려로 달아났다. 아버지 潛이 현조(헌문제 : 재위 465~471) 초에 귀국하니 開陽男의 작위를 내리고 요동에 살게 하였는데 조하여 沮渠牧犍의 딸을 잠에게 내려 처로 삼게 하고, 무위공주로 봉하고 부마도위를 수여하고 영원장군을 더하였다.[23)]

A-2. 高肇의 자는 수문이고, 문소황태후의 오빠이다. 스스로 본래 渤海蓨人이라고 하였는데 5대조 顧가 진나라 영가 중(307~312)에 난을 피하여 고구려로 들어갔다. 아버지는 颺이고, 자는 법수이다. 고조(효문제 : 재위 471~499) 초에 동생 乘信과 그 향인인 韓內, 冀富 등과 입국하니 厲威將軍 河間子에, 승신은 明威將軍에 제수하였고, 모두 客禮로서 대우하였으며 노비, 우마, 채백을 내렸다. 마침내 양의 딸을 들이니 이가 문소황후로 세종(선무제 : 재위 499~515)을 낳았다. … 肇는 夷土로부터 나왔으니 당시에 그를 경시하였다.[24)]

A-3. 孝文昭皇后 高氏는 司徒公 肇의 여동생이다. 아버지는 颺, 어머니는 蓋氏로,

---

22) 何德章, 2000,「伪托望族与冒袭先祖 - 以北族人墓志为中心 - 读北朝碑志札记之二」『魏晋南北朝隋唐史资料』17, 139쪽.

23) 『魏書』卷77, 列傳 第65 高崇, "高崇 字積善 勃海蓨人 四世祖撫 晉永嘉中與兄顧避難奔於高麗 父潛 顯祖初歸國 賜爵開陽男 居遼東 詔以沮渠牧犍女賜潛爲妻 封武威公主 拜駙馬都尉 加寧遠將軍 …."

24) 『魏書』卷83下, 列傳 外戚 第71下 高肇, "高肇 字首文 文昭皇太后之兄也 自云本勃海蓨人 五世祖顧 晉永嘉中避亂入高麗 父颺 字法脩 高祖初 與弟乘信及其鄉人韓內冀富等入國 拜厲威將軍河間子 乘信明威將軍 俱待以客禮 賜奴婢牛馬綵帛 遂納颺女 是爲文昭皇后 生世宗 … 肇出自夷土 時望輕之 …."

무릇 4남 3녀가 모두 東裔에서 태어났다. 고조 초 집안이 모두 중국으로 돌아왔다.[25]

『魏書』에서는 고숭과 고조의 가계에 대하여 고숭의 4대조인 高撫가 형 高顧와 함께 晋 永嘉 中에 고구려로 건너가 150~160년 이상 살다가 중국으로 '歸國'하였다고 밝히고 있다. 고조의 5대조는 고무의 형 고고이므로, 고숭과 고조는 한 집안이라고 할 수 있는데 이들은 고구려에서 북위로 이주한 고구려인이었다.[26] '自云本渤海蓨人'이라 하여 발해수인을 자처하였지만 '自云'이나 '自言'은 외부로부터의 이주자가 군망을 위조했을 때 사용하는 표현이다.[27] 고구려 출신이었기 때문에 경시했다[28]는 내용을 통해 두 명의 황후[29]와 부마도위를 배출하였음에도 북위 사회에서는 이들을

25) 『魏書』 卷13, 皇后 列傳 第1 孝文昭皇后高氏, "孝文昭皇后高氏 司徒公肇之妹也 父颺母蓋氏 凡四男三女 皆生於東裔 高祖初 乃擧室西歸 …."

26) 姚薇元은 高琳부터 高雲, 고조, 고숭, 수대의 高熲, 당대의 高仙芝, 高慈를 모두 고구려인으로 규정하였다. 姚薇元, 1962, 『北朝胡姓考』, 中華書局, 270~273쪽. 이동훈도 中國正史에 기록된 중국으로 이주한 고구려인들을 망라하고, 발해 고씨로 가탁한 고구려계 고씨에 대하여 세밀하게 정리하였다. 이동훈, 2008, 앞 논문, 26~34쪽.

27) 何德章, 2000, 앞 논문, 139쪽 ; 이동훈, 2008, 위 논문, 27쪽. 『魏書』에는 '自云'과 '自言'을 붙여 출자를 밝힌 사례들이 다수 보이는데 서진 이후 계속된 혼란으로 인구 이동이 잦아지면서 望姓을 자칭한 현상이 반영된 결과로 보인다. 『魏書』 卷79, 列傳 第67 成淹, "成淹 字季文 上谷居庸人也 自言晉侍中粲之六世孫" ; 『魏書』 卷79, 列傳 第67 劉道斌, "劉道斌 武邑灌津人 自云中山靖王勝之後也" ; 『魏書』 卷85, 列傳文苑 第73 溫子昇, "溫子昇 字鵬擧 自云太原人 晉大將軍嶠之後也 世居江左 祖恭之劉義隆彭城王義康戶曹 避難歸國 家于濟陰冤句 因爲其郡縣人焉 家世寒素."

28) 『資治通鑑』 卷145, 梁紀1 武帝 天監 3年(504) 3月, "高肇本出高麗 時望輕之…肇以在朝親族至少 …."

29) 孝文昭皇后는 宣武皇后의 고모다. 효문소황후가 어릴 때 꾼 꿈의 내용은 그녀가 집에서 서 있었는데 해가 따라다녀 잉태했고, 아들을 낳았는데 人君의 象이었다는 것이다. 이 꿈은 주몽의 탄생 설화와 거의 비슷하다. 이 또한 효문소황후의 집안이 고구려 출자임을 보여주는 증거라 할 수 있다(李凭, 2002, 「北魏兩位高氏皇后族屬考」 『中國史研究』 20, 57~58쪽).

외부로부터 온 이주자로 인식하였지 진정한 발해수인으로 인정하지 않았음을 알 수 있다.

따라서 고조 일가는 발해군망에 도달하기 위한 가장 유효한 방법으로 산동으로의 '歸葬'을 선택하였다. 고조의 권세가 높았지만 발해 고씨 또한 仕宦이 끊이지 않았고, 아울러 강력한 향촌 세력을 갖고 있었기 때문에 발해 고씨의 제지를 받은 것은 당연한 일이었다. 고조는 황제 권력을 이용하여 발해로의 귀장을 시도하였는데 선무제에게 고조의 아버지와 형의 무덤을 평성에서 발해로 遷葬하도록 하는 조를 내리게 하였다. 천장이 중간에 흐지부지되면서 고조는 평성의 옛 무덤을 크게 조성하고, 형 高琨의 묘지명을 새로 제작하여 묻었는데 묘지에는 '冀州勃海郡條縣崇仁鄉孝義里使持節都督 冀瀛相幽平五州諸軍事 鎮東大將軍 冀州刺史 渤海郡開國公高琨字伯玉'[30]으로 묘주에 관한 정보를 상세하게 기록하였다. 고조 일가의 발해 귀장 시도는 순조롭지 못했으나 고조와 친밀한 관계에 있었던 高綽, 高聰의 지지를 받으면서 발해 고씨의 묵인 하에 고조 일가의 발해로의 대규모의 천장이 이루어졌다. 그렇다고 하여 발해 고씨 적관 취득이 완전히 성공한 것은 아니었다. 권세를 이용하여 족보와 墓誌를 위조하는 것은 가장 흔한 방법이었지만 사족 사회의 인정을 받기 위해서는 원래의 적관을 개변하고 사족의 취거지로 적관을 옮겨 몇 대를 거치는 노력을 통해 冒姓의 흔적을 씻어내야만 했다.[31]

고숭과 고조의 예처럼 북위로 이주한 고구려인들은 원래 중국 출신이나 '永嘉의 亂'을 피하여 고구려로 이주했다가 중국으로 돌아왔다며 파천을 주장하였는데 이는 발해 고씨라는 망성을 모칭하기 위함이었다. 이러한

30) 高琨 묘지명은 元淑 무덤을 발굴하는 과정에서 우연히 발견되었는데 王银田, 1989, 「元淑墓志考释 - 附北魏高混墓志小考」『文物』1989-8, 68쪽에 간략한 보고가 있었다. 閔庚三, 2006, 「신출토 北魏 高句麗 遺民 墓誌 4座 소개」『新羅史學報』 6, 249~250쪽에서도 판독문을 확인할 수 있다.

31) 仇鹿鸣, 2008, 앞 논문, 70~71쪽.

현상이 730년 이후 만들어진 고구려 유민의 묘지명에서 그대로 재현되었다는 점에서 주목된다. 왕경요와 고덕 묘지명이 그것이다.[32)]

〈표 2〉 왕경요 묘지명과 고덕 묘지명의 비교(밑줄 필자)

王景曜(680~734) : 735. 2. 23(제작)	高德(676~742) : 742. 4. 23(제작)
公諱景耀 字明遠 其先太原人 昔當晉末 鵝出于地 公之遠祖 避難遼東 洎乎唐初 龍飛在天 公之父焉 投化歸本 亦由李陵之在匈奴 還作匈奴之族 蘇武之歸於漢 卽爲漢代之臣 公之族代播遷亦其類也	府君諱德 字元光 其先渤海人也 漸離之後 自五馬浮江 雙鵝出地 府君先代 避難遼陽 因爲遼陽世族 洎隋原鹿走 唐祚龍興 廓四海而爲家 奄八紘而取俊 府君祖宗 戀恩歸本 屬乎仗內 侍衛紫實 方李陵之在匈奴 遂作匈奴之族 比蘇武之還漢代 長爲漢代之臣

왕경요는 선조를 산동의 명문 太原 王氏라고 하였는데 태원 왕씨는 동진 문벌 정치의 중심에 있었고,[33)] 북위에서는 淸河 崔氏, 范陽 盧氏, 隴西 李氏와 혼인 관계를 맺으면서 자연스럽게 북조의 고문대족의 통혼권 내에 진입하였다. 효문제가 王瓊의 딸을 嬪으로 삼으면서 태원 왕씨는 일약 북조의 고문대성으로 이름을 날렸다.[34)] 당대에도 7명의 재상을 배출하면서 중앙과 지방에서 막강한 영향력을 미쳤고, 博陵 崔氏, 范陽 盧氏, 趙郡 李氏, 滎陽 鄭氏와 함께 당대 五姓의 名門이었다.[35)] 그러나 왕경요는 태원 왕씨로 볼 수 없다. 왕경요 묘지명의 첫 머리에 등장하는 由余, 日磾는[36)] 당대 묘지문의 常套句로 외국인의 墓誌에 사용되는 故事이다.[37)] 왕경요를

32) 안정준은 왕경요와 고덕 묘지명에서 공통적으로 나타난 蘇武 고사의 인용은 묘주 가문이 본래 중국에 기원을 두었고 華人으로서의 절의를 강조하기 위한 의도임을 지적하였다(안정준, 2016, 앞 논문, 58~59쪽).

33) 田余庆, 1989, 「门阀政治的终场与太原王氏」『東晉門閥政治』, 北京大学出版社, 253쪽.

34) 陳爽, 1998, 「太原王氏在北朝的沉浮 : 个案研究之二」『世家大族与北朝政治』, 中国社会科学出版社, 124쪽.

35) 『新唐書』 卷199, 列傳 第124 儒學 中 柳沖, “今流俗獨以崔盧李鄭爲四姓 加太原王氏號五姓.”

36) 「王景曜 墓誌銘」, “觀夫由余入秦 日磾仕漢 楚材晉用 自古稱美 其有才類昔賢 用同往彥者 卽我王府君其人矣 公諱景曜 字明遠 其先太原人.”

37) 石見清裕, 2008, 「唐代墓誌の資料的可能性」『史滴』 30, 119쪽.

由余와 日磾에 비유하고 있으므로 실제로는 중국 출자가 아님을 암시한다.[38)]

또한 왕경요 묘지명에서는 영가의 난에 遠祖가 요동으로 피난하였다가 당으로 귀본하였다며 '播遷'을 주장하였다. 북위 王溫의 묘지명에는 왕온의 고조 准이 영가 말에 晉의 太中大夫였는데 建興 元年(313)에 薊로부터 樂浪으로 피난하였다가 북위 興安 2年(453)에 조부 評이 일가를 이끌고 '歸國'하였다[39)]는 내용이 나타나는데 왕경요의 원조가 고구려로 이주한 시점과 유사하다.[40)] 이처럼 외부에서 중원으로 들어 온 이주자들이 중원에서 외부로 피난했던 시점으로 영가의 난을 거론하는 것은 공통적인 현상이다.

고덕 묘지명 역시 산동의 명문 발해 고씨를 표방하였으나 祖와 父의 관력을 모두 기록하지 않았으므로 실제 사족은 아니었을 것이다. 고덕의 관력도 일개 병졸에서 군공을 통해 상승하였기 때문에 발해 고씨를 부회한 것으로 보인다.[41)] 영가의 난에 선대가 요양으로 피난했다가 귀본한 것으로

---

38) 李文基, 2010, 앞 논문, 72쪽.

39) 「王溫 墓誌銘」, "公諱溫 字平人 燕國樂浪樂都人 啓源肇自姬文 命氏分于子晋 漢司徒霸晋司空沉之後也…昔逢永嘉之末 高祖准晋太中大夫 以祖司空幽州牧浚遇石氏之禍 建興元年 自薊避難樂浪 因而居焉 至魏興安二年 祖評携家歸國 冠冕皇朝 隨居都邑"(张乃翥, 1994, 「北魏王溫墓志紀史勾沉」 『中原文物』 1994-4, 92~93쪽 ; 洛陽市文物工作队, 1995, 「洛陽孟津北陈村北魏壁画墓」 『文物』 1995-8, 34~35쪽 ; 孔錫龜, 2003, 앞 논문, 134쪽).

40) 왕온 가문을 고승과 고조 가문과 마찬가지로 고구려계로, 북위로 이주한 후 태원 왕씨를 모칭한 것으로 보는 견해(张乃翥, 1994, 위 논문, 89~92쪽)와 반대의 견해(王洪军, 2008, 「太原王氏北方宗支世系居地考」 『齐鲁学刊』 2008-6, 42쪽)가 상충하고 있다.

41) 愛宕元, 1995, 「唐代府兵制の一考察 - 折衝府武官職の分析を通して -」 『中國中世史研究 續編』, 京都大學學術出版會, 198쪽 ; 李文基, 2002, 앞 논문, 158쪽. 고덕 묘지명 지문의 마지막 부분에 '嗣子前懷州懷仁府別將等 同二連之善喪'이라 하였는데 아들들이 아버지 고덕의 상을 잘 치른 것을 '二連之善喪' 즉 『禮記』에서 小連과 大連이 상을 잘 치른 것에 비유하였는데 二連이 '동이의 자손'이라는 점을 상기하면(『禮記』 雜記下, "少連大連 善居喪 三日不怠 三月不解 朞悲哀 三年憂 東夷之子也") 묘지명의 찬자는 고덕의 가계가 실제로는 고구려 출신임을 嗣子의 효심을 '二連'에 비유하면서 간접적으로 밝힌 것으로 보인다. '二連之善喪'은 왕경요의 묘지명에서도 확인된

기록하였는데 앞서 고숭·고조 가문의 이주 양상과도 일치한다.[42]

왕경요 묘지명과 고덕 묘지명의 제작 연대는 7년의 차이가 있지만 모두 현종 대 만들어졌는데 앞의 〈표 2〉에서 밑줄 친 부분을 비교하면 매우 유사한 표현들이 눈에 띈다. 고덕의 묘지명에서는 영가의 난을 '自五馬浮江 雙鵝出地'라 하였고,[43] 왕경요 묘지명에서도 '昔當晉末 鵝出于地'로 역시 중국에서 고구려로 이주한 시점을 영가의 난 때로 서술하고 있다.[44] 또한 공통적으로 李陵과 蘇武의 고사를 인용하였다. 이릉과 소무는 漢과 흉노가 대립하는 과정에서 둘 다 흉노에 억류되었는데 이민족 지역에 거주하다가 나중에 중국으로 돌아온 인물이나 조상의 기원을 중국에 의탁하려고 했던 이민족 출신의 묘지명에서 묘주와 자주 비견되는 인물들이었다.[45]

고흠덕·고원망 부자의 묘지명을 살펴보면 고흠덕 묘지명에서는 渤海人으로 출자를 밝혔고,[46] 그의 아들 고원망 묘지명에서는 선조를 殷人이라

다. 「王景曜 墓誌銘」, "嗣子右肱 同二連之善喪 泣九泉而頌德"

42) 이동훈은 고덕 묘지명의 조상에 대한 기재 방식은 高肇, 高崇과 같고, 고구려계 출신들이 중국 내에서 하던 수법을 그대로 답습한 결과라고 하였다(이동훈, 2008, 앞 논문, 27~28쪽).

43) 五馬浮江은 영가의 난 때 많은 종실들이 죽고, 5명만이 강남에 도착하여 그중 元帝가 동진을 창건한 것을 가리키고, 雙鶴은 전란을 의미한다고 한다(이동훈, 2008, 위 논문, 13쪽 각주 11), 12) 참고).

44) 이러한 표현은 백제 유민인 예소사 묘지명에서도 확인할 수 있는데 '龍馬浮江', 영가 중에 백제로 이주했다고 밝히고 있다. 「禰素士 墓誌銘」, "公諱素士字素 楚國琅琊人也 自鯨魚隕慧 龍馬浮江 拓拔以勁騎南侵 宋公以强兵北討 軋坤墋黷 君子滅跡於屯蒙 □內崩離賢達違邦而遠逝 七代祖嵩自淮泗浮於遼陽 遂爲熊川人也 … 永嘉中圮 名流喪業 魏氏雄飛 宋公居攝 郊原版蕩 賢人利涉." 그리고 예군 묘지명에서도 영가 말로 그 이주 시점을 밝혔다. 「禰軍 墓誌銘」, "公諱軍字溫 熊津嵎夷人也 其先与華同祖 永嘉末避亂適東 因遂家焉."

45) 李東勳, 2014, 앞 논문, 256쪽. 참고로 墓誌는 對句와 常套句를 많이 사용하고, 古典과 故事를 근거로 미사여구를 이은 사륙변려체로, 그 표현이 화려하게 나타나는 경향은 고종·무측천·현종기에 만들어진 묘지가 한층 현저하다고 한다(石見淸裕, 2008, 앞 논문, 119쪽).

46) 「高欽德 墓誌銘」, "公諱欽德 字應休 渤海人也."

하고, 比干이 간언하다 죽자 비간의 아들이 나라를 떠나 요동에서 일가를 이루었는데 그가 고원망 가문의 시조이고, 발해 고씨는 그 종맹이라 하였다.[47] 이에 대하여 고흠덕 묘지명에 나타난 발해인은 중국계 발해 고씨와 연결하려고 했던 것이 아니라 고구려=발해라는 인식이 반영된 것이고, 고원망 묘지명 단계에서 출자를 중국계로 부회하는 것이 더욱 구체화되었으므로 고구려 출자 의식이 좀 더 약화된 것으로 본 견해가 있다.[48]

그러나 두 개의 묘지명은 출자 의식의 강약을 논하기에는 작성 시점에 차이가 크지 않고, 선조를 은인이라고 하여 출자 의식이 더 약화된 것으로 본 고원망 묘지명이 고흠덕 묘지명 보다 먼저 작성되었다.[49] 묘지명의 서두에서부터 원래 중국 출자인데 어떠한 사정 때문에 요동으로 건너왔다고 설명하는 것은 고구려 출자 의식의 약화보다는 고구려 출신임을 '의식'하고 있다는 증거이다. 또한 두 묘지명의 찬자는 모두 고원망의 사위인 徐察이었다.[50] 같은 사람이 얼마간의 시차를 두지 않고 작성한 부자의 묘지명에서 출자를 달리했다는 것은 곧 그 출자가 다분히 자의적으로 작성되었음을 반증하는 것이다.

---

47) 「高遠望 墓誌銘」, "君諱遠望 字幼敏 先殷人也 時主荒湎 攻惟暴政 崇信奸回 賊虐諫輔 比干以忠諫而死 故其子去國 因家于遼東焉 貞耿冠乎曩時 遺烈光乎史籍 卽君始祖也."

48) 권은주, 2014, 「고구려유민 高欽德, 高遠望 부자 묘지명 검토」『大丘史學』 116, 61~62쪽.

49) 「高遠望 墓誌銘」, "以天寶四載十月十三日 會葬于洛陽縣淸風鄕北邙首原也." 고원망 묘지명의 제작 연대는 천보 4년, 745년이다. 「高欽德 墓誌銘」, "粵以天寶歲惟庚戌月在申朔日辰乙巳." 고흠덕 묘지명의 경우 천보 연간(742~755)에 경술년은 없으므로 丙戌(746)이나 庚寅(750)에 작성된 것으로 보는데 아들 고원망의 묘지명이 작성된 후 1년이나 5년 뒤에 아버지 고흠덕의 묘지명이 작성된 것으로 볼 수 있다. 이문기는 병술(746), 배근흥은 경인(750)으로 보았다. 모두 근거를 제시하지는 않았다. 李文基, 2010, 앞 논문, 68쪽 ; 바이건싱, 2008, 「고구려·발해 유민 관련 유적·유물」『중국학계의 북방 민족·국가연구』, 동북아역사재단, 218쪽.

50) 「高遠望 墓誌銘」, "察忝親半子 義切懷仁 愧坦腹而無譽 悲泰山而何毁 恭盱榮祖 備犯勳猷 庶陵谷而遷徙 將刊石而攸在"(吳鋼 主編, 2005, 『全唐文補遺』 第8輯, 三秦出版社, 47~48쪽), 「高欽德 墓誌銘」, "孫婿東海徐察撰"(周紹良 主編, 1992, 『唐代墓誌彙編』, 上海古籍出版社, 1416쪽).

고구려 유민뿐만 아니라 이민족 출신의 묘지명에서는 출자를 설명할 때 파천이 자주 거론된다. 파천은 이민족이 중원에 정착하는 과정에서 당인으로 거듭나기 위해 동원한 하나의 修辭로 이해해야 할 것이다. 고흠덕 묘지명에서는 발해인으로 출자를 밝혔을 뿐 고구려와 관련된 내용은 일체 언급하지 않았다.[51] 고흠덕 묘지명의 작성 시점에는 실제 출자인 고구려를 완전히 지우고, 원래부터 한인이었던 것처럼 발해 고씨를 표방하는 것으로 전환한 것이다. 그렇기 때문에 구구절절 파천을 서술하지 않은 것이다.

발해인이라는 출자 표기가 대조영이 세운 발해와 관련이 없음은 이미 많은 연구를 통해 검증되었다. 당조의 시선에서 발해는 일개 夷狄에 불과한 蕃邦인데 그러한 발해를 출자로 표방하는 것은 스스로 굴욕을 선택하는 것[52]이라는 견해는 설득력이 있다. 당인으로 태어난 고구려 유민의 '후손'이 고구려 유민이 세운 발해를 의식해서 발해인이라고 출자를 밝혔다고 보기는 어렵다. 발해가 주변국에 고구려 계승 의식을 표방했으므로[53] 당으로 이주한 고구려 유민의 후손도 발해에 대하여 친연성을 가졌을 것으로 등치하는 것도 적절하지 않다.

원래 漢人이었음을 주장하기 위해 파천을 언급한 묘지명보다는 파천에 대한 언급 없이 당인들과 마찬가지로 郡望으로, 중국의 지역명만으로 출자를 표기한 묘지명(〈표 1〉의 ⑦·⑧·⑨·⑩)이 고구려 유민 묘지명의 최종 단계라고 볼 수 있다. 고흠덕 묘지명에서는 파천을 서술하지 않고 발해

51) 「高欽德 墓誌銘」, "公諱欽德 字應休 渤海人也 曾祖瑗 建安州都督 祖懷 襲爵建安州都督." 고흠덕 묘지명에서 고구려와 관련지을 만한 단서는 증조와 조부가 역임한 '建安州都督' 정도이다. 고흠덕 묘지명보다 약간 일찍 작성된 것으로 추정되는 고원망 묘지명에는 遼東과 醜夷 등으로 고구려를 지칭하였다.

52) 马一虹, 2002, 앞 논문, 63쪽.

53) 『續日本記』와 일본에서 발굴된 8세기의 목간과 고문서에 '高麗'라는 칭호가 확인되는 것은 발해가 고려국을 표방했다는 증거이고, 일본 조정에서 발해 사신의 접대에 고구려계 인물을 발탁하여 시중을 들게 한 것 또한 발해가 고구려의 계승 국가임을 의식한 것이다(宋基豪, 1995, 『渤海政治史研究』, 一潮閣, 116~119쪽, 146~147쪽).

고씨를 표방하였고, 고원망 묘지명에서는 파천을 서술하였다. 부자의 묘지명을 통해 묘지명 중에 나타나는 '파천'의 서술이 자의적이고 의도적인 선택에서 비롯된 것임을 확인할 수 있다.[54)]

유민 1세대의 묘지명이 고구려 출자를 강조했다면 후속 세대의 묘지명에서는 은나라 말부터 영가의 난(307~312), 5세기, 6세기 전반까지 다양한 시점에 중국에서 요동(고구려)으로 건너왔다며 중국 출자를 주장하였다.[55)] 유민 1세대와 후속 세대의 출자가 각각 고구려와 중국으로 명확하게 구분된다는 것은 중국에서 요동(고구려)으로 그리고 다시 당으로 '파천'했다는 주장을 액면 그대로의 사실로 받아들일 수 없게 한다. 파천은 외부에서 중원으로 들어온 이주자가 원래 한인이었던 것처럼 보이기 위한 전형적인 방법이었다.

이민족이 黃帝의 자손이나[56)] 유명인의 자손으로 가탁하거나 출생지를 변개하여 군망에 가탁하는 방식은 중국 전통의 行狀이나 傳記, 墓誌 작성법

54) 백제 유민 예씨 일족의 묘지명을 통해서도 '파천'이 중국 출자를 표방하기 위해 의도적으로 서술되었음을 알 수 있는데 권덕영은 예군 묘지명에서는 영가 말(4세기 初), 예소사 묘지명에서는 탁발씨와 송공의 전란기(5세기 중엽), 예인수 묘지명에서는 수나라 말(7세기 初)로, 예씨 일족의 세대가 내려올수록 중국에서 백제로 이주한 시점이 늦어진다는 점을 지적하였다(권덕영, 2012,「백제 유민 禰氏 一族 묘지명에 대한 斷想」『史學硏究』 105, 16쪽). 이와 같이 한 일족의 파천 시기가 제각각이라는 것은 파천 자체가 조작되었을 가능성이 크다는 것을 의미한다.

55) 안정준은 중국 기원을 표방하는 가계 기록이 갖는 과장과 일부 조작의 가능성을 배제할 수 없다고 경계하면서도 중국 기원 표방을 허위 사실로 단정하기 보다는 그 자체로 주변과 당 사회 내에서 두루 인정될 수 있는 역사적 상식의 범주 내에서 기술되었을 가능성을 고려해야 한다고 하였다. 그리고 고구려 내에 다수의 중국계 일족이 존재했던 사실을 근거로 중국 기원을 표방하는 일족의 묘지명에 나타나는 고구려로 이주한 다양한 시기와 계기가 오히려 더 역사적 사실에 부합할 가능성이 높다고 보았다(안정준, 2016, 앞 논문, 50~57쪽).

56) 백제 유민의 후손인 난원경의 묘지명은 723년에 작성되었는데 선조가 黃帝와 한 집안이라고 하였다.「難元慶 墓誌銘」, "君諱元慶 其先卽黃帝之宗也 扶餘之介類焉." 판독문은 최경선, 2015,「難元慶 墓誌銘」『한국고대문자자료 연구 백제(하) - 주제별 -』, 周留城, 495~500쪽 참고.

에 익숙해졌다는 것을 의미한다.[57] 그렇기 때문에 이러한 현상이 후속 세대의 묘지명에서 집중적으로 나타나는 것이다. 예를 들어 744년에 제작된 유원정의 묘지명에 서술된 8대조 劉軒은 『晉書』에 태학에서 유학 교육을 담당했던 관인으로 기록되어 있고,[58] 750년에 제작된 예인수의 묘지명에서는 『後漢書』에 입전된 禰衡[59]을 선조로 특정하였다. 예식진과 예소사 묘지명에는 예형에 관한 내용은 없었다. 후속 세대는 사서나 기타 문헌의 기록을 '근거'로 특정 인물을 등장시켜 출자를 한층 정교하게 한인으로 변개한 것이다.[60] 이민족이 중원의 명족에 가탁하고, 華夏의 명인을 선조로 모칭하는 현상은 漢化를 촉진하는 내재적 동력이었다. 그리고 이러한 표현이 사서에 나타나는 것은 일종의 정치적 선전이고, 묘지 중의 기술은 묘주 또는 그 후손의 심리적 승인이었다.[61]

당으로 이주한 고구려 유민과 그 후손은 고구려 출자의 표방, 파천을 통한 중국 출자의 강조, 그리고 중국 출자만을 표방하는 세 단계를 거치면서 이주자로서의 흔적을 지워나간 것으로 보인다. 마지막 단계인 파천을 배제한 중국 출자 표방은 당인으로서의 자기 인식을 내면화하고 체화함으로써 출자에 대한 의도적 혹은 자연적 기억의 소멸이 가져온 결과였다. 그런데 유민 1세대 묘지명의 고구려 출자 표방이나 2세대 이후 묘지명에서 나타나는 파천의 주장과 중국 출자 표방은 모두 이주자, 이주자의 후손으로

57) 栄新江(森部豊 訳·解說), 2011, 「新出石刻史料から見たソグド人研究の動向」『関西大学東西学術研究所紀要』 44, 146쪽.

58) 안정준, 2016, 앞 논문, 53쪽.

59) 최상기, 2015, 「禰仁秀 墓誌銘」『한국고대문자자료 연구 백제(하) - 주제별 -』, 周留城, 469쪽 각주12).

60) 이성제는 중국 기원을 표방하는 묘지명에서 선조로 거론되는 인명들은 예외 없이 사서에서 찾을 수 있다는 점을 들어 선대를 중국계로 조작한 것이라는 견해를 제시하였다. 2015년 11월 21일 한국역사연구회 고대사분과 한국고대금석문 연구반 발표회 중 안정준 발표에 대한 이성제의 토론 요지문.

61) 何德章, 2000, 앞 논문, 142쪽.

서 당에서 살아가기 위해 시의에 따라 적절히 구사한 방편으로 이러한 출자 표기의 전환이 이루어진 배경 역시 유민 1세대와 그 후손들이 살아간 당대의 사회 변화와 당조가 추구한 정책 속에서 찾아야 할 것이다.

Ⅲ. 給復十年의 종료와 氏族志의 편찬

세대가 거듭될수록 선조나 출자에 대한 의식이 희미해지는 것은 정해진 수순이다. 시간이 흐를수록 선조가 고구려 출신이라는 의식은 약화되었을 것이고 당인으로 동화될 수밖에 없음은 기정사실이다. 조국이 망해서 사라진 경우는 더욱 빠른 속도로 진행될 것이다. 亡國 출신 이주자의 숙명인 것이다. 그러나 단순히 시간이 흘러 정체성이 약화하였다기보다는 唐代 사회 안에서 당조의 이주자에 대한 정책, 대우, 시선 등을 고려하는 가운데 當代에 나타난 사회 현상과도 맞물려 이해해야 한다. 고구려인에서 당인으로 '편제'된 고구려 유민을 둘러싼 법적·사회적 현실과 이주 이후의 적응 및 변화를 종합하여 다각적으로 분석할 필요가 있다.

당이라는 국가는 중국 역사상 첫 본격적 다민족 복합국가의 원형이었다.[62] 貞觀 3년(629) 戶部의 보고에 따르면 돌궐을 비롯하여 외부로부터 당으로 유입된 인구가 120여만 명이고,[63] 장안에만 1만 가에 가까운 돌궐인이 거주하고 있었다.[64] 정관 4년(630)부터 天寶 4년(745)까지 115년간

---

62) 石見清裕, 1996,「唐代の国家と異民族」『歴史学研究』690, 36쪽.

63)『舊唐書』卷2, 本紀 第2 太宗上 貞觀 3年(629) 是歲, "戶部奏言 中國人自塞外來歸及突厥前後內附開四夷爲州縣者 男女一百二十餘萬口.";『通典』卷第7, 食貨7 歷代盛衰戶口, "大唐貞觀戶不滿三百萬 三年 戶部奏 中國人因塞外來歸及 突厥前後降附 開四夷爲州縣 獲男女一百二十餘萬口."

64)『貞觀政要』卷第9, 議安邊 第36, "貞觀四年 李靖擊突厥頡利 敗之 其部落多歸降者 詔議安邊之術 … 太宗竟從其議 自幽州至靈州 置順祐化長四州都督府以處之 其人居長安者近且萬家.";『資治通鑑』卷193, 唐紀9 太宗 貞觀 4年(630) 5月 丁丑, "其餘酋長至

전쟁 포로가 되거나 항복하여 당으로 들어온 돌궐, 철륵, 고구려, 토번, 당항, 토욕혼 및 서역 제국인은 170만 명에 달했다고 보기도 한다.[65] 따라서 당은 다양한 이민족들을 수용하고 통제하기 위한 규정들을 제정하였다. 고구려 유민들도 다음과 같은 규정의 적용을 받았을 것이다.

B-1. 蕃에 억류되었다 돌아온 경우와 化外로부터 귀조한 경우는 주와 진에서 衣食을 지급하고, 문서를 갖추어 주문을 보낸다. 化外人은 寬鄕에 부관하고 안치한다.[66]

B-2. 외번에 억류되었다 돌아온 경우는 1년 이상은 3년을 면제하고, 2년 이상은 4년을 면제하고, 3년 이상은 5년을 면제한다. 외번에서 투화한 자는 10년을 면제한다.[67]

B-3. 四夷의 降戶는 관향에 붙이고 10년간 면제한다.[68]

B-4. 무릇 내부한 후 낳은 자식은 곧 백성과 동일하므로 蕃戶가 될 수 없다.[69]

이민족과 관련된 규정들을 모아보면 결국 세금 부과 문제로 수렴된다.

者 皆拜將軍中郎將 布列朝廷 五品已上百餘人 殆與朝士相半 因而入居長安者近萬家."

65) 傅樂成, 1962, 「唐代夷夏觀念之演變」『大陸雜誌』 25-8, 237쪽.

66) 『白氏六帖事料集』 卷10, 使絶域, "沒蕃得還 及化外歸朝者 所在州鎭給衣食 具狀送省奏聞 化外人 於寬鄕附貫安置."(仁井田陞, 復舊戶令 第19條). 石見淸裕, 1987, 「唐の突厥遺民に対する措置をめぐって」 『中国社會·制度·文化史の諸問題 : 日野開三郎博士頌寿記念』, 中国書店, 522쪽에서 재인용.

67) 『通典』 卷6, 食貨6 賦稅下, "諸沒落外蕃得還者 一年以上復三年 二年以上復四年 三年以上復五年 外蕃之人投化者 復十年."

68) 『新唐書』 卷51, 志第41 食貨志1, "四夷降戶 附以寬鄕 給復十年."

69) 『唐六典』 卷3, 尙書戶部, "凡內附後所生子 卽同百姓 不得爲蕃戶也."

‘給復’은 이주자들의 정착과 적응에 중요한 요소로, 표면적으로는 이주자에 대한 시혜적 조치로 보이지만 이민족의 빠른 정착을 도모하여 사회 혼란을 방지하려는 안전장치로서의 기능도 무시할 수 없었다. 당은 원칙적으로 이주 1세대에 한하여 10년간 세금과 요역을 면제했다. 아버지는 蕃戶[70]이나 당에서 태어난 자식은 蕃戶가 될 수 없다고 했으므로 2세대 이후부터는 당인과 동일하게 취급하여 면제가 사라진 것으로 보인다. 이민족들에 대한 면제 규정은 이들을 당이라는 사회에 긴박시키는 빠르고 현실적인 수단이었고, 10년이 지나면 일반 당인과 똑같이 납세의 의무를 다하는 ‘당인’으로 전환시켰다. 고구려 유민 1세대에게도 ‘給復十年’의 규정이 적용되었을 것이고, 다른 이민족들과 마찬가지로 고구려 유민들이 당에서 정착하는데 세금과 요역의 면제는 중요한 요소였을 것이다.

10년간의 급복은 상당히 파격적인 혜택으로 당인 중에서도 이민족을 사칭하며 급복 대상이라 속이는 경우들이 발생하면서 사회 문제가 되었던 것으로 보인다. 사칭과 관련된 『唐律疏議』의 다음의 규정이 주목된다.

C. [注] 속여서 세금을 면제함

[疏議] 속여서 면제하는 것은 세금과 역을 모두 면한 것을 이르는데 즉 太原에서부터 원래 따라와 같이한 경우는 종신토록 면제하고, 외번에서 억류되었거나 투화한 자는 10년을 면제하고, 천인에서 해방되어 양인이 된 경우는 3년간 면제하는 류이다. 그 면제의 범위에 해당하지 않는데 속여서 이러한 종류와 같다고 한 것이다. 이것이 속여서 면제하는 것이다.[71]

---

70) 당대의 이민족을 대상으로 한 규정에서는 다양한 용어로 이들을 지칭하였는데 化外人, 化外蕃人, 蕃人은 당인 이외의 즉 넓은 의미의 ‘外國人’을 의미하였고, 化外人, 化外歸朝者, 外蕃之人投化者는 이러한 지역의 외국인이 귀조·투화한 경우를 가리키며 四夷降戶, 蕃戶도 마찬가지로 볼 수 있다. 石見淸裕, 1987, 앞 논문, 522~523쪽.

71) 『唐律疏議』 卷第4, 名例 36, “會赦改正徵收,[注]私入道 詐復除 避本業[疏]議曰 私入道 謂道士女官僧尼同 不因官度者 是名私入道 詐復除者 謂課役俱免 卽如太原元從 給復終

당조에서 세금과 요역을 면제하는 세 가지 경우를 들고 있는데 고조가 太原에서 기병했을 당시부터 함께한 경우는 종신 면제에 해당하고,[72] 외번에서 억류되었거나 투화한 경우는 10년간 면제하고,[73] 천인에서 양인으로 방면된 경우는 3년간 면제한다는 것이다. 문제는 이러한 범위에 해당하지 않으면서 면제 대상으로 속인 경우가 많았기 때문에 '詐復除'가 처벌의 대상이 된 것이다. 따라서 유민들은 10년간 면제받기 위해서라도 고구려 출신임을 증명해야했고, 이러한 사회적 환경 속에서 유민 1세대와 1.5세대는 고구려 출신임을 숨길 이유도 필요도 없었다. 이들이 당 사회에 안정적으로 정착하기 위해서는 고구려 출신이라는 점을 오히려 드러내고 활용해야 했다.

이민족 투화자에 대해서는 10년간 세금과 요역을 면제하는 것이 원칙이었으나 지역에 따라서는 당인 하호의 절반으로 경감해주거나 고구려·백제 유민 중 征鎭의 차출에 응할 경우 면제하는 경우도 있었다.[74] 이것이 輕稅였다.[75] 또한 이민족에 대하여 세금과 역을 부과할 때는 사안에 따라

身 沒落外蕃投化 給復十年 放賤爲良 給復三年之類 其有不當復限 詐同此色 是爲詐復除 避本業 謂工樂雜戶太上音聲人 各有本業 若廻避改入他色之類 是名避本業." 본문의 인용문은 詐復除에 해당하는 것 중 밑줄로 표시한 부분만 해석한 것이다.

72) 『舊唐書』 卷1, 本紀 第1 高祖 李淵 大業 13年(617) 秋7月 癸丑, "發自太原 有兵三萬" 종신 면제가 구체적으로 어떠한 제도였는지, 그 근거 법규가 상세하지 않다(律令研究會 編, 2010, 『譯註 日本律令 五 唐律疏議譯註篇 一』, 東京堂出版, 313쪽).

73) 『通典』에서는 外蕃에서 억류된 경우 그 기간에 따라 차등적으로 면제를 하고 있고, 투화자만 10년간 면제하였다. 『通典』 卷6, 食貨6 賦稅下, "諸沒落外蕃得還者 一年以上復三年 二年以上復四年 三年以上復五年 外蕃之人投化者 復十年."

74) 『唐六典』 卷3, 尙書戶部, "凡嶺南諸州稅米者 上戶一石二斗 次戶八斗 下戶六斗 若夷獠之戶 皆從半輸 輕稅諸州高麗百濟應差征鎭者 並令免課役." 밑줄 친 夷獠之戶의 半輸는 『唐六典』 卷3, 尙書戶部, "下下戶及全戶逃並夷獠薄稅並不在取限 半輸者準下戶之半"을 근거로 당인 하호의 절반으로 본 견해가 있다. 李錦綉, 1995, 『唐代財政史稿 上卷』, 北京大學出版社, 619쪽 ; 이규호, 2016, 「당의 고구려 유민 정책과 유민들의 동향」 『역사와 현실』 101, 166쪽.

75) 蕃胡內附者와 嶺南의 夷獠를 대상으로 한 세금이다. 李锦绣, 1993, 「唐前期 "轻税" 制度初探」 『中国社会经济央研究』 1993-1 ; 李锦绣, 1995, 위 책, 612~624쪽 참고.

적절히 하되, 반드시 華夏 즉 당인과 동일하게 하지 않아도 된다고[76] 하여 예외 상황을 설정해 두었다.

다음은 왜에서도 고구려·백제 유민에 대하여 10년간 부세와 요역을 면제한 사실을 보여준다.

> D. 삼한의 여러 사람들에게 조하여 말하기를, 이전에 10년간 調稅를 면제한 것이 이미 끝났다. 또 그뿐만 아니라 귀화한 처음에 함께 온 자손들도 아울러 부세와 요역을 모두 면제하라.[77]

이 조서가 내려진 것은 681년으로, 고구려·백제가 멸망한 후 왜로 이주한 유민 1세대의 급복 기간이 끝났고, 부모와 함께 이주한 자식들이 課丁의 연령에 달하자 이들에 대해서도 면제한 조치로 보인다.[78] 그런데 다음의 기사는 고구려·백제 유민 1세대에 대한 부세와 역의 면제가 종신으로 전환한 것을 보여준다.

> E. 고구려·백제 두 나라의 사졸이 본국의 난을 만나 성화에 투화하였는데 조정에서는 나라가 멸망한 것을 불쌍히 여겨 종신토록 부세와 역을 면제해 주었다.[79]

이것은 고구려·백제가 멸망했을 때 투화한 사람들에 대하여 종신에

76) 『通典』 卷6, 食貨6 賦稅下, "諸邊遠州有夷獠雜類之所 應輸課役者 隨事斟量 不必同之華夏."

77) 『日本書紀』 卷第29, 天武天皇下 10年(681) 8月 丙子, "詔三韓諸人曰 先日復十年調稅旣訖 且加以歸化初年俱來之子孫 並課役悉免焉."

78) 坂本太郎 外 校注, 1965, 『日本書紀 下』, 岩波書店, 448쪽 頭註7.

79) 『續日本記』 卷7, 元正天皇 養老 元年(717) 11月 甲辰, "高麗百濟二國士卒 遭本國亂 投於聖化 朝庭憐其絶域 給復終身."

이를 때까지 부세와 요역을 모두 면제하라고 한 내용이다.[80] 처음에는 유민 1세대에 한하여 10년간 면제, 다시 1.5세대까지도 면제한다고 하였고, 717년 8월에는 고구려·백제 멸망 때 이주한 사람들을 종신 면제하는 것으로 급복의 기간과 대상을 점차 확대하였다. 적어도 유민 1세대와 그들이 고구려·백제에서 낳은 자식까지는 죽을 때까지 면제되었던 것이다. 종신 면세는 유민 1세대와 1.5세대에 한하여 행해진 일종의 특례였던 것으로 보인다.[81]

왜에서 고구려·백제 유민을 대상으로 실시한 '급복 10년'에서 '급복 종신'으로의 전환을 당의 상황에 곧장 대입할 수는 없지만 앞서 당에서 이민족과 관련된 법 규정이 대상과 지역의 특수성에 따라 어느 정도 융통성 있게 적용되었던 것을 상기하면 원칙적으로는 급복 10년이지만 유민 1세대와 1.5세대의 급복 기간이 좀 더 늘어났거나 예외 규정이 적용되었을 가능성도 있다. 이들은 면세 조치의 적용을 받기 위해서라도 고구려 출신임을 드러낼 수밖에 없었을 것이다. 또한 변경 지역에 배치된 유민의 경우에는 1세대 이후에도 부세를 경감해주거나 당인과는 다른 세율을 적용했기 때문에 상당히 먼 후속 세대까지 의지와 상관없이 출자에 대한 인식이 지속되었을 가능성이 높다.

유민 1세대의 묘지명에서 한결같이 고구려를 등지고 당으로 들어왔다는 자발적 입당 동기를 강조한 것은 사실 여부와 관계없이 당에서 안정적으로 정착하기 위함이었다. 또한 고구려에서 아버지와 함께 이주한 1.5세대는

80) 『令集解』 巻13, 賦役令, "外蕃之人投化者復十年 … 靈龜三年十一月八日太政官符 外蕃免課役事 高麗百濟敗時投化至于終身 課役俱免 自餘令施行." 그런데 717년에 종신면세가 처음 시행된 것이라면 형식적인 조처였을 가능성이 있는데 백제와 고구려가 멸망한 지 각각 57년과 49년이 된 시점으로 유민 1세대 중 대상자는 소수였을 것이고, 그나마 1.5세대가 대상이 되었을 것이다.

81) 종신 면세가 부역령의 본문이 아닌 注로 기록된 점을 근거로 유민 1세대에 한하여 행해진 특례로 본 견해가 있다(박윤선, 2012, 「도일(渡日) 백제유민(百濟遺民)의 정체성 변화 고찰」 『역사와 현실』 83, 100쪽).

물론이고, 蕃戶인 아버지를 둔 당에서 태어난 2세대 역시 자신은 '당인'이지만 아버지의 출신인 고구려를 자연스럽게 의식할 수밖에 없었다. 이 점은 신분의 고하와 상관없이 고구려 유민 1세대, 1.5세대, 2세대라면 누구나 겪었을 것이다. 고구려는 668년에 멸망했지만 적어도 유민 2세대까지는 고구려를 현실적 필요에 의해서라도 의식할 수밖에 없는 사회적·경제적 환경에 놓였던 것이다. 이것은 유민 1세대 묘지명에서 출자를 고구려로 밝힌 것과도 분명히 연결될 것이다.

현재까지 발굴된 730년 이후 제작된 고구려 유민 묘지명에서는 천비를 제외하면 모두 중국 출자를 표방하였다. 이렇게 가계를 중원에 연결하는 현상에 대하여 고구려 출신이라는 의식이 후대로 갈수록 희미해진 것으로 보기 보다는 이민족들의 보편적 생존 전략으로, 그리고 유민들이 당 사회 내에서의 지위를 마련하기 위해 약간의 출자 조작을 크게 개의치 않았을 가능성이 높은 것으로 본 견해도 있었다.[82] 그렇다면 어떠한 배경에서 고구려 출자에서 중국 출자로의 전환이 이루어진 것인지, 출자의 전환은 유민들의 당에서의 지위 상승에 실질적 효용이 있었는지, 당대 사회는 고구려 유민의 출자 조작을 용인한 것인지 등에 대하여 검증해야 한다.

후속 세대의 묘지명에서 주목되는 현상은 중국 출자로의 전환과 고씨인 경우는 예외 없이 모두 산동의 명족인 발해 고씨를 표방했다는 점이다. 북위 때 고구려 출신의 고조일가는 두 명의 황후를 배출하면서 당시에도 명망이 있었던 발해 고씨로의 편입을 시도하였으나 첫 번째는 실패했을 정도로 진입장벽이 상당히 높았다. 당대에도 고구려 유민 후손의 발해 고씨 표방은 이어졌는데 북위 때와는 달리 발해 고씨 문중의 제지는 없었던 것으로 보인다. 또한 獻書待制가 有司로서 작성한 보장왕의 손자인 고진의 묘지명에서 '渤海人'을 표방한 것을 보면 이민족의 후예가 중국의 명족을

82) 李成制, 2014, 앞 논문, 164~165쪽.

표방하는 것에 대한 당조의 제재도 없었던 것으로 보인다.

고구려 유민 묘지명의 출자가 중국으로 전환되는 현상은 3차에 걸친 '氏族志'의 편찬과 관련하여 이해할 수 있는 부분이 있다.[83] 당조가 편찬한 『氏族志』, 『姓氏錄』, 『大唐姓族系錄』[84]에는 왕조 권력에 의한 씨족 질서 재편성의 의도가 집약적으로 나타난다.[85] 태종은 『氏族志』 편찬 과정에서 당조의 관인도 아니고 선조의 작위만을 과시할 뿐인 산동의 사족들을 사회에서 왜 중시하는지 이해할 수 없다면서 현재의 관품을 기준으로 씨족의 등급을 정하겠다는 의지를 분명히 밝혔다.[86] 전통적인 문벌의 평가기준을 현실적인 관위에 기초한 권력관계에 대응하여 새로 정하고 모든 문벌을 군권 하에 두어 새로운 질서 확립을 꾀한 것이다. 『姓氏錄』에서는 관위에 입각한 문벌의 부정이 본격화되면서 산동의 사족들도 관위

---

83) 이기범은 현종 대 만들어진 고구려 유민 묘지명에서 중국후예설이 출현한 배경으로 보첩의 편찬이 완성되면서 실제 중국계 고구려 유민과 중국계로 자임하는 가계의 변화가 등장한다고 보았다. 이기범, 2016, 「고구려 유민 묘지명의 조상인식 변화와 그 의미」, 한성대학교 대학원 사학과 한국사전공 석사학위 논문, 20~22쪽.

84) 『氏族志』는 632년 태종의 명령으로 편찬이 시작되어 638년 정월에 완성되어 반포되었고, 고종 영휘·현경연간에 이르러 『氏族志』의 개편이 이루어져 659년 『姓氏錄』으로 이름을 고쳐 완성되었다. 『姓族系錄』은 707년에 편찬을 시작하여 714년에 완성되면서 당대 3차에 걸친 씨족지 편찬 사업이 마무리되었다(池田溫, 2014, 「唐朝氏族志の一考察 - いわゆる敦煌名族志殘卷をめぐって -」 『唐史論攷 - 氏族制と均田制 -』, 汲古書院, 96쪽(初出 : 池田溫, 1965, 「唐朝氏族志の一考察 - いわゆる敦煌名族志殘卷をめぐって -」 『北海道大学文学部紀要』 13-2, 이하에서는 2014년 논문으로 인용하겠음). 3차에 걸친 씨족지의 편찬 작업에 대한 분석은 邓文寬, 1986, 「唐前期三次官修谱牒浅析」 『唐史学会论文集』, 陕西人民出版社 참고.

85) 池田溫, 2014, 위 논문, 66쪽.

86) 『貞觀政要』 卷第7, 論禮樂 第29, "貞觀六年…乃詔吏部尙書高士廉御史大夫韋挺中書侍郎岑文本禮部侍郎令狐德棻等 刊正姓氏 普責天下譜牒 兼據憑史傳 剪其浮華 定其眞僞 忠賢者褒進 悖逆者貶黜 撰爲氏族志 士廉等及進定氏族等第 遂以崔幹爲第一等 太宗謂曰 我與山東崔盧李鄭 舊旣無嫌 爲其世代衰微 全無官宦 猶自云士大夫 婚姻之際 則多索錢物 或才識庸下 而偃仰自高 販鬻松檟 依託富貴 我不解人間何爲重之…今崔盧之屬 唯矜遠葉衣冠 寧比當朝之貴…我今定氏族者 誠欲崇樹今朝冠冕 何因崔幹猶爲第一等 只看卿等不貴我官爵耶 不須論數代已前 止取今日官品 人才作等級 宜一量定 用爲永則 遂以崔幹爲第三等 至十二年書成 凡百卷".

본위의 현실에 초연할 수 없게 되고, 관료로 전환하는 데 결정적인 촉진제가 되었다.[87] 당조의 세 번에 걸친 '氏族志'의 편찬 사업은 관품에 의하여 천하의 씨족을 9等으로 단계 짓고 왕조의 관료 질서의 우위를 명시하고, 문벌의 전통적인 영예도 그 아래에 세우는 것이었다.[88]

632년부터 시작된 씨족지의 편찬이 714년 최종적으로 마무리되었는데 이 과정을 거치면서 문벌이 관품을 초월할 수 없다는 사회적 인식이 파급되었다. 각 지역의 유력 사족들은 관품이라는 국가의 권위 아래 편제될 수밖에 없었고, 이를 위해서 과거를 통해 관직에 진출하였다. 당조는 관료에 대한 恩典을 제도적으로 강화하여 관료가 대토지를 소유할 수 있는 합법적인 길을 마련해줌으로써 관인을 통해 명족으로 유지하고, 경제적인 풍족을 누릴 수 있도록 하였다.[89] 사회적 성망이라는 추상적이고 주관적인 관념이 아니라 관품이라는 국가가 정한 객관적인 제도와 그에 따른 등급 아래 사족들이 일률적으로 편제되도록 한 것이었다.

당대 재상을 배출한 17개의 가문 중 원래부터 兩京 일대에서 명망이 있었던 4개 가문을 제외한 13개 가문, 즉 淸河 崔氏, 博陵 崔氏, 范陽 盧氏, 隴西 李氏, 趙郡 李氏, 太原 王氏, 琅琊 王氏, 彭城 劉氏, 渤海 高氏, 河東 裴氏, 蘭陵 蕭氏, 河東 薛氏, 河東 柳氏의 묘지명 179건과 『舊唐書』와 『新唐書』 列傳의 籍貫 기재, 그리고 宰相世系表의 遷徙 기재를 정리·대조하여 당대 대사족의 적관의 천사를 분석한 연구에서는 13개 가문 83개의 房支가 새로 옮긴 적관은 河南府 47개, 京兆府 24개, 河中府 5개, 絳州 2개(原籍), 鄭州 2개, 相州, 汝州, 磁州가 각 1개로 위진남북조 시기와 비교했을 때 양경 일대로의 이주 현상이 명확하게 나타나는 것을 밝혔다. 이 중 중앙인

87) 柳元迪, 1989, 「唐 前期의 支配層 - 舊貴族과 官僚基盤의 擴大 -」 『講座 中國史 II』, 지식산업사, 233~236쪽.

88) 池田溫, 2014, 앞 논문, 104쪽.

89) 柳元迪, 1989, 위 논문, 231쪽.

하남부, 경조부, 하중부, 정주에 新貫을 둔 78개 중 옮긴 시점을 보면 당대 이전이 10개, 고조 1개, 태종 1개, 고종 9개, 무후 4개, 중종 1개, 예종 1개, 현종 22개, 대종 4개, 덕종 11개, 목종 2개, 헌종 7개, 문종 1개, 무종 2개, 의종 1개, 희종 1개이다. 크게 나누어 보면 안사의 난 이전이 49개, 대종에서 헌종 사이가 24개, 문종에서 唐末이 5개로 절대 다수가 안사의 난 이전에 新貫이 완결되었다. 안사의 난은 미완성 상태였던 房支의 신관을 재촉하는 작용을 하였고, 천사의 풍조가 고종, 무후 및 현종기에 최대로 나타났다. 당대의 관료제도 중 과거제는 지방인에 대한 거대한 흡인력으로 군성대족을 원적으로부터 유리시켜 양경으로 옮겨 관료층에 투신시키는 방편이었다. 사족은 중앙화와 관료화를 거쳐 최종적으로 완전히 관료가 되면서 지방성을 상실하였다.[90)]

사족이 과거를 통해 관직에 진출하면서 兩京으로의 이주가 동반되었다. 당대 이전을 제외하면 안사의 난 이전인 고종과 무후, 현종 시기에 신관을 정한 수는 35개로 이것은 당조의 문벌 부정, 『姓氏錄』과 『姓族系錄』의 편찬, 사족의 관직 진출 촉진이라는 일련의 과정에서 나타난 결과였을 것이다. 개원·천보연간에는 군망이나 문벌이 더 이상 실제 정치·경제적으로 이익을 가져오지 않게 되었고, 사회적인 영향력도 크게 낮아지게 되었다. 이제 사족의 진위는 더 이상 판별하지 않았고, 비문에 쓰거나 또는 사교상의 군망의 근거로 작용할 뿐이었다.[91)] 양경에 거주하면서 출사했던 고구려 유민의 후손들은 사족을 표방하여도 특별한 제재가 없는 사회적 분위기 속에서 중국 출자를 표방하기 시작한 것으로 보인다. 이것은 관직에 진출하여 양경에 거주하는 대성사족들이 증가한 현상과 맞물려서 진행되었을 것인데 사족의 관료화와 중앙화가 동반되면서 사족은 지역적 기반을 탈피

90) 毛漢光, 1988, 「從士族籍貫遷移看唐代士族之中央化」『中國中古社會史論』, 聯經出版事業公司, 247~250, 333~337쪽.

91) 吴宗国, 1986, 「唐代士族及其衰落」『唐史学会论文集』, 陕西人民出版社, 19쪽.

하고 핵가족 중심으로 전환되었다.[92] 따라서 사족을 모칭했을 때 제재할 집단, 즉 문중이라는 구심점이 사라졌던 것도 하나의 원인이었을 것이다. 이러한 환경에서 望姓의 가탁은 이민족들 사이에서 보편적으로 나타난 것은 물론 심지어 한인의 묘지명에서도 확인된다고 한다.[93]

고구려 유민 중 장안과 낙양에 거주하며 출사했던 자들은 조정의 사족에 대한 정책 변화와 郡望表 등 양질의 정보를 실시간으로 얻을 수 있는 유리한 환경에 놓여 있었다.[94] 그들은 이러한 정보들을 참고하여 사족을 표방하였고, 고목로, 고덕, 고원망, 고흠덕, 고진, 고씨 부인 묘지명의 '渤海蓨人', '渤海人', 왕경요 묘지명의 '太原人' 등의 출자 표기는 그 결과물로 볼 수 있다. 현재까지 발굴된 고구려 유민 묘지명에서는 중국 출자 표기 현상이 730년부터 나타나지만 군망표는 唐初부터 제작되었고, 투루판 묘지명에서는 망성에 가탁하는 현상이 7세기 중반부터 나타나며[95] 678년에 제작된 백제 유민 예군의 묘지명과 708년에 제작된 예소사의 묘지명에서는 이미 중국 출자를 표방하고 있다는 점[96]을 고려하면, 현재 703~729년

---

92) 사족의 葬地의 변화는 핵가족 중심으로의 전환을 반영하고 있는데 대부분의 묘지명에서 장지 부근의 城市에 私第를 보유하고 있는 것으로 기재한 것을 통해 新貫과 葬地가 합치되었음을 알 수 있다(毛漢光, 1988, 앞 논문, 246쪽). 더 이상 舊貫, 즉 原籍으로 귀장하지 않는 것이다.

93) 栄新江(森部豊 訳·解説), 2011, 앞 논문, 146쪽.

94) 최근 투루판에서 출토된 묘지명의 본관을 분석한 연구에서는 고창국 멸망 이후(640)에 만들어진 묘지명 중에는 '西州高昌縣人'처럼 令制에 의한 州郡縣鄕里制가 도입되면서 이것을 본관으로 기재한 경우도 있지만 '淸河人'이나 '南陽人', '渤海人'을 표방하며 중국 내지의 군망에 가탁하는 움직임도 분명히 함께 나타났다고 하였다. 이러한 현상은 고창이 당의 지배하에 들어가면서 투루판의 사람들이 이전의 본관인 河西 지역의 郡姓만으로는 불충분하거나 만족하지 못하여, 입수한 郡望表에 의거하여 중국 내지의 군에 姓望을 가탁한 것으로 추정하였다(關尾史郎, 2014, 「トゥルファン出土墓誌の本貫記載をめぐって-「本貫の記憶と記錄」拾遺-」『資料学研究』 11, 10~15쪽).

95) 關尾史郎, 2014, 위 논문, 14쪽.

96) 李東勳, 2014, 앞 논문, 262쪽. 「禰軍 墓誌銘」, "公諱軍字溫 熊津嵎夷人也 其先与華同祖 永嘉末避亂適東 因遂家焉"(최상기, 2014, 「「禰軍 墓誌」의 연구 동향과 전망-한·

사이에 제작된 고구려 유민 묘지명은 공백 상태지만 앞으로 이 시기에 해당하는 묘지명이 발견될 경우 마찬가지로 중국 출자를 표방할 가능성이 높다. 따라서 730년을 고구려 유민 묘지명 출자 표기 전환의 절대적 기점으로 한정할 필요는 없다.

왕족의 후손들은 어느 시점까지는 당조의 관리 대상이었을 것이다. 당조는 고진이 보장왕의 손자임을 분명히 파악하고 있었다. 778년 獻書待制 楊憖이 찬한 고진의 묘지명에서는 '公諱震 字某 渤海人 祖藏 開府儀同三司 工部尙書 朝鮮郡王 柳城郡開國公'이라 하였다. 이처럼 고진의 출자를 발해인으로 적고, 보장왕의 손자임도 언급하였는데 양경은 보장왕의 후손인 고진이 결코 발해인일 수 없다는 것을 알면서도 이와 같은 모순을 묘지명에 병렬하였다. 이것은 군망의 진위 여부를 따지지 않는 사회적 분위기 속에서 가능했을 것이다. 관직에 진출해있던 고구려 유민의 후손들은 유민 1세대와는 달리 고구려 출자를 표방했을 때 얻는 장점이 딱히 없었고, 발해 고씨의 사회적 성망이 현격히 떨어졌다고는 하지만 명문이라는 인식이 남아 있었기 때문에 고구려 출자보다는 발해 고씨, 태원 왕씨 등의 명문을 표방하며 출자를 전환한 것으로 보인다.

묘지명을 남긴 고구려 유민의 대부분은 양경에 거주하였고, 출사하였기 때문에 당조의 정책 변화에 기민하게 대처할 수 있었을 것이다. 고구려 유민 묘지명에 나타나는 고구려 출자 표방에서 파천, 그리고 중국 출자만을 표기하는 것으로 변화하는 것은 단순히 시간의 경과에 따른 정체성의 약화라기보다는 고구려 유민이 당조의 이민족 정책 및 내부 질서의 개편에 능동적으로 반응하며 당인으로 전환해간 과정과 결과라고 할 수 있다.

중·일 학계의 논의 사항을 중심으로 -」『목간과 문자』 16, 62쪽 판독문) ; 「禰素士 墓誌銘」, "自鯨魚隕慧 龍馬浮江 拓拔以勁騎南侵 宋公以强兵北討 軋坤墋黷 君子滅跡於屯蒙 海內崩離 賢達違邦而遠逝 七代祖嵩自淮泗浮於遼陽 遂爲熊川人也."(최상기, 2015, 「禰素士 墓誌銘」『한국고대문자자료 연구 백제(하) - 주제별 -』, 周留城, 455~456쪽 판독문).

장안이나 낙양에서 태어난 유민 2세대 출신의 관료를 아버지로 둔, 3세대 이후의 고구려 유민의 후손은 애초에 자신을 당인이라고 생각했을 것이다. 고구려 유민 후손들의 중국 명문 사족 표방은 고구려의 흔적을 탈각하는 최종 단계에서 나타난 현상이었다.

Ⅳ. 맺음말

고구려 유민 후속 세대의 묘지명에서는 중국의 망성을 모칭하고 파천을 통해 출자를 개변하는 현상이 나타났다. 후속 세대는 당에서 태어난 당인으로, 선조가 '고구려' 출신임을 밝히기 보다는 자신의 선조는 원래 중국 출신으로서 주로 난을 피하여 중국에서 고구려로 건너갔다 다시 '歸唐'한 것이라는 파천을 강조하면서 계보적으로도 완전한 한인으로 거듭나기를 모색하였다.

그러나 파천의 강조는 외부에서 중원으로 들어온 이주자가 원래 한인이었던 것처럼 보이기 위한 전형적인 방법이었다. 후속 세대는 사서나 기타 문헌의 기록을 근거로 특정 인물을 등장시켜 출자를 한층 정교하게 한인으로 변개하였다. 당으로 이주한 고구려 유민과 그 후손은 고구려 출자, 파천을 통한 중국 출자의 강조, 그리고 중국 출자만을 표방하는 세 단계를 거치면서 이주자로서의 흔적을 완전히 지워나간 것으로 보인다.

이와 같은 출자 표기 전환의 원인은 정체성의 약화보다 당조가 시행한 정책 속에서 찾아야 할 것이다. 이때 주목되는 것이 이주 1세대에 한하여 적용된 '給復十年' 규정으로, 유민 1세대는 부세와 요역의 면제를 위해서라도 고구려 출신임을 드러내고 활용해야 했다. '氏族志'의 편찬으로 사족의 관료화와 중앙화가 동반되면서 이전까지는 他姓 또는 이민족이 사족을 모칭할 때 제재를 가했던 문중이라는 구심점이 사라지면서 望姓의 가탁은 이민족들 사이에서 보편적으로 나타난 것은 물론 한인의 묘지명에서도 확인된다. 당조 역시 이민족들의 묘지명에 나타나는 출자의 조작에 대해 제재하지 않았던 것으로 보인다.

후속 세대 묘지명에 나타난 파천의 주장과 망성의 모칭은 고구려 유민으로서의 정체성이 상실된 결과라기보다는 여전히 고구려 유민의 후손임을 '의식'하고 있다는 증거로 볼 수 있다. 이들은 당대 사회에서 완전한 당인으로 거듭나기 위해 파천 등을 통해 출자를 부정한 것으로 정체성의 상실은 망성을 모칭하고 몇 대가 더 지나서야 이루어졌을 것이다.

제2부

고구려·발해사 연구의 새로운 모색

赤羽目匡由

『類聚國史』에 실린 이른바 「渤海沿革記事」 원재료의 수집자에 대하여

Ⅰ. 머리말

『類聚國史』는 菅原道眞(845~903)이 六國史의 기사를 내용에 따라 분류 편찬한 類書이다. 다 아시다시피 그 권193·殊俗部·渤海上·延曆15年(796) 4月 戊子(27日)조에는 7세기 말부터 10세기 초까지 동북아시아에서 흥망한 발해왕국의 건국과 지방사회의 양상을 전하는 이른바 「渤海沿革記事」(사료 a)Ⓒ)가 보여 사료가 적은 발해의 국내사정을 살피는 데 귀중한 정보를 제공한다. 그중에서 특히 후반부의 한 구절(Ⓒ⑤~⑪)은 발해의 지방행정조직과 지방사회의 종족구성에 대하여 서술되고 있어 종래 주목을 끌어왔다.

예컨대 그 속에 보이는 수령이란 지방 말갈부락의 在地首長으로서 都督, 刺史, 縣令이라는 부, 주, 현의 지방장관으로 임명되었다든가, 그 아래 촌락의 수장으로서 지방을 지배하였음과 동시에 외교사절의 수행인원으로도 되었다고 한다. 발해는 이러한 수령층의 재지 지배권을 인정하면서 그에 의거하여 지방을 통치했다는 수령제가 오래전부터 제기되었다.[1)]

1) 鈴木靖民, 1985, 「渤海の首領に關する基礎的考察」『古代對外關係史の研究』, 吉川弘文館, 初出 1979. 동시기에 발해의 수령을 검토한 논문으로서 金鍾圓, 1989, 「渤海의

수령제에 의해서 발해 지방통치의 양상을 이해하려는 노력은 그 후에도 한층 더 전개되어[2] 수령을 외교사절단으로 편제하여 대외교역에 참여시키는 것이 국가지배의 요점이었다고 주장하기까지 이르렀다.[3] 그러나 수령제가 제기되기 전부터 그 사료의 난해함으로 인해 전술한 내용에 관한 이해에는 아직 정설이 없다.[4] 특히, 수령을 도독, 자사인 촌장의 아래에서 지배의 일단을 담당했던 下級官吏로 고증한 유력한 견해가 제기되고[5] 또한 지방지배의 공백을 초래하게 되는 수령 자신의 당나라, 일본으로의 도항은 상정하기 어렵다는 의문이 제기되었다.[6] 현 단계에서는 수령의 시기적 성격변화를 고려하는 등 새로운 이해를 제시하면서 재지수장이든 下級官吏든 어느 쪽의 이해를 취하더라도 수령의 성격에 대한 종래의 이해를 전제로 발해의 지방통치체제를 논하는 흐름이 있다.[7] 한편 石井正敏

首領에 대하여」, 白山資料院編, 『渤海史硏究論選集』, 白山資料院, 初出 1979)가 있다.

2) 河上洋a, 1983, 「渤海の地方統治体制について」 『東洋史硏究』 42-2 ; 同b, 1989, 「渤海の交通路と五京」 『史林』 72-6 ; 大隅晃弘, 1984, 「渤海の首領制」 『新潟史學』 17 ; 李成市a, 1991, 「渤海史をめぐる民族と國家」 『歷史學硏究』 626 ; 同b, 1997, 『東アジアの王權と交易』, 青木書店 ; 同c, 1998, 「渤海の對日本外交への理路」 『古代東アジアの民族と國家』, 岩波書店, 初出 1994 등.

3) 李成市, 주(2) a·c 논문, 및 b 책.

4) 제설에 관해서는 石井正敏, 2001, 「渤海の地方社會」 『日本渤海關係史の硏究』, 吉川弘文館, 初出 1998 ; 古畑徹, 2003, 「渤海の首領硏究の方法をめぐって」, 佐藤信편, 『日本と渤海の古代史』, 山川出版社 ; 金東宇, 2006, 『渤海地方統治体制硏究』, 高麗大學校大學院 史學科 博士學位論文, 62~68쪽 등을 참조.

5) 石井正敏, 주(4) 논문.

6) 石井正敏, 2001, 「日本·渤海關係の槪要と本書の構成」 石井, 주(4) 책, 38~39쪽. 鈴木靖民도 오래전부터 "都督·刺史·縣令 클래스의 관인이 수령으로 대거 국외에 나간다는 사태는 발해 지방지배상 현실적으로 있을 수 없는 것이고 도저히 생각하기 어려운"(鈴木靖民 주(1) 논문, 446쪽) 것을 상정하고 있었다.

7) 金東宇, 1996, 「발해의 지방통치체제와 首領」 『韓國史學報』 창간호 ; 宋基豪a, 2011, 「地方統治와 그 실상」 『발해 사회문화사 연구』, 서울대학교출판문화원, 初出 1997 ; 同b, 2011, 「首領의 성격」, 同前書, 初出 1997 ; 林相先, 1999, 『渤海의 支配勢力硏究』, 新書苑 ; 濱田耕策, 1999, 「渤海國の京府州郡縣制の整備と首領の動向」 『白山學報』 52 ; 朴眞淑, 2002, 「渤海의 地方支配와 首領」 『國史館論叢』 97 ; 魏國忠·朱國忱·郝慶雲, 2006, 『渤海國史』, 中國社會科學出版社, 325~334쪽 ; 李美子, 2006, 「『類聚國

이 제시한 실증적인 연구시각[8]을 이어받아 기사 중 문구의 考證을 통해 「발해연혁기사」를 精確하게 이해하고 수령의 실상에 접근하려는 시도도 계속되어 있어[9] 향후 이 방면에 관한 연구의 심화가 기대된다.

이상에서 본 바와 같이 종래 「발해연혁기사」를 둘러싸고는 특히 수령의 성격에 대한 검토를 통해 발해 지방사회의 양상과 그 지배 방식 등이 의논되었다. 그러나 이러한 의논의 전제로 되는 「발해연혁기사」의 사료적 성격을 어떻게 생각할까, 특히 실증적으로 수령의 실상에 접근하려 할 때는 아주 중요한 문제로 부상된다. 이 문제에 관해서는 石井이 이미 언급[10]한 바가 있고 그 견해는 많은 지지를 받고 있으며 더불어 그 후에도 자기 주장을 보완[11]하고 있어 일견 의논의 여지가 없어 보인다. 하지만 그 후에도 단편적이기는 하지만 「발해연혁기사」의 사료적 성격에 관한 언급[12]도 있어 이 문제를 다시 검토할 필요가 있다고 생각된다.

그래서 본고에서는 「발해연혁기사」의 사료적 성격, 특히 그 정보원의 수집자에 대해 다시 음미해보려고 한다.[13]

史』に見る渤海の沿革記事について」『日本思想文化研究』 8 ; 鄭永振·李東輝·尹鉉哲, 2011, 『渤海史論』, 吉林文史出版社, 188~193쪽 ; 姜成奉, 2012, 「발해수령과 고려도령의 상관성 검토」『高句麗渤海硏究』 42.

8) 石井正敏, 주(4) 논문.

9) 森田悌a, 2000, 「渤海首領考」『日本古代の驛傳と交通』, 岩田書院, 初出 1998 ; 古畑徹, 주(4) 논문 ; 同, 2007, 「唐代「首領」語義考」『東北大學東洋史論集』 11 ; 金東宇, 2005, 「渤海首領의 槪念과 實相」『東垣學術論文集』 7 ; 同, 주(4) 논문 ; 姜成山, 2013, 「『類聚國史』渤海沿革記事の首領について」『國際學硏究』 3. 기타 石井正敏, 주(4) 논문에 앞선 성과로는 森田悌b, 1993, 「渤海の首領について」『弘前大學國史硏究』 94 ; 鄭鎭憲, 1995, 「渤海住民構成의 新解析」『慶熙史學』 19 등을 들 수 있다.

10) 石井正敏, 2001, 「日唐交通と渤海」 石井, 주(4) 책, 初出 1976, 522~524쪽.

11) 石井正敏, 주(4) 논문, 109~117쪽.

12) 森田悌, 주(9) b 논문, 7~8쪽 ; 濱田耕策, 주(7) 논문, 789쪽 ; 李美子, 주(7) 논문, 62~65쪽 ; 鈴木靖民, 2008, 「渤海の國家と對外交流」, 한일문화교류기금·동북아역사재단편, 『東아시아속의 渤海와 日本』, 景仁文化社, 30쪽 ; 赤羽目匡由, 2011, 『渤海王國の政治と社會』, 吉川弘文館, 236~240쪽.

13) 본고는 赤羽目, 주(12) 책, 236~240쪽에서 略說한 내용의 재고이고, 최근 발표한

Ⅱ. 石井正敏 설에 대하여

「발해연혁기사」의 사료적 성격을 생각함에 있어서 먼저 그 원문을 제시하겠다(이하 사료 중의 동그라미 영문 숫자, 괄호, 밑줄, 분단은 필자에 의함).

a) 『類聚國史』卷193, 殊俗·渤海上(원문에 관해서는 石井正敏 주(4) 논문에서 교정된 글에 그대로 따랐으며, 구두점은 필자의 생각에 따라 약간 수정하였다.)

Ⓐ 十五年四月戊子, 渤海國遣使獻方物. 其王啓曰, …. 又告喪啓曰, ….

Ⓑ 又傳奉在唐學問僧永忠等所附書.

Ⓒ ① 渤海國者, 高麗之故地也. ② 天命開別天皇七年, 高麗王高氏, 爲唐所滅也. ③ 後以天之眞宗豊祖父天皇二年, 大祚榮始建渤海國. 和銅六年, 受唐冊立. ④ 其國延袤二千里, ⑤ 無州縣館驛, ⑥ 處處有村里, ⑦ 皆靺鞨部落, ⑧ 其百姓者靺鞨多, 土人少. ⑨ 皆以土人爲村長. ⑩ 大村曰都督, 次曰刺史, ⑪ 其下百姓皆曰首領. ⑫ 土地極寒, 不宜水田. ⑬ 俗頗知書. ⑭ 自高氏以來, 朝貢不絶.

다음으로 이 「발해연혁기사」의 사료적 성격에 대하여 연구자들이 넓게 받아들이고 있는 石井의 견해를 확인해보기로 하겠다.

「발해연혁기사」는 Ⓒ이하인데, Ⓑ·Ⓒ부터 알 수 있듯이 발해사절이 在唐日本僧 永忠의 편지를 일본조정에 전하였다는 글에 이어서 등장한다. 그 때문에 오랫동안 영충이 日本天皇에게 올린 편지의 내용으로서 8세기 말에 당나라 서울 長安에서 수집한 발해 정보[14]라든가 8세기 말의 발해에서의

赤羽目匡由, 2017, 「『類聚國史』所載の所謂「渤海沿革記事」の史料的性格について」 『東洋史研究』 76-2의 일부분이다. 양해를 바라는 바이다. 또 번역하는 데 연변대학 강성산 선생님에게서 많은 도움을 받았다. 여기서 감사 말씀을 드리겠다.

견문정보[15]라고 생각해왔다. 이러한 이해에 재고를 촉구한 논문이 石井正敏 주(10) 논문이다. 먼저, 특히 ©⑭가 현저하지만 ©의 내용이 재당 일본승의 편지로서 어울리지 않고, 이런 정보라면 796년 이전의 발해 견일본사나 일본 견발해사에게서도 충분하게 얻을 수 있는 것, 편지 내용을 인용할 경우, 일반적으로 '曰'자를 붙인다는 두 가지 이유를 들어 ©는 영충 편지의 일부분으로는 생각하기 어렵다고 하였다. 다음에, 『유취국사』의 기사는 원래 六國史의 기사이기 때문에 ©는 840년에 완성한 『日本後紀』의 기사이고 연대로부터 보면 『일본후기』의 발해관련 초출기사로서 편자에 의한 발해에 대한 연혁설명이라고 지적하였다. 그 다음에, 두세 가지 예를 내놓고 고대 일본에서 천황에게 漢風諡號 撰進이 天平寶字 6~8년(762~764)경 이루어졌다고 생각되기 때문에 國風諡號를 쓴 ©는 奈良시대의 古傳에 의거한 일을 시사한다. 게다가 ©③의 文武天皇의 국풍시호인 '天之眞宗豊祖父'는, 처음에 천평보자(757~765) 연간 초기에 찬진되고, 그후 延曆(782~806)초 '倭根子豊祖父'로 개정되었다는 後藤四郎의 견해를 참조하여, ©를 늦어도 연력초 이전의 상황을 기록한 것으로 하였다. 이상으로부터 ©는 奈良시대 발해와의 교섭기록에 의거하여 발해 초창기의 상황을 서술한 것으로 추측한다.[16]

그 후, 石井은 ©에서 사용된 문구를 자세하게 검토하고 나서, 위의 주장을 보완하였다.[17] 먼저, ©⑭ '朝貢不絶'의 표현은 중국정사 四夷傳에 자주 나오고, 또 영역의 넓이를 표시하는 ④ '延袤'라는 그다지 사용되지

14) 鳥山喜一, 1968, 『渤海史上の諸問題』, 風間書房, 40~41쪽 및 83~84쪽.

15) 瀧川政次郎, 1941, 「日·渤官制の比較」 『建國大學硏究院硏究期報』 1, 29쪽 ; 和田淸, 1955, 「唐代の東北アジア諸國」 『東亞史硏究』 滿洲篇, 財團法人東洋文庫, 初出 1954, 132쪽 ; 李龍範, 1988, 「渤海王國의 社會構成과 高句麗遺裔」 『中世滿洲·蒙古史의 硏究』, 同和出版公社, 初出 1972, 46~47쪽 ; 金鍾圓, 주(1) 논문, 279쪽.

16) 石井正敏, 주(10) 논문, 522~524쪽.

17) 石井正敏, 주(4) 논문, 109~117쪽.

않는 문구가 등장하지만, 특히 이 말들이 다 『隋書』 林邑傳에 보이는 점에 주목한다. 『수서』는 일본에 일찍이 전래되어 『日本書紀』나 『續日本紀』를 편찬할 때 이용되었기 때문에, 『수서』 임읍전을 포함한 중국정사 사이전을 모방하여, 사이전을 짓는다는 의식 아래 Ⓒ가 서술되었다고 한다. 다음으로, 발해영역의 넓이를 표시하는 Ⓒ④ '其國延袤二千里'는 일본 里제도로 계산한 수치가 아니라 中國史料의 표현을 답습했던 기술이고, 당나라나 발해 등에서 얻은 초창기 발해영역의 넓이를 전한 古傳에 근거한다고 한다. 더욱이 ⑤ '館驛', ⑦ '部落'이라는 두 문구는 고대 일본에서 거의 사용되지 않기 때문에 중국사료의 용례를 참고하였다고 한다. 이상의 검토로써 Ⓒ는 영충의 편지가 아니라, 『일본후기』 편자가 발해초출기사에 붙인 渤海傳이라고 할 기사라고 단정한다. Ⓒ는 『일본후기』 편찬시인 840년 당시의 글이지만, 그때까지 일본에 알려진 정보와 중국사료 등을 이용하여 서술한 글이고, 9세기 발해정세를 반영하는 기사라고 생각할 수 없다고 한다. 그리고 구체적으로 그 주요한 재료를, "가. 이때(『일본후기』 편찬시 : 필자 보족)까지 발해와의 교섭을 통하여 얻은 정보, 나. 당나라와의 교섭에서 얻은 정보, 다. 중국의 정사나 古典의 지식"으로 추측하고, 마지막으로 『속일본기』 神龜 4년(727) 12월 병신(29일)조(뒤의 史料b))에도 발해 연혁이 적혀있는 것으로써 Ⓒ가 『일본후기』 발해전이라고 평가할 만한 기사라는 것을 재확인한다.

Ⅲ. 「발해연혁기사」의 연대에 대하여

石井의 일련의 연구를 통하여 Ⓒ가 영충 편지의 인용문이 아니라는 사실이 명확하게 되었다.[18] 그리고 Ⓒ는 원래 『일본후기』의 기사라는 지적도 타당하며, 『유취국사』 편자 菅原道眞과의 관련을 상정하기[19]는 어렵다. 다만 기타 논점에 대해서는 아직도 의논할 여지가 있다고 생각된다. 먼저 ⓒ가 어떤 시기의 발해 상황을 전하는 기사인가라는 점을 검토해 보기로 하자. 일찍부터 ⓒ를 영충 편지로 간주하여 8세기 말 발해 국내상황을 전한다고 보아, ⑤·⑥의 미개함을 당나라의 번영에 현혹된 영충의 과장이라는 의견[20]도 있었지만, 石井의 지적 이후, 발해 초창기의 상황을 전하는 기사란 이해가 일반적이다. 다만 石井은 奈良시대라고 할 뿐, 구체적인 年次는 언급하지 않았다. 근년 石井설에 입각하여 ⓒ는 720년 혹은 728년의 일본 견발해(또는 말갈국)사(〈표 2〉 참조)의 견문에 의거해 8세기 초 大祚榮과 大武藝 시대의 발해 상황을 전하는 기사라는 한걸음 더 나아간 견해를 金東宇가 제출하였다.[21] 이 지적을 단서로 ⓒ의 연대를 생각해보자.

ⓒ의 연대를 생각하는 데서 첫째로 확인하고 싶은 것은, ⓒ⑤~⑫·⑭는 발해 견일본사로부터 얻은 정보라고는 생각하기 어렵다는 점이다. ⑤~⑦은 미개함을, ⑫는 논밭 경작을 전제로 하는 지역에서 사는 사람의 감각을, ⑭는 일본에 대한 조공을 각각 기록하고 있어, 이런 발해측에 불명예스러운, 특히 늦어도 739년 이후 자국의 실정에 어긋나는 사실(후술함)이나 자기

18) 古畑徹은 赤羽目, 주(12) 책에 대한 書評에서, 필자가 ⓑ를 "또 在唐學問僧 永忠등이 보낸 편지를 傳奉하기를"로 해석하고, ⓒ 「발해연혁기사」를 "영충의 편지인 것 같다"라고 한 점(236쪽)에 대해, 傳奉을 "傳奉하기를"로 읽고 인용문을 꺼내는 용례는 존재하지 않고, 傳奉은 驛傳 또는 仲介者에 의한 傳送으로 奉上한다는 뜻이라고 비판한다(古畑徹, 2012, 「書評 赤羽目匡由著『渤海王國の政治と社會』」『史學雜誌』 121-8, 106쪽). 傳奉을 "傳奉하기를"로 해석한 점은 필자의 잘못이었다. 그러나 필자는 지금도 ⓒ와 영충 정보와의 상관을 상정하는 것은 충분히 가능하다고 생각한다.

19) 盧泰敦, 1989, 「渤海國의 住民構成과 渤海人의 族源」, 白山資料院, 주(1) 책, 初出 1985, 302쪽.

20) 瀧川政次郎, 주(15) 논문, 29쪽 ; 和田清, 1955, 「渤海國地理考」 和田, 주(15) 책, 初出 1954, 121쪽 등.

21) 金東宇, 주(4) 논문, 63~65쪽. 발해 초기에 발해를 방문한 사신의 견문기록에 의한 기사라는 지적 자체는 이전에도 간략하게 나오고 있었다(盧泰敦, 주(19) 논문, 302쪽 ; 宋基豪, 주(7)a 논문, 113~114쪽).

거주지역과 다른 자연환경을 전제로 한 정보를 발해사절 자신이 일부러 일본에 전한다고는 생각하기 어렵다. 그리고 ©⑧~⑪은 ⑤~⑦을 전제로 한 내용으로서 양자는 분리할 수 없다. ⑧~⑪도 ⑤~⑦과 동시에 획득된 일련의 정보라고 보아도 좋을 것 같다. 이 정보들은 발해로 건너간 일본인이 발해에서 견문한 정보에 의거한 것으로 생각할 수 있다. 전술한 ©가 일본 견발해사의 견문정보에 의거하였다는 견해는 위의 내용을 고려한 것 같다.

그래서 둘째로 ©는 언제 어느 사절이 얻은 정보에 의거한 것인가가 문제로 된다. 여기에 관하여 ⑤ '無州縣館驛'을 주목하려 한다. 739년, 758년, 759년에 일본으로 온 渤海大使가 각각, 若忽州都督, 行木底州刺史, 玄菟州刺史의 官職을 띠어 있어(〈표 1〉 참조), 739년에는 발해에서의 州의 존재를 일본조정이 파악하고 있었다고 생각할 수 있기 때문이다. 기타, 발해의 실정에 관하여 私見에 의하면 늦어도 758년에는 府, 762~764년까지는 州·縣의 설치를 널리 발해 중심지역에 걸쳐 확인할 수 있다.[22] ©⑤를 "주현이 없다"라고 해석하면, 그것은 739년 이전의 정보에 의한 기사가 된다. 金東宇가 720년과 728년의 일본 견발해사에게 그 정보원을 한정한 것은, 이상에 연유하였을 것이다. 그러나 두 번의 사절파견 중, 전자를 정보원이라고 보기는 어렵다. 720년의 사절은 靺鞨國에 파견된 것이고 이 말갈국은 발해라고는 생각하기 어렵기 때문이다.[23] 또한 ©⑤를 "발해에는 주현이 없다"라고 해석하지 않는 견해도 있지만 따르기 어렵다(후술함).

따라서 ©⑤~⑦의 미개함을 발해 초창기 때문이라고 상정하면 ©는 일단 728년 일본 견발해사의 견문정보에 의거한 기사가 된다.

그러나 ©의 연대를 생각할 때 또 하나, ③에 보이는 文武天皇의 國風謚號인 '天之眞宗豊祖父'를 주목할 필요가 있다고 생각된다. 셋째로 이 점을 검토하

22) 赤羽目, 주(12) 책, 234~236쪽.

23) 石井正敏, 2001, 「日本·渤海通交養老四年開始說の檢討」 石井, 주(4) 책, 初出 1999.

겠다. 덧붙여 말하면 ③은 중국사료로부터 알 수 없는 발해 건국년을 전한다. 이것은 당나라와의 교섭이나 중국사료로부터 획득한 정보가 아니라, 발해와 일본의 직접적인 교섭에서 획득한 정보에 의거하였다고 보아도 좋을 것이다. 그런데 전술한 後藤四郎의 고증에 의하면, '天之眞宗豊祖父'는 天平寶字 연간 초에 撰進되었다.[24] 그리고 延曆초 그것은 '倭根子豊祖父'로 改定되었다[25]고 한다. 따라서 ⓒ는 천평보자(757~765)년간 초~연력(782~806)초까지 획득한 정보에 의한 기사라고 생각할 수 있다.

다만 '天之眞宗豊祖父' 찬진 이전에 획득한 정보가 천평보자년간 초~연력초까지 정리되었을 때 수정되어 국풍시호로써 해가 표시되었을 가능성도 상정할 수 있다. 실제로 천평보자년간 초~연력초 간에 文武元年(697)~天平寶字 元年(757)까지의 기록인 「曹案」 30권이 편찬되었다. 더욱이 「조안」의 改訂이 寶龜 2~3년(771~772)경, 혹은 보구 9년(778)경부터 시작되는 한편, 천평보자~보구까지의 기록이 보구 9년 이후 혹은 桓武朝(782~806)부터 편찬되어 20권으로 정리되었다.[26] 그러나 이러한 史書編纂 등이 진행될 때 발해정보를 수정하였다면, 당시 알려졌던 사실과 어긋나는 '無州縣館驛'의 한 구절이야말로 수정되었을 것이다. 어긋나는 점이 남아 있는 것은 원래 정보를 함부로 수정하지 않았기 때문이 아닌가 싶다. 역시 ⓒ는 '天之眞宗豊祖父'의 국풍시호가 행해지던 시기의 정보에 의거하였다고 볼 수 있다.

---

24) 後藤四郎, 1974, 「持統·文武兩天皇の國風諡號の撰進について」 『南都佛教』 33, 32~38쪽.

25) 文武天皇의 國風諡號에 대하여 崩御후 바로 慶雲 4년(707) 11월에 먼저 '倭根子豊祖父'라는 시호로 되었고, 그후 『일본서기』가 성립된 養老 4년(720)까지 '天之眞宗豊祖父'로 改定되었다는 異見도 있다(山田英雄, 1987, 「古代天皇の諡について」 『日本古代史攷』, 岩波書店, 初出 1973, 111~112쪽 및 123쪽). 그러나 後藤이 적확하게 고증한 것처럼(後藤四郎, 주(24) 논문, 32~36쪽), 문무천황이 崩御후 50년 가까이 시호가 올려지기 전의 호칭인 '大行'천황으로 불린 사실로 보면 의문이다.

26) 이상 奈良시대의 修史事業은 笹山晴生, 1989, 「續日本紀と古代の史書」, 青木和夫·稻岡耕二·笹山晴生·白藤禮幸校注, 『續日本紀』 1, 岩波書店, 485~495쪽 참조.

넷째로 ⓒ와 『속일본기』의 관계에 대하여 언급해두려 한다. 石井이 참고한 것처럼 『속일본기』 神龜 4년 12월 조에는 ⓒ와 유사한 발해연혁기사가 보인다.

> b) ○丁亥, (中略). 渤海郡王使高齊德等八人, 入京. ○丙申, 遣使賜高齊德等衣服·冠履. ① 渤海郡者, 舊高麗國也. 淡海朝廷七年冬十月, 唐將李勣, 伐滅高麗. 其後朝貢久絶矣. 至是, 渤海郡王遣寧遠將軍高仁義等廿四人朝聘. 而著蝦夷境, 仁義以下十六人竝被殺害, 首領齊德等八人, 僅免死而來.

b)①이 그것인데 극히 간단한 기사이다. 『속일본기』의 최종적인 성립은 연력 16년(797) 2월이기 때문에, 그때까지 ⓒ와 같은 자세한 정보를 일본조정이 입수하였더라면, b)①을 지었을 때 그 정보를 왜 참조하지 않았는가라는 소박한 의문이 생긴다.

그런데 『속일본기』 편찬과정은 복잡하고, 위에서 언급한 바와 같이 연력초까지의 修史事業 이후, 먼저 20권으로 편집된 천평보자~보구까지의 기록이, 연력 10년(791)부터 다시 개정되어 보구 13년(794) 8월 14권으로 완성되었다. 다음으로 연대적으로 그에 이어지는 보구 9년~연력 10년까지의 기록 6권이 연력 13년 8월 이후 연력 15년까지 추가되고, 그 다음으로 보구연간에 改訂된 文武朝~천평보자 초년까지의 기록 30권이 수정됨과 함께 20권으로 압축되어 연력 16년 2월 완성되고, 동시에 이들 세 부분이 합쳐져 『속일본기』로서 헌상되었다고 한다.[27] 그래서 b)①을 수록한 문무조~천평보자 초년까지의 기록을 압축하는 과정에서 정보가 생략되었다든가 757년을 조금 지난 「曹案」의 성립 때 혹은 그가 改訂된 보구연간까지 획득된 정보밖에 이용할 수 없고, 이것이 답습되어 ①의 극히 간단한

27) 笹山晴生, 주(26) 논문, 495~503쪽.

기사가 되었다고 일단은 생각할 수 있다. 그러나 ⓒ③의 건국년이나 ④의 영역 넓이에 관한 정보는 연혁기사에서는 불가결하고 『속일본기』 편찬 최종단계 이전에 정보가 입수되었다면, 이유도 없이 이용되지 않았다고는 생각하기 어렵다. 물론 최종단계에서 그것이 삭제되었다고 생각할 수도 없다.

따라서 일본조정은 797년 시점에서 ⓒ의 원재료로 되는 정보를 파악하지 않았는가 혹은 파악하고 있더라도 상응한 이유로 『속일본기』에 정보를 반영할 수 없었다고 일단은 생각할 수 있다. 또한 이 점에 대해서는 뒤에 재차 논하고자 한다.

이상을 종합하면, ⓒ는 첫째, 발해 초창기의 상황을 전한다고 전제할 경우, 728년 일본 견발해사의 견문정보에 의거했다고 볼 수밖에 없다. 둘째, 기사 중에 보이는 文武天皇의 국풍시호인 '天之眞宗豊祖父'라는 표기를 주목하면, 천평보자 연간초~연력초까지 획득된 정보에 의거한다. 셋째, 『속일본기』가 최종적으로 성립된 797년 2월 이전에 일본조정이 파악하고 있지 않는지, 어떤 상응한 이유로 『속일본기』에 반영할 수 없었던 정보를 전한다고 생각할 수 있다. 그러나 이 세 가지 연대는 서로 모순된다. 하지만 여기에서는 급히 결론 내리는 데 서두르지 말고 조금 더 사료에 따라 ⓒ의 성격을 생각해보려고 한다.

Ⅳ. ⓒ⑤ '無州縣館驛'의 해석에 대하여

다음으로 ⓒ⑤ '無州縣館驛'을 주목하여 그 해석을 생각해보려고 한다. 이것에 관해 통설은 "발해국에는 주와 현과 관과 역이 없다"[28]라고 해석된 것처럼, 이 네 가지를 병렬로 읽어왔다. 두 자씩 熟語로서 "주현과 관역이

28) 예컨대 朴時亨(朴鐘鳴역), 1974, 「渤海史研究のために」, 旗田巍·井上秀雄編, 『古代朝鮮の基本問題』, 學生社, 원저 1962, 157쪽.

없다”라고 읽어도 같은 뜻이다. 여기에 대하여 森田悌는 8세기 전반의 발해사절이 주 도독이나 자사의 관직을 띠고 있어, 일본은 그때까지는 발해의 주현제도를 알고 있었다. 그래서 ©⑤를 “주현의 관역이 없다”라고 읽고, 본래 주현에 설치될 館驛=驛館 시설의 결여를 나타낸다는 해석을 제시하였다. 발해에는 주현은 존재하였으나 『일본후기』 편찬시점인 9세기에도 역참제도가 미정비였다는[29] 말이다. 이 견해를 받아 石井은 “주현과 역관은 완전히 다른 것이기 때문에 …, 〈주현에는 관역이 없음〉으로 해석하는 것이 타당할 것이다”라고 하였다.[30] 어느 견해나 다 ‘없음’을 관역에 한정하여 ©의 연대가 739년 이후인 가능성을 확보하는 것이다.

그러나 ©⑤는 역시 통설처럼 읽어야 한다고 생각한다.[31] 그 이유는 첫째 사견에 의하면[32] 늦어도 760년대 초 발해에 있어 驛路의 존재가 확실하여 어느 해석도 정합적인 이해에는 성공하지 못하기 때문이다. 그전의 실상으로 간주하면 일단 모순은 생기지 않지만, 둘째 “주현에 관역이 없다”라는 해석은 한문 문법상 조금 무리이다. 셋째 ‘州縣館驛’이 네 개 혹은 두 개 병렬로 해석되는 용례가 있기 때문이다.

c) 『蠻書』[33]卷1·雲南界內途程第1

自西川成都府至雲南蠻王府, ① 州縣館驛江嶺關塞, 竝里數計二千七百二十里.

---

29) 森田悌, 주(9)b 논문, 7~8쪽.

30) 石井正敏, 주(4) 논문, 115쪽. ©⑤를 “주현에는 관역이 없다”라고 해석하는 바 자체는 西嶋定生, 2000, 「東アジア世界と冊封体制」『古代東アジア世界と日本』, 岩波書店, 初出 1962, 90쪽에서 제시된 적이 있다.

31) 필자도 이전에 石井의 해석을 지지하여, ©⑤를 “주현에는 관역이 없다”라고 해석하였다(赤羽目, 주(12) 책, 236쪽). 이하 재고하여 견해를 고친다. 또한 赤羽目, 주(12) 책, 第3編第1章 전체의 논지를 수정할 필요가 생기는데 일단 향후의 과제로 삼겠다.

32) 赤羽目, 주(12) 책, 36쪽.

33) 『蠻書』의 원문은 向達, 1962, 『蠻書校注』, 中華書局에 의함.

d) 『元稹集』[34]卷38·狀

論轉牒事

據武寧軍節度使王紹, 六月二十七日違勅① 擅牒路次州縣館驛, 供給當道故監軍孟昇進喪柩赴上都, 句當部送軍將官健驢馬等轉牒白一道, 謹具如前. 又② 得東都都亭驛狀報, 前件喪柩人馬等, 準武寧軍節度轉牒, 祗供今月二十三日未時到驛宿者. 伏準前後制勅, 入驛須給正劵, 竝無轉牒供擬之例. 況喪柩私行, 不合擅入館驛·停止及給遞乘人夫等. 當時追得都句當押衙趙伾到責狀稱, 孟監軍去六月十四日身亡, 至七月五日蒙本使差, 押領神到上都, ③ 領得轉牒, 累路州縣, 竝是館驛供熟食·草料·人夫·牛等. 又狀稱其監軍只是亡日聞奏, 更不別奏, 只是本使僕射發遣, 亦別無勅追者. 謹檢興元元年閏十月十四日勅, … 又准元和二年四月十五日勅節文, … 謹詳前後勅文, ④ 竝不令喪柩入驛及轉牒州縣祗供. 今月二十四日已牒河南府, 竝不令供給人牛及熟食·草料等, 仍牒都亭驛晝時發遣出驛, 竝追得本道牒到在臺收納訖. …

먼저 c)의 『蠻書』는 咸通 3년(862) 安南從事로서 雲南으로 간 樊綽이 귀국후 그 실견 및 조사에 의거하여 唐代 운남 정세를 기록한 책이고, 그 성립연대는 함통년간(860~874) 초라고 한다. 번작은 주로 貞元 10년(794)의 冊南詔使 袁滋가 적은 『雲南記』와 長慶 3년(823)의 南詔冊封使를 수행한 韋齊休가 적은 『雲南行記』를 참조하였다고 한다.[35] ⓒ와 같은 시대인 唐代 史料이다.

c)에서는 成都府(成都市)로부터 雲南蠻王府(大理市)까지의 노정이 총괄되어 있다. 그중 ①에는 '州縣館驛江嶺關塞'라 보인다. c)에 이어서 구체적인 경유지가 그 사이의 거리와 함께 열거되어 있지만 경유지로서 雙流縣二江驛, 延貢驛, 雅州百丈驛, 皮店, 黎武城, 淸溪關, 臺登城平樂驛, 嶲州三阜城, 俄准嶺,

---

34) 『元稹集』의 원문은 周相錄, 2011, 『元稹集校注』, 上海古籍出版社에 의하지만 구두점은 필자가 고쳤다.

35) 神田信夫·山根幸夫, 1989, 『中國史籍解題辭典』, 燎原書店, 288~289쪽.

巂州俄淮嶺, 會川鎮, 目集館, 瀘江, 淸渠鋪 등이 보인다. 이들 경유지명에 붙인 행정·자연 구획명 중, 館·驛·江·嶺·關은 ①에 보인다. 또 塞는 성채이고, 경유지로 들린 黎武城의 城, 會川鎮의 鎮에 해당한다고 볼 수 있다. 城, 鎮은 兵團·要砦이다. 기타 店, 鋪는 생략된 것 같다. c)①은 이들 경유지명을 총칭한 것이다. 그래서 문제는 '州縣館驛'의 해석인데, 경유지에는 雙流縣二江驛이나 雅州百丈驛 등처럼, 주현명의 뒤에 驛名이 이어지는 사례가 있다. 하지만 臺登城平樂驛처럼 주가 아닌 행정구획명에 이어 역명이 나오는 경우도 있고, 또 巂州三阜城, 巂州俄淮嶺처럼 州名에 이어지는 것은 역명에 한정되지 않는다. 따라서 c)①의 관역을 '주현의 관역'으로 읽고, 주현에 소속하는 관역에 한정할 수는 없다. 이미 向達이 ①에 '州·縣·館·驛·江·嶺·關·塞'라고 구두점을 찍은 것처럼, 이들은 병렬 관계로 볼 수 있다. 여기서는 두 자씩 熟語로 해석하여, '州縣과 館驛과 江嶺과 關塞'로 읽으려고 한다.

다음으로, 『元稹集』의 d)① '州縣館驛'이다. '論轉牒事'는 대충 武寧軍節度使 王紹가 관역을 이용하여 故 徐州監軍使 孟昇의 棺을 서울인 長安에 보냈다는 데 대한 元稹의 탄핵을 그 내용[36]으로 하며, 작성년은 元和 4년(809)이라고 한다.[37] 이것도 Ⓒ와 같은 시대인 당대 사료이다.

d)①은 왕소가 勅을 어겨서 "함부로 경유한 주현관역에 牒하였다"라고 한다. 그래서 그 다음에서 왕소가 첩을 보낸 상대방을 살펴보자. 첫째 ②로부터 東都(洛陽)都亭驛이 轉牒을 받았던 것, 둘째 ③으로부터 노정의 주현에 있어서 관역이 전첩을 받아 食料·飼料·人夫·牛 등을 제공하였던 것, 셋째 ④로부터 주현으로 전첩했던 것을 각각 알 수 있다. ②·③은 왕소의 행위를 받은 내용, ④는 왕소의 행위를 금한 내용이다. ②에서는 東都都亭驛이 직접 왕소의 첩을 받았는지 분명하지 않지만, 東都都亭驛을 管轄하는 河南府부터 전첩되었을 것이다. 그리고 ③에서도 주현이 받은

---

36) 『舊唐書』 卷166, 列傳116·元稹도 함께 참조.

37) 周相錄, 주(34) 책, 992쪽.

첩이 또 관할 하 관역으로 전첩되어, 식량 등이 제공된 것 같다. 그러나 ④를 보면 왕소의 행동에 대하여 주현으로 전첩하고 숙박이나 식량 등을 제공하는 일의 부당함이 논의되고 있다. 따라서 왕소는 적어도 주현에는 직접 첩했다고 볼 수 있고, 그래서 d)①은 하남부로 첩한 것이나, 주현으로부터 관역에의 전첩을 포함하여 "주현과 관역에 첩하였다"라 표현하였다고 생각할 수 있다. d)①은 '주현·관역'이라고 읽을 수 있다.

이상으로 중국사료에서는 주현관역이라고 표기할 경우, '주현과 관역'('주와 현과 관과 역')을 의미한다고 생각할 수 있다. 주현은 둘 다 지방행정단위이고 관역 중 역은 大路에, 관은 기타의 도로에 각각 설치된 교통시설[38]이기 때문에 '주현·관역'이란 서로 밀접히 관련되는 지방 및 교통제도를 총괄적으로 표현하는 관용구일 것이다.

그리고 넷째 후술하듯이 Ⓒ⑤~⑦에서는 주현과 부락이 대비된다. 즉 여기서 문제로 되는 일은 관역의 유무가 아니라 주현(취락)의 존재양태라고 볼 수 있다. 관련하여 중국의 제도에서 주 長官을 의미하는 都督, 刺史를, Ⓒ⑨·⑩에서는 일부러 '村長'으로 바꾸어 말한다. 이것은 주가 존재하지 않는다는 앞글을 받은 표현일 것이다. Ⓒ자체의 문맥에 들어맞는 내적인 이해부터도, ⑤를 "주현이 없다"라는 뜻으로 해석할 수 있다.

따라서 Ⓒ⑤는 통설대로 "주현이나 관역이 없다"라고 해석하는 것이 타당하다고 생각한다.

Ⅴ. Ⓒ 정보의 수집 및 전달자에 대하여

앞서 필자는 Ⓒ⑤~⑦·⑫·⑭의 내용으로부터 대충 Ⓒ가 일본 견발해사가

38) 石井正敏, 주(4) 논문, 115쪽.

획득한 정보라고 지적하였다. 여기서는 ⓒ정보의 수집 및 전달자에 대하여 조금 더 검토해보려고 한다. 단서는 또 다시 ⓒ⑤이다.

ⓒ⑤중 여기서 일컫는 주현과 관역이 어디 것을 염두에 두었는지를 확인해보자. 첫째로 발해에는 주현과 관역이 없다고 했기 때문에 당연히 발해 것이 아니다. 둘째로 일본 주현과 관역도 아니다. 먼저 같은 시기인 8~9세기 日本에는 주현이라는 지방행정단위가 존재하지 않는다. 고대일본의 村落制度에 대해서는 國-郡의 편성 아래에 50戶를 1里로 하는 里制가 시행되었는데, 靈龜 元年(715) 里를 고쳐 鄕으로 하고, 그 아래에 새로 里를 설치한다는 鄕里制가 행해졌고, 더 나아가 天平 12년(740) 쯤 里가 폐지되어 鄕制가 시행되었다고 생각되며,[39] 그외 聚落單位로서의 村이 존재하였다.[40] 다음으로 관역에 대해서는 7~10세기 일본의 용례로서는 遣唐使가 당나라 정세를 전한 보고 중 하나를 찾아낼 수 있을 뿐 그것도 중국에서 작성된 글을 인용한 부분에 보인다. 한편 유사한 驛館은 일본사료 중에 자주 나오지만, 관역과는 뜻이 다르게 '驛의 館舍'를 의미한다고 한다.[41] 당시 일본에서는 국내 사정에 관해서는 관역이란 말을 쓰지 않고, 실제로 관역이라는 말이 나타내는 제도도 존재하지 않으며, 알려져 있지도 않았다고 볼 수 있다.

그러면 셋째로 여기 주현과 관역은 당나라의 그것을 염두에 둔 것이다. 그리고 ⓒ⑤에 이어 ⑥·⑦에는 "處處에 村里가 있고, 모두 다 靺鞨部落이다"라고 하여, 주현 및 관역과 대비되어 발해의 취락형태가 말갈 '部落'으로 평가내리고 있다.[42] 이러한 평가는 발해의 말갈부락을 직접 보아야만

---

39) 岸俊男, 1979, 「古代村落と鄕里制」『日本古代籍帳の硏究』, 塙書房, 初出 1951, 266~267쪽.

40) 平川南, 2014, 「古代における里と村」『律令國郡里制の實像』下, 吉川弘文館, 初出 2003, 55~59쪽.

41) 이상 고대 일본사료에 나오는 관역과 역관의 용례에 대해서는 石井正敏, 주(4) 논문, 115~116쪽 참조.

가능하다. 그런데 한편 없는 일을 실제로 본 일과 비교한다는 것은 곰곰이 생각해보면 이상하다. 비교란 실상을 파악하고 있는 대상에서야만 가능하기 때문이다. 즉 여기 주현과 관역은 당나라(중국)에 관한 문헌사료 등으로부터 얻어낸 책상 지식에 의한 것이라고는 생각하기 어렵다.[43] ⓒ⑤에서는 당나라의 주현과 관역의 실상이 비교대상 하나이고, 따라서 그 정보수집자는 발해의 말갈부락뿐만 아니라, 당나라 주현 및 관역을 실지 견문한 경험을 가지고 있는 사람이라고 볼 수 있다.[44]

그래서 『일본후기』 편찬시점인 840년까지 발해와 당나라 두 나라에 도항한 경험을 가지고 있고, 자기가 얻은 정보를 일본에 전달할 가능성을 가지고 있는 일본 사람을 추출한다면 다음과 같다.[45]

i 平群廣成　　일본 → 당 → 발해 → 일본　귀국년 : 739년[46]

ii 高元度　　일본 → 발해 → 당 → 일본　귀국년 : 761년[47]

---

42) 이처럼 ⓒ⑤~⑦을 주현·관역과 말갈부락과의 취락형태를 비교한 구절로 해석했을 경우 주현은 그렇더라도 관역은 취락이 아니다. 취락형태의 비교라면, 주현과 부락과의 병기·비교로 충분하다는 의문이 생긴다. 여기서 관역이 특히 삽입된 이유는 영충이 발해 영역을 실제로 통과했음과 함께 당나라 서울인 장안부터 자기 편지를 「傳奉」 즉 驛傳 또는 仲介者에 의한 傳送(古畑徹, 주(18) 논문, 106쪽)으로써 발해 경유로 일본에 전달하는 데, 교통제도의 정비 상황에 각별히 관심을 가지고 있었기 때문인 것인가 싶다.

43) 원래 발해의 말갈부락에 대하여 적은 ⓒ⑥·⑦가 책상 지식에 의하였다고 생각하면 비교대상인 주현과 관역도 굳이 당나라에 실재하는 것으로 볼 필요가 없어진다. 그러나 발해의 지방사회에 대하여 생생한 정보를 제공하는 ⓒ⑤~⑪이 직접 견문에 의거하지 않은 기사라고 보기는 어렵다. ⓒ⑥·⑦이 책상 지식에 의거했다는 가능성을 배제한다.

44) 이로 인해 渡唐經驗을 가지고 있지 않는 728년의 경발해사는 ⓒ정보 수집자의 후보에서 제외됨과 함께 ⓒ가 渤海草創期의 상황을 전한다는 想定도 배제된다.

45) 발해가 일본과 당나라를 중계한 사례에 관해서는 후술하는 ⅳ를 제외하고 石井正敏, 주(10) 논문, 516쪽 표8을 참조.

46) 『속일본기』 卷13, 天平11년(739) 7월 癸卯조 및 11월 辛卯조.

47) 『속일본기』 卷22, 天平寶字3년(759) 春正月 丁酉조, 同年 2월 戊戌朔조, 癸丑조, 10月辛亥조, 同卷23, 天平寶字5년(761) 8월 甲子조.

iii 戒融 일본→당→발해→일본 귀국년 : 763년[48]

iv ① 永忠 일본→발해→당→일본 귀국년 : 805년

② 得(德)淸·戒明 일본→발해→당→일본(영충과 함께 入唐) 귀국년 : 불명[49]

i~iv중,[50] iv사례에 대하여 조금 자세하게 확인해두고 싶다. iv 永忠의 입당과 귀국에 대해서는[51] 『元亨釋書』 卷16, 力遊에

e) 釋永忠, 京兆人, 姓秋篠氏. 寶龜之初, 入唐留學, 延曆之季, 隨使歸.

라고 한다. 그중 귀국에 대해서는 延曆 24년(805)(연력 25년이 大同 원년이라 연력말이라고 생각됨)에 藤原葛野痲呂를 大使로 하는 연력 때의 견당사(연력 20년 임명, 同 23년 출발)의 第1~3船이 일본에 귀착하였는데 여기에 수행했다고 볼 수 있다. 한편 입당에 대해서는 寶龜 연간에는 보구 6년(775) 6월 佐伯今毛人가 대사로 임명되어(당에 건너가지 않음) 同 8년(777) 당나라로 출발한 견당사와, 이듬해(778) 12월 布勢淸直을 送使로 임명하여 보구 10년(779) 5월 출발한 견당사가 알려져 있지만, 보구는 11년까지이기 때문에 다 '寶龜之初'에는 어울리지 않는다. '寶龜之初'라는 연대부터 보면 영충은 보구 3년(772) 2월 귀국길에 오른 발해사절 壹萬福(〈표 1〉 №7)을 따라 바다를 건너 발해 경유로 입당했다고 생각할 수 있다. 발해 경유의

48) 『속일본기』 卷24, 天平寶字7년(763) 10월 乙亥조 ; 同卷25, 天平寶字8년(764) 7월 甲寅조. 또한 濱田耕策, 1995, 「留唐學僧戒融の日本歸國をめぐる渤海と新羅」 『日本古代の傳承と東アジア』, 吉川弘文館 참조.

49) 東野治之, 1992, 「日唐間における渤海の中繼貿易」 『遣唐使と正倉院』, 岩波書店, 初出 1984, 132쪽 참조.

50) 기타 大曆12년(777) 정월, 발해가 당나라에 일본 舞女를 바쳤는데(『舊唐書』代宗本紀, 同·渤海靺鞨傳등), ⓒ정보의 수집 및 전달자의 후보에서 제외해도 된다.

51) 이하 영충의 入唐과 귀국에 관해서는 石井正敏, 주(10) 논문, 518~519쪽.

入唐僧이 존재하는 것이나, 당시 民間船에 의한 渡唐은 상정하기 어려운 것, 발해가 영충과 일본과의 연락을 중개하고 있는 것 등으로부터 보아도 영충이 발해를 경유하여 입당했다는 점은 인정할 수 있다. 영충은 일본→ 발해→ 당→ 일본으로 돌아다녔다고 볼 수 있다. 또한 ⅳ② 得淸·戒明에 대해서는 영충의 소식이 반드시 영충등이라는 複數形으로 표기되어 있는 것과 동반자와 동행하는 入唐僧이 많은 것으로부터[52] 영충의 동반자였을 것이다.[53]

Ⅵ. 「발해연혁기사」의 사료적 성격

이상 세 장에 걸쳐 몇 가지 관점으로부터 Ⓒ「발해연혁기사」의 사료적 성격의 특징을 확인해 보았다. 이들을 종합하면 어떻게 될까. 다음에서 살펴보겠다.

우선 기사 연대는 제1로 발해의 미개함을 기록한 그 내용과 원재료가 된 정보의 수집 및 전달자와의 관계를 고려하면 739년 이전이고, 제2로 文武天皇의 國風諡號를 고려하면 天平寶字年間 초~延曆 초까지이며, 제3로 『속일본기』에 그 정보가 채용되지 않았다는 점을 감안하면 797년 이후로 된다. 전술했듯이 이들 세 점은 서로 모순된다.

하지만 꼼꼼히 생각해보면, 첫 번째의 미개함에 대해서는 반드시 연대적으로 國家草創期에 한정될 필요는 없다. 먼저 위에서 본 바와 같이 발해의 주현제도가 당나라와 비교하여 아직 정비되지 못하였다고 간주되었기

52) 石井正敏, 주(10) 논문, 519쪽.

53) 또한, 得淸과 戒明이 壹萬福一行이나 영충과 함께 보구 3년(772) 내에 입당했다는 東野의 견해가 있는 한편, 보구 6년(775) 임명, 同 8년(777) 출발의 견당사 일행에 수반하여 입당했다는 이견도 있다(森公章, 2015, 「奈良時代後半の遣唐使とその史的意義」 『東洋大學大學院紀要』 文學(哲學)51, 346~349쪽).

때문일 가능성도 있다. 일본의 정보수집자는 王都를 시작하여 주현제도가 시행된 발해 중심지역을 견문하였다고 볼 수 있기에 이럴 경우 주현의 존재를 알면서도 일부러 허위나 과장을 첨가한 정보를 전달하였다는 것으로 된다. 다음으로 주현제도나 역참제도가 아직 시행되지 못한 지역의 상황이라고도 생각해볼 수 있다. 종래도 ©는 발해 지방사회의 상황을 말하는 기사로 생각되어 왔다. 구체적으로 率賓 일대(綏芬河 유역과 러시아 연해주와 吉林省 延邊朝鮮族自治州 및 牡丹江 동부지구)나, 일본과 발해 사이의 교통로 상에 위치한 東京龍原府(吉林省 琿春市)·南京南海府(咸鏡南道 北靑)의 관할지역을 상정한 견해[54]가 있다. 그들의 여부는 차치하고 ©의 미개함은 시간적 관점으로부터 벗어나 지역적 관점으로부터 해석하는 것도 가능하다. 또한 ©④에 발해영역의 넓이를 '延袤二千里'라고 하는 것은 『舊唐書』 渤海靺鞨傳 등[55]의 '方二千里'와 상통하는 점이 있다. 후자가 발해초창기 영역이라는 이유로 ©의 연대를 발해초기로 보는 견해[56]도 있다. 그러나 『구당서』가 '方二千里'라고 하는 것은, 五代 시대의 그 편찬시점에도 아직 이런 전승이 유포되어 있었다는 것으로 보인다. ©를 古傳에 의거했다고 보아도 좋을 것 같다. ©④에서 곧 바로 ©를 발해 초기 상황을 말한다고 생각하기는 어렵다.

그러면 발해 초창기라는 시간적 제약으로부터 벗어나 『일본후기』 편찬시점인 840년까지 ©의 연대를 내리는 것도 가능하다.

---

54) 率賓일대 설은 劉振華, 1987, 「有關渤海史的三个問題」, 孫進己·馮季昌主編, 『渤海史論著滙編』, 北方史地資料編委會·東北民族歷史考古資料信息研究會, 初出 1985, 5~6쪽, 東京龍原府·南京南海府 관할지역 설은 金鍾圓, 주(1) 논문, 279쪽 ; 鄭鎭憲, 주(9) 논문, 125쪽. 그리고 鈴木靖民은 발해초기의 상황으로 보고, 大祚榮 정권 근거지인 粟末部나 白山部의 거주지로 하였다(鈴木靖民, 주(1) 논문, 451쪽). 또한 동경용원부, 남경남해부를 위시한 발해 5경의 현재지 비정은 河上洋, 주(2)b 논문 참조.

55) 기타 『冊府元龜』 卷959, 外臣部·土風1에도 보인다.

56) 劉振華, 주(53) 논문, 5쪽 ; 鄭鎭憲, 주(9) 논문, 124쪽 등.

Ⓒ의 연대에 관하여 제1점과 제2점, 제1점과 제3점의 두 가지 모순은 각각 해소되었다. 그러나 여전히 제2점과 제3점의 모순은 해소되지 않는다. 이 문제에 대하여 다음으로 Ⓒ의 정보 수집 및 전달자를 구명하는 것을 통해 정합적 해석을 모색해보려고 한다.

앞에서 제시한 당·발해·일본 삼국을 거친 도항경험을 가지고 있는 사람 중 ⅰ은 귀국년이 제2점의 天平寶字年間 초~延曆 초에 들어가지 않고, 한편 ⅱ~ⅲ은 그 기간에 속한다. 그러나 만약 ⅰ~ⅲ가 Ⓒ의 정보 수집 및 전달자라면 『속일본기』에 정보가 반영되지 않은 것은 의심스러운 일이다. 그리고 특히 ⅰ平群廣成와 ⅱ高元度는 각각 若忽州都督, 行木底州刺史의 관직을 띤 발해사절과 동행하고 있다. ⅰ과 ⅱ가 Ⓒ⑤ '無州縣館驛'의 정보를 전하였다고는 도저히 상정하기 어려운 일이다. 가령 전하더라도 그 정보를 입수한 당시의 일본조정이 州제도가 시행되어 있던 발해 상황을 알면서도, 정보를 정리할 때 Ⓒ⑤를 채용하였다고는 역시 생각할 수 없다.

남은 사례는 ⅳ영충인데 귀국년은 805년이기 때문에 제3점에 관해서는 문제가 없다. 다만 이 귀국년은 제2점의 천평보자연간 초~연력 초로부터 벗어난다. 그러면 영충도 Ⓒ정보의 수집 및 전달자 후보로부터 제외할 수밖에 없을까. 하지만 그것은 영충 귀국 후에 Ⓒ정보가 일본조정에 전달된 경우이다. 그렇게 생각할 필요는 없는 것 같다.

영충은 772년 2월 귀국길에 오른 발해사절 壹萬福을 수행하여 발해로 건너갔지만 일행은 일단 能登國에 표착하였기에 결국 그들이 일본을 떠났을 때는 이듬해인 보구 4년(773) 4, 5월 쯤으로 추측되고 있다.[57] 여하튼 영충이 일본을 떠날 때 문무천황의 국풍시호는 '天之眞宗豊祖父' 였다. 그후 영충은 국외에 있어 귀국까지 연력초의 국풍시호 개정을 몰랐을 것이다. 그리고 Ⓑ대로 在唐중인 영충은 796년 4월 편지를 발해사절에게 부탁하여

57) 新妻利久, 1969, 『渤海國史及び日本との國交史の研究』, 學術書出版會, 201~203쪽.

일본으로 보냈다. ⓒ가 이 편지 정보에 의거한 것이라고 생각하면, 문무천황의 국풍시호가 개정된 사실을 모르는 영충이 적은 정보에 의거하여 『일본후기』 편자가 ⓒ를 정리하였다고 무리없이 이해할 수 있다. 다만 전술했듯이 『속일본기』의 최종적인 완성은 797년 2월이기 때문에 시간적으로 영충 편지의 정보를 『속일본기』 편찬 시점에 어떻게든 이용할 수 있었다. 그러나 편지 입수는 『속일본기』가 완성되는 직전인 약 10개월 전이고 그 정보를 기사로 끼워넣으려면 조금도 시간적 여유가 없다. 게다가 무엇보다도 그 기사의 연대를 결정하려면 편지를 받은 796년 4월로 되지만, 그것은 『속일본기』 기술 대상 연대로부터 벗어난다. 『속일본기』를 편찬할 때 영충 편지의 정보가 이용되지 않은 것은 오히려 자연스러운 일이다. 필자는 ⓒ가 영충 편지의 정보에 의거하였다고 생각하는 것이 가장 타당하다고 판정한다.

종래 ⓒ가 영충 편지와 무관하다고 생각된 이유는 '曰'자에 이어지는 글이 아니라 그 내용도 개인의 편지에 어울리지 않는다는 일이었다. 하지만 이 두 점은 ⓒ가 영충 편지를 재료 중 하나로 글을 적었다는 가능성을 배제하지 못한다.[58] ⓒ와 영충 편지를 무관하다고 하기는 지나친 평가가 아닐까. 필자는 아래 여러 사실이 도리어 양자간의 상관을 시사해 준다고 생각한다.

첫째로 「발해연혁기사」로 간주되는 ⓒ와 b)①이 반드시 각각 『일본후기』와 『속일본기』의 발해 신출(초견) 조에 연결되지 않는 일이다. 먼저 b)①의 『속일본기』 神龜 4년 12월 丙申조 이전에는 同年 9월 庚寅조에 발해사절 來著 및 存問·時服賜與 기사가, 同年12월 丁亥조에 발해사절 入京 기사가

58) 鈴木靖民은 ⓒ를 "『일본후기』 편자가, … 재당 延曆寺僧 영충의 편지에 의거해 발해 연혁 중 초기 속말말갈의 상황을 말했다"(鈴木靖民, 주(12) 논문, 30쪽)라고 지적하였다. 발해 초기의 粟末의 모습이라는 점에서 사견과 다르지만 경청할 만한 견해라고 생각한다.

각각 나온다. 다음으로 『유취국사』 중 『일본후기』 逸文에 해당하는 부분에서는, Ⓒ의 延曆 15년 4월 戊子조 이전에는 연력 14년 11월 丙申조에 발해사절來著 기사가 나온다. 두 「발해연혁기사」는 맹목적으로 발해 신출 조에 연결되어 있는 것이 아니다. 생각해보면 b)①은 입경후 客館에 안치된 발해사절에게 일본조정이 사신을 파견하여 사정을 조사했을 때의 내용이 아닐까.[59] 그리고 Ⓒ도 영충 편지에 의거하였기 때문에 발해사절에 의한 편지 전달을 전하는 Ⓑ에 연결되지 않았을까. 두 기사가 각각 해당 조에 연결되어야 할 이유가 있었다고 생각한다.

둘째로 ④ '延袤'와 ⑭ '朝貢不絶'이라는 두 문구이다. 먼저 전자는 실은 사용빈도가 낮은 문구가 아니다. 石井이 예로 든 『隋書』 등 역대 正史를 위시하여, 『일본서기』 편찬에 이용되었다고 하는 『藝文類聚』에도 용례가 많이 보인다.[60] 고대 일본 관인에게는 익숙한 漢籍 중 문구라고 말할 수 있어, 일단은 이러한 책을 참조하여 Ⓒ가 작성되었다는 근거로 될 수 있다. 한편 '延袤'가 『舊唐書』나 『新唐書』, 『通典』 등 정사·政書로부터 佛經에 이르기까지 唐代 사료에 빈출하는 것도 주목된다.[61] '延袤'는 당나라

59) 당나라에서는 외국사절이 입경한 후, 鴻臚寺가 사신을 파견하여 외국 정보에 대하여 조사할 규정이 있었다(河內春人, 2013, 「『新唐書』日本傳の成立」 『東アジア交流史のなかの遣唐使』, 汲古書院, 初出 2004, 239~242쪽). 이런 외국 정보가 實錄 등 編年體 사서에서 어떻게 연대가 결정되는가는 향후의 검토 과제이다.

60) 『史記』 卷88, 蒙恬列傳, 同卷110, 匈奴列傳, 『漢書』 卷64下, 王褒傳, 『隋書』 卷79, 蕭巋傳, 『北史』 卷1, 明元帝本紀·泰常8年 2月 戊辰, 同卷62, 王思政傳, 『藝文類聚』 卷9, 水部下·湖, 同卷20, 人部4·賢, 同卷57, 雜文部3·七, 同卷61, 居處部1·總載居處, 同卷88, 木部上·槐 등.

61) 『舊唐書』 卷53, 李密傳, 同卷67, 李靖傳, 同卷178, 鄭畋傳, 同卷183, 武延秀傳, 同卷197, 林邑國傳, 同婆利國傳, 『新唐書』 卷83, 安樂公主傳, 『元和郡縣圖志』 卷17, 河東道4·合河縣, 同卷39, 隴右道·溢樂縣, 『通典』 卷187, 南蠻上·西爨, 同卷190, 西戎2·章求拔, 同卷193, 西戎5·師子, 同卷195, 北狄2·匈奴下, 『續高僧傳』 卷1, 梁釋寶唱傳, 同卷5, 梁釋僧旻傳, 同卷10, 隋釋法瓚傳, 『法苑珠林』 卷100, 興福部5·太宗文皇帝 등. 기타 위의 예와의 중복을 포함하여 『白氏長慶集』, 『樊川文集』, 『唐會要』, 『冊府元龜』, 『太平寰宇記』 등 唐代 史料에는 '延袤'의 용례는 매우 많다.

에서 일반적으로 사용되는 문구이고 Ⓒ가 당나라와의 교섭에서 획득된 정보에 의거한 가능성도 증명한다. 그러면 억지로 그 정보의 수집자가 영충일 가능성을 배제할 필요가 없지 않을까. 다음으로 후자인 '朝貢不絶'은 확실히 중국 정사 四夷傳에 빈출하는 표현이고 그것들을 참조하였을 가능성은 높다. 하지만 당나라에서 직접 배운 수사라는 가능성도 상정할 수 있다. 또 발해를 옛날 朝貢國인 高句麗의 後身으로 보는 관점[62]은 당시의 일본 지배층이나 지식인들에게 널리 공유되고 있었을 것이다. ⑭를 영충 渤海觀의 發露라고 보아도 자연스러운 일이다. 그건 그렇고 『일본후기』 편자에 의한 作文은 ⑭ 이외에는 부분적으로만 그친다고 생각할 수도 있다. 이상 두 문구의 존재는 Ⓒ와 영충 편지와의 상관을 배제하지 못하며 도리어 그 연관을 상정하게 하는 재료로도 될 수 있다고 생각된다.

셋째로 Ⓒ와 유사한 표현과 문구가 僧侶의 견문기록에 보인다는 것이다. 예컨대 8세기 초 인도와 중앙아시아를 巡歷한 신라승 慧超의 견문기록인 『往五天竺國傳』[63]에는 순력한 각국의 사람이나 취락에 관한 문구로서 '首領', '百姓', '土人', '部落'이 빈출한다. 또한 유사한 표현으로는 Ⓒ①에 대응하는 과거와의 상관으로 現存하는 나라를 설명한 '迦毘耶羅國, 卽佛本生城'(中天竺國), '此卽舊日王裴星國境'(葱嶺鎭) 등을, ⑫와 같이 그 토지의 기후를 평가한 Ⓒ와 똑같은 구절인 '土地極寒'(吐蕃國, 識匿國)등을, ⑫와 같이 농작물의 토지에 대한 적합여부를 설명한 '土地宜大麥·小麥'(建駄羅國) 등을, ⑭와 같이 他國과의 관계를 서술한 '屬土蕃國所管'(蘇跋那具怛羅國)등을, ⑭와 같이 과거부터의 행동이 계속 진행되는 상태를 서술한 '迄今供養不絶'(迦葉彌羅國)을 각각 들 수 있다. 확실히 Ⓒ①, ④, ⑭ 등은 중국 정사 사이전과 서술형식이

62) 石井正敏, 2001a, 「神龜4年, 渤海の日本通交開始とその事情」(石井, 주(4) 책, 初出 1975), 同b 「第1回渤海國書の解釋をめぐって」(石井, 주(4) 책, 初出 1999), 同c 「日本·渤海交涉と渤海高句麗繼承國意識」(石井, 주(4) 책, 初出 1975).

63) 『往五天竺國傳』은 桑山正進, 1992, 『慧超往五天竺國傳研究』, 京都大學人文科學研究所 참조.

유사하다. 그러나 위에서 보듯이 신라승이란 중국문화를 습득한 승려가 외국에서 적은 견문기록의 표현과 유사성을 지적할 수 있다면, ⓒ는 중국 정사 사이전을 포함하여 널리 중국에서의 외국기사 서술유형에 속한다고 말할 수 있다. 영충이 이러한 서술유형에 따라 ⓒ를 서술했다고 생각할 수는 없을까. 史書 편자가 작성한 설명기사라고 단언할 수는 없다. 특히 ⓒ가 『일본후기』 편자가 작성한 발해 설명 기사라는 점을 강조해도 될지 의심스러운 것은, ⓒ에 이어 5월 丁未조에 인용된 발해왕에게 보낸 천황 편지 말미의 한 구절의 존재이다.

f) ○五月丁未, 渤海國使呂定琳等還蕃. … 仍賜其王璽書曰, 天皇敬問渤海國王. … 夏熱, ① 王及首領·百姓平安好. …

f)① '首領百姓'은 "수령과 백성"으로 해석할 수밖에 없다. 한편 ⓒ⑪ '其下百姓皆曰首領'을 그대로 읽으면 '(그 아래의)백성=수령'으로 될 수밖에 없다.[64] 즉 f)①과 ⓒ⑪은 상반한다. f)① '首領百姓'이란 말의 이해를 돕기 위한 선행 설명이 ⓒ⑪이라는 의견[65]도 있지만, 후자가 전자를 이해하는데 유효한 설명이라고는 할 수 없다. ⓒ가 『일본후기』 편자에 의한 발해 신출 조에서의 설명기사라면 '首領百姓'이란 한 구절의 이해를 조금 더 도울 글로 되지는 않았을까. 양자의 모순은 편자가 원재료를 함부로 손질하지 않았던 것을 분명히 나타내고 있다고 생각된다.

필자는 ⓒ와 영충 편지와의 관련을 상정해야 그 사료적 성격에 관한 여러 가지 의문을 해결할 수 있지 않을까 생각한다. 영충은 772~773년쯤 일본을 떠나 발해로 향했는데 그 목적이 입당 유학이었기에 곧 바로

64) 古畑徹, 주(4) 논문, 214~215쪽.
65) 濱田耕策, 주(7) 논문, 783쪽.

당나라로 넘어갔을 것이다. 그리고 재당중 서울 長安에서 발해를 통과하였을 때의 견문을 정리하였고,[66] 그래서 발해 지방사회가 당나라의 지방 및 교통제도와 비교되는 것으로써 설명되었을 것이다. 따라서 ⓒ는 일본을 떠난 후 오래되지 않은 773년경의 발해 국내상황을 전한 것으로 볼 수 있다. 견문한 지역은 명확하지 않다. 壹萬福은 일행 총 325명으로 出羽國에 도착하여 안치되었는데 귀국할 때의 출항지도 出羽國으로 생각되며, 그 항로는 북쪽 동해연안 항로로 볼 수 있다.[67] 영충을 수반한 壹萬福 귀국길을 굳이 추측하면 出羽國으로부터 연안을 북쪽으로 항행하다가 北海道 또는 사할린에서 러시아 연해주로 넘어가서 대륙연안을 남하하여 率賓府[68] 아니면 東京龍原府의 관할하에 도착하고 거기서 육로로 왕도인 上京龍泉府(黑龍江省 寧安市 渤海鎭)에 향하였을 것이다. 영충이 견문한 지역은 적어도 수분하와 두만강 유역으로부터 상경용천부를 중심으로 한 지역이었을 것이다.

Ⅶ. 맺음말

이상 본고에서 서술한 내용을 정리하면 다음과 같다.

『유취국사』 殊俗部·渤海上에 실린 이른바 「발해연혁기사」는 발해와 당나라 양국으로 도항한 일본 승려 영충이 773년경 발해의 지방에서의 견문을

66) 空海撰『御請來目錄』(1卷. 806년 성립. 『大正新修大藏經』 No.2161)에 의하면 영충은 입당 후 長安의 西明寺에 머물렀다고 한다.

67) 古畑徹a, 1994, 「渤海·日本間航路の諸問題」 『古代文化』 46-8, 7~8쪽 ; 同b, 1995, 「渤海·日本間の航路について」 『古代交通硏究』 4, 109쪽.

68) 率賓府를 우수리스크市(鳥山, 주(14) 책, 196쪽)나 黑龍江省 東寧市 大城子古城(孫進己·馮永謙, 1989, 『東北歷史地理』 第2卷, 黑龍江人民出版社, 404쪽)에 비정하는 견해가 있다.

당나라에서 정리한 기록에 의거하여 『일본후기』 편자가 작성한 기사라고 생각할 수 있다.

기타 이 「발해연혁기사」의 내용에 관련하여 언급해야 할 문제는 많지만 그 일단에 대해서는 이미 발표한 拙稿 및 拙評(赤羽目匡由, 2019, 「書評 古畑徹 『渤海國とは何か』」 『メトロポリタン史學』 15)을 아울러 참조해 주시기 바란다.

〈표 1〉 渤海使 일람(840년까지)

※ 本表는 註 67)의 古畑 a·b논문에 게재한 표를 바탕으로 본고 서술에 맞추어 정보를 가제하였다.

No.	來著年月日	大使	人數 (隻數)	著岸地· 移動地	出國安置	推定 來日 航路	備　考
1	神龜4(727). 9.21	高仁義	24	出羽國		北	高仁義 등 16명이 蝦夷에게 피살하고 首領 高齊德등 8명만이 入京.
2	天平11(739). 7.13	胥要德	(2)	出羽國		北	往路에서 배1척이 침몰되고 大使인 忠武將軍·若忽州都督 胥要德등 40명이 溺死.副使인 己珎蒙이 入唐使判官平群廣成과 함께 入京. 平群廣成는 발해경유로 귀국.
☆	天平18(746)		1,100余	出羽國	出羽國	北	
3	天平勝宝4 (752).9.24	慕施蒙	75	越後國 佐渡嶋		北	
4	天平宝字2 (758).9.18	楊承慶	23	越前國		横	No.③과 같은 길. 대사 楊承慶의 벼슬은 輔國大將軍兼將軍·行木底州刺史兼兵署少正·開國公.
5	天平宝字3 (759).10.18	高南申		對馬→ 大宰→ 難波江口		朝	No.※과 같은 길. 대사 高南申의 벼슬은 輔國大將軍兼將軍·玄菟州刺史兼押衙官·開國公.
6	天平宝字6 (762).10.1	王新福	23	佐利翼津 →越前國 加賀郡		横	No.⑤와 같은 길. 佐利翼津에 대해서는 越前國 加賀郡내로 보는 견해와 出羽國 避翼(사루하네)驛(山形縣 最上郡 舟形町附近에 비정됨)으로 보는 견해가 있다.
7	宝龜2(771). 6.27	壹万福	325(17)	出羽國賊 地野代湊 →常陸國	能登國	北	宝龜3.2.29 귀국길에 오르는데, 同年 9.20 能登國에 배가 표착된다. 실제로 일본을 떠났을 때는 宝龜4.4 혹은 5 쯤일까. 永忠등과 함께 귀국했다고 생각된다.
8	宝龜4(773). 6.12	烏須弗	(1)	能登國	能登國	北	
9	宝龜7(776). 12.22	史都蒙	187or166	越前國 加賀郡		朝	
10	宝龜9(778). 9.21	張仙壽	(2)	越前國 坂井郡 三國湊		横	No.⑧과 같은길.

11	宝龜10(779). 9.14	高洋弼	359	出羽國	出羽國	北	귀로는 일본으로부터 배 9척을 받아 귀국.
12	延曆5(786). 9.18	李元泰	65(1)	出羽國→ 越後國	越後國?	北	
13	延曆14(795). 11.3	呂定琳	68	出羽國 夷地志 理波村→ 越後國		北	志理波村을 能代(秋田縣)이나 北海道 남부에 比定하는 견해가 있다. 在唐留學僧永忠등의 편지를 전달.
14	延曆17(798). 12.27	大昌泰		隱岐國 智夫郡		橫	No.⑪과 같은길.
15	大同4(809). 10.1	高南容			越前國	橫?	
16	弘仁元(810). 9.29	高南容				橫?	
17	弘仁5(814). 9.30	王孝廉		出雲國	出雲國 越前國	橫	
18	弘仁9(818).4.5	慕感德				?	
19	弘仁10(819). 11.20	李承英				橫?	
20	弘仁12(821). 11.13	王文矩				橫?	
21	弘仁14(823). 11.22	高貞泰	101	加賀國→ 越前國		橫	
22	天長2(825). 12.3	高承祖	103	隱岐國(→ 出雲國)	加賀國	橫	
23	天長4(827). 12.29	王文矩	100(1)	但馬國		橫	

〈표 2〉 遣渤海使일람

※本表는 註67)의 古畑 a·b논문에 게재한 표를 바탕으로 본고 서술에 맞추어 정보를 가제하였다.

No.	任命年月日	出京 年月日	大使	人數	出發地	歸國地	歸國· 歸京 年月日	推定 歸國 航路	備考
☆	養老4(720).正.23 以前	養老4.正.23	諸君鞍男	6				—	諸君鞍男는 渡嶋津輕津司로서 靺鞨國에 파견되었다. 靺鞨國은 渤海로는 보기 어렵다.
①	神龜5(728).2.26	神龜5.6.5	引田虫麻呂	62		越前國 加賀郡	天平2(730).8.29 歸京	北	No.1의 送使.
②	天平12(740).正.13	天平12.4.20	大伴犬養				天平12.10.5 歸國	橫	No.2의 送使.
③	天平宝字2(758).2.10 以前	天平宝字2.2.10 以後	小野田守	68		越前國	天平宝字2.9.18 歸國	橫	No.4와 같은길.
※	天平宝字3(759).正.30	天平宝字3.2.16	高元度	99		大宰府	天平宝字5.8.12 歸國	—	藤原清河를 맞이하는 迎入唐大使使로서 No.4 楊承慶에게 동행하여 발해경유로 入唐하였다. 判官內藏全成등은 No.5 高南申 등에게 동행하여 入唐하지 않고 중간에 渤海로부터 귀국하였다. 高元度는 南路를 채용해 蘇州를 떠나서 唐으로부터 귀국.
			內藏全成(判官)			對馬	天平宝字3.10.18 歸國	朝	
④	天平宝字4(760).2.20 前後	天平宝字4.2.20 前後	陽候玲璆				天平宝字4.11.11 歸國	橫	No.5의 送使.
⑤	天平宝字5(761).10.22	天平宝字5.10.22 以後	高麗大山		能登國?	佐利翼津	天平宝字6.10.1 歸國	橫	No.6와 같은길.

⑥	天平宝字6(762).11.1	天平宝字7.2.20前後	多治比小耳			隱岐國	天平宝字7.10.6歸國	横	No.6의 送使. 船師 板持鎌束이 渤海에서 入唐留學生 戒融을 동반해서 귀국.
⑦	宝龜3(772).2.29前後	宝龜3.2.29前後	武生鳥守		能登國		宝龜4.10.13歸國	横	No.7의 送使.
⑧	宝龜8(777).5.23	宝龜8.5.23以後	高麗殿嗣			越前國三國湊	宝龜9.9.21歸國	横	No.9의 送使. No.10와 같은 길로 귀국.
⑨	宝龜9(778).12.17		大網廣道						No.10의 送使. 任命뿐 派遣되지 않았을 가능성이 있다.
⑩	延曆15(796).5.17	延曆15.5.17以後	御長廣嶽				延曆15.10.2 歸國	横	No.13의 送使.
⑪	延曆17(798).4.24	延曆17.5.19	內藏賀茂麻呂			隱岐國智夫郡	延曆17.12.27以前歸京	横	No.14와 같은길.
⑫	延曆18(799).4.15	延曆18.4.15以後	滋野船白				延曆18.9.20 歸國	横	No.14의 送使.
⑬	弘仁元(810).12.4	弘仁2.4.27	林東人				弘仁2.10.2 歸國	横	No.16의 送使.

赤羽目匡由

『類聚國史』所載、所謂「渤海沿革記事」の情報源の收集者について

Ⅰ. はじめに

『類聚国史』とは, 菅原道真(845~903年)が六国史の記事を内容により分類·編集した類書である. 周知のように, その巻193·殊俗部·渤海上·延暦15(796)年4月戊子(27日)条には, 渤海の建国事情や地方社会の様相を伝える所謂「渤海沿革記事」(史料(a)Ⓒ)が見え, 史料の少ない渤海の国内事情を考える上で貴重な情報を提供する. このうち特に後半の一節(Ⓒ⑤~⑪)は, 渤海の地方行政組織や地方社会の種族構成について述べており, 従来注目を集めてきた.

例えばそこに見える首領とは地方の靺鞨部落の在地首長で, 都督·刺史·県令といった府·州·県の地方官に任ぜられたり, それより下級の村落の首長としてその支配に当たったりすると共に, 外交使節の随員ともなった. 渤海はこうした首領層の在地支配権を認めつつそれに依拠して地方を統治したという首領制が夙に提唱された[1]. 首領制により渤海の地方統治のありかたを理解しようという試みはそ

1) 鈴木靖民,「渤海の首領に関する基礎的考察」(『古代対外関係史の研究』, 吉川弘文館, 1985年, 初出1979年). 同時期に渤海の首領を検討した専論として, 金鍾圓,「渤海의 首領에 대하여」(『渤海史研究論選集』, 白山資料院, 1989年, 初出1979年)がある.

のご一層展開され[2]，首領を外交使節団に編制して対外交易に参加させることが国家支配の要諦であった[3]，と主張されるまでに至った．しかし首領制の提唱以前より，その難解さから先述の一節の理解には定説がない[4]．特に首領を都督·刺史といった村長のもとで支配の一端を担った下級役人と考証する有力な見解が提起され[5]，併せて地方支配の空白をもたらす首領＝在地首長自身の唐や日本への渡航は想定し難いという疑問が呈された[6]．現段階では，首領の時期的な性格変化を考慮するなど新たな理解を示しつつ，在地首長，下級役人何れの理解を採るにせよ，従来の首領の性格理解を前提に，渤海の地方統治体制を論じる流れが一方で存在する[7]．他方，石井正敏氏が示した実証的な研究視角[8]を承け，登場する

2) 河上洋a，「渤海の地方統治体制について」(『東洋史研究』 42-2，1983年)；同b，「渤海の交通路と五京」(『史林』 72-6，1989年)；大隅晃弘，「渤海の首領制」(『新潟史学』 17，1984年)；李成市a，「渤海史をめぐる民族と国家」(『歴史学研究』 626，1991年)；同b，『東アジアの王権と交易』(青木書店，1997年)；同c，「渤海の対日本外交への理路」(『古代東アジアの民族と国家』，岩波書店，1998年，初出1994年)など．

3) 李，註(2)a·c論文，同b前掲書．

4) 諸説については，石井正敏，「渤海の地方社会」(『日本渤海関係史の研究』，吉川弘文館，2001年，初出1998年)；古畑徹，「渤海の首領研究の方法をめぐって」(佐藤信編，『日本と渤海の古代史』，山川出版社，2003年)；金東宇，『渤海地方統治体制研究』(高麗大学校大学院史学科·博士学位論文，2006年)，62~8頁など参照．

5) 石井，註(4)論文．

6) 石井正敏，「日本·渤海関係の概要と本書の構成」(石井註(4)前掲書)，38~9頁．鈴木靖民氏も夙に「都督·刺史·県令クラスの官人が首領として大挙して国外へ出使するような事態は，渤海政権の地方支配上現実にありうべからざることで，到底考えがたい」(鈴木，註(1)論文 446頁)ことを想定していた．

7) 金東宇，「발해의 지방통치체제와 首領」(『韓国史学報』 창간호，1996年)；宋基豪a，「地方統治와 그 실상」(『발해 사회문화사 연구』，서울대학교출판문화원，2011年，初出1997年)；同b，「首領의 성격」(同前書，初出1997年)；林相先，『渤海의 支配勢力研究』，新書苑，1999年)；濱田耕策，「渤海国の京府州郡県制の整備と首領の動向」(『白山学報』 52，1999年)；朴真淑，「渤海의 地方支配와 首領」(『国史館論叢』 97，2002年)；魏国忠·朱国忱·郝慶雲，『渤海国史』(中国社会科学出版社，2006年，325~34頁)；李美子，「『類聚国史』に見る渤海の沿革記事について」(『日本思想文化研究』 8，2006年)；鄭永振·李東輝·尹鉉哲，『渤海史論』(吉林文史出版社，2011年，188~93頁)；姜成奉，「발해수령과 고려도령의 상관성 검토」(『高句麗渤海研究』 42，2012年)．

8) 石井，註(4)論文．

語句の考証により「渤海沿革記事」を精確に理解し，首領の実態に迫ろうとする試みも続いており9)，今後こうした方面での研究の深化が期待される．

以上のように従来，「渤海沿革記事」をめぐっては，特に首領の性格の検討を通じ，渤海の地方社会の様相とその支配のありかたとが議論されてきた．しかしこれら議論の前提となる「渤海沿革記事」の史料的性格をどう考えるかが，とりわけ実証的に首領の実態に迫る際には，別個に重要な問題として浮上する．この問題については石井氏が夙に言及し10)，その見解が大方の支持を得ており，加えて後に主張を補強していて11)一見議論の余地はないようである．ただその後も断片的ながら「渤海沿革記事」の史料的性格に関する言及はあり12)，この問題を改めて検討する必要があると考える．

そこで本稿では「渤海沿革記事」の史料的性格，特にその情報源の収集者について再吟味してみることにしようと思う13)．

---

9) 森田悌a，「渤海首領考」(『日本古代の駅伝と交通』，岩田書院，2000年，初出1998年)；古畑，註(4)論文；同，「唐代「首領」語義考」(『東北大学東洋史論集』 11，2007年)；金東宇，「渤海首領의 概念과 実相」(『東垣学術論文集』 7，2005年)；同，註(4)論文；姜成山，「『類聚国史』渤海沿革記事の首領について」(『国際学研究』 3，2013年)．このほか石井 註(4)論文に先立つ成果として，森田悌b，「渤海の首領について」(『弘前大学国史研究』 94，1993年)；鄭鎮憲，「渤海住民構成의 新解析」(『慶熙史学』 19，1995年)が挙げられる．

10) 石井正敏，「日唐交通と渤海」(石井，註(4)前掲書，初出1976年)，522~4頁．

11) 石井，註(4)論文，109~17頁．

12) 森田，註(9)b論文，7~8頁；濱田，註(7)論文，789頁；李，註(7)論文，62~5頁；鈴木靖民，「渤海の国家と対外交流」(한일문화교류기금·동북아역사재단 편『東아시아속의 渤海와 日本』，景仁文化社，2008年)，30頁；拙著，『渤海王国の政治と社会』(吉川弘文館，2011年)，236~40頁．

13) 本稿は，註(12)拙著，236~40頁で略説した内容の再考であり，また最近発表した拙稿，「『類聚国史』所載の所謂「渤海沿革記事」の史料的性格について」(『東洋史研究』 76-2，2017年)の内容の一部である．ご諒解を請う．なお，翻訳にあたっては，延辺大学の姜成山氏より多大な援助を受けた．ここで御礼申し上げる．

II. 石井正敏氏の学説

「渤海沿革記事」の史料的性格を考えるにあたり，まずはその原文を掲げる(以下，史料原文中の丸英数字·括弧·傍線·段落分けは筆者による).

(a)『類聚国史』巻193·殊俗·渤海上(原文については，石井註(4)論文で校訂されたものに従い，句読は私見により若干改めた)

Ⓐ 十五年四月戊子，渤海國遣使獻方物．其王啓曰，(中略)．又告喪啓曰，(中略)．

Ⓑ 又傳奉在唐學問僧永忠等所附書．

Ⓒ ①渤海國者，高麗之故地也．②天命開別天皇七年，高麗王高氏，爲唐所滅也．③後以天之眞宗豐祖父天皇二年，大祚榮始建渤海國．和銅六年，受唐册立．④其國延袤二千里，⑤無州縣館驛，⑥處々有村里，⑦皆靺鞨部落．⑧其百姓者靺鞨多，土人少．⑨皆以土人爲村長．⑩大村曰都督，次曰刺史．⑪其下百姓皆曰首領．⑫土地極寒，不宜水田．⑬俗頗知書．⑭自高氏以來，朝貢不絶．

次に，この「渤海沿革記事」の史料的性格について，広く研究者に受け入れられている石井氏の見解を確認しよう．

「渤海沿革記事」はⒸ以下であるが，Ⓑ·Ⓒから分かるように，渤海使が在唐僧永忠の書状を日本朝廷に伝えたとする文章に続いて登場する．それゆえ長らく永忠が天皇に奉った書状の内容であり，8世紀末に唐都長安で得た渤海情報[14]とか，同じく8世紀末の渤海での見聞情報[15]とか考えられてきた．こうした理解に再考を

---

14) 鳥山喜一著·船木勝馬編，『渤海史上の諸問題』(風間書房，1968年)，40~1頁，及び83~4頁．

15) 瀧川政次郎，「日·渤官制の比較」(『建国大学研究院研究期報』1，1941年)，29頁；和田清，「唐代の東北アジア諸国」(『東亜史研究』満洲篇，財団法人東洋文庫，1955年，初出1954年)，132頁；李龍範，「渤海王国의 社会構成과 高句麗遺裔」(『中世滿洲·蒙古史의研究』，同和出版公社，1988年，初出1972年)，46~7頁；金，註(1)論文,279頁．

迫ったのが石井註(10)論文である．まず，とりわけⒸ⑭に顕著だが，Ⓒの内容が在唐僧の書状としては不似合いで，この程度の情報ならば796年以前の渤海遣日使や日本の遣渤海使からでも十分得られること，書状の内容を記す場合，通常「曰」字を附すことの2点を挙げ，Ⓒは永忠らの書状の一部とは考え難いとする．次に，『類聚国史』の記事は元々六国史の記事なので，Ⓒは840年に完成した『日本後紀』の記事であり，繫年からみて『日本後紀』の渤海初出箇所における，編者による渤海の沿革説明記事であると指摘する．次に，2, 3の例外を除き，古代日本における天皇への漢風諡号撰進が天平宝字6~8(762~4)年頃とされるので，国風諡号を使うⒸは奈良時代の古伝によることを示唆する．しかもⒸ③の文武の国風諡号「天之眞宗豐祖父」は，始め天平宝字(757~65)年間初期に撰進，そのご延暦(782~806)初年に「倭根子豐祖父」に改定されたという後藤四郎氏の見解を参照し，Ⓒを少なくとも延暦初年以前の状況を記すものとする．以上より，Ⓒは奈良時代の渤海との交渉の記録に基づき，渤海草創期の状況を述べたものと推測するのである[16]．

その後，石井氏は別稿でⒸに使用される語句を詳細に検討し，右の主張を補強する[17]．まず，Ⓒ⑭の「朝貢不絶」の表現は中国正史四夷伝に頻出し，また領域の広さを示す④「延袤」という余り使われない語句が登場するが，特にこれらが何れも『隋書』林邑伝に見えることに注目する．『隋書』は日本に早く伝来し『日本書紀』や『続日本紀』の編纂に利用されているので，『隋書』林邑伝を含む中国正史四夷伝を参考に，四夷伝を著すという意識のもとⒸが作成されたとする．次に，渤海領域の広さを示すⒸ④「其國延袤二千里」は，日本の里制による数値でなく中国史料の表記を踏襲した記述で，唐や渤海などから得た草創期の渤海領域の広さに関する古伝に基づくとする．さらに⑤「館驛」，⑦「部落」の両語句は古代日本で殆ど使われないもので，中国史料の用例を参考にしたとする．以上の検討より，Ⓒは永忠の書状などではなく，『日本後紀』編者が渤海初見記事に加えた渤海伝というべ

---

16) 石井，註(10)論文，522~4頁．
17) 石井，註(4)論文，109~17頁．

き記事と断定する. Ⓒは840の『日本後紀』編纂時の文章だが, それまでに日本で知られていた情報に中国史料などを援用して成文したもので, 9世紀の渤海情勢を反映する記事とは見なせないという. そして具体的にその主な材料を,「イ. これ(『日本後紀』編纂時 : 筆者補)まで渤海との交渉を通じて得た情報, ロ. 唐との交渉で得た情報, ハ. 中国の正史や古典の知識」と推測し, 最後に『続日本紀』神亀四(727)年12月丙申(29日)条(後掲史料(b))にも渤海の沿革が記されることから, Ⓒが『日本後紀』渤海伝と評すべき記事であることを再確認するのである.

Ⅲ.「渤海沿革記事」の繋年

石井氏の一連の研究で, Ⓒが永忠の書状そのものでないことは明らかとなった[18]. またⒸは元々『日本後紀』の記事だという指摘も的確で,『類聚国史』編者菅原道真との関連を想定する[19]ことは難しい. ただし他の論点についてはなお議論の余地があると思われる. まず, Ⓒがどの時期の渤海の状況を伝えた記事かという点, 即ち繋年を考えよう. 早くはⒸを永忠の書状と見なして8世紀末の渤海の国内事情を伝えるものとし, ⑤·⑥の国制未整備を, 唐の繁栄に眩惑された永忠の誇張とする意見[20]もあったが, 石井氏の指摘以降, 渤海草創期の状況を伝えた記事と理解する

18) 古畑徹氏は註(12)拙著の書評で, 筆者がⒷを「又在唐學問僧永忠らの付する所の書を傳奉するに」と訓み, Ⓒの「渤海沿革記事」を「永忠の書の引用文のようである」とした点(註(12)拙著236頁)に対し, 伝奉を「傳奉するに」と訓んで引用を導く用例は存在せず, 伝奉は駅伝或いは仲介者による伝送で奉上するの意と批判する(「書評　赤羽目匡由著『渤海王国の政治と社会』」『史学雑誌』121-8, 2012年, 106頁). 伝奉を「傳奉するに」とした点は筆者の誤りであった. しかし筆者はなお, Ⓒと永忠の情報との関係を想定することは十分可能であると思う.

19) 盧泰敦,「渤海国의 住民構成과 渤海人의 族源」(白山資料院編『渤海史研究論選集』, 同資料院, 1989年, 初出1985年), 302頁.

20) 瀧川, 註(15)論文, 29頁 ; 和田清,「渤海国地理考」(和田, 註(15) 前掲書, 初出1954年), 121頁など.

のが一般的である. ただ石井氏は奈良時代とするだけで具体的な年時に言及しない. 近年石井説を踏まえ, ⓒは720年, 728年の日本の遣渤海(又は靺鞨国)使(表2参照)の見聞をもとに, 8世紀初頭の大祚栄と大武芸との時代の渤海事情を伝えるとする一歩踏み込んだ指摘が金東宇氏によりなされている[21]. この指摘を手がかりにⓒの繫年を考えよう.

ⓒの繫年を考える上で第1に確認しておきたいのは, ⓒ⑤~⑫·⑭は渤海遣日使から得た情報とは考え難い点である. ⑤~⑦は国制の未整備を, ⑫は水稲作を前提とする地域の人々の感覚を, ⑭は日本への朝貢を各々記しており, こうした渤海にとって負の, とりわけ遅くとも739年以降については自国の実情と相反する事柄(後述)や, 自己の居住地域とは異なる自然環境を前提とした情報を, 渤海使自ら殊更日本に伝えるとは考え難い. またⓒ⑧~⑪は, ⑤~⑦を前提とする内容であって両者は切り離せない. ⑧~⑪も⑤~⑦と同時に獲得された一連の情報と見てよいであろう. これらは渤海へ渡った日本人が渤海で見聞した情報に基づくと考えられるのである. 先のⓒを日本の遣渤海使の見聞情報に基づくとする意見は, 以上を考慮したのであろう.

そこで第2に, ⓒはいつどの使者が獲得した情報に基づくのかが問題となる. これについては⑤の「無州縣館驛」に注目したい. 739年, 758年, 759年に来日した渤海大使が各々, 若忽州都督, 行木底州刺史, 玄菟州刺史の官銜を帯びており(表1参照), 739年には渤海における州の存在を日本朝廷が把握していたと思われるからである. 他に渤海の実態として, 私見によれば遅くとも758年には府の, 762~4年までには州·県の設置が広く渤海の中心地域にわたり確認できる[22]. ⓒ⑤を「州県が無い」と解釈すれば, それは739年以前の情報によったことになるのである. 金東宇

21) 金, 註(4)論文, 63~5頁. 渤海初期に渤海を訪問した使者の見聞記をもとにした記事であるという指摘自体は, これ以前にも簡略になされていた(盧, 註(19)論文, 302頁 ; 宋, 註(7)a論文, 113~4頁).

22) 註(12) 拙著, 234~6頁.

氏が720年と728年との日本の使者に情報源を限定したのは，以上の理由によろう．しかしこの両度の使者のうち，前者を情報源とは見なし難い．720年の使者は靺鞨国に派遣されたものであり，この靺鞨国は渤海とは考え難い[23]からである．なお，Ⓒ⑤を「渤海には州県が無い」とは解釈しない意見もあるが，従い難い(後述)．

従ってⒸ⑤~⑦の国制未整備を，渤海草創期の故という想定を突き詰めると，Ⓒはひとまず728年派遣の日本の遣渤海使による見聞情報に基づくことになる．

しかしⒸの繫年を考えるにはもう一つ，③に登場する文武の国風諡号「天之眞宗豐祖父」に注目する必要があると思う．第3にこれを考えよう．なお③は，中国史料からは知られない渤海の建国年次を伝える．これは唐との交渉や中国史料から得た情報ではなく，渤海と日本との直接の交渉で獲られた情報に基づくと見てよいであろう．さて，先述の後藤四郎氏の考定によれば，「天之眞宗豐祖父」の撰進は天平宝字年間初期であった[24]．そして延暦初年にそれは「倭根子豐祖父」に改定された[25]という．それゆえ，Ⓒは天平宝字(757~65)年間初期~延暦(782~806)初年に獲得された情報によったと考えられる．

ただし「天之眞宗豐祖父」の撰進以前に獲得された情報が，天平宝字年間初期~延暦初年に整理されたさい手が入り，国風諡号で年次が記された可能性も考えられる．実際，修史事業として，天平宝字年間初期~延暦初年には，文武元(697)年~天平宝字元(757)年の記録である「曹案」30巻が編纂されている．さらに「曹案」の改訂が宝亀2，3(771，2)年頃又は同九(778)年頃より開始される一方，天平宝字~

23) 石井正敏，「日本·渤海通交養老四年開始説の検討」(石井註(4) 前掲書，初出1999年)．

24) 後藤四郎，「持統·文武両天皇の国風諡号の撰進について」(『南都仏教』 33，1974年)，32~8頁．

25) 文武の国風諡号について，崩御後まもなく慶雲4(707)年11月にまず「倭根子豐祖父」がおくられ，後に『日本書紀』が成立した養老4(720)年までの間に「天之眞宗豐祖父」に改定されたとする異見もある(山田英雄，「古代天皇の諡について」『日本古代史攷』，岩波書店，1987年，初出1973年，111~2頁及び123頁)．しかし後藤氏が的確に考証する(後藤，註(24)論文，32~6頁)ように，文武が崩御後50年近く，諡号が上られる以前の称である「大行」天皇と呼ばれていたことからみて疑問である．

宝亀の記録が，宝亀9年以降または桓武朝(782~806年)より編纂され20巻にまとめられている[26)]のである．しかしこうした史書編纂等の際に渤海情報に手が入るならば，当時知られていた事実と齟齬する「無州縣館驛」にこそ修正が入るであろう．齟齬が残るのは，元の情報に濫りに手を加えなかったからではなかろうか．やはり©は「天之眞宗豐祖父」の国風諡号が行われていた時代に獲得された情報によったと見られるのである．

第4に，©と『続日本紀』との関係について触れておきたい．石井氏が参照するように，『続日本紀』神亀四年十二月条には©と類似する渤海沿革記事が見える．

(b) ○丁亥，(中略)．渤海郡王使高齊德等八人，入京．○丙申，遣使賜高齊德等衣服·冠履．①渤海郡者，舊高麗國也．淡海朝廷七年冬十月，唐將李勣，伐滅高麗．其後朝貢久絶矣．至是，渤海郡王遣寧遠將軍高仁義等廿四人朝聘．而着蝦夷境，仁義以下十六人竝被殺害，首領齊德等八人，僅免死而來．

(b)①がそれであるが，ごく簡単な記事である．『続日本紀』の最終的な成立は延暦16(797)年2月なので，それまでに©のような詳細な情報を日本朝廷が入手していたならば，(b)①作成に際し参照されてよいのではないかという素朴な疑問が生ずるのである．

ただし『続日本紀』の編纂過程は複雑で，先述の延暦初年までの修史事業以後には，まず20巻にまとめられた天平宝字~宝亀の記録が，延暦10(791)年より再び改訂され14巻として同13(794)年8月に完成し，次に年代的にそれに続く宝亀9年~延暦10年の記録6巻分が延暦13年8月以後同15年までの間に追加され，次に宝亀年間に改訂された文武朝~天平宝字初年の記録30巻が修訂されるとともに，20

26) 以上，奈良時代の修史事業は，笹山晴生，「続日本紀と古代の史書」(青木和夫·稲岡耕二·笹山晴生·白藤禮幸 校注，『続日本紀』1，新日本古典文学大系12，岩波書店，1989年)，485~95頁参照．

巻に圧縮されて延暦16年2月に完成，同時にこれら3つの部分が合編されて『続日本紀』として奏進されたという[27]．それゆえ(b)①を収める文武朝~天平宝字初年の記録の圧縮過程で情報が省略されたり，757年を少々降った「曹案」成立の時期，或いはそれが改訂された宝亀年間までに獲得された情報までしか利用できず，これが踏襲され(b)①のごく簡単な記事となったとも一応考えられる．しかしⓒ③の建国年次や④の領域の広さに関する情報は沿革記事には不可欠で，『続日本紀』編纂の最終段階までに情報を入手していれば，理由もなく利用しないということは考えがたい．もちろん最終段階でそれを削ったとも考えられない．

従って日本朝廷は797年の時点でⓒのもととなった情報を把握していなかったか，把握していたとしても相応の理由で『続日本紀』に反映させることができなかったとひとまず考えられる．なおこの点については後に改めて触れたいと思う．

以上要するにⓒは，一，渤海草創期の状況を伝えると前提した場合，728年の日本の遣渤海使の見聞情報と見なす他なく，二，そこに見える文武の国風諡号「天之眞宗豊祖父」の表記に注目すると，天平宝字年間初期~延暦初年に獲得された情報に基づき，三，『続日本紀』が最終的に成立した797年2月までに日本朝廷が把握していなかったか，相応の理由で『続日本紀』に反映させることができなかった情報を伝える，と考えられた．しかしこれら三者の年代は相矛盾する．だがここではひとまず結論を急がず，もう少し史料に即してⓒの性格を考えてみたい．

Ⅳ．ⓒ⑤「無州縣館驛」の訓み

そこで次に，ⓒ⑤「無州縣館驛」に注目しその訓みを考えたい．これについては，通説では「渤海国には州，県，館，駅がなく」と解釈[28]されるように四者を並列として

27) 笹山，註(26)論文，495~503頁．

28) 例えば，朴時亨(朴鐘鳴訳)，「渤海史研究のために」(旗田巍·井上秀雄編，『古代朝鮮の基

訓まれてきた. 各二者を熟語として「州縣·館驛が無い」と訓んでも同じである. これに対し森田悌氏は, 8世紀前半の渤海使が州の都督や刺史を帯官しており, 日本はその頃までには渤海における州県制度の存在を知っていた. そこでⓒ⑤を「州縣の館驛がない」と訓み, 本来州県に置かれる館駅＝駅館施設の欠如を示すとの解釈を提示した. 渤海では州県は存在したが, 『日本後紀』編纂段階の9世紀でも駅制が未整備だったことを伝える[29]とするのである. これを受け石井氏は, 「州県と館駅とでは全く異なる事柄であるので, (中略), 〈州縣ニ館驛無シ〉と訓み解釈するのが妥当であろう」とする[30]. いずれも「無し」を館駅に限定し, ⓒの繫年が739年以降の可能性を担保するのである.

しかしⓒ⑤はやはり通説のように訓むべきではないかと思う[31]. その理由は第1に, 私見では遅くとも760年代初頭の渤海では駅路の存在が明らかなので[32], 何れの訓みでも整合的理解に成功しないからである. それ以前の実態とすれば一応矛盾は生じないが, 第2に, 「州縣に館驛が無い」の訓みは漢文の文法に照らして些か無理がある. 第3には, 「州県館駅」が四者又は二者並列である用例が存在することである.

(c) 『蠻書』[33]巻1·雲南界内途程第1

自西川成都府至雲南蠻王府, ①州縣館驛江嶺關塞, 竝里數計二千七百二十里.

本問題』, 学生社, 1974年, 原著1962年), 157頁.

29) 森田, 註(9)b論文, 7~8頁.

30) 石井, 註(4)論文, 115頁. ⓒ⑤を「州県に館駅がな」いとする解釈自体は, 西嶋定生, 「東アジア世界と冊封体制」(『古代東アジア世界と日本』, 岩波書店, 2000年, 初出1962年), 90頁で示されていた.

31) 筆者も以前石井氏の解釈を支持し, ⓒ⑤を「州縣に館驛がない」と訓んでいた(註(12)拙著, 236頁). 以下, 再考して見解を改める. なお, 註(12) 拙著, 第3編第1章全体の論旨に修正を要する点が生じるが, ひとまず今後の課題としたい.

32) 註(12) 拙著, 36頁.

33) 『蛮書』の原文は, 向達校注, 『蠻書校注』(中華書局, 1962年)による.

(d)『元稹集』[34]巻38·状

論轉牒事

據武寧軍節度使王紹，六月二十七日違勅①擅牒路次州縣館驛，供給當道故監軍孟昇進喪柩赴上都，句當部送軍將官健驢馬等轉牒白一道，謹具如前．又②得東都都亭驛状報，前件喪柩人馬等，準武寧軍節度轉牒，祗供今月二十三日未時到驛宿者．伏準前後制勅，入驛須給正券，竝無轉牒供擬之例．況喪柩私行，不合擅入館驛·停止及給遞乘人夫等．當時追得都句當押衙趙伾到責状稱，孟監軍去六月十四日身亡，至七月五日蒙本使差，押領神柩到上都，③領得轉牒，累路州縣，竝是館驛供熟食·草料·人夫·牛等．又状稱其監軍只是亡日聞奏，更不別奏，只是本使僕射發遣，亦別無勅追者．謹檢興元元年閏十月十四日勅，(中略)．又准元和二年四月十五日勅節文，(中略)．謹詳前後勅文，④竝不令喪柩入驛及轉牒州縣祗供．今月二十四日已牒河南府，竝不令供給人牛及熟食·草料等，仍牒都亭驛晝時發遣出驛，竝追得本道牒到在臺收納訖．(後略)．

まず(c)の『蛮書』は，咸通3(862)年に安南従事として雲南に赴いた樊綽が，帰国後その実見·調査に基づき唐代雲南の事情を記した書で，その成立は咸通(860~74)年間初め頃という．樊綽は記述にあたり主に，貞元10(794)年の冊南詔使袁滋の『雲南記』と，長慶3(823)年の南詔冊封使に随行した韋斉休の『雲南行記』とを参考にしたという[35]．Ⓒとは同じ唐代の史料である．

(c)では成都府(成都市)から雲南蛮王府(大理市)までの路程が総括される．このうち①に「州縣館驛江嶺關塞」とある．(c)に続いては，具体的な経由地がその間の距離数と共に列挙されるが，経由地として双流県二江駅，延貢駅，雅州百丈駅，皮店，黎武城，清渓関，臺登城平楽駅，嶲州三阜城，俄淮嶺，嶲州俄淮嶺，会川鎮，

---

34) 『元稹集』の原文は，周相録 校注，『元稹集校注』(上海古籍出版社，2011年)によるが，句読は私に改めた．

35) 神田信夫·山根幸夫編，『中国史籍解題辞典』(燎原書店，1989年)，288~9頁．

目集館，瀘江，清渠鋪などが見える．これら経由地名に附された行政·自然区画名のうち，館·駅·江·嶺·関は①に見える．また塞はとりでであり，経由地に挙げた黎武城の城，会川鎮の鎮にあたると見てよい．城，鎮は兵団·要砦である．その他の店，鋪は省略に従ったのであろう．(c)①はこれら経由地名を総称したものである．そこで問題は「州縣館驛」の解釈であるが，経由地には，双流県二江駅や雅州百丈駅などのように，州県名の後に駅名か続く例がある．だが臺登城平楽駅のように，州でない行政区画名に続いて駅名がくる例もあり，また巂州三阜城，巂州俄准嶺のように，州名に続くのは駅名に限らない．従って(c)①の館駅を「州縣の館驛」と訓んで州県に属する館駅に限定することはできない．既に向達氏が①に「州·縣·館·驛·江·嶺·關·塞」と標点を施す如く，これらは並列の関係と見てよい．ここでは二字ずつの熟語に解して「州縣·館驛·江嶺·關塞」と訓んでおきたい．

次に，『元稹集』の(d)①の州県館駅である．「論轉牒事」は大略，武寧軍節度使王紹か館駅を利用して故徐州監軍使孟昇の棺を都長安に送ったことに対する，元稹の弾劾を内容[36]とし，その起草年次は元和4(809)年とされる[37]．これもⒸと同じ唐代の史料である．

(d)①は王紹か勅に違反して「勝手に経由の「州県館駅」に牒した」という．そこで後文から王紹か牒した先をうかがってみよう．第1に②から，東都(洛陽)都亭駅か転牒を承けたこと，第2に③から，路次の州県においては館駅か転牒を承け食料·飼料·人夫·牛などを提供したこと，第3に④から，州県に転牒したこと，が各々うかがえる．②·③は王紹の行為を承けたもの，④は王紹の行為を禁ずるものである．②で東都都亭駅が直接王紹の牒を承けたかは分明でなく，東都都亭駅を管轄する河南府から転牒されたのであろう．また③でも，州県が承けた牒がさらに管下の館駅へ転牒され，食料等の提供が行われたのであろう．しかし④を見ると，王紹の行為について，州県に転牒して宿泊や食料等の提供を受けることの不当が議論され

36) 『旧唐書』 巻166·列伝116·元稹も併せて参照．

37) 周，註(34)，前掲書，992頁．

ている. 従って王紹は少なくとも州県には直接牒したと見られるのであって, それゆえ(d)①は, 河南府へ牒したことや州県から館駅への転牒を含めて, 「州県と館駅とに牒した」と表現したものと考えられる. (d)①は「州縣·館驛」と訓むことができよう.

以上, 中国史料の用例では州県館駅と熟した場合, 「州縣·館驛」(「州·縣·館·驛」)を意味すると考えられる. 州県は何れも地方行政単位, 館駅は駅が大路に, 館がそれ以外の道路に設置された交通施設[38)]なので, 「州縣·館驛」とは, 互いに密接に関連する地方·交通制度をまとめて表現する定型句なのであろう.

そして第4に, 後述するようにⓒ⑤~⑦では, 州県と部落とが対比されている. つまりここで問題となっているのは館駅の有無ではなく州県(集落)の存在様態と見られる. 関連して, 中国の制度では州の長官を意味する都督, 刺史を, ⓒ⑨·⑩ではわざわざ「村長」と言い換えている. これは州が存在しないという前文を受けての表現であろう. ⓒ自体の文脈に即した内的理解からも, ⑤を「州県無し」の意味にとることができよう.

従って, ⓒ⑤は通説どおり「州縣·館驛無し」と訓んで, 「州県や館駅がない」と解釈するのが妥当であると思う.

Ⅴ. ⓒの情報の収集·傳達者

先に筆者はⓒ⑤~⑦·⑫·⑭の内容から, 大づかみにⓒが日本の遣渤海使の獲得した情報であると指摘した. ここではⓒの情報の収集·伝達者について, もう少し検討を進めたい. 手がかりは再びⓒ⑤である.

ⓒ⑤のうち, ここでいう州県·館駅がどこのそれを念頭に置いたものかを確認し

38) 石井, 註(4)論文, 115頁.

よう．第1に，渤海には州県·館駅がないとするので，当然渤海のものではない．第2に，日本の州県·館駅でもない．まず，同時代である8~9世紀の日本には，州·県という地方行政単位は存在しない．古代日本の村落制については，国－郡の編成下に50戸1里の里制が施行されていたのが，霊亀元(715)年に里を改め郷とし，その下に新たに里を置くという郷里制に改められ，さらに天平12(740)年頃に里が廃止され郷制が行われたと考えられており[39]，その他に集落単位としての村が存在した[40]．次に館駅については，7~10世紀の日本の用例では，遣唐使の唐情勢を伝える報告中に一例見出せるのみで，それも中国で作成された文章を引用した部分に見える．一方字面の類似する駅館は頻出するが，館駅とは意味が異なり「駅の館舎」の意味である，という[41]．当時の日本では国内の事柄に関して館駅の語は使用されず，かつ実態として館駅という語で示される制度は存在せず知られることも殆どなかったと見てよい．

そうであれば，第3に，ここでの州県·館駅は唐のそれを念頭に置いたものであろう．そして©⑤に続き⑥·⑦には「處々に村里有り，皆な靺鞨部落なり」とあって，州県·館駅と対比して渤海の集落形態が靺鞨の「部落」であるという評価が下される[42]．こうした評価は，渤海の靺鞨部落を実際に目にして始めて可能であろう．ところで一方「無い」ものと実見したものとが比較されるというのは，よく考えるとお

39) 岸俊男，「古代村落と郷里制」(『日本古代籍帳の研究』，塙書房，1979年，初出1951年)，266~7頁．

40) 平川南，「古代における里と村」(『律令国郡里制の実像』下，吉川弘文館，2014年，初出2003年)，55~9頁．

41) 以上，古代の日本史料における館駅，駅館の用例については，石井，註(4)論文，115~6頁参照．

42) このように©⑤~⑦を，州県·館駅と靺鞨部落との集落形態を比較した一節と解釈した場合，州県はよいとして館駅は集落ではない．集落形態の比較ならば，州県と部落との併記·比較で十分という疑問が生じよう．ここに館駅が殊更に挿入されたのは，永忠が渤海領内を実際に通過したのに加え，唐の都長安にあって自らの書状を「伝奉」即ち駅伝または仲介者による伝送(古畑，註(18) 論文，106頁)で渤海を経由し日本に伝達しようとするにあたり，交通制度の整備状況に格別の関心を有していたからではないかと思う．

かしい．比較とは実態を把握している対象間で初めて可能だからである．つまりここでの州県·館駅は，唐(中国)に関する文献資料等から得られた机上の知識によって記したとは考え難い[43]．Ⓒ⑤では唐の州県·館駅の実態が一方の比較対象とされるのであって，従ってその情報収集者は渤海の靺鞨部落のみならず，唐の州県·館駅をも実地見聞した経験の持ち主と見られるのである[44]．

そこで『日本後紀』編纂時の840年までに，渤海と唐との両方に渡航した経験を有し，自身が獲た情報を日本に伝達した可能性を有する日本人を抽出すれば次のとおりである[45]．

ⅰ平群広成　日本→唐→渤海→日本　帰国年次：739年[46]

ⅱ高元度　日本→渤海→唐→日本　帰国年次：761年[47]

ⅲ戒融　日本→唐→渤海→日本　帰国年次：763年[48]

ⅳ①永忠　日本→渤海→唐→日本　帰国年次：805五年

②得(徳)清·戒明　日本→渤海→唐→日本(永忠と共に入唐) 帰国年次：不明[49]

---

43) そもそも渤海の靺鞨部落について記すⒸ⑥·⑦が，机上の知識によると考えれば，比較対象である州県·館駅もあえて唐の実在のそれと見なす必要はなくなる．しかし渤海の地方社会について生き生きとした情報を提供するⒸ⑤~⑪が見聞に基づかない記事だとは考え難い．Ⓒ⑥·⑦か机上の知識による可能性を排除する．

44) これにより，渡唐経験を持たない七二八年の遣渤海使はⒸ情報の収集者の候補から外れ，同時にⒸが渤海草創期の事情を伝えるという想定も排除されることになる．

45) 渤海の入唐間中継の事例については，後述ⅳを除いて石井，註(10)論文，516頁表8参照．

46) 『続日本紀』巻13·天平11(739)年7月癸卯条，及び11月辛卯条．

47) 『続日本紀』巻22·天平宝字3(759)年春正月丁酉，同2月戊戌朔条，癸丑条，同10月辛亥条，同巻23·天平宝字5(761)年8月甲子条．

48) 『続日本紀』巻24·天平宝字7(763)年10月乙亥条，同巻25·天平宝字8(764)年7月甲寅条．なお，濱田耕策，「留唐学僧戒融の日本帰国をめぐる渤海と新羅」(『日本古代の伝承と東アジア』，吉川弘文館，1995年)参照．

49) 東野治之，「日唐間における渤海の中継貿易」(『遣唐使と正倉院』，岩波書店，1992年，初出1984年)，132頁参照．

ⅰ~ⅳのうち[50]，ⅳの事例について少々詳しく確認しておきたい.

ⅳの永忠の入唐·帰国については[51]，『元亨釈書』巻16·力遊に，

(e) 釋永忠，京兆人，姓秋篠氏. 寶龜之初，入唐留學，延暦之季，隨使歸.

とある. このうち帰国は，延暦24(805)年(延暦25年が大同元年)に，藤原葛野麻呂を大使とする延暦度の遣唐使(同20年任命，同23年進発)の第1~3船が日本に帰着しており，これに随ったと見てよい. 一方入唐は，宝亀年間には同6(775)年6月に佐伯今毛人が大使に任命され(渡唐せず)同8(777)年に唐へ進発した遣唐使と，翌(778)年12月布勢清直を送使に任じ宝亀10(779)年5月に進発した遣唐使とが知られるが，宝亀は11年までで，何れも「寶龜之初」にはそぐわない.「寶龜之初」という年代からみて，永忠は宝亀3(772)年2月に帰国の途についた渤海使壱万福(表1のNo.7)に随って渡海し渤海経由で入唐したと考えられる. 渤海経由の入唐僧が存在することや，当時民間船舶による渡唐は想定し難いこと，渤海が永忠と日本との連絡を仲介していることなどからもそれは支持されるというのである. 永忠は日本→渤海→唐→日本と巡ったと見てよい. なおⅳ②の得清·戒明は，永忠の動静が必ず永忠等と複数形で書かれることと，同伴者をもつ入唐僧の例が多いことから[52]，永忠の同伴者だったであろう.[53]

---

50) このほか大暦12(777)年正月に，渤海が唐に日本の舞女を献じているが(『旧唐書』代宗本紀，同渤海靺鞨伝など)，Ⓒ情報の収集·伝達者の候補としては除外してよい.

51) 以下，永忠の入唐と帰国については，石井，註(10)論文，518~9頁.

52) 石井，註(10)論文，519頁.

53) なお，以上の得清・戒明が壱万福一行・永忠と同伴して宝亀3年内に入唐したとする東野治之氏の見解に対し，宝亀6年任・同8年発の遣唐使一行に随伴して入唐したとする異見もある(森公章，「奈良時代後半の遣唐使とその史的意義」『東洋大学大学院紀要』文学(哲学)51，2015年，逆頁349~6頁).

Ⅵ.「渤海沿革記事」の史料的性格

以上3章にわたり，幾つかの観点からⓒの「渤海沿革記事」の史料的性格の特徴を確認した．これらを総合するとどうなるであろうか．

はじめに繫年は，第1に渤海の国制未整備を記すその内容と，もととなった情報の収集·伝達者との関係を考慮すれば739年以前， 第2に文武の国風謚号を考慮すれば天平宝字年間初期~延暦初年，第3に『続日本紀』にその情報が採用されていない点を考慮すれば797年以降，となる．先述の如くこれら3点は互いに矛盾する．

だがよくよく考えれば，第1の国制未整備については，何も年代的に国家草創期の故とは限らないであろう．まず，先に見たように，渤海の州県制が唐制と比較して未熟だと見なされた故の記述である可能性がある．日本の情報収集者は王都を始め州県制が施行されていた渤海の中心地域を見聞したと見られるので，この場合，州県の存在を知りつつあえて虚偽·誇張を加えた情報を伝えたことになる．次に，州県制や駅伝制が未施行だった地域の状況とも考えられよう．従来もⓒは渤海の地方社会の状況を伝えるものと考えられてきた．具体的には率賓一帯(綏芬河流域と近隣のロシア沿海州·吉林省延辺朝鮮族自治州，及び牡丹江地区東部)や，日本·渤海間の交通路上に位置する東京竜原府(吉林省琿春市)·南京南海府(咸鏡南道北青)管轄地域を想定する見解[54)]がある．その当否はともかくⓒの国制未整備は， 時間的観点から切り離して地域的観点から考えることも可能である．なお，ⓒ④の渤海領域の広さ「延袤二千里」は，『旧唐書』渤海靺鞨伝など[55)]の「方

---

54) 率賓一帯説は劉振華，「有関渤海史的三個問題」(孫進己·馮季昌主編，『渤海史論著滙編』，北方史地資料編委会·東北民族歴史考古資料信息研究会，1987年，初出1985年)，5~6頁，東京竜原府·南京南海府管轄地域説は金，註(1)論文，279頁；鄭，註(9)論文，125頁．一方鈴木靖民氏は，渤海初期の様相とみて，大祚栄政権の根拠地である粟末部や白山部の居住地とする(鈴木，註(1)論文，451頁)．なお東京竜原府，南京南海府を始めとする渤海五京の現在地比定は，河上，註(2)b論文参照．

二千里」と共通する.うち後者が渤海草創期の領域の広さと考えられることを理由に,Ⓒの繋年を渤海初期と見なす意見[56]もある.しかし『旧唐書』が「方二千里」とするのは,五代の編纂時にもなお一方でこうした所伝が行われていたことを示す.Ⓒは古伝によったと見てもよい.Ⓒ④の存在を以て,直ちにⒸを渤海初期の状況を伝えたものであるとは言い難い.

それならば渤海草創期という時間的制約を離れて,『日本後紀』編纂時の840年までⒸの繋年を降らせることが可能となる.

Ⓒの繋年について,第1点と第2点,第1点と第3点,の2つの矛盾は各々解消できた.しかし依然として第2点と第3点との矛盾は解消されない.この問題については次に,Ⓒの情報の収集·伝達者を追究することで整合的解釈の道を探ってみたい.

前掲の唐·渤海·日本の三国を股にかけた渡航経験をもつ事例のうち,ⅰは帰国年次が第2点の天平宝字年間初期~延暦初年に入らず,一方ⅱ~ⅲはその期間に入る.しかしそもそも,ⅰ~ⅲがⒸの情報の収集·伝達者であれば,『続日本紀』に情報が反映されないのは不審である.また特にⅰの平群広成とⅱの高元度とは,各々若忽州都督,行木底州刺史を帯官した渤海使と行を共にしている.ⅰとⅱがⒸ⑤「無州縣·館驛」の情報を伝えたとは極めて考えにくい.たとえ伝えたとしても,情報を受け取った当時の日本朝廷が渤海における州の実在を知りながら,情報をまとめる際にⒸ⑤を採用するとはやはり思えないのである.

残るはⅳの永忠だが,帰国は805年なので第3点については問題ない.ただこの帰国年次は第2点の天平宝字年間初期~延暦初年からは外れる.では永忠もⒸ情報の収集·伝達者の候補から外す他ないのだろうか.しかしそれは永忠の帰国後にⒸ情報が日本朝廷へ伝えられた場合である.そう考える必要はないであろう.

永忠は772年2月に帰国の途に就いた渤海使壱万福に随行して渤海に渡ったが,一行は一度能登国に漂着しているので,結局壱万福一行の離日は翌宝亀

55) 他に『冊府元亀』巻959·外臣部·土風1にも見える.

56) 劉,註(54)論文,5頁;鄭,註(9)論文,124頁など.

4(773)年4, 5月頃と推測されている[57]. 何れにせよ, 永忠の離日時には文武の国風諡号は「天之眞宗豐祖父」であった. その後永忠は国外におり, 帰国まで延暦初年の国風諡号の改定を知りえなかったであろう. そしてⒷのとおり在唐中の永忠は796年4月に書状を渤海使に託して日本に送っている. Ⓒがこの書状の情報によったと考えれば, 文武の国風諡号の改定を知らない永忠が記した情報に基づき,『日本後紀』編者がⒸをまとめたと無理なく理解できる. ただし先述のように『続日本紀』の最終的成立は797年2月なので, 時間的には永忠の書状の情報を『続日本紀』編纂の際に何とか利用することはできたのであった. しかし書状の入手は『続日本紀』完成の直前約10ヶ月前で, その情報を記事に組み込むには些か時間的余裕がない. 且つ何よりその情報を繫年するとすれば, 書状を受け取った796年4月となるべきだが, それは『続日本紀』記述対象年代から外れるのである.『続日本紀』編纂の際に, 永忠の書状の情報が利用されないのはむしろ自然である. 筆者は, Ⓒは永忠の書状の情報に基づいたと考えるのが最も妥当であると判定する.

従来Ⓒが永忠の書状と無関係とされたのは,「曰」で導かれる文でなく, 内容も私人の書状に相応しくないという理由からであった. だがこの2点は, Ⓒが永忠の書状を材料の一つとして作文された可能性を排除しない[58]. Ⓒと永忠の書状とを無関係とするのは行き過ぎであろう. 筆者は以下の諸点が却って両者の関係を示唆すると思う.

第1に,「渤海沿革記事」と見なされるⒸと(b)①とが, 必ずしも各々『日本後紀』·『続日本紀』の渤海新出(初見)条に繫けられているわけではないことである. まず(b)①の『続日本紀』神亀4年12月丙申条以前に, 同年9月庚寅条に渤海使来着及び存問·時服賜与記事が, 同年12月丁亥条に渤海使入京記事が各々ある. 次に

57) 新妻利久,『渤海国史及び日本との国交史の研究』(学術書出版会, 1969年), 201~3頁.

58) 鈴木靖民氏は, Ⓒを「『日本後紀』編者が, (中略)在唐の延暦寺僧永忠の書簡をもとに渤海の沿革のうち初期の粟末の様子を述べた」(鈴木, 註(12)論文, 30頁)ものと指摘する. 渤海初期の粟末の様子という点は私見と見解を異にするが, 傾聴すべき見解だと思う.

『類聚国史』の『日本後紀』逸文該当部分では, ⓒの延暦15年4月戊子条以前に, 同14年11月丙申条に渤海使来着記事がある. 両「渤海沿革記事」は, 漫然と渤海新出条に繫けられているのではないのである. 思うに(b)①は, 入京後客館に安置された渤海使のもとへ日本朝廷が使者を派遣して, 事情聴取した時の内容ではなかろうか[59]. そしてⓒも永忠の書状によったために, 渤海使による書状の伝達を伝えるⒷに続けて繫けられたのではないだろうか. 各々当該条に繫けられるべき理由があったと思うのである.

第2に, ④「延袤」と⑭「朝貢不絶」という2つの語句である. まず前者は, 実は使用頻度の低い語句ではない. 石井氏があげる『隋書』など歴代正史を始め『日本書紀』述作に利用されたという『芸文類聚』にも用例が散見する[60]. 古代日本の官人にとっては馴染みのある漢籍中の語句と言え, ひとまずこれらを参照してⓒが作成された根拠となり得る. 一方で, 「延袤」が『旧唐書』『新唐書』『通典』等の正史·政書から仏典に至る唐代史料に頻出することも注目される[61]. 「延袤」は唐代一般的に使用された語句であって, ⓒが唐との交渉で得た情報によった可能性をも証するのである. ならばあえてその情報の収集者として永忠の可能性を排除する必要

59) 唐では外国使節の入京後, 鴻臚寺が使者を派遣し外国情報について事情聴取することが規定されていた(河内春人, 「『新唐書』日本伝の成立」『東アジア交流史のなかの遣唐使』, 汲古書院, 2013年, 初出2004年, 239~42頁). こうした外国に関する情報が, 実録など編年体の史書でどう繫年されるかの問題は, 今後の検討課題である.

60) 『史記』巻88·蒙恬列伝, 同巻110·匈奴列伝, 『漢書』巻64下·王褒伝, 『隋書』巻79·蕭巋伝, 『北史』巻1·明元帝本紀·泰常8年2月戊辰, 同巻62·王思政伝, 『芸文類聚』巻9·水部下·湖, 同巻20·人部4·賢, 同巻57·雑文部3·七, 同巻61·居処部1·総載居処, 同巻88·木部上·槐など.

61) 『旧唐書』巻53·李密伝, 同巻67·李靖伝, 同巻178·鄭畋伝, 同巻183·武延秀伝, 同巻197·林邑国伝, 同婆利国伝, 『新唐書』巻83·安楽公主伝, 『元和郡県図志』巻17·河東道4·合河県, 同巻39·隴右道·溢楽県, 『通典』巻187·南蛮上·西爨, 同巻190·西戎2·章求拔, 同巻193·西戎5·師子, 同巻195·北狄2·匈奴下, 『続高僧伝』巻1·梁釈宝唱伝, 同巻5·梁釈僧旻伝, 同巻10·隋釈法瓚伝, 『法苑珠林』巻100·興福部5·太宗文皇帝など. そのた右との重複を含め『白氏長慶集』『樊川文集』『唐会要』『冊府元亀』『太平寰宇記』等の唐代史料に, 延袤の用例は枚挙に遑ない.

はないのではなかろうか．次に後者の「朝貢不絶」は，確かに中国正史四夷伝に頻出する表現であり，これを参照した可能性は高い．だが唐で直接学んだ修辞とも想定可能である．また渤海を嘗ての朝貢国高句麗の後身とする観方[62]は，当時の日本の支配層·知識人に広く共有されていたであろう．⑭を永忠の渤海観の発露と見ても不自然ではない．それはともかく『日本後紀』編者による作文は⑭ほか部分的に止まるとも考えられよう．以上両語句の存在は，Ⓒと永忠の書状との関係を排除せず，逆にその関係を想定させる材料ともなり得ると思う．

第3に，Ⓒと類似の表現·語句が僧侶の見聞記に見えることである．例えば，8世紀初頭にインド·中央アジアを巡歴した新羅僧慧超の見聞記『往五天竺国伝』[63]には，巡歴先の各国の人々·集落に対する表現として「首領」，「百姓」，「土人」，「部落」の語句が頻出する．また，類似の表現としては，Ⓒ①に対応する，過去との関係で現存の国を説明した「迦毘耶羅國，即佛本生城」(中天竺国)，「此即舊日王裵星國境」(葱嶺鎮)等を，⑫土地の気候を評したⒸと同文の「土地極寒」(吐蕃国，識匿国等)を，⑫農作物の土地への適否を述べた「土地宜大麥·小麥」(建駄羅国)等を，⑭他国との関係を述べた「屬土蕃國所管」(蘇跋那具怛羅国)等を，⑭過去からの行動の継続を述べた「迄今供養不絶」(迦葉弥羅国)を，各々挙げることができる．確かにⒸ①·④·⑭などは，中国正史四夷伝と記述形式が類似する．しかし今見たように，新羅僧という中国文化を身につけた仏僧による外国での見聞記との表現の類似性をも指摘できるのであれば，Ⓒは中国正史四夷伝を含む，広く中国における外国記事の記述類型に属すると言えよう．永忠がそうした記述類型に倣ってⒸを叙述したと考えられないであろうか．史書編者の作文による説明記事とは断言できないと思うのである．とりわけⒸが『日本後紀』編者の作文による渤海説明記

---

62) 石井正敏，「神亀4年，渤海の日本通交開始とその事情」(石井，註(4) 前掲書，初出1975年)；同，「第1回渤海国書の解釈をめぐって」(同前書，初出1999年)；同，「日本·渤海交渉と渤海高句麗継承国意識」(同前書，初出1975年)．

63) 『往五天竺国伝』は，桑山正進編，『慧超往五天竺国伝研究』(京都大学人文科学研究所，1992年)を参照．

事という点を強調してよいか疑問を抱かせるのは, ⓒ直後の5月丁未条に引く, 渤海王に宛てた天皇璽書末尾の一句の存在である.

(f) ○五月丁未, 渤海國使呂定琳等還蕃. (中略). 仍賜其王璽書曰, 天皇敬問渤海國王. (中略). 夏熱, ①王及首領·百姓平安好. (後略).

(f)①の「首領百姓」は「首領と百姓」と解釈する他ない. 一方ⓒ⑪「其下百姓皆曰首領」を素直に読めば,「(其の下の)百姓＝首領」とならざるを得ない[64]. つまり(f)①とⓒ⑪とは相反する. (f)①の「首領百姓」の理解を助けるための先行説明がⓒ⑪だという意見[65]もあるが, 後者が前者の理解に有効な説明であるとは言い難い. ⓒが『日本後紀』編者による渤海新出条における説明記事だとすれば,「首領百姓」の一句の理解にもう少し資する文章となるのではなかろうか. 両者の齟齬は, 編者が元となった素材に濫りに手を加えなかったことを炙り出していると思うのである.

筆者は, ⓒは永忠の書状との関連を想定してこそ, その史料的性格に関する諸々の疑問が解決するのではないかと思う. 永忠が日本を離れ渤海に向かったのは772~3年頃だが, 目的が入唐留学なので直ちに唐に転進したであろう. そして在唐中, 都長安で渤海通過時の見聞をまとめたのであって[66], それゆえ渤海の地方社会が唐の地方·交通制度との比較で説明されるのであろう. 従ってⓒは離日後まもない773年頃の渤海の国内事情を伝えると見られる. 見聞した地域は明らかでない. 壱万福は一行総勢325人で出羽国に来着し安置されたので, 帰国の際の出

64) 古畑, 註(4)論文, 214~5頁.

65) 濱田, 註(7)論文, 783頁.

66) 空海撰,『御請来目録』(1巻. 806年成立.『大正新修大蔵経』No.2161)によれば, 永忠は入唐後, 長安の西明寺に住していた.

航地も出羽国と考えられ，その航路は北回り航路と見てよい[67]．永忠を伴った壱万福の帰国路をあえて推測すれば，出羽国から沿岸を北へ航行し北海道又はサハリンでロシア沿海州へ渡って大陸沿岸を南下し，率賓府[68]か東京竜原府の管内へ到着，そこから陸路，都の上京竜泉府(黒竜江省寧安市東京城鎮)に向かったであろう．永忠が見聞した地域は少なくとも，綏芬河と図們江(豆満江)との流域から上京竜泉府を中心とする地域にわたったであろう．

Ⅶ．おわりに

以上，本稿で述べたことをまとめると，以下のとおりである．

『類聚国史』殊俗部·渤海上所載の所謂「渤海沿革記事」は，渤海と唐との両国に渡航した日本僧永忠が，773年頃の渤海の地方での見聞を唐でまとめた記録に基づき，『日本後紀』編者が作成した記事，と考えられる．

このほか，『類聚国史』所載の所謂「渤海沿革記事」の記事内容に関連して言及すべき問題は多いが，その一端については既に発表した拙稿及び拙評(「書評　古畑徹『渤海国とは何か』」『メトロポリタン史学』15，2019年)を参照されたい．

---

67) 古畑徹a,「渤海·日本間航路の諸問題」(『古代文化』46-8，1994年)7~8頁，同b，「渤海·日本間の航路について」(『古代交通研究』 4，1995年)，109頁．

68) 率賓府を，ウスリースク市(鳥山他註(14)前掲書196頁)や，黒竜江省東寧市の大城子古城(孫進己·馮永謙主編，『東北歴史地理』第2巻，黒竜江人民出版社，1989年，404頁)にあてる見解がある．

〈表 1〉渤海使一覧(840年まで)

※本表は古畑註(67)a·b論文所掲の表をもとに, 本稿の叙述に合わせて情報を加除したものである.

No.	來着 年月日	大使	人數 (隻數)	着岸地· 移動地	出國 安置	推定 來日 航路	備考
1	神龜4(727).9.21	高仁義	24	出羽國		北	高仁義ら16人か蝦夷に殺害され, 首領高齊德ら8人のみが入京.
2	天平11(739).7.13	胥要德	(2)	出羽國		北	往路で船1隻が沈没し大使の忠武將軍·若忽州都督胥要德ら40人が溺死. 副使の己珎蒙が入唐使判官平群廣成を伴い入京. 平群廣成は渤海経由で歸國.
☆	天平18(746)		1,100余	出羽國	出羽國	北	
3	天平勝宝4(752).9.24	慕施蒙	75	越後國佐渡嶋		北	
4	天平宝字2(758).9.18	楊承慶	23	越前國		横	No.③と同道. 大使楊承慶の官銜は, 輔國大將軍兼將軍·行木底州刺史兼兵署少正·開國公.
5	天平宝字3(759).10.18	高南申		對馬 → 大宰 → 難波江口		朝	No.※と同道. 大使高南申の官銜は, 輔國大將軍兼將軍·玄菟州刺史兼押衙官·開國公.
6	天平宝字6(762).10.1	王新福	23	佐利翼津 → 越前國加賀郡		横	No.⑤と同道. 佐利翼津は越前國加賀郡内とする説と出羽國避翼(さるはね)驛(山形縣最上郡舟形町付近に比定)とする説とがある.
7	宝龜2(771).6.27	壹万福	325(17)	出羽國賊地野代湊→常陸國	能登國	北	宝龜3.2.29歸國の途につくも, 同9.20能登國に船が漂着. 實際日本を離れたのは, 宝龜4.4,5頃か. 永忠らを伴い歸國したと考えられる.
8	宝龜4(773).6.12	烏須弗	(1)	能登國	能登國	北	
9	宝龜7(776).12.22	史都蒙	187or166	越前國加賀郡		朝	
10	宝龜9(778).9.21	張仙壽	(2)	越前國坂井郡三國湊		横	No.⑧と同道.

11	宝龜10(779).9.14	高洋弼	359	出羽國	出羽國	北	歸路は日本より船9隻を貰って歸國.
12	延暦5(786).9.18	李元泰	65(1)	出羽國→越後國	越後國?	北	
13	延暦14(795).11.3	呂定琳	68	出羽國夷地志理波村→ 越後國		北	志理波村を能代(秋田縣)や北海道南部に比定する説がある. 在唐留學僧永忠らの書を伝達.
14	延暦17(798).12.27	大昌泰		隱岐國智夫郡		横	No.⑪と同道
15	大同4(809).10.1	高南容			越前國	横?	
16	弘仁元(810).9.29	高南容				横?	
17	弘仁5(814).9.30	王孝廉		出雲國	出雲國 越前國	横	
18	弘仁9(818).4.5	慕感德				?	
19	弘仁10(819).11.20	李承英				横?	
20	弘仁12(821).11.13	王文矩				横?	
21	弘仁14(823).11.22	高貞泰	101	加賀國 → 越前國		横	
22	天長2(825).12.3	高承祖	103	隱岐國 (→ 出雲國)	加賀國	横	
23	天長4(827).12.29	王文矩	100 (1)	但馬國		横	

〈表 2〉遣渤海使一覽

※本表は古畑註(67)a・b論文所揭の表をもとに，本稿の叙述に合わせて情報を加除したものである

No.	任命 年月日	出京年月日	大 使	人數	出發 地	歸國地	歸國・ 歸京 年月日	推定 歸國 航路	備 考
☆	養老4(720) 正.23以前	養老4正.23	諸君鞍男	6				—	諸君鞍男は渡嶋津輕津司として靺鞨國に派遣される．靺鞨國は渤海とは見なしがたい．
①	神龜5(728) 2.26	神龜5 6.5	引田虫麻呂	62		越前國 加賀郡	天平2(730) 8.29歸京	北	No.1の送使．
②	天平12 (740)正.13	天平12 4.20	大伴犬養				天平12 10.5歸國	橫	No.2の送使．
③	天平宝字2 (758)2.10 以前	天平宝字2 2.10以後	小野田守	68		越前國	天平宝字2 9.18歸國	橫	No.4と同道．
※	天平宝字3 (759)正.30	天平宝字3 2.16	高元度	99		大宰府	天平宝字5 (761)8.12 歸國	—	藤原清河を迎える迎入唐大使使としてNo.4楊承慶と同道し渤海経由で入唐．判官內藏全成らは，No.5高南申らと同道して入唐せず途中渤海より歸國．高元度は南路を取り蘇州より出航，唐より歸國．
			內藏全成 (判官)			對馬	天平宝字3 10.18歸國	朝	
④	天平宝字4 (760)2.20 前後	天平宝字4 2.20前後	陽候玲璆				天平宝字4 11.11歸國	橫	No.5の送使．
⑤	天平宝字 5(761) 10.22	天平宝字5 10.22以後	高麗大山		能登 國?	佐利翼 津	天平宝字6 (762)10.1 歸國	橫	No.6と同道．
⑥	天平宝字6 (762)11.1	天平宝字7 (763)2.20 前後	多治比小 耳			隱岐國	天平宝字7 10.6歸國	橫	No.6の送使．船師の板持鎌束，渤海より入唐留學生戒融を伴い歸國．
⑦	宝龜3(772) 2.29前後	宝龜3 2.29前後	武生鳥守		能登 國		宝龜4(773) 10.13歸國	橫	No.7の送使．

⑧	宝龜8(777) 5.23	宝龜8 5.23以後	高麗殿嗣			越前國 三國湊	宝龜9(778) 9.21歸國	横	No.9の送使. No.10と同道して歸國.
⑨	宝龜9(778) 12.17		大網廣道						No.10の送使. 任命のみで派遣されなかった可能性あり.
⑩	延曆15 (796)5.17	延曆15 5.17以後	御長廣岳				延曆15 10.2歸國	横	No.13の送使.
⑪	延曆17 (798)4.24	延曆17 5.19	内藏賀茂 麻呂			隱岐國 智夫郡	延曆17 12.27以前 歸京	横	No.14と同道.
⑫	延曆18 (799)4.15	延曆18 4.15以後	滋野船白				延曆18 9.20歸國	横	No.14の送使.
⑬	弘仁元 (810)12.4	弘仁2(811) 4.27	林東人				弘仁2 10.2歸國	横	No.16の送使.

潘博星 이준성(한국, 국사편찬위원회 편사연구사) 옮김

고구려 불교 첫 전래에 대한 재검토

Ⅰ. 고구려 불교 첫 전래 관련 자료

고구려 종교 연구에 있어서 불교가 처음 전래된 시기에 대한 문제는 오래된 주제이다. 『삼국사기』「고구려본기」에는 소수림왕 2년 "夏六月, 秦王苻堅遣使及浮屠順道, 送佛像, 經文."[1]이라는 기록이 있다. 그 이후 "(四年) 僧阿道來."[2], "(五年) 始創肖門寺, 以置順道, 叉創伊弗蘭寺, 以置阿道, 此爲海東佛法之始."[3] 등의 기록도 보인다. 이상의 기록은 불교가 공적으로 고구려에 전파된 양상을 보여준다. 이와 달리 고구려에 불교가 사적으로 전파된 기록도 있다. 『고승전』에는 동진의 승려가 고구려 도인과 편지로 왕래한 기록이 있다. "(支) 遁後與高麗道人書雲 : '上座竺法深, 中州劉公之弟子, 體德貞峙, 道俗綸綜. 往在京邑, 維持法綱, 內外具瞻, 弘道之匠也.'"[4] 『고승전』의 支遁 관련 기록을 보면, 지둔이 활동한 기간은 314~366년이었다. 그렇기 때문에

1) 김부식 저, 이병도 역주, 2009, 『삼국사기』 권18 「고구려본기」, 을유문화사, 429쪽.
2) 김부식 저, 이병도 역주, 2009, 『삼국사기』 권18 「고구려본기」, 을유문화사, 429쪽.
3) 김부식 저, 이병도 역주, 2009, 『삼국사기』 권18 「고구려본기」, 을유문화사, 429쪽.
4) 釋慧皎 저, 朱恒夫·王學鈞·趙益注 역, 2014, 『高僧傳』 卷4, 陝西人民出版社, 208쪽.

그가 생전에 고구려 도인과 편지로 왕래한 것은 불교가 고구려에 공적으로 전래된 372년 보다 이른 것으로 판단된다. 다시 말하면 동진의 불교계는 사적으로 고구려와 어느 정도 관계를 구축해왔다는 것이다. 고고학 자료를 통해서도 고구려에 불교가 사적으로 들어간 점이 입증된다. 지둔이 아니더라도 4세기 중반 이전에 불교 그 자체는 이미 고구려의 영역에 들어가 있었다.

II. 선행연구 및 문제점

고구려가 불교를 수용한 시점인 372년이 가진 의미, 동진이 아닌 전진에서 불교가 전래된 배경, 그리고 사적으로 전래된 불교는 어떠한 경로로 고구려에 유입되었으며 어떠한 역할을 했는가에 대해서 검토할 여지가 있다. 이 문제들에 대해 기존에는 한국의 이기백 선생의 의견에 따라 '왕권강화설'로 해석해왔다.[5] 이기백 선생은 고구려 불교의 수용이 왕권의 강화와 고대국가 발전 과정에서 중요한 단계라고 강조했다. 고구려가 4세기 후반에 불교를 수용한 것은 왕권을 강화하여 성숙한 나라로 발전하는 것을 입증하는 사건으로 인식한 것이다.

'왕권강화설'은 일본 학계의 '하사설'을 반박하고 고구려가 불교를 수용한 목적을 해명하는 데에 기여하였다.[6] 고구려가 공식적인 경로를 통해 불교를 수용한 시점에 대해 이기백 선생은 고구려가 백제와 전쟁에서 연패를 겪었기 때문이라고 했으나 시점 자체의 의미, 그리고 왜 전진에서 받아들였는지에 대해서는 특별히 문제를 삼지 않았다. 후속 연구의 경우 일부

5) 李基白, 1954, 「三國時代 佛敎 수용과 그 사회적 의의」 『역사학보』 제6집, 132쪽.

6) 田村圓澄, 1980, 「漢譯佛敎圈的佛敎傳來」 『古代朝鮮佛敎与日本佛敎』, 吉川弘文館 참조.

사항에 대해 의문을 제기했는데,7) 고구려의 불교 수용 과정을 백제의 상황과 비교해 보면 해석하기 어려운 부분이 있는 것이 사실이다. 백제는 고구려와 비슷한 시기인 384년에 불교를 수용했다. 당시는 백제가 전쟁에서 계속 승리하고 있던 상황이었음에도 불구하고 고구려와 똑같이 왕권을 강화하기 위해 불교를 수용한 것이라고 보기는 어렵다. 즉, 전쟁에서의 실패로 인해 어려움을 극복하기 위해 고구려가 불교를 수용하였다는 설명은 설득력이 부족하게 된다. 그뿐 아니라, 같은 시기에 중국에서는 불교가 왕권 강화를 위한 수단으로 활용되고 있지 않았다.8) 그렇기 때문에 고구려가 전진에서 불교를 수용한 목적이 무엇인가는 다시 한 번 따져봐야 할 문제이다.

고구려가 전진에서 불교를 수용한 것은 국가 차원의 공식적인 일이었다. 다만 논란의 초점은 사적인 전파에 집중되어 있다. 불교의 사적인 전파에 대해서는 '支遁 - 高句麗 道人 통신설'9), '前燕 전파설', '後趙 전파설', '東晋 曇始 전파설'10) 등 많은 설이 있었다. 소위 '전연 전파설'은 안악3호분에서 발견된 묵서에 무덤 주인이 前燕 司馬 冬壽의 출신임을 근거로 판단된 것이다. 동수는 咸康 2년(336) 고구려에 도망와 永和 13년(357) 사망했다. 안악3호분의 벽화에는 연꽃 등 불교 문식이 많이 보이는데, 이것들이 무덤 주인이 불교 신앙을 가지고 있었음을 증명하는 것이며, 따라서 적어도 4세기 중반 이전까지 전연 이주민이 불교신앙을 이 지역으로 가져왔다고 판단한 것이다.11) 다만 문헌자료를 보면 전연 정권은 불교 신앙을 지극히

---

7) 안성진, 2017, 「高句麗와 百濟의 初期 佛敎 受容 過程」『한국고대사연구』 85, 한국고대사학회.

8) 趙宇然, 2011, 「4~5세기 高句麗의 佛敎 수용과 그 성격」『한국고대사탐구』 7, 한국고대사탐구학회.

9) 釋慧皎 著, 朱恒夫·王學鈞·趙益注 譯, 2014, 『高僧傳』 卷4, 陝西人民出版社.

10) 木村宣彰 著, 姚義田 譯, 2002, 「曇始与高句麗佛教」『博物館研究』.

11) 董高, 1996, 「三燕佛教略考」『遼海文物學刊』 1996年 第1期. 동수묘에 있는 연꽃무늬가 당시 고구려 지역에서 장식문양으로만 사용되었을 뿐 불교가 고구려 지역에

신봉하지는 않았다는 점에서 해명을 요한다. 다음으로 '후조 전파설'은 명확한 고고학 관련 자료에 의해 뒷받침되지 못하고 있다. 이 설은 주로 후조 정권이 가진 불교 신앙, 그리고 고구려와의 관계를 종합해서 판단된 것이다. 후조의 石勒과 석호가 佛圖澄을 국사로 모셨는데, 불도징은 최초로 요서 지역에 간 승려였을 가능성이 매우 높다. 함강 4년(338) 불도징이 석호를 따라 요서지역에 들어간 후, 그는 석호에게 군대를 철수하라고 권하기도 했다.[12] 이즈음 고구려는 후조 정권이 불교 신앙을 가진 것을 알았을 가능성이 있지만, 당시 후조에서 불교가 고구려에 들어갔다고 보기에는 증거가 부족하다.

그 이외에 '동진 전파설'이 있다. 이 설이 또한 '支遁說'과 '曇始說'로 나뉜다. '지둔설'은 고구려의 사적인 불교 수용 과정으로서 학계에서 널리 인정받고 있다. 한편 '담시설'은 일본학자 木村宣彰이 제시했는데, 그는 전진이 고구려에 불교를 전파한 기사가 나타난 사서인 『삼국사기』가 12세기에 완성된 것이며 중국측 문헌을 많이 이용했기 때문에 기록의 진위를 입증할 필요가 있다고 보았다. 그에 비해 9세기 후반에 활동한 신라 학자 최치원이 작성한 「鳳巖寺智證大師寂照塔碑」 비문에는 "龍德四年歲次甲申六月日竟建"이라는 내용이 적혀 있다. 용덕 4년은 기원후 924년으로 『삼국사기』가 완성된 시간보다 200년 빠르다. 이 비문의 고고학적 가치는 문헌 보다 신뢰도가 높은 것이다. 비문에는 "昔當東表鼎峙之秋, 有百濟蘇之儀, 若甘泉金人祀, 厥後西晉曇始始之貊, 如葉騰東入, 句驪阿度度於我, 如康會南行."[13]이라는 문구가 있다. 이에 따르면 처음으로 불교를 고구려로 전한 것이 전진의 순도와 아도가

전래된 것은 아니라고 보는 학자도 있다. 王飛峰, 2013, 「冬壽墓蓮花紋研究」 『邊疆考古研究』 2013年 第14輯 참조.

12) 『晉書』 卷106, 「石季龍載記上」, 中華書局, 1974年, 제2768쪽.

13) 『朝鮮金石總覽』 上卷, 89쪽. 『金石總覽』의 부족한 부분을 이능화의 『朝鮮佛敎通史上中篇』에서 보충하였다. 木村宣彰 著, 姚義田 譯, 2002, 「曇始与高句麗佛教」 『博物館研究』 2002年 第2期, 40쪽 참조.

아니라 동진의 담시였다고 볼 수 있다. 그런데 『고승전』에는 "釋曇始, 關中人. 自出家以後, 多有異跡. 晉孝武太(原文如此) 元之末, 賫經律數十部, 往遼東宣化. 顯授三乘, 立以歸戒, 蓋高句驪聞道之始也."[14]라는 기록이 있다. 동진 효무제의 太元 연호가 사용된 기간은 376년에서 398년이었으니, 담시가 요동에 간 것은 4세기 말쯤이었다. 전진이 고구려에 불교를 전파한 때보다 늦은 것이다. 그뿐 아니라 담시가 요동에 간 것은 공식적인 것이 아니라 사적인 행보였다.

따라서 국가 차원에서 고구려에 불교를 전파한 것은 전진을 통한 것뿐이었다. 반면 전연이나 후조, 그리고 불교가 발달한 동진을 포함해서 이들 모두 고구려에 공식적인 형태로 불교를 전파하지 않은 것은 우연의 일치일까. 지둔이 고구려인과 통신한 시점으로 미루어 볼 때, 동진의 불교계와 고구려의 연계는 전진보다 늦지 않다. 다른 나라가 아닌 전진이 공식적으로 고구려에 불교를 전파한 데에는 특별한 이유와 의미가 있었던 것이다.

Ⅲ. 4~5세기의 동북아 국제정세

372년 전후는 동북아 각 정권 사이에 치열한 각축전이 벌어진 시점이었다. 고구려는 전에 없었던 압력을 받고 있었다. 전연과의 전쟁으로 인해 고구려는 전략의 초점을 한반도로 옮겨야 했다. 그러나 이 시점은 마침 백제 근초고왕이 영토를 확장하는 시기였고, 당시 백제의 지위는 이후 고구려의 광개토왕에 못지않은 것이었다. 고구려는 당시 몇 번이나 백제와 대결했지만 번번이 패하기만 했다. 당시 흔들리고 있던 고구려 정권 내부의 대외 정책에 대해 다음 기사를 통해 대략적인 부분을 파악할 수 있다.

---

14) 釋慧皎 著, 朱恒夫·王學鈞·趙益注 譯, 2014, 『高僧傳』卷4, 陕西人民出版社, 600쪽.

즉, "四十年(370), 秦王猛伐燕, 破之, 燕太傅慕容評來奔, 王執送於秦. 燕太傅慕容評來奔, 王執送於秦."[15]이라고 되어 있다. 전연과의 관계로 인해 고구려는 전진에 대해 우호적인 자세를 보여줬던 것이다. 그리고 372년에 전진 부견이 순도를 파견하여 불상, 경문을 고구려에 보냈다. 이처럼 양국이 우호적인 관계를 확립한 이후 고구려는 백제와 전쟁을 하는 과정에서 지속적으로 전진과 왕래했다. 소수림왕이 정권을 장악한 14년 동안 전진과의 관계가 매우 중요한 것이었다.

고구려뿐만 아니라 백제 역시 이 시기를 전후하여 적극적으로 외부의 지원을 찾아다녔다. 근초고왕 27년, 28년에 연이어서 동진에 사신을 보낸 것이 그 예이다. 『일본서기』에는 神功 46년에 백제가 왜와 밀접한 관계를 맺었다는 기사가 있고, 神功 52년조 기사에도 "(神功) 五十二年(372) 秋九月丁卯朔丙子, 久氐等從千熊長彦詣之, 則獻七枝刀壹口, 七子鏡壹面, 及種種重寶, 仍啓曰 : 臣國以西有水, 源出自谷那鐵山, 共邈七日行這不及, 當飮是水, 便取是山鐵, 以永奉聖朝, 乃謂孫枕流王曰, 今我所通, 海東貴國, 是天所啓, 是以, 垂天恩, 割海西而賜我, 由是, 國其永固, 汝當善修和好, 取斂土物, 奉貢不絶, 雖死何恨, 自是後, 每年相續朝貢焉."라고 하여 백제와 왜의 관계가 한 걸음 더 나갔음을 알 수 있다. 당시 백제는 왜에게 칠지도를 보내고, 동진에서 장군 봉호를 받았다. 이때 받은 봉호는 '虛封'이라기보다는 백제가 동진, 그리고 왜와 군사 협력관계를 맺었음을 보여주는 것으로 판단된다. 이와 같은 백제의 외교 노력은 고구려에게 전진과 긴밀한 관계를 맺고자 하는 또 하나의 원인이 되고 있었다.

다른 한편으로 중원 지역 정권들 역시 서로 경쟁하고 싸웠다. 369년, 370년에 전진이 전연을 공격한 후에는 고구려와 지리상 인접하게 됐다. 전진은 북방 정권으로서 세력권을 확대시켜 나가면서 통치 과정에서 이데

15) 김부식 저, 이병도 역주, 2009, 『삼국사기』 권18 「고구려본기」, 을유문화사, 429쪽.

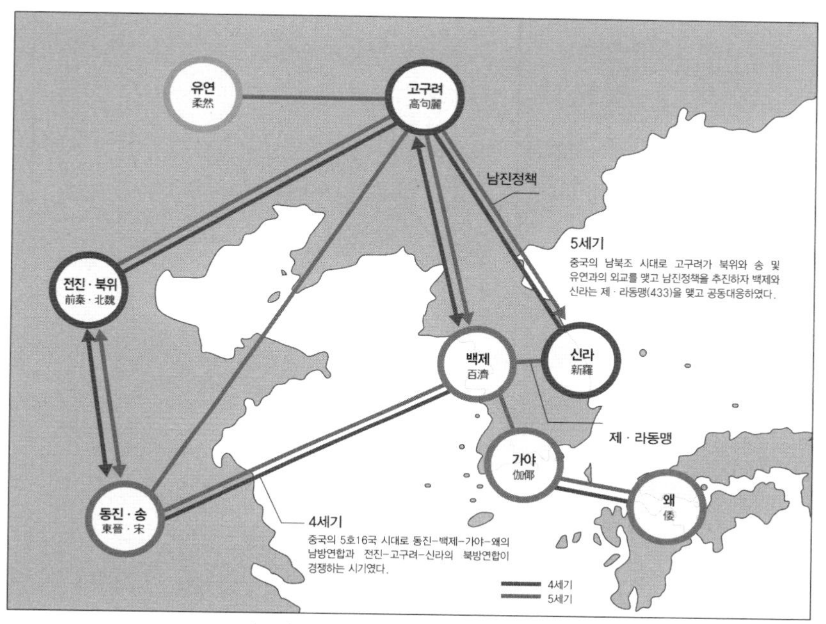

〈그림 1〉 4~5세기 동북아 국제관계

올로기가 가지는 중요성을 인식했다. 전진 왕실은 유학을 매우 중요시했으며, 같은 맥락에서 새로 들어온 불교에 대해서도 정치적인 차원에서 인식했다. 특히 동진과의 대결에서 북방의 여러 정권은 유학과는 다른 이데올로기의 필요성을 절실하게 느꼈다.

『고승전』 釋道安 조에는 부견이 유명한 승려 석도안을 얻기 위해 전쟁까지 일으켰다는 기사가 있다.[16] 전진이 남하하여 동진을 공격하기 전에 고구려에 불교를 전래한 것은 불교를 통해 자신을 중심으로 한 새로운 질서를 구축하고자 하는 목적이 있었던 것으로 보인다. 다시 말하면 전진이 고구려에 불교를 전래한 것은 국가 차원에서의 전략이었던 것이다. 강한 국력에 기반하여 확대된 세력권으로 인해 실행할 수 있었던 정책이었다.

16) 釋慧皎 著, 朱恒夫·王學鈞·趙益注 譯, 2014, 『高僧傳』 卷4, 陝西人民出版社, 242쪽.

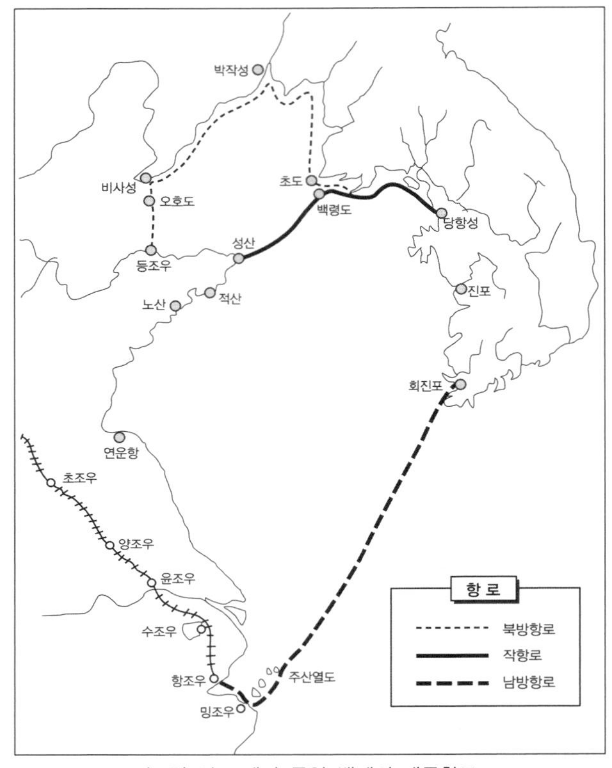

〈그림 2〉 4세기 중엽 백제의 대중항로

이러한 국력과 국가인식은 전연과 후조의 경우 갖지 못한 것이었다.

동진 역시 대외적으로 움직임이 있었다. 동진은 고구려보다 백제와의 관계를 더욱 중시했다. 그것은 백제가 고구려와의 전쟁에서 승리한 것에서도 원인을 찾을 수 있겠으나, 백제가 북으로 확장하면서 한강 출해구를 차지하게 되고 동진과 외교관계의 주도권을 갖게 되었기 때문이기도 했다. 백제는 371년 고구려를 공격한 후 계속해서 동진에 조공을 했다. 관련 사료에 따르면 백제는 4세기 중반에 한반도 1/3의 영토를 차지하였는데, 북쪽으로는 예성강, 남쪽으로는 노령산맥에 이르렀다고 한다.[17] 평양 전투 이후 백제가 해상교통을 이용해서 중원 정권과 적극적으로 왕래했던 상황 역시 고구려가 동진으로 가는 길을 막는 결과를 가져왔다. 이와 같은 시기에 동진에서 권력을 장악한 환온은 북방 정권을 토벌할 것을 강력하게 주장했다. 실제 354년, 356년, 369년 세 차례나 북쪽으로 진군하였는데, 369년 북벌 과정에서는 환온 군대가 크게 패하여 3만 명의 병사들이 전사했다.[18] 이듬해인 370년, 전진은 북방 공략 과정에서 강적이었던 전연을 통일시켰고, 이제 전진과 동진 사이의 전쟁이 바로 눈앞에 있는 것이었다. 동진은 300~500만 인구를 가진 강대국이었으나, 총 병력은 불과 20~30만이었다.[19] 반면 전진은 스스로 100만 군대를 가지고 있다고 하는 상황이었다. 동진은 전진에 대항하기 위한 준비로 인해 한반도 북쪽에 있는 고구려까지 신경을 쓰지 못했을 가능성이 크다. 실제 동진이 고구려에 대해 공식적으로 책봉한 것은 413년이 되어서였다. 광개토왕을 거쳐 고구려가 대외적으로 확장된 후가 되어서야, 동진 안제는 장수왕을 고구려왕, 낙랑군공으로 책봉하였다.

Ⅳ. 불교 전파의 원동력

중원에서 남북정권이 치열하게 대립한 상황에서도 불교계 인사들은 끊임없이 고구려와 접촉하려고 노력했다. 남북정권 사이의 세력 다툼과는 달리 불교계는 정권 사이에서 명확한 구분을 두지 않았던 것으로 보인다. 당시 북방의 유명한 승려는 佛圖澄, 道安, 鳩摩羅什 등이 있었으며 남방에서는 慧遠이 가장 존경을 받고 있었다. 그런데 당시 이들의 관계를 보면

17) 이도학, 1991, 「百濟의 起源과 國家發展過程에 관한 檢討」『한국학론집』 19호, 한양대학교 한국학연구소, 185~186쪽.

18) 『晉書』 卷98, 「列傳」 第68 「桓溫傳」, 中華書局.

19) 葛劍雄, 1991, 『中國人口發展史』, 福州, 福建人民出版社.

불도징 - 도안 - 혜원은 사승관계가 있었다. 혜원은 또한 鳩摩羅什을 따라 학습한 적도 있었다. 이와 같이 남북의 불교는 서로 통하고 있었다. 특히 당시 불교 세력은 하나의 공통되는 목적을 가지고 있었다. 그것은 정권차원의 불교 숭배를 이용하여, 즉 정치의 힘을 빌려 불교를 동쪽으로 널리 포교하고자 하는 것이었다. 소위 '敎化之本, 宜令廣布'[20]라는 것이다. 『고승전』에 따르면 한위 시기에 경문을 번역하고 포교한 고승은 총 21명이었다. 그중에 명확히 인도나 서역에서 온 자는 15명으로, 약 71%를 차지할 정도로 많았다.[21] 東晋 十六國 시기의 불교 인사들은 바로 위에 언급한 그 고승들을 스승으로 모시고 있었다. 그들은 정치세력에 대해 일정한 경향을 갖지 않았고, 심지어 정권의 교체 역시 중요시하지 않았다. 그들이 주목한 것은 어떻게 정치의 힘을 빌려 불교를 널리 전파할 수 있는지에 대한 것이었다.

한편 불교를 지극히 숭배하고 믿었던 북방 정권에서도 불교가 처음부터 예우를 받았던 것은 아니었다. 어려운 시기 중에는 불교 인사들 역시 생명을 보장받을 수 없었다. 佛圖澄, 담시 등의 승려 역시 모두 위험을 겪은 경험이 있었음을 보여주는 기록은 많다. 하지만 그들은 기회를 엿보며 권력자의 신뢰를 얻은 후 불교 전래를 시도하였다. 고승 불도징은 죽음을 무릅쓰고 석륵의 신임을 얻었고, 불교가 정치적인 측면을 이용해 포교를 하는 것은 이로부터 비롯될 수 있었다. 佛圖澄의 제자 道安은 만년에 符堅에게 큰 존경을 받았다. 도안이 東晋 襄陽에 있을 때, 부견은 높이 7척의 倚像과 金坐像, 結珠弥勒像, 金縷綉像 등을 보냈다.[22] 전진이 고구려에 불교를 전파한 일에는 道安의 힘과 노력이 있었을지도 모르는 것이다.

---

20) 釋慧皎 著, 朱恒夫·王學鈞·趙益注 譯, 2014, 『高僧傳』 卷4, 陝西人民出版社, 241쪽.

21) 尙永琪, 2006, 「北朝胡人与佛敎的傳播」 『吉林大學社會科學學報』 第46卷 第2期, 136쪽.

22) 釋慧皎 著, 朱恒夫·王學鈞·趙益注 譯, 2014, 『高僧傳』 卷4, 陝西人民出版社, 241쪽.

앞서 東晋 승려 支遁이 고구려 도인과 편지로 왕래한 것은 중원 불교가 고구려와 관계를 맺고자 한 초기 시도로 볼 수 있다. 실제로 지둔은 동진 哀帝에게 신임을 많이 받았고, 애제의 명에 따라 수도에 들어가 東安寺에서 설교했다. 지둔은 고구려 도인과의 편지에서 竺法深에 대해 여러차례 언급하고 칭찬했다. 이때 축범심이 고구려로 가서 포교하기를 원하였을 가능성이 있는데, 축범심은 동진 귀족 출신이었기 때문에 국가를 대표해도 무방한 신분을 가졌다. 그가 고구려에 파견되는 것은 가장 적절한 것이었겠지만, 결국 여러 가지 원인으로 인해 그가 고구려에 가는 것은 결국 성사되지 못했다. 결국 고구려에 포교한 것은 남북 불교 공동으로 노력한 결과가 전진을 통해 실현된 것이었다. 동진 불교 인사에게 역시 그것은 애석해할만한 일이 아니라 하나의 기쁜 일이었을 것이다. 396년 전진이 멸망된 2년 이후 동진 담시가 經律 수십 권을 가지고 요동에 불교를 전하러 간 이유는 전진의 방해가 없어졌기 때문이기도 했지만, 그 사이에 鳩摩羅什이 대량의 경문을 번역했던 것에서도 원인을 찾을 수 있다. 鳩摩羅什이 번역한 경문은 처음으로 인도 불교의 진짜 의미를 중국에 소개한 것이었고, 그것이 한반도와 일본으로 전파된 것으로 볼 수 있다. 이러한 관점에서 말하자면 『고승전』 「담시전」에서 "賫經律數十部往遼東宣化, 顯授三乘立以歸式, 蓋高句驪聞道之始也."라고 한 것은 역시 일리가 있다.

이처럼 고구려의 불교 전래는 불교 인사들의 끈질긴 추진 노력으로 된 것이었다. 전진의 고구려 불교 전래는 불교 인사들이 정치권력과 동북아 지역의 역학관계를 잘 살펴 불교를 전파했던 여러 길 중의 하나였을 뿐이다.

Ⅴ. 결론

고구려에 불교가 처음 전래된 4세기 중반부터 4세기 말까지 동북아는 다변화된 지역 정세에 직면해 있었다. 이에 더하여 당시 고구려의 국내 상황까지를 고려해보면, 당시 고구려에 불교가 전래되었던 원인은 왕권 강화의 필요성으로 보기는 어렵다. 당시 고구려의 가장 긴급한 과제는 백제에 대항하는 것이었고, 이를 위해서는 서부 지역의 평화로운 환경이 중요했다.

한편, 고구려에 불교를 전파한 전진은 불교라는 새로운 이데올로기를 통해 새로운 지역 질서를 구축하고자 했다. 무엇보다 고구려 불교 전래에 보이지 않는 요소로서 오랫동안 교류하고 서로 영향을 미친 중원 지역의 불교 인사들이 계속해서 정치의 힘을 이용하여 불교 자체의 영향력을 확대시키고자 노력했던 점을 고려해야 한다. 이것이 불교가 고구려까지 전파될 수 있는 가장 근본적 요인이라고 생각한다.

潘博星

再论高句丽佛教的初传

一. 高句丽佛教初传的相关史料

佛教初传是高句丽宗教研究中的传统问题,『三国史记·高句丽本纪』小兽林王条云:"(二年)夏六月,秦王苻坚遣使及浮屠顺道,送佛像·经文"[1] 后,"(四年)僧阿道来."[2] "(五年)始创肖门寺,以置顺道,又创伊弗兰寺,以置阿道,此为海东佛法之始"[3]以上,学界视为佛教"公传"之始,即佛教通过官方途径正式传入高句丽,史书所载为公元372年,由前秦"送经"而来. 佛教入高句丽又有"私传".『高僧传·竺潜传』中记录了东晋僧人与高句丽道人的书信往来. "(支)遁后与高丽道人书云:'上座竺法深,中州刘公之弟子,体德贞峙,道俗纶综. 往在京邑,维持法纲,内外具瞻,弘道之匠也.'"[4] 由『高僧传』"(支遁)以晋太和元年闰四月四日终于所住,春秋五十有三."可知,

1) 金富轼著,李丙焘译注:『三国史记』卷18,『高句丽本纪』,首尔:乙酉文化社,2009年,第429页.
2) 金富轼著,李丙焘译注:『三国史记』卷18,『高句丽本纪』,首尔:乙酉文化社,2009年,第429页.
3) 金富轼著,李丙焘译注:『三国史记』卷18,『高句丽本纪』,首尔:乙酉文化社,2009年,第429页.
4) (梁)释慧皎著,朱恒夫·王学钧·赵益注译:『高僧传』卷4,西安:陕西人民出版社,2014年,第208页.

支遁生卒年为314-366年，也就是说，支遁作为东晋佛教的代表人物，其生前与高句丽道人的书信往来早于"官传"的372年，东晋佛教通过这条民间的渠道早已与高句丽建立了某种联系．考古学资料也可为佛教"私传"提供力证．发掘于朝鲜的安岳3号墓墓主身份凭其墓壁墨书判断为前燕司马冬寿，用东晋年号，卒于"永和十三年"，即公元357年．其墓西侧室正壁所绘帐房顶部·藻井等处饰有佛纹莲花，也证明，即便不是通过支遁，至少不晚于4世纪上半期佛教就已进入高句丽所在地域．

二．研究现状及问题

高句丽为何于372年正式引入佛教，为何由前秦引入，"私传"佛教又在如何传入高句丽，在高句丽宗教发展史上发挥了什么作用，成为亟待解释的问题．关于以上问题，学界早有论及．首先是高句丽佛教初传的"王权强化说"．如韩国民族史学开创者和奠基人李基白先生主张："高句丽对佛教的接纳依靠王室而发生，也因王室，佛教得到了发展．"[5] 李基白先生在阐明高句丽佛教接纳与王权强化关系的同时，特别强调了王权的强化是古代国家发展过程中的重要阶段，是古代国家走向成熟的标志．也就是说，高句丽于公元4世纪下半期通过引入佛教，意在强化王权·实现国家的发展，此说后成为韩国学界通说．上世纪90年代末，李基白再次发文，强调高句丽引入佛教的主观能动性，驳斥了日本学界主导的佛教"下赐说"[6]．李基白先生的解释阐明了高句丽通过官方渠道正式引入佛教的目的，关于引入佛教的时间，李基白先生认为是缘于高句丽对百济连败的契机，但并未说明引入佛教的时间和引入国的意义，更未对佛教"私传"加以详尽分析．后续研究对这一主张的部分细节提出的质疑[7]，如

5) [韩]李基白：『三国时代佛教传来及其社会性质』，『历史学报』1954年总第6辑，第132页．

6) 参见[日]田村圆澄：『汉译佛教圈的佛教传来』，『古代朝鲜佛教与日本佛教』，吉川弘文馆，1980年．

7) [韩]安成镇：『高句丽与百济的初期佛教受容过程』，『韩国古代史研究』2017年总第85辑．

果单独考察高句丽佛教传入时认为高句丽因连续对百济作战失败，需巩固衰弱的王权，那么百济对外作战接连胜利的情况下，为什么也在高句丽正式引入佛教后不久(384年)正式地引入了佛教就变得难以解释. 另有学者指出，佛教传入高句丽的时期，即便是在中国诸政权中，佛教也并未成为皇权强化的有效工具，因此，高句丽为强化王权而主动接受佛教的说法是经不起推敲的.[8] 那么，如果不是出于强化王权的目的，高句丽此时接受前秦传来佛教的目的究竟是什么呢?

其次，佛教公传由前秦而来，为学界公认，此前，争论的焦点通常置于私传. 如上所举，"私传"有"支遁 - 高丽道人通信说"[9]·"前燕传入说"，另有"后赵传入说"·"东晋昙始传入说"[10]等多种说法. "前燕传入说"的考古学依据是安岳3号墓，墓壁墨书显示了墓主人的身份为前燕司马冬寿，其于东晋咸康二年(336年)逃往高句丽，永和十三年(357年)去世. 同时，冬寿墓壁画中散见莲花·莲座·舒叶等佛教纹饰，证明墓主人已具有佛教信仰. 据此分析，至少在4世纪中期，前燕移民已经把佛教信仰带入了这一地区.[11] 从文献资料来看，无论是慕容皝建龙翔佛寺[12]，还是前燕光寿二年(358年)，常山寺大树得珪璧之事[13]，都说明前燕政权从不佞佛，但佛教信仰已在前燕传播. "后赵传入说"没有明确的考古学和相关资料支撑，此说主要是综合考虑了后赵政权对佛教的崇尚和高句丽与后赵密切的交往. 后赵石勒和石虎奉佛图澄为国师，佛图澄很可能是最先踏入辽西地区的沙门. 咸康四年(338年)，佛图澄随石虎进军辽西，佛图澄曾劝石虎退兵，曰："燕福德之国，未可加兵"[14]. 高句丽对后赵礼佛

---

8) 赵宇然：『4-5世纪高句丽的佛教受容与其性质 – 关于"王权强化理论体系下的佛教受容说"的批判性考察』，『韩国古代史探究』(韩)2011年第7期.

9) (梁)释慧皎著，朱恒夫·王学钧·赵益注译：『高僧传』卷4，西安：陕西人民出版社，2014年.

10) [日]木村宣彰著，姚义田译：『昙始与高句丽佛教』，『博物馆研究』2002年 第2期.

11) 董高：『三燕佛教略考』，『辽海文物学刊』1996年 第1期. 有学者认为冬寿墓中的莲花纹在当时的高句丽地区仅仅是作为一种与坐帐共存的装饰纹样，并不代表佛教已经传入高句丽地区. 参考王飞峰：『冬寿墓莲花纹研究』，『边疆考古研究』2013年 第14辑.

12) 『晋书』卷109，『慕容皝载记』，北京：中华书局，1974年.

13) 『晋书』卷108，『慕容廆载记』，北京：中华书局，1974年.

14) 『晋书』卷106，『石季龙载记上』，北京：中华书局，1974年，第2768页.

应是知晓，但佛教是否由后赵传入高句丽，实则无可考证. 另有“东晋传入说”，此说又分为“支遁说”和“昙始说”. “支遁说”作为佛教“私传”高句丽的事实，被学界广为认可. “昙始说”由日本学者木村宣彰提出，他认为前秦向高句丽传教的记事出现在成书于12世纪的『三国史记』，且『三国史记』借用中国文献，再编造史实，因此缺乏可信性. 相比之下，生活于9世纪后期的新罗学者崔致远，曾撰写“凤岩寺智证大师寂照塔碑”碑文，碑阴记有“龙德四年岁次甲申六月日竟建”，龙德四年，即公元924年，比『三国史记』的成书时间要早200余年，而且碑文作为史料的价值和可信度也高于文献资料. 碑文中称“昔当东表鼎峙之秋，有百济苏塗之仪，若甘泉金人祀，厥后西晋昙始之貊，如叶腾东入，句骊阿度度于我，如康会南行.[15]” 依其所记，首次把佛教传到高句丽的不是『三国史记』所说的前秦顺道和阿道，而是东晋的昙始. 文献资料可为其佐证. 梁慧皎的『高僧传』有记：“释昙始，关中人. 自出家以后，多有异迹. 晋孝武太(原文如此)元之末，赍经律数十部，往辽东宣化. 显授三乘，立以归戒，盖高句骊闻道之始也.”[16] 东晋孝武太元年号为376-398年，由此可知，4世纪末，昙始出关中赴辽东，算其时间，是晚于前秦向高句丽“公传”佛教的时间的. 而且，昙始赴辽东的史料并未表明，其传教行为的性质，是“公”还是“私”. 综上可知，目前通过史料能够证明的，通过官方途径向高句丽传播佛教的，只有前秦政权. 而无论是前燕·后赵，还是佛教信仰发达的东晋，都没有以官方的形式向高句丽传播佛教，这样的现象仅仅是巧合吗？由支遁与高丽道人的通信时间可知，东晋的佛教届与高句丽的联系是不晚于前秦的，那么，为什么不是由东晋，而是前秦向高句丽以官方的途径传播了佛教呢？

15) 参照『朝鲜金石总览』上卷，第89页. 『金石总览』欠缺部分，依李能和的『朝鲜佛教通史上中篇』补之. 转引自[日]木村宣彰著，姚义田译：『昙始与高句丽佛教』，『博物馆研究』2002年 第2期，第40页.

16) (梁)释慧皎著，朱恒夫·王学钧·赵益注译：『高僧传』卷10，西安：陕西人民出版社，2014年，第600页.

三. 4~5世纪的东北亚

372年前后, 正是东北亚各政权之间激烈角逐的关键时刻. 高句丽此时正承受着前所未有的压力. 由于来自于前燕的毁灭性打击, 高句丽不得不将战略的重点移至了朝鲜半岛. 而此时正值百济近肖古王风头正盛, 其在百济历史上的功勋和地位不亚于高句丽后来的广开土王. 高句丽在最近的几次与百济的交锋中均获败绩, "(故国原王)三十九年(369年), 秋九月, 王以兵二万, 南伐百济, 败于雉壤, 败绩."[17] "四十一年(371年), 冬十月, 百济王率兵三万, 来攻平壤城, 王出师拒之, 为流矢所中, 是月二十三日薨, 葬于故国之原."[18] 在这样的形势之间, 无法通过文献了解高句丽政权内部的动荡和王权的衰落, 文献唯一透露出的只有高句丽对外政策上的一点努力, 即"四十年(370年), 秦王猛伐燕, 破之, 燕太傅慕容评来奔, 王执送于秦."[19] 由于战略重心的转移和与前燕的不共戴天之仇, 高句丽对秦表现出鲜明的友好态度, 而这, 也成为了小兽林王丧父后执政初期的一根救命绳索. "(小兽林王)二年(372年), 夏六月, 秦王苻坚遣使及浮屠顺道, 送佛像·经文, 王遣使回谢, 以贡方物, 立太学, 教育子弟."[20] 不知道秦王向高句丽送经传道对高句丽内政起到何种扶助的作用. 只是此后的几年, 对百济的征伐中始终贯穿着与秦交往的事件. "五年(375年), 春二月, 始创肖门寺, 以置顺道, 又创伊弗兰寺, 以置阿道, 此海东佛法之始, 秋七月, 攻百济水谷城." "六年(376年), 冬十一月, 侵百济北鄙."[21] "七年(377年),

---

17) 金富轼著, 李丙焘译注 : 『三国史记』 卷18, 『高句丽本纪』, 首尔 : 乙酉文化社, 2009年, 第429页. 此内容在孙文范校文中为"秋九月, 王以兵二万南伐百济. 战于雉壤, 数绩."参见金富轼著, 孙文范校 : 『三国史记』 卷18, 『高句丽本纪』, 长春 : 吉林文史出版社, 2003年, 第220页.

18) 金富轼著, 李丙焘译注 : 『三国史记』 卷18, 『高句丽本纪』, 首尔 : 乙酉文化社, 2009年, 第429页.

19) 金富轼著, 李丙焘译注 : 『三国史记』 卷18, 『高句丽本纪』, 首尔 : 乙酉文化社, 2009年, 第429页.

20) 金富轼著, 李丙焘译注 : 『三国史记』 卷18, 『高句丽本纪』, 首尔 : 乙酉文化社, 2009年, 第429页.

21) 金富轼著, 李丙焘译注 : 『三国史记』 卷18, 『高句丽本纪』, 首尔 : 乙酉文化社, 2009年,冬十月, … 百济将兵三万, 来侵平壤城, 十一月, 南伐百济, 遣使入苻秦, 朝贡."[22] 在小兽林王执政的短短十四年间, 对秦关系是最为重要的对外关系, 这是显而易见的.

不只是高句丽, 此时的百济也在积极地寻找外援. "(近肖古王)二十七年(372年), 春正月, 遣使入晋朝贡"[23] "二十八年(373年), 春二月, 遣使入晋朝贡"[24]在与高句丽连年备战的状态下这样频繁的与东晋联系, 其实质性的意义可能已经超越了岁贡. 百济对东晋的政策也的确取得了成效. 『晋书』卷8『帝纪』第8记 : (咸安)二年(372年)春正月辛丑, 百济·林邑王各遣使贡方物. … 六月, 遣使拜百济王余句为镇东将军, 领乐浪太守. 不仅如此, 百济活跃的对外关系已不仅限于中原, 根据『日本书纪』记载, 神功46年(366年), 百济已与倭展开了密切的对外关系. 在372年, 这一关系又有了实质性的进展. 据『日本书纪』载 : (神功)五十二年(372年)秋九月丁卯朔丙子, 久氐等从千熊长彦诣之, 则献七枝刀一口, 七子镜一面, 及种种重宝, 仍启曰 : 臣国以西有水, 源出自谷那铁山, 共邈七日行这不及, 当饮是水, 便取是山铁, 以永奉圣朝, 乃谓孙枕流王曰, 今我所通, 海东贵国, 是天所启, 是以, 垂天恩, 割海西而赐我, 由是, 国其永固, 汝当善修和好, 取敛土物, 奉贡不绝, 虽死何恨, 自是后, 每年相续朝贡焉. 百济以刀赠倭, 又受东晋将军封号, 与其说是虚封[25], 是否可以说百济已与东晋和倭建立了一种带有政权间军事合作性质的关系. 而这样一种关系, 对高句丽形成了强大的外部压力, 也是高句丽加强与前秦关系的又一诱因.

朝鲜半岛的形势表明了高句丽所处的外部环境, 那么以官方形式主动向高句丽传播佛教的前秦又处在什么的形势变化之下呢?

第429页.

22) 金富轼著, 李丙焘译注 :『三国史记』卷18,『高句丽本纪』, 首尔 : 乙酉文化社, 2009年, 第429页.

23) 金富轼著, 李丙焘译注 :『三国史记』卷24,『百济本纪』, 首尔 : 乙酉文化社, 2009年, 第46页.

24) 金富轼著, 李丙焘译注 :『三国史记』卷24,『百济本纪』, 首尔 : 乙酉文化社, 2009年, 第46页.

25) 韩昇 :『论魏晋南北朝对高句丽的册封』,『东北史地』2008年 第6期.

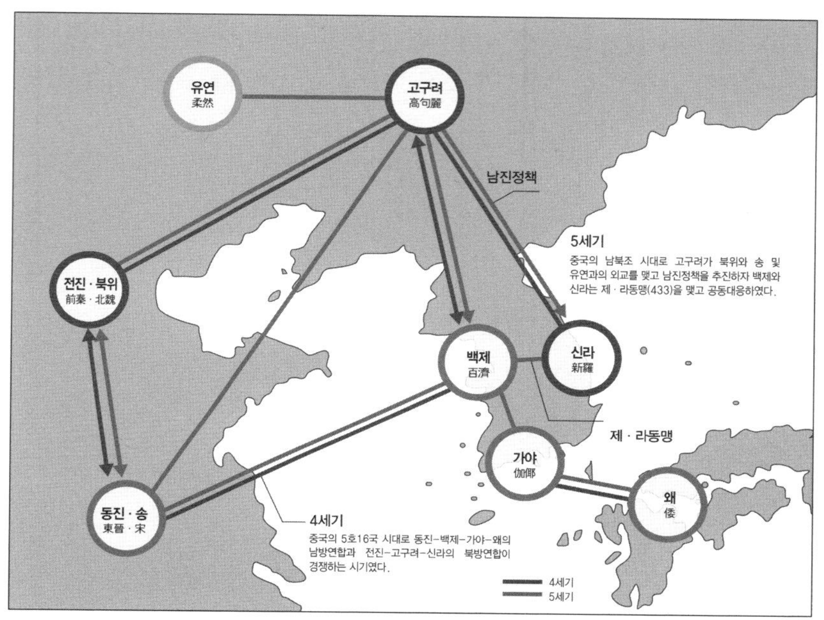

〈图一〉 4~5世纪东亚地区关系

“(太和)四年(369年)夏四月庚戌，大司马桓温帅众伐慕容暐.”26) “(太和五年370年)九月，苻坚将王猛伐慕容暐，陷其上党. … 冬十月，王猛大破慕容暐将慕容评于潞川. 十一月 … 获慕容暐，尽有其地.”27) 前秦此举不仅灭了前燕，也因“尽有其地”而与高句丽共边. 古代国家之间，地理上的接壤便意味威胁的潜藏，此时的前秦随着在统一北方的路上不断迈进，新获了广大的边地. 为了巩固边防，也为了南下伐晋之虑，“前秦也以传播佛教，输出文化相怀柔.”28) 前秦为北方政权，在逐步扩大势力范围的过程中生出觊觎正统之心. 前秦君主崇信儒学，深知国家一统过程中意识形态的教化作用. 在与东晋的对抗当中，北方诸政权迫切地需要一种有别于儒学的意识形态可为其所用. 在南下伐晋·统一中原的种种努力中，也可看到前秦对争佛学

26) 『晋书』 卷8，『帝纪』 第8，北京：中华书局，1974年，第212页.
27) 『晋书』 卷8，『帝纪』 第8，北京：中华书局，1974年，第213页.
28) 韩昇：『南北朝隋唐时期东亚的“佛教外交”』，『佛学研究』 1999年6月，第303页.

正统的执着. 史上也传符坚为争一人而战的美谈.『高僧传·释道安』有记:"时苻坚素闻安(释道安)名, 每云:'襄阳有释道安, 足神器, 方欲致之以辅朕躬.'后遣苻丕南攻襄阳, 安与朱序俱获于坚, 坚谓仆射权翼曰:'朕以十万之师取襄阳, 唯得一人半.'翼曰:'谁耶?'坚曰:'安公一人, 习凿齿半人也."[29] 前秦统治者对佛教的推崇可见一般. 因此, 前秦选择在其南下伐晋的前一年向高句丽输出佛教, 大致有两个目的, 一为戍边, 二为通过不同于儒学的意识形态输出来促进以已为中心的新的秩序构建. 换句话说, 前秦对高句丽的佛教输出是出于一种国家政治层面的战略考量, 是基于其强大的国力和日益扩大的势力范围而引发的政策调整, 而这样的国力和国家定位是前燕和后赵等不具备的.

东晋对此是否止于旁观. 外交方面, 东晋此时明显侧重于与百济的交往. 除了百济在与高句丽的对抗中处于优势以外, 还可能与百济在向北扩张的过程中取得了对汉江出海口的控制而掌握了对东晋交往的主动权有关. 据『三国史记』载:"(371年)高句丽举兵来, 王闻之伏兵于浿河上, 俟其至急击之, 高句丽兵败北, 冬, 王与太子帅精兵三万, 侵高句丽攻平壤城, 丽王斯由力战拒之, 中流矢死, 王引军退, 移都汉山."[30] 在击败高句丽后, 百济连续两年赴东晋朝贡据相关研究结果表明, 百济在四世纪中叶已占据或将朝鲜半岛约1/3领土收归势力范围, 北部可达礼成江·南部直至芦岭山脉.[31] 平壤战斗之后, 百济得以利用水上交通积极地展开与中原政权的交往, 也极有可能封锁了高句丽通往东晋的渠道. 同时, 在东晋掌握大权的桓温强烈主张北伐. 相继于354年·356年·369年三次北上, 在369年北伐过程中温军大败, 三万兵士战死.[32] 370年, 前秦又统一北方之路上的又一劲敌－前燕, 前秦与东晋一战

---

29) (梁)释慧皎著, 朱恒夫·王学钧·赵益注译:『高僧传』卷5, 西安:陕西人民出版社, 2014年, 第242页.

30) 金富轼著, 李丙焘译注:『三国史记』卷24,『百济本纪』, 首尔:乙酉文化社, 2009年, 第46页.

31) [韩]李道学:『关于百济的起源与国家发展过程的探讨』,『韩国学论集』1991年总第19号, 第185-186页.

32)『晋书』卷98,『列传』第68『桓温传』, 北京:中华书局, 1974年.

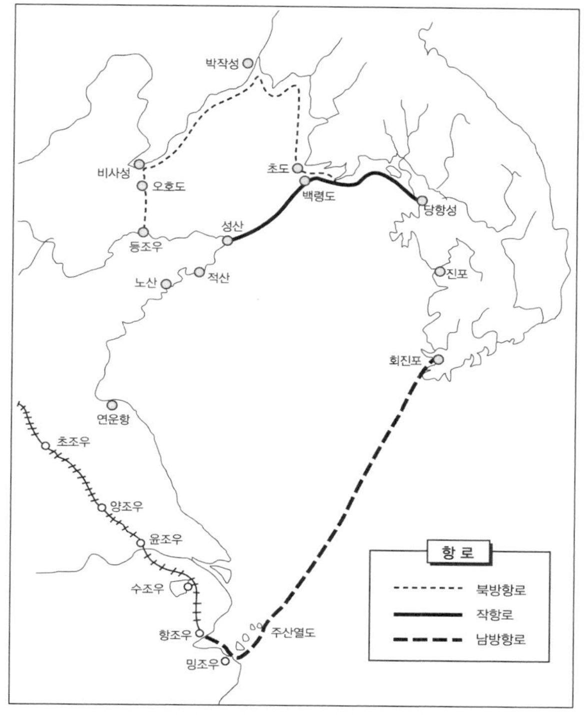

〈图二〉 4世纪中期百济的对中航线

已近前眼. 东晋是拥有300~500万人口的大国, 但其总兵力不过20-30万,[33] 而前秦号称百万大军, 可想而知, 战备是十分紧张的, 因此, 东晋政权也就无暇东顾远在朝鲜半岛北部的高句丽. 所以, 东晋对高句丽的正式册封为413年, 高句丽经广开土王对外扩张后, 长寿王遣使入晋, 晋安帝封长寿王为高句丽王, 乐浪郡公.[34]

---

33) 参考葛剑雄 :『中国人口发展史』, 福州 : 福建人民出版社, 1991年.

34) 金富轼著, 李丙焘译注 :『三国史记』卷18,『高句丽本纪』, 首尔 : 乙酉文化社, 2009年, 第431页.

四. 佛教传播的原动力

即使是在南北政权激烈对立的环境下，佛教界也曾不懈地与高句丽建立联系. 不同于南北政权之间的势力争霸，中原佛教界此时似乎没有明确的泾渭划分. 当时，北方名僧以佛图澄·道安·鸠摩罗什为代表，南方高僧首推慧远，而究其关系脉络，可知佛图澄－道安－慧远为一脉，慧远后来又曾从学于鸠摩罗什. 因此，南北佛教本互通，佛教界拥有一个共同的目的，就是在利用南北政权对佛教的推崇，借用政治的力量将佛教传播向东. 『高僧传·释道安传』记载，释道安与门徒言："教化之本，宜令广布."[35] 这也反映了高僧们广弘佛法的理念. 中原的高僧多来自西域，据『高僧传』记载，东汉到三国时期的传教译经高僧共有21人. 有明确记载是来自印度及西域的僧人15人，占到高僧总数的71%.[36] 而东晋十六国时期的南北佛徒正是师承这些高僧，他们没有强烈的政治倾向，甚至也不在意政权的兴替，他们关注的是，如何利用政治力量将佛法广泛地传播出去. 实际上，即使是在极为推崇佛教的北方政权中，佛教也不是一开始就受到礼遇. 乱世之中，佛教人士甚至连生存也难以保障. 文献屡有佛教人士临危受困的记载. 如：永嘉五年(311年)，匈奴人刘曜·刘粲攻陷长安，佛图澄只好"潜泽草野，以观世变."[37] 东晋末年，昙始也曾于匈奴刀下受难.[38] 佛教与政治的结合得益于僧人们显现出的神异之能才. 『高僧传·竺佛图澄』记录了佛图澄如何靠近酷喜杀戮的石勒的过程. "时石勒屯兵葛陂,专以杀戮为务，沙门遇害者甚众. 澄悯念苍生，欲以道化勒，于是杖策到军门. 勒大将军郭黑略素奉法，澄即投止

---

35) (梁)释慧皎著，朱恒夫·王学钧·赵益注译：『高僧传』卷5，西安：陕西人民出版社，2014年，第241页.

36) 尚永琪：『北朝胡人与佛教的传播』，『吉林大学社会科学学报』2006年 第46卷 第2期，第136页.

37) (梁)释慧皎著，朱恒夫·王学钧·赵益注译：『高僧传』卷9，西安：陕西人民出版社，2014年，第539页.

38) (梁)释慧皎著，朱恒夫·王学钧·赵益注译：『高僧传』卷10，西安：陕西人民出版社，2014年，第601页. "晋末朔方凶奴赫连勃勃破获关中，斩戮无数. 时始亦遇害，而刀不能伤，勃勃嗟之，普赦沙门，悉皆不杀. 始于是潜遁山泽，修头陀之行."

略家. 略从受五戒, 崇弟子之礼. 略后从勒征伐, 辄预克胜负. 勒疑而问曰 : '孤不觉卿有出众智谋, 而每知行军吉凶, 何也?'略曰 : '将军天挺神武, 幽灵所助. 有一沙门术智非常, 云将军当略有区夏, 已应为师. 臣前后所白, 皆其言也. "勒喜曰 : 天赐也. 召澄问曰 : '佛道有何灵验?' 澄知勒不达深理, 正可以道术为征. 因而言曰 : '至道虽远, 亦可以近事为证.' 即取应器盛水, 烧香咒之. 须臾生青莲花, 光色曜目. 勒由此信服. 澄因而谏曰 : '夫王者德化洽于宇内, 则四灵表瑞. 政弊道消, 则彗孛见于上. 恒象著见, 休咎随行. 斯乃古今之常征, 天人之明诫.' 勒甚悦之."[39] 可见, 高僧佛图澄是冒死取得了石勒的信任, 也自佛图澄始, 佛教依附于政治力量, 或者说, 佛教开始利用政治力量来达到弘扬佛法的目的. 后赵·前秦对高僧十分敬重, 石勒·石虎曾奉佛图澄为"大和尚", 让他参与军政机要. 佛图澄弟子道安, 在晚年备受苻坚崇敬, 释道安驻东晋襄阳时, 苻坚便曾遣使送外国倚像, 高七尺, 又金坐像, 结珠弥勒像, 金缕绣像, 但成像各一尊.[40] 虽然苻坚为夺道安而攻襄阳是378年的事, 但东晋高僧对前秦统治者的影响远远早于此时, 或许, 在前秦向高句丽传播佛教一事中, 曾有释道安的干预和努力也未可知.

之前东晋僧人支遁与高丽道人的书信可以看作是中原佛教与高句丽联系的早期尝试, 实际上, 支遁也多受东晋哀帝器重, 曾应诏进京, 居东安寺讲道. 支遁与高丽道人信中, 多赞竺法深, 很可能是希望竺法深出使高句丽, 弘扬佛法, 而竺法深虽居沙门, 却出自东晋大族琅琊之门, 士家子弟, 带有半官方的性质, 出使高句丽最为合宜, 但终因上述种种原因, 虽有书信留迹, 出使之事却未成行. 因为南北佛教界的互通和频繁移居, 传教高句丽的宏愿最后通过前秦实现, 对于东晋佛徒来说, 此为夙愿成真, 并非捶胸憾事. 396年, 也就是前秦灭国两年后, 东晋昙始携经律数十部宣化辽东, 原因一是没有了前秦的阻碍, 原因二很可能是因为在此期间鸠摩罗什翻译了大

---

39) (梁)释慧皎著, 朱恒夫·王学钧·赵益注译 :『高僧传』卷9, 西安 : 陕西人民出版社, 2014年, 第539页.

40) (梁)释慧皎著, 朱恒夫·王学钧·赵益注译 :『高僧传』卷5, 西安 : 陕西人民出版社, 2014年, 第241页.

量的佛经，有再授的需要. 鸠摩罗什所译之经文可以说是第一次把印度佛学按照真正意义翻译和引进中国，后又传入朝鲜半岛和日本，从这个角度上说，『高僧传·昙始传』中所说释昙始"赍经律数十部往辽东宣化，显授三乘立以归式，盖高句骊闻道之始也."也是情理之中.

综上可见，高句丽的佛教初传是在佛教界不懈的推动下实现的，而前秦向高句丽传教只是佛徒们利用政治权力和东北亚地区形势实现佛教传播的途径之一.

五. 结论

高句丽佛教初传的4世纪中期至4世纪末东北亚复杂多变的地区形势，综合当时相关国家面临的国内地区局势，推定在高句丽佛教初传当时，高句丽国内并没有明确的强化王权的需要，而是由于对抗百济的第一要务，需要建立西部战线的和平环境. 作为传播主体的前秦主动向高句丽传佛，一是为了巩固边地，二是试图向周边政权输送有别于儒学的意识形态来建立新的地区秩序. 而作为高句丽佛教初传的隐形因素，长期相互交流并互相影响的中原南北佛教界一直不懈地利用政治的力量扩大佛教的影响力，这是佛教得以传播至高句丽的最根本的原因.

孫　昊　玄花(中國, 前 長春師範大學講師) 옮김

발해국 말갈 왕호, 관칭 연원 고찰
– 고대 동북아 정치질서 속의 중앙 유라시아적 요소에 대한 논의를 겸하여 –

Ⅰ. 머리말

발해의 지배체계에서 건국그룹은 중추적인 지위에 있으면서, 안정적이고 폐쇄적인 지배계층을 형성하였으며 최종적으로는 발해인으로 발전하였다. 총인구의 대다수를 차지하는 토착 말갈인은 피지배계층이 되었으며, 양자 사이에는 정치적 지위, 사회 경제 등 방면에서 커다란 차이가 존재한다. 그에 걸맞은 정치체제 역시 다원적 복합적 특징을 지니고 있어 중국 고대사학계의 관용적인 사고에 따라 '因俗而治'로 요약할 수 있다. 다시 말해 발해국에는 당제를 모델로 하는 관료 행정체제가 존재했을 뿐더러 부족 전통의 정치제도도 그대로 사용했다는 것이다. 이에 대해 최근 발해사학계는 대체로 공감대를 형성하고 있지만,[1] 이런 복합형 정치체제에 관한

1) 酒寄雅志,『渤海と古代の日本』, 校倉書房, 2001年版, 第110頁 ; 金東宇, 2006,『渤海地方統治體制研究 - 渤海首領을 中心으로』, 고려대학교 대학원, 127~129頁. ; 中澤寬將, 2012,『北東アジア中世考古學の研究 - 靺鞨·渤海·女眞 -』, 六一書房, 148~153頁. ; 范恩實, 2014,『靺鞨興嬗史研究 : 以族群發展, 演化爲中心』, 黑龍江人民出版社. ; 拙著, 2014,『遼代女眞族群與社會研究』, 蘭州大學出版社, 36~51頁. ; 范恩實, 2015,「論

연구는 당나라를 본떠서 관료제를 만들었다는 것에 집중하는 반면, 말갈 부족 관제에 대한 연구는 미약하다. 주요 원인은 발해사 자료가 부족하고 문헌적 증거가 결핍되어 있기 때문이다. 이러한 어려운 상황에서 대부분의 기록은 문류 제작의 필요에 따라 관료체제에 집중되어 의도적 또는 무의식적으로 부족의 상황을 가리고 있다.[2] 그러나 이들 문헌에는 여전히 인광편우들이 남아 있어 발해국의 말갈 부족 관칭 체제를 파악하는데 귀중한 실마리를 제공하고 있다. 본문은 주로 이러한 내용에 대해 집중적으로 분석하고, 이에 근거하여 그 연원과 정치적 기능을 논하려고 한다.

Ⅱ. '可毒夫' 音과 義에 대한 고증

『책부원구·외신부·관호』에 이르기를 "발해국 전통은 왕을 가독부라 부르는데, 면전에서는 성왕이라 하고 전표에서는 기하라 하였다."[3] 『신당서』「발해전」에 간략하게 기록하기를 "발해국 사람들은 왕을 가독부라 하고, 성왕, 기하라고도 한다."[4] 이 중 '가독부'는 전형적인 당나라식 정치 존칭이 아니라 말갈 부족의 색채를 띠고 있다. 러시아 학자 샤브쿠노프는

渤海史上的族群問題」『社會科學戰線』2015年 第5期.

2) 발해국사와 관련된 문헌 자료에는 주로 다음과 같은 몇 가지가 있다. 첫째는 관찬정서 『책부원구』를 대표로 하는 발해조공에 관해 전문으로 집록한 것이며, 둘째는 일본과 발해관계 문서이고, 셋째는 『유취국사』 등 일본사행 기록으로서 전형적인 이역민족지의 특징을 지니고 있다. 이 자료들은 각자 뚜렷한 문서 기능을 가지고 있는데 편찬목적은 발해국의 사회상을 실제로 표현하기 위해서가 아니기에 많은 사회 정보를 가리고 있다. 참조 拙文, 2017, 「製造夷狄 : 古代東亞世界渤海'首領'的歷史話語及其實踐」『史學集刊』2017年 第5期.

3) "其俗呼其王爲可毒夫, 對面爲聖王, 牋表呼基下." 王欽若等編纂 ; 周勛初等校訂 : 『冊府元龜』卷九六二, 『外臣部(七)·官號』, 鳳凰出版社, 2006年 12月, 第11148頁 ; 『舊五代史』卷一三八, 『渤海靺鞨』, 中華書局, 1976年, 第1844頁 ; 『新唐書』卷二一九, 『渤海』, 中華書局, 1975年, 第6182頁.

4) "俗謂王曰可毒夫, 曰聖王, 曰基下" 『新唐書』卷二一九, 『渤海』, 第6182頁.

현대 만주-퉁구스어족의 발음·어의를 이용하여 추정·해석을 시도하여 두 가지 가능성을 제시하였다. 하나는 '가독'은 만주어인 '카다라(kadara)'와 같은 어원으로 '내가 관할하고 내가 주관한다'는 뜻이고, 다른 하나는 나나이어 '카이타이'라는 단어와 연원이 있는데, '연장자, 성년'이라는 뜻이다.[5] 중국학자 황시후이와 류샤오둥은 '가독부'를 만주어 '카툰(katun)'(즉, 알타이어계의 '카툰')과 한자어 '부'가 결합한 형태로 보았으며 '황후의 남편', '카툰의 뿌리가 왕이 된다' 또는 '강건한 자가 왕이 된다'로 해석하였다.[6] 러시아·중국 학자들의 해독은 '부'자를 한자어로 이해하고, 후발 파생된 현대 만주-퉁구스어를 통해 추정하는 상상적 성격이 강하다.

한국학자 김재선은 『삼국사기』「지리지」의 '개백현' 조하주문 '왕봉현 일운개백, 한씨 미녀 안장왕 지의'의 파생적 의미에 근거하여 풀이하고 있다. 그는 '가독부'의 '가'와 '개'를 모두 'kai'라고 읽는 데 이어 '가'를 부여와 고구려의 왕호인 '加'에서 유래한 것으로 보고, 파생적 의미는 왕자 또는 귀족을 의미하며 '가독부'는 '가독'대인 또는 '큰(높은) 지배자'라고 풀이하였다. 저자는 '가', '개'의 음이 비슷한 것에 기인하여 훗날의 '加'라고 보고 있다. 고구려 관칭 중에서 '加'는 선비 동호 언어에서 흔히 볼 수 있는 'aka/aqa'에서 비롯된 것으로 '阿幹'으로도 자주 기록된다. 중고 시대 '阿幹'와 '加'는 모두 동북아시아 여러 민족에게서 흔히 볼 수 있는 관칭이다.[7] 실제 사용 과정에서는 저자의 주장처럼 '阿幹' 뒤에 복잡한 접미사를 붙여 만든 파생어휘는 존재하지 않는다. 음이 비슷한 첫 글자일 뿐 그의 주장을

5) Э·В·Шавкунов, Государство Бохай и памятники его культуры в Приморье, АН СССР Сиботд-ние. Дальневост. фил. им. В.Л. Комарова. Л. : Наука, 1968.Э. В. 沙夫庫諾夫著, 林樹山譯, 蔡曼華·姚鳳校 :『渤海國及其在濱海邊區的文化遺存』, 中國社會科學院民族硏究所·歷史硏究室資料組編, 『民族史譯文集』 13, 第49頁.

6) 劉曉東, 2006, 『渤海文化硏究 : 以考古發現為視角』, 黑龍江人民出版社, 283頁.

7) 羅新, 2009, 「高句麗兄系官職的內亞淵源」『中古北族名號硏究』, 北京大學出版社, 第175~193頁.

뒷받침할 증거는 아직 충분하지 않다.

'가독부'의 해독에 관해서는 마땅히 전반적으로 고려해야 하며 하나의 알타이어 명사의 음역 한자로 간주해 검토할 필요가 있다. '가독부'의 중고 한자 어음 '*kha'dəwk'buə̆'[8]는 분명 '독'자를 입성자로 둔 것으로 '카툰' 'kha'dun'의 후비음 '-n'에는 대응되지 않는다. '가독'과 '카툰'은 결코 동일한 알타이어 명사의 음역 한자가 아니다. 샤브쿠노프는 만주어의 'kadala'나 그와 같은 어원의 단서에 대해 좀 더 주의할 필요가 있다고 했다. 중고시대 초기 선비계 정권 유연칸국의 카간호 중에 '구두벌'이 있는데 '지휘하여 열어젖힌다(駕馭開張)'는 뜻으로 쓰였다.[9] '구두벌'의 의음은 '*khuw'dəw'buat'으로 시라토리 구라키치는 '丘豆'가 몽골어의 'kütele' 즉 '통제', '통할'에 해당하며 만주어 'kadala'의 어의와 비슷하다고 하였다.[10] 발해 왕호 '可毒'과 '丘豆'는 모두 알타이어계 동일 어휘에 대한 음역 한자이며 '可'와 '丘'의 운모상의 차이가 바로 상기한 만주-퉁구스어족, 몽골어족과 같은 어휘의 발음 차이에 해당한다고 볼 수 있다. 따라서 시서로 말하면 '可毒夫'는 선비 카간의 존호인 '丘豆伐'에서 나왔는데 첫음절에 일정한 변음이 생겼다.

'可毒夫'는 선명하게 선비 어휘의 접미사 '夫'가 붙어있으며 '夫'와 '伐'은 음이 가깝다. '丘豆伐'의 '伐'은 해당 접미사의 역음 한자이다. 시라토리 구라키치는 '伐'을 실질적 의미가 있으며 한자어의 '開張'에 해당한다고 보고 몽골어 '*bada'의 대음자로 간주하였다.[11] 그러나 이러한 견해는 '伐'(*buat) 음과 맞지 않는다. 유연카간 존호에는 '豆羅伏跋豆伐카간'이라고

---

8) 본문 한자어의 의음은 모두 Edwin G. Pulleyblank, Lexicon of Reconstructed Pronunciation in Early Middle Chinese, Late Middle Chinese, and Early Mandarin, UBC Press, 1991.을 참조한 것으로 이하 별도로 주석을 달지 않는다.

9) 『北史』 卷98, 「蠕蠕」, 中華書局, 1974年, 第3251頁.

10) 白鳥庫吉, 1970, 「東胡民族考」『白鳥庫吉全集(第四卷)』, 岩波書店, 230頁.

11) 白鳥庫吉, 1970, 「東胡民族考」『白鳥庫吉全集』(第四卷)』, 岩波書店, 230頁.

있는데 '위에 이르기를 법제를 천명하다'라고 했다.[12] 그중에도 '伐'을 접미사로 하는 '跋豆伐'가 있다. 후지타 토요하치는 한자 뜻에 근거하여 '*badarburi'라고 보았으며 그중 '跋豆'(*bada)의 뜻은 '창현', '개장'이며, 그는 '伐'을 몽골어 동명사의 접미사 '-buri'의 대음자로서 실질적인 의미가 없다고 주장했다.[13] 또 다른 유연카간 존호 '敕連丘豆伐'는 후지타의 주장을 어의적으로 뒷받침할 수 있다. 한의 '總覽'은[14] 여전히 '丘豆'(*kütele)에 직접적으로 해당하며, '伐'자는 여전히 번역되지 않고 있다.

후지타 토요하치가 논한 '伐'은 접미사로 틀린 말은 아니지만, 그것을 직접적으로 'buri'라고 전사할 수 있는지는 따로 따져보아야 한다. '伐'은 유연카간 존호에서만 보이는 것이 아니고 선비, 돌궐 관칭 번역에서 흔히 보이는 한자다. 가장 유명한 어휘는 단연 선비 관칭 '俟匿伐'이다. 그 후에도 돌궐인들이 그대로 사용하였고, 한문 문헌에서는 '俟利發', '俟利弗'로 기재되어 있는데 이는 바로 오르콘 비문, 회흘 문서 중의 '*ältäbär'(或'*iltäbir')이며,[15] '伐'(*buat), '發'(*puat), '弗'(*buət)은 모두 어미음 '-bär'(或-bir)에 해당한다. 후두음 'r'로 끝나는 어미음은 'ri'의 어미음보다 당시 선비어의 원래 모습에 더 가깝다고 볼 수 있다. '벌(伐)'을 접미사로 하는 것은 유연 관칭 '吐豆發'에서도 볼 수 있는데, 그중 '吐豆'는 당연히 한자어 '都督'의 차용어로, 뒤에 동명사 접미사를 붙여 관칭의 존귀한 신분을 나타낸다.

이로부터 '可毒夫'의 '夫'는 '伐'과 유사하며, 위진·수당 시대에 선비 어휘 동명사를 번역하면서 뒤에 붙인 대음 한자임을 알 수 있다. 발해 국왕의

---

12) 『魏書』 卷103, 「蠕蠕傳」, 第2297頁, '豆羅伏跋豆伐可汗' '魏言彰制也.'

13) 藤田豊八, 1943, 「蠕蠕の國號及び可汗號に就きて」 『東西交涉史の硏究 西域篇及附篇』, 荻原星文館, 第188頁.

14) 『魏書』 卷103, 「蠕蠕傳」, 第2303頁.

15) Von F.W.K. Müller, *Uigurica II,* Phil, -hist. Klasse. 1910, p.96. Alessio Bombaci, 'On the Ancient Turkic Title eltaäbär', in Proceedings of the IXth Meeting of the Permanent International Altaistic Conference, Napoli, 1970, pp.1-66.

존호는 선비 정치전통에서 직접 유래한 것이다. 이는 발해 건국자들이 일찍이 선비 부족 정치체제와 직결돼 선비의 정치 전통 관념을 발해 왕권 형성과정에서 합법성을 창출하는 원천의 하나로 삼았음을 보여준다. 또한 역사자료를 살펴보면 초기의 말갈 부족 관칭도 선비에서 유래했다는 것을 알 수 있는데, 이를 발해 국왕 존호인 '가독부'와 연관 지어 말갈 부족이 선비 정치 관호를 도입한 역사적 맥락을 볼 수 있다.

III. 발해 국왕호의 역사 연원

문헌에 기록된 최초의 말갈 부족의 관칭은 선비계의 정치관칭이다. 『수서』 81권 「말갈전」에서는 말갈 제부가 '주로 산수를 따라 살고 있는데, 수령을 대막불만돌이라 부른다'고 하였다.[16] 그중 '막불', 즉 '막하불'은 동호 선비계 관칭 '막하'에 접미사를 추가해 만든 것으로, '*baɣaput' 혹은 '*baɣapuhr'이다.[17] '막하불'(또는 막불)은 선비 정치 체제 내에서 '별부'(복종집단)이나 그들의 수령을 나타내는 데 많이 사용된다. 아래의 서술을 보면 『북사』 「연연전」에 기재되기를 북위 태안 4년에 유연카간 吐賀眞이 멀리 달아나고, 그 막불 烏朱駕頹가 수천 락의 무리를 이끌고 항복하였다.[18] 『위서』 「고종기」도 같은 일을 기록하고 있다. '그 별부 烏朱駕頹, 庫世頹가

---

16) 『隋書』 卷81, 「靺鞨傳」, 第1821頁, '所居多依山水, 渠帥曰大莫弗瞞咄.'

17) Paul Pelliot, 'Neuf notes sur des questions d'Asie Centrale', Toung Paul XXVI (1929), pp.201-266 ; Karl Menges, 'Altaic elements in the proto-Bulgarian inscriptions', Byzantium XXI(1951), pp.85-118. ; Gerhard Doerfer, Turkische und Mongolishce Elemente im Neupersischen Band 2 1965, p.369. Sanping, Chen, 'Son of Heaven and Son of God : Interaction among Ancient Asiatic Cultures regarding Sacral Kingship and Theophoric Names', Journal of the Royal Asiatic Society, Third Series, Vol.12, No.3, 2002, pp.289-325.

18) 『北史』 卷98, 「蠕蠕傳」, 第3255頁, '北魏太安四年, 柔然可汗吐賀真遠遁, 其莫弗烏朱駕頹率衆數千落來降.'

무리를 이끌고 항복하였다.'[19] '별부'는 유연카간의 복심부 성원이 아니며 그들의 수령을 '莫弗'이라고 칭한다. '瞞咄'에 관해 학계에서는 일반적으로 선비 관칭 '莫賀咄'이 만주-퉁구스어계에서 변형된 것으로 *man-tur 〈*baga/baɣa-tur[20]이라는 어휘가 중고시대 중앙 유라시아 민족 사회에서 널리 사용되었으며 '용맹하고 강건한 자', '영웅'을 뜻한다고 본다. 문헌에 기술된 것을 보면, '막불'은 부족 내에서 특정한 정치적 기능과 의미가 있으며, 다른 관칭 수식어가 아니다. 아울러 '만돌'(막하돌)은 특정한 정치적 신분을 대표하며 단독으로 사용할 수 있다. 예를 들어 수나라 대업 연간 수나라에 귀속된 속말말갈 추장 突地稽의 형이 '만돌'인데 인명으로 오인되어 기록되었다. '莫弗瞞咄'은 말갈 부족 추장의 두 가지 정치적 신분의 연칭으로서 기존 선비 정치 체제에서의 정치적 지위를 대표하는 '莫弗(막불)', 그리고 본인의 카리스마(Chrisma)를 대표하는 영예 칭호 '莫賀咄'을 뜻한다. 따라서 점교본에서는 쉼표를 사용해 끊어줘야 하며, '대막불, 만돌'로 변경해야 한다.

'막불' '만돌'의 활용을 발해 말갈 국왕의 존호 가독부와 연결하면 말갈 부족이 선비 정치관호를 도입한 역사적 맥락을 알 수 있다.

북위 시대에 물길-말갈은 이미 남하하기 시작했는데, 그 시대는 선비계 정권(북위, 유연)이 동북아시아 지역에서 강한 영향을 행사하고 있어서 그 동북 변방지대로 이주한 물길(말갈)인은 자연스레 선비계 정권을 중심으로 하는 정치 구도로 편입될 수 있었다. 수나라 초기에 발견된 속말말갈의 거처는 지금의 송화강(길림 농안 서쪽) 일대로, 원래 선비 정권 지배지역과 거리가 가장 가까운 곳이므로, 그들은 최초로 남하하여 선비의 기미 질서에

19) 『魏書』 卷5, 「高宗紀」, 第117頁, '其别部烏朱賀頹·庫世頹率眾來降.'

20) 白鳥庫吉, 「室韋考」 『白鳥庫吉全集』(第四卷), 451頁. ; J. Marquart, 'Über das Volkstum der Komanen', *Osttürkische Dialektstudien*, Berlin : Weidmannsche Buchhandlung, 1914, p.84. ; 爱新觉罗·乌拉熙春, 『从语言论证女真·满洲之族称』. ; 金光平·金啟孮·乌拉熙春 著, 1996, 『爱新觉罗氏三代满学论集』, 远方出版社, 第387页.

편입된 물길인일 것이며 다른 육부의 말갈인보다 이들 말갈인은 선비 정치문화전통에 대해 가장 익숙하여 가장 많이 받아들였을 것이다. 이 때문에 수나라 초기에 이르러서는 속말말갈 돌지계 등 부족이 귀속하여, 중국의 중원왕조도 속말말갈의 선비관칭 막불과 만돌, 말갈 7부의 전반적인 상황에 대해 알게 되었다. 그러나 이때 속말말갈을 포함한 7부 말갈은 주변의 강력한 정치집단에 밀려 붕괴하는 중이었다.[21] 당나라 전기에 이르러 말갈 사회는 새로운 구도로 재편되어 궁극적으로 발해와 흑수라는 양대 정치집단의 대립 구도가 형성되었다. 『신당서』는 발해 왕족인 대씨를 고려에 예속된 속말말갈인이라고 기록하고 있다.[22] 이들은 속말말갈이 지역 집단으로서 붕괴한 뒤 고구려에 예속되었다가 당이 고구려를 멸망시킨 후 영주로 이주했다. 발해 왕족은 이토록 빈번하게 유리, 이주하는 과정에서도 여전히 선비 카간으로부터 유래한 정치 존호인 '가독부'를 존칭으로 삼은 것은 선비 정치 전통이 이미 속말말갈 중 발해 왕족 지파의 정치 관념 속에 깃들어 있음을 보여준다.

또 수당 시기 동북아시아 부족 정치 구도의 복잡한 양상을 보면 당시는 강대한 선비 정권들이 대부분 멸망하고 동북아시아에 미치는 실질적인 정치적 영향은 거의 사라졌지만, 그 정치문화의 잔서는 여전히 동북아시아 지역에서 지속하고 변환되고 있음을 볼 수 있다. 선비 정치 문화 변천의 흐름을 보면 명확하게 정치 계층, 등급의 의미를 내포한 '막불'은 선비 정치 권위의 붕괴로 약화하는 추세다. 동북아시아 지역 전반에서 이 과정의 격동은 대체로 지정학 구조에 따라 점점 줄어들고 있다. 다시 말해 중국 중원왕조, 초원 유목칸국 양대 정치집단과 가까운 동북부족일수록 '막불'류의 관칭이 사라지는 속도가 빨랐다는 것이다. 이는 해와 거란이 가장

21) 拙文, 2017, 「靺鞨族群變遷研究－以扶餘·渤海靺鞨的歷史關係為中心」『史林』2017年 第5期.

22) 『新唐書』 卷219, 「渤海」, 第6179頁, '粟末靺鞨附高麗者.'

전형적이다. 北周 시대 신흥 돌궐칸국의 통제를 받았던 奚族 5부에는 '辱紇主', '莫賀弗' 등 여러 유형의 관칭이 동시에 존재했다. 또 거란 부족 수령이 수나라에 귀속했을 때 모두 '막불'이라고 불렀다. 당나라 정관 22년에 이르러서는 해든, 거란이든, 각 부족 추장의 관칭은 이미 '辱紇主'로 통일하였다.[23] '辱紇主'의 중고음은 'rywk'kul'cuǎ라고 쓸 수도 있다. 그 앞의 '辱紇' 두 글자는 '弱洛水'의 '弱洛', '裊羅個'와 동일시할 수 있다. 다시 말해 거란문에서는 '노랗다'를 뜻하며 파생적으로 '황금' 즉 존귀함을 의미한다.[24] '막불'과 비교했을 때 '辱紇主'는 더욱더 자기 존숭의 의미가 있다. 동시에 동북쪽 한편에 위치하여 두 정치집단과 비교적 멀리 떨어진 실위제부는 '막불' 등 관칭을 그대로 유지하고 있었다. 남실위는 '25부로 나뉘는데 각 부에는 餘莫弗와 瞞咄이 있고 추장이었다.' 북실위는 '9개 부락으로 나뉘는데 … 그 부락 거수의 호가 걸인막하돌이고 부에는 막하불 3인이 보좌하였다.'[25] 그러나 문맥으로 볼 때, 개인의 용맹을 상징하는 영예로운 호칭 존호인 '莫賀咄'도 점점 '莫何弗'을 능가하고 있으며, 거란, 해의 관칭 추이 규칙과 비슷해지고 있다. 다시 말해 동북아시아 부족 수령의 존귀한 신분을 부각할 수 있는 관칭이 '별부', '속부'라는 부속 신분 각인을 점차 대체하고 있었다.

수당 시대에 '막불', '만돌'과 같은 관칭은 더 이상 사서에 보이지 않고 묻혀버렸으며, 그것은 말갈 사회의 붕괴와 재편과 밀접한 관계가 있을 뿐만 아니라 더욱이 동북아시아의 각 부족사회 발전의 공동 추세의 일부분

23) 『周書·庫莫奚傳』, '庫莫奚, 鮮卑之別種也 … 分為五部, 一曰辱紇主, 二曰莫賀弗, 三曰契箇, 四曰木昆, 五曰室得. 每部置俟斤一人. … 役屬於突厥, 而數與契丹相攻.'(『周書』 卷49, 「庫莫奚傳」, 第899頁.) ; 『資治通鑒』 卷199, 「唐紀」 15, 貞觀二十二年夏四月己未, '契丹辱紇主曲據帥眾內附', 其後注文云, '奚·契丹酋領皆稱為辱紇主'(『資治通鑑』 卷199, 第6256頁.)

24) 拙文, 『'辱紇主'考－契丹早期政治體制研究』, 待刊.

25) 『隋書』 卷84, 「室韋傳」, 第1882-1883頁, 南室韋 '分為二十五部, 每部有餘莫弗·瞞咄, 猶酋長也', 北室韋'分為九部落 … 其部落渠帥號乞引莫賀咄, 每部有莫何弗三人以貳之'.

즉 선비 정치 위세의 영향이 점차 사라지자 그 정치 문화 잔여는 각 부족 내에서 존속하거나 지양할 수 있었다. 발해 국왕은 실제로 선비 카간으로부터 유래한 정치 존호를 사용했는데 그것은 발해 말갈의 자수 의식이 강해져 더 이상 변방 부족과 별부의 정치적 위상에 만족하지 않음을 의미한다. 동시에 이는 발해 지배자가 국내에서 동북의 여러 부족이 인정하는 정치 전통을 이어가면서 기타 동북부족들에 대한 그의 정치적 권위를 선포했음을 말한다. 발해 국왕이 중앙 유라시아 민족 정치문화 속의 카간 존호를 채택한 것은 그들이 당제를 본받아 왕호를 '사시'하는 것과 일체 양면에 속하며, 발해 국내의 다원적 사회기반과 정치체제에 대한 적응과 다문화·다족군 정권의 정치권위 수립을 목적으로 한 것이며 동북아시아의 여러 유형의 사회가 얽혀 있는 복잡한 환경 속에서 그 지역적 '소중화' 이념을 실현하는 중요한 정치적 실천이다.

Ⅳ. 발해국 말갈 부족 관칭에 관한 남은 추측

발해왕권의 정치 존호 '가독부'는 왕권 신분 용어로서 선비에서 유래했으며 어휘구성형식은 말갈 사회 자체의 만주-퉁구스어족의 동의어와는 명확한 차이가 존재한다. 정치사회 관계로 볼 때 그 운용은 독점성을 갖고 있는데 줄곧 상층지배집단의 전유였고 기층의 말갈사 발전과정에서 이런 존호를 그대로 적용하는 것은 볼 수 없다. 필자가 전에 언급했듯이 발해인의 '대사리'는 이런 발해 지배집단의 귀족 신분을 나타내는 칭호다.[26] 발해가 멸망한 후, 그 지배집단은 요나라에 의해 요동으로 이주했는데, 원래 발해에서 피지배적 지위에 있던 말갈 부족이 점차 부상하여 나중에 여진인으로

26) 拙文, 2014, 「說'舍利' : 兼論契丹·突厥·靺鞨的政治文化互動」『中國邊疆史地研究』 2014年 第4期.

발전하였다.[27] 여진인은 발전 과정에서 '孛菫', '孛極烈'을 자신의 관칭, 존호로 삼아 발해의 정치적 존호를 그대로 사용하는 것은 보이지 않았다. 이처럼 단절된 듯한 역사 현상은 사실상 발해국 복합형 정치체제의 중요한 표현이었다. 발해의 상부 지배층과 피지배 부족 계층의 정치적 격차가 관칭, 관호 등을 통해 진일보로 반영되었다. 그렇다면 지배집단의 독점적인 정치적 신분에 상응하는 것은 대량의 말갈 부족은 발해의 정치적, 사회적 기반이며, 말갈 부족의 전통에서 유래한 정치적 신분제도 또한 발해 정치체제 운영의 중요한 지주 중 하나에 속한다.

안타깝게도, 앞선 시기의 문헌에는 아직 말갈족 지방 부족의 관칭 체계에 대해 충분히 보여주는 상세한 정보가 없다. 그러나 발해, 흑수, 월희, 불열이 당나라에 조공한 기록 중 어음 접미사가 동일시되는 인명이 대량 발견되어 부족 관칭에 관한 귀중한 단서가 되었다. 『책부원구』는 당나라 개원 연간(713~741) 말갈정치집단이 파견한 조공자들의 이름을 상세하게 기록하고 있다.[28] 이 중 발해 말갈 조공 관련 기사 3건에 주목할 필요가 있다. 바로 개원 13년에 조공하러 온 '대수령 烏借芝蒙'을 장군에 봉하고, 자색 두루마기와 금대어대를 하사했다. 개원 18년에 '대수령이 智蒙을 사신으로 보내와서' 중랑장을 수여하고 비포은대를 하사했다. 개원 25년에는 '대수령 木智蒙'이라는 기재가 있다. 그중 '芝蒙'과 '智蒙'은 또 동서의 북방 흑수, 철리, 불열, 월희 제부의 조공자 이름과도 같다. 이에 대한 예로는 개원 2년 2월에 '불열 말갈 수령 실이몽, 월희 대수령 오시가몽', 개원 12년에 '철리 말갈 오지몽', '월희 말갈 파지몽', 개원 13년에 '흑수 말갈 대수령 오소가몽'이 있다. 여러 예에서 보면 '失異', '施可', '素可', '溴池',

27) 拙著, 2014, 『遼代女真族群與社會研究』, 蘭州大學出版社. ; 拙文, 2017, 「靺鞨族群變遷研究 - 以扶餘·渤海靺鞨的歷史關係為中心」 『史林』 2017年 第5期.

28) 本處所據典出見, 1989, 『宋本冊府元龜』 卷971, 「外臣部」 116 朝貢 第4, 中華書局, 第3848~3851頁.

‘支’는 모두 ‘芝’, ‘智’라고 읽으며 동일한 명사의 다른 음역에 속한다. 그렇다면 앞의 예에서 조공하러 온 말갈 각 부의 조공인의 이름에는 ‘芝蒙’(*-tʂi-muŋ)과 같은 공동 접미사가 존재한다고 볼 수 있다. 이런 현상은 우연이 아니라 말갈 부족 추장의 일종의 정치적 신분으로서 발해 사회 자체의 정치 문화적 언어 환경에서 중요한 의미가 있다. 다만 당나라 사람들은 그 까닭을 알지 못하고 인명의 일부로 기록하였다.

동북아시아 역사에서 ‘芝蒙’(*-tʂi-muŋ)에 해당하는 것은 흔히 볼 수 있는 알타이어 어휘로, 여러 민족의 역사 기술에서 나타난다. 『위서』「고구려전」에는 “그 나라 말로 주몽은 활을 잘 쏜다는 뜻이다”라고 기록되어 있다.[29] 『만주 원류고』에 기록되기를 “오늘날 만주어에서는 활을 잘 쏘는 자를 탁림망아라고 불렀다. 탁과 주는 음이 서로 비슷하고 림은 치언의 여운이다. 망아 두 글자를 급히 부르면 음이 몽에 가깝다.”[30] ‘탁림망아’는 만주어 ‘tʂorin maŋqa’로, tʂorin은 겨냥이 정확하다, 목표가 있는 것을 가리키며, maŋqa는 장구하다, 견고하다는 뜻으로 파생적 의미로 능하다는 의미가 있다.[31] 그래서 ‘지몽’, ‘주몽’의 어휘 형태는 모두 목표 지향적인 ‘tʂorin’, 그리고 오랫동안 견고함을 뜻하는 ‘maŋqa’를 잇는 형태다. 이 두 개의 연결사는 또한 몽골어족에서 많이 볼 수 있는데, 예를 들면 탁림(tʂorin)은 거란어에서 흔히 ‘啜里’로 기록되는데, 아보기의 자가 바로 ‘啜里只’이다.[32] ‘maŋqa’는 중세몽골어의 카간의 이름 ‘몽가’이다.[33] ‘실이몽’, ‘오지몽’을 사용하는 흑수, 불열, 철리, 월희 말갈 여러 부족이 8세기 때 여전히 흑룡강 중하류 지역에 거주하고 있었는데 그곳은 원초부터 말갈인이 거주했던 지역으로 아직까지 발해 등 기타 남부 정권과 민족의 영향을 받지 않고

---

29)『魏書』 卷100,「高句麗傳」, 第2397頁.

30) 阿桂等, 1988,『滿洲源流考』, 遼寧民族出版社, 第8頁.

31) 商鴻逵·劉景憲·季永海·徐凱編 著, 1990,『淸史滿語辭典』, 上海古籍出版社, 第239頁.

32)『遼史』 卷1,「太祖紀」, 中華書局, 2016年, 第1頁.

33) 伯希和, 1962,『蒙哥』, 馮承鈞 譯,『西域南海史地考證譯叢』三編, 商務印書館, 第76頁.

그들의 정치적 칭호는 말갈족 부족의 원시 상태를 유지하고 있었다. 이로부터 '芝蒙'이라는 정치 칭호는 말갈 부족사회 공통의 전통적인 신분이라고 볼 수 있다. 발해국에서 '芝蒙'과 같은 접미사를 가진 조공자는 모두 당시 말갈 대부족의 추장이었기에, 비로소 당나라 사람으로부터 '대수령'으로 불리었다.[34] 이에 따라 당시 발해국에는 많은 말갈 부족 추장이 중견 세력으로 동북아시아 정치무대에서 활약했으며 '芝蒙'은 그 영예 칭호 존칭으로 위상은 발해 왕족 밑이었다고 볼 수 있다.

말갈 부족 존칭 외에도 일부 인명이 발음으로 보아 여진의 '孛菫', '孛極烈'과 매우 큰 관련성이 있다. 앞서 말한 『책부원구』를 통해 알 수 있듯이 당나라에 조공하러 파견된 발해 사신 중에는 개원 10년에 '대신미버계'가 '대장군, 금포, 금어대'를 하사받았고 개원 16년에 '발해 말갈 어부수계'가 과의를 수여받았으며 개원 25년에는 '그 신 공백계'가 장군에 봉해졌다.[35] 이 중 '발계'와 '백계'는 'bət'kjiaj' 혹은 'pa : jk'kjiaj'로 구상할 수 있으며 'bət'k'와 'pa : jk'는 고차 추장 존호 '匐勒'(buwk'lək)의 '匐'(buwk)과 비슷하다. 일반적으로 '匐'은 흔히 보이는 알타이어족 관칭 'bäg'로 알려져 있으며, 그 뒤에 '勒'을 붙인 것은 존칭 형식인 '-lär'를 뜻하는데 둘을 합치면 돌궐, 회흘 비문에서 흔히 보이는 'bäglär'이다.[36] 이 말은 여진 사회에서 패근 '*bögin', 발극렬 '*bögilə'이 파생되었음을 의미한다.[37] 이 변화 과정에서

34) 關於'首領'與渤海靺鞨政治身份的對應關係, 詳見拙文「製造'夷狄'：古代東亞世界渤海首領的歷史話語及其實踐」『史學集刊』2017年 第5期.

35) 王欽若等編纂；周勛初 等 校訂, 2006,『冊府元龜』卷971,「外臣部」16 朝貢 4, 鳳凰出版社, 第11242頁.

36) Von Karl H. Menges, 'Problemata Etymologica', in Herbert Franke ed., *Studia Sino-Altaica. Festschrift für Erich Haenisch zum 80*. Geburtstag, Wiesbaden : Franz Steiner Verlag, 1961, pp.130~135. Gerhard Doerfer, *Türkische und Mongolische Elemente im Neupersischen Bd. II*, Wiesbaden, Franz Steiner Verlag, 1965, p.404.

37) 愛新覺羅·烏拉熙春·吉本道雅 著, 2011,『韓半島から眺めた契丹·女眞』, 京都大學學術出版會, 第117頁.

bäg에는 점차 끝음 'i'가 붙으면서 동부 알타이어 어미의 '-n'화와 더불어 *bögin〈 *bäg이 되었다. 한자 '계(計)'(* kjiaj')는 '稽'와 가깝고, 대음 알타이 접미 어사로서 항상 '-gir'에 해당한다.[38] 이에 따르면 '발계'와 '백계'에 해당하는 어음은 '*bögir' 또는 'bögirə'/'bögilə' 즉 여진 '발극렬'에 가깝다. 이 같은 시도는 여진의 정치적 신분과 발해 말갈 정치전통에 관하여 하나의 방증을 제공한다. 이 어휘가 돌궐, 여진 사회에서의 사용상황으로 미루어 볼 때 발해 말갈 사회의 '발계' 등 어휘는 주로 부족 관칭을 지칭하는 것으로 일정한 직능적 색채를 띠고 있으며 앞의 '지몽'이라는 카리스마 성격의 칭호와는 기능적으로 구분되어 있다.

Ⅴ. 중앙 유라시아 전통이 발해건국에 미친 중요한 의미

이 같은 논의를 통해서 8~10세기 동북아시아 지역에서 부상한 '해동성국' 발해가 정권체제의 운영과 유지 과정에서 당나라식의 관료제를 채택했을 뿐만 아니라 선비, 돌궐 등 중앙 유라시아 민족 본연의 정치문화 전통을 대량 승계했는데 국왕으로부터 부족 수령에 이르는 정치 신분 표식에 널리 적용했음을 확인했다. 일부 정치 칭호는 상층지배집단 내부에만 사용되는데 왕호 '가독부'나 필자가 전에 말한 '사리'가 대표적이다. 이러한 정치적 신분을 과시함으로써 자신의 특별한 지위를 효과적으로 표시하고 정치적 권위를 획득할 수 있다. 이에 따라 기층의 말갈 부족 사회에도 돌궐 등 뚜렷한 중앙 유라시아 특징의 '백계'(*bögir) 등 추장 칭호가 나타났으며 말갈 자신의 카리스마식 칭호와 결합해 발해국의 새로운 지방 체계 속에서 전통적인 추장에게 명확한 지위와 귀족 신분을 부여했다. 그리하여

38) Karl Menges, 'Altaic Elements in the Proto-Bulgarian Inscriptions', *Byzantion*, Vol. 21, 1951, pp.85~118.

문헌에 인명처럼 보이지만 사실상 정치 관칭인 어휘가 많이 등장하게 되었다.

이런 현상의 역사적 원인은 말갈 사회가 발전 과정에서 줄곧 선비, 돌궐 등 중앙 유라시아 민족과 긴밀한 연계와 교류를 맺어왔기 때문이다. 이런 교류는 선비, 돌궐 등 잇따라 이어지는 유목칸국의 정치질서가 후발주자인 물길-말갈, 거란 등 민족정치의 전통을 현저히 개조했음을 보여준다. 동북아시아 민족이 유목칸국의 제약을 벗어나 스스로 부상하는 과정에서 기존의 별부 신분을 대표하는 저급칭호를 버리고 카간 등 고급신분의 칭호를 사용함으로써 유목칸국의 복잡한 정치 관념과 체제를 이용하여 신흥집권형 정권인 중앙-지방의 복잡한 행정구조를 공고히 했다. 이것은 두 가지 측면에서 이해할 수 있다.

첫째, 발해국의 지배범위는 동북아시아의 중심지를 포괄하고 있으며 사회경제 형태가 방잡하고 대부분은 부족 거주지역에 속하거나 초원 유목민의 광범위한 영향을 받았다. 발해국은 관료기구를 구축하고 행정집권을 강화하는 한편, 전통부족사회의 귀족 전통을 대거 확립하여 광대한 부족사회 지역을 통제하였다. 이는 구체적으로 관칭, 관호에 나타나는데 왕으로부터 신하에 이르기까지 모두 전유관칭과 귀족 신분의 다중 결합이 존재하고, 외래 유목 정치 칭호를 통하여 이들이 발해 정치체제에서의 직능을 과시하는 한편, 말갈 귀족 전통을 계승하여 부족사회에서의 위세를 확립하였다.

둘째, 이러한 다중 정치 신분의 운용을 통해 발해국은 강성할 때 순조롭게 북쪽으로 확장해 동북아시아의 삼림 부족을 철리, 월희 제부처럼 통제할 수 있게 되었으며, 한때 동북아시아 중심부에 발해왕권을 중심으로 하는 '소중화' 질서를 구축하였다. 발해 국왕이 역사가 유구한 선비 카간의 존호 '가독부'를 채용한 정치적 함의는 그가 발해 북부 말갈 부족 그리고 서북의 거란 제부에 대한 정치적 권위의 선언이다. 이들 부족의 거주지역은 모두 선비 정치 집단의 영향을 받았었기에 전통적인 존호를 인정한다. 주변 유목·산림 부족의 지지를 얻어 새로운 동북아 정치 질서를 수립한 것은 발해국이 중앙 유라시아 정치전통을 계승, 개조한 중요한 역사적 배경이다.

요약컨대, 본문이 발해 부족의 관칭과 존호, 중앙 유라시아 민족의 연원에 대한 분석과 토론은 발해 정치 질서 구축에 있어서 중원 왕조의 관료 체제가 끼친 중요한 영향을 약화하거나 부정하는 것이 아니다. 그와는 반대로 필자 역시 이러한 위로부터 아래에 이르기까지 관료체제가 대폭 강화되었고 발해왕권의 권위가 구축되었으며 이것은 발해를 더욱 번영시킨 중요한 토대라고 생각한다. 이에 관해서는 학계에서 이미 많이 연구되었으므로 중복하지 않겠다. 여기서 독자들에게 밝히고자 하는 것은 고대 동북아시아의 정치질서가 발해와 같은 지역 민족 정권의 부상에 따라 그 내부의 복잡하고 다원적인 사회상황에 적응하고 그에 상응하는 지배적 권위를 확립하기 위해 중앙 유라시아 민족 정치질서와 당나라식 관료체제를 포함한 여러 체제를 유기적으로 결합시켜 그 전 사회정치의 북방초원-정주 농경의 이분법적 대립을 타파하고 다양한 정치 관념과 문화의 결합을 실현했다는 점이다. 이는 중앙 유라시아 세계와의 가장 큰 차이점이다. 발해가 시행한 다원화 전통이 결합한 정치관, '因俗而治' 행정체제는 그 뒤를 이어 궐기한 거란과 여진에 큰 영향을 미쳤다.

孫 昊

渤海国靺鞨王号，官称渊源考：兼论古代东亚政治秩序中的北族因素

渤海國的統治體系之中，建國集團居於中樞地位，形成穩定而封閉的統治階層，最終演化為渤海人；人口居於多數的土著靺鞨人則成為被統治階層，兩者在政治地位·社會經濟等方面存在著巨大的差異. 與之相呼應的政治體制亦應具有多元複合型特徵，或可用中國古史學界慣用思維概括為“因俗而治”. 換句話說，渤海國既存在以唐制為範本的官僚行政體制，也會沿用部族傳統的政治制度. 對此，近年渤海史學界已經基本形成共識,[1] 但是對這種複合型政體的研究多集中于效仿唐朝建立的官僚制，而對於另一面的靺鞨部族官制的研究則語焉不詳. 這一問題的主要原因在於渤海史資料稀缺，往往文獻不足征，就在這種窘迫的情況下，多數記載因其文類製作的需要，都集中于官僚體制，有意無意的遮蔽了靺鞨部族的狀況.[2] 不過，在這些

1) 酒寄雅志：『渤海と古代の日本』·校倉書房2001年版，第110頁；金東宇：『渤海地方統治體制研究 - 渤海首領을 中心으로 -』, 고려대학교대학원, 2006년, 127-129頁；中澤寛将：『北東アジア中世考古学の研究 - 靺鞨·渤海·女真 - 』, 六一書房, 2012年版，第148-153頁；范恩實：『靺鞨興嬗史研究：以族群發展·演化為中心』, 黑龍江人民出版社, 2014年；拙著,『遼代女真族群與社會研究』, 蘭州大學出版社, 2014年, 第36-51頁；范恩實：『論渤海史上的族群問題』, 社會科學戰線, 2015年第5期.

2) 關於渤海國史傳世文獻資料的文類主要有以下幾類：其一，官方政書，以『冊府元龜』為代表，專門輯錄渤海朝貢事宜；其二，日本與渤海關係文書；其三，『類聚國史』等日本使行記錄，帶有典型的異域民族志特徵. 這幾類資料各自帶有鮮明的文書功能，其撰作目的並非為了實際表現渤海國的社會狀況，會遮蔽諸多社會信息. 詳見拙文『製造夷狄：古代

文本之中，仍然存在一些鱗光片羽，為我們瞭解渤海國的靺鞨部族官稱·體制提供寶貴線索. 本文主要對這些內容進行集中分析，並據此討論其淵源與政治功能.

一. "可毒夫"音·義考

『冊府元龜·外臣部·官號』稱渤海國"其俗呼其王爲可毒夫，對面爲聖王，牋表呼基下".[3]『新唐書·渤海傳』則簡略記述，稱"俗謂王曰可毒夫，曰聖王，曰基下".[4] 其中"可毒夫"顯然並非典型唐朝式的政治尊號，帶有靺鞨部族色彩. 俄國學者Э·В·沙夫庫諾夫曾試圖利用現代滿－通古斯語族的發音·語義進行推斷·解釋，提出兩種可能性，其一，"可毒"與滿語"卡達拉"(kadara)同源，意思是"我管轄，我主管"；另一種可能則是與那乃語"凱泰"一詞存在淵源，義為"年長的·成年的".[5] 中國學者黃锡惠·劉曉東認為"可毒夫"是滿語的"katun"(即阿爾泰語系的"可敦")與漢語詞"夫"的合併形式，將該語彙解釋成"皇后之夫"，或者"可敦之根為王"，"強壯者為王".[6] 俄中兩國學者的解讀顯然將"夫"字理解為漢字詞彙，並通過後發衍生的現代滿－通古斯語進行推斷，帶有很大的想像成份.

韓國學者金在善則據『三國史記·地理志』中"皆伯縣"條下註文"王逢縣一云皆伯，漢氏美女安藏王之地"的引申義進行釋讀. 他提出"可毒夫"之"可"與"皆"都讀"kai"，

東亞世界渤海"首領"的歷史話語及其實踐』，『史學集刊』2017年第5期.

3) 王欽若等編纂；周勛初等校訂：『冊府元龜』卷九六二『外臣部(七)·官號』，鳳凰出版社，2006年12月，第11148頁；『舊五代史』卷一三八『渤海靺鞨』，中華書局，1976年，第1844頁；『新唐書』卷二一九『渤海』，中華書局，1975年，第6182頁.

4) 『新唐書』卷二一九『渤海』，第6182頁

5) Э·В·Шавкунов, *Государство Бохай и памятники его культуры в Приморье*, АН СССР Сиботд-ние.Дальневост. фил. им. В.Л. Комарова. Л.：Наука, 1968.Э.В.沙夫庫諾夫著，林樹山譯，蔡曼華·姚鳳校：『渤海國及其在濱海邊區的文化遺存』，中國社會科學院民族研究所·歷史研究室資料組編，『民族史譯文集』13，第49頁.

6) 劉曉東：『渤海文化研究：以考古發現為視角』，黑龍江人民出版社，2006年，第283頁.

繼而認為“可”字源於夫餘·高句麗的國王號“加”，引申為王者或貴族，“可毒夫”可釋為“可毒”大人，或“大(高)的治理者”.[7] 作者據“可”·“皆”音相近進而堪同為後來的“加”. 在高句麗官稱中的“加”源自鮮卑東胡語言中常見的“aka/aqa”，亦常記做“阿幹”. 在中古時代，“阿幹”/“加”都是東北亞諸族中常見的官稱.[8] 在實際運用過程中，並不存在作者所說的於“阿幹”之後添加繁瑣後綴而形成的衍生語彙. 其說只是首字於音相近，尚缺乏充分的證據將其說坐實.

對於“可毒夫”的釋讀，應當從整體考慮，將其視作一個名詞的漢字音譯進行討論. “可毒夫”的中古漢語語音“*kha'dəwk'buǎ”，顯然“毒”字作為入聲字，並不對應“可敦”“kha'dun”的後鼻音“-n”，“可毒”與“可敦”並不能堪同. 沙夫庫諾夫提出滿語的“kadala”或與之同源之線索值得進一步注意. 在中古早期，鮮卑系政权柔然汗國的可汗號有“丘豆伐”，其後語義為“駕馭開張”.[9] “丘豆伐”的擬音為“*khuw'dəw'buat”，前兩個漢字“丘豆”與“可毒”音相近，白鳥庫吉認為，“丘豆”即蒙古語之“kütele”，即“統馭”·“統轄”，與後來滿語的“kadala”在語義上相類.[10]

二. 渤海國王號之歷史淵源

從傳世文獻來看，最早見於史載的靺鞨部族官稱也是鮮卑系的政治官稱.『隋書』卷八一『靺鞨傳』稱靺鞨諸部“所居多依山水，渠帥曰大莫弗瞞咄”.[11] 其中“莫弗”即“莫賀弗”，是東胡鮮卑系官稱“莫賀”添加後綴而成，即“*baɣaput”或“*baɣapuhr”.[12]

7) 金在善：『淺談渤海國的語言文字』，『中央民族大學學報』1996年第6期，第92頁；後刊於『渤海文字研究』，民族文化社2003年，45-49쪽.

8) 羅新：『高句麗兄系官職的內亞淵源』，『中古北族名號研究』，北京大學出版社，2009年，第175-193頁.

9) 『北史』卷九八『蠕蠕』，中華書局，1974年，第3251頁.

10) 白鳥庫吉：「東胡民族考」·『白鳥庫吉全集』(第四卷)·岩波書店·1970年·230頁.

11) 『隋書』卷八一『靺鞨傳』，第1821頁.

12) Paul Pelliot, “Neuf notes sur des questions d'Asie Centrale”, *Toung Paul* XXVI

"莫賀弗"(或莫弗)在鮮卑政治體制內多用於標識"別部"或被征服部族的首領. 如下所述,『北史·蠕蠕傳』載, 北魏太安四年, 柔然可汗吐賀真遠遁, 其莫弗烏朱駕頹率眾數千落來降.[13]『魏書·高宗紀』記同一事稱"其別部烏朱賀頹·庫世頹率眾來降."[14] "別部"者顯非柔然可汗腹心部成員, 即冠稱"莫弗". 至於"瞞咄", 學界一般認為是鮮卑官稱"莫賀咄"在滿－通古斯語系中的變形, 即*man-tur〈*baga/ baɣa-tur.[15] 該語彙在中古北族社會廣泛使用, 義為"勇健者"·"英雄". 從傳世文獻記述的情形來看, "莫弗"在部族內具有特定的政治職能和意涵, 並不是其他官稱的修飾語. 同時, "瞞咄"(莫賀咄)也代表了特定的政治身份, 可以單獨使用. 如隋大業中, 內附隋朝的粟末靺鞨酋長突地稽之兄就是"瞞咄", 被誤當作人名而記錄下來. "莫弗瞞咄", 當屬於靺鞨部族酋長兩種政治身份的聯稱－代表酋長在原有鮮卑政治體制中政治地位的"莫弗", 以及代表自身卡裏斯瑪權威(Chrisma)的榮稱"莫賀咄". 因此, 在點校本中應使用頓號加以點斷, 改成"大莫弗·瞞咄".

將"莫弗"·"瞞咄"的運用, 與渤海靺鞨時期的國王尊號"可毒夫"聯繫起來, 就可以看到靺鞨部族引入鮮卑政治官號的歷史脈絡.

北魏時期, 勿吉－靺鞨已經開始南下, 其時代正值鮮卑系政權(北魏·柔然)在東北亞地區產生強勢的影響, 遷入其東北邊陲地帶的勿吉(靺鞨)人自然很容易融入以鮮卑系政權為中心的政治格局之中. 隋初見到的粟末靺鞨居地在今松花江(吉林農安

(1929), pp.201-266 ; Karl Menges, "Altaic elements in the proto-Bulgarian inscriptions", Byzantium XXI (1951), pp.85-118. ; Gerhard Doerfer, *Turkische und Mongolishce Elemente im Neupersischen* Band 2 1965, p.369. Sanping, Chen, "Son of Heaven and Son of God : Interaction among Ancient Asiatic Cultures regarding Sacral Kingship and Theophoric Names", *Journal of the Royal Asiatic Society,* Third Series, Vol.12, No.3, 2002, pp.289-325.

13) 『北史』 卷九八『蠕蠕傳』, 第3255頁.

14) 『魏書』 卷五『高宗紀』, 第117頁.

15) 白鳥庫吉 :「室韋考」·『白鳥庫吉全集』(第四卷)·451頁 ; J. Marquart, "Über das Volkstum der Komanen", *Osttürkische Dialektstudien*, Berlin : Weidmannsche Buchhandlung, 1914, p.84 ; 爱新觉罗·乌拉熙春 :『从语言论证女真·满洲之族称』, 金光平·金啟孮·乌拉熙春著 :『爱新觉罗氏三代满学论集』, 远方出版社 1996年版, 第387页.

以西)一帶, 正是原來鮮卑政權統治地域最近的地方, 他們就應該是最初南下, 被納入鮮卑羈縻秩序內的那一支勿吉人, 較之其他六部的靺鞨人, 這一部靺鞨人對於鮮卑政治文化傳統最為熟悉, 也吸納得最多. 因此, 至隋初, 粟末靺鞨突地稽等部族內附, 中國中原王朝也因此獲知粟末靺鞨的鮮卑官稱莫弗·瞞咄, 以及靺鞨七部的整體概況. 然而, 此時包括粟末靺鞨在內的七部靺鞨受到周邊強勢政治集團的擠壓, 已經趨於瓦解.[16] 至唐前期, 靺鞨社會再度重組成新的格局, 即最終形成渤海與黑水兩大政治集團的對立局面. 其中渤海王族大氏被『新唐書』稱為“粟末靺鞨附高麗者”,[17] 他們在粟末靺鞨作為地域集團瓦解之後, 曾附屬高句麗, 繼而因唐滅高句麗而遷居營州. 在這樣頻繁的流離·遷徙過程中, 渤海王族仍以源出鮮卑可汗的政治尊號“可毒夫”為尊號, 也能夠反映出鮮卑政治傳統已經嵌入這一支粟末靺鞨人的政治觀念之中.

同時, 從隋唐時期東北亞部族政治格局的複雜形勢可以看到, 當時鮮卑強大政權多已經滅亡, 對東北亞的實際政治影響幾乎消失, 但鮮卑政治文化的餘緒仍在東北亞地區得以延續與嬗變. 從鮮卑政治文化嬗變的趨勢來看, 帶有鮮明政治階層·等地意涵的“莫弗”(莫賀弗)隨著鮮卑政治權威的瓦解而日漸式微. 在整個東北亞地域範圍內, 這一過程的劇烈程度大體遵循政治地理層級而逐步遞減. 也就是說, 與中國中原王朝·草原游牧汗國兩大政治集團距離越近的東北部族, “莫弗”類的官稱消亡越迅速. 這以奚·契丹最為典型. 在北周時代, 奚族曾經受到新興的突厥汗國控制, 其五部之內同時存在“辱紇主”·“莫賀弗”等諸種官稱. 同時, 契丹部族首腦在內屬隋朝時, 皆稱“莫弗”. 至唐貞觀二十二年, 無論是奚, 還是契丹, 各部酋長之官稱已經統一改稱“辱紇主”.[18] “辱紇主”中古音或記做“rywk'kul'cuǝ”, 其前“辱紇”二字與“弱

16) 拙文 :『靺鞨族群變遷研究 – 以扶餘·渤海靺鞨的歷史關係為中心』, 『史林』 2017年第5期.

17) 『新唐書』 卷二一九「渤海」, 第6179頁.

18) 『周書·庫莫奚傳』:“庫莫奚, 鮮卑之別種也 … 分為五部, 一曰辱紇主, 二曰莫賀弗, 三曰契箇, 四曰木昆, 五曰室得. 每部置俟斤一人. … 役屬於突厥, 而數與契丹相攻.”(『周書』 卷四九『庫莫奚傳』, 第899頁)『資治通鑒』 卷一九九, 唐紀十五, 貞觀二十二年夏四月己未,

洛水”之“弱洛”·“裊羅個”堪同，即契丹文中義做“黃”，引申為“黃金”尊貴之意義.[19] 顯然，較之“莫弗”，“辱紇主”更帶有自我尊崇之意涵. 同時，偏居東北一隅，距離兩大政治集團較遠的室韋諸部則仍然沿用“莫弗”等官稱，南室韋“分為二十五部，每部有餘莫弗·瞞咄，猶酋長也”，北室韋“分為九部落 … 其部落渠帥號乞引莫賀咄，每部有莫何弗三人以貳之”.[20] 但從文脈來看，象徵個人勇武的榮稱尊號“莫賀咄”也日漸淩駕于“莫何弗”之上，與契丹·奚的官稱嬗變規則相近，即能凸顯東北亞部族首腦尊崇身份的官稱逐漸取代原來帶有“別部”·“屬部”的附屬身份印記.

隋唐時期，“莫弗”·“瞞咄”之類的官稱再未見於史籍，湮沒無聞，不僅與靺鞨社會的瓦解與重構密切相關，更是東北亞各部族社會發展共同趨勢的一部分，即鮮卑政治威勢的影響逐漸消退，其政治文化餘緒則在各族之內得以延續和揚棄. 渤海國王的王號“可毒夫”實際採用了源自鮮卑可汗的政治尊稱，其意涵代表了渤海靺鞨自樹意識的增強，不再居於原有的邊裔·別部的政治地位. 同時，也能夠說明，渤海統治者在國內繼續以東北諸部族認可的政治傳統，宣示他對其他東北部族的政治權威. 渤海國王採用北方民族政治文化中的可汗尊號，與他們效法唐制，“私諡”王號的做法屬於一體兩面，目的是適應渤海國內多元的社會基礎和政治體制，建立跨文化·多族群政權的政治權威，在東北亞多類型社會交織的複雜環境之內，實現其區域性“小中華”理念的重要政治實踐.

三. 渤海國靺鞨部族官稱蠡測

渤海王權的政治尊號“可毒夫”作為王權身份的用語，源於鮮卑，其構詞形式與靺

“契丹辱紇主曲據帥眾內附”，其後注文云，“奚·契丹酋領皆稱為辱紇主”(『資治通鑑』卷一九九，第6256頁).

19) 拙文，『“辱紇主”考－契丹早期政治體制研究』，待刊.

20) 『隋書』卷八四『室韋傳』，第1882-1883頁.

鞨社會自身的滿－通古斯語族的同義詞存在明顯差異. 從政治社會關係看, 其應用帶有壟斷性, 一直為上層統治集團所專有, 並未見到基層靺鞨社會在發展過程中沿用這樣的尊號. 筆者曾經提到過, 渤海人的"大舍利"就是標識這種渤海統治集團貴族身份的稱號.[21] 渤海滅亡之後, 其統治集團被遼朝遷往遼東, 原是在渤海處於被統治地位的靺鞨部族逐漸崛起, 演化為後來的女真人.[22] 女真人在發展過程中, 是以"孛堇"·"孛極烈"作為自己的官稱·尊號, 並未見其沿用渤海的政治尊號. 這種看似斷裂的歷史現象, 實則是渤海國複合型政治體制的一個重要表現：渤海上層統治階層與被統治部族階層的政治分殊, 會通過官稱·官號進一步反映出來. 那麼, 與統治集團專有的政治身份相對應的是, 大量的靺鞨部族是渤海國的政治·社會基礎, 淵源自靺鞨部族傳統的政治身份制度也亦屬於渤海政治體制運作的重要支柱之一.

遺憾的是, 傳世文獻中對這一問題尚無詳細的信息能夠充分展示靺鞨地方部族的官稱體系, 但是在渤海·黑水·越喜·拂涅的一些朝貢唐朝的記錄當中, 能夠發現大量的語音後綴能夠堪同的人名, 為探知其部族官稱提供了寶貴的線索.『冊府元龜』詳細記述了唐開元年間(713-741)上述靺鞨政治集團遣使朝貢人員的名字,[23] 其中三條渤海靺鞨朝貢記事值得注意. 他們是：開元十三年來貢的"大首領烏借芝蒙", 授將軍, 賜紫袍金帶魚袋；開元十八年, "大首領遣使智蒙來朝", 授中郎將, 緋袍銀帶；開元二十五年, 出現的"大首領木智蒙". 其中"芝蒙"·"智蒙"又與同書北方黑水·鐵利·拂涅·越熹諸部靺鞨朝貢者的名字相類. 相應例證如下：開元二年二月的"拂涅靺鞨首領失異蒙·越喜大首領烏施可蒙"；開元十二年的"鐵利靺鞨涭池蒙"·"越喜靺鞨破支蒙" 開元十三年的"黑水靺鞨大首領烏素可蒙". 諸例之中, "失異"·"施可"·"素可"·"涭池"·"支"皆讀若"芝"·"智", 屬於同一名詞的不同音譯. 那麼可以認

21) 拙文：『說"舍利"：兼論契丹·突厥·靺鞨的政治文化互動』, 『中國邊疆史地研究』2014年第4期.

22) 拙著：『遼代女真族群與社會研究』, 蘭州大學出版社, 2014年；拙文：『靺鞨族群變遷研究－以扶餘·渤海靺鞨的歷史關係為中心』, 『史林』2017年第5期.

23) 本處所據典出見『宋本冊府元龜』卷九七一『外臣部一十六·朝貢第四』, 中華書局, 1989年, 第3848-3851頁.

為諸例之中的靺鞨各部來貢人名存在音若“芝蒙”(*-tʂi-muŋ)的共同後綴. 這種現象並非偶然, 應屬於靺鞨部族酋長的一種政治身份, 在渤海社會自身的政治文化語境中具有重要意義. 只是唐人不知其所以然, 而記錄為人名的一部分.

在東北亞歷史中, “芝蒙”(*tʂi-muŋ)對應的是一個常見的阿爾泰語彙, 見於多個民族的歷史記述之中.『魏書·高句麗傳』云“其俗言朱蒙者, 善射也”.[24)]『滿洲源流考』云, “今滿洲語稱善射者, 謂之卓琳莽阿. 卓與朱音相近, 琳則齒舌之餘韻也；莽阿二字, 急呼之則音近蒙”.[25)] “卓琳莽阿”即滿語“tʂorin maŋqa”, tʂorin 義指準頭·目的；maŋqa義為長久·堅固, 或引申為擅長.[26)] 因此, “芝蒙”·“朱蒙”的構詞形式都是由代表“目的”指向的“tʂorin”, 以及代表持久堅固的“maŋqa”連綴而成. 這兩個連綴詞亦多見於蒙古語族, 如卓琳(tʂorin)在契丹語中常記作“啜里”, 阿保機之小字就是“啜里只”.[27)] “maŋqa”在中世蒙古語中即大汗之名“蒙哥”.[28)] 使用“失異蒙”·“淉池蒙”的黑水·拂涅·鐵利·越喜靺鞨諸部族在8世紀時, 其居地尚在黑龍江中下游地區, 即靺鞨人的原初居地, 尚未受到渤海國等其他南部政權和民族的影響, 他們的政治稱號即屬於靺鞨部族的原始狀態. 由此可以認為“芝蒙”這樣的政治稱號, 屬於靺鞨諸部族社會共同的傳統身份. 在渤海國, 這些以“芝蒙”相類之後綴來貢者, 皆是當時靺鞨大部族的酋長, 才會被唐人稱為“大首領”.[29)] 由此可以認為, 當時渤海國存在大量靺鞨部族酋長作為中堅力量活躍在東北亞政治舞台上, “芝蒙”即應是其榮稱之尊號, 地位在渤海王族之下.

除了靺鞨部族尊稱之外, 還有一些人名從發音上與女真之“孛堇”·“孛極烈”存在極大的關聯性. 引前述『冊府元龜』文可知, 渤海朝貢唐朝使者中有開元十年“大臣味

24) 『魏書』卷一〇〇『高句麗傳』, 第2397頁.

25) 阿桂等 :『滿洲源流考』, 遼寧民族出版社, 1988年, 第8頁.

26) 商鴻逵·劉景憲·季永海·徐凱編著 :『清史滿語辭典』, 上海古籍出版社, 1990年, 第239頁.

27) 『遼史』卷一『太祖紀』, 中華書局, 2016年, 第1頁.

28) 伯希和 :『蒙哥』, 馮承鈞譯, 西域南海史地考證譯叢』三編, 商務印書館, 1962年, 第76頁.

29) 關於“首領”與渤海靺鞨政治身份的對應關係, 詳見拙文『製造“夷狄” : 古代東亞世界渤海首領的歷史話語及其實踐』, 『史學集刊』2017年第5期.

勃計", 賜"大將軍·錦袍·金魚袋"; 開元十六年"渤海靺鞨菸夫須計", 授果毅; 開元二十五年, "其臣公伯計", 授將軍.[30] 其中, "勃計"·"伯計"可構擬為"bətʼkjiaj"或"pa : jkʼkjiaj","bətʼk"·"pa : jk"與高車酋長尊號"匐勒"(buwkʼlək)之"匐"(buwk)相近. 一般認為"匐"即是常見的阿爾泰語族官稱"bäg", 其後綴"勒"代表的是尊稱形式"-lär", 即"bäglär".[31] 這一語彙在女真社會衍生出孛堇"*bögin", 勃極烈"*bögilə".[32] 在這一演化過程中, bäg後逐漸出現尾音"i", 並伴隨着東部阿爾泰語的語尾"-n"化, 即*bögin〈*bäg. 漢字"計"(*kjiaj")與"稽"相近, 作為對音阿爾泰後綴語詞時, 常對應"-gir".[33] 據此可知, "勃計"·"伯計"所對應的語音應該音近"*bögir", 或"bögirə"/"bögilə", 即女真之"勃極烈". 通過這種堪同的嘗試, 則可以為女真政治身份與渤海靺鞨社會的繼承關係提供一個佐證. 從這一語彙在突厥·女真社會的使用狀況推斷, 渤海靺鞨社會的"勃計"等語彙主要用於指代部族官稱, 具有一定的職能色彩, 與前述"芝蒙"帶有美稱意義的稱號有一定的功能區分.

四. 中央歐亞傳統對於渤海立國的重要意義

通過上述討論, 基本明確了8-10世紀在東北亞地域崛起的"海東盛國"渤海在政權體制的運作與維繫過程中, 除了採用唐式的官僚制, 還大量因襲了原來鮮卑·突厥等

---

30) 王欽若等編纂; 周勛初 等 校訂 :『冊府元龜』卷第九七一 外臣部(十六)『朝貢第四』, 鳳凰出版社, 2006年, 第11242頁

31) Von Karl H.Menges, "Problemata Etymologica", in Herbert Franke ed., *Studia Sino-Altaica. Festschrift für Erich Haenisch zum 80. Geburtstag,* Wiesbaden : Franz Steiner Verlag, 1961, pp.130-135. Gerhard Doerfer, *Türkische und Mongolische Elemente im Neupersischen Bd. II*, Wiesbaden, Franz Steiner Verlag, 1965, p.404.

32) 愛新覺羅·烏拉熙春·吉本道雅著 :『韓半島から眺めた契丹·女真』, 京都大学学術出版会 2011年, 第117頁.

33) Karl Menges, "Altaic Elements in the Proto-Bulgarian Inscriptions", *Byzantion*, Vol. 21, 1951, pp.85-118.

中央歐亞民族的政治文化傳統, 廣泛應用於從國王到部族首腦的.政治身份標識. 一些政治稱號專用於上層統治集團內部, 如王號"可毒夫"以及筆者之前談過的"舍利"最具代表性. 通過宣示這些政治身份, 能夠有效的標識出自身的特殊地位, 並獲得應有的政治權威. 與之相對應, 在基層靺鞨部族社會也出現了帶有突厥等鮮明中央歐亞特色"伯計"(*bögir)等酋長稱號, 這些稱號與靺鞨自身的卡里斯瑪式的稱號結合, 在渤海國新的地方體系中, 給予傳統部族酋長以明確地位與貴族身份. 因此, 才會在傳世文獻中出現諸多看似人名, 實則為政治官稱的語彙.

其一, 渤海國統治範圍涵蓋東北亞腹地, 社會經濟形態龐雜, 大部都屬於部族居地, 或受到草原游牧人的廣泛影響. 渤海國在建構官僚機構, 加強行政集權的同時, 大量確立傳統部族社會的貴族傳統, 以控馭廣大的部族社會地區. 這具體體現在官稱·官號上, 就表現在從國王到下屬臣僚, 都存在專有官稱與貴族身份的多重結合. 一方面運用外來的游牧政治稱號宣示這些人在渤海政治體制中的職能；另一方面也同時沿用靺鞨貴族傳統, 爲其在部族社會中確立貴族威望. 其二, 通過這種多重政治身份的運用, 渤海國在其強盛階段, 就能順利的向北擴張, 有力的控制東北亞的森林部族如鐵利·越喜諸部, 一度在東北亞腹地建立了以渤海王權為中心的"小中華"秩序, 渤海國王採用歷史悠久的鮮卑可汗尊號"可毒夫"的重要政治意涵也就在於他對於渤海北部靺鞨部族, 以及其西部的契丹諸部的政治權威之宣示. 而這些部族所在地域, 又都曾受到鮮卑政治集團的影響, 承認其傳統的尊號. 取得周邊游牧-森林部族的相應與支持, 建立新的東北亞政治秩序, 是渤海國沿用·改造中央歐亞政治傳統的一個重要歷史背景.

綜上所述, 本文對於渤海部族官稱·尊號北族淵源的分析與討論, 並不是要削弱或者否認中原王朝的官僚體制對於渤海政治秩序建構的重要影響. 正相反, 筆者亦認為這種自上而下的官僚體制極大的加強, 並塑造了渤海王權的權威, 是促成渤海國進一步繁榮的重要基礎. 而這一點學界已有諸多研究, 故不再贅述. 此處慾向讀者揭示的問題在於, 古代東北亞的政治秩序, 隨着類似渤海國這樣區域民族政權的崛起, 為了適應其內部複雜而多元的社會情況, 樹立相應的統治權威, 會將包括北族政治秩序·唐式官僚體制在內的諸種體制有機結合在一起, 打破了之前社會政治的北方草原－定居農耕的二分對立, 實現了多種政治觀念與文化的結合. 這一點是與內陸歐亞世界最大的不同點. 從大的環境看, 渤海所實行的多元理念結合的王權觀, “因俗而治”的行政體制, 都極大的影響了繼其而起的契丹·女真人.

오 진 석

삼연문화 연구의 현황과 과제*

Ⅰ. 머리말

모용선비를 중심으로 하는 집단은 동진십육국(5호16국) 시기에 중국 중원과 동북지역에 前燕, 後燕, 南燕, 西燕, 北燕의 5개국을 건국하였다. 이 중 요서지역, 특히 조양지역을 중심으로 건립된 前燕, 後燕, 北燕을 三燕이라 한다.

'삼연문화'는 3세기 후반에서 5세기 전반 중국 동북지역에서 형성된 고고학문화로서 1990년대 중국학자 田立坤에 의해 개념이 처음으로 정립되었다.[1] 전립곤은 다년간에 걸쳐 요서지역의 역사시기 유적을 조사하면서 관련 연구를 병행하였다. 중국의 일부 연구자들은 삼연문화 유적으로 분류된 유적이 대부분 고분이라는 점, 문화로써 갖추어야할 체계를 이루지

---

* 이 논문은 한국고고환경연구소의 지원을 받아 작성하였다. 본문 중 삼연문화 고분과 관련된 연구는 저자의 박사학위논문 「三燕文化及其與高句麗·朝鮮半島南部諸國文化交流的考古學研究」(吉林大學校, 2017)의 내용을 수정, 보완하여 완성하였다.

1) 田立坤, 「古鐙新考」『文物』; 田立坤, 2013(02), 「寧古代文化特征及形成之背景」『遼寧大學學報』, 哲學社會科學版.

못하였다는 점 등을 이유로 삼연문화가 아니라 '삼연묘장'이라고 불러야 바른 표현이라고 주장하였다. 중국내에서 삼연문화와 관련된 연구는 이와 같이 나름대로의 논증과정을 거치면서 발전하고 있는 것이다.

1990년대 말 이후 한국 고고학계에서도 삼국시대 유물들과 삼연문화 유물을 비교연구하기 시작하였다.[2] 삼연과 가장 인접한 거리에 위치했던 고구려 문화에서 나타나는 공통유물과의 비교연구를 비롯하여, 일부 신라·가야 등 다른 지역에서 출토되고 있는 유물을 비교한 논문도 있다. 주제의 상당 부분이 절대, 혹은 유의한 편년자료가 있는 삼연고분 출토 자료를 대상으로 동시기 한반도 삼국문화와 비교를 하는 내용이다. 다만 현재까지 이루어지고 있는 대부분의 연구가 중국 논문을 참고하는 수준이거나, 이미 정의된 내용을 소개하는 정도임을 부정할 수 없다.

즉, 한국에서 이루어지고 있는 삼연문화와 관련된 연구는 대부분 삼국시기 한반도 문화와 삼연문화의 비교연구가 주를 이루고 있으며, 삼연문화 자체를 고고학적으로 연구한 논문은 거의 없는 것이다. 다른 지역의 문화에 대한 이러한 접근은 단기적·단편적으로는 일부 성과를 볼 수 있지만, 장기적·종합적으로 보면 한계를 보일 수밖에 없다. 본고는 삼연문화의 성립 배경과 현재까지 조사·연구된 내용을 종합하여, 이후 이어질 삼연문화와 관련된 연구에 밑바탕이 되고자 한다.

2) 박양진, 1998, 「족속 추정과 부여 및 선비 고고학자료의 비교 분석」 『한국고고학보』 39 ; 강현숙, 2003, 「중국 삼연 분묘와 경주 황남대총 남분의 비교 고찰」 『한국상고사학보』 41 ; 조윤재, 2015, 「考古資料를 통해 본 三燕과 高句麗의 문화적 교류」 『선사와 고대』 43.

II. 삼연문화 연구사

1. 삼연문화 개념의 성립

1991년, 전립곤은 『三燕文化遺存的初步研究』에서 최초로 이미 발표된 보고서를 정리하여 전연, 후연, 북연의 고분을 중심으로 삼연문화 유적의 개괄을 하였다.[3] 논문에서 그는 "삼연 유적은 동부선비 모용부가 중심이 되는 문화유적이라고 할 수 있는데, 그 기원은 모용선비가 전연을 건국하기 전으로 올라간다."라고 하였다. 이 논문에서 전립곤은 삼연문화의 경계를 나름의 기준으로 정립하였다. 모용선비 건립 이전의 유적은 포함되지 않았지만, 삼연문화와 모용선비문화가 서로 전승관계에 있음을 강조하였다. 그는 舍根墓群, 十二台鄉磚廠墓群, 新勝屯墓群, 北票房身村晉墓를 전연 건국 이전의 모용선비 고분유적으로 보았다. 1994년에 발표한 『朝陽發現的三燕文化遺物及相關問題』에서는 4세기 초에 해당하는 요령지역의 일부 고분을 분석하여, 이들 중 일부를 삼연문화 유적에 포함시켰다. 그리고 '삼연문화 유적'이란 용어를 사용하면서, "삼연문화 유적은 모용선비가 한문화의 강한 영향을 받아 이룩한, 동시에 흉노, 고구려 등의 민족에게 서로 다른 정도의 영향을 받아 형성한 일종의 독창적인 문화유적으로 삼연문화와 선비문화가 완전히 같지 않다"고 했다.[4] 그런데 1990년대 말이 되면 전립곤의 삼연문화에 대한 정의가 일부 변화하게 된다. 1998년에 발표한 『三燕文化與高句麗考古遺存之比較』에서 그는 삼연문화 연대 범위의 하한에 대해서는 그대로 북연이 멸망한 436년까지로 유지하였지만, 상한은 3세기 초 막호발이 요서로 들어온 시점까지로 끌어 올렸다.[5] 다만 논문 주제가 삼연문화

3) 田立坤, 1991, 「三燕文化遺存的初步研究」 『遼海文物學刊』.

4) 田立坤, 李智, 「朝陽發現的三燕文化遺物及相關問題」 『文物』, 1994(11).

5) 田立坤, 1998, 「三燕文化與高句麗考古遺存之比較」 『青果集 - 吉林大學考古系建系十

유적과 고구려 유적의 비교였기 때문인지 이에 대한 추가적인 설명은 없었다.

2001년, 전립곤은 당시 이미 晉墓, 鮮卑墓, 鮮卑文化遺存 등으로 불리던 유적을 상당수 정리하여 모용선비 및 삼연고분을 확정하였다. 이 중에는 遼寧北票房身村晉墓, 北燕馮素弗墓, 後燕昌黎太守崔遹墓, 袁台子東晉壁畫墓, 朝陽十二台磚廠兩晉時期墓群, 錦州市區李廆墓, 北票喇嘛洞墓群, 本溪晉墓, 安陽孝民屯晉墓, 內蒙古哲裏木盟舍根墓地, 科左後旗新勝屯墓地 등이 포함되었다. 그는 이들 고분에 대해 "모두 曹魏시기 초년에 요서로 들어온 모용선비 및 그들이 건립한 삼연유적이다. 모용선비가 주체가 되며 한문화의 영향을 강력히 받았다. 동시에 흉노, 오환, 부여, 고구려, 탁발선비 등의 민족요소를 흡수하여 형성된 매우 독창적인 특징을 지닌 유적들이다. 이를 간단히 선비묘, 선비문화 유적, 삼연묘, 혹은 진묘라고 부르면, 그 전체적인 뜻을 전달할 수 없으며, 그 풍부한 문화를 포함할 수 없다. 때문에 이를 모두 포괄하기 위해서 삼연문화 유적이라고 칭해야 하며, 하나의 문화로 보고 연구해야 마땅하다"라고 하였다.[6] 이와 같은 그의 주장은 1990년대 초 그가 최초로 제기하였던 삼연문화의 개념과는 많이 다르다. 즉, 삼연문화 유적을 '삼연'이라는 국명을 기준으로 하는 문화개념에서 '동질의 문화유적'을 기준으로 하는 고고학 문화개념으로 변화·확대한 것이다.

2. 삼연문화 연구의 전개

삼연문화 연구의 전개는 鮮卑와 관련된 연구에서 비롯되었다고 볼 수 있다. 선비는 고대 중국 동북지역에서 활동했던 동호계 부류이다. 기원후

周年紀念文集』, 北京 : 知識出版社.

6) 田立坤, 2001, 「三燕文化墓葬的類型與分期」『漢唐之間文化的互動與交融』, 北京 : 文物出版社.

1세기말, 흉노가 남북으로 분열할 때, 선비족의 일부가 남하하여 흉노 고지로 진입하였다. 또한 흉노 중 남아 있던 자들은 스스로를 선비라 칭하였는데, 이에 따라 선비가 점차 성하게 된다. 위진시기 이후가 되면, 선비는 북방지역에서 주요한 민족으로 자리 잡게 되었으며, 바야흐로 16국 시기에는 여러 정권을 성립하게 된다. 이러한 선비족은 크게 구분하자면, 모용선비를 포함하는 東部鮮卑와 拓跋鮮卑의 두 갈래로 나뉜다. 다만 선비족과 관련된 문헌 기록이 많지 않고, 그나마 있는 것도 상당수 흩어져 있기 때문에, 상세하게 기록된 자료가 거의 없는 실정이다. 또한 조기의 자료뿐만 아니라, 북위가 낙양으로 천도한 이후의 사적 역시 완벽하다고는 할 수 없는 실정이다.7)

중국에서는 동북 및 북방지역과 관련된 고고학 발굴이 진행되면서, 1960~70년대 이후, 고고학 자료를 이용한 선비 역사 연구가 시작되었다. 현재 선비족과 관련된 고고학 연구는 선비 유적의 확인 및 선별, 분류, 분기, 족속관계 등에 대해 일정정도 성과를 나타내고 있으며, 이렇게 고고학적으로 접근하는 것이 이미 선비 역사 연구에 있어서 매우 중요한 위치를 차지하고 있다. 삼연문화 유적의 고고학적 연구 역시 1950년대 말, 1960년대 초 모용선비 유적의 발견 및 선별작업부터 시작되었다.

1957년, 遼寧北票房身村에서 3기의 晉墓를 발굴하였다. 이 3기의 고분은 모두 석곽묘로 매장 깊이와 석곽의 구조가 유사하며, 출토유물로 보아 서로 비슷한 시기이다. 보고자인 黎瑤渤은 출토유물 중 '花樹狀金飾'이 모용선비의 '步搖冠' 혹은 토욕혼의 '金花冠'과 같아, 이 유적을 모용선비와 관련된 유적으로 보았다.8) 1965년, 北票西官營子에서 북연 귀족 馮素弗夫婦墓를 발견하였는데, 이는 중국에서 최초로 발굴한 시기가 명확한 북연묘였다.9)

---

7) 宿白, 「東北·內蒙古地區的鮮卑遺跡 - 鮮卑遺跡輯錄之一」『文物』, 1977(5).

8) 陳大爲, 「遼寧北票房身村晉墓發掘簡報」『考古』, 1960(1).

9) 黎瑤渤, 「遼寧北票縣西官營子北燕馮素弗墓」『文物』, 1973(3).

2기의 고분 내에서는 470여 점의 유물이 출토되었다. 1973~1974년, 河南省 安陽孝民屯에서 5기의 진묘를 발굴하였는데, 당시에는 16국시기 선비유적으로만 보았지만, 후에 모용선비 유적에 포함되게 된다.[10] 1977년, 宿白은 문헌자료의 내용과 종합하여 당시까지 발견된 선비와 관련된 유적들을 정리하여 遼寧과 青海의 慕容鮮卑遺蹟, 흑룡강 상류의 額爾古納河에서 내몽고 河套東部 지역의 拓跋鮮卑遺蹟, 산서 大同과 하남 洛陽 지역의 代魏時期 탁발선비 유적 등으로 구분하였다. 이 중에서 遼寧北票房身村石板墓群, 遼寧義縣保安寺村石槨墓, 北燕馮素弗夫婦墓 등을 모용선비 및 삼연문화 유적으로 분류하였다.[11] 이후 모용선비 및 삼연유적에 대한 관심이 높아지면서, 모용선비 유적에 대한 특징 및 족속판별, 고분의 연대, 문화요소 분석 등의 방면으로 연구가 확장되어 갔다.

1981년, 張柏忠은 선비유적과 관련된 시야를 더욱 넓혀서 哲裏木盟 및 昭烏達盟에서 발견된 舍根墓地 등을 동부선비로 보는 관점을 제기하였다.[12] 1987년, 徐基는『關於鮮卑慕容部遺跡的初步考察』에서 北票房身村墓地, 內蒙哲裏木盟舍根墓群, 河南安陽孝民屯晉墓, 遼寧袁台子壁畫墓, 後燕崔遹墓, 北票北燕馮素弗墓 등을 모용선비 유적으로 규정하고, 이들의 문화적 특징을 간단한 토기 조합, 특수한 관식, 두식과 마구, 병기의 출토, 前寬後窄의 토광묘와 목관이라고 하였다. 그리고 수장품과 고분형태의 변화에 따라 모용선비 유적의 연대를 4시기로 구분하였다.

그에 따르면, 제1기는 동한 중후기부터 위진교체기까지(2세기 초~3세기 중엽)이며, 內蒙古舍根墓群을 대표로 한다. 제2기는 서진시기(3세기 중엽~4세기 초)이며, 北票房身村墓地 중 이른 시기 유적을 대표로 한다. 제3기는 동진시기(4세기 중엽), 北票房身村墓地 중후기 유적, 遼寧袁台子壁畫墓, 安陽

---

10) 中國社會科學院考古研究所安陽工作隊,「安陽孝民屯晉墓發掘報告」『考古』, 1983.

11) 宿白,「東北·內蒙古地區的鮮卑遺跡 - 鮮卑遺跡輯錄之一」『文物』, 1977(5).

12) 張柏忠,「哲裏木盟發現的鮮卑遺存」『文物』, 1981(2).

孝民屯墓葬을 대표로 한다. 제4기는 후연에서 북연시기(384~436)로 遼寧後燕崔遹墓, 北燕馮素弗墓를 대표로 한다.[13] 이 글은 중국에서 나온 논문 중 관련된 유적을 정리하여 고고학적으로 분석한 후, 新開河에서 大凌河流域의 16국시기 고분을 모용선비의 고분으로 본 첫 번째 논문이다. 또한 요서지역 삼연유적과 내몽고 동부의 조기 선비유적을 연결시켜 서로 연원관계에 있음을 주장하는 등 모용선비 유적의 발전단계에 대해 기초적으로 논하였다.

그 외에도 모용선비 및 삼연고분의 형식, 분기에 대한 논문들이 더 있다.[14] 1970~1980년대에는 사회적인 요인으로 인하여 고고학적인 발굴이 많이 진행되지 않았기 때문에, 그 이전까지 나온 자료를 기초로 모용선비 및 삼연유적의 족속 판별에 대한 논의 및 연대에 대한 고찰, 문화특징에 대한 보충 작업들이 이어졌다.

1990년대 이후 고고학 자료의 집적이 이루어지면서, 모용선비 및 삼연유적에 대한 연구에 있어 획기가 나타나게 되었다. 1991년, 전립곤은 '三燕文化'란 개념을 도입하여, 전연, 후연, 북연의 유적들을 개괄하였다. 『三燕文化遺存的初步研究』에서는 삼연고분의 주요 특징 및 연대를 정리하여 삼연유적의 문화적 기원 및 모용선비 조기 유적의 차이점 등과 관련된 문제를 논하였다. 그는 河南安陽孝民屯晉墓, 遼寧朝陽袁台子壁畫墓, 八寶村M1, 大平房村壁畫墓, 北廟村1·2號墓, 十二台鄉磚廠第2號墓, 單家店第1·3號墓, 崔遹墓, 北票馮素弗墓, 本溪晉墓 등을 삼연고분으로 보았다. 그리고 이들 고분의 특징에 대해서는 대다수가 관, 곽이 前大後小의 형태를 띠고 있고, 목관 양 측면에 환을 달았으며, 토광 전벽에는 감을 설치하거나, 곽 내에 제대를 설치해 牛骨 등을 부장하는 것으로 보았다. 또한 곽은 석판을 세우거나, 할석을 쌓아

13) 徐基, 1987, 「關於鮮卑慕容部遺跡的初步考察」『中國考古學會第六次年會論文集』, 北京 : 文物出版社.

14) 長小舟, 「北方地區魏晉十六國墓葬的分區與分期」『考古學報』, 1987(1).

조성하였으며, 풍소불묘를 제외하고는 모두 두향이 남향임을 지적하였다. 수장품에 대해서는 부장되는 종류가 적고, 기형 역시 소형이 많으며, 일부 기형은 저부에 인각한 흔적이 나타나고, 일부 토기는 구연부를 고의로 훼손하거나 구멍을 뚫는 것을 확인하였다. 또한 피장자의 지위가 높은 경우에는 금보요, 유금대구 및 마구를 부장하는 풍습이 있었으며, 마구와 대구의 도안은 용봉을 주제로 하였다는 점 역시 지적하였다. 묘실 내벽과 목관에 채화로 장식한 것도 지적하였다. 고분의 시대에 대해서는 袁台子壁畫墓, 安陽孝民屯墓, 大平房壁畫墓, 八寶村M1이 전연시기로 비교적 이르며, 後燕崔遹墓, 北燕馮素弗墓, 北廟村墓, 本溪晉墓를 늦은 시기의 것으로 편년하였다.15)

1993년, 許永傑은 『鮮卑遺存的考古學考察』에서 역추적 방법을 사용하여, 이미 북위, 삼연고분으로 정의된 고분들에 대해 선비족별을 판별하였다. 그에 따르면, 安陽孝民屯十六國墓葬, 遼寧北票房身村十六國墓葬, 本溪晉墓, 遼寧朝陽單家店1號墓, 遼寧北票西官營子北燕馮素弗墓, 遼寧朝陽北廟村1號墓, 遼寧朝陽十二台磚廠2號墓, 遼寧朝陽袁台子東晉壁畫墓, 遼寧朝陽八寶村1號墓 등은 동질의 문화 속성을 갖춘 것으로 보았는데, 이들과 동시기의 중원지역 고분들은 그 속성상의 차이에 의해 모용선비와 관련된 유적으로 봐야 한다고 주장하였다. 상기 유적의 문화 속성에 대해서는 할석과 석판으로 곽실을 구축하는 것, 목곽 혹은 석곽, 묘광의 평면형태가 頭寬脚窄의 형태인 것, 묘광의 넓은 쪽 끝단부에 벽감을 설치한 것, 벽감 내 수장품을 부장한 것, 소, 말, 개 등 가축의 머리와 다리뼈 등을 분해해서 순장하는 것, 銅釜, 提梁罐, 提梁壺, 鎏金馬具 등 초원 문화의 특색을 보이는 기물을 부장하는 것 등은 선비 유적에서 보이는 步搖冠, 郭洛帶와 관련된 鎏金銅飾이다. 이들과 같이 부장되는 矮領侈口陶壺, 細頸盤口陶壺, 細頸侈口陶壺, 大口展沿陶

15) 田立坤, 「三燕文化遺存的初步研究」 『遼海文物學刊』, 1991(1).

罐 역시 매우 특징적인 토기라고 할 수 있으며, 토기에 따라 각종 暗紋 및 戳印紋이 시문되어 있다.[16)]

1999년, 喬梁은 『鮮卑遺存的認定與硏究』에서 당시까지 조사된 선비유적을 분석하여 문화적 특징에 따라 선비유적을 몇 몇 군으로 구분하였다. 그리고 각 군의 문화 특징을 살펴보고 족속을 추정하여, 선비유적 분포도를 작성하였다.[17)] 그중에서 D군에 속하는 선비유적은 주로 요령 朝陽地域에서 발견되는 魏晉, 十六國時期의 고분으로 중원에서는 하남 安陽 등지에서 일부 확인된다고 하며, 이들을 모용선비 및 모용선비가 건립한 諸燕의 유적으로 보았다. 그가 말하는 D군 선비유적은 "할석 혹은 석판을 쌓아 묘곽을 구축하는 경우가 많으며, 묘광과 棺(槨)은 양 끝이 넓고 좁게 서로 다른 제형이 유행하고, 묘광에 벽감을 설치하는 경우가 많다. 또한 牛, 馬, 羊, 犬을 순장하였으며, 일반적으로 머리와 다리를 분리하는 상징성이 강한 순장으로 보았다. 수장품 중 자주 확인되는 것으로는 대식과 마구 등이 있으며, 유금마등과 안교장식이 많이 발견된다. 청동용기로는 雙耳銅鍑, 提梁罐, 提梁壺 등이 있으며, 이들로 보아 거주생활이 매우 유동적이었음을 알 수 있다. 또한 금장신구가 비교적 유행하였는데, 이식, 반지, 두식 등이 있다. 그중 금환과 금엽을 꿴 관식은 문헌상에 나타난 모용선비족이 좋아했다는 보요관일 가능성이 크다. 철제품으로는 보호구가 발달했는데, 무사의 갑주와 전마의 호갑이 이에 속한다. 토기는 小口矮領陶壺, 侈口罐, 小口壺 등이 유행하였다. 토기 표면에는 격자로 교차하는 암문 장식이 많다."고 하였다. 이 시기 교량은 이미 삼연문화를 하나의 고고학문화로 보고 있었는데, 그 연대 범위가 삼연시기 뿐만 아니라, "朝陽十二台墓地와 紮賚諾爾, 三道灣 등의 지역에서 비슷한 형태의 小口雙肩耳陶壺가 나타나는

16) 許永傑, 「鮮卑遺存的考古學觀察」『北方文物』, 1993(4).

17) 喬梁, 1999, 「鮮卑遺存的認定與硏究」『中國考古學的跨世紀反思(下)』, 香港 : 商務印書館.

등 그 상한은 한말에서 위나라 초기 단계까지 거슬러 올라갈 수 있다. 또한 朝陽 淩河機械廠에서 발견된 大代皇興二年墓(468年)에서 출토된 토기에서도 小口, 廣肩의 전통이 남아 있는 것으로 미루어 제연이 멸망한 후에도 이 지역에 이와 관련된 문화가 일부 지속되었음을 알 수 있다"고 보았다.[18]

2001년, 전립곤은 『三燕文化墓葬的類型與分期』에서 조위 초년에 요서로 들어온 모용선비 및 모용선비가 요서에서 건립한 삼연유적을 크게 하나의 문화로 보고, 삼연문화의 개념에 대한 재정립을 시도하였다. 그리고 이전 연구에 이어서 삼연문화 고분의 형식을 梯形土坑豎穴木棺墓, 矩形土坑豎穴木槨墓, 磚室墓, 石板搭蓋石室墓, 塊壘砌石槨墓, 石板搭蓋石槨墓, 石塊壘砌石室墓, 石塊壘砌券頂石室墓로 나누고, 이들의 시대를 3시기로 구분하였다. 그에 따르면, 조기는 莫護跋, 木延, 涉歸時期로 조위 초년에서 289년까지이다. 중기는 289년 모용외가 요동 북쪽에서 '徒河之靑山'으로 돌아온 시기부터, 전연시기 전체를 포함하는 시기이다. 완기는 후연, 북연시기이다.[19] 이는 삼연문화의 범위를 모용선비가 정권을 건립하기 이전까지 끌어 올린 것으로 그 이전의 주장과는 차이가 난다.

근년에 이르러서는 중국 학계의 삼연문화 개념에 대한 이해가 비교적 명확해졌으며, 孫危[20] 등 일부 학자들은 박사 논문 및 저서를 통해서도 '삼연문화'란 명칭을 사용할 만큼 하나의 고고학 문화로 정착되기에 이르렀다고 볼 수 있다. 하지만, 현재까지도 삼연문화 유적 중에서 일부 고분의 연대, 족속에 대해서는 이견이 있으며, 특히 모용선비가 정권을 건립하기 이전의 유적에 대해서는 학자들마다 의견의 일치를 보지 못하고 있는 실정이다.

---

18) 喬梁, 1999, 「鮮卑遺存的認定與硏究」『中國考古學的跨世紀反思(下)』, 香港 : 商務印書館.

19) 田立坤, 2001, 「三燕文化墓葬的類型與分期」『漢唐之間文化的互動與交融』, 北京 : 文物出版社.

20) 孫危, 2007, 『鮮卑考古學文化硏究』, 北京 : 科學出版社.

예를 들면, 전립곤은 삼연 정권 이전의 삼연문화 유적에 대해서, "朝陽十二台磚廠魏晉墓, 內蒙古哲裏木盟舍根墓群, 六家子墓群, 新勝屯墓地 등은 동부선비 모용부 건국 이전의 유적으로 역시 삼연문화 유적에 포함된다."고 하였다.[21] 교량은 內蒙古哲裏木盟 및 그 주위에 위치한 舍根, 六家子 등 고분(G군)과 삼연시기 유적(D군)이 비록 侈口束頸罐과 小口廣肩壺에서 유사점이 확인되지만, G군 유적에서 가장 보편적으로 확인되는 호의 두꺼운 구연부와 압인문 등이 D군 유적에서는 명확하게 나타나지 않는다는 점을 강조하였다. 그리고 연대가 비교적 명확한 유적들을 통해서 보면 이 두 집단 사이에는 시간상으로 상당한 차이가 나타나기 때문에 이와 같은 차이점을 확실하게 규명하지 못하는 한 G군 유적을 D군 유적의 전신으로 보는 것은 아직 무리라는 평가를 내렸다. 또한 十二台磚廠에서 채집한 토기를 근거로 이른 시기의 모용선비가 아마도 哲裏木盟에서 발견된 G군 유적과 관련 있을 것이라고 했는데, 문제는 그의 글에서는 G군의 족속이 동부선비의 흔적이라고만 언급했을 뿐 보다 자세한 연구를 진행하지는 못하였다.

韋正은 『鮮卑墓葬研究』에서 전립곤이 1991년에 주장한 삼연문화의 개념에 대해 "이러한 개념은 실제적인 상황을 충분히 반영하지 못한다. 왜냐하면 전립곤이 규정한 범위 내에는 烏桓과 관련된 유적도 존재했을 가능성이 있고, 모용선비와 관련되었다 하더라도 전연시기 이전의 유적이 가능성이 크기 때문이며, 또한 북연 이후 북위 이전의 고분 중 시기가 명확한 유적 역시 그 범위에 포함되기 때문이다. 그런데 전·후·북연의 유적이 서로 일맥상통하는가에 대한 명확한 규정이 되지 못한 현시점에서 이러한 개념의 정립은 신중해야 한다."라고 하였다.[22] 이 논문에서는 기본적으로 교량

---

21) 田立坤, 1993, 「鮮卑文化源流的考古學考察」『青果集』, 北京 : 知識出版社 ; 田立坤, 2001, 「三燕文化墓葬的類型與分期」『漢唐之間文化的互動與交融』, 北京 : 文物出版社.

의 입장을 찬성하고 있는데, 이를 더욱 발전시켜 선비 유적을 5개의 조로 구분하였다. 그중에서 동부선비 혹은 모용선비 및 삼연과 관련된 조는 제2조(교량의 G군)와 제3조(교량의 D군)이다. 제2조 유적은 西遼河流域, 특히 新開河流域에 집중 분포한다. 여기에는 哲裏木盟科左中旗六家子, 科左後旗舍根, 新勝屯 등의 유적이 포함된다. 그는 제2조 유적과 제3조 유적은 다른 선비유적으로 추정되는 고분들과는 고분의 형태에 있어 차이가 난다고 보았다. 다른 선비유적으로 추정되는 고분들은 목관이 모두 제형인데 반해 제2조에 속하는 고분들은 모두 장방형이다. 예를 들면, 北票喇嘛洞과 察右旗三道彎墓地 등인데, 이들을 모용선비의 전신인 동부선비의 유적으로 보는 것은 매우 신중하게 생각해야 한다고 보았다. 그리고 科左旗六家子墓地, 舍根墓地 등에 대해서는 오히려 오환의 유적일 가능성이 큰 것으로 보았다.

위정은 족속에 따라 선비 유적을 구분하였는데, 그와 전립곤이 주장한 고고학 문화를 기준으로 한 선비유적 구분은 연구를 진행하는 시각에 있어서 서로 다르다. 이러한 이유로 위정의 논문에서는 三燕墓葬 혹은 三燕文化란 용어가 나타나지 않는 것이다. 그는 제3조 유적의 성질에 대해서 역시 족속과 관련된 연구를 진행하여 '전연유적'보다 '모용선비유적'이라고 해야 옳다고 주장하였다.[23]

위에서는 삼연문화의 개념 변화를 각 학자의 논지에 따라 정리를 해 본 것이지만, 삼연문화의 개념은 1990년대 초 이후 약 10여 년에 걸쳐 여러 연구자의 연구가 이어지면서 점차 완성되어간 문화개념이다. 관련된 고고학 자료의 집적 및 보다 심층적인 연구가 이어지면서, 학계의 삼연문화에 대한 개념 정의가 보다 명확해졌던 것이다. 즉 앞의 내용을 정리하자면, 삼연문화는 요서로 들어온 모용선비 및 그들이 건립한 삼연이 주체가 되는, 한문화를 비롯한 각종 주변문화의 영향을 받아 형성된 자신만의

---

22) 韋正, 「鮮卑墓葬研究」『考古學報』, 2009(3).

23) 韋正. 「鮮卑墓葬研究」『考古學報』, 2009(3).

독창적인 특징을 지닌 고고학문화로 설명된다. 이로써 삼연문화는 '분포지역이 명확하고, 시간상의 경계가 있으며, 공통된 특징을 가진 인류의 활동을 다룬 유적'인 명백한 고고학문화라 할 수 있는 것이다.

III. 삼연문화 고분의 유형과 편년

1. 삼연문화 고분의 조사와 분포

고고학적으로 연구되는 문화유적은 크게 생활유적과 고분유적으로 구분된다. 삼연문화와 관련된 생활유적은 성곽유적인 요령성 조양시에 위치한 용성과 절터인 북표시에 위치한 금령사 건물지를 제외하면 아직까지 조사된 유적이 별로 없다. 대다수의 삼연문화 유적은 고분유적으로 요서지역에 집중 분포하고 있으며, 일부 고분은 중원지역과 요동지역에 산발적으로 위치한다. 지금까지 조사된 고분의 수량은 460여 기이며, 고분의 분포는 〈도면 1〉과 같다. 따라서 현재로서는 삼연문화를 논함에 있어 삼연 고분유적을 중심으로 논의를 진행할 수밖에 없다.

삼연문화 고분의 연구는 1957년 北票房身村晉墓의 발견과 더불어 시작되었다. 당시 북표 방신촌에서는 총 3기의 석곽묘가 조사되었는데, M1, M2는 할석을 平砌하여 벽을 구축하였고, M3의 경우는 판석을 세워 벽을 만들었다. 장식, 오수, 화천, 동경 등 시기편년에 유용한 자료들이 수습되었는데, 특히 M2에서 출토된 보요관식[24]은 당시 중국에서 최초로 출토된 것이었다. 그 이후 1960년대부터 1980년대까지 朝陽, 本溪, 錦州, 安陽 등의 지역에서 주목할 만한 모용선비계 고분이 지속적으로 발견·조사되었다.[25]

24) 간보에서는 '花樹狀金飾'이라 표현하였다.

25) 1990년대 이전에 발간된 삼연문화고분들은 다음과 같다. 표시년도는 조사년도이

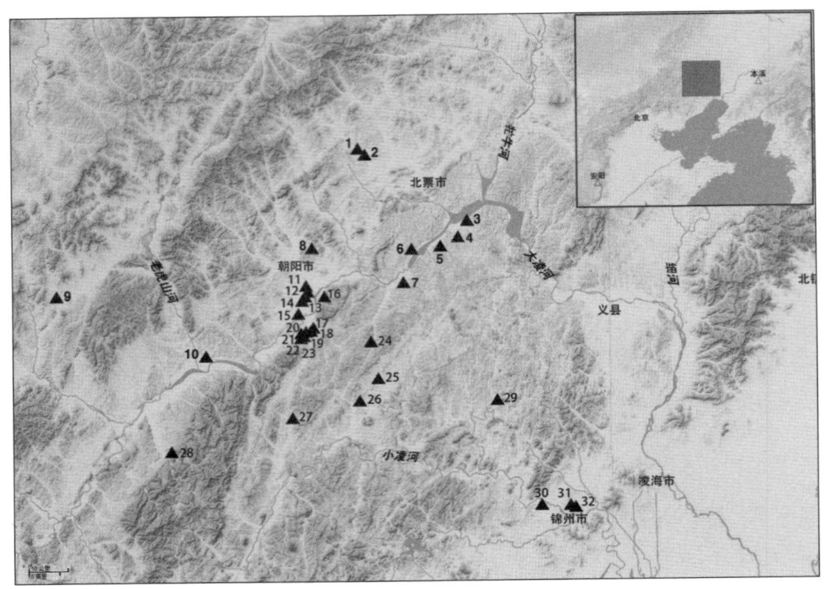

〈도면 1〉 삼연문화 고분의 분포

1北票西官營M4 2北票北燕馮素弗墓 3北票倉糧窖鮮卑墓 4北票大板營子墓 5北票大板營子墓(A) 6北票喇嘛洞墓 7朝陽牛羊溝墓 8朝陽奉車都尉墓 9朝陽北廟村墓 10朝陽大平房村壁畫墓 11朝陽重型機器廠北燕墓 12朝陽南大街M5 13朝陽二三四醫院M3 14朝陽肖家村墓 15朝陽郭家箭頭地M1 16朝陽八寶村M1 17朝陽後燕崔遹墓 18朝陽小東山北燕墓 19朝陽十二台磚廠88M1 20朝陽王子墳山墓 21朝陽十二台鄉磚廠墓 22朝陽袁台子北燕墓 23朝陽袁台子東晉壁畫墓 24北票房身村晉墓 25朝陽三合成墓 26朝陽田草溝晉墓 27朝陽單家店墓 28朝陽溝門子壁畫墓 29錦州保安寺墓 30錦州前山十六國時期墓 31錦州安和街墓 32錦州前燕李廆墓

그 중에는 시기를 편년할 수 있는 자료가 출토되어 중요한 의미를 지니는 後燕 崔遹墓(395), 北燕 馮素弗墓(415)가 있으며, 모용선비의 중원진출을 증명할 수 있는 고고학적 자료인 안양 효민둔진묘가 있다. 또한, 중원벽화고분과 고구려벽화고분의 비교연구를 진행할 수 있는 朝陽 溝門子壁畫墓, 朝陽 大平房村壁畫墓, 朝陽 袁台子東晉壁畫墓 등도 역시 이 시기 빼 놓을

다. 北票房身村晉墓(1957년), 本溪晉墓(1960년), 錦州保安寺墓(1960년), 錦州安和街墓(1964년), 北燕馮素弗墓(1965년), 安陽孝民屯晉墓(1973년~1974년), 朝陽北廟村墓(1975년), 朝陽溝門子壁畫墓(1975년), 朝陽大平房村壁畫墓(1976년), 朝陽八寶村M1(1978년), 朝陽十二台鄉磚廠墓(1979년), 後燕崔遹墓(1980년), 朝陽袁台子東晉壁畫墓(1982년).

수 없는 삼연문화 고분이다.

1990년대 초에는 그동안 축적된 고고자료를 바탕으로 삼연문화 개념이 최초로 제기되었으며, 그 이후 점차 '三燕文化墓葬'이란 용어가 사용되기 시작하였다. 이 시기 三燕文化墓葬은 대부분 요령성 조양지역에서 발견된 삼연고분의 문화적 특징을 대표하여 지칭하는 것이었지만, 대릉하유역에서 발견된 비슷한 유형의 고분에 조심스럽게 이용되기도 하였다.[26] 특히 고고자료의 비교 검토를 통해 이전까지 晉墓, 北魏墓, 十六國時期墓, 鮮卑墓로 분류되었던 조양 이외지역에서 발굴조사된 고분들 중 일부가 삼연문화 고분에 편입되었다.

이 시기의 주목할 만한 고고학적 성과로는 다수의 고분이 밀집 분포하는 遼寧 朝陽 王子文山墓地와 北票 喇嘛洞墓地의 발굴조사이다. 遼寧 朝陽 王子文山墓地에서는 21기의 토광묘가 조사되었다. 묘광의 평면형태는 장방형인 腰M9002를 제외하고는 모두 제형이며, 그중 약 25%에서 두감이 확인되었다. 보요식을 비롯한 금은 장식, 오수전 등이 출토되었다. 출토유물비교를 통해 요서지역과 내몽고 舍根, 新勝屯遺址 사이의 관계 등 모용선비의 연속성 및 계승성을 찾아볼 수 있는 중요한 자료를 제공하였다.

北票 喇嘛洞墓地에서는 355기의 고분이 조사되었는데, 그중 345기는 토광묘, 10기는 석곽묘였다. 묘광의 평면형태는 모두 장방형으로 그 이전까지 확인되었던 선비족의 전통과는 불일치하였다. 하지만, 유물은 토기류,

---

26) 1990년대 이후에 발간된 삼연문화고분들은 다음과 같다. 표시년도는 조사년도이다. 朝陽袁台子北燕墓(1980년), 前燕奉車都尉墓(1984년), 朝陽王子墳山墓群(1987~1990년), 朝陽十二台磚廠88M1(1988년), 朝陽田草溝晉墓(1989년), 朝陽二三四醫院M3(1990년), 朝陽南大街M5(1990년), 北票倉糧窖鮮卑墓(1991년), 錦州前山十六國時期墓(1992년), 前燕李廆墓(1992년), 北票喇嘛洞墓(1995년~1998년), 朝陽三合成墓(1995년), 大板營子鮮卑墓(1995년), 朝陽牛羊溝墓(1996년), 朝陽重型機器廠北燕墓(1997), 朝陽肖家村北燕墓(1998년), 北燕馮素弗墓(1998년, 재조사), 大板營子墓地(1999년, 北票大板營子墓(B)), 朝陽郭家箭頭地M1(2000년), 朝陽小東山北燕墓(2000년), 西官營M4(2006).

철기류를 비롯하여 보요식, 마구류 등 모용선비 계통이 출토되었기 때문에, 학계에서는 이를 통해 삼연문화의 새로운 면모를 확인할 수 있었다.

그 외에도 朝陽 十二台88M1에서 완전한 말갖춤이 출토되었는데, 이는 安陽 孝民屯墓에서 수습된 유물과 서로 비교되는 자료로 삼연문화의 연구에 있어 양호한 자료일 뿐만 아니라, 동북아시아 전체의 마구 연구에 있어 중요한 발견이었다.

2. 삼연문화 고분의 유형과 출토유물

1) 삼연문화 고분의 유형

삼연문화 고분은 모두 지하에 수직으로 구덩이를 파서 묘광을 만든 지하식으로 이루어져 있으며, 묘광의 축조 방법에 따라 유형이 토광묘, 석곽묘, 전실묘, 석실묘로 구분된다.

토광묘는 지하에 수직으로 제형 혹은 장방형의 구덩이를 파고 목관을 사용하여 조성하는 고분이다. 토광묘의 경우 내부에서 목관이 확인되지 않는 경우가 빈번하게 나타나는데, 이는 교란 및 부식 등의 이유로 목관이 소실된 것이며, 고분내에서 확인되는 관정으로 미루어 보면 원래는 모두 목관이 사용되었음을 알 수 있다. 일부 토광묘는 장축방향으로 감실을 설치하는 경우도 있다. 토광의 평면형태에 따라 장제형(A형)과 장방형(B형)으로 다시 구분된다.

A형토광묘는 벽감의 설치 유무에 따라 벽감이 설치되어 있는 Aa형토광묘와 벽감이 설치되어 있지 않은 Ab형토광묘로 다시 구분할 수 있다. Aa형토광묘는 朝陽王子墳山 台M8702·台M8705·台M8712·台M9022,[27] 重型機器廠 北燕墓,[28] 安陽 孝民屯 M154·M165·M195·M196·M197[29] 등이 있다.

---

27) 遼寧省文物考古研究所等, 「朝陽王子墳山墓群1987·1990 年考古發掘的主要收獲」『文物』, 1997(11).

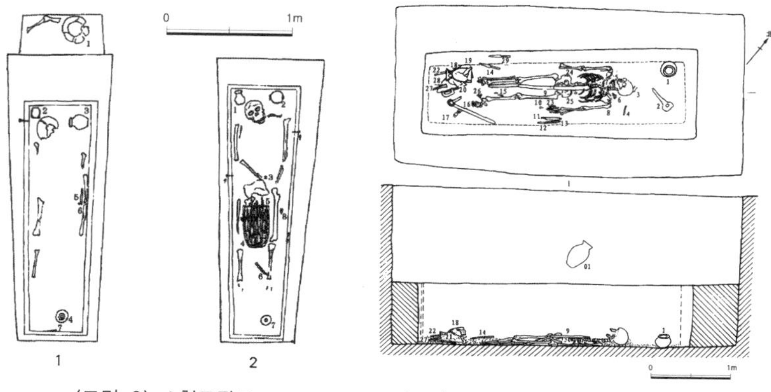

〈도면 2〉 A형토광묘
1 Aa형(重型機器廠北燕墓) 2 Ab형(肖家村墓)

〈도면 3〉 B형토광묘(北票喇嘛洞 M49)

묘광의 길이는 2~2.5m, 전면부 너비는 0.7~1m 정도, 후면부 너비는 0.5~0.9m 정도이다.

Ab형토광묘는 평면형태는 Aa형토광묘와 마찬가지로 前寬後窄의 장제형이지만, 전면부에 小龕이 보이지 않는다. 朝陽 王子墳山 腰M9001·腰M9003·腰M9004·台M8703·台M8704·台M8708·台M8709·台M8710·台M8711·台M8713·台M9014·台M9015·台M9016·台M9019·台M9021·台M9028,[30] 肖家村墓,[31] 二三四醫院 M3,[32] 北票 大板營子(B) M10·M18[33] 등에서 확인된다. 묘광의 길이는 2.3~3.5m, 전면부 너비는 0.8~1.9m, 후면부 너비는 0.6~1.7m 정도이다.

B형토광묘는 묘광과 목관의 평면형태가 모두 장방형인 고분이며, 일반

28) 蔡强, 「朝陽發現的北燕墓」『北方文物』, 2007(3).

29) 中國社會科學院考古研究所安陽工作隊, 「安陽孝民屯晉墓發掘報告」『考古』, 1983(6).

30) 遼寧省文物考古研究所等, 「朝陽王子墳山墓群1987·1990 年考古發掘的主要收獲」『文物』, 1997(11).

31) 蔡强, 「朝陽發現的北燕墓」『北方文物』, 2007(3).

32) 遼寧省文物考古研究所等, 「朝陽自來水管道工地墓葬發掘簡報」『遼海文物學刊』, 1993(1).

33) 萬欣, 2010, 「遼寧北票大板營子墓地的勘探與發掘」『遼寧考古文集(二)』, 科學出版社.

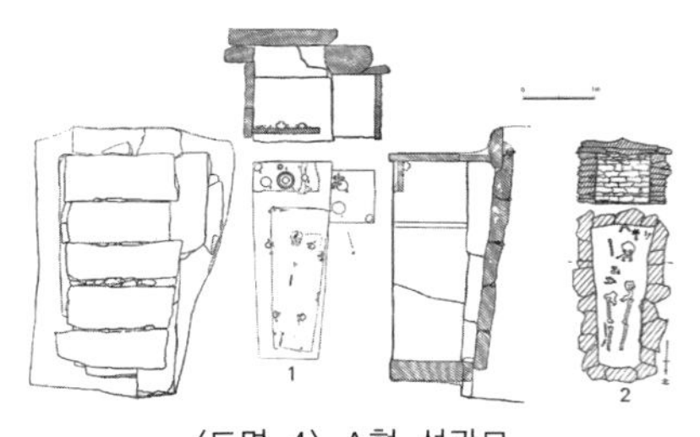

〈도면 4〉 A형 석곽묘

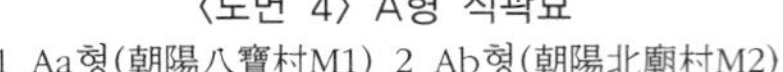

1 Aa형(朝陽八寶村M1) 2 Ab형(朝陽北廟村M2)

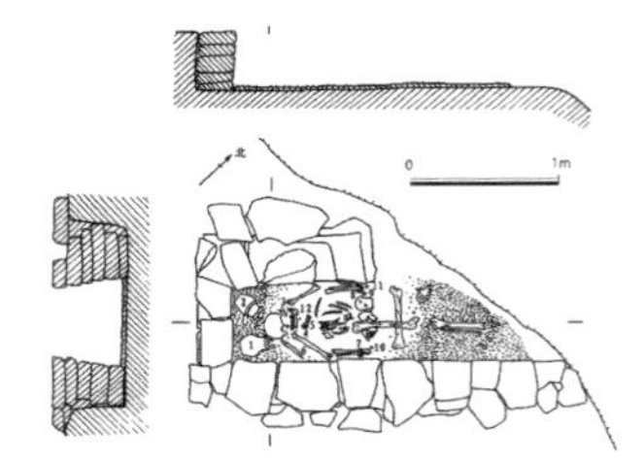

〈도면 5〉 B형 석곽묘(北票大板營子M2)

적으로 벽감이 설치되지 않으며, 일부에서 합장묘가 나타난다. 현재로서는 라마동고분군에서만 확인되는데, 예를 들면, 北票 喇嘛洞 M46·M49·M60·M101·M196·M202·M204·M209·M217·M266[34] 등이다. 묘광 길이는 2.9~4.4m, 너비는 1.2~2.1m 정도이다.

석곽묘는 묘광 내부에 할석 및 판석을 이용하여 묘곽을 구축하는 고분이다. 묘문과 묘도가 확인되지 않으며, 고분의 정상부는 석판 및 석조를 사용하여 덮었다. 일부 석곽묘에서는 耳室이 나타난다. 장구는 모두 목관을 사용하였으며, 목관의 평면형태에 따라 다시 장제형(A형)과 장방형(B형)으로 구분된다.

A형석곽묘는 삼연 전 시기에 걸쳐 확인되며, 석곽묘 중 발견 수량도 가장 많다. 이실의 유무에 따라 다시 Aa형석곽묘와 Ab형석곽묘로 구분된다. Aa형 석곽묘는 전면부에 좌 혹은 우측으로 이실이 설치된 석곽묘이다. 현재까지 확인된 예는 朝陽 大平房村壁畫墓[35]·八寶村 M1[36]의 2기가 있다. 팔보촌 M1은 길이 3.8m, 너비 2.1~2.7m, 깊이 3.1m 정도이다. Ab형석곽묘는 할석을 사용해 쌓아 네 벽을 구축한 경우가 많으며, 朝陽 奉車都尉墓[37]·北廟

34) 萬欣, 「遼寧北票喇嘛洞墓地1998 年發掘報告」『考古學報』, 2004(2).

35) 徐基·孫國平, 「遼寧朝陽發現北燕·北魏墓」『考古』, 1985(10).

36) 徐基·孫國平, 「遼寧朝陽發現北燕·北魏墓」『考古』, 1985(10).

37) 田立坤, 「朝陽前燕奉車都尉墓」『文物』, 1994(11).

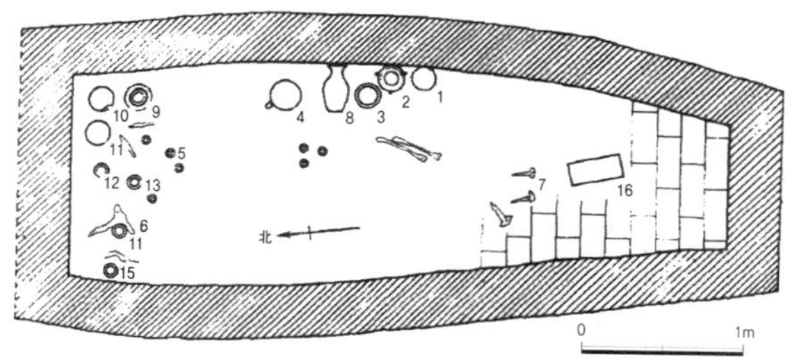

〈도면 6〉 전실묘(錦州前燕李廆墓)

村 M2[38])·單家店 M3[39])·後燕 崔遹墓[40])·北票大板營子(B) M5·M6·M8·M22,[41]) 牛羊溝 M3,[42]) 馮素弗墓[43]) 등이 있다. 이 유형의 석곽묘는 규모가 소형인 경우가 많은데, 북묘촌 M2호는 길이 2.1, 너비 0.6~0.9, 높이 1.8m 정도이다. 다만 풍소불M1의 경우 Ab형 석곽묘이지만, 같은 유형의 다른 석곽묘보다 현저하게 규모가 크다. 이는 묘주인의 신분 차이에 의한 차이일 가능성이 크다.

B형석곽묘는 평면 장방형으로 이실이 설치되어 있지 않다. 朝陽 十二台鄕 磚廠 M2,[44]) 北票 房身村晉 M3,[45]) 喇嘛洞 M108,[46]) 大板營子(A) M2·M3[47]) 등이 있다. 대판영자(A) M2는 일부가 훼손되었지만, 평면장방형의 평면형태를 잘 유지하고 있는 고분으로, 잔존길이 2.3m, 너비 0.9m, 높이 0.4m

38) 徐基·孫國平, 「遼寧朝陽發現北燕·北魏墓」 『考古』, 1985(10).
39) 李宇鋒, 「遼寧朝陽兩晉十六國時期墓葬清理簡報」 『北方文物』, 1986(3).
40) 陳大爲·李宇鋒, 「遼寧朝陽後燕崔遹墓的發現」 『考古』, 1982(3).
41) 萬欣, 2010, 「遼寧北票大板營子墓地的勘探與發掘」 『遼寧考古文集(二)』, 科學出版社.
42) 於俊玉·蔡强, 2010, 『朝陽北票章吉營子鄕大淩河南岸考古調査.遼寧考古文集(二)』, 科學出版社.
43) 黎瑤渤, 「遼寧北票縣西官營子北燕馮素弗墓」 『文物』, 1973(3) ; 遼寧省博物館, 2015, 『北燕馮素弗墓』, 文物出版社.
44) 李宇鋒, 「遼寧朝陽兩晉十六國時期墓葬清理簡報」 『北方文物』, 1986(3).
45) 陳大爲, 「遼寧北票房身村晉墓發掘簡報」 『考古』, 1960(1).
46) 萬欣, 「遼寧北票喇嘛洞墓地1998年發掘報告」 『考古學報』, 2004(2).
47) 武家昌, 「遼寧北票市大板營子鮮卑墓的清理」 『考古』, 2003(5).

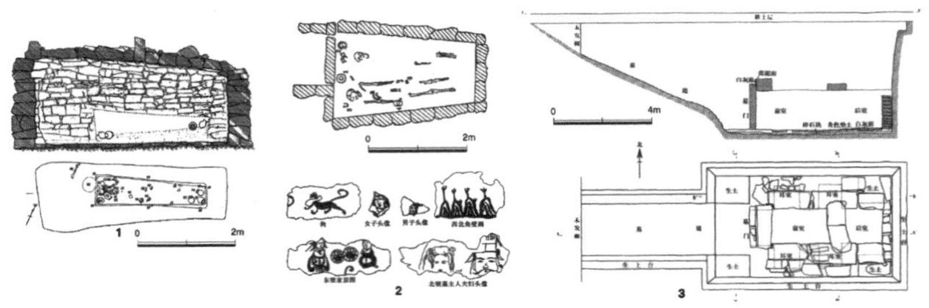

〈도면 7〉 A형 석실묘
1 朝陽田草溝M2 2 朝陽北廟村M1 3 北票西官營M4

정도이다. 대형의 석판을 사용해 덮었으며, 소형의 할석을 사용하여 틈을 메웠다.

전실묘는 장방형의 벽돌을 一順一丁의 방식으로 네 벽을 쌓고, 권정형의 천정형태를 갖춘 고분이다. 현재까지 錦州 前燕 李廆墓[48] 및 前山十六國時期墓[49]의 2기에서 삼연관련 유물이 출토되었다. 이 외묘의 경우 전체적으로 전관후착의 평면형태를 띠고 있으며, 묘실의 규모는 길이 4m, 너비 0.7~1.4m, 높이 1.3~1.5m 정도이다. 묘비석이 출토되어 이 묘가 4세기 초반에 조성된 것임을 알 수 있다.

석실묘는 묘광 내부에 가공한 할석 및 판석을 이용하여 묘실을 조성한 고분이다. 묘문과 묘도, 용도가 있으며, 이실이 조성된 경우도 있다. 일부 석실묘의 경우 묘실벽체와 천정에 황색점토와 백회를 차례로 바르고 벽화를 그렸는데, 내용은 주인도, 주방도, 차마출행도, 문사도 등이 있다. 석실묘는 고분 정상부 및 덮개석의 형태에 따라 다시 석조형(A형), 석판형(B형), 권정형(C형)으로 구분된다.

A형 석실묘는 할석을 수평 쌓기 하여 벽을 조성하고, 대형 석조를 덮개석으로 사용한 고분이다. 朝陽 田草溝晉 M1·M2,[50] 北廟村 M1,[51] 北票 西官營

48) 辛發 等, 「錦州前燕李廆墓發掘簡報」『文物』, 1995(6).

49) 魯寶林·辛發, 「遼寧錦州市前山十六國時期墓葬的淸理」『考古』, 1998(1).

M4[52] 등이 있다. 석실의 평면형태는 전광후착이 많으며, 목관이 장구로 사용되었는데, 유실된 목관을 제외한 대다수의 평면형태 역시 전광후착이다. 전초구 M1과 서관영 M4에는 이실이 설치되어 있다. 묘문은 할석이나 석판 등으로 봉하였다. 묘실의 규모는 일정하지 않다. 전초구 M2는 묘광 길이 4.3m, 너비 2.9~3.1m 정도이며, 서관영 M4는 묘광 하부를 기준으로 길이 7.2m, 너비 2.3~4.5m, 높이 1.5m 정도이다.

A형 석실묘 중 일부는 내벽에 벽화를 그렸다. 고분에 따라 보존상태가 양호하지 못한 경우 벽화는 모두 탈락하고, 내벽 벽화를 그리기 위해 회칠한 흔적만 남아 있는 경우도 있다. 그나마 온전히 벽화가 남아 있는 朝陽 北廟村 M1의 경우 네 벽에 균일하게 3~5㎝ 정도 백회를 바른 후 그 위에 묘주인좌상, 가구도, 경작 장면 등을 그렸다. 먼저 묵선으로 윤곽을 그린 후 채색하여 완성하였다.

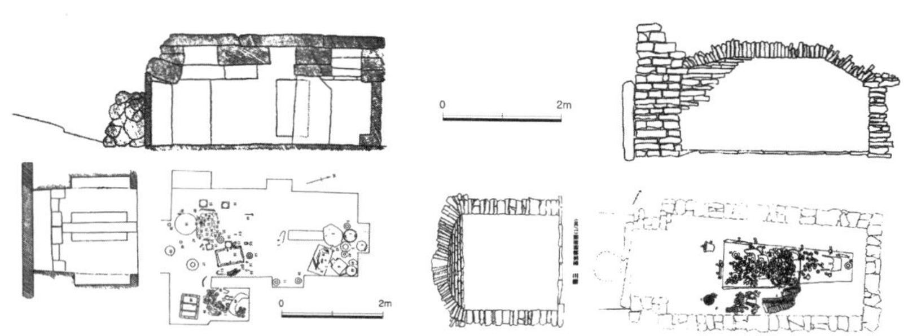

〈도면 8〉 B형 석실묘(朝陽袁台子東晉壁畫墓) 〈도면 9〉 C형 석실묘(朝陽十二台磚廠88M1)

B형 석실묘는 묘도와 묘문이 있으며, 묘벽 상부를 대형의 판석으로 마감하는 고분이다. 本溪晉墓,[53] 朝陽 袁台子東晉壁畫墓,[54] 袁台子北燕墓[55]

50) 王成生·萬欣·張洪波, 「遼寧朝陽田草溝晉墓」, 『文物』, 1997(11).

51) 徐基·孫國平, 「遼寧朝陽發現北燕·北魏墓」 『考古』, 1985(10).

52) 樊聖英, 「遼寧北票市西官營四號墓發掘簡報」 『東北史地』, 2014(4).

등이 있다. 현재까지 확인된 B형 석실묘에서는 모두 이실이 확인되고 있으며, 묘문을 봉하는 방식은 A형 석실묘와 대동소이하다. 원대자동진벽화묘는 평면형태가 전관후착으로 묘실의 규모는 길이 4m, 전면부 너비 3m, 후면부 너비 1.8m 정도이다. 묘실 전면부 양측, 중부 양측, 후면부 중앙에 이실이 설치되어 있다. 바닥면은 부정형의 소형할석을 깔았으며, 묘벽은 대형의 석판을 수직으로 세워 구축하였다. 묘실 내부에는 묘주인좌상, 삼족오, 사신도, 수렵, 주방, 우경 등을 주제로 한 벽화가 나타난다.

C형 석실묘는 할석을 다듬어 권정형 천정을 구축한 고분이다. 현재까지 확인된 고분은 2기로 朝陽 十二台磚廠88M1과 郭家箭頭地 M1이 있다. 십이대향전창 88M1은 평면형태가 전관후착으로 길이 3.3m, 벽 높이 1.4m, 전면부 너비 1.7m, 후면부 너비 1.5m, 천정 높이 1.7m 정도이다. 장구는 전관후착의 목관으로 외면에 채색한 흔적이 있으나, 이미 모두 박락된 상태이다.

2) 삼연문화 고분 출토유물[56)]

삼연문화 고분에서 주로 발견되는 유물로는 壺, 罐, 奩, 缽, 陶俑 등의 토기 및 瓷器, 鍑, 釜, 甑, 魁, 鐎鬥, 盆 등의 금속용기, 步搖冠飾을 비롯한 기타 步搖飾 및 帶具 등의 장식품, 轡具, 鞍橋, 帶飾, 馬鐙, 當盧, 節約, 寄生 등의 마구, 矛, 劍, 刀, 鏃, 鳴鏑 등의 무기, 鐽, 钁, 犁, 鏵, 鍤, 鐮, 斧, 叉, 錐, 鑿, 鋸 등의 공구류가 있으며, 그 외 소수의 인장 및 묘지석이 있다. 이 중 본문에서는 출토수량이 비교적 풍부하여 고분편년에 활용할 수

---

53) 遼寧省博物館, 「遼寧本溪晉墓」『考古』, 1984(4).

54) 李慶發, 「朝陽袁台子東晉壁畫墓」『文物』, 1984(6).

55) 璞石, 「遼寧朝陽袁台子北燕墓」『文物』, 1994(11).

56) 한국과 중국 고고학계에서 서로 다르게 사용하는 유물의 명칭이 상당수 존재한다. 본문에서는 중국 원문자료의 명칭 중 일부를 다음과 같이 한국고고학계에서 통용되는 용어로 변환하였다.
侈口展沿壺 : 외반구연호, 侈口壺 : 장경호, 矮領罐 : 단경호

있는 토기, 자기, 장식, 마구를 위주로 살펴보도록 하겠다.

(1) 토기 및 자기

호는 구연부의 형태에 따라 侈口展沿壺(외반구연호), 侈口壺(장경호), 盤口壺의 세 종류로 구분된다. 본문에서는 시간에 따른 기형의 변화상이 비교적 명확하게 나타나는 외반구연호와 장경호를 살펴보도록 한다. 외반구연호는 니질회도가 많으며, 일부는 자기로도 제작되었다. 구연부가 외반하고 목이 좁은 형태로, 복부가 볼록하며 평저이다. 경부에 암문, 견부에 현문이 나타나는 경우가 많으며, 일부 기종은 경부에서 복부까지 암문이 확인된다. 문양은 현문, 압인문, 기하학문 등이 시문되었다. 기형에 따라 A·B·C의 세 형으로 구분되며 A형과 B형은 다시 Ⅰ식과 Ⅱ식으로 세분된다.

장경호는 니질회도가 많으며, 일부 자기로도 제작되었다. 구연부가 외반하지 않으며, 복부가 볼록하고 평저이다. 경부와 복부에 암문이 많이 나타나며, 견부에는 현문이 있는 경우가 있다. 견부 돌기의 유무에 따라 A·B의 두 형으로 구분되며, 기형에 따라 다시 Ⅰ식과 Ⅱ식으로 세분된다.

관은 태토와 형태에 따라 夾砂大口罐, 矮領罐(단경호), 帶系罐의 세 종류로 구분되는데, 이 중 단경호가 출토 수량도 풍부하고 시간에 따른 변화상이

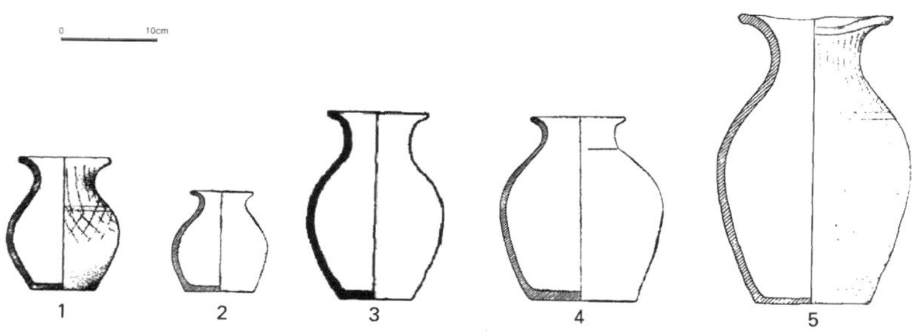

〈도면 10〉 외반구연호

1 A형 Ⅰ식(朝陽田草溝晉M2 : 18) 2 A형 Ⅱ식(安陽孝民屯M195 : 1) 3 B형 Ⅰ식(朝陽王子墳山台M8708 : 1) 4 B형 Ⅱ식(安陽孝民屯M165 : 2) 5 C형(北票喇嘛洞M49 : 1)

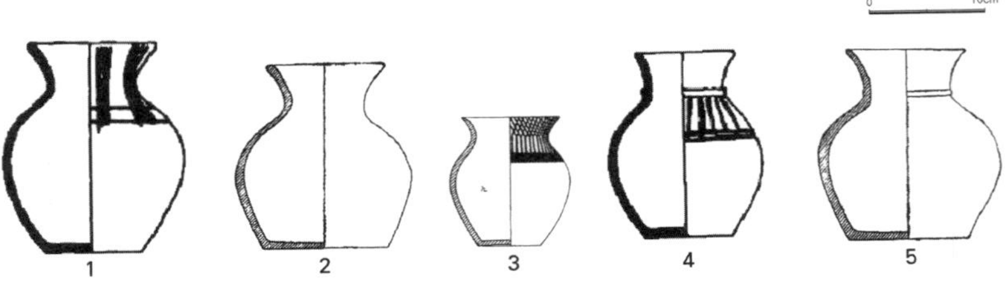

〈도면 11〉 장경호

1 A형 Ⅰ식(朝陽王子墳山MT9014 : 13) 2 A형Ⅱ식(安陽孝民屯M196 : 1) 3 A형Ⅲ식(朝陽單家店M1) 4 B형 Ⅰ식(朝陽王子墳山MT9019 : 17) 5 B형Ⅱ식(安陽孝民屯M196 : 2)

비교적 명확하게 확인된다. 단경호는 대부분 니질이며, 단경에 볼록한 복부, 평저이다. 기면은 무문이 많지만 일부는 견부에서 현문과 수파문 등을 확인할 수 있다. 기형에 따라 A·B·C·D·E의 다섯 형으로 구분되며, A·C·D형은 구연부의 형태에 따라, B형은 크기에 따라 다시 Ⅰ식과 Ⅱ식으로 세분된다.

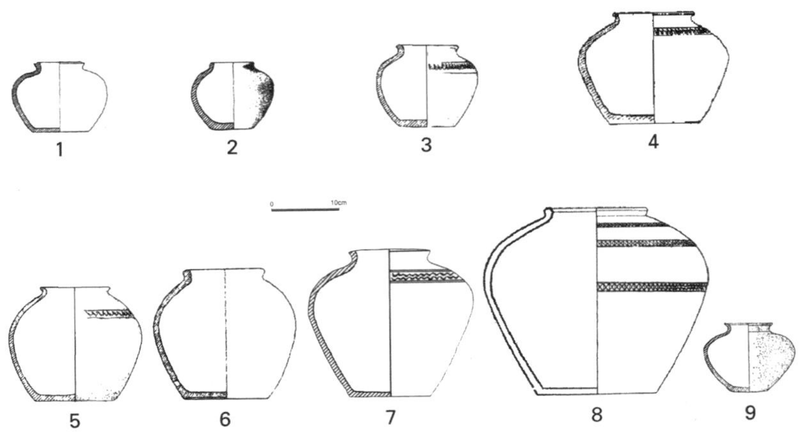

〈도면 12〉 단경호

1 A형 Ⅰ식(錦州前山十六國墓) 2 A형Ⅱ식(朝陽袁台子東晉壁畫墓) 3 B형 Ⅰ식(北票喇嘛洞M196 : 2) 4 B형Ⅱ식(本溪晉墓) 5 C형 Ⅰ식(北票喇嘛洞M204 : 2) 6 C형Ⅱ식(朝陽袁台子北燕墓) 7 D형 Ⅰ식(朝陽郭家箭頭地M1 : 9) 8 D형Ⅱ식(十二台鄉磚廠M4) 9 E형(朝陽北廟村M2 : 1)

(2) 장식 및 마구

삼연문화 고분에서 출토되는 장식은 종류가 다양한데, 특히 보요관, 대금구 등에서 나타나는 보요식은 그 특색이 선명하다. 본문에서는 이 중 시간의 흐름에 따른 구분이 명확한 步搖冠飾을 살펴보도록 한다. 현재까지 확인된 삼연문화 고분 출토 보요관식은 모두 금제이며, 총 15점이 출토되었다. 보요관식은 관식의 형태에 따라 크게 A·B의 두 가지 형으로 구분되며, 山題의 문양과 搖葉의 형태에 따라 다시 두 가지의 아형으로 나누어진다.(도면 13)

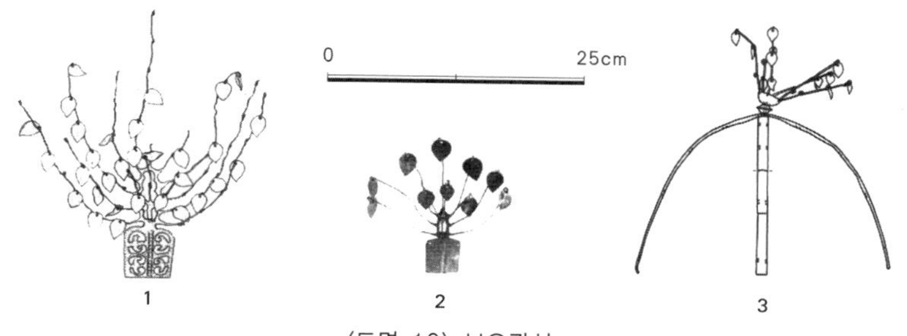

〈도면 13〉 보요관식

1 Aa형(朝陽田草溝墓M1 : 5) 2 Ab형(北票喇嘛洞墓M7) 3 B형(北票北燕馮素弗M1 : 112)

마구 역시 다양한 종류가 출토되고 있다. 銜·鑣 등의 轡具, 前·後鞍橋 및 鞍橋上의 包片 등 鞍具, 胸帶, 鞦帶, 胸帶와 杏葉, 鑾鈴 등 帶飾, 그리고 馬鐙, 當盧, 節約, 寄生 등이 출토되었다. 다만, 서로 다른 고분에서 동일한 기형의 마구가 출토되는 경우가 많지 않으며, 이 중 본문에서는 교차편년이 가능한 재갈과 마등을 위주로 살펴보도록 하겠다.

재갈은 함, 표, 인수 등으로 이루어져 있다. 함은 굵은 철사를 꼬아서 만드는 경우가 많다. 표는 형태에 따라 크게 A·B·C 세 가지 형으로 구분된다. A형은 타원형이며, B형은 삼릉형이다. C형은 양단이 원구형인 마표로 현재까지 북표 라마동에서 1점이 확인되었다. 인수는 단부 형태에 따라

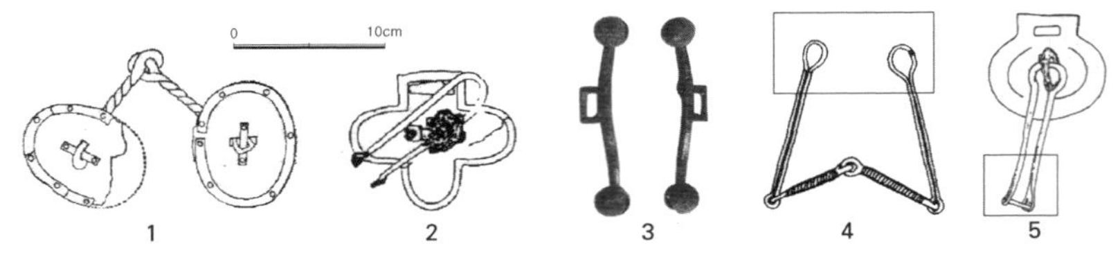

〈도면 14〉 재갈

1 A형 마표(安陽孝民屯墓M154 : 51) 2 B형 마표(朝陽十二台磚廠88M1 : 23) 3 C형 마표(北票喇嘛洞墓地采集) 4 Ⅰ식 인수(朝陽王子墳山腰M9001 : 3) 5 Ⅱ식 인수(朝陽袁台子東晉壁畫墓 : 53)

Ⅰ식과 Ⅱ으로 세분된다.(도면 14)

마등은 답수부의 형태에 따라 크게 A·B·C의 세 형으로 구분된다. A형은 답수부가 원형이며, B형은 타원형, C형은 말각삼각형이다. A형과 B형 마등의 답수부 중앙에는 위쪽으로 돌출된 돌기가 확인되는데, A형의 경우는 마등의 답수부를 제작하는 과정에서 자연적으로 발생하는 형태이며,[57] B형의 경우는 A형의 형태가 후에 목심제작 과정에서 흔적으로 남게 된 것이다.(도면 15)

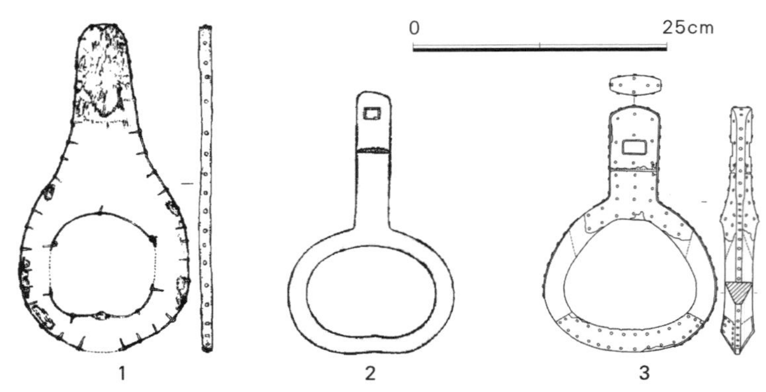

〈도면 15〉 마등

1 A형(北票喇嘛洞M266 : 60) 2 B형(安陽孝民屯M154 : 1) 3 C형(北票北燕馮素弗M1 : 98)

57) 田立坤, 「古鐙新考」『文物』, 2013(11).

3. 삼연문화 고분의 편년

기존 중국학자들의 삼연문화 고분에 대한 편년안을 정리하면 아래의 〈표 1〉과 같다. 朝陽 王子墳山墓地(3세기), 北票 房身村墓(4세기 초 혹은 그 이전), 朝陽 田草溝墓(4세기 초에서 중), 朝陽 八寶村墓·朝陽十二台磚廠88M1·朝陽袁台子壁畫墓(4세기 중) 등의 고분은 학자들 간 고분의 축조시기에 대한 의견이 서로 공통되고 있으며, 北票 喇嘛洞墓地, 北票 倉糧窖墓, 朝陽 單家店墓, 大平房村壁畫墓, 袁台子北燕墓, 八寶村墓, 十二台鄉磚廠墓等墓葬 등에 대해서는 서로 간 약간씩의 이견이 존재한다.

편년방법은 대체로 비슷한 점이 있는데, 먼저 기년이 명확한 李廆墓, 崔遹墓, 馮素弗墓를 표지로 유사한 고분들을 연결하여 대분류를 진행하고, 출토 유물을 이용하여 소분류를 하였다. 고분의 분기에 대한 관점이 크게 두 가지로 구분되고 있다. 하나는 陳平, 孫危, 王宇와 같이 전연과 후연을 하나의 시기로 보는 관점이며, 다른 하나는 田立坤과 같이 삼연시기를 세 시기로 구분하는 관점이다. 역사적으로 보면 전연이 전진에 멸망한 이후 후연이 건립되기까지 15년의 시간 간격이 존재한다. 이 시기 전진 및 중원문화가 전연에 끼쳤을 물질문화의 영향에 대한 관점의 차이로 보인다.

기존의 삼연문화 고분에 대한 편년안 역시 고고학적인 분석과 역사학적인 사실을 병행 연구하여 도출한 것이다. 다만 너무 고분 형식에 치중하여 분기를 진행하거나 일부 고분에 대한 분기 근거가 명확하게 제시되지 않은 문제점이 확인되었다. 본고에서는 보다 안정된 삼연문화 고분의 편년을 위해서 기존 학술연구의 기초 위에 고분 출토 유물의 분석에 더욱 천착하였다. 편년에 이용할 유물로는 서로 교차편년이 가능하며 대표성이 확인되는 장신구, 마구 및 토기들을 선별하였다. 이들에 대한 적극적인 분석 작업을 통해 아래와 같은 변화상을 확인할 수 있었다.

장신구는 보요관식에서 변화상을 찾을 수 있다. 보요관식은 3세기말부터 확인되는데, 4세기까지 확인되는 보요관식은 모두 산모양의 기부에 가지형의 금사에 보요가 매달린 수지식인 반면, 5세기에 확인되는 보요관식은 하부의 모자골조위에 가지형의 금사가 있고, 금사 중간 중간에 보요를 매단 형태로 변화하였다. 마구는 마등을 통해 시대적 변화상을 살펴 볼 수 있다. 마등은 답수부 가운데가 볼록하게 돌출된 타원형의 환부가 먼저 나타나며 4세기 말 이후의 고분에서는 삼각형 환부를 갖춘 마등만 확인되었다.(도면 15)

토기 중 출토 수량이 많아 고분 분기에 사용할 수 있는 자료로는 호와 관이 있다. 호 중에서는 전연호와 장경호에서 변화상이 확인된다. 이들은

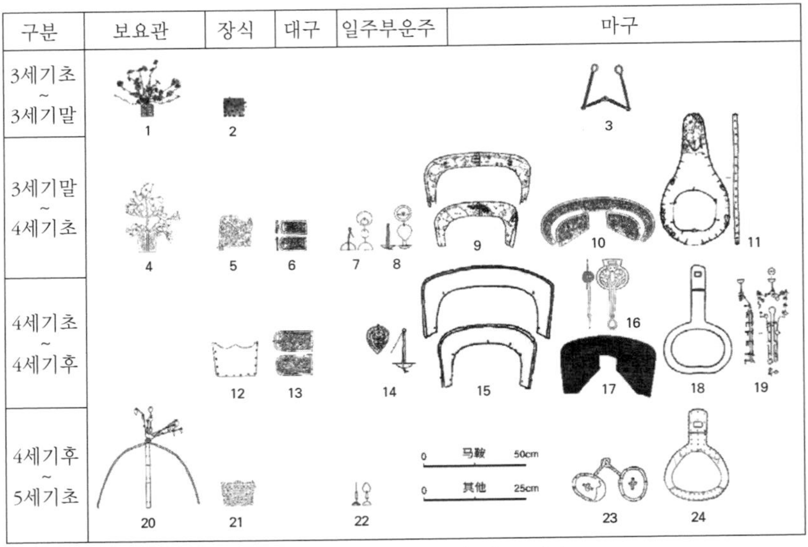

구분	보요관	장식	대구	일주부운주	마구
3세기초 ~ 3세기말	1	2			3
3세기말 ~ 4세기초	4	5	6	7 8	9 10 11
4세기초 ~ 4세기후		12	13	14	15 16 17 18 19
4세기후 ~ 5세기초	20	21		22	0 马鞍 50cm 0 其他 25cm 23 24

〈도면 15〉 장식품, 마구 및 마구 편년표

1北票房身村晉M2 2北票房身村晉M2 3朝陽王子墳山腰9001：3 4朝陽田草溝M2：22 5朝陽田草溝晉M1：8 6北票喇嘛洞M101：17,18 7北票喇嘛洞M217：34 8北票喇嘛洞M266：69 9北票喇嘛洞M202：24,25 10北票喇嘛洞M101：14 11北票喇嘛洞M266：60 12朝陽十二台磚廠88M1：30 13朝陽袁台子東晉壁畫墓：55 14朝陽十二台磚廠88M1：46 15朝陽十二台磚廠88M1：1 16安陽孝民屯M154：51 17朝陽十二台磚廠88M1：2 18安陽孝民屯M154：1 19朝陽十二台磚廠88M1：17 20北票北燕馮素弗M1：112 21北票北燕馮素弗M1：113 22本溪晉墓 23本溪晉墓 24北票北燕馮素弗M1：98

3세기말 삼연 성립기부터 존재하며, 시간이 흐르면서 구연부가 짧아지고, 동체부의 문양이 단순화 하는 경향이 나타난다. 4세기 후반 이후가 되면 반구호와 같은 새로운 기종이 출현한다. 관의 경우는 모용선비 본연의 기물은 아니며, 4세기 이후 주변지역 漢晉의 문물을 받아들이면서 기종과 수량이 증가하기 시작한다. 이러한 단경호는 일반적으로 시기변화에 따라 기종의 종류가 늘어나며, 점차 구연부가 직립하고, 기형이 커지는 변화상이 확인된다.(도면 16)

이와 같이 삼연문화 고분에서 출토된 자료 중 기년이 명확한 고분 및 고분출토 유물을 기본으로 하고, 토기와 자기, 마구 및 보요관 등의 표지유물을 활용하여 삼연문화 유물을 교차 편년한 결과, 삼연문화 고분의 시기를 아래와 같이 총 4기로 구분할 수 있었다.

제1기는 조위 초년시기에서 모용선비가 요서지역으로 진입한 3세기

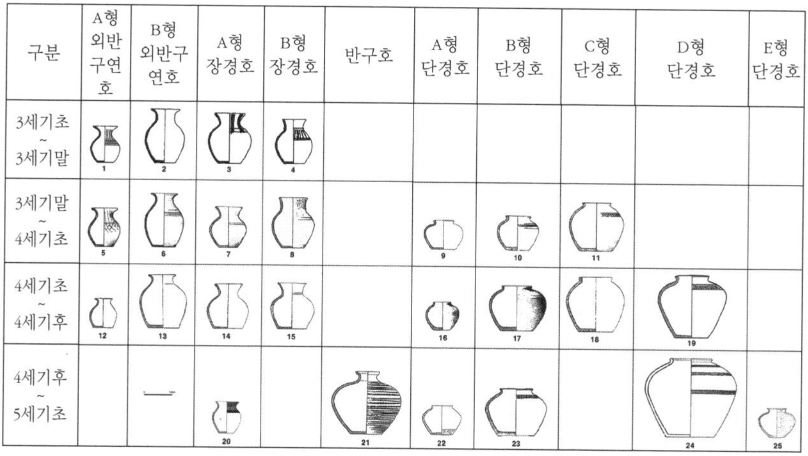

구분	A형 외반구연호	B형 외반구연호	A형 장경호	B형 장경호	반구호	A형 단경호	B형 단경호	C형 단경호	D형 단경호	E형 단경호
3세기초 ~ 3세기말	1	2	3	4						
3세기말 ~ 4세기초	5	6	7	8		9	10	11		
4세기초 ~ 4세기후	12	13	14	15		16	17	18	19	
4세기후 ~ 5세기초			20		21	22	23		24	25

〈도면 16〉 삼연문화 토기 편년표

1朝陽王子墳山台M9022：6 2朝陽王子墳山台M8708：1 3朝陽王子墳山台9014：13 4朝陽王子墳山腰M9001：11 5朝陽田草溝晉M2：18 6朝陽田草溝晉M1：3 7朝陽田草溝晉M2：15 8北票喇嘛洞M328：5 9錦州十六國時期墓 10北票喇嘛洞M196：2 11北票喇嘛洞M204：2 12安陽孝民屯M195：1 13安陽孝民屯M165：2 14安陽孝民屯M195：1 15安陽孝民屯M196：2 16朝陽袁台子東晉壁畫墓(M1：12) 17朝陽袁台子東晉壁畫墓(M1：4) 18朝陽袁台子北燕墓 19朝陽郭家箭頭地M1 20朝陽單家店M1 21朝陽十二台鄉磚廠M2 22北票北燕馮素弗M1：29 23本溪晉墓 24朝陽十二台鄉磚廠M4 25朝陽北廟村M2：1

초에서 3세기 말경이며, 포함되는 고분은 조양 왕자분산묘, 북표 방신촌진묘, 의현 보안사묘 등이다. 주로 확인되는 고분 유형은 A형토광묘, Ab형 석곽묘이며, 출토되는 유물은 외반구연호, 장경호 등의 토기류를 비롯하여 보요관이 있다. 이 시기에 확인되는 외반구연호와 장경호는 新勝屯墓地[58], 六家子墓地[59] 등 내몽고지역의 선비유적에서도 비슷한 기종이 확인되고 있다. 모용선비 본연의 문화특징이 유지되고 있으며, 아직까지 주변문화의 영향을 크게 받지 않았던 시기이다. 이 시기에 출토되고 있는 보요관식은 묘주인 신분의 귀천을 보여주는 특수 기물 중 하나이다.

제2기는 모용외 시기인 3세기 말에서 4세기 초경이며, 포함되는 고분은 조양 전초구진묘, 봉차도위묘, 북표 창량교선비묘, 대판영자묘, 라마동묘, 금주 전연 이외묘, 전산십육국시기묘 등이다. 고분 유형은 A형, B형토광묘, Ab형, B형 석곽묘, A형 석실묘, 전실묘이며, 출토되는 유물은 역시 외반구연호와 장경호가 지속되면서 협사대구관, 단경호 등의 토기류가 새로 출현한다. 이 중 단경호는 한문화의 영향을 대표하는 기종 중 하나이다. 또한 보요관식이 지속되며, 특히 마구, 무기, 공구류의 비중이 증가한다. 이 시기는 모용외가 극성에 있던 시기로, 모용부 세력이 중국 중원 인사들을 받아들여 법률과 제도를 정비하였다. 또한 우문부 등 주변 선비부족 및 부여를 침공하여 다수의 포로를 획득하며 정치·경제적으로 크게 확장한 시기이다. 이 시기에 등장하는 전실묘와 석실묘 및 출토되는 단경호와 청동용기는 한문화의 영향을 상당히 받았음을 보여준다.

제3기는 전연시기인 4세기 초에서 4세기 후반경이며, 포함되는 고분은 조양 십이대전창88M1, 삼합성묘, 원태자북연묘, 원태자동진벽화묘, 곽가전두지M1, 안양 효민둔묘 등이다. 고분 유형은 A형, Ab형 석곽묘, B형, C형 석실묘이며, 전실묘가 사라지고 벽화묘가 새로 등장한다. 출토되는

58) 田立坤,「科左後旗新勝屯鮮卑墓地調査」『文物』, 1997(11).

59) 張柏忠,「內蒙古科左中旗六家子鮮卑墓群」『考古』, 1989(5).

유물은 토기에 있어서는 외반구연호와 장경호가 지속되지만, 구연부가 좁아지고 높이가 낮아지는 변화가 나타난다. 또한 확인되는 단경호의 기종과 수량이 대폭 증가하는 특징이 나타난다. 마구 역시 종류와 수량이 증가하는데, 특히 답수부에 돌기가 확인되는 마등이 확인되기 시작하는 점이 주목된다. 이 시기는 모용선비가 극성에서 용성으로 천도하였다가 다시 중원으로 진출하는 시기이다. 따라서 선비문화 요소는 더욱 감소하고, 한문화의 요소들이 선명해진다.

제4기는 후연, 북연시기인 4세기 후반에서 5세기 전반경이며, 포함되는 고분은 조양 후연 최휼묘, 십이대향전창묘, 중형기기창묘, 소가촌묘, 단가점묘, 북묘촌묘, 대평방촌벽화묘, 북표 북연 풍소불묘, 서관영자 4호묘, 본계진묘[60] 등이다. 고분 유형은 A형토광묘, A형, B형 석곽묘, A형, B형 석실묘이며, 출토되는 유물은 토기에 있어서는 외반구연호와 장경호가 거의 사라지고, 반구호가 새롭게 등장한다. 마등은 타원형 마등과 함께 삼각형 마등이 같이 확인되며, 보요관의 경우는 가지 끝에 보요식이 달려 관모에 꽂는 방식에서 가지 장식이 간소화 되고 이를 관모에 덮어씌우는 방식으로 변화하게 된다. 이 시기가 되면 주변문화와 모용선비 문화가 매우 깊이 융합하게 되며, 다종의 문화요소가 섞인 독특한 형태가 보인다. 고분의 형제 및 구조, 출토유물을 통해 묘주인의 사회적 지위, 계층이 구분할 수 있다.

---

60) 본계진묘와 관련해서는 고구려 고분일 가능성과 삼연문화 고분설일 가능성이 모두 있다. 고분 자체는 이미 도굴되어 물질자료가 상당부분 훼손된 상태지만, 축조방식과 잔존한 구조에서 고구려 문화요소가 확인되고 있으며, 출토 유물에 있어서는 삼연문화요소도 확인되기 때문이다. 다만 삼연문화는 주변 여러 문화를 흡수하며 형성되었음을 이미 밝혔으며, 이에 따라 본계진묘 출토 유물을 논함에 있어서는 삼연문화의 한 부류로 포함시켜도 무리가 없을 것으로 판단된다.

Ⅳ. 맺음말

한국 역사학계에서는 이미 삼연 혹은 모용선비와 관련된 비교연구가 다년간에 걸쳐 상당히 구체적으로 진행되었다. 이와 관련된 연구로는 삼연 각국과 고구려와의 관계에 관한 연구가 주를 이루고 있으며, 그 외에도 선비, 부여와 관계된 연구 및 각 선비부족의 역사와 관련된 연구도 있다. 이에 비해 한국 고고학계는 삼연문화와 관련된 연구가 역사학계보다 비교적 늦게 시작되었다. 연구가 늦어진 가장 큰 이유는 역시 자료 접근의 한계가 가장 큰 요인으로 작용하였을 것으로 보인다. 그리고 현재까지 고고학계에서 배출된 대부분의 연구 성과는 중국의 연구 성과를 소개하거나 삼연문화와 한반도 문화를 비교해서 연구한 일종의 교류연구가 주를 이루고 있다. 이는 한국에서의 삼연문화가 비교대상으로서의 의미가 크기 때문일 것이다. 다만, 삼연문화와 관련된 연구의 장기적인 전문성 확보를 위해서라도 추후 '삼연문화' 자체를 연구하는 고고학 논문이 꼭 필요하다.

이미 삼연문화와 관련된 연구가 상당히 진행된 중국 학계에서는 삼연문화를 고고학적인 '문화'의 한 갈래로 보는 광의의 견해와 '모용선비유적'으로 보는 협의의 견해가 대치하고 있다. 광의의 삼연문화를 논하자면, 유물군의 유사성에 따라 동시기 혹은 약간 이른 시기에 존재했을 오환 등 다른 족속이 설 자리를 잃어버리게 되며, '모용선비유적'으로 제한하여 볼 경우에는 후연과 북연시기에 나타나는 특징적인 문화요소, 즉 주변문화의 영향을 받아 변화된 요서지역의 물질문화에 대한 설명이 어려워지는 문제가 발생한다.

이에 필자는 삼연문화를 정의함에 있어 상술한 전립곤의 제의에서 한 단계 더 발전시켜, 전연·후연·북연의 삼연을 강조함과 더불어, 동부선비 및 오환, 한, 부여, 고구려의 관련된 문화요소를 포함한 개념으로 확대할 필요가 있다고 보았다. 즉, 삼연문화의 정의를 '모용선비가 주체가 되어 성립되었지만, 전연 성립 이후 후연·북연시기를 거치면서 주변문화를 부단히 흡수한 문화'로 하는 것이다. 물론 필자의 이와 같은 생각 역시 현재까지 이루어진 삼연문화 연구 성과를 통해 도출한 하나의 '의견'일 뿐이며, 삼연문화를 구성하고 있는 복잡한 유구와 유물에 대해서 앞으로 지속적으로 그 '기원 및 계열'을 밝히기 위한 연구를 진행하겠다.

李 龍 彬 김민균(한국, 국립일제강제동원역사관 학예연구사) 옮김

요령지구에서 발견된 한당시기 고분벽화 연구

Ⅰ. 요동지구의 벽화묘

요동지구에서 발견된 한당시기 벽화묘는 약 30기이다. 그중 주요 집중분포구역은 대련지구의 동한벽화묘, 요양지구의 동한위진벽화묘, 무순과 본계의 고구려벽화묘이다.

1. 대련지구의 동한벽화묘

대련지구에서 현재 발견된 한당시기 벽화묘는 2기가 있고, 건국전 일본학자들이 발견한 것이다. 1918년 濱田耕作이 旅順 刁家屯 한묘의 발굴을 주도해[1] 발견된 벽화에 대해 기재해 두었고 이후에 대련시 문물고고연구소가 실물조사했으나 현재는 볼 수 없다. 1931년에 藤寬, 森修 등이 遼寧大連 金縣 營城子 한묘의 발굴을 주도하였고, 발굴자에 의해 동한전기의

1) 濱田耕作, 『旅順刁家屯の一古墳』, 『旅順刁家屯古墳調査補遺』, 載濱田耕作先生著作集刊行委員會編, 『濱田耕作著作集』(京都市, 同朋舍, 1987~1993年) 第四卷, 225~243, 253~297頁.

묘로 해석되었다.[2] 이 묘는 전축다실묘로, 주실은 쌍궁륭정이고 평면은 '回'자형 으로 외곽에 회랑이 있다.(도 1) 묘전의 내부를 향하는 면에는 홍, 황, 백으로 채색된 연구의 방격문이 새겨졌다. 이 벽화의 내용은 아주 풍부해서 주실 남문 위에 괴수를 그리고 현관 양측에 문지기를 그렸다.(도 2) 후벽에 묘주인의 승천을 기원하는 대형화폭의 그림이 있으며, 우인, 방사, 선학, 창룡, 상운, 묘주인과 시종, 가솔들의 제사 등 아주 많은 형상이 포함되었다.(도 3) 그림은 흑선으로 테두리를 그리고 홍채를 칠했다. 구도가 간결하며, 필치가 생동감있고 비교적 높은 예술적 조예가 있다.

〈도 1〉 묘실구조와 벽화 분포도

〈도 2〉 문졸과 신수도

〈도 3〉 승선 기원도

2) 內藤森, 森修, 1934, 『營城子－前牧城驛附近の漢代壁畫磚墓』, 刀江書社.

2. 요령지구의 동한위진 벽화묘

요양지구에서 벽화묘가 발견되기 시작한 것은 20세기 초 일본학자들이 동북지역을 발굴조사하면서 부터이다. 1895년, 일본학자 鳥居龍藏가 동경 인류학회를 중국 요동반도에 파견해 최초의 고고조사를 시작했고, 가장 먼저 요양 한묘의 성질을 파악했다. 중일전쟁 후 鳥居龍藏는 1905년에서 1941년까지 중국에서 4차례의 고고조사를 진행했고 동북 3성과 내몽고 동부지구를 포괄하는 지역을 답사했다. 이후 일본학자들은 鳥居龍藏의 답사를 기초하여 요양 지구에서 다수의 한위벽화묘를 발굴했고, 발굴은 1940년대 중반까지 이어졌다. 1918년 요양시 동북쪽 근교에서 迎水寺벽화묘가 발견되었고, 1919~1920년, 八木奘三郞·塚本靖이 각각 조사를 진행했다.[3] 1931년과 1933년 梅本俊次가 잇따라 東門外墓[4]와 滿洲棉花會社墓[5]를 발굴했다. 이후 1942년, 原田淑人이 주관해 遼陽 南林子벽화묘[6]와 남부근교의 玉皇廟벽화묘[7](皇廟1號墓)를 발굴했다. 1943년 北園壁畫墓(1號壁畫墓)를 발견해 중국인 학자 李文信이 가장 먼저 실지조사를 진행했다.[8] 1943년 駒井和愛가 遼陽 北園1號壁畫墓[9]의 발굴을 주도하고, 이후 동경대학교 문학부에서 정리하였다.[10] 1944년 遼陽 棒台子屯 1號壁畫墓[11]를 발굴했다. 1950~60년대, 1951년에 三道壕第四窯場墓(車騎墓)를 발굴 정리하였고,[12]

---

3) 八木奘三郞, 1921,「遼陽發見の壁畫古墳」『東洋學報』1921年 1月 第11卷 第1號 ; 塚本靖, 1921,「遼陽太子河附近の壁畫ある古墳」『考古學雜志』第11卷 第7號.

4) 水野淸一, 1933,「南滿洲遼陽出土の漢代王周玉」『東方學報』(京都版), 444~449頁.

5) 梅本俊次, 1934,「南滿洲遼陽附屬地發見の石棺古墳」『滿蒙』, 136~147頁.

6) 原田淑人, 1943,「遼陽南林子の壁畫古墳」『國華』692號.

7) 駒井和愛, 1942,「南滿洲遼陽に於ける古跡調查」『考古學雜志』32-2, 46~47頁.

8) 李文信, 1947,「遼陽北園畫壁古墓記略」『國立沈陽博物院籌略委員會彙刊』第一期.

9) 駒井和愛, 1944,「最近發見にかかる遼陽の漢代古墳」『國華』第54編 第10冊.

10) 駒井和愛, 1950,『遼陽發見の漢代古墳』(考古學硏究第一冊), 大學文學部考古學硏究室.

11) 李文信, 1955,「遼陽發現的三座壁畫古墓」『文物參考資料』1955年 第5期.

1953년 令支令張君墓[13]를 발굴 정리했다. 1955년에 三道壕1·2號墓[14]를 발굴했고, 1957년 棒台子2號墓[15]와 南雪梅1號墓[16]를 발굴했다. 1958년 上王家村墓[17]를 발굴하고 道西莊墓를 발견했으며, 1959년에는 北園2號墓[18]를 발견했다. 1970년대, 1974년 三道壕3號墓[19]를 발굴하고, 峨嵋莊墓를 발견했다. 1975년 鵝房墓[20]를 발굴하고, 東門外墓를 발견했다. 1980~90년대, 1983년에는 東門裏墓[21]를 발굴하고, 1995년 南環街墓[22]와 北園3號壁畫墓[23]를 발굴했다. 21세기에 이르러, 2003년 南郊街 東漢壁畫墓[24]를 발굴하였고, 2010년 河東新城東漢壁畫墓[25]를 정리하고 2014년 苗圃壁畫墓[26]를 발굴하였다. 현재까지 발견된 요양의 벽화묘는 30여 기이다.

이들 벽화묘의 특징은 모두 당지에서 생산되는 남분 셰일의 판석을 쌓아 석실을 만든 것이다. 묘는 일반적으로 묘문, 관실, 회랑, 좌우이실 등의 여러 부분으로 조성된다. 큰묘에는 관밖에 곽과 전랑이 설치되고 네 회랑이 둘러싸고 있으며, 묘문, 좌우이실, 후실, 중실이 있다. 묘실의 구조는 묘주인이 생전에 지상에서 살던 건축의 형태를 갖추고 있다. 묘내의

---

12) 李文信, 1955,「遼陽發現的三座壁畫古墓」『文物參考資料』1955年 第5期.
13) 李文信, 1955,「遼陽發現的三座壁畫古墓」『文物參考資料』1955年 第5期.
14) 東北博物館, 1955,「遼陽三道壕兩座壁畫墓的清理工作簡報」『文物參考資料』1955年 第12期.
15) 王增新, 1960,「遼陽市棒台子二號壁畫墓」『考古』1960年 第1期.
16) 王增新, 1960,「遼寧遼陽縣南雪梅村壁畫墓及石墓」『考古』1960年 第1期.
17) 李慶發, 1959,「遼陽上王家村晉代壁畫墓淸理簡報」『文物』1959年 第7期.
18) 鄒寶庫, 1980,「遼陽發現三座壁畫墓」『考古』1980年 第1期.
19) 鄒寶庫, 1980,「遼陽發現三座壁畫墓」『考古』1980年 第1期.
20) 鄒寶庫, 1980,「遼陽發現三座壁畫墓」『考古』1980年 第1期.
21) 馮永謙等, 1985,「遼陽舊城東門裏東漢壁畫墓發掘報告」『文物』1985年 第6期.
22) 遼寧省文物考古研究所, 1998,「遼寧遼陽南環街壁畫墓」『北方文物』1998年 第3期.
23) 湯池, 1989,『中國美術全集』(墓室壁畫), 文物出版社, 7頁.
24) 田立坤, 2008,「遼寧遼陽南郊街東漢壁畫墓」『文物』2008年 第10期.
25) 李龍彬等, 2016,「新發現的遼陽河東新城東漢壁畫墓」『東北史地』2016年 第一期.
26) 遼寧省文物考古研究所資料.

석벽은 그림으로 장식하고 있다. 일반적으로 묘문의 양측과 회랑, 이실의 석벽위에 그려지며, 흑, 백, 적, 녹, 황색 등의 안료로 직접 그리는 것이 많고 소수의 그림에서 백분을 이용해 정리했다. 묘 외부에는 높고 큰 봉토가 언덕과 같이 솟았는데 봉분이 높을수록 지위가 높아 관헌이나 부호의 집에서 유행했다.

벽화의 내용은 주인의 생전 생활을 반영한 주제로, 家居宴飮(도 4), 講經布道(도 5), 車馬出行, 雜技百戲, 庖廚樓閣 등의 소재가 있고, 그 외에 소수의 묘에는 승천의 상서로움과 묵서가 기록되기도 한다. 규모가 가장 크고 구조가 가장 복잡하며 벽화가 가장 미려하고 내용이 가장 풍부한 2기의 묘는 北園一號墓와 棒台子一號墓이다.

〈도 4〉 북원 3호묘 가구주연가무도

〈도 5〉 아방 1호묘 강경도

北園一號壁畫墓는 백탑구 鐵西사무소 北園村 東南쪽에 위치한다. 묘의 봉분은 원형으로 높이 10m이다. 곽실은 담청색 셰일의 큰 석판을 이용해 세웠고, 4개의 이실과 1개의 후실을 조성한 亞자형의 다실묘로, 내부에 3개의 관실과 회랑이 있다.(도 6) 묘실은 길이 7.85m, 너비 6.85m, 높이 1.70m이다. 묘문은 서남향으로, 3매의 석판을 밖에 쌓았다. 석벽에는 연회도를 그렸는데, 1기의 운척지붕 건물이 있고 실내에 휘장을 높이 매달았으며 한 남자와 두 병사가 마주 앉아있다.

남자주인은 검은 모자에 푸른 도포, 병사는 진현관을 쓰고 푸른 도포를 입었다. 실내의 시종들은 진현관을 쓰고 푸른 도포를 입고, 주인에게 식사를 제공하고 있다.(도 7) 소부리도는 두 명이 진현관을 쓰고 청색 장포, 검은 테두리의 깃과 소매를 하고 있다.(도 8) 누각도는 3층의 높은 누각으로 용마루에 새가 한 마리 있고 와주에 붉은색 긴 깃발이 있으며 가운데 층에 부인이 앉아 있다.(도 9) 누각 우측하단에 한 나체의 사람이 활과 화살을 들고 하늘로 날아오르며 누각 정부의 금조를 쏘는 후예사조도가 있다. 악무도는 건고 옆에서 한 사람이 북을 치고 있고, 악공 9명이 두 열로 앉아 있다. 무희는 2명으로 한 사람은 숙이고 있다 일어나려 하고, 한 사람은 긴 소매춤을 춘다. 백희도는 한 사람이 육환·한 사람은 세 검·한 사람은 바퀴를 날리고 있고, 두 사람이 합동으로 등배를 활모양으로 만들어 손발을

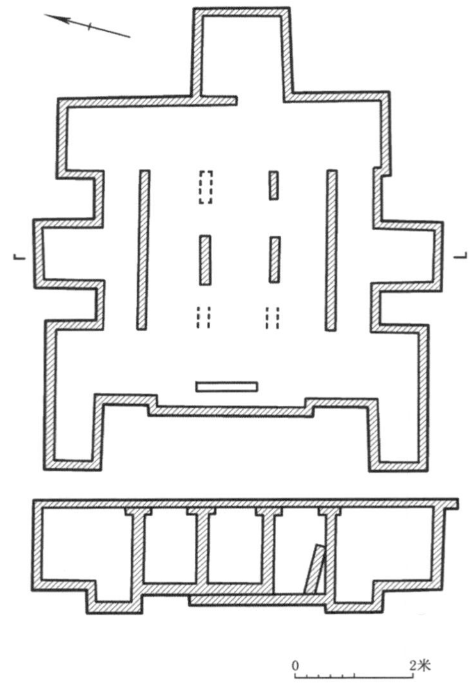

〈도 6〉 북원 1호묘 평면도

〈도 7〉 북원 1호묘 주연도

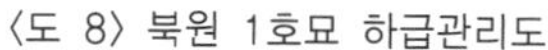
〈도 8〉 북원 1호묘 하급관리도

〈도 9〉 북원 1호묘 봉황누각도

〈도 10〉 북원 1호묘 악무백연도

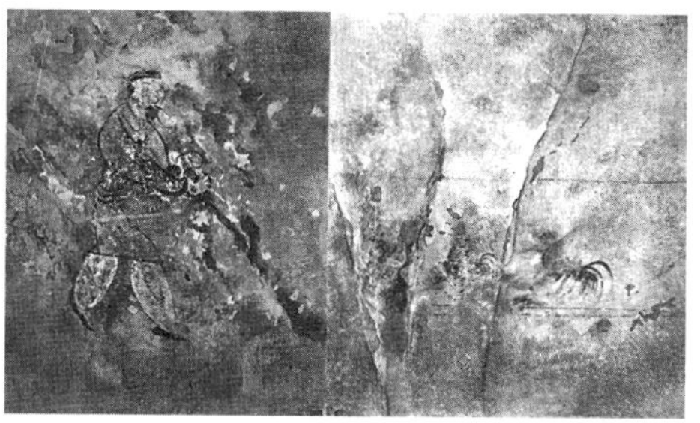

〈도 11〉 북원 1호묘 투계도

땅에 짚고 있고, 한 사람은 짐승상을 하고 한 사람은 돕고 있다. 모두 소매가 짧은 옷으로, 허리가 가늘고 사타구니가 크다.(도 10) 투계도는 두 수탉이 서로 싸우는 모습을 그렸고 한 마리는 이기고 한 마리는 졌다.(도 11) 행렬도는 수레 8량과 기마 24인을 그렸는데 매 수레마다 우측에 2~3명, 뒤에 1~2명이 있고, 중간의 주 수레는 3필의 말이 끌고

〈도 12〉 북원 1호벽화묘 수레 출행도

〈도 13〉 북원 1호벽화묘 기종도

있으며 그 뒤에 기마 5인이 따르고 있다.(도 12)

〈도 14〉 북원 1호묘 "代郡廩"도

기종도는 백여 기를 그렸는데 횡으로 6인을 배열하고, 매 2기마다 긴 칼을 차고·긴 깃발을 들고·양산을 들고·양손으로 기물을 받치고 있는 사람이 따르고 있다. 모두 무사가 선봉에 서고 있고 문신이 후위에 있다.(도 13) 벽화주제에는 '教以勤化以誠', '小府吏', '季春之月漢', '代郡廩'가 있다.(도 14)

봉태자 1호묘는 태자하구 망수대 사무소에 위치하며 속칭 대청 퇴자이다. 묘상부 봉토는 방추형으로 높이 7m, 저변 너비 22m이다. 곽실은 담청색 셰일제 큰 석판을 쌓아 만들었는데, 묘문 좌우 이실, 후실, 병렬된

3개의 관실, 관실을 둘러싼 형랑의 5부분으로 구성된다.(도 15) 사방에 석판을 세우고 위에 개석판을 덮은 후 빈틈에 석회를 발랐다. 묘문의 방향은 동에서 남으로 10도, 묘실 좌우 넓이 8m, 전후 깊이 6.60m이다. 석곽 내에는 흑확오채의 벽화가 있다.(도 16) 묘문 양 기둥의 바깥 면에 문졸도가 있고, 문졸은 큰 눈과 붉은 입술에 무사의 차림으로, 홍백의 모자와 주홍의 도포를 입고 있으며 검은 깃과 소매가 달렸다. 오른손에 장방형의 방패를 들고 왼손에 환수장도를 들었으며 도환에는 붉은 술을 달았다. 양 기둥의 안쪽 면에는 문견도를 그렸는데, 몸에 흰 칠을 하고 마른 몸에 긴다리를 가지며 얇은 목에 곧추선 귀를 가지고 목에는 붉은 줄이 달려있다.

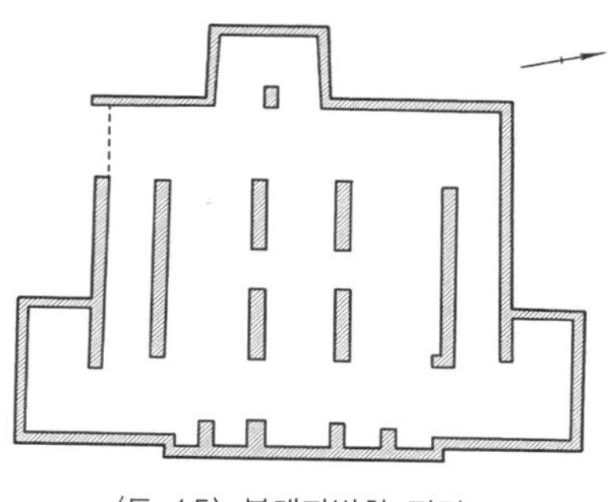
〈도 15〉 봉태자벽화 평면도

〈도 16〉 봉태자 1호묘 묘실 구조와 정부 벽화

긴 주둥이는 문밖을 향해 짖고 있는 형상이다.(도 17) 묘문 좌우 양 벽에는 두 조의 백연도가 있다. 우벽에 23인 1조, 좌벽 26인 1조로 내용은 모두 악공과 가수, 서커스인원들이 연기하는 내용이다.(도 18) 좌우 소실벽 사이에는 주인의 주연도가 있다. 도상은 높고 크며 두 남자가 각자 마루에 앉아있고 뒤에 병풍이 있다. 좌우전후의 식사쟁반을 나르고 단선을 들고 시립하는 하인은 검은 모자를 쓰고 검은 장포를 입고 있으며 형상이 주인보다 작다. 우회랑의 좌·우·후 3벽과 좌회랑 좌 벽에 차기출행도가 있는데 이묘의 벽화 중 면적이 가장 큰 그림이다. 무리로 말을 탄 관리 43인과 기사 91인, 걸어서 따라오는

〈도 17〉 봉태자 1호묘 문견도

〈도 18〉 봉태자 1호묘 백연도(좌), 봉태자 벽화묘 잡기도(우)

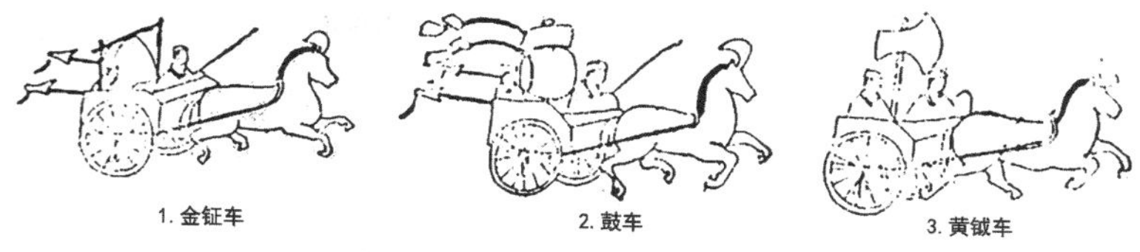

〈도 19〉 봉태자 1호묘 출행차량도

22인과 수레에 탄 사람과 마부가 모두 173인이다. 차량에는 黃鉞車, 鼓車, 金鉦車가 있고(도 19), 흑개차와 백개차가 모두 10량, 말은 127필이다. 무사는 갑주를 착용하고 긴 깃발이나 창, 극을 들고 열 앞에 있으며 문신은 열 뒤로 구성된 기당 의장행렬이다.

후회랑 후좌벽화는 택제도이다. 중앙에 무전식 3층 누각이 한 채 있는데 검은 지붕에 붉은 기둥, 흰 여닫이창, 누각 아래에는 4, 5층의 돌계단이 있고, 누정은 높고 크며, 장식이 아주 눈에 띈다. 누각 좌우에 주택이 한 채 있는데 회색지붕에 붉은 기둥과 검은 담장이다. 누각 후전방에 붉은색 정자가 하나 있는데 두 기둥이 정자지붕을 받치고 있고 지붕아래는 긴 줄을 드리웠다. 후소실 우·후·좌 3벽에는 주방도가 있다.(도 20) 우측 벽에는 솥이 2개인 긴 아궁이가 있는데 무전식의 목제 부엌으로, 흑분사족목제방형반, 통형원기, 첩순사족방안, 사족원안, 원형광주리상자, 흑분, 철확 등 각종 기물이 있다. 후벽 횡목에는 철제 고리에 편호, 짐승머리, 거위, 꿩 두 마리, 새 두 마리, 원숭이, 심장과 폐, 돼지, 건어물, 선어 등 이 걸려 있다. 22명이 즙을 짜고 식품을 정리하고, 바구니를 들고, 설거지를 하고, 음식을 볶고, 절구질을 하고, 닭털을 뽑는 등의 형상이 있다. 좌벽에는 큰 칼로 짐승을 해체하고, 도마에서 고기를 자르고, 소뿔을 잡고, 돼지고기를 묶는 등 도축도가 있다.

〈도 20〉 봉태자 1호묘 주방도

〈도 21〉 련지련장군묘 주연도

전랑 상정석에는 일월류운도가 있는데 색채의 밝기가 우아하고 정숙하다. 관두벽단에는 반회식 운문을 가득 채웠는데 형상이 사실적이다.

동한말기 중원이 전란에 빠져 요동태수 공손도가 웅거했다. 초평 원년(AD.190) 요동제후로 일어나 평주를 다스리기 시작해 위 명제 경초 2년(238)에 이르기까지 공손씨 망족이 50년 간 요동지구를 통치했다. 요양은 요동치상평성의 소재지로, 이 시기 지구의 정치, 경제, 문화의 중심지였다. 요양 일대에서 동한위진 석실벽화묘의 발견 수량은 많지 않지만, 그 규모는 비교적 커서 묘주인이 일반평민은 아닐 것이다. 삼도총 요업 제2현장묘에서 발견된 '□□支令張□□'와 '公孫夫人'의 기록은(도 21) 묘주인의 신분을 이해하는 실마리를 제공하는 유일한 자료이다. 규모가 가장 큰 북원 1호묘는 군수 1급 관리의 묘일 가능성이 있다. 하동신성에서 발견된 '公孫□□'의 흑서 기록은, 공손씨 통치집단의 귀족묘일 가능성이 있다.

3. 무순본계지구의 고구려벽화

고구려벽화는 요령지구에서 아주 적게 발견되고, 현재 2기가 있다. 1992년 발굴한 桓仁 米倉溝의 '將軍墓'는 요령에서 가장 먼저 발견된 고구려 벽화묘이다.[27] 묘실은 거석으로 만들어졌으며 좌우 이실이 있고 주실 묘벽에 벽화가 있다.(도 22) 내용은 연화, 용문, 류운 등의 장식문과 기하학

〈도 22〉 미창구 장군묘 묘실 구조와 벽화

〈도 23〉 미창구 장군묘 묘실 첩삽정 구조와 벽화

문양이 주를 이룬다. 화풍이 간결하고 기법이 유창해 고구려벽화묘 장식의 주요 특징을 갖추고 있다.(도 23) 이외에도, 2001년 발굴된 무순 여가 고구려묘지 M1에서도 벽화의 흔적이 발견되는데, 탈락된 백회에서 희미하게 채색된 출행도가 보인다.[28]

II. 요서지구의 벽화묘

요서지구에서 발견되는 벽화묘는 주로 조양지구에 분포하며 모두 모용선비 삼연문화의 유적이다. 이미 발표된 벽화묘 자료에는 1965년 정리된 北票 西官營子 北燕 풍소불과 그 아내의 묘,[29] 1973년 정리된 朝陽縣 大平房村 1호 북연묘,[30] 1978년 정리된 朝陽縣 北廟村 1號북연묘[31]와 1982년 정리된 朝陽 袁台子 전연 벽화묘가 있다.[32]

27) 武家昌 等, 2003, 「桓仁米倉溝高句麗壁畫墓」『遼寧考古文集』, 遼寧民族出版社.

28) 呂學明, 2002, 「撫順發掘施家高句麗墓群」『中國文物報』.

29) 黎瑤渤, 1973, 「遼寧北票西官營子北燕馮素弗墓」『文物』 1973年 第3期.

30) 朝陽地區博物館, 1985, 「遼寧朝陽發現北燕·北魏墓」『考古』 1985年 第10期.

31) 朝陽地區博物館, 1985, 『遼寧朝陽發現北燕·北魏墓』, 『考古』 1985年 第10期. ; 陳大爲, 1990, 「朝陽縣溝門子晉壁畫墓」『遼海文物學刊』 1990年 第2期.

32) 遼寧省博物館文物隊等, 1984, 「朝陽袁台子東晉壁畫墓」『文物』 1984年 第6期.

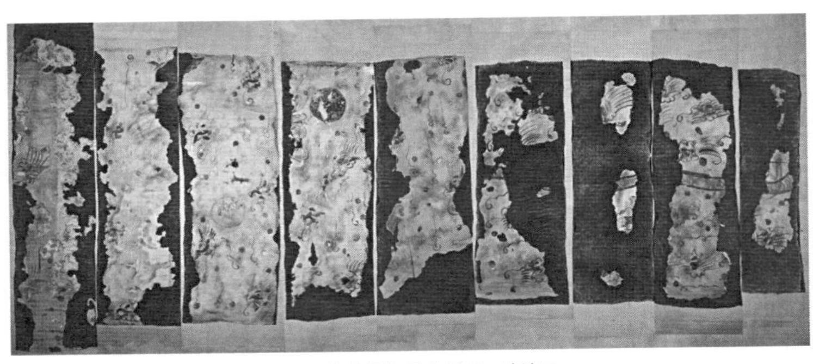

〈도 24〉 북연 풍소불묘 서상도

풍소불과 그의 아내 묘는 동총이혈로, 곽실 네 벽과 정부에 석회를 바르고 회면위에 벽화를 그렸는데 채색에는 주홍, 등황, 녹, 흑색 등이 사용되었다. 풍소불묘 벽화는 대부분 탈락되어 네 벽의 화면은 흑선의 테두리 형상과 한 남자의 두상만이 잔존한다. 전정은 9개의 개석 위에 별자리를 그렸고(도 24), 묘내의 백목관 위에 우인, 운기, 주택과 인물을 그렸다. 묘에서 출토된 유물 대다수가 중원과 남방의 동시대 유물과 비슷하지만 금보요관 등 소수민족의 특색을 가진 물건과 압형기와 로마유리기물 등 외부에서 유입된 물건도 있다. 묘주인 풍소불은 북연천왕 풍발의 동생이며 북연의 재상이다. 함께 발굴된 풍소불의 부인묘는 곽실 네 벽과 정부를 점토와 석회를 발랐고 벽화가 아직 잔존하는데, 벽화는 가옥건축(도 25), 시녀, 검은 개, 꼬리가 긴 검은 새, 출행도, 묘주인가구도 등이 있다.

〈도 25〉 북연 풍소불 부인묘 건축도

大平房村 벽화묘는 벽면과 정부에 점토와 백회를 바르고 그 위에 그림을 그렸다. 북벽에는 묘주인 부부상이, 동벽에는 시녀와 주방, 소를 그렸다.(도

26) 이실 벽화는 형상이 불명확하다. 이 묘의 형태, 벽화와 부장품이 풍소불 묘와 아주 유사해서 연대는 응당 북연에 해당한다. 北廟村 1호묘는 朝陽縣 北溝門子 北廟에 위치하교, '北溝門子壁畫墓'라고도 불린다. 묘실 벽면에 백회를 바르고 검은색과 붉은 색, 두 가지로 벽화를 그렸다. 서벽에는 우경의 모습을 그리고, 동벽에는 주인부부의 가구, 여자가 물을 퍼올리는 모습과 주방, 검은 개(도 27) 등이 그려지고, 북벽에는 묘주인 부부상(도 28), 산림 등이 그려졌다. 이묘의 벽화와 풍소불 묘는 서로 같아 그 시대는 응당 북연에 해당한다.

〈도 26〉 대평방촌 벽화묘 출행, 주방도

〈도 27〉 북묘촌 북연묘 흑구도

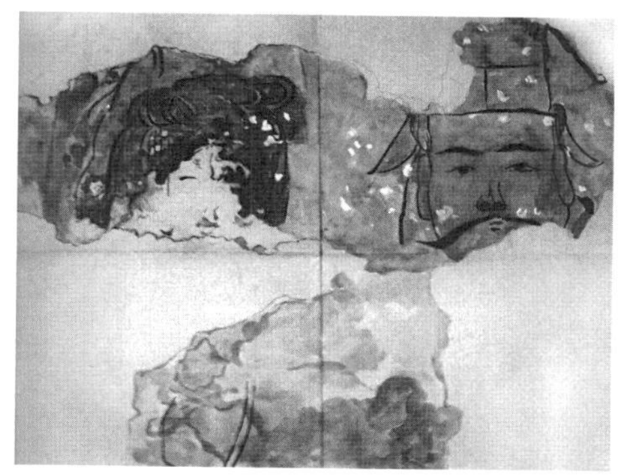

〈도 28〉 북묘촌 북연묘 묘주인상

袁台子墓는 전연묘로, 묘벽에 먼저 점토를 한층 바르고 다시 백회를 한층 발랐으며, 백회면 위에 홍, 황, 녹, 자, 흑색 등의 색으로 벽화를 그렸다.(도 29) 벽화의 내용은 창을 든 문리, 잔을 벌여두고 먼지털이를 들고 휘장아래에 앉아 있는 묘주인(도 30), 음식을 나르는 사람, 묘주인 부부의 식사, 사냥(도 31), 소수레의 출행(도

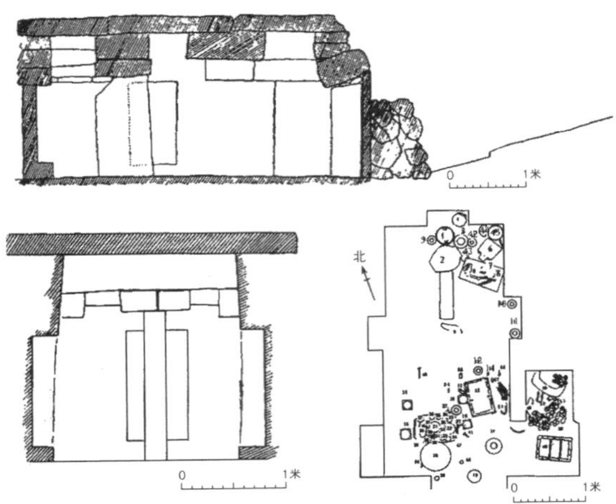

〈도 29〉 원태자벽화묘 평단면도

〈도 30〉 원태자벽화묘 묘주인

〈도 31〉 원태자벽화묘 수렵도

〈도 32〉 원태자벽화묘 우차도

〈도 33〉 원태자벽화묘 비선도

32), 사신, 정원, 식사준비(도 33), 류운일원과 묵서의 기록 등 삼라만상의 내용이다.

서기 337년 모용황이 大棘城에서 전연을 건립하여 342년에는 龍城으로 천도했다. 후연(384~407)과 북연(407~436)은 잇따라 龍城을 도성으로 삼았다. 龍城은 당대의 柳城으로 지금의 朝陽市이다. 이 지구의 벽화묘는 다방면에서 4~5세기 중엽 한문화와 소수민족문화가 융합된 특징을 보이며, 조양지구의 벽화묘는 선비족과 선비문화의 영향을 받은 선비화한 한족의 유적이다. 이들 묘제는 명확하게 다종의 문화요소가 융합된 특징을 가지며 요동 등지의 한위진 벽화와도 밀접한 관계를 가진다. 袁台子 전연묘에는 석판과 가는 석재를 쌓은 묘실 구조를 채용하였는데 이 묘실의 구조는 명확하게 요양 한위진 석실묘의 영향을 받은 것이다. 하지만 이들 묘제의 벽화는 요동의 벽화묘들이 석재의 표면에 직접 그림을 그린 것과는 달리, 먼저 점토와 백회층을 바르고 그 위에 그림을 그려서 중원 전실묘와 그 수법이 아주 유사하다. 다른 묘의 벽화에는 홍, 흑 두 가지 색이 사용된 것과는 달리 袁台子 묘 벽화에는 채색이 비교적 풍부하게 사용되어 동시대와는 다른 차이를 반영한다. 요동지구와 요서지구를 막론하고 위진묘 벽화 내용은 묘주인도, 차마출행, 주방 등 동한만기 하북, 하남, 산동 등지의 벽화묘 벽화를 계승한 것이 많다. 하지만 자신만의 특색도 출현해 지역적 특색을 가지기도 한다. 요양 벽화묘 문측의 문졸과 관리는 중원 벽화묘에서는 항상 보이지만, 문주에 그려진 문견은 중원지구 벽화묘에서는 보이지 않는다. 遼陽 袁台子 벽화묘에서 새롭게 출현하는 사신, 사냥도와 北燕墓에서 보이는 흑견 등의 내용은 요동지구에서는 보이지 않는다. 시대적으로 요양 벽화묘가 비교적 이르고 지속기간이 가장 길어서 동한시기부터 위진시대에 이른다. 요양 서진시기의 묘제는 上王家村묘를 예로 보면 우이실에 묘주인을 그렸는데(도 34) 좁은 침상에 정면으로 단정하게 앉아서 손에는 먼지털이를 들고 있고 병풍으로 둘러싸였고 위에 두 장을 덮었다.

〈도 34〉 원태자벽화묘 주인화상도 〈도 35〉 조선 동수묘 묘주인화상도

이러한 특징은 朝陽 袁台子벽화묘의 묘주인도와 굉장히 유사하며 동시에 朝鮮黃海北道 安嶽에서 발견된 동진 영화 13년(357) 冬壽墓 묘주신도의 벽화의 구도와 기법 상에서 아주 높은 일치성을 가진다.(도 35) 그 외 출행행렬을 묘사한 각기 다른 지역의 3기의 벽화 묘의 우차 형상이 진대 이후의 특징을 가지고 있다.

요령지구의 한당시기 벽화묘의 벽화 제작자들은 묘주인의 각기 다른 경력과 함께 당시의 사회풍조를 반영해 협소한 묘실에 비교적 진실되게 차마출행과 잡기백연, 주연 등의 장면을 그렸다. 이것들은 묘주인의 생전 사회활동의 여러 장면들을 반영한 것으로, 고대 현실주의 회화의 걸작이다. 벽화에서 부부가 마주앉아 주연을 즐기는 그림은 묘주인을 높고 크게 그리고 시종을 왜소하고 작게 그렸다. 도상의 대소와 원근으로 주종지위를 나누는 이러한 화법은 후대에 복식의 차이로 다른 신분을 표현하는 방법과는 달리 이후의 회화 투시 '이론'에 기초를 제시했다. 이외에도 소수의 묘에서 묘주인이 승천하는 운기도를 그렸다. 大連 營城子 한묘를 예로 상운과 길조 그림으로 묘주인의 승천을 축하하는 장면을 그렸다. 遼陽 棒台子 1호묘에는 성운도를 그렸다. 北園 2호묘에는 달에 옥토끼를 그리고 해에 금조, 양머리의 괴수 등을 그렸다. 桓仁 米倉溝의 '將軍墓'에는 變體蓮花, 龍紋과 流雲 등을 그렸다. 馮素弗墓 정부에는 9개의 개석에 별자리를 그리고,

묘내관에는 羽人, 雲氣 등을 그렸다. 이들 그림의 주제로 보아 일정한 낭만주의의 색채가 있었음을 알 수 있다.

요령지구의 한당시기묘 벽화의 내용과 형식에서 중원지구를 일정부분 계승하고 있지만, 구체적인 표현력에서는 지역적 색채를 강하게 나타내고 있다. 요양 동한위진석실묘의 묘구조와 벽화 내용과 표현 형식은 고구려 벽화묘와 삼연석실 벽화묘에 직접적인 영향을 주었고, 고구려와 삼연의 벽화묘는 전자의 다수의 문화요소를 계승하고 그 위에 본 민족적 특색을 포함한 새로운 내용을 추가했다. 이러한 현상의 출현은 이 시기 중앙집권이 통일되었다 분리되고 또 분리되었다 통일하면서 다민족이 융합하고 대규모의 인구가 이동하는 등 많은 요소와 밀접한 관계를 가진다. 요령지구의 한당시기 벽화묘는 중국 동북지구의 중요한 회화유산으로 요령 고대 사회의 생산, 생활, 문화, 문예 등의 연구에 보석 같은 자료를 제공하는 동시에 요령과 동북지구 한당시기 지역문화 연구에 심도 있는 자료를 제공한다. 또한 이 시기 동북아의 역사와 문화 공존의 중요한 과학적 자료를 제공하고 있다.

李 龙 彬

辽宁地区的汉唐壁画墓

辽宁地区发现的汉唐时期壁画墓葬数量较多, 目前据不完全统计已经清理的大约有40余座. 本文在前人研究基础上, 将辽宁地区发现的汉唐时期壁画墓葬按辽东辽西两个分区作以全面梳理并举要介绍.

一. 辽东地区的壁画墓

辽东地区汉唐时期壁画墓目前发现已经有近30座. 其中集中分布的主要有大连地区的东汉壁画墓·辽阳地区的东汉魏晋壁画墓·抚顺和本溪地区的高句丽壁画墓.

1. 大连地区的东汉壁画墓

大连地区目前发现的汉唐时期壁画墓仅有2座, 是由日本学者建国前发现的. 1918年, 濱田耕作主持发掘旅顺刁家屯汉墓[1], 曾记载发现有壁画, 后经大连市文物

1) 濱田耕作 :『旅顺刁家屯の一古坟』·『旅顺刁家屯古坟调查补遗』, 载濱田耕作先生著作集刊行委员会编 :『濱田耕作著作集』(京都市 : 同朋舍, 1987-1993年), 第四卷, 页225-243

考古研究所实际调查目前仍未见. 1931年内藤宽·森修等人主持发掘了辽宁大连金县营城子汉墓, 被发掘者确定为东汉前期的墓葬2). 该墓为砖筑多室墓, 主室作双穹窿顶, 平面呈"回"字形, 外套回廊(图1). 墓砖朝向墓室内的一面, 印有红·黄·白彩绘的连球和方格纹. 此墓壁画内容十分丰富, 主室南门上方绘怪兽·门洞两侧绘门吏(图2), 后壁绘巨幅祝祷墓主人升天的画面, 包括羽人·方士·仙鹤·苍龙·祥云·墓主与侍童·家属设祭等众多形象(图3). 画面以墨线勾勒并施以红彩, 构图简洁, 笔调生动, 具有较高的艺术造诣.

〈图 1〉 墓室结构及壁画分布图

〈图 2〉 门卒与神兽图

〈图 3〉 祝祷升仙图

·253-297.

2) 内藤森·森修 : 『营城子－前牧城驿附近の汉代壁画砖墓』, 刀江书社, 1934年版.

2. 辽阳地区的东汉魏晋壁画墓

辽阳地区壁画墓的发现始于20世纪初日本学者在东北地区的考古调查活动. 早在1895年, 日本学者鸟居龙藏受东京人类学会派遣对中国辽东半岛进行了最早的考古调查, 他首次确认了辽阳汉墓的性质. 日俄战争后, 鸟居龙藏又曾于1905至1941年间四次进入中国进行考古调查, 考察范围包括东北三省和内蒙古东部地区. 此后日本学者在鸟居龙藏考察的基础上在辽阳地区发现发掘了多座汉魏壁画墓, 发掘工作一直持续到20世纪40年代中期. 1918年发现辽阳东北郊迎水寺壁画墓, 1919-1920年, 八木奘三郎·冢本靖分别对其进行了调查[3)]；1931年和1933年梅本俊次陆续发掘东门外墓[4)]和满洲棉花会社墓[5)]；此后1942年, 原田淑人主持发掘了辽阳南林子壁画墓[6)]和南郊的玉皇庙壁画墓[7)](玉皇庙1号墓)；1943年发现北园壁画墓(1号壁画墓), 中国学者李文信最早对其进行了实地调查[8)], 1943年驹井和爱主持发掘辽阳北园1号壁画墓[9)], 后经东京大学文学部整理[10)]. 1944年发掘辽阳棒台子屯1号壁画墓[11)]. 20世纪50至60年代, 1951年发现清理三道壕第四窑场墓(车骑墓)[12)]·1953年发现清理了令支令张君墓[13)], 1955年发掘三道壕1·2号墓[14)], 1957

3) 八木奘三郎 :『辽阳发见の壁画古坟』,『东洋学报』1921年1月第11卷第1号 ; 冢本靖 :『辽阳太子河附近の壁画ある古坟』『考古学杂志』1921年3月第11卷第7号.

4) 水野清一 :『南满洲辽阳出土の汉代王周玉』,『东方学报』(京都版)1933,4 : 444~449.

5) 梅本俊次 :『南满洲辽阳附属地发见の石棺古坟』, 满蒙1934,6 : 136~147.

6) 原田淑人 :『辽阳南林子の壁画古坟』,『国华』692号(1943年4月).

7) 驹井和爱 :『南满洲辽阳に於ける古迹调查』,『考古学杂志』1942,32(2) : 46~47.

8) 李文信 :『辽阳北园画壁古墓记略』,『国立沈阳博物院筹略委员会汇刊』第一期, 1947年10月.

9) 驹井和爱 :『最近发见にかかる辽阳の汉代古坟』,『国华』1944年10月第54编第10册.

10) 驹井和爱 :『辽阳发见の汉代古坟』,(考古学研究第一册), 东京 : 大学文学部考古学研究室, 1950.

11) 李文信 :『辽阳发现的三座壁画古墓』,『文物参考资料』1955 第5期.

12) 李文信 :『辽阳发现的三座壁画古墓』,『文物参考资料』1955年第5期.

13) 李文信 :『辽阳发现的三座壁画古墓』,『文物参考资料』1955年第5期.

14) 东北博物馆 :『辽阳三道壕两座壁画墓的清理工作简报』,『文物参考资料』1955年第12

年发掘棒台子2号墓[15]，南雪梅1号墓[16]，1958年发掘上王家村墓[17]，发现道西庄墓，1959年发现北园2号墓[18]．20世纪70年代，1974年发掘三道壕3号墓[19]，发现峨嵋庄墓，1975年发掘鹅房墓[20]，发现东门外墓．20世纪80·90年代，1983年发掘东门里墓[21]，1995年发掘南环街墓[22]和北园3号壁画墓[23]．21世纪以来，2003年发掘南郊街东汉壁画墓[24]·2010年清理河东新城东汉壁画墓[25]以及2014年发掘苗圃壁画墓[26]．截至目前，辽阳壁画墓发现已达30座之多．

这些壁画墓葬的特点均是用当地所产的南芬页岩石板支筑成石室．墓葬一般由墓门·棺室·回廊·左右耳室等几部分组成．大墓棺外有椁，设前后廊，四廊围绕，前有墓门，左右耳室，后室·中室．整个墓室布局，具有象征墓主生前地上建筑性质．墓内石壁装饰彩画，一般绘于墓门两侧·回廊·耳室的石壁上，多使用黑·白·朱·绿·黄等颜料直接绘就，少数画面用白粉涂地．墓外高大封土如丘，丘垄越大，地位越高，在官宦和富豪之

〈图 4〉 北园三号墓家居宴饮歌舞图

期．

15) 王增新：『辽阳市棒台子二号壁画墓』，『考古』1960年第1期．

16) 王增新：『辽宁辽阳县南雪梅村壁画墓及石墓』，『考古』1960年第1期．

17) 李庆发：『辽阳上王家村晋代壁画墓清理简报』，『文物』1959年第7期．

18) 邹宝库：『辽阳发现三座壁画墓』，『考古』1980年第1期．

19) 邹宝库：『辽阳发现三座壁画墓』，『考古』1980年第1期．

20) 邹宝库：『辽阳发现三座壁画墓』，『考古』1980年第1期．

21) 冯永谦等：『辽阳旧城东门里东汉壁画墓发掘报告』，『文物』1985年第6期．

22) 辽宁省文物考古研究所：『辽宁辽阳南环街壁画墓』，『北方文物』1998年第3期．

23) 汤池：『中国美术全集』(墓室壁画)文物出版社，1989年版，第7页．

24) 田立坤：『辽宁辽阳南郊街东汉壁画墓』，『文物』2008年第10期．

25) 李龙彬等：『新发现的辽阳河东新城东汉壁画墓』，『东北史地』2016年第一期．

26) 辽宁省文物考古研究所资料．

家较为流行.

壁画内容以反映墓主人生前生活为主题, 如家居宴饮(图4)·讲经布道(图5)·车马出行·杂技百戏·庖厨楼阁等题材, 此外少数墓葬还有升天祥瑞和墨书题记. 规模最大, 结构最复杂, 壁画绘制最为精美, 内容最为丰富的两座墓葬是北园一号墓和棒台子一号墓.

〈图 5〉 鹅房一号墓讲经图

北园一号壁画墓位于白塔区铁西办事处北园村东南. 墓封土圆形, 高10米, 椁室用淡青色页岩大石板支筑, 由四个耳室·一个后室组成, 平面为亚字形多室墓, 内有三个棺室和回廊(图6). 墓室长7.85米, 宽6.85米, 高1.70米. 墓门西南向, 三块石板外封. 石壁彩色画有宴饮图, 一座云脊屋顶建筑, 堂中帷幕高悬, 一男二宾对座. 男主人黑帽青袍, 宾进贤冠·青袍. 室内外侍者进贤冠, 青袍, 向主人进食(图7). 小府吏图, 二人进贤冠, 青色长袍, 黑缘领袖(图8). 楼阁图, 三层高楼, 屋脊立一乌, 左右两赤色长旗, 中层坐一妇人(图9). 楼右下侧画一腾空而起裸体人持弓箭射楼顶金乌图, 即后羿射乌. 乐舞图, 画建鼓旁一人击鼓, 乐工九人分坐两排, 舞者二

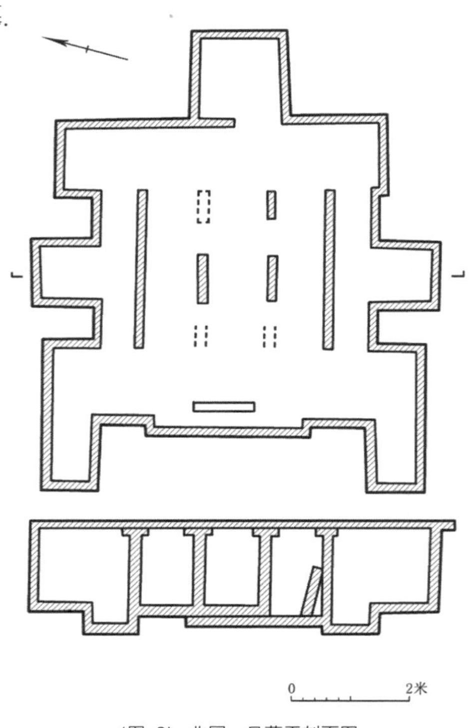

〈图 6〉 北园一号墓平剖面图

人，一俯地欲起，一人作长袖舞．百戏图，一人飞弄六丸，一人飞三剑，一人飞轮，二人配合用反弓腰背，掌趾落地，一人作兽走状，一人作倒立手行．皆穿短窄袖衣，细腰大胯(图10)．斗鸡图，画两雄鸡相斗，一胜一败(图11)．车列出行图，画车8辆，骑从24人，每车右侧二·三人，车后一·二人，中间主车

〈图 7〉 北园一号墓宴饮图

〈图 8〉 北园一号小府吏图

〈图 9〉 北园一号墓凤凰楼阁图

〈图 10〉 北园一号墓乐舞百戏图

驾三马，后拥骑从5人(图12). 骑从图，画百余骑，横排6人，每二骑进，有执长佩剑，持长旗，持伞盖，捧器物骑从，全队武士先驱，文吏后卫(图13). 壁画题字有"教以勤化以诚"·"小府吏"·"季春之月汉"·

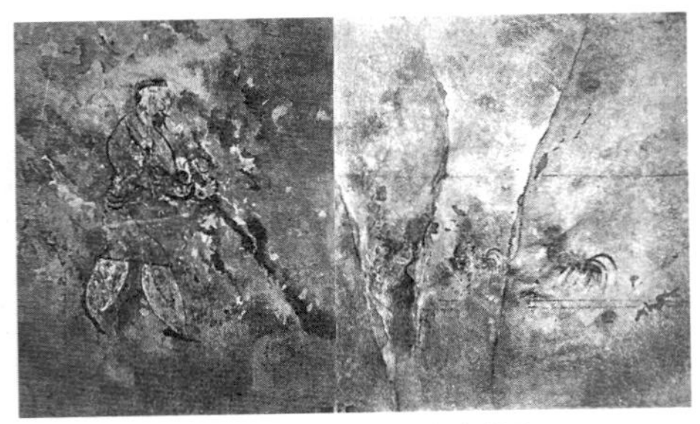
〈图 11〉 北园一号墓斗鸡图

〈图 12〉 北园一号壁画墓车列出行图

〈图 13〉 北园一号壁画墓骑从图

"代郡廪"(图14).

棒台子一号壁画墓位于太子河区望水台办事处，俗称大青堆子. 墓上封土呈方锥形，高7米，底边宽22米. 椁室用淡青色页岩大石板支筑，

〈图 14〉 北园一号墓"代郡廪"图

由墓门左右耳室·后室·并列的3个棺室·环绕棺室的迴廊五部分组成(图15). 四周石板围立, 上下铺盖石板, 石灰抹缝. 墓门方向东偏南10度, 墓室左右宽8米, 前后深6.60米. 石椁内有黑廓五彩壁画(图16). 墓门两立柱外面分画门卒图, 门卒大眼·朱唇, 武士装束, 穿著红白帽, 朱红袍, 皂缘领袖. 右手执长方形盾, 左手

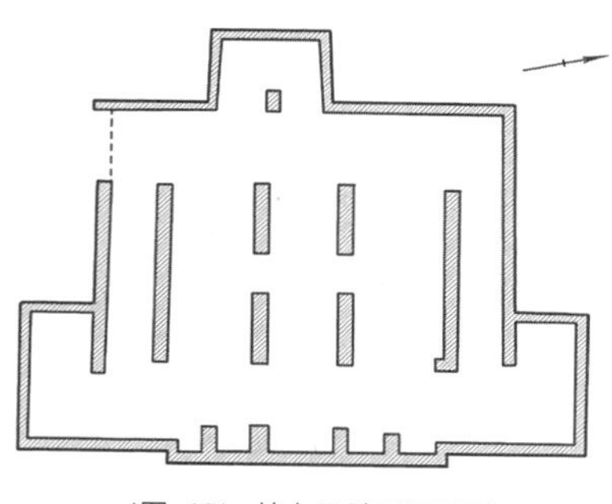

〈图 15〉 棒台子壁画平面图

执环首长刀, 刀环系红缨. 两立柱里面分画门犬图, 粉白身躯, 瘦身长腿, 细颈竖耳, 颈系红绳, 张口向门外作嚎叫状(图17). 墓门左右两壁画两组百戏图. 右壁一组23人, 左壁一组26人, 均为乐工·歌手·杂技人员表演节目(图18). 左右小室壁间画主人饮食图. 图像高大, 两男子各坐床上, 后有屏帐. 左右前后有托盘进食, 打团扇侍立的仆人, 戴黑帽, 穿黑长袍, 形象小于主人. 右廊的左·右·后三壁及左廊左壁画车骑出

〈图 16〉 棒台子1号墓墓室结构及顶部壁画

行图，为此墓壁画场面最大的图幅. 全队骑吏43人，骑士91人，徒步随从22人，加乘坐车者·驭手共173人，车辆有黄钺车·鼓车·金钲车(图19)·黑盖车和白盖车共10辆，马127匹. 武吏戴盔着甲执长旗或矛或戟列前，文吏列后，构成骑队仪仗出行. 后廊后左壁画宅第图. 中央庑殿式三层高楼一座，黑盖红柱枋，白窗扇，楼下四·五层石阶，楼顶高大，装饰十分醒目，楼左后方一屋舍，灰盖红柱黑墙. 楼后前方朱色井亭一座，两柱支亭盖，盖下辘垂长绳. 后小室的右·后·左三壁画有庖厨图(图20). 右壁双釜长方灶，庑殿式木橱·黑盆四足木方盘·筒状圆器·叠置四足方案·四足圆案·圆筐笼·黑盆·铁攫等各种器物. 后壁横枋铁钩分挂扁壶，兽头·鹅·双雉·双鸟·猴·心肺·猪仔·干鱼·鲜鱼等. 有22人在榨

〈图 17〉 棒台子一号墓门犬图

〈图 18〉 棒台子1号墓百戏图(左), 棒台子壁画墓杂技图(右)

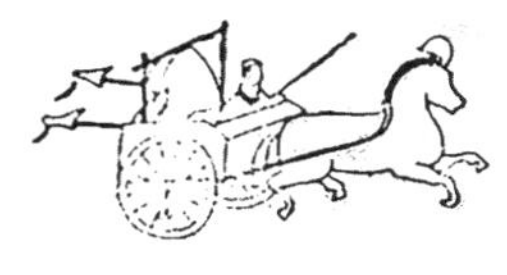

1. 金钲车

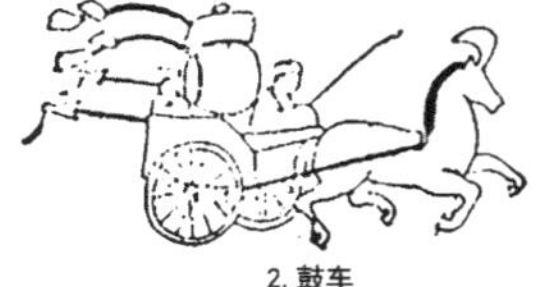

2. 鼓车

3. 黄钺车

〈图 19〉 棒台子1号墓出行车辆图

汁, 调整食物·取筐篮·洗涮器物·烤食品·杵捣·鸡毛, 左壁手持长刀解兽, 俎上切肠肉, 握牛角, 绳束肥猪等屠宰图. 前廊上顶石日月流云图, 色彩亮白而雅静, 棺头壁端满布垂壁蟠虺式云纹, 形象逼真.

〈图 20〉 棒台子1号墓庖厨图

东汉末年, 中原战乱, 辽东太守公孙度割据一方. 从初平元年(公元190年)自立为辽东候·平州牧开始, 直至魏明帝景初二年(238)公孙渊被司马懿讨灭为止, 公孙氏望族统治辽东地区长达五十年. 辽阳作为辽东郡治襄平城的所在地, 为这一时期的地区政治·经济和文化的中心. 辽阳一带这种东汉魏晋石室壁画墓发现的数量并不多, 但其规模较大, 所以墓主不应是一般平民. 在三道壕窑业第二现场墓发现"□□支令张□□"和"公孙夫人"题记(图21), 是惟一可以籍此了解墓主人身份的线索. 规模最大的北园1号墓则有可能包括有郡守一级官吏的墓葬. 在河东新城发现的"公孙口口"墨书题记, 则有可能为公孙氏统治集团的贵族墓葬.

〈图 21〉 令支令张君墓宴饮图

3. 抚顺本溪地区的高句丽壁画墓

高句丽壁画墓在辽宁地区发现较少，目前发现的仅有2座. 1992年发掘的桓仁米仓沟的“将军墓”是辽宁首次发现的高句丽壁画墓[27]. 整个墓室由巨石砌成，左右耳室·主室墓壁上都绘有壁画(图22)，内容以莲花·龙纹·流云等装饰纹·几何纹图案为主，画风简朴，技法流畅，具有高句丽壁画墓注重装饰的特征(图23). 此外，2001年发掘的抚顺施家高句丽墓地M1也发现有壁画痕迹，在脱落的白灰上可见漫漶的彩色出行图[28].

〈图 22〉 米仓沟将军墓墓室结构及壁画

〈图 23〉 米仓沟将军墓墓室叠涩顶结构及壁画

二. 辽西地区的壁画墓

辽西地区所发现的壁画墓主要分布在朝阳地区，均为是慕容鲜卑三燕文化的遗存. 己发表的壁画墓材料有1965年清理的北票西官营子北燕冯素弗及其妻属墓[29]，1973年清理的朝阳县大平房村1号北燕墓[30]·1978年清理的朝阳县北庙村1号北燕

27) 武家昌等 :『桓仁米仓沟高句丽壁画墓』,『辽宁考古文集』，辽宁民族出版社，2003年.

28) 吕学明 :『抚顺发掘施家高句丽墓群』,『中国文物报』，2002年3月15日，2版.

29) 黎瑶渤 :『辽宁北票西官营子北燕冯素弗墓』,『文物』 1973年第3期.

30) 朝阳地区博物馆 :『辽宁朝阳发现北燕·北魏墓』,『考古』 1985年第10期.

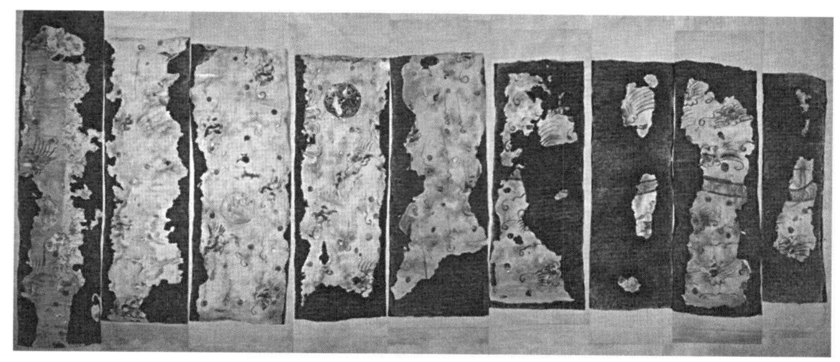

〈图 24〉 北燕冯素弗墓星象图

墓[31)]和1982年清理的朝阳袁台子前燕壁画墓[32)].

冯素弗及其妻属墓为同冢异穴, 椁室四壁及顶部抹石灰, 灰面上绘壁画, 所见色彩有朱红·橙黄·绿·黑等. 冯素弗墓壁画大部脱落, 四壁的画面只残存黑狗的形象和一个男子的头像. 在椁顶9块盖石上绘有星象(图24), 墓内的柏木棺上亦彩画羽人·云气·屋宇及人物. 墓中出土遗物大多与中原和南方同时期的器物相似, 也有金质步摇冠等具有少数民族特色的器物, 以及域外传入的鸭形器等罗马玻璃器物等, 墓主人冯素弗为北燕天王冯跋之弟·北燕宰相. 同时发掘的冯素弗妻属墓, 椁室四壁和顶部涂抹草泥和石灰, 残存彩画, 绘有屋宇建筑(图25)·侍女·黑狗·长尾黑鸟, 出行画像, 墓主人家居图等.

〈图 25〉 北燕冯素弗妻属墓建筑图

大平房村壁画墓, 壁面及室顶抹草泥和白灰, 其上绘壁画. 北壁有墓主夫妇像, 东壁绘侍女·庖厨和牛(图26). 耳室中的壁画不清. 该墓形制·壁画和随葬品多与冯素

31) 朝阳地区博物馆 : 『辽宁朝阳发现北燕·北魏墓』, 『考古』 1985年第10期. 陈大为 : 『朝阳县沟门子晋壁画墓』, 『辽海文物学刊』 1990年第2期.

32) 辽宁省博物馆文物队等 : 『朝阳袁台子东晋壁画墓』, 『文物』 1984年第6期.

弗墓相似, 年代亦应为北燕.

北庙村1号墓位于朝阳县北沟门子北庙, 又称"北沟门子壁画墓". 墓室壁面抹白灰, 以黑·红两色绘壁画, 西壁绘牛耕, 东壁残存墓主夫妇家居·女子汲水·庖厨·黑犬(图27)等, 北壁绘墓主夫妇像(图28)·山林等. 该墓壁画与冯素弗墓相似, 时代应为北燕.

〈图 26〉 大平房村壁画墓出行庖厨图

〈图 27〉 北庙村北燕墓黑狗图

袁台子墓为前燕墓, 墓壁先抹一层黄草泥, 再抹一层白灰面, 在白灰面上用红·黄·绿·赭·黑等色绘制壁画(图29). 壁画的内容有：执矛的门吏, 端杯执麈尾坐于帐下的墓主(图30), 奉食的人物, 墓主夫妇宴饮, 狩猎(图31), 牛车出行(图32), 四神, 庭院, 备膳(图33), 流云日月及墨书题记等, 内容包罗万象.

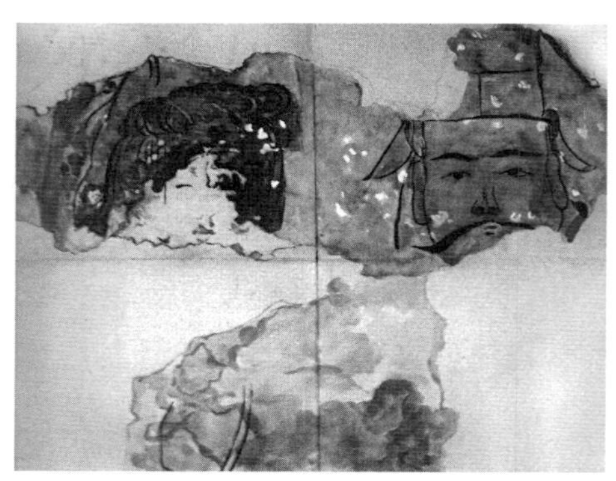
〈图 28〉 北庙村北燕墓墓主人像

公元337年慕容皝在大棘城建立前燕, 342年迁都龙城. 后燕(384~407)·北燕(407~436)也相继以龙城为都城. 龙城即唐代柳城, 今朝阳市. 该地区的壁画墓从多方面表现出4至5世纪中叶汉文化与少数民族文化交融的特征, 所以朝阳地区的壁画墓是鲜卑人和受鲜卑文化影响的鲜卑化汉人的遗存. 这些墓葬明显具有多种文化因素交融的特征, 与辽东等地的汉魏晋壁画墓

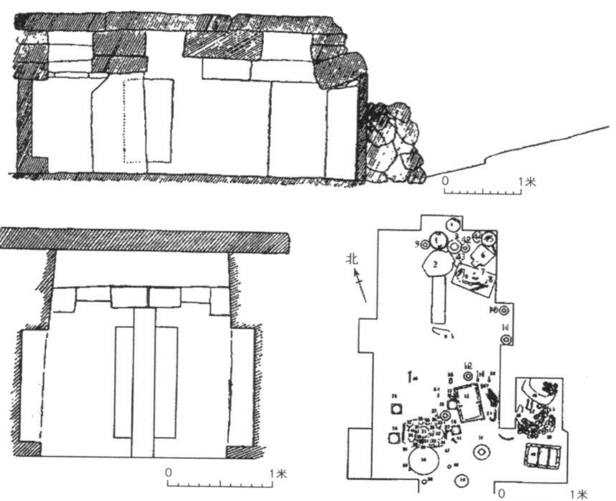

〈图 29〉 袁台子壁画墓平剖面图

〈图 30〉袁台子壁画墓墓主

〈图 31〉袁台子壁画墓狩猎图

〈图 32〉袁台子壁画墓牛车图

〈图 33〉袁台子壁画墓备膳图

也有密切的联系. 袁台子前燕墓采用石板·石条构筑墓室， 其墓室结构明显受辽阳汉魏晋石室墓的影响, 但这些墓葬的壁画不像辽东墓葬那样直接画在石头表面, 而是先抹草泥和白灰层再作画, 更像中原砖室墓的作法. 袁台子墓壁画使用的颜色较为丰富, 而另外几座墓的壁画只使用红·黑两色, 反映出不同时代的差别.

无论在辽东地区还是辽西地区, 魏晋墓葬壁画在内容形式上与东汉晚期河北·河南·山东等地的壁画墓壁画有许多继承, 如墓主画像·车马出行·庖厨等, 但也出现了一些自身的特点, 极具地方色彩. 如辽阳壁画墓在门侧刻画门卒·属吏为中原壁画墓所常见, 但在门柱上绘门犬则不见于中原地区的壁画墓. 辽阳袁台子壁画墓新出现的四神·狩猎, 北燕墓所见的黑犬等内容也不见于辽东地区. 在时代上, 辽阳壁画墓较早, 延续时间最长, 从东汉一直至魏晋. 辽阳西晋时期的墓葬以上王家村墓为例, 右耳室所绘的墓主画像(图34), 正面端坐于榻上, 手执麈尾, 曲屏环列, 上覆斗帐. 这一特征与朝阳袁台子壁画墓墓主人画像也十分相似, 同时也与朝鲜黄海北道安岳发现的东晋永和十三年(357)冬寿墓墓主人画像在壁画构图与技法上有很多一致性(图35). 另外此三座不同地域壁画墓中描绘出行行列中的牛车形象亦具有晋以后牛车的特点.

辽宁地区的汉唐时期壁画墓壁画作者能够根据墓主人不同身世和当时的社会风尚, 在狭小的墓室内比较真实地画出车马出行·杂技百戏·宴饮等场面, 反映了墓主人生前社会活动的各个方面, 这是古代绘画现实主义的杰作. 壁画中夫妇对坐宴饮

〈图 34〉上王家墓墓主人画像图　　〈图 35〉朝鲜冬寿墓墓主人画像图

图，墓主人画得高大，侍者矮小，这种以图像大小远近区分主从地位的画法与后代多以服饰差异表现不同身份的方法有所不同，为以后的绘画透视"理论"奠定了基础. 此外，少数墓葬绘有墓主人升天的云气图画，如大连营城子汉墓绘有祥云和瑞鸟画面以及祝祷墓主人升天的场景；辽阳棒台子1号墓绘有星云图画；北园2号墓绘有月中玉兔，日上金乌以及羊首异兽等画面；桓仁米仓沟的"将军墓"绘有变体莲花·龙纹和流云等画面；冯素弗墓椁顶9块盖石上绘有星象，墓内棺上彩画羽人·云气等画面. 可见，这些绘画在突出主题的情况下，又带有一定的浪漫主义色彩.

辽宁地区的汉唐时期墓葬壁画在内容和形式上与中原地区一脉相承，但具体表现力上又具有强烈的地方色彩，尤其是辽阳东汉魏晋石室壁画墓在墓葬建构·壁画内容和表现形式上直接影响了高句丽石室壁画墓和三燕石室壁画墓，后两者在直接继承前者多数文化因素的基础上又增加了本民族特色的创新内容. 这种现象的出现与这一时期中央集权由统一到分裂，又从分裂到统一以及多民族融合·大规模人口迁徙等诸多因素有着密切的联系. 辽宁地区的汉唐时期壁画墓葬作为我国东北地区重要的绘画遗产为深入研究辽宁古代社会的生产·生活·文化·文艺等提供了宝贵的资料，同时也为深入探讨辽宁及东北地区汉唐时期地域文化，乃至东北亚这一时期的历史与文化提供了重要的科学参考.

이 정 범

한강유역 고구려 보루의 축조방식과 성격

Ⅰ. 머리말

『삼국사기』에 의하면 고구려 장수왕이 475년 한성을 공함하고 551년 나·제 동맹군에 의해 추출될 때까지 약 80년 동안 한강유역은 고구려의 형향에 있었다. 이와 관련된 고구려의 유적은 아차산·용마산·망우산 일대 보루군으로 잘 남아있는데, 현재 17개소의 보루가 사적 제455호로 지정되어 관리 받고 있다. 하지만 비교적 짧은 점유기간과 백제의 왕성이 위치하고 있는 지정학적 특징으로 인해 1990년대까지도 아차산 일대에 관방유적은 백제와 관련된 관방유적 정도로 인식되어 있었으며, 유적에 대한 관심도 또한 매우 낮았다. 특히 1977년에는 현재 고구려의 관방유적으로 알려진 구의동 보루에 대한 발굴조사를 실시하였으나, 조사단은 유구의 성격을 백제 고분의 빈전과 같은 시설로 추정하였으며,[1)] 이후 구의동 유적은 멸실되었다.

하지만 몽촌토성에서 고구려 토기의 존재가 확인되고 구의동 유적에서

1) 華陽地區發掘調査團, 1977, 『華陽地區 遺蹟發掘 調査報告』, 14쪽.

출토된 유물에 대한 재고찰이 이루어짐에 따라 구의동 유적은 한강 북안에 위치한 고구려의 군사 요새 중 하나로 재보고 되었다.[2)] 이를 계기로 한강 유역에서 고구려 유적에 대한 존재가 인지되었으며, 1994년 이후 여러 번의 학술조사를 통해 아차산 일대를 비롯하여 경기북부지역에 이르는 고구려 보루의 존재가 밝혀지게 되었다. 이후 1997년 아차산 4보루에 대한 발굴조사를 시작으로, 아차산 보루군을 비롯한 한강 북안의 여러 고구려 보루에 대한 조사는 최근까지도 계속되고 있다.

본 발표문은 아차산 일대 관방유적이 고구려의 보루군으로 인식되어진 과정을 살펴보고, 이후 진행되어진 아차산 일대와 경기도 북부지역까지 이르는 고구려 관방 유적에 대한 조사 성과를 바탕으로 그 의미와 연구 쟁점에 대해 살펴보고자 한다.

II. 한강유역 고구려 보루의 자료 축적

1. 1994년 이전 자료

아차산 일대로 대표되는 한강유역 고구려 관방유적의 존재가 밝혀지면서, 연구자들은 기존 자료들의 분석을 통하여 아차산 일대 보루군을 구체화 시켰는데, 기존 자료는 크게 일제강점기 이전과 80년대 몽촌토성에 대한 조사가 이루어지는 시기로 나누어 볼 수 있다.

① 일제강점기

아차산 정상부의 성곽에 대한 자료는 일제강점기 이전에도 그 기록이

2) 서울大學校博物館, 1993,『九宜洞 - 토기류에 대한 고찰』.

확인되는데, 조선후기에 간행된 『大東輿地圖』에는 아차산에 '楊津城'과 '峨嵯山古城' 두 개의 성곽이 표시되어 있다.[3] 『大東地志』 卷3, 楊州條에 따르면 양진성은 광나루 위쪽 아차산 동쪽에 있으며 풍납토성과 마주하고 있다고 기록된 것으로 보아 현재의 아차산성으로 추정된다. 또한 아차산고성은 산정에 있으며 遺址가 있다고 표현하였으며, 아차산 정상부에 있는 아차산 3보루로 추정할 수 있다.

이렇듯 일제강점기 이전부터 아차산에 아차산성 이외의 성곽이 존재한다는 사실을 인지하고 있었으며, 1916년부터 5개년 계획으로 조선총독부에서 실시한 고적조사를 통해서도 이를 확인하였다. 1919년 4월에 조선총독부 고적조사위원장에게 제출된 『纛島附近百済時代遺蹟調查略報告』를 통해서다. 이 보고서와 함께 조사된 유적지의 위치와 간략한 내용을 수기로 기입한 도면을 발행하였는데, 이 중 현재 아차산 일대 고구려 보루에 해당하는 것이 14개소 가량이다. 도면의 설명에 의하면, 각 보루의 석축성벽과 홍련봉 2보루나 아차산 1보루의 함몰지에 대한 기록, 아차산 1·3보루에서 토기편의 수습현황 등 내용은 매우 소략하지만 보루의 위치와 양상은 현재 확인된 보루와 일치한다. 이후 1942년 간행한 『朝鮮寶物古蹟調査資料』를 통해 이러한 내용을 간략하게 정리하였으나, 이러한 자료는 일반인에게 공개되지 않고 조선총독부의 내부 자료로 사용된 것으로 해방 이후 연구에 널리 사용되지 못하였다.

② 몽촌토성 고구려 토기와 구의동 보루

해방이후 1980년대 이전까지 아차산 정상부의 성곽에 대한 간헐적인 보고가 있었으나,[4] 한성기 백제 성곽으로 인식되었으며 추가 연구로 연결

3) 윤성호, 2017, 「일제강점기 고적조사 자료와 아차산 일대 고구려 보루군」 『서울과 역사』 96, 52~53쪽.

4) 林炳泰, 1969, 「漢江流域 無文土器의 年代」 『李弘稙博士 回甲紀念 韓國史學論叢』.

되지는 못하였다. 1977년에는 풍납토성의 한강 북안에 성동구 구의동 일대가 화양지구토지구획정리사업 대상지로 설정되면서 구의동 유적에 대한 발굴조사가 이루어졌다. 해발 53m 가량의 구릉 정상부에 위치한 구의동 유적은 출입구가 있는 원형의 수혈유구와 이를 둘러싸고 있는 석축부 등의 유구가 완벽하게 남아 있는 상태로 조사되었는데, 수혈 내부에는 온돌과 배수구 시설이 있고, 토기와 철기를 비롯한 많은 유물이 출토되어 발굴 당시부터 논란이 있었다.[5] 그러나 당시 유적은 백제의 고분으로 추정 보고되었으며, 발굴조사 이후 멸실되었다. 하지만 1980년대에 이루어진 몽촌토성의 발굴조사에서 5세기 중엽 이후의 고구려 토기가 확인되면서, 구의동 유적의 토기들은 태토나 기형, 제작기술상으로 백제 토기와는 다른 제작 전통을 가지고 있음이 밝혀졌다. 이후 구의동 유적은 한강 북안에 위치한 고구려의 군사 요새 중 하나로 재보고되었다.

몽촌토성은 백제 한성기의 주요 거성의 하나로, 조사는 1983년부터 1985년까지 3차례의 기초조사가 이루어졌고, 1987년부터 1989년까지 발굴조사가 실시되었다. 토성은 둘레가 약 2,409m으로, 판축기법으로 축조되었다. 토성의 내부에서는 대부분 백제의 시설 및 유물이 출토되었으나, 일부 고구려의 유구와 유물이 확인되었다.

고구려와 관련된 유물은 처음으로 1987년 몽촌토성 동북지구 발굴조사에서 1호 건물지의 2층에서 적갈색연질토기 구연부편이 출토되었으며, 조사단은 이 토기를 집안 지역 고구려 고분에서 주로 출토되는 평저를 가지며 긴 몸통에 대상파수가 붙는 것과 유사한 기종으로 보았다.[6] 1988년 동남지구에서 5세기 후반경으로 편년되는 고구려 토기 광구장경사이옹이 출토되었으며, 이와 같이 니질 태토에 표면이 흑색, 흑회색, 황갈색 등의 색조를 갖는 토기를 구의동유형으로 명명하였다.[7] 보고서에서는 이 토기

---

5) 서울大學校博物館, 1993, 앞의 책, iii쪽.

6) 서울大學校博物館, 1887, 『夢村土成 - 東北地區發掘調査報告』, 58쪽.

를 집안의 적석총과 석실분의 편년에 따라 4세기 초~5세기 말 사이로 편년하였으며, 백제와 접촉관계를 고려하여 5세기 중엽 이후로 편년하였다. 이후 1989년 몽촌토성 서남지구에서 조사된 고지대의 지상 건물군 중 집안지역 동대자 후기의 'ㄱ'자 온돌유구와 같은 구조를 갖는 고구려 온돌건물지가 확인되었다. 온돌건물지는 백제시기의 층 위에 두껍게 성토다짐을 하고 축조되었으며, 출토되는 토기의 연대를 토대로 5세기 후반~6세기 중반으로 상정하였다. 따라서 보고서에서는 고구려 건물지에서 출토된 토기를 근거로 기존에 몽촌토성에서 출토된 고구려 계통의 토기들을 '구의동유형'에서 '고구려토기'로 정정하였다.[8)]

2. 1994년 이후 지표조사

이렇듯 몽촌토성에서 고구려 토기가 확인되고 구의동 유적이 재보고되면서 한강유역의 고구려 관련 유적이 인지되고, 1994년 아차산 일대 지표조사를 시작으로 경기북부지역에 위치한 고구려 관방유적에 대한 종합적인 조사결과들이 발표되었다.[9)]

1990년 문화재청의 전신인 문화재관리국에서는 아차산 일대를 현장조사하고 내부 보고서를 발간하였다. 보고서는 아차산성과 아차산장성을 백제시대 시설로 보았으며, 장성과 보루를 구분하여 인식하지는 못하였다.

---

7) 서울大學校博物館, 1988, 『夢村土成 - 東南地區發掘調査報告』, 163~196쪽.

8) 서울大學校博物館, 1989, 『夢村土成 - 西南地區發掘調査報告』, 30~31쪽.

9) 윤성호, 2017, 앞의 논문, 54~55쪽. 학계의 노력 이외에도 향토사학자 김민수는 1989년부터 현장 조사를 통해 아차산 일대에 소규모 성곽의 존재를 확인하고, 결과를 간단한 도면과 함께 사진자료를 첨부하여 논문집을 간행하였다. 또한 이를 문화재청의 전신인 문화재관리국 및 관련 기관에 배포하여 유적지 조사의 필요성을 촉구하였으며(金玟秀, 1990, 『阿且山城의 再發見과 簡考』.), 아차산의 관방시설에 대한 용어를 보루성으로 정리하기도 하였다(金玟秀, 1994, 「漢江流域에서의 三國史의 諸問題」『九里文化院』).

다만 아차산과 용마산 봉우리의 정상부에서 확인되는 석축성벽에 대하여 토석혼축의 망대지로 인식하고 관측을 위해 설치된 평탄한 공지가 있는 것으로 기술하였다.[10)]

이후 1994년 구리시와 구리문화원에 의해 아차산 일대의 관방시설과 고분 등에 대한 고고학적인 입장에서의 지표조사가 진행되어 보고서가 발간되었다. 보고서에서는 보루라는 용어를 사용하지는 않았으나[11)] 기존 몽촌토성과 구의동보루에서 출토된 고구려 토기연구를 바탕으로 아차산 일대의 관방시설을 고구려유적으로 인식하였다.[12)]

한편 아차산 일대 이외에도 육군사관학교 육군박물관에서 파주와 연천의 군사지역에 대한 지표조사보고서를 1994년과 1995년에 각각 발행하였으며,[13)] 1998년 토지박물관에서 실시한 양주시의 문화재 조사 보고서에 수록된 고고학적 조사결과에도 고구려 성곽의 분포가 파악되었다.[14)] 이와 같이 한강유역에 고구려 관방유적에 대한 존재가 확인되고, 이후 종합적인 지표조사를 통하여 한강유역 고구려 보루에 대한 본격적인 발굴조사의 기초적인 자료를 제공하게 되었다.

---

10) 문화재관리국, 1990,『서울長城 遺蹟調査 概略報告書』, 9~10쪽.

11) 이 무렵 연구자들은 아차산 정상부에 위치하는 고구려의 관방유적들을 작은 성의 의미를 가지고 있는 '堡壘(또는 보루성)'라는 용어를 사용하여 정리하였다. 비록 보루라는 용어가 근대 이후에 사용되기 시작하였으며, 당시에는 사용되지 않는 명칭이었으나, 아차산 일대와 경기 북부지역에서 비교적 소규모의 성이 집중적으로 분포된 독특한 양상을 잘 나타내는 용어이다. 이후 신라와 백제의 대규모 성곽과 연결된 작은 규모의 성보에 까지 보루라는 용어가 사용된다.

12) 구리시·구리문화원, 1994,『아차산의 역사와 문화유산』.

13) 陸軍士官學校 陸軍博物館, 1994,『京畿道 坡州郡 軍事遺蹟 地表調査報告書』; 陸軍士官學校 陸軍博物館, 1995,『京畿道 漣川郡 軍事遺蹟 地表調査報告書』.

14) 한국토지공사 토지박물관, 양주시, 1998,『양주시의 역사와 문화유적』.

〈도면 1〉 한강유역 고구려 보루군 현황도

III. 한강유역 고구려 보루의 발굴조사 현황

1997년 구리시와 서울대학교박물관에서 실시한 아차산 제4보루 발굴조사를 시작으로 아차산 일대와 경기북부지역에 이르는 한강 하류지역의 여러 고구려의 성곽들에 대한 발굴조사가 이루어졌으며, 나아가 한강이남지역인 금강유역에서도 고구려의 남진과 관련된 관방유적이 조사되었다. 비록 최근 들어 본격적인 조사가 시작되었으나, 짧은 시간동안 여러 유적에서 실시된 발굴조사를 통해 다양한 성과가 추가되었다. 따라서 본 장에서는 한강과 인접해 있는 아차산 일대 보루군과 함께, 경기북부지역과 한강이남지역의 고구려 관방유적에 대한 현재까지 발굴조사 성과를 각 지역별로 정리하였다.

1. 아차산 일대

① 아차산 4보루[15)]

아차산 4보루는 한강유역에서 고구려 유적임을 인지하고 이루어진 첫 발굴조사로서 서울대학교박물관에 의해 1997~1998년까지 이루어졌으며, 고구려 보루에 대한 자세한 구조 및 성격에 대해 자세히 밝혀지게 된 첫 조사로 볼 수가 있다. 이후 성벽에 대한 복원 정비를 위해 2007년 문화재연구소에 의해 성벽에 대한 발굴조사가 이루어졌다.

보루의 위치는 서울특별시와 구리시의 경계에 위치하고 있으며, 아차산 능선의 정상부 중 가장 북단에 위치하고 있다. 유적의 평면 형태는 남북으로 긴 타원형의 지형을 이루고 있으며, 성벽의 둘레는 256m, 내부 면적은 2,256㎡ 정도로 아차산 3보루에 이어 두 번째로 규모가 크다. 발굴조사

---

15) 서울大學校博物館, 2000, 『아차산 제4보루 - 발굴조사 종합보고서』; 국립문화재연구소, 2009, 『아차산 4보루 발굴조사보고서』.

결과 내부에서는 건물지 7기, 저수시설 2기, 온돌시설 13기, 간이 대장간시설 등이 확인되었으며, 성벽은 능선 정상부의 외곽을 따라 축조되었다. 한강이 내려다보이는 동쪽 성벽은 20~30㎝ 두께의 돌을 정면 너비 20~30㎝의 크기로 잘 다듬어진 화강암 석재를 사용하여 정교하게 쌓은 반면, 북벽은 10~40㎝의 부정형의 석재를 사용하는 등 구간별로 축조 수법에서 다소 차이를 보이고 있다. 치는 총 5개가 확인되었는데, 이 중 남쪽 치의 경우 이중의 구조로서 들여쌓기 방식의 굽도리가 특징적이다.

② **시루봉 보루**16)

시루봉 보루는 서울대학교박물관에 의해 1999~2000년까지 1차 조사가 진행되었으며, 당시 진행에서 치 1개, 대형 건물지 1기, 소형 건물지 9기, 저수시설 1기가 확인되었다. 이후 2009년에 보루의 복원 정비를 위해 성벽을 위주로 2차 발굴조사가 실시되었다. 조사결과 3개의 치가 추가로 발견되었으며, 2중의 목책, 서북쪽 성벽과 나란히 설치된 이중 석렬구조 등이 확인되었다.

③ **홍련봉 1보루**17)

홍련봉 1보루는 고려대학교 고고환경연구소에 의해 2004년에 1차 조사가 진행되었으며, 기단건물지, 저수시설, 배수시설 등의 내부시설과 성벽일부 구간이 조사되었다. 특히 1호 건물지와 12호 건물지에서 다량의 기와와 함께 연화문와당이 6점 확인되어 홍련봉 1보루의 성격을 잘 보여주고 있다. 2012~2013년에는 복원정비를 위한 자료 확보를 위해 성벽에 대한

---

16) 서울대학교박물관, 2002, 『아차산 시루봉 보루 - 발굴조사 종합보고서 -』; 서울대학교박물관, 2013, 『시루봉보루Ⅱ』.

17) 高麗大學校 考古環境研究所, 2007a, 『紅蓮峰 第1堡壘 - 發掘調査報告書 -』; 한국고고환경연구소, 2015, 『홍련봉 1·2보루』; 한국고고환경연구소, 2017, 『홍련봉 1·2보루 3차 발굴조사 약보고서』.

2차 조사가 진행되었다. 성벽은 2개의 면을 가진 겹성벽으로 이루어져 있으며, 일부 성벽에서는 柱胴이 확인되었다. 특히 성벽이 유실된 구간에서는 신라 석곽묘 2기가 확인되었으며, 성벽렬을 따라 영정주혈로 추정되는 주혈군이 조사되었다. 또한 2보루와 사이를 잇는 도로시설로 추정되는 석렬이 확인되었는데, 3차 발굴조사에서 도로시설과 관련한 노면 및 노체 등을 추가로 조사하여 도로시설임을 확인하였다.

④ 홍련봉 2보루[18)]

홍련봉 2보루는 고려대학교 고고환경연구소에 의해 2005년에 평탄지에 1차 조사가 진행되었으며, 보루의 평탄지(고대지) 내부의 시설과 함몰지에 대한 트렌치 조사가 실시되었다. 당시 조사결과 평탄지에서 건물지 4기, 출입시설 3기, 저수시설 2기, 집수정 1기 등 다양한 유구들이 확인되었다. 성벽과 함몰지에는 총 7개의 지점에서 트렌치 조사가 이루어졌는데, 이를 통해 함몰지의 내부시설 일부와, 성벽의 축조 방식, 범위를 대략적으로 알 수 있었다. 2차 조사에서는 기존 조사에서 대략적으로 확인된 함몰지와 성벽에 대한 정확한 구조와 범위 등을 확인하기 위해 성벽의 전구간에 대한 노출 조사를 실시하였으며, 외황의 내부조사와 평탄지의 노출조사 등이 추가로 실시되었다. 조사결과 보루의 내부에는 건물지 11기, 계단시설 3기, 배수시설 3기, 저장시설 4기 등이 조사되었다. 성벽은 평탄지가 편축식(또는 산탁식)으로, 함몰지의 경우 협축식으로 축조되었다. 외부시설로는 7개의 치가 확인되었으며, 고구려 보루 중 처음으로 외황이 확인되어 주목된다. 3차 발굴조사에서는 건물지 내부시설과 각 유구간의 층위를 추가로 조사하였다. 조사결과에 따르면 2보루 내부시설은 최소한 2번 이상 개축을 거치며 재사용 된 것으로 조사되었다.

---

18) 高麗大學校 考古環境研究所, 2007b, 『紅蓮峰 第2堡壘 - 發掘調査報告書 - 』; 한국고고환경연구소, 2015, 위의 책 ; 한국고고환경연구소, 2017, 위의 책.

⑤ **아차산 3보루**[19]

아차산 3보루는 고려대학교 고고환경연구소에 의해 2005년 발굴조사가 이루어졌다. 보루의 평면 형태는 남북으로 긴 장타원형이며, 유적의 전체 둘레는 431m, 내부 면적은 10,543㎡ 정도로 아차산 보루군 중 규모가 가장 크다. 조사결과 외곽의 석축 성벽과 계단식 출입시설, 온돌을 갖춘 건물지 9기, 저장시설 및 방앗간 유구 등이 확인되었다. 성벽은 거칠게 다듬은 할석을 사용하여 다소 조잡하게 축조했으며, 2m 높이로 남아 있다. 남쪽 성벽에는 장방형으로 돌출시켜 만든 계단식 출입시설이 확인되었다. 계단 끝부분에서 기둥자리가 확인됨에 따라 문루가 설치되었던 것으로 추정되고 있다. 성 내부에서는 'ㄱ' 자형 또는 직선형 온돌을 갖춘 건물지가 다수 노출되었다. 특히 방아확과 방아채의 쌀개를 걸었던 볼씨가 함께 배치된 상태로 방앗간 유주가 확인됨에 따라. 보루에서의 식생활문화를 이해할 수 있는 자료로 주목받고 있다.

⑥ **용마산 2보루**[20]

용마산 2보루는 서울대학교박물관에 의해 2005~2006년 발굴조사가 이루어졌다. 보루의 평면 형태는 북동-남서로, 긴 장타원형의 봉우리를 둘러싼 석축성벽을 쌓았는데, 정상부에서 14m 가량 아래에 설치되어 있어 다른 보루들과는 차이를 보이고 있다. 성벽의 전체 연장 길이는 150m 이상이며, 전체 면적은 1,350㎡ 정도이다. 내부에는 건물지 4기, 부속시설 1기, 저수시설 2기, 저장시설 1기, 창고시설 1기, 수혈 1기 등의 시설을 하였다. 특히 용마산 정상부로 향하는 길목에 외곽 통로로 추정되는 3중 구조의 석축시설이 확인되는데, 1차 구조의 치에 추가적으로 2차례 석축 구조물을 추가하여 출입 및 방어시설을 구축한 것으로 추정된다.

---

19) 高麗大學校 考古環境硏究所, 2007c, 『峨嵯山 第3堡壘 - 發掘調査報告書 - 』.
20) 서울大學校博物館, 2009, 『龍馬山 第2堡壘 發掘調査報告書』.

2. 경기북부지역

① 호로고루[21)]

연천에 위치한 호로고루는 토지박물관에 의해 4차례 발굴조사가 진행되었다. 2001년 1차 조사에서 성벽의 축성시기와 축조방법을 규명하기 위해 동벽에 대한 조사를 실시하였으며, 2006년 2차 조사에서 성 내부에 대한 조사가 실시되어 우물지, 건물지, 지하식 벽체건물지(집수시설) 및 목책유구를 확인하였다. 2007년에 호로고루에 대한 종합정비계획이 수립되었고, 3차 발굴조사로 2009년에 지하식 벽체건물지, 목책유구, 기와집중 퇴적지 1, 2호가 조사되었다. 3차 조사에서 지하식 벽체 건물지의 하부에 확인된 목재시설에 대한 보존처리 대책 문제로 일시 중지 후 2011~2012년 4차 발굴조사에서 지하식 벽체건물지와 성벽 해체 조사를 진행하였다.

성벽은 바닥을 정지하고 일정한 높이까지 성토한 후, 성벽의 중심부는 판축으로 조성하고 성벽의 안팎을 석축으로 마무리 하였다. 체성부의 바깥쪽은 성벽 기저부부터 보축성벽을 체성부의 중복부까지 덧붙였으며 다시 보강토를 덧붙여 쌓은 구조이다. 성벽의 내부에는 석축성벽의 축성공정과 관련있는 것으로 보이는 기둥홈이 약 2m 간격으로 확인되었다. 또한 성벽의 기저부에서 중복되어 확인된 2열의 목책열은 총 13기가 확인되었으나, 성벽에 의해 결실된 부분까지 포함하면 이중 목책열이 19m 이상 이어졌을 것으로 보인다. 목책열과 성벽은 약1.5~2m 정도 이격되어 있으며, 진행방향이 서로 어긋나있고, 목책열이 성벽 기저부 다짐층의 아래에서 중복되어 확인되는 등 시기적 차이를 보이고 있다.

---

21) 한국토지공사 토지박물관, 1999, 『漣川 瓠蘆古壘(精密地表調査報告書)』; 한국토지공사 토지박물관, 2007, 『漣川 瓠蘆古壘Ⅲ(第2次 發掘調査報告書)』; 한국토지주택공사 토지주택박물관, 2014, 『漣川 瓠蘆古壘Ⅳ(第3·4次 發掘調査報告書)』.

② **당포성**[22)]

연천에 위치한 당포성은 육군사관학교 화랑대연구소에 의해 동벽 일부 구간에 대한 1차 조사 2002~2003년까지 진행되었으며, 2005~2006년까지 성 내부 평탄지에 대한 시굴조사와 동벽에 대한 보완조사를 실시하였다. 성벽의 기저부와 내벽은 점질토를 이용하여 조성하였으며, 외벽과 보축성벽은 석축으로 쌓았다. 외벽에는 환도산성과 대성산성에서 확인되는 것과 비슷한 수직 기둥홈이 확인되며, 외벽 바깥으로 외황이 확인된다.

③ **은대리성**[23)]

은대리성은 단국대학교 매장문화재연구소에 의해서 2003년에 시굴조사가 이루어졌다. 은대리성은 내성과 외성으로 이루어진 복곽식 구조로, 동벽의 기단부 및 중심보루는 토루로 이루어져 있으며, 성벽 내외면에 석축을 보강하고 배수시설을 위한 구를 설치하였다.

④ **무등리 2보루**[24)]

무등리 2보루는 서울대학교박물관에 의해 2010~2012년까지 3차에 걸쳐 조사가 이루어졌다. 보루는 구릉 정상부의 사면을 석축성벽으로 둘러쌓고, 다시 내부에 사면을 따라 석축을 쌓아 만들었다. 조사에서는 남한 내의 다른 보루들과는 달리 대강 치석된 석재와 점토를 활용하여 성벽을 쌓고, 외부에는 점토를 덧대었으며, 기저부에는 영정주혈이 확인된다. 보루는 출토유물의 수량이 많지 않은데, 유적의 폐기상황과 맞물려 있을 가능성이 크다. 돌확 옆에서 확인된 주저앉은 채 발견된 찰갑세트와 다량의 탄화곡물,

---

22) 육군사관학교 화랑대연구소, 2006, 『연천 당포성 1차 발굴조사 보고서』; 경기도박물관, 육군사관학교 화랑대연구소, 2008, 『연천 당포성Ⅱ - 시굴조사 보고서』.
23) 단국대학교 매장문화재연구소, 2004, 『연천 은대리성 지표 및 시·발굴조사 보고서』.
24) 서울대학교박물관, 2015, 『연천 무등리 2보루』.

인위적으로 훼손된 성벽 등을 볼 때 보루가 인위적으로 폐기된 것으로 추정된다.

⑤ **천보산 2보루**[25)]

천보산 2보루는 서울대학교박물관에 의해 2012년에 조사가 이루어졌다. 조사결과 고구려 시기에 조성된 목책용 수혈, 주혈, 치 1기, 온돌건물지 3기, 집수 시설 1기, 배수로 등이 확인되었다. 목책용 수혈은 치의 바깥쪽과 안쪽에서 확인되는데, 선후관계 파악은 불가하였다. 치성벽은 내탁식으로 쌓았으며 기반암면을 부분적으로 다듬어서 벽체를 쌓았다. 건물지는 석축으로 경계를 하고 내부에 흙다짐하여 조성하였다.

⑥ **전곡리 유적 목책유구**[26)]

전곡선사박물관부지에 서울대학교박물관은 2006년 시굴조사를 실시하면서 전곡리 토성의 동남쪽에 해당하는 토루에 대해 절개 및 노출조사를 실시하였다. 하지만 해당구간에서는 토성의 존재는 확인되지 않았으며, 이후 2008년에 한양대학교 문화재연구소에서 실시한 전곡선사박물관부지 발굴조사에서 고구려 시기의 목책과 건물지가 추가로 확인되었다. 2010년에는 북벽과 동벽구간을 추가로 절개하여 조사를 실시하였으나 토성과 관련된 인공적인 토루의 흔적은 존재하지 않는 것으로 결론지어졌다. 하지만 전곡리 선사유적지 남쪽 일부 지역에서 한탄강변 단구 지형을 이용한 소규모 고구려의 목책시설이 있었던 것으로 보인다.

---

25) 서울대학교박물관, 2014, 『양주 천보산 2보루』.

26) 서울대학교박물관, 2007, 『경기도 전곡 선사박물관 건립부지 발굴조사 보고서』; 한양대학교 문화재연구소, 2010, 『연천 전곡리성 - 전곡선사박물관건립부지 내 문화재 발굴조사 보고서』; 서울대학교박물관, 2015, 「부록 5 전곡리토성 시굴조사 보고서」『연천 무등리 2보루』.

⑦ 무등리 1보루[27)]

2017년에 실시된 무등리 1보루에 대한 시굴조사에서 확인된 동쪽과 서쪽 성벽에 대한 확장조사를 실시하였다. 성벽은 경사진 암반을 1m 가량 깎고 석축을 쌓았으며, 하단부에는 성벽 외면을 점토로 덧붙여 보강하였다. 성벽 외곽과 30㎝ 이내의 간격을 두고 길이 1.5m, 너비 1m의 기둥구덩이가 1m 간격으로 확인되었다.

3. 한강이남지역

① 대전 월평동 산성[28)]

대전 월평동의 목책유구는 월평동 산성의 남쪽에서 약 85m가량 떨어져 확인되었다. 목책은 너비 5m 가량의 壕와 함께 목책유구와 같은 장축 방향을 갖는 석축성벽이 세트를 이루고 있는 등 청원 남성골 산성과 유사한 형태이다. 또한 월평동 산성 성벽의 하단부 성토다짐층에서 고구려 토기가 출토되는데, 호·옹, 시루, 동이, 접시, 완 등의 전형적인 고구려 토기 구성을 갖는다. 이는 고구려가 일시적으로 청원 남성골 유적과 비슷한 시기에 월평동 산성 일대를 점유한 것으로 추정된다.

② 남성골 산성[29)]

청원 남성골 산성은 세종특별자치시(구 충청북도 청원군) 부용면 부강리에 위치하고 있으며, 산 정상부에 2중 목책구조로 내·외곽으로 이루어진 성곽이다. 목책성벽은 나무기둥으로 귀틀을 짜서 벽체를 구성하고 그

---

27) 서울대학교박물관, 2017,『연천 무등리 1보루 정밀 발굴조사 학술자문회의 자료집』.

28) 충청문화재연구원, 2003,『大田 月平洞山城』.

29) 충북대학교박물관, 2004,『淸原 南城谷 高句麗遺蹟』; 중원문화재연구원, 2008,『淸原I.C~芙容 間 道路工事區間內 淸原 南城谷 高句麗遺蹟』.

위에 점토를 피복하였다. 외벽을 이루는 바깥 열 목책은 일부 구간에 일정한 높이까지 쌓은 할석을 쌓았으며, 내곽에 위치한 문지 주변에도 석축구간이 확인된다. 치 성벽은 내곽에 1개, 외곽에 2개가 목책으로 조성되었다.

③ **안성 도기동 유적**[30)]

안성 도기동 유적은 2015년 안성 뉴타운지구 택지개발부지 내 발굴조사로, 발굴조사 결과 삼국시대 목책성과 수혈, 통일신라 및 고려시대 석곽묘 등이 확인되었다. 목책성은 능선 정상부와 사면부에서 부분적으로 4개 구간이 확인되었다. 분포상 계곡부를 감싸는 포곡식 성으로 나지막한 토루를 구성하여 성의 기본 틀을 만든 후 목책을 세운 구조이다. 목책은 기본적으로 내벽측과 외벽측이 돌아가는 이중 목책구조이며, 원형의 목책공으로 구성되어있다. 목책공 주변의 부정형의 구상유구에서는 타날문토기, 파수부잔, 삼족기, 고배 등의 파편이 확인되었으며, 1, 4구간 목책렬 주변과 9호 수혈에서는 파수부 토기, 뚜껑, 흑색호 구연부 등의 고구려 토기가 확인되었다.

Ⅳ. 발굴조사 성과를 통해 본 고구려 보루의 축조방식과 성격

한강유역에서 고구려 유적의 존재가 확인된 이후, 1990년대 후반 아차산 4보루에서 첫 발굴조사가 이루어지고, 남한지역의 다른 보루들이 추가로 조사되면서 고구려 관방시설에 대한 자료가 점차 축적되었다. 조사 초기 성 내부시설에 대한 조사가 이루어지고 이후 성벽을 포함한 전면 발굴성과

30) 기남문화재연구원, 2015, 『안성 도기동 유적 발굴조사 현장설명회 자료』.

가 많이 확인되면서, 고구려 보루의 구조와 성격에 대한 다양한 연구가 이루어지게 되었다. 다만 비교적 짧은 시간에 본격적인 조사가 이루어졌기 때문에 다양한 연구 쟁점이 아직 남아있어 앞으로도 많은 성과가 필요한 상태이다. 따라서 본 장에선 지금까지 조사로 드러난 성과에 따라 보루의 축조방식과 성격을 살펴보고, 그 의미를 파악해 보고자 한다.

1. 성벽의 축조방식

남한지역에 발굴조사가 이루어진 고구려 성곽은 구의동 보루를 포함하여 아차산 4보루를 시작으로 최근 조사가 이루어진 무등리 2보루까지 총 20여 개에 달한다. 이 중 성벽의 일부 지점에 대한 트렌치 조사가 이루어진 곳도 있으며, 성벽 전체를 노출 조사한 유적도 확인된다.

남한지역의 고구려 성곽의 가장 큰 특징은 일부 평지에 조성된 성을 제외하면 대부분 둘레 300m 내외로 산 정상부에 소규모로 이루어졌으며, 산 정상부에 석축을 두르고 내부 평탄지에 건물지와 저수시설 등과 같은 시설을 설치한 형태이다. 내부 평탄지는 원지형을 이용하거나 성토하거나 판축하여 대지를 조성한 후 시설을 하였다. 성벽은 이러한 토축부에 석축이 덧대어져 있는 형태이다. 다만 성벽 기저부와 내부에 원형의 주혈이 확인되는데, 이 주혈에 대한 이해는 조금씩 다양해지면서 몇 개의 견해가 나누어진다.

고구려 성곽 조사 초기에는 이러한 주혈을 성곽이 조성되기 전단계로 이해하고 목책시설의 흔적으로 보았다. 2007년 아차산 4보루와,[31] 2009~2010년 시루봉 보루의 성벽에 대한 조사가 처음 이루어지며, 석축성벽 바로 아래에서도 주혈이 확인되었는데 양시은은 이 주혈을 석축성벽 이전 단계의 목책공으로 추정하였다. 이후 양시은은 무등리 2보루 보고서와

31) 국립문화재연구소, 2009, 앞의 책, 143쪽.

본인의 논저를 통해 이와 같은 견해를 철회하였으나,[32] 호로고루에서 석축성벽과 구분되어지는 열을 가진 전단계의 목책공이 확인되고, 전곡리 목책유구, 청원 남성골 산성, 안성 도기동 유적 등의 순수 목책성이 확인되는 것으로 보아 가능성은 배제할 수 없다.

이후 홍련봉 1·2보루의 성벽조사에서 성벽 기저부에서 성벽렬을 따라 일정한 간격으로 주혈이 확인되고, 특히 2보루 함몰지 협축성벽의 적심부에서 횡장목흔과 함께 판축된 토축부가 조사되어 성벽축조 방식에 대한 자료를 제공하였다. 홍련봉 1보루 서쪽 성벽 유실구간에서 성벽렬을 따라 노출된 주혈의 내부 토층에서 목주흔이 보이며, 일부 구간에서 일정한 간격으로 성벽의 외면에 노출된 柱胴이 확인된다. 이 주혈과 주동은 성벽 축조 범위를 따라 1.5~2.0m 정도 간격을 보이며 성벽과 동시에 확인되는 것으로 보아, 이 목주들은 성벽이나 성곽 내부의 대지를 조성하기 위하여 쌓은 토축과 성벽 모두를 지탱하기 위해 세운 것으로 보인다. 이에 심광주는 홍련봉 보루 성벽의 축조방식을 토축부를 쌓아 올린 후 석축을 덧붙여서 축조한 것으로 보았으며, 이와 같은 공법을 '土芯石築工法'으로 명명하였다. 또한 이와 같은 공법은 집안의 국내성이나 평양의 대성산성에서도 보이는 고구려의 기본적인 축성법으로, 연천의 호로고루나 당포성 역시 비슷한 공법으로 축조되었다고 하였다.[33] 다만 최종택과 필자는 이와 같은 구조에 의견을 같이하면서도 공정 순서에 다소 차이를 보이는데, 성벽렬과 내부에서 확인되는 주혈에 목주를 세우고 횡장목을 사용하여 결구한 다음 석축성벽과 동시에 사질토를 판축하며 쌓아 올려 뒷채움을 한 것으로 보았다.[34] 홍련봉 2보루 함몰지 협축성벽의 단면 조사에 따르면 사질토를 번갈아가며

32) 양시은, 2016, 『고구려 성 연구』, 진인진.

33) 심광주, 2013, 「淸州 父母山城과 周邊 堡壘의 築城技法」『한국성곽학보』 24, 19~20쪽.

34) 최종택, 2013, 『아차산 보루와 고구려 남진경영』, 서경출판사, 194~202쪽 ; 한국고고환경연구소, 2015, 앞의 책, 399쪽.

〈사진 1〉 홍련봉 1보루 주혈군

〈사진 2〉 홍련봉 1보루 주동

〈사진 3〉 홍련봉 2보루 성벽 단면

쌓은 토층은 외벽과 내벽의 석축에 바로 연결된 형태를 보이는데, 외면을 이루는 석축과 적심을 이루는 판축이 동시에 축조된 것으로 추정된다. 따라서 고구려 보루의 체성벽에서 확인되는 주동과 성벽 기저부에서 확인되는 주혈은 석축성벽이 조성되기 이전단계의 목책시설 보다는 토축부를 조성하기 위한 영정주공이며, 성벽은 토축부와 석축성벽이 동시에 축조된 것으로 판단된다.

다른 의견으로 안성현은 토성을 개축하여 석축 성벽을 조성하였다는 견해를 보이고 있는데, 홍련봉 2보루의 석축 성벽 안쪽 토축부를 보루가 토성으로 초축된 흔적으로 해석하였다.[35] 그는 토성의 근거로, 토축부와 석축부 사이의 절개선이 확연할 뿐 아니라, 홍련봉 1, 2보루와 시루봉보루, 아차산 4보루 성벽의 경우 기저부 하단의 다짐토 상부에 석축 성벽이 위치하고 있기 때문에 토축부의 기저부를 보강하기 위하여 석축 성벽을 덧대어 쌓았기 보다는 석축부가 설치된 부분만큼 토축부를 절개한 다음 석축 성벽을 축조하였고, 이는 일반적인 토성벽의 수축부와 동일하다고 보았다. 또한 홍련봉 2보루에서는 성벽 곳곳에서 목주흔과 함께 석축 성벽의 안쪽 토축부에서 확인되는 횡장목의 흔적을 통해 이를 순수판축토성으로 봐야한다고 하였다. 그리고 현재 보루에서 확인되는 석축 성벽은 토성의 토축부를 완만한 경사로 절개한 다음 쌓고 있으므로, 토성에서 석성으로 개축된 것으로 보아야한다고 하였다. 하지만 이는 '순수판축토성'의 흔적이기 보다는 '판축'의 흔적이라고 보는 것이 타당할 것이다. 보루의 내부 대지를 조성하거나 협축성벽의 체성부를 사질토로 채우기 위해 선택한 축조 방법이 성질이 다른 여러 사질토를 판자 사이에 넣고 흙을 다져 쌓는 공법을 택한 것이다. 즉 이러한 판축의 흔적이 토성이 존재하였다는 직접적인 증거보다는 판축 기법을 사용한 축조 방법의 증거로 보아도 무방할 것으로 보인다.

2. 보루의 점유시기

고구려의 한강유역 진출 시기에 대해서는 많은 연구 성과가 있었다. 한강유역에서 확인되는 고구려 관방유적의 연대는 고구려가 475년 한성을 함락하고 한강유역을 상실하는 551년까지로 대략적인 연대를 상정하였는데, 초기 아차산 일대 보루를 조사하면서 보루의 조성 시기를 5세기 후반 고구려가 남하하면서 전진기지의 성격으로 조성한 것으로 보았으나, 최근

35) 안성현, 2016, 「홍련봉 1·2보루의 축조방식과 구조에 대한 연구」 『백제문화』 55.

고고학적 자료가 축적되고 연구 성과가 늘어나면서 보루의 대략적인 사용 시기는 6세기 전반 이후로 소급되는 것에 이견이 없는 듯하다.

반면 보루의 점유형태와 사용의 하한에 대해서는 다소 이견이 존재한다. 김영섭은 신라가 568년 북한산주를 폐하고 남천주를 설치하였으며, 590년 온달의 출정, 603년 북한산성을 공격한 점을 들어 551년에 고구려군이 한강 유역에서 물러났으나, 568년부터 604년까지 고구려가 다시 한강 하류지역까지 진출하였을 가능성이 있다고 보고, 이를 근거로 아차산 고구려 보루군이 5세기 후반~7세기 중반 동안 반복적으로 점유되었다고 주장하였다.[36)]

또한 이형호는 연천 호로고루 출토 고구려 토기를 기준으로 아차산 보루군의 토기를 판단해볼 때, 아차산 보루군은 발표자의 견해와는 달리 6세기 중엽에 축조되어 6세기 후엽까지 사용되었는데, 그중에서도 용마산 보루군과 시루봉 보루는 6세기 후엽에 축조된 것으로 파악하였다. 이는 고구려가 475년부터 551년까지 지속적으로 한강유역을 영유하고 있었던 것이 아니라 475년부터 598년에 이르기까지 적어도 3번 이상 남하와 철수를 반복하였고, 아차산 보루군이 완성되어 하나의 방어체계로 운영된 시기는 6세기 중엽이 아니라 6세기 후반으로 봐야한다는 것이다. 보다 구체적으로는 문헌기록에서 등장하는 529년 오곡지원 전투에서 승리한 고구려군이 한강 이북의 아차산까지 진출하였고, 당시 구의동 보루 등을 축조하였으나 551년 나제 연합군의 반격으로 한강유역을 상실하였다가, 신라가 568년 북한산주를 폐하고 남천주를 설치하면서 한강 이남으로 군사적인 거점을 옮겼을 때 고구려가 한강 이북의 아차산 보루군을 완성하였다는 것이다.[37)]

---

36) 김영섭, 2009, 「아차산 고구려 보루군의 재고찰」, 단국대학교 석사학위논문, 30~31쪽.

37) 이형호, 2014, 「남한지역 출토 고구려토기 연구」, 고려대학교 석사학위논문, 96~97쪽.

이 밖에도 최근에는 홍련봉 2보루에서 채집한 목탄 시료에 대한 방사성탄소연대 측정 결과를 놓고 아차산 보루군의 활용 연대에 대한 또다른 해석이 제기되기도 하였다. 홍련봉 2보루 2개 지점(8호 건물지 인근, 2호 저수시설 인근)에서 채집된 40개의 목탄시료를 국내외 5개 기관에 방사성탄소연대 측정을 의뢰하여 얻은 측정치를 이상값을 제거하는 등의 통계처리를 거쳐 1490±12BP라는 합의값을 도출한 다음 이를 환산하였더니 549~607년(95.4%)이라는 추정연대를 얻었다고 한다(J. Choi et al, 2017, Radiocarbon Dating and the Historical Archaeology of Korea : An Alternative Interpretation of Hongryeonbong Fortress II in the Three Kingdoms Period, Central Korea, Journal of Field Archaeology 42(1), pp.1~12.). 이러한 추정 연대는 500~551년이라는 그간의 편년 결과와 다소 차이를 보이고 있다. 다만 기존의 조사과정에서 채집된 10개의 시료에 대한 방사성탄소연대 측정값은 6세기 전반의 연대를 포함하고 있었으며, 8호 건물지와 2호 저수시설 인근에서 채집된 목탄 시료의 탄소연대를 근거로 홍련봉 2보루 전체가 6세기 후반에 점유되었다고 주장할 수는 없으며, 8호 건물지를 포함한 일부 유구의 연대가 늦다고 해석하는 것이 합리적이다. 이에 대해 최종택은 홍련봉 1보루의 건물지 일부가 신라에 의해 재사용되었거나 축조된 것으로 밝혀졌고, 홍련봉 2보루 5호 건물지 역시 고구려가 철수한 이후 신라가 재사용한 흔적이 확인되었을 뿐만 아니라 1호 저수시설의 경우 저수시설이 함몰된 이후 의도적으로 매납한 신라 토기가 발견된 점을 종합적으로 고려해볼 때, 신라에 의해 재사용된 것으로 봐야한다고 하였다. 다만 아직까지 아차산성이나 홍련봉 2보루에서 6세기 중·후반경의 신라 토기가 확인된 적이 없고 모두 7세기 이후의 토기가 확인되고 있으므로 홍련봉 2보루의 8호 건물지는 7세기 이후 신라에 의해 재사용된 것으로 봐야한다고 하였다(최종택, 2014, 「역사시대 고고자료의 해석과 방사성탄소연대-홍련봉 2보루의 사례를 중심으로」 『한국고고학의 신지평』, 제38회

한국고고학전국대회 자료집.). 그러나 이후 논문(J. Choi et al, 2017, 앞의 책.)에서는 551년 이후 고구려가 북쪽으로 후퇴한 이후 신라가 일시적으로 점유하였을 가능성이 있는 것으로 판단하고 있어서, 6세기 후반에 신라의 일시적인 점유를 인정하고 있는 것으로 보여진다.[38)]

3. 보루의 성격

한강유역 고구려 보루들은 고구려의 남진 정책에 따라 475년 한성을 함락시킨 이후 설치되었으며, 관방시설이 기본적으로 수행하는 기능 이외에도 점령지에 대한 추가적인 기능을 수행하였던 것으로 보인다. 고구려의 새로 편입된 영역에 대한 지배방식은 『삼국사기』 지리지의 고구려 군현명 기록과 남한지역에서 확인되는 관방유적의 분포가 밀접한 관련이 있어 보인다. 한강유역에 고구려의 점유형태와 관련하여 몇 가지 의견으로 나누어지는데, 군사적 거점만 설치하고 실질적 지배는 이루어지지 못했다는 의견과,[39)] 한강유역으로 진출한 이후 군현을 설치하고 본격적인 영역지배를 했다는 의견이다.[40)] 하지만 필자는 한강유역 보루의 성격을 통해 이 지역이 점, 선 형태의 거점지배에서 면형태의 영역지배[41)]로 가는 과도기

---

38) 양시은, 2017, 「서울지역 고구려 보루 유적의 조사 성과와 과제」 『서울지역 고중세 성곽유적에 대한 주요 조사연구 성과와 과제』, 제60회 전국역사학대회 고고학부 발표자료집, 68~69쪽.

39) 심광주, 2002., 「남한지역의 고구려 유적」 『고구려연구』 12, 고구려연구회 ; 임기환, 2002, 「고구려·신라의 한강 유역 경영과 서울」 『서울학연구』 18, 서울학연구소.

40) 노태돈, 2004, 「고구려의 한성 지역 병탄과 그 지배 양태」 『鄕土서울』 66, 서울特別史編纂委員會 ; 최종택, 2008, 「고고자료를 통해 본 백제 웅진도읍기 한강유역 영유설 재고」 『백제연구』 47, 충남대학교 백제연구소.

41) 김현숙(2005, 『고구려 영역 지배 방식 연구』, 모시는사람들)에 따르면 고구려는 3세기 말 중앙집권 통치가 강화되면서 급격히 늘어난 영토에 대한 지배방식에도 변화가 생기는데, 바로 선으로 이루어진 교통로상에서 거점을 중심으로 지배하는 방식을 도입하였다. 이러한 방식은 교통로상에 설치된 크고 작은 성에 지방관을 파견함으로써 점적인 지배형태를 띠게 되며, 이러한 거점적 지배형태는 4세기

〈사진 4〉 홍련봉 1보루 출토 와당

적 성격으로 보았다.[42] 목책 단계에서 폐기된 한강이남지역의 고구려 관방시설과는 달리, 한강유역의 보루에서는 홍련봉 1보루에서 기와건물지가 확인되는 것으로 보아 '官'으로서 기능을 수행하며 치소의 단계로 진행한 것으로 보인다. 하지만 홍련봉 보루 주변에서 더 이상 복수의 치소가 확인되지 않는 것으로 보아 다음 선형태 지배단계로의 이행이 실패한 것으로 보이며, 이와는 달리 임진강 유역의 관방시설들은 호로고루 이외에도 기와가 출토되는 다수의 치소 추정지가 확인되는 등 권역지배 형태로의 전환이 보인다.

중후반에 이르러 더욱 늘어난 영토의 확대로 인하여 거점이 증가하고 운영의 한계에 다다름에 따라 점적 지배 방식에서 면적 지배로의 전환이 필요하게 되었다. 이후 하위 단위의 지방관들이 통치하는 복수의 단위지역을 상위 지방관이 통치하는 권역지배 형태로 전환되고, 장수왕대 평양천도와 함께 군현제를 도입하는 등 지방제를 개편하게 된 것으로 보았다.

42) 이정범, 2015, 「5-6세기 고구려의 한강유역 지배형태」 『高句麗渤海研究』 51, 92~93쪽.

Ⅴ. 맺음말

이상으로 지금까지 조사된 한강유역 고구려 관방유적의 발굴조사 성과와 의미를 살펴보았다. 한강유역의 고구려 관방유적은 아차산과 용마산, 망우산 일대에 보루군으로 남아 있는데, 1994년 본격적인 학술조사가 진행된 이후 아차산 일대에서는 다수의 보루가 발굴되었으며, 현재 사적 제455호로 지정되어 관리 받고 있다. 나아가 경기북부 일대와 금강유역에서도 일부 고구려의 관방유적이 조사되었다. 비록 짧은 시간에 본격적인 조사가 진행되었으나, 그동안 다양한 지역에서 여러 유적을 발굴조사를 통해 다양한 성과를 추가하였다.

조사 초기 성 내부시설에 대한 조사가 이루어지고 이후 성벽을 포함한 전면 발굴성과가 많이 확인되면서, 고구려 보루의 구조와 성격에 대한 다양한 연구가 이루어지게 되었다. 남한지역의 고구려 성곽의 가장 큰 특징은 일부 평지에 조성된 성을 제외하면 대부분 둘레 300m 내외로 산 정상부에 소규모로 이루어졌으며, 산 정상부에 석축을 두르고 내부 평탄지에 건물지와 저수시설 등과 같은 시설을 설치한 형태이다. 성벽은 대부분 토축부와 석축부로 구분되는데, 국내성과 장수산성에서 보이는 고구려의 전형적인 성곽 축조 수법이다. 다만 축조방법에 대해서는 현재까지 다양한 의견이 있는데, 앞으로 발굴조사와 연구가 더욱 진행되어야할 부분이다. 또한 한강유역 보루의 점유시기에 관해서는 6세기 초에서 중반까지는 대체로 이견이 없으나, 연구자에 따라 7세기 초까지 점유가 지속되는 것으로 파악되는 경향이 있다. 보루는 관방시설이 가지는 기본적인 기능 이외에도 '官'으로서 기능도 수행한 것으로 보이는데, 비록 신라와 백제에 의해 좌절되었으나 고구려가 이 지역을 영역지배로 하려는 의도로 보인다.

정 경 일

새롭게 조사된 평양시 낙랑구역 전진동 벽화무덤의 발굴정형에 대하여*

북한 사회과학원 고고학연구소에서는 낙랑구역 일대의 유적조사 발굴을 진행하는 와중에 2016년 10월 낙랑구역 전진동[1]에서 고구려시기의 벽화무덤 1기를 새롭게 발굴하였다.

무덤은 3대현장기념탑에서 서쪽으로 1.5㎞정도 떨어진 곳에 있다.

무덤은 이곳에서 건설부지를 정리하는 과정에 회조각이 많이 널려져 있는 것을 계기로 발견되었다. 회조각들을 수집하는 과정에 자그마한 회조각에서 붉은 밤색의 벽화가 발견되어 이 주변에 고구려벽화무덤이 있는 것으로 추정하였다. 그리하여 회조각이 집중적으로 드러나는 곳에서 일정한 구획에 대한 시굴을 진행하여 지표면으로부터 60㎝ 깊이에서 무덤의 서벽을 찾아냈다.

무덤이 자리 잡고 있는 지대는 공사관계로 거의 평토나 다름없는데 서쪽부분이 좀 높아 서쪽에서 동쪽으로 가면서 경사져 낮아졌다.

---

* 본고는 2015년도 정부재원(교육부)으로 한국학중앙연구원(한국학진흥사업단) 해외한국학중핵대학육성사업(AKS-2015-OLU-225001) 지원에 의하여 작성되었음.

1) 전진동은 2006년 5월 승리3동 지구를 승리동에서 분리시켜 새로 내온 동이다.

〈사진 1〉 전진동 벽화무덤 전경(남-북)

발굴 당시 무덤무지는 물론 무덤의 천정과 벽 시설의 대부분이 완전히 파괴되고 무덤의 안길과 안칸의 일부 벽 시설이 남아있었다.(사진 1)

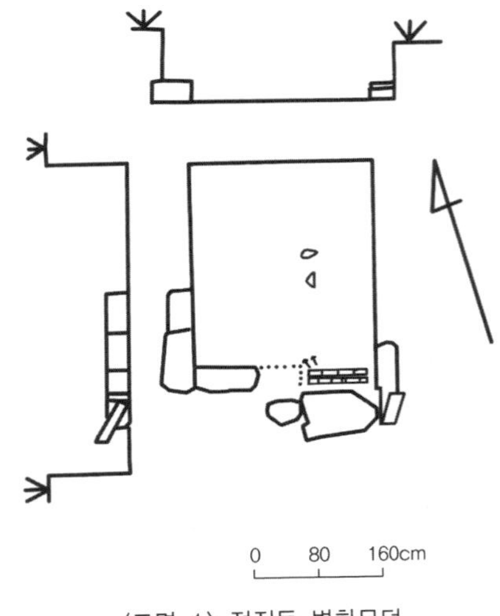

〈도면 1〉 전진동 벽화무덤

무덤은 안길과 안칸으로 이루어진 반지하식의 석실봉토단실묘이다. 방향은 서쪽으로 약간 치우친 남향이다.(도면 1)

안길은 안칸의 남벽에서 동쪽으로 완전히 치우쳐있는데 좁은 부분과 넓은 부분으로 나누어진다. 좁은 부분은 안칸 입구에서 안길 쪽으로 30㎝ 정도까지이고 넓은 부분은 좁은 부분의 남쪽 끝에서 양옆으로 4㎝ 정도씩 나간 곳에서부터 시작하여 안길 입구까지의 구간이다. 바닥은 원토층을 그대로 다져서 만들었다. 벽체는 점판암 돌로 쌓아올렸는데 현재 많은 부분이 파괴되고 동벽의 제일 밑돌기와 그 위의 돌만 남아있다. 안길 동벽의 크기는 남은 길이 80㎝, 너비 96㎝, 남은 벽의 높이는 32㎝이다. 서벽은 다 파괴되었으나 남쪽 끝부분에 회가 붙어있는 돌이 1개 있는데 서벽으로 쌓았던 벽체 돌로 짐작된다. 천정은 파괴되었다. 안길의 크기는 남은 벽체의 길이 80㎝ 정도, 너비는 좁은 부분이 96㎝, 넓은 부분이 104㎝ 정도로 추정되며 남은 벽체의 높이는 32㎝이다.

안길 천정은 파괴되었다.

안길에는 문턱시설이 있다. 문턱시설은 안칸 입구 쪽에서 안길 쪽으로 16㎝ 정도 떨어진 곳에 낙랑일대에서 쓰인 벽돌을 두 줄로 박아 만들었는데 안칸 쪽에는 4개, 안길 쪽에는 5개의 벽돌을 이용하였다.(사진 2) 두 줄의 벽돌 사이에는 2㎝ 정도의 공간이 있는데 그 안에는 회미장을 하였다.

〈사진 2〉 전진동 벽화무덤 문턱시설

두 줄의 벽돌 가운데서 안칸 쪽의 것이 안길 쪽의 것보다 2㎝ 가량 높게 하였다. 안칸 쪽에 놓인 벽돌에 2㎝ 가량의 회가 붙어있는 것으로 보아 문턱시설은 벽돌을 일정한 높이 차이를 두고 두 줄 박은 다음 그 위에 회미장을 하였던 것으로 보인다. 이렇게 만든 문턱시설은 안칸 쪽에서 안길 쪽으로 'ㄴ'형을 이루게 하였다. 문턱시설 축조에 쓴 벽돌들의 크기를 보면 길이는 10~21㎝ 정도이고 너비와 두께는 모두 5㎝이다. 문턱시설의 동쪽 끝이 안길 동벽으로부터 12㎝ 정도 떨어져있는 것으로 보아 축조 당시 문턱을 안길 동·서벽에 접하게 만들지 않고 벽체에서 약간씩 떨어져서 만든 것으로 볼 수 있다. 문턱시설의 크기는 길이 72㎝, 너비 12㎝, 턱의 높이는 안쪽의 것이 7㎝, 바깥쪽의 것이 5㎝이다.

벽돌에는 무늬들이 새겨져있는데 알아볼 수 있는 것은 두 가지이다. 하나는 3등분한 매 구획에 3겹씩의 능형무늬를 새긴 것이고 다른 하나는 3겹의 능형무늬와 반원무늬 4개가 결합된 것이다.

안길에는 막음돌이 있다. 막음돌은 한장의 큰 점판암 돌로 된 것인데 발굴 당시 바깥으로 넘어져 있었다. 막음돌의 크기는 길이 88㎝, 너비 56㎝, 두께 12㎝이다.

안칸 벽체가 대부분 파괴되었으나 일부 벽들과 벽과 바닥의 경계선들이 대부분 남아있는 것으로 하여 안칸의 평면 상태와 크기를 가늠할 수 있었다.

안칸의 평면생김새는 남북으로 긴 장방형이다. 안칸의 바닥은 안길과 달리 원토 위에 두께가 4~6㎝인 편암종류의 납작한 돌을 한 벌 깔고 그 위에 2~4㎝ 정도의 회미장을 하여 만들었다. 벽체는 편암종류의 돌들을 회죽에 물려 쌓고 그 겉면에 회미장을 하였던 것인데 발굴 당시 대부분이 파괴되고 동벽의 일부와 서벽 남쪽부분, 남벽 서쪽부분이 약간씩 남아있었다. 발굴과정에 안칸에서 벽체돌이 드러났는데 그 크기를 보면 대체로 32×20×12, 28×16×4, 36×28×8, 20×18×6, 24×18×4㎝이다. 안칸의 크기는 남북길이 286㎝, 동서너비 235㎝이며 남은 벽체의 높이는 잘 남은 서남쪽부분이 28㎝이다. 천정은 파괴되었다.

안칸의 중심에서 남쪽으로 좀 치우친 곳에서 회가 붙어있는 점판암질의 큰 판돌이 드러났다. 네모나게 가공하였던 돌인데 한쪽 끝부분이 좀 깨여졌다. 안칸 천정 막음돌로 인정된다. 천정 막음돌의 크기는 길이 72㎝, 너비 72㎝, 두께 14㎝이다.

〈사진 3〉 전진동 벽화무덤 출토 오수전

무덤에서는 관못과 오수전(사진 3), 사람의 머리뼈조각(사진 4), 질그릇조각 등이 드러났다.

관못은 10개가 나왔는데 그중 온전한 것은 5개이다. 모두 한 가지 형태로서 버섯갓모양의 머리 중심에 방형의 못대가 달린 것이다. 못머리의 직경이 4㎝인 것과 3.6㎝인 것 2가지로 나누어지는데 못대의 길이는 대체로 12~13㎝이다.(사진 5, 도면 2)

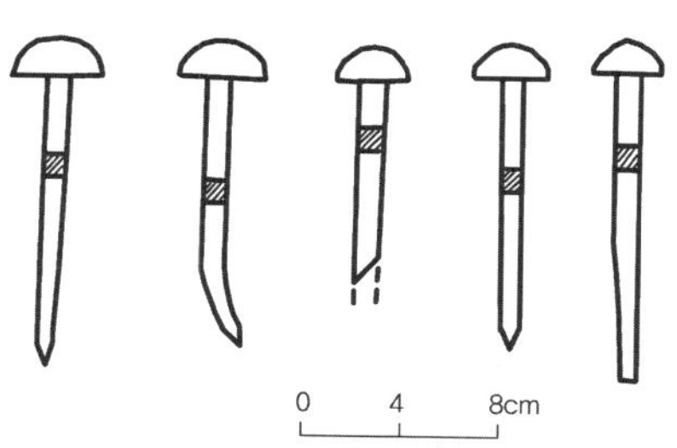

〈도면 2〉 전진동 벽화무덤 출토 관못

〈사진 4〉 전진동 벽화무덤 출토 인골

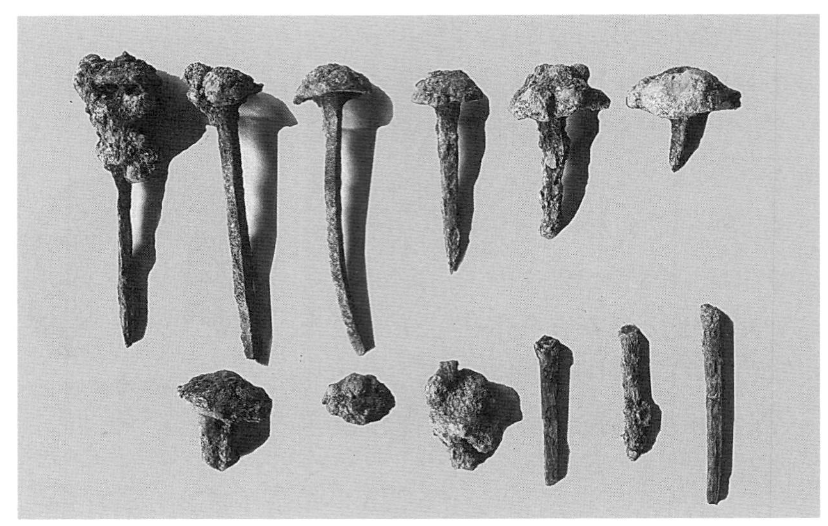

〈사진 5〉 전진동 벽화무덤 출토 관못

질그릇조각은 몸체부분인데 갈색이다. 돌림판을 사용하여 만든 것으로서 몸체의 겉면에는 무늬가 있다. 무늬는 3개의 줄무늬를 한 개의 묶음띠로 하여 일정한 간격을 두고 몸체전반에 돌린 것이다. 묶음 띠 한 개의 두께는 1㎝가량 되며 그 안에 있는 줄무늬 한 개의 두께는 3㎜정도 된다.(사진 6)

〈사진 6〉 전진동 벽화무덤 출토 질그릇

안칸에는 회미장 한 벽체 위에 벽화를 그렸는데 대부분이 박락되고 없어져 그 주제와 내용은 잘 알 수 없다. 벽화조각은 대체로 안칸의 서남쪽과 중심부분에서 많이 드러났는데 검은색 안료로 그린 것과 붉은 밤색으로 그린 것, 그리고 검은색과 붉은 밤색이 함께 그려진 것들과 누런색 안료로 그린 것 등으로 갈라볼 수 있다.(사진 7)

〈사진 7〉 전진동 벽화무덤에서 확인된 벽화흔적

–검은색 안료로 그린 것

검은색 안료로 그린 것들을 보면 같은 굵기로 하나의 호선을 그린 것들, 여러 굵기의 선들로 곡선 또는 반원을 배합하여 그린 것들, 새의 날개를 형상한 듯한 것들이다.

–붉은 밤색 안료로 그린 것

붉은 밤색으로 그린 벽화 중에는 한 개의 선을 호선을 이루게 그린 것, 두 개의 직선을 서로 사선으로 그린 것, 한 점에서 뻗어나간 두 개의 활등선과 하나의 직선이 함께 그려져 있는 것 등이 있다. 이 밖에도 붉은 밤색이 그려져 있는 벽화조각들이 여러 점 더 수집되었다.

검은 색 안료나 붉은 밤색 안료만이 나온 조각들은 대체로 장식무늬를 그렸던 조각들로 보인다.

–검은색과 붉은 밤색이 함께 그려진 것

1㎝정도 굵기의 붉은 밤색 선 밑에 검은색 안료가 그려진 것과 붉은 밤색 선 밑에 건물의 기둥 같은 것을 검은색으로 그린 것이 수집되었다. 그리고 테두리를 붉은색으로 긋고 그 안에 붉은 밤색을 칠하고 그 아래에는

검은색으로 그림을 그린 조각도 수집되었는데 아마도 붉은 밤색의 도리와 그 아랫부분에 그렸던 그림의 조각이 아니면 벽면을 구분하였던 붉은 밤색 선으로 보인다.

이 밖에 누런색의 벽화조각도 나왔는데 누런색의 형체만 알릴뿐이다. 아마도 벽화에 그려졌던 인물의 복식이나 도리와 같은 구조물의 바탕으로 그려졌던 벽화의 조각으로 보인다.

전진동 벽화무덤의 발굴정형은 이상과 같다.

전진동 벽화무덤은 구조형식에서 볼 때 치우친 안길에 장방형의 안칸을 가지고 있으며 벽화는 검은색, 붉은 밤색, 누런색의 안료로 그린 채색화이다. 이와 함께 무덤 안길에 축조한 문턱시설은 낙랑일대에서 쓰인 벽돌로 하였는데 이러한 점들은 무덤의 축조시기가 보다 이를 가능성을 시사해주고 있다.

지난 시기 북한지역의 고구려유적이 많이 알려지지 않았고 특히 벽화무덤이 발견되지 않았던 낙랑일대에서 동산동 벽화무덤에 이어 최근 시기 적지 않게 드러남으로써 고구려의 역사와 문화연구에서 가치 있는 자료들이 나날이 제공되고 있다.

이 준 성

북한의 문화유산 정책 변화와 고구려사
-『민족문화유산』을 중심으로-*

Ⅰ. 서론

국가는 문화유산[1]을 통해 국민에게 '보여주고 싶은 것'을 보여줌으로써 자신들의 과거와 현재를 연결시킨다.[2] 북한 역시 정권 수립기부터 정권의 정통성을 확보하기 위한 차원에서 문화유산의 소재 발굴 및 보존뿐 아니라 그것의 응용과 현대화 등에 관심을 두어 왔다. 특히 북한은 문화유산의 '민족적인 요소'를 강조해왔고,[3] 그에 더하여 문화유산을 활용한 선전 및 교양을 통해 '일제'와 '미제'로 대변되는 '파괴자'에 맞서는 '수호자'라는

* 본 논문은 이준성, 2020, 「북한의 문화유산 정책 변화와 고구려사」『高句麗渤海研究』 66을 수정·보완하였다.

1) 문화재 혹은 문화유산에 대한 정의는 남·북한에서 약간 차이를 보인다. 남한에서는 「문화재보호법」 제1장 제2조 1항에서 " '문화재'란 인위적이거나 자연적으로 형성된 국가적·민족적 또는 세계적 유산으로서 역사적·예술적·학술적 또는 경관적 가치가 큰 다음 각 호의 것을 말한다."고 정의하고 있는 반면, 북한에서는 『문화유산보호법』에서 " '문화유산'은 우리 인민들의 유구한 력사와 찬란한 문화전통이 들어있는 나라의 귀중한 재부이다."라고 정의하고 있다.

2) 남북한의 문화유산 개념 및 종류에 대해서는 김유진, 2018, 「남북문화유산 교류협력 이해」『남북문화유산교류사』, 국립문화재연구소, 16~18쪽 참조.

3) 전영선, 1999, 「북한의 조선민족제일주의와 민족문예 정책」『통일논총』 17.

국가의 정체성을 형성하고자 했다.[4] 이렇게 만들어진 정체성을 선전하기 위해 민족문화의 보존 원칙을 인민들의 사상교육과 직결시키기 위해 각별히 노력해왔다.

북한에서 문화유산 정책은 김일성 시대에 근간이 만들어진 후 김정일 시대 및 김정은 시대에 걸쳐 대체로 유지, 계승되었다.[5] 다만, 일관된 원칙의 유지 하에서 각 시기마다 사상 정책 변화와 지도자 교체에 기인하여 강조점은 조금씩 변화하였다. 기존 연구에서는 1940년대 후반 북한 정권이 수립된 이후 문화유산 정책 변화의 획기로 1960년대 후반 주체사상의 본격적 적용 시기, 1980년대 후반 김정일이 본격적으로 정치활동을 시작하면서 '조선민족제일주의'라는 구호가 등장한 시기, 2010년대 중반 이후 김정은의 '세계적 추세' 수용의 표방 등을 주목해왔다.

본고에서는 먼저 북한의 문화유산 정책의 변화를 간략하게 살핀다. 그리고 그 연장선상에서 지난 2001년부터 간행되고 있는 정기간행물 『민족문화유산』의 내용을 분석하며, 고구려사 강조의 함의를 추적한다.

II. 북한의 문화유산 정책 변화와 '조선민족제일주의'의 등장

1. 해방 이후 문화유산 정책의 주요 변화

북한에서 '교시'는 '전체인민의 조직적 의사'로 이해된다.[6] '교시'는 대체로 학계의 논쟁을 총화하는 형태로 채택되는 경우가 많지만, 교시 채택을

4) 남보라, 2015, 「국가건설과정의 북한 문화유산관리 연구 : 1945년~1956년을 중심으로」, 북한대학원대학교 석사학위논문.

5) 정창현, 2019, 「김정은시대 북한의 문화유산정책 변화와 남북교류」 『통일인문학』 77, 건국대학교 인문학연구원.

6) 사회과학원출판사 편, 1985, 『주체사상의 사회역사원리』, 192쪽.

계기로 해당 분야의 세부 내용을 보강하기 위해 추후 논쟁을 촉발시키는 역할을 하기도 한다. 다음 〈표 1〉은 해방 이후 문화유산 보호와 관련된 김일성의 주요 교시이다. 이를 통해 북한 문화유산 정책의 시기별 흐름과 강조점을 살필 수 있다.

〈표 1〉 김일성의 문화유산 관련 주요 교시 및 실무지도

시기	제목	출처
1949년 10월 15일	민족문화유산을 잘 보존하여야한다	묘향산 박물관 및 휴양소 일군들과 한 담화
1958년 4월 30일	력사유적과 유물을 잘 보존할데 대하여	김일성종합대학 교원, 학생들과 한 담화
1970년 2월 17일	민족문화유산계승에서 나서는 몇가지 문제에 대하여	과학교육 및 문학예술부문일군협의회에서 한 연설
1987년 6월 7일	력사 유적과 유물을 발굴복원하는 사업을 잘할데 대하여	정무원책임일군들, 력사학자들과 한 담화
1989년 4월 1일	동명왕릉을 잘 꾸밀데 대하여	동명왕릉과 동명왕릉건설 총계획사판, 도면을 보고 일군들과 한 담화
1993년 1월 15일	구월산을 피서지로 꾸리며 고려 태조왕릉을 개건할 데 대하여	구월산피서지구 국토건설총계획사판과 고려태조왕릉형성안을 보고 일군들과 한 담화
1993년 10월 20일	단군릉개건방향에 대하여	단군릉개건관계부문 일군협의회에서 한 연설

문화유산과 관련한 첫 교시는 1949년 묘향산 박물관 및 휴양소 일꾼들과 한 담화 「민족문화유산을 잘 보존하여야한다」이다. 이 교시에서 김일성은 “우리는 민족문화유산에 대하여 허무주의적으로 대할 것이 아니라 그것을 잘 보존하여야 하며 문화유산 가운데서 진보적이고 인민적인 것은 비판적으로 계승하여야 한다”고 강조하였다. 이는 ‘민족허무주의적 경향’과 ‘복고주의적 경향’이라는 양 극단의 경향을 모두 ‘그릇된 편향’으로 규정한 것인바, 이 원칙은 현재까지도 꾸준하게 언급되면서 강조되고 있다. 아울러 민족문화유산 보존을 민족적 자부심의 함양 및 애국주의정신 교양 방안으

로 삼는다는 점을 밝혔다.

이후 1958년 김일성종합대학 교원, 학생들과 한 담화 「력사유적과 유물을 잘 보존할데 대하여」에서는 "일제가 마스고 간 고적들을 다 복구하며 아직 남아있는 고적들을 발굴하여 보존정비하는 것은 매우 중요한 의의를 가진다"고 언급하며 문화유산의 발굴 보존이 일제에 대한 저항과 극복의 차원임을 말하였다. 1970년의 과학교육 및 문화예술부문 일군협의회에서 한 연설 「민족문화유산계승에서 나서는 몇가지 문제에 대하여」에서 역시 기존의 강조점들을 유지하는 동시에, "사회주의적 민족문화는 지난날의 문화 가운데서 진보적이며 인민적인 것을 계승하여 새 생활의 요구에 맞게 발전시키는 기초 위에서만 성과적으로 건설"될 수 있다면서 계급과 문화유산을 연결시키기 시작하였다. 또한 '우리 나라 문화의 고유한 민족적 형식을 살리면서 거기에 사회주의적 내용을 옳게 결합시키는 것'이라는 보존의 원칙을 제시하였다는 점이 주목된다.

한편, 1987년 정무원책임일군들, 력사학자들과 한 담화 「력사유적과 유물을 발굴복원하는 사업을 잘할데 대하여」에서는 '력사 유적과 유물을 발굴 복원하는데서 중요한 원칙'으로서 '주체성의 원칙을 견지하는 것'과 '력사주의적 원칙을 지키는 것'이라는 점을 명확히 한다. "주체성의 원칙을 견지하여야 력사 유적과 유물에 대한 평가를 정확히 할 수 있고 그것을 복원하는데서 민족적 특성을 옳게 살릴 수 있"으며, "력사주의적 원칙을 철저히 지켜야 력사발전의 합법칙성에 맞게 력사 유적과 유물을 복원하는 사업을 잘 할 수 있다"고 설명한다. 1989년 '동명왕릉과 동명왕릉건설총계획사판, 도면을 보고 일군들과 한 담화' 「동명왕릉을 잘 꾸밀데 대하여」와 1993년 '단군릉개건관계부문 일군협의회에서 한 연설' 「단군릉개건방향에 대하여」는 북한 정권에서 체제 유지를 위해 가장 강조하며 지속적으로 활용하고 있는 문화유산인 동명왕릉과 단군릉의 개건에 대한 김일성의 언급으로, 1987년 교시에서 언급한 '주체성의 원칙을 견지하는 것'과 '력사주의적 원칙을 지키는 것'이라는 두 원칙이 정권의 의도에 맞게 적용된 대표적인 사례라 할 수 있다.

이상 살펴본 김일성의 '교시'는 문화유산 정책의 방향과 직결되었으며, 그와 연동하여 관련 법령의 정비로 이어진다. 다음 〈표 2〉는 문화유산과 관련이 있는 명령 및 법령이다.7)

〈표 2〉 문화유산 관련 명령 및 법령

시기	제목	비고
1946년 4월 29일	보물, 고적, 명승, 천연기념물 보존령	
1946년 4월 29일	보물, 고적, 명승, 천연기념물 보존령시행규칙	
1946년 4월 29일	보물, 고적, 명승, 천연기념물 보존령시행수속	
1948년 11월 1일	조선물질문화유물조사보존위원회에 관한 결정서	내각결정 제58호
1949년 8월 2일	물질문화유물보존에 관한 규정승인에 관한 결정서	내각결정 제110호
1954년	문화유물 및 천연기념물 보존사업을 강화할데 대하여	내각지시 제23호
1954년	각종 건설공사장에서 출토하는 유적유물을 과학적으로 처리할 데 대하여	내각지시 제92호
1976년 2월 5일	력사유적과 유물보전에 관한 규정	정무원결정 채택
1985년 7월 11일	문화유적유물보존관리사업을 강화할데 대하여	주석명령 제35호
1985년 9월 7일	조선민주주의인민공화국 주석명령 제35호 문화유적유물보존관리사업을 강화할데 대하여를 철저히 관철할데 대하여	정무원결정 채택

7) 북한의 문화재 관련 법령에 관하여는 박상철·김창규, 1995, 『北韓의 文化財保護關係法制』, 한국법제연구원. ; 정영훈, 1997, 「북한의 민족문화유산 계승, 발전 정책」 『한국의 정치와 경제』 제10집, 한국정신문화연구원. ; 최종고, 1997, 「북한의 문화유물보호법 - 남한의 문화재보호법과 관련하여」 『북한법연구』 창간호. ; 장호수, 2000, 「북녘의 문화재 관리제도와 정책」 『북녘의 고고학과 문화재 관리』, 백산자료원. ; 남궁승태, 2002, 「남북 통일을 대비한 문화재보호법제에 관한 연구」 『문화정책논총』 제14집. ; 지병목, 2003, 「문화유물 보호법을 통해 본 북한의 문화유산」 『文化財』 제36호, 국립문화재연구소. ; 장호수, 2005, 「북한의 문화재 보존 관리체계」. 『統一과 國土』 제15호, 한국토지공사. ; 하문식, 2007, 「북한의 문화재 관리와 남북 교류」 『정신문화연구』 30, 한국학중앙연구원. ; 이규창, 2010, 「북한 문화재보호법제에 관한 연구 - 북한 문화유물보호법과 남한 문화재보호법제의 비교를 중심으로 - 」 『2010 남북법제연구보고서(Ⅰ)』 등 참조.

1990년	명승지의 보호관리 및 이용에 관한 규정	
1990년	천연기념물의 보호 관리에 관한 규정	
1991년	력사유적과 유물보존에 관한 규정	
1992년	력사유적과 유물보존에 관한 규정의 시행세칙	문화예술부
1993년 12월 10일	민족문화유산을 옳게 계승발전시키기 위한 사업을 더욱 개선강화할데 대하여	최고인민회의 제9기 제6차회의
1994년 4월 8일	조선민주주의인민공화국 문화유물보호법	최고인민회의 제9기 제7차회의, 법령 제26호
1995년 7월 13일	조선민주주의인민공화국 문화유물보호법 시행규정	정무원결정
1995년 12월 13일	조선민주주의인민공화국 명승지·천연기념물 보호법	최고인민회의 상설회의 결정 제64호
1996년 5월 14일	조선민주주의인민공화국 문화유물보호법 시행규정세칙	문화예술부
2012년 8월 7일	조선민주주의인민공화국 문화유산보호법	
2015년 6월 10일	조선민주주의인민공화국 민족유산보호법	
2019년	(개정) 민족유산보호법	세부내용 공개되지 않음

먼저 해방 후 일년이 지나지 않은 1946년 4월 '북조선림시인민위원회'에서는 「보물, 고적, 명승, 천연기념물의 보존령」을 제정하고, 시행규칙과 시행수속을 반포하였다.[8] 조선민주주의인민공화국 선포 직후인 1948년 11월에는 내각결정으로 「조선 물질문화 유물조사 보존위원회에 관한 결정서」가 채택되었고, 관련 규정이 제정되었다. 법령의 제정과 함께 이를 수행하기 위한 기구정비도 이루어져 '조선물질문화유물조사보존위원회' 산하에 원시사 및 고고학부·미술 및 건축부·민속학부·박물관지도부·총무부를 두도록 하였다.[9] 내각 수상에 소속되어 있었던 보존위원회는 문화유산 분야의 최고 기구로 중앙조직과 지방조직(도위원회), 유물관리위원회

8) 이 법령은 북한에서 공포된 문화유산 관련 최초의 법령으로 1994년 「문화유물보호법」이 제정되기까지 문화재의 보호기준이 되었다.(남궁승태, 2002, 「남북 통일을 대비한 문화재보호법제에 관한 연구」 『문화정책논총』 제14집, 201쪽)

9) 지병목, 2003, 「문화유물보호법을 통해 본 북한의 문화유산」 『문화재』 제36호, 43쪽.

로 구성되었다.[10)]

이상의 법령 및 조직의 정비를 통해 해방 직후 북한은 '일제 잔재 청산'과 '민족문화 건설' 등에 초점을 맞춰 문화 정책을 만들어 가고자 했다. 1949년 '조선물질문화유물조사보존위원회'의 기관지로 간행된 『문화유물』의 창간호에는 이러한 경향이 잘 묘사되어 있다.

> ① ≪문화유물≫의 사명은 첫째로 우리 사업의 내용과 성과를 공개하고, 조사·연구의 결과를 되도록 평이하게 발표하는 것, 둘째로 쏘련의 문화유물보존조사사업과 보조과학들의 연구와 방법론을 많이 또 정확하게 소개해서 우리 사업에 활용하는 것, 셋째로 전문가나 특수취미가들의 독점영역이 아니라 신진인들과 특히 지방열심가들에게 널리 개방되어 있는 것이다.(1949, 「창간사」『문화유물』 제1집, 1~2쪽)
>
> ② ≪문화유물≫의 사명은 첫째, 미제국주의들의 만행의 이면에는 식민지적 흉책의 기도가 내포하고 있다는 것을 폭로하는 것, 둘째, 물질문화유물을 조사 보존 관리하는 사업을 전 조선적으로 더욱 발전시키는데 있어서 가장 강력한 선전적, 조직적 무기가 될 것, 셋째, 모든 문화유물을 조사 발굴 수집하고 그를 과학적으로 연구하며 그 결과를 선전 고양함으로서 인민들의 실생활에 활용하는 것, 넷째, 민족주의적 편견과 개인적 골동취미를 완전히 청산하고 쏘베트정권의 문화유물에 대한 용의주도한 보존방법들을 대중들에게 널리 소개하는 것이다.(홍명희, 1949, 「축사 : 『문화유물』을 통하여 미제의 만행을 폭로하라」『문화유물』 제1집, 3~4쪽)

위 기사는 『문화유물』의 창간사 및 당시 조선민주주의인민공화국 내각

---

10) 한편, 역사 분야와 관련하여서는 1947년 2월 7일 '북조선림시인민위원회' 안에 '조선력사편찬위원회'가 설치되었다. 위원회는 조선역사의 편찬을 당면 과제로 하였는데, 이와 함께 일정수의 인원을 배치해 사료의 수집과 정리를 담당하도록 하였다. 1948년 7월부터는 기관지 『력사제문제』를 발간하였다.

부수상이었던 홍명희(1888~1968)가 작성한 축사이다. 창간사에서는 『문화유물』의 세 가지 사명, 홍명희의 축사에서는 네 가지 사명을 말하고 있다. 두 글에서는 공통적으로 '미제'와 '일제'에 대한 경계와 함께 '쏘련' 연구 방법론의 활용이 강조되고 있으며, 그에 더하여 문화유물의 조사 발굴 수집 및 연구를 통한 교양 교육 강화라는 목적이 잘 드러난다.

한편 같은 창간호에 실린 韓興洙의 글 「民族文化遺産의 保存과 繼承에 關한 諸問題」에서는 조금 더 구체적인 서술이 보인다. 이 글에서는 자본주의 발전의 종말 단계인 제국주의에 가장 효과 있게 대항할 수 있는 유일한 투쟁 이론은 맑스주의를 발전시킨 레닌=쓰딸린적 이론이며, 민족문화의 개념과 성격은 이 이론에 근거하여 인식되어야 하고, 선진적인 쏘베트연맹의 다양한 성과를 통하여 우리 문화유산의 건설적인 보존, 계승, 활용 사업이 진보적으로 이루어져야 한다고 강조하였다.[11)]

한국전쟁 이후로는 본격적으로 '맑스-레닌주의'의 적용이 강조되었는데 이러한 흐름은 1960년대 주체사상이 본격적으로 등장하는 시기까지 이어졌다. 문화유물을 주민들의 계급교양에 활용하는 적극성도 더욱 강화되었다. 이를 담당하기 위해 1952년 10월 9일에는 '내각결정 제183호'로 조선민주주의 인민공화국 과학원을 창설했다. '과학원' 내에 '물질문화사연구소'가 발족하여 문화유산의 조사 및 연구사업을 담당하였는데, 하위에는 미술사연구실, 민속학연구실, 고고학연구실 등을 두었다. 휴전 후에는 문화유산 사업 촉진을 위해 내각지시 제23호(문화유물 및 천연기념물 보존사업을 강화할데 대하여)와 제92호(각종 건설공사장에서 출토하는 유적유물을 과학적으로 처리할 데 대하여)가 발표되었는데, 이는 '물질문화사연구소'에 힘을 실어주는 조치였다.

1957년에 이르면, '물질문화사연구소'를 '고고학 및 민속학 연구소'로

---

11) 韓興洙, 1949, 「民族文化遺産의 保存과 繼承에 關한 諸問題」『문화유물』 제1집, 9~39쪽.

개편하면서 기관지 『문화유산』을 발간하기 시작하였다. 이후 1964년 2월에는 과학원에서 '사회과학원'이 분리되어 창설되었으며, 이때 '고고학 및 민속학 연구소'도 '사회과학원' 소속이 되었다.[12)]

이 시기 김일성은 앞서 살핀 바와 같이 '교시'를 통해 민족허무주의적 경향과 복고주의적 경향 모두를 경계하고, 민족문화유산을 잘 보존하면서도 그 가운데에 진보적이고 인민적인 것을 비판적으로 계승·발전시켜야 한다는 점을 강조하였다.[13)] 그럼으로써 '민족문화유산 가운데서 뒤떨어지고 반동적인 것은 버리고 진보적이며 인민적인 것은 오늘의 사회주의현실에 맞게 비판적으로 계승발전시켜야' 한다는 점에 정책의 초점을 맞추었다.

위의 교시를 바탕으로 북한은 문화유산관리에 있어 '조선 로동당의 시책'을 받아 '우리나라의 민족 유산을 옳게 계승 발전시키는 것은 전 인민적인 과업'으로 정의하고 '문화 유물'을 보존하기 위해 과학적으로 연구할 것을 촉구하였다. 또한 문화유산이 곧 '민족 문화 유산'임을 강조하며, 형식은 '민족적', 내용은 '사회주의적인 건전한 민족 문화 형성을 촉진하는 것'으로 '혁명을 촉진'하는 데 목적을 갖고 '민족문화유산을 옳게 발전시킬 것'을 강조한다. 이것은 문화유산을 '사회주의 혁명'을 이루기 위한 중요한 수단으로 보고 있음을 의미한다.

1957년 창간한 『문화유산』에는 이러한 변화가 드러난다.

> ① 강조할 것은 우리가 민족문화유산을 옳게 계승 발전시키기 위하여서는 당과 정부의 정당한 정책을 심오하게 연구하고 그를 적극 실천하는 데서만 가능한 것이며, 또 진정한 맑스주의 방법론에 튼튼히 입각할 때에서야

---

12) 현재 사회과학원 산하에는 력사연구소, 철학연구소, 경제연구소, 법학연구소, 언어학연구소, 주체문학연구소, 고고학 및 민속학연구소, 민족고전연구소, 주체사상연구소 등이 설치되어 있다.

13) 김일성, 1958, 「역사 유적과 유물을 잘 보존할 데 대하여」.

가능하다는 것이다. 또한 한반도 남측과 북측간의 자유로운 내왕과 문화 교류를 위한 구체적인 조치를 위하여 남측과 북측의 학자들은 힘을 합하여 투쟁하여야 할 것이다.(1957, 「민족문화유산의 옳은 계승 발전을 위하여」 『문화유산』 1957년-6호, 1~4쪽)

② 우리가 문화 유물을 귀중한 재산으로 여기며 중요한 국가적 보화로서 아끼고 보존하는 것은 다만 선조들이 남겨 놓은 유산이라는 데서만 아니라 우리의 민족 문화 유물을 옳게 계승 발전시켜 형식은 민족적이며 내용은 사회주의적인 건전한 민족 문화 형성을 촉진하며 나아가서는 혁명을 촉진하는 데 그 목적이 있는 것은 두말할 것도 없다. … 우리가 문화유물을 귀중하게 보존하는 것은 또한 우리의 문화유물을 통하여 대중이 우리나라의 과거 역사를 정확히 인식하며 나아가서 우리 향토를 사랑하며 조국을 사랑하는 애국주의 사상으로 무장하도록 하며 우리 민족의 현재와 장래에 대한 과학적 이해를 가지도록 교양함에 그 목적이 있다.(김용간, 1958, 「문화유물 조사 보존에 대한 조선로동당의 시책」 『문화유물』 1958년-1호, 6~12쪽)

한편, 1960년대 후반에 이르면 '주체사상'이 본격적으로 사회 전 분야에 적용되었다. 이 시기 북한에서는 안학궁터 등 역사유적 발굴, 조사, 정비사업이 대대적으로 진행하며, 그러한 '성과'를 혁명주의적 민족문화 건설의 표방으로 이어가고자 했다. 북한은 1972년에 채택한 '사회주의헌법' 제37조에서 민족문화 유산을 "사회주의 현실에 맞게 계승·발전"시킨다고 명문화했다.[14]

---

14) 1960년대에서 1980년대까지의 역사유적 조사와 관련하여서는 백종오, 2018, 「北韓學界의 文化遺産 現況調査 探索 - 1960~1980년대 「역사유적 조사자료」를 중심으로 - 」 『백산학보』 112, 백산학회 참조.

2. 1980년대 이후 문화유산 정책과 '조선민족제일주의'의 등장

1980년대 중반 이후로는 국내외적인 변화에 직면하게 되면서 그 대응과정에서 '민족'문제가 다시 문화 분야를 비롯한 사회 전면에서 부각되기 시작한다.[15] 1970년 이전까지 북한에서의 민족개념은 스탈린의 그것, 즉 '민족이란 언어·지역·경제생활·문화·심리 등에서 공통성을 가진, 역사적으로 형성된 사람들의 공고한 공동체'라는 규정을 보편적으로 사용하였다.[16] 그러나 점차 혈통의 공통성을 민족 구성의 요소로 추가하게 되었다. 1980년대에는 스탈린의 민족 개념이 비정상적인 과정을 걸어온 유럽의 특수한 개념이라고 비판하면서, '민족을 이루는 기본 징표는 핏줄, 언어, 지역의 공통성이며 이 가운데서도 핏줄과 언어의 공통성은 민족을 특징짓는 가장 중요한 지표'라 하였다.[17] 기존 스탈린의 민족 개념에서 경제생활의 공통성이라는 요소를 삭제하고 언어와 혈통을 더욱 강조하는 형태로의 변화가 있었던 것이다.[18]

이와 함께 '조선민족제일주의'가 구호로 등장하였다. 특히 1980년 조선노동당 6차당대회를 계기로 공식 석상에 모습을 드러낸 후계자 김정일의 문화유산 정책이 구체화된 시기이다. 이 시기에 북한은 상원검은모루동굴유적 출토유물을 근거로 하여 평양을 한민족 기원 발생지라고 주장하기 시작했고, 한반도 최초의 삼국통일 국가는 신라가 아니고 고려라고 하면서 고조선(단군) - 고구려 - 고려로 이어지는 역사 정통성을 내세웠다. 이어서

---

15) 전영선, 1999, 「북한의 조선민족제일주의와 민족문예 정책」『통일논총』 17.

16) 도면회, 2003, 「북한의 한국사 시대 구분론」『북한의 역사만들기』, 푸른역사, 79쪽.

17) 고영환, 1989, 『우리 민족제일주의론』, 평양출판사, 15쪽.

18) 이와 같은 변화는 '민족'이 부르주아사회 형성기에 만들어진다는 유물사관의 기본 논리를 정면으로 부인하고, 민족의 원초성을 강조하는 방향으로 변화하였다는 것을 의미한다.(도면회, 2003, 「북한의 한국사 시대 구분론」『북한의 역사만들기』, 푸른역사, 79쪽)

'민족사적 정통성'을 입증하기 위해 동명왕릉(1993. 5)과 단군릉(1994. 11)을 발굴, 복원하였고, 우리 민족의 유구한 투쟁의 역사를 역사유적으로 증명하며 이를 주민들에게 교양하고자 하였다.[19)]

조선민족제일주의는 1986년 7월 15일 당 중앙위원회 책임일군들과 나눈 김정일의 담화 「주체사상교양에서 제기되는 몇 가지 문제에 대하여」에서 처음 제기되었다.[20)] 이후 1989년 9월 북한의 일부 학자들에 의해 수정·보완되어 『우리 민족 제일주의론』이라는 단행본으로 발행되었다.[21)] 1989년 12월 28일, 김정일은 당 중앙위책임일군들 앞에서 "조선민족제일주의 정신을 높이 발양시키자"라는 연설을 하였는데,[22)] 이를 통해 조선민족제일주의는 내용적으로 더욱 구체화되며 북한 주민들을 대상으로 본격적으로 선전되기 시작하였다.[23)]

조선민족제일주의의 등장은 "조선민족제일주의 정신을 높이 발양시켜 나가야만 제국주의자들의 반사회주의 책동이 강화되는 속에서도 흔들리지 않고 혁명적 지조를 굳게 지켜나갈 수 있다"는 시대적 절박함에서 출발한 것으로 볼 수 있다. 즉 당시 북한지도부는 자본주의로의 체제전환을 단행한

---

19) 이 시기 북한학계의 성과에 대해서는 정창현, 2012, 「북한의 문화유산 정책과 관리체계」『통일인문학논총』 제53집, 건국대학교 인문학연구원, 232~235쪽.

20) 이 담화에서 김정일은 "우리 인민이 지닌 조선민족제일주의 정신은 세상에서 가장 우월한 사회주의제도에서 사는 긍지와 자부심입니다. 우리 인민은 당과 수령의 령도 밑에 주체사상을 구현하여 가장 우월한 사회주의 사회를 일으켜 세웠으며 사회주의 모범을 창조하였습니다."고 하여 '조선민족제일주의 정신은 세상에서 가장 우월한 사회주의 제도에서 사는 긍지와 자부심'이라고 정의하고 북한을 '사회주의의 모범나라'라고 자찬했다.

21) 고영환, 1989, 『우리 민족 제일주의론』, 평양출판사.

22) 해당 내용은 김정일, 1999, 『김정일선집』 9권, 조선로동당출판사에 수록.

23) 북한에서 정의하고 있는 '조선민족제일주의'란 "조선민족의 위대성에 대한 긍지와 자부심, 조선민족의 위대성을 더욱 빛내어 나가려는 높은 자각과 의지로 발현되는 숭고한 사상 감정"을 의미한다.(김정일, 『조선민족제일주의정신을 높이 발양시키자』 ; 고영환, 1989, 『우리 민족제일주의론』, 평양출판사 ; 송승환, 2004, 『우리 민족제일주의와 조국통일』, 평양출판사)

동구 사회주의 국가들과의 차별화를 통해 북한 주민들의 이념적 동요를 막고 이들을 체제에 결속시키기 위한 새로운 통치 이데올로기가 필요했으며, 이를 위해 조선민족제일주의라는 자민족 우월주의에 근거한 새로운 통치담론이 등장했다고 할 수 있다.

또한 조선민족제일주의의 등장은 김일성으로부터 김정일로 이어지는 권력 승계의 과정에서 진행된 측면이 있다. 조선민족제일주의를 주체사상과 연계 선상에서 논의하면서 주체사상의 완성자로 김정일의 위상을 강화하고, 주체사상과 조선민족제일주의를 연결시킴으로써 자연스럽게 김정일의 위상을 강화시켜 나가는 것이다.[24)]

조선민족제일주의의 확립 이후 북한에서는 이를 사회문화 분야로 적용하기 위한 노력을 하였다. 문화유산 분야의 경우 1994년 4월 제9기 7차 최고인민회의에서는 「문화유물보호법」을 채택하는데,[25)] 이는 북한이 조선민족제일주의에 입각한 문화보호정책을 강력하게 추진하겠다는 의지를 대내외적으로 선포하였다는 선언적 의미[26)]로 파악해 볼 수 있다.[27)]

---

24) 전영선, 1999, 「북한의 조선민족제일주의와 민족문예 정책」 『통일논총』 17.

25) 「문화유물보호법」은 1985년 7월 11일에 조선민주주의 인민공화국 주석명령 제35호로 채택된 「문화유적보존관리사업을 더욱 강화할데 대하여」를 받들어 법령화한 것이다. 김일성과 김정일의 교시나 현지지도가 법적인 효력을 초월하는 초법적 체제로 운영되는 북한에서 별도의 법령 제정이 필요 없음에도 별도의 법령으로 제정하였다는 것은 이례적이다.

26) 전영선, 1999, 「북한의 조선민족제일주의와 민족문예 정책」 『통일논총』 17.

27) 한편, 한국에서는 문화재보호법에서 천연기념물과 명승지에 관한 것을 입법하여 관리하고 있지만, 북한은 독립된 규정과 법안을 제정하여 시행하고 있다. 1990년 「명승지의 보호 관리 및 리용에 관한 규정」과 「천연기념물의 보호 관리에 관한 규정」이 마련됨에 따라 보다 체계적으로 관리가 이루어지게 되었다. 이 규정은 명승지와 천연기념물을 잘 보호·관리하고 이용하여 당의 자연보호 정책과 사회주의에 대한 우월성을 널리 선전하도록 하였다.(법률출판사(평양), 2004, 『조선민주주의 인민공화국 법전』, 법률출판사. ; 하문식, 2007, 「북한의 문화재 관리와 남북 교류」 『정신문화연구』 30, 한국학중앙연구원, 282쪽.)

III. 『민족문화유산』의 간행과 고구려사의 강조

1. 『민족문화유산』의 체제와 특징

아래 〈표 3〉은 해방 이후 현재까지 북한에서 발행된 역사학, 고고학 및 문화유산과 관련한 정기간행물 일람이다.[28] 『민족문화유산』은 1949~1950년 간행된 『문화유물』과 1957~1962년 간행된 『문화유산』의 폐간 이후 꽤 오랜 시간이 흐른 이후 창간된 문화유산분야 전문 정기간행물이며, 기존 간행물보다 훨씬 대중성이 강화된 간행물이다.

〈표 3〉 역사학, 고고학 및 문화유산과 관련한 정기간행물

간행물명	간행년도	발행처	발행호수
歷史諸問題	1948~1950	조선역사편찬위원회	18
문화유물	1949~1950	조선물질문화유물조사보존위원회	2
문화유산	1957~1962	조선민주주의인민공화국과학원	36
고고민속	1963~1967	조선민주주의인민공화국과학원 사회과학원 고고학 및 민속학연구	20
력사과학	1955~현재	사회과학원 고고학연구소	134
조선고고연구	1986~현재	과학백과사전출판사	250
민족문화유산 * 민족유산	2001~현재	과학백과사전출판사 공업출판사	75

* 『민족문화유산』은 2019년 1호부터 『민족유산』으로 제호변경

『민족문화유산』 창간의 계기는 앞서 2장에서 살핀 '조선민족제일주의'의 등장에서 찾을 수 있다. 1980년대 말에서 1990년대 초반 북한 정권은 사회 전반에 걸쳐 민족적인 요소를 강조하고 이를 사상화시킨 '조선민족제일주의'를 부각시키며 이를 체제단속의 논리로 강화시켜 나가고자 했다. 조선민족제일주의가 국가 지도이념으로 떠오르면서 그에 대한 실천도

28) 그 외 『유적발굴보고』 및 『고고학자료집』 등 비정기적으로 발간된 간행물도 있다.

〈그림 1〉『민족문화유산』 표지(2019-1호부터 『민족유산』으로 제호 변경)

뒤따랐는데,[29] 2001년 시작된 『민족문화유산』의 간행 역시 조선민족제일주의의 강조와 선전을 위한 목적에서 진행되었을 것으로 판단된다.

문화유산 분야의 새로운 잡지를 창간하면서까지 '조선민족제일주의'를 대중적으로 선전하는 이유는, 이를 통해 북한 정권에서 사회주의의 몰락이 제도 자체의 모순 때문에 발생한 것이 아니라 민족적 특성이 다르기 때문이라는 논리를 만들어낼 수 있었기 때문이다. '민족적 특성'이 강조되면서 북한은 여타의 사회주의 국가들과 달리 '사회주의 체제를 유지하고 있으면서 (동시에) 풍부한 문화적 전통을 바탕으로 하고 있다'는 점을 강조할

29) 리승철, 2000, 「조선민족제일주의정신의 본질과 특징」『철학연구』 2000년 제1호(루계80호), 과학백과사전출판사. ; 리원봉, 2002, 「조선민족제일주의정신의 본질과 내용」『철학연구』 2002년 제2호(루계89호), 과학백과사전출판사. ; 리원봉, 2002, 「위대한 령도자 김정일 동지의 현명한 령도밑에 력사유적유물과 민속전통을 통한 조선민족제일주의 정신교양」『역사과학』 2002년 제3호(루계182호) ; 미상, 2003, 「조선민족제일주의정신을 깊이 간직하고 우리의 력사와 문화를 더욱 빛내여 나가자」『조선고고연구』 2003년 제3호(루계128호). ; 리영희, 2010, 「1990년대 재일조선청년들을 조선민족제일주의정신으로 교양하기 위한 조청조직들의 투쟁」『력사과학』 2010년 4월(루계 216호).

수 있게 되었고, 그것은 '민족의 지도자이자 세계 혁명의 지도자인 김일성이 있기 때문'이라는 점을 선전할 수 있게 되었다. 이러한 논리구조를 만든 이후에는 그에 대한 선전이 중요한 바, 『민족문화유산』에서는 이 두 가지 점을 반복적으로 강조한다.

『민족문화유산』의 간행을 시작한 목적은 다음에서 제시하는 간행사 및 창간호 수록 기사를 통해서 재차 확인해볼 수 있다.

① 우리 인민의 슬기와 재능, 유구한 력사가 깃든 문화유산은 오늘 인민대중에게 조국을 사랑하며 민족적 긍지와 자부심을 가지도록 교양하는데서 중요한 자리를 차지한다. 위대한 령도자 김정일동지께서는 현시기 사회주의적 애국주의 교양에서 민족문화유산이 차지하는 위치와 의의를 깊이 헤아리시여 새 세기가 시작되는 첫해부터 대중교양잡지 『민족문화유산』을 내오게 하시였다. 그러시면서 우리 민족의 유구한 력사와 찬란한 문화, 당의 문화보존정책의 정당성과 생활력을 널리 해설선전하여 인민들로 하여금 혁명과 건설에서 주체성과 민족성을 고수하고 조국을 열렬히 사랑하며 조선민족제일주의정신을 높이 발양시켜 나가도록 하게 하는 것을 잡지의 사명으로 하여 주시였다.(「잡지를 내면서」 『민족문화유산』 2001년-1호(창간호))

② 사회주의제도가 수립되면 그에 맞는 혁명적이며 고상한 생활양식이나 생활기풍이 발양되여야 한다. 그러나 사회주의제도가 확립되였다고 하여도 그것이 저절로 생겨 나는 것이 아니다. 지난 날 낡고 뒤떨어진 것들을 없애고 사회주의현실에 맞게 아름답고 진보적인 생활기풍을 계승발전시켜 나가는 과정을 통해서만 이루어 질 수 있다. … 오늘 제국주의자들은 다른 민족들을 예속시키고 동화시키기 위하여 저들의 반동적인 사상과 가치관, 썩고 병든 생활양식을 류포시키면서 이른바 '세계국가', '세계적인 경제', '국적없는 문화'를 만들어야 한다고 떠들며 '세계화' 책동에 미쳐

날뛰고 있다. 이런 환경에서 주체성과 민족성을 고수하지 못하는 민족은 필연적으로 제국주의자들의 책동에 말려 들어 가게 된다.(리정순, 「우리 인민의 고유하고 우수한 미풍량속을 옳게 살려 나가자」 『민족문화유산』 2001년-1호(창간호))

『민족문화유산』의 창간호에는 이 잡지의 사명이 '주체성과 민족성을 고수하고 조국을 열렬히 사랑하며 조선민족제일주의정신을 높이 발양시켜 나가도록 하게 하는 것'이라고 서술되어 있다. '민족'이 잡지 발간의 키워드임을 간취할 수 있는데, 다만 여기서 말하는 민족의 개념은 Ⅱ장에서 살핀 바와 같이 북한 사회 내에서 민족 개념의 변화가 진행된 이후의 그것이다. 특히 단군릉 발굴이나 동명왕릉의 발굴 복원 이후 민족에 대한 강조는 정권의 정통성을 위한 도구로 사용되는 측면이 훨씬 강화되었다. 『민족문화유산』에서 강조하는 '민족'의 개념은 단군릉이나 동명왕릉, 그리고 대성산성 유적지 등 평양지역 문화유산에 대한 복원사업을 통해 역사의 중심지로서 평양의 이미지를 부각시키고 동시에 '세계사회주의 혁명의 수도'로서 평양을 위치지음으로써 혁명적 정통성과 역사적 정통성을 세우려는 의도 하에서의 '민족'이라 할 수 있다.30)

『민족문화유산』의 발행처는 내각 산하 기관인 민족유산보호지도국(舊 문화보존지도국)의 조선민족문화보존사(舊 조선문화보존사)이다. 조선민족문화보존사는 평양시 중구역에 위치하며, 문화유산을 애호하고 계승발전시킬 데 관한 해설선전사업을 벌이는 것과 함께 전국의 역사 유적과 유물을 빠짐없이 체계적으로 조사, 등록하고 평가함으로써 그에 대한 국가적 보존대책수립의 기초자료를 마련하는 것을 임무로 하고 있다.31)

30) 전영선, 1999, 「북한의 조선민족제일주의와 민족문예 정책」 『통일논총』 17.

31) 1958년 5월 30일에 문화유물보존연구소로 발족되었는데, 1974년 10월 문화보존연구소로 개칭되었다. 1986년 12월 4일 문화유산선전을 전문으로 하던 출판기관

조선민족문화보존사 내에는 연구직 직원뿐 아니라 잡지 발행을 위한 기자와 편집원이 있으며, 일부 외부 청탁 원고를 제외하면 이들이 대부분의 원고 작성을 담당하는 것으로 추정된다.

창간호의 간행사에서 언급한 것처럼 『민족문화유산』은 대중교양잡지를 표방한다.[32] 목차의 구성을 보면 사회주의 생활문화의 확립을 위한 선전 및 교육이라는 목적에 부합하고자 노력한 흔적이 엿보인다. 매 호 구성상 출입이 있지만 '유구한 력사, 찬란한 문화', '인물소개', '유적발굴 소식', '유적유물 소개', '자료소개', '사진편집', '민족고전 소개', '우리 인민의 미풍량속을 적극 살려나가자' 등의 코너를 통해 대중들에게 문화유산을 소개하는 것이 기본 구성이다.[33] 간행 초기에는 '법제해설' 코너를 통해 꽤 많은 지면을 할애하여 '문화유물보호법'에 대해 조항별로 나누어 설명하였고,[34] '력사이야기'라는 코너를 통해 '조선사람은 언제부터 이 땅에서 살았는가'

인 문화보존사가 통합되었고, 1998년에 조선문화보존사로 개칭되었다.(2008, 『조선향토대백과』, 평화문제연구소) 현재 명칭은 '조선민족문화보존사'인데 2000년대 이후 '민족'이 강화되면서 변경된 것으로 추정된다.

32) 북한 역사학계는 연구 성과를 대중들에게 쉽고 재미있으면서 풍부하게 전달하기 위해 고민해왔다. 이와 관련하여 1962년 1월 31일 내각 결정 제6호 「군중문화사업과 대중정치사업을 개선 강화할데 관하여」는 하나의 이정표라 할 수 있다. 이 결정이 전달되면서 623개 구락부와 27,835개 민주선전실 시설은 당 정책을 해설선전하고 조선노동당의 혁명 전통을 사상으로 대중을 교양하는 중심처가 되었다.(김광운, 2003, 「북한 역사학계의 구성과 활동」 『북한의 역사만들기』, 푸른역사, 49쪽)

33) "새로 발간되는 잡지 『민족문화유산』은 대중교양잡지로서 민족문화유산을 옳게 계승발전시켜 나가는데서 쌓아 올리신 백두산3대장군의 불멸의 령도업적을 비롯하여 우리 당의 문화보존정책에 대한 해설선전자료, 민족문화유산과 관련한 해설선전자료, 민족문화유산과 관련한 학술자료와 보존관리를 위한 과학기술적 문제, 력사유물유적들과 명승지들, 우리나라의 민속, 력사이야기와 전설, 상식, 세계문화유산 그리고 민족문화유산에 대한 보존관리와 그를 통한 선전교양사업을 잘하고 있는 단위를 소개하는 글과 사진, 삽도를 다양하게 편집하려고 한다." (「잡지를 내면서」 『민족문화유산』 2001년-1호(창간호))

34) 편집위원회, 2001~2002, 「법제 해설 : 조선민주주의인민공화국 문화유물보호법 해설(1)~(5)」. 『민족문화유산』 창간호~제5호.

등 학계에서 논쟁이 있었던 소재를 발굴하여 쉽게 서술하기도 하였다. 한편, '상식'이나 '명언해설', '조선속담' 등이 짤막하게 소개되기도 한다. '일제는 조선인민의 철천지 원쑤', '미제는 조선인민의 철천지 원쑤' 등의 제목을 단 기사는 일 년에 한두 차례 정도 지속적으로 게재되는데, 이를 통해 문화재 약탈, 파괴 및 역사 왜곡에 대한 반감을 재생산한다.

『민족문화유산』의 매년 1호에는 사설이 수록된다.[35] 사설의 내용은 지난 해의 문화유산 분야 주요 성과를 소개하고, 당해년도 신년 계획을 통해 당에서 강조한 내용을 문화유산 부분에 적용하여 알리는 것이 대강을 이룬다. 이와 함께 과거 김일성의 교시와 주요 저서들의 문화유산 관련 내용이 발췌되어 소개되기도 한다. 최근 사설에는 '민족적 입장과 계급적 입장의 결합'이 강조되고 있으며, '허무주의와 복고주의에 대한 극복' 및 '사회주의적 요구에 맞지 않는 것은 버리고 진보적이고 인민적인 것을 내세우고 발전시킬 수 있게' 해야 한다는 과거 유물보존 원칙이 반복적으로 언급되며 강조된다. 또한 '조선민족제일주의 정신'에 대한 소개와 의미 해설 등도 '투쟁을 위한 지침'으로 빠짐없이 수록된다.

한편 이 잡지의 목적을 달성하기 위해 매 호마다 앞쪽에 배치되는 칼럼 형태의 코너들도 있다. '백두산3대장군과 민족문화유산'이라는 칼럼에서는 김일성, 김정일 등의 행적 중 문화유산과 관련있는 일화들을 반복적으로 소개하고 있으며, 문화유산 관련 정책의 성과와 방향을 중점적으로 선전한

---

35) 창간호부터 3년, 최근 3년 동안의 사설 제목은 다음과 같다.
2001년(창간호) / 새 시기의 요구에 맞게 당의 민족문화유산보존정책을 철저히 관철시키자
2002년 / 김일성민족제일주의 정신으로 조국의 력사와 문화를 빛내여 나가자
2003년 / 민족문화유산을 통한 교양사업에서 새로운 전환을 일으키자
2017년 / 뜻깊은 올해의 민족문화유산계승발전에서 새로운 앙양을 일으켜 문명강국건설을 앞당겨나가자
2018년 / 혁명적인 총공세로 민족의 전통을 고수하고 더욱 빛내여나가자
2019년 / 민족유산보호사업에서 새로운 진격로를 열어 사회주의문명건설을 다그쳐나가자

다. 이 코너는 2007년 3호부터 게재되기 시작되어 2012년 4호를 마지막으로 없어졌는데, 곧바로 2013년부터는 유사한 성격의 칼럼 '절세위인과 민족문화유산'이 게재되고 있다.[36] '백두산3대장군과 민족문화유산' 및 '절세위인과 민족문화유산' 코너는 어찌 보면 북한 정권 입장에서 이 간행물을 통해 강조하고 싶은 바를 가장 효과적으로 선전할 수 있는 장이라 하겠다.

또 한 가지 언급할 『민족문화유산』의 구성상 특징은 소위 '세계적 추세'에 대한 반응이다. 사실 1940년대~1950년대 북한의 역사학술지에는 '쏘련'을 비롯한 동구권의 주요 역사 이론이나 논문, 그리고 최신의 학계 소식이 많이 게재되어 왔다. 그것은 비록 북한 학계 자체의 역량이 부족한 상황에서 보편으로서의 '쏘련'에 기대어 북한 역사를 설명하고자 하는 의도에서 기인한 측면이 크다. 그러나 1960년대 들어서면서 이러한 모습이 점차 사라졌고, 이후에는 북한의 특수한 상황이 점차 부각되면서 고립적인 역사서술이 나타나기도 했다.

『민족문화유산』 기사 서술의 기본 원칙 역시 주체성과 민족성의 고수라고 보아야 한다. 창간호에 게재된 리정순의 글 「우리 인민의 고유하고 우수한 미풍량속을 옳게 살려 나가자」에서는 "제국주의자들은 다른 민족들을 예속시키고 동화시키기 위하여 저들의 반동적인 사상과 가치관, 썩고 병든 생활양식을 류포시키면서 이른바 '세계국가', '세계적인 경제', '국적없는 문화'를 만들어야 한다고 떠들며 '세계화' 책동'을 하고 있다"고 언급하며, 이런 환경에서도 무엇보다 주체성과 민족성을 고수하는 것이 중요하다고 강조하였다.[37]

그렇지만 다른 한편으로 기존에 비해 세계문화유산에 대한 관심 및

---

36) 칼럼명의 변경은 김정은의 등장 이후 김일성, 김정일, 김정숙을 지칭하는 '3대장군'의 표기 변경이 필요했기 때문으로 추정된다.

37) 리정순, 2001, 「우리 인민의 고유하고 우수한 미풍량속을 옳게 살려 나가자」 『민족문화유산』 2001년-1호.

학술교류에 대한 관심이 증가한 것 역시 사실이다. 『민족문화유산』에서는 초창기부터 꾸준하게 세계 각지의 주요 '세계문화유산'을 소개하고 있다. 그것은 북한이 세계문화유산을 보유하게 된 사실과도 관련 있다고 보아야 할 텐데, 평양 인근의 고구려 유적과 개경의 고려 유적이 세계문화유산으로 등재된 사실에 대해서도 본 잡지에서는 '당의 민족문화유산보존정책이 가져온 자랑찬 결실'이라는 선전을 겸하여 여러 차례 기사화하였다.

특히 김정은 체제 등장 이후 북한은 '세계적 추세' 수용을 표방하며 세 차례나 문화유산 관련 법제를 개정했고, 대외 문화교류를 통해 실리를 추구하고 있다. 2015년 민족유산보호법에서는 '우수한 물질유산, 비물질유산, 자연유산들을 세계유산으로 등록하기 위한 활동'을 별도로 규정해 문화유산의 적극적인 유네스코 유산 등재 의지를 보였다.

이러한 변화의 근간에는 2014년 10월 24일 노동당 중앙위원회 책임일꾼들과 나눈 담화 「민족유산보호사업은 우리 민족의 역사와 전통을 빛내는 애국사업이다」가 직접적인 영향을 미친 것으로 평가된다.[38] 이 담화에서 김정은은 "북과 남, 해외의 온 겨레는 하나의 핏줄을 이어받은 단군의 후손들"이라며 "온 겨레가 민족 중시의 역사문제에 대한 공통된 인식을 가지며 민족문화유산과 관련한 학술교류도 많이 해 단군조선의 역사를 빛내는 데 이바지해야 할 것"이라고 언급했다. 또한 "민족유산보호지도국에서 국제기구와 다른 나라들과 교류사업도 벌여나가야 한다"며 "대표단을 다른 나라들에 보내 견문을 넓히도록 하고 다른 나라 역사학자들과 유산

38) 이를 통해 김정은은 현재 북의 민족유산보호사업을 책임지고 통일적으로 지도하는 중앙지도기관인 '민족유산보호지도국'의 역할과 권능을 결정적으로 높이고 민족의 역사유적과 자연유산 등을 세계문화유산으로 등록하기 위해 국제기구 및 다른 나라와의 교류 사업, 특히 남측 및 해외동포들과 '민족문화유산과 관련한 학술교류'를 강화하라고 지시했다.(통일뉴스. 2014.10.30., 「김정은, '민족유산보호사업은 애국사업' 노작 발표 -'민족유산보호지도국' 강화, 평양민속박물관·조선중앙역사박물관 공사 지시」
http://www.tongilnews.com/news/articleView.html?idxno=109569

부문 인사들과의 공동연구, 학술토론회도 조직하며 대표단을 초청해 우리나라의 역사유적과 명승지들에 대한 참관도 시켜야 한다"고 독려했다. 나아가 "우리나라의 우수한 물질유산과 비물질유산, 자연유산들을 세계문화유산으로 등록하기 위한 활동을 계속해야 한다"며 "그렇게 하면 우리나라의 유구한 역사와 찬란한 문화, 우리 당의 민족유산보호정책을 대외에 소개 선전하는 데도 좋을 것"이라고 강조했다.

위의 담화는 민족문화의 계승·발전이라는 전통적인 정책기조를 재확인하면서도 민족문화유산 보호와 대외홍보를 위한 남북, 국제 교류의 중요성을 강조한 것이다. 이를 통해 볼 때, 김정은 시대 북한의 정책 방향과 관련하여 이전 시대에 대한 계승을 표방하면서도 대외교류 측면에 강조하는 변화를 감지할 수 있다.[39]

2. 『민족문화유산』에서의 고구려사 강조

지금까지 『민족문화유산』의 구성상 특징과 서술상의 강조점에 대해 살폈다. 『민족문화유산』이 주체성과 민족성의 고수라는 기본 원칙을 충실하게 이행하기 위한 방향으로 목차를 구성하였으며, 이를 대중적으로 교육하고 선전하고자 함을 확인했다. 한편, 해방 이후 북한의 역사학계는 주지하다시피 '고조선 - 고구려 - (발해) - 고려 - 북한'으로 이어지는 역사의식을 확립하고자 노력했다. 그중에서도 고구려는 주체성과 민족성의 고수라는 원칙에 가장 걸맞는 소재라 할 수 있다. 이를 반영하듯, 『민족문화유산』 지면에서 가장 많은 분량을 차지하는 것은 고구려 관련 기사이다. 2001년 창간호 이래 약 20년간 75호가 발간되는 동안 고구려와 관련된 기사는 총 250여 개 이상이 된다. 한 호당 최소 3개 이상의 고구려 관련

39) 정창현, 2019, 「김정은시대 북한의 문화유산정책 변화와 남북교류」 『통일인문학』 77, 건국대학교 인문학연구원, 379쪽.

기사가 꾸준하게 수록되고 있는 것이다. 특히 '동방의 옛 강국 고구려' 코너와 2007년 3호부터 현재까지 이어져오고 있는 '천년강국 고구려는 우리 민족사의 자랑' 코너는 매 호에 걸쳐 게재되고 있다.

사실 고구려사에 대한 강조가 최근에 시작된 것은 아니다. 고구려사를 강조하는 역사인식은 주지하다시피 해방 직후부터 확인된다. 식민지에서 벗어난 후 정권 수립 과정에서 북한은 문화유산을 통해 '위대한 민족'을 형상화하였는데, 해방 이후 1956년까지 진행된 북한지역 문화유산조사는 총 40건 중 40%인 16건이 고구려 및 낙랑에 대한 것이었다는 사실은 이를 입증해준다.[40] 원시시대 유적을 제외하면 대부분의 조사가 고구려 및 낙랑에 집중된 것이다. 이렇게 문화유산 조사가 고구려 및 낙랑에 집중된 것은 당연히 국가의 선택에 의한 것이었을 텐데, 그것은 과거 일제시기의 왜곡된 조사를 벗어나고자 하는 목적 및 이를 토대로 '국가의 정체성'을 확립하고 선전하고자 하는 목적을 함께 충족할 수 있는 것이었기에 가능하였다.

이후 주체사상이 확립되면서 고구려사에 대한 강조는 더욱 강화되었다. 1950년대 중반 이후 여러 차례 토론회를 통해 고구려의 성립을 봉건국가의 형성으로 보면서 '중세 초기사'로 규정한 북한 학계는 고구려가 '지난 시기 우리나라가 제일 강했던 때는 고구려'라거나 '력사적 사실은 삼국시기 우리 나라의 력사는 신라를 중심으로 발전하여온 것이 아니라 고구려를 중심으로 발전하여 왔다는 것을 보여주고 있다'는 식의 서술을 통해 력사발전의 주도적이고 중심적인 지위를 차지하고 있는 것으로 본다.

1990년대 이후에는 고구려사에 대한 또 한 번의 커다란 인식변화가

---

40) 남보라, 2015, 「국가건설과정의 북한 문화유산관리 연구 : 1945년~1956년을 중심으로」, 북한대학원대학교 석사학위논문. 한편, 원시시대 유적에 대한 17건, 42.5%에 달한다는 점도 특징적이다. 원시 유적의 경우 일제강점기에 조사가 적었으나, 이 시기 집중적으로 조사가 진행된 것이다.

관찰된다. 1977년, 1979년 발간된 『조선통사』와 『조선전사』까지만 해도 고구려는 기원전 37년에 건국한 봉건국가라는 입장에서 서술되었으나, 1991년 발간된 『조선전사3(중세편, 고구려사)』부터는 1960년대까지의 여러 토론 결과를 부정하고, 고구려 건국연대를 기원전 227년으로 소급시킨 것이다. 건국 기념을 인상하려는 노력은 그동안 고구려사의 위상을 제고하고자 한 연구성과와 맥을 같이하고 있는 것이며, 강성한 천년강국 고구려가 고조선의 계승국이라는 점을 강조한 것이다.[41)]

『민족문화유산』의 고구려 기사에는 위에서 살핀 변화가 반영되어 있다. 『민족문화유산』을 통해 소개된 인물, 유적, 유물은 다음 표와 같다.

〈표 4〉〈명인소개〉 및 〈인물소개〉 코너의 고구려 관련 인물

권호	기사 제목	필자
2001-1호	고구려의 애국명장 을지문덕	최응선
2002-1호	고구려의명장연개소문	
2002-3호	담징과 금당벽화	학사 김광식
2004-4호	고구려의 이름난 애국명장-연개소문	본사기자 김철룡
2005-2호	애국명장 양만춘과 안시성싸움	요영철
2006-1호	강대한 고구려의 기틀을 마련한 동명왕의 활동	전영호
2006-3호	유주자사 진	학사 김옥동
2007-4호	삼국의 국토통합을 추진시킨 장수왕	본사기자 리군석
2008-1호	고구려의 시조 동명왕을 노래한 중세 시문학유산	조혜경
2010-2호	유인기만전술로 적을 격퇴한 부분노	박사 림호성
2013-2호	무술과 글씨를 겸비한 애국명장 을지문덕	박사, 부교수 박영도

41) 고구려 건국을 기원전 227년으로 보는 입장은 『삼국사기』의 고구려 건국연대는 김부식이 의식적으로 고구려 건국연대를 깎아 내린 결과라고 하고, 고구려가 중국 진한 이래 중국 동북쪽에 있었으며, 한나라 때부터 나라를 세운 지 900년이 된다는 기록들은 진이 중국을 통일하기 전부터 고구려가 존재하였음을 보여준다고 보았다.(손영종, 1990, 「고구려건국년대에 대한 재검토」『력사과학』 1990-1. ; 손영종, 1996, 「고구려왕세계와 왕호에 대한 왜곡을 비판함(1)(2)」『력사과학』 1996-1, 2.) 이러한 주장의 고고학적 증거는 1960년대 조사한 압록강, 독로강 유역의 조사와 초산 운평리, 연무리 고분 조사결과 등이다.(강현숙, 2019, 「북한의 고구려, 발해 고고학 연구 성과와 과제」『분단 70년 북한 고고학의 현주소』, 국립문화재연구소·한국고고학회 학술회의 발표문, 92쪽)

〈표 5〉〈유적유물소개〉, 〈사진소개〉 코너의 고구려 관련 항목

권호	기사 제목	필자
2001-1호	평양성(국보유적 제1호)	정성숙
2001-1호	고국원왕무덤(안악3호무덤)	김명철
2001-4호	새로 발굴된 태성리 3호 벽화무덤	김인철
2002-3호	(사진편집) 대성산성	
2002-3호	대성산성	본사기자 정성숙
2002-3호	고아동벽화무덤	최철
2002-3호	천상렬차분야지도	강일녀
2002-4호	(사진편집) 호남리7호 무덤에서 나온 유물들	
2002-4호	광개토대왕릉비	본사기자
2002-4호	청암동성	본사기자
2002-4호	호남리7호무덤	박철제
2003-3호	(사진편집) 동명왕과 천년강국 고구려	
2003-4호	(사진편집) 고구려시기의 무사복	
2003-4호	약수리벽화무덤	본사기자
2003-4호	해모양뚫음무늬금동장식품	사회과학원 학사 윤광수
2004-1호	(사진편집) 천년강국으로 자랑떨친 고구려의 력사유적유물	
2004-2호	동명왕릉	본사기자
2004-3호	새로 발견된 고구려의 금귀걸이	김일성종합대학 강분옥
2004-4호	고구려의 광개토왕릉비	허태선
2008-2호	(사진소개) 절세위인의 애국의 뜻 어려있는 동명왕릉	
2008-3호	(사진소개) 고구려의 력사와 문화를 전하는 광법사	
2008-3호	고구려가 신라의 돌칸흙무덤의 발생발전에 준 문화적영향	최정국
2009-2호	고구려우물의 외부시설	박사 리광휘
2010-2호	(사진편집) 새로 발견된 고구려 첨성대터	
2010-2호	새로 발견된 고구려시기의 첨성대터 유적	박사 리영식
2010-3호	(사진소개) 고구려의 귀금속공예품	
2013-1호	송죽리 고구려 무덤벽화의 행렬도	김광철
2013-2호	청암동토성에서 발굴된 고구려건축지와 건물벽화에 대하여	교수, 박사 남일룡
2014-4호	(사진소개) 새로 발굴된 고구려시기의 소금생산유적	
2014-4호	안학궁과 만월대궁전건축의 계승관계	정세성
2016-2호	새로 조사발굴된 남포시 룡강군 옥도리일대의 력사유적에 대하여	강룡
2016-2호	발해돌등과 그 고구려적 성격	부교수 정봉찬
2016-4호	석암리 9호무덤에서 나온 룡무늬띠고리	오철민
2017-4호	고구려에 통합된 조선후국의 소금생산유적	

2018-1호	(사진소개) 덕흥리무덤벽화	
2018-3호	고구려시기의 벽화무덤 새로 발굴	
2019-1호	삼국시기의 대표적인 머리쓰개 절풍과 책	김일국

『민족문화유산』이 대중 잡지를 표방하는바, 고구려 관련 인물과 유적·유물에 대한 소개가 두드러진다. 「명인소개」 및 「인물소개」 코너를 통해 소개된 인물은 대체로 을지문덕이나 연개소문, 양만춘, 부분노 등 전쟁과 관련하여 공적이 있는 경우가 대부분이다. 유적·유물에 대한 기사의 경우 고구려의 대표적인 유적이라 할 수 있는 안악3호무덤, 약수리 벽화무덤, 광개토왕릉비, 덕흥리무덤벽화 등이 반복적으로 소개된다. 뿐만 아니라 태성리 3호 벽화무덤, 호남리 7호무덤, 소금생산유적, 첨성대터 등 최근 발굴된 유적에 대한 자료가 빠르게 소개되고 있는 점이 눈에 띈다.[42] 그만큼 고구려사에 대한 관심이 여타 분야에 비해 집중되어 있으며, 이를 소개하고 홍보하는 것 자체가 선전의 수단이 될 수 있음을 보여준다.

한편, '백두산3대장군과 민족문화유산' 및 '절세위인과 민족문화유산' 칼럼에서는 김일성, 김정일의 문화유산 관련 일화들이 집중 소개되고, 분야별로 관련 정책의 성과가 기술된다. 이 코너는 대체로 잡지의 가장 첫 부분에 배치되는데, 편집자의 입장에서는 그만큼 강조하고 싶은 내용일 것이다. 내용은 예를 들어 천연기념물보호관리 사업, 명승지 보존사업, 계몽기가요의 계승, 구전유산의 보호 등 문화예술 관련 각 분야의 정책을 김일성과 김정일 등 '절세위인'의 활동과 연계시켜 서술하는 것이다. '백두산3대장군과 민족문화유산' 및 '절세위인과 민족문화유산' 코너 중 고구려와 관련된 기사는 다음 〈표 6〉과 같다.

42) 북한의 고구려 유적 현황에 대해서는 백종오, 2008, 「북한의 고구려 유적 연구 현황 및 성과」 『한국학』 31, 한국학중앙연구원 참조. 아울러 남북이 함께 진행하고 있는 고구려 고분 보존사업에 대해서는 정호섭, 2018, 「고구려 고분 보존사업」 『남북문화유산교류사』, 국립문화재연구소 참조.

〈표 6〉 '백두산3대장군과 민족문화유산' 및
'절세위인과 민족문화유산' 칼럼의 고구려 관련 항목

권호	기사 제목	필자
2008-2호	평양일대의 고구려시기 력사문화유적들에 새겨진 절세위인들의 불멸의 업적	박사, 손수호
2013-2호	동명왕릉과 더불어 길이 전해갈 어버이수령님의 불멸의 업적	본사기자 리재홍
2014-2호	고구려파수병랍상에 깃든 사연	박승길
2015-4호	3대시조릉을 발굴복원하기 위한 위대한 김일성동지의 현명한 령도	최명남
2016-4호	동명왕릉을 발굴복원하기 위한 위대한 김일성동지의 현명한 령도	김일심
2018-2호	동방강국 고구려의 벽화유산들을 널리 소개선전하도록 이끌어주신 위대한 령도자 김정일동지의 현명한 령도	김유정
2018-3호	동방강국 고구려의 력사유적발굴과 복구사업을 현명하게 이끌어주신 위대한 령도	
2019-2호	안약3호무덤의 주인공이 밝혀지기까지	박사 김운
2019-2호	동명왕릉을 발굴정리하고 잘 꾸리도록 이끌어주신 현명한 령도	본사기자 정혁철

'백두산3대장군과 민족문화유산' 및 '절세위인과 민족문화유산'의 고구려 관련 기사는 대체로 동명왕릉의 조사·정비 및 안악3호분 발굴과 관련된 부분에 집중하여 이를 반복한다. 사회과학원 고고학연구소 소장인 손수호는 2008년 2호에 게재한 「평양일대의 고구려시기 력사문화유적들에 새겨진 절세위인들의 불멸의 업적」에서 "사실 지난 세기 70년대초까지만 하여도 동명왕릉은 올바른 해명을 보지 못하고 있었다"면서 이후 '교시를 높이 받들어' 고구려가 427년 천도할 때 시조왕의 무덤을 함께 옮겨온 것을 확증할 수 있었다고 언급한다.[43] 김일성이 '10여 차례의 현지지도와 교시를 통해 동명왕릉을 훌륭히 꾸리도록' 하였기 때문에 1993년 5월 동명왕릉과 정릉사가 훌륭히 개건될 수 있었다는 것이다.[44]

43) 손수호, 2008, 「평양일대의 고구려시기 력사문화유적들에 새겨진 절세위인들의 불멸의 업적」 『민족문화유산』 2008년-2호, 3~4쪽.

44) 정혁철, 2019, 「동명왕릉을 발굴정리하고 잘 꾸리도록 이끌어주신 현명한 령도」

안악3호분과 관련된 일화 역시 꾸준히 언급된다. 북한에서는 안악3호분의 묘주를 고국원왕으로 비정하고 있는데 소위 '동수설'을 반박하고 고국원왕을 묘주로 확증할 수 있었던 것은 주체적인 관점에 의한 것이었다는 점이 강조된다. 사실 북한 정권 수립 이후 가장 이른 시기인 1949년에 조사된 안악2호분과 안악3호분은 북한이 고구려의 역사와 문화유산을 '인민교양'에 활용한 대표적인 사례라 할 수 있다.[45] 이 고분은 조사 이후 대중에 공개되었는데, 『문화유물』 창간호에는 1949년 7월 20일부터 29일까지 열린 '안악 고구려고분 벽화사생전람회'의 감상문 6편이 수록되어 있다.[46] 각 편은 대략 200자 내외의 짤막한 글인데, 대체로 벽화 자체에 대한 감상이나 분석 대신 '민족의 위대성'이나 '민족적 자존심' 등의 표현이 빠지지 않고 드러나고 있음을 통해 문화유산을 활용하려는 국가의 의도를 명확하게 간취할 수 있다.[47] 조사 이후 꾸준하게 '인민교양'에 활용되어 왔던 안악3호분은 최근까지도 같은 목적으로 강조되고 있음을 확인되는 것이다.

그 외 『민족문화유산』의 고구려 관련 기사를 살펴보면, 다음의 몇 가지 강조점을 부각하고자 하는 의도를 읽을 수 있다. 먼저 '조선사' 내에서 차지하는 고구려의 영향력에 대해 강조한다. 고구려의 상무적 기풍이나 우월한 군사역량, 그리고 그에 기반한 팽창정책에 대한 서술이 자주 등장한

『민족문화유산』 2019년-2호, 3쪽.

45) 1949년 4월 21일자 「로동신문」은 '고구려벽화고분 신 발견'라는 제목으로 고분 발견 소식을 전하였다. 이 기사에서 도유호는 안악군 벽화고분의 발견 의의에 대해 "이 고분은 희귀한 자료로 되며 조선물질문화유물의 국보적 가치를 가지고 있다. 흥미있는 점은 고구려고분이 평남지역 이남에서 발견되었다는 사실로서 고구려 년대를 중심한 그 시대사를 연구하는데 새로운 연구과제를 제기하는 것"이라고 밝히고 있다.

46) 리태진, 1949, 「문화유물보존사업에 대하여」 『문화유물』 제1집, 77~78쪽.

47) 남보라, 2015, 「국가건설과정의 북한 문화유산관리 연구 : 1945년~1956년을 중심으로」, 북한대학원대학교 석사학위논문.

다. 이 부분에 대한 강조는 삼국의 통일로 귀결되는데, “5세기 말~6세기 초엽 고구려는 백제, 신라, 가야를 다 합친 것보다 거의 10배나 되는 대국으로, 당시 우리 나라 전체 령역의 9/10를 차지한 나라로 되었다”면서 “고구려가 오랜 기간에 걸쳐 추진시켜 온 세나라통일위업이 거의 완성단계에 들어서게 되었다”는 것을 보여준다고 설명한다.[48]

통일의 대상에 대한 인식은 ‘민족’의 구성원에 대한 구분으로 이어진다. 광개토왕릉비문에 백제, 신라, 동부여 외에도 비려, 식신(숙신), 왜가 등장하는데, 백제·신라·동부여에 대해서만 속민이었다고 강조하고 있으며 그밖에 비려·숙신·왜에 대해서는 이 말이 전혀 없다고 하면서 “고구려와의 관계에서 백제, 신라, 동부여를 비려, 숙신, 왜와 서로 다른 징표를 가진 대상으로 구별되게 속민이라고 표현한 것은 구성상 불가분리의 관계에 있는 성분 나아가서는 혈연상 같은 사람들임을 나타내는 뜻도 표함된 것이며, 당시 고구려 사람들이 백제, 신라, 동부여를 같은 한겨레로 간주하고 있었다는 것을 말해준다”[49]는 것이다.

고구려의 문화가 백제, 신라 및 일본에 영향을 준 측면도 강조된다. “고구려의 발전된 문화는 세나라시기문화의 주류를 이루었으며 바다건너 일본열도에까지 크게 미치였다”[50]거나 “고구려는 세나라통일위업과 경제, 문화발전을 위하여 주변나라들과 주로 평화적인 관계를 유지하고 발전시키는 정책을 실시하였고 주변나라와 종족들은 날로 급격히 강대해지고 있는 고구려와의 관계를 악화시키지 않고 될수록 좋게 유지하려고 무진애를 썼다”[51]는 식으로 서술된다. 세부적으로 보면 무덤 벽화, 귀금속

48) 김은택, 2002, 「(동방의 옛 강국 고구려) 세나라통일위업을 완성단계로」 『민족문화유산』 2002-2호.

49) 김명일, 2013, 「(천년강국 고구려는 우리 민족사의 자랑) 광개토왕릉비문을 통하여 본 삼국시기 우리 민족의 단일성」 『민족문화유산』 2013년-3호.

50) 김은택, 2002, 「(동방의 옛강국 고구려)고구려 문화 바다 건너 일본렬도까지」 『민족문화유산』 2002-4호.

세공술, 탑 제작법, 불상 조각방법, 의복 제도, 수예 문화, 천문 지식 등 문화·예술 전반에 걸쳐 고구려의 영향력이 일방향으로 강조된다. 반대로 고구려가 주변 국가나 세력으로부터 영향을 받았다는 서술은 찾아보기 어렵다.

고구려 역사의 자주성 역시 강조되는데, 이는 북한의 역사 서술 원칙과도 연결된다. '주체사관'에 따른 북한의 역사 인식 및 역사 서술은 "자주성 실현(계급적 자주성과 민족적 자주성의 실현)의 관점에서 서술하되, 수령의 지도와 대중이 결합되는 지점을 중심적으로 서술하며, 승리적 관점에서 역사를 서술한다"는 원칙을 고수한다.[52] 이 원칙은 『민족문화유산』의 서술 시에도 반영되었다. "고구려건국설화를 보더라도 건국과정에서 그 어떤 다른 민족에 의한 외적 요인이 전혀 없었으며, 고구려가 당시 강국으로 위용을 떨칠 수 있은 것은 존재 전 기간 사대를 모르고 시종일관 자주권을 그 무엇보다 귀중히 여겨왔기 때문"[53]이라거나, "고구려의 높은 대외적지위는 사대주의가 없고 오히려 주변나라들과의 관계에서 위세를 떨친데서 알 수 있다"[54]는 서술은 이를 반영한다. 그밖에 외세에 맞서는 '인민'들의 항쟁 역시 자주 등장한다.

마지막으로 『민족문화유산』이라는 대중 잡지를 통해 북한 학계의 고구려사 관련 학설이 어떻게 대중화되는지에 대해 살피고자 한다. 『민족문화유산』에는 서로 중복되지 않는 매우 많은 필자가 등장한다. 이들 중 '본사기

---

51) 김은택, 2002, 「(동방의 옛 강국 고구려)고구려의 높은 대외적 지위」 『민족문화유산』 2002-3호.

52) 박경철, 「북한에서의 '고·중세 사회경제구성'인식에 관한 일고찰 - '시대구분' 논의와 '중세 초기' 정치사 인식과 관련하여 - 」 『북한의 고대사 연구와 성과』, 대륙연구소출판부, 241쪽.

53) 강세권, 2004, 「조선민족의 당당한 주권국가 고구려」 『민족문화유산』 2004-2호, 15쪽.

54) 김은택, 2002, 「(동방의 옛 강국 고구려)고구려의 높은 대외적 지위」 『민족문화유산』 2002-3호.

자'로 표기된 필자를 제외하면 반복해서 투고하는 필자가 드물다. 목차나 본문에 필자의 소속이 표기되지 않기 때문에 고구려 관련 기사를 작성한 인물들의 면면에 대해 모두 파악하는 것은 매우 어렵다. 필자의 소속을 직접 추적하는 것이 어려운 상황에서, 최근 고구려사 전공 주요 전공자들이 이 잡지에 필자로 참여하고 있는지를 간접적인 방법으로 살필 수는 있다.

지난 2003년 북한에서는 '동명왕 출생 2300돐 기념 고구려사 전국학술토론회'가 진행되었다. 이 토론회에서는 당시 북한에서 고구려사를 전공하고 있는 주요 연구자들이 필자로 참여하여 고구려의 주민구성, 조공과 책봉, 수당과의 전쟁, 계승관계를 비롯하여 벽화무덤의 역사지리적 환경과 피장자 문제 등에 대해 다뤘다. 즉, 주요 고구려사 연구자의 논고가 망라되어있다고 보아도 될 것이다. 이를 정리하면 다음과 같다.

〈표 7〉 동명왕 출생 2300돐 기념 고구려사 전국학술토론회의 필자

제목	필자	소속
고구려력사연구와 관련하여 제기되는 몇가지 문제에 대하여	**조희승**	사회과학원 력사연구소 고구려사실 실장 교수, 박사(후보원사 교수 박사)
고구려는 고대조선족의 후예들이 세운 나라	**리영식**	김일성종합대학 력사학부 고고학강좌 교원, 학사(박사 부교수 리영식)
고구려의 력사적 지위에 대한 문헌사적 고찰	**강세권**	사회과학원 력사연구소 연구사, 학사(박사 부교수)
기와를 통하여 본 삼국문화의 공통성	**윤광수**	사회과학원 고고학연구소 연구사, 학사
수, 당나라 침략자들을 쳐물리친 고구려 인민들의 투쟁은 나라와 민족의 자주권을 지키기 위한 반침략적 조국방위항쟁	전동철	김일성종합대학 력사학부 력사연구실 실장, 학사
발해는 고구려를 계승한 나라	**림호성**	사회과학원 력사연구소 연구사, 학사(박사)
〈책봉〉과 〈조공〉에 대하여	김혁철	사회과학원 력사연구소 연구사, 학사
고려는 고구려를 계승한 우리나라의 첫 통일국가	**박영해**	사회과학원 력사연구소 후보원사 교수, 박사(후보원사 교수 박사)
성씨를 통해 본 우리 민족국가들의 혈연적 계승성	**공명성**	사회과학원 력사연구소 근대사실장(박사 부교수)
동명왕에 의한 고구려건국과 그 의의	**남일룡**	김일성종합대학 력사연구소 고고학강좌장 박사, 부교수(교수 박사)

고구려의 평양천도와 그 력사적 의의	**김덕성**	김형직사범대학 력사학부 력사강좌장(학사)
고구려가 군사강국으로 이름 떨칠수있었던 요인에 대하여	손영종	사회과학원 후보원사, 교수, 박사
고구려 사람들의 상무기풍	**김은택**	김일성종합대학 력사학부 조선사강좌장, 박사, 부교수(박사 부교수)
고구려가 동아시아문화 발전에 논 역할	**송순탁**	조선중앙력사박물관 부관장, 박사
고구려무덤벽화의 특성	**손수호**	사회과학원 고고학연구소 소장, 박사(박사)
고구려산성의 특징	**지승철**	사회과학원 학회지도국 부국장, 박사, 부교수(박사 부교수)
장수산성 축조형식과 년대에 대하여	리승혁	문화보존지도국, 학사
황해북도 연탄군 송죽리 고구려벽화무덤의 력사지리적 환경과 피장자문제에 대하여	**조희승**	사회과학원 력사연구소 고구려사실 실장 교수, 박사(후보원사 교수 박사)
국내성 도읍시기 수도성방위체계에 대하여	최승택	사회과학원 고고학연구소 연구사, 학사
새로 발굴된 고구려벽화무덤들에 대하여	김경삼	사회과학원 고고학연구소 연구사, 학사

* 필자 란의 굵은 글씨는 『민족문화유산』에 필자로 참여한 인물.
** 소속 란의 ( )는 『민족문화유산』에서의 필자 표기.

위 〈표 7〉을 보면 약 20명의 필자 중 14명, 대략 70% 정도의 필자는 『민족문화유산』에 글을 게재하고 있음을 알 수 있다. 토론회에서 다뤘던 주제가 문헌사와 문화유물 분야가 망라되어 있었음을 감안하면 대다수의 고구려 전공 전문연구자가 『민족문화유산』의 필자로 참여하고 있다고 볼 수 있는 것이다. 서술의 소재 역시 대체로 벽화무덤에 대한 관심, 주변지역에 미친 고구려의 영향력과 역사의 계승성 문제, 침략 세력에 대한 투쟁과 자주권의 강조 등으로 대동소이하다. 양자 사이에서 서술 체계상의 차이 역시 크지 않다는 점을 확인할 수 있다. 이러한 사실은 『민족문화유산』이 지니는 대중잡지라는 특성을 잘 설명해준다.[55)]

55) 북한에서 역사학계의 논의와 '대중역사' 사이의 차이가 크지 않다는 점은, 양자의 불화로 혼란을 겪고 있는 한국의 상황에 대비하여 흥미롭다.(김정인, 2018, 「역사소비시대, 대중역사에서 시민역사로」 『역사소비시대, 대중과 역사학』, 제61회

Ⅳ. 결론

북한 정권 수립기에는 정권의 정통성을 확보하기 위한 차원에서 민족적인 요소가 강조되면서 민족적인 문화유산의 복구와 회복에 초점을 두고 진행되었다. 그러나 이후 주체사상이 확립되고 확산되면서 김일성 체제의 우월성을 강화하는 방침으로 변화하였다. 1980년대 후반 이후로는 '조선민족제일주의'가 사회 전반에 걸쳐 지도방침으로 강조되었다. 특히 김정은 체제의 등장 이후에는 헌법, 당규약에 이어 '유일사상 10대 원칙'에서 공산주의 표현을 삭제하는 등 기존 이데올로기가 약화되는 상황에서 다시 '민족적인 요소'가 사회 통합과 권력 공고화에 더욱 적극 활용되는 양상을 보인다.

지난 2001년 간행된 『민족문화유산』은 대중 잡지를 표방하는 문화유산 전문 간행물이다. 『민족문화유산』의 창간호에는 그 간행 목적에 대해 '주체성과 민족성을 고수하고 조국을 열렬히 사랑하며 조선민족제일주의 정신을 높이 발양시켜 나가도록 하게 하는 것'이라고 서술하고 있다. '민족적 입장과 계급적 입장의 결합'이 강조되고 있으며, '허무주의와 복고주의에 대한 극복' 및 '사회주의적 요구에 맞지 않는 것은 버리고 진보적이고 인민적인 것을 내세우고 발전시킬 수 있게' 해야 한다는 과거 유물보존 원칙이 반복적으로 언급되며 강조된다.

특히 고구려사에 대한 강조가 주목된다. 『민족문화유산』은 한 호당 최소 3개 이상의 고구려 관련 기사가 꾸준하게 수록되면서 '고조선 - 고구려

전국역사학대회 발표자료집) 한국에서 역사학이 학문 울타리 안에서만 머무르며 역사 대중화라는 화두를 상실해갈 무렵, 북한에서는 오히려 양적·질적으로 양자의 간극이 점차 줄어들고 있는 현상을 겪고 있는 것이다. 이는 역사 연구의 목적 및 방법의 차이에서 기인하는 것인 바, 향후 남북의 역사 교류가 점차 늘어간다면, 역사 인식의 차이뿐 아니라 이 부분에 대한 깊은 논의가 필요할 것이다.

-(발해)-고려-북한'으로 이어지는 역사의식을 북한 문화유산의 관리 원칙과 연계시킨다. 고구려 관련 기사를 살펴보면, '조선사' 내에서 차지하는 고구려의 영향력에 대해 강조되며 고구려의 문화가 백제, 신라 및 일본에 영향을 준 측면이 반복적으로 서술된다. 고구려 역사의 자주성 역시 강조되는데, 이를 현재 정권의 모습과 오버랩시키고자 하는 의도를 살필 수 있다.

문화유산의 보존 및 정비, 활용을 통해 국가의 정체성을 만들어나가는 것은 비단 북한만의 모습은 아니다. 서두에 언급한 바와 같이 대다수의 국가는 문화유산을 통해 '보여주고 싶은 것'을 보여주기 위해 노력한다. 다만 그것이 지나치게 어느 하나의 목적을 위한 수단으로 사용되며 일률적이고 단선적으로 치우치게 되는 것을 경계할 필요가 있다. 북한의 경우 정권 창출 이후 1940년대 말에서 1950년대 말까지 외국의 이론에 관심을 기울이고, 비교적 활발한 토론을 진행하며 학계의 논의를 진전시키거나, 의견을 수렴한 경험이 있다. 그런 면에서 '우리는 교조주의를 버려야 할 것이다. 그리고 그 옳은 수립을 위하여 우리는 자유롭고 진지한 토론을 전개하여야 할 것'이라는 해방 전후 1세대 학자의 고백은 오늘날까지 유효하며, 더욱 값지다.[56)]

56) 도유호, 1957, 「민족문화유산의 계승 발전과 고고학 및 민속학연구소의 당면 과업」『문화유산』 1957년-1호. "우리의 방법론이라면 그것은 물론 맑스-레닌주의적 방법론이며 변증적 유물론적 방법론이며 력사적 유물론적 방법론이다. 그러나 사실인즉 어느 한 구체적인 과학 분야에서의 구체적인 방법론을 따지는 데에 이르러서는 이러한 말은 결국은 추상적인 표현에 불과한 것이다. 과거의 진화론적 방법론이 지배적이였을 당시 대다수의 학도들은 그것을 바로 맑스-레닌주의적인 방법론이라고 하였던 것이다. 그리고는 그것을 반대하여 나서는 온갖 다른 방법론에는 덮어 놓고 '반동'이라는 락인을 찍어 버렸던 것이다."라는 도유호의 언급은 오늘날의 현실에도 여전히 적용된다.

〈첨부〉 특집기사 「천년강국 고구려는 우리 민족사의 자랑」 목차(2007~2019)

권호	기사 제목	필자
2007-3호	중원고구려비	한춘식
2007-3호	중세동방미술의 걸작 고구려벽화무덤	황금석
2007-3호	소박하고 간편한 고구려사람들의 옷차림새	학사 정성호
2007-3호	서사시 〈동명왕편〉	학사 리성
2007-3호	고구려의 우물	학사 윤광수
2007-3호	고구려의 애국명장 명림답부	본사기자 정혁철
2009-2호	우리 선조들의 슬기와 지혜가 깃든 고구려군사전법	윤광철
2009-2호	민족지능겨루기놀이인 고구려윷놀이에 대한 고찰	백은향
2009-2호	고구려의 설화문학에 대하여	교수, 박사 오희복
2009-2호	고구려의 농업과 수공업의 발전	본사기자 김경희
2009-3호	삼국시기 고구려가 차지한 지위와 역할	부교수 오영철
2009-3호	고구려의 갑옷	리명철
2009-3호	고구려무덤벽화제작방법	윤광수
2009-4호	평양의 동명왕릉은 고구려시조 동명성왕의 무덤	김경찬
2009-4호	중국정사에 반영된 최초의 고구려전	채은석
2010-1호	고구려의 혼인풍습에 대하여	리충국
2010-1호	고구려수박은 우리 민족의 정통무도 태껸의 력사적뿌리	백은향
2010-1호	고구려기와사용의 시작년대에 대한 간단한 고찰	전영일
2010-2호	중세시기 우리 나라 봉건법의 기틀을 마련한 고구려국가법	양철민
2010-2호	고구려의 수군과 해상경비활동	심광수
2010-2호	고구려씨름에 대하여	백은향
2010-2호	〈증보문헌비고〉에 반영된 고구려시기의 문예유산	박사, 부교수 리동윤
2010-3호	광개토왕릉비에 반영된 고구려수군의 활동	심광수
2010-3호	고구려의 우수한 귀금속세공술을 보여주는 금귀걸이	최철
2010-4호	인류의 천문학발전에 크게 기여한 천년강국 고구려	김일성종합대학 력사학부
2010-4호	고전문헌 〈해동역사〉에 반영된 고구려시기 성곽건축	리성근
2010-4호	고구려무덤벽화에 그려진 풍경화의 특징에 대하여	문정미
2011-1호	몽골에서 새로 알려진 고구려의 성과 벽화무덤에 대하여	박사 장철만
2011-1호	금석문기록을 통하여 본 광개토왕시기의 고구려	박사, 부교수 옥명심
2011-2호	민족적풍습에 반영된 고구려와 발해의 계승관계	박사 림호성
2011-2호	고구려의 석각천문도	박준호
2011-3호	새로 발굴된 옥도리고구려벽화무덤	전광진
2011-3호	고구려무덤벽화를 통하여 본 고구려시기의 악기	교수, 박사 문성렵
2011-4호	우리 선조들의 슬기와 지혜가 깃든 〈주몽전설〉	심동철
2011-4호	고구려첨성대터유적에 반영된 천문학적성격	정영성
2011-4호	고구려의 민속가요	김성준
2012-1호	옛 문헌기록들에 보이는 고구려악기	박사 김성준
2012-1호	민족의 우수성을 보여주는 고구려시기의 민족기재운동	리은정
2012-1호	고구려 대성산성안의 못은 산성의 높은 방어력을 보여주는 중요한 요소	박사 리영식
2012-2호	고구려의 민간교육기관 경당에 대하여	김림명

2012-2호	고구려 사람들의 활쏘기	리룡화
2012-3호	무덤벽화에 반영된 고구려사람들의 살림집리용풍습	리철영
2012-3호	고구려시기 살림집의 부업시설에 대하여	박사 조광
2013-1호	고구려의 교육기관 태학에 대하여	김림명
2013-1호	고구려국가의 성격과 최고통치자의 지위에 대하여	양선희
2013-2호	고구려살림집의 독특한 지붕형식	박사 조광
2013-3호	광개토왕릉비문을 통하여 본 삼국시기 우리 민족의 단일성	김명일
2013-3호	고구려시기 무술을 중심하고 발전시켜온 우리 인민들의 적극적인 활동	리명국
2013-4호	고구려의 악기	김영일
2013-4호	고구려에서의 농업생산의 발전에 대하여	리영철
2013-4호	고구려건국설화를 계승한 발해의 대조영설화	오미선
2014-1호	동방강국 고구려의 대표적 산성 황룡산성	정경일
2014-1호	고구려시기의 남자머리쓰개	림금석
2014-2호	삼족오를 통하여 본 고구려사람들의 태양숭배관념	박사, 부교수 강세권
2014-2호	무덤벽화에 반영된 고구려회화의 특징	윤광수
2014-3호	고구려에서의 천문학 발전과 삼국시기의 나라들에 준 영향	부교수 오영근
2014-3호	고구려시기를 반영하여 창조된 설화유산에 대하여	박영남
2014-4호	우리 나라에서 처음으로 알려진 고구려시기의 소금생산유적	백용남
2014-4호	무덤벽화에 반영된 고구려문화의 우수성	박사 리영식
2014-4호	고구려의 삼국통일정책추진과 대성산일대의 고구려 무덤	김금주
2014-4호	고구려사람들의 뛰여난 활쏘기	박사 부교수 강세권
2015-1호	평양천도를 통하여 본 고구려의 강대성	리진국
2015-1호	무덤벽화에 반영된 고구려인민들의 근면한 생활관습	변창식
2015-1호	고구려의 철갑개마	김광선
2015-1호	고구려무덤벽화에 반영된 상상화	한은별
2015-2호	광개토왕릉비를 통하여 본 고구려의 강대성	김금주
2015-2호	고구려인민들의 군사무용에 대하여	박사 조광
2015-2호	고구려사원의 특징에 대하여	손지향
2015-3호	고구려에서 중세민족체육의 틀거리가 형성되게 된 요인에 대하여	서옥실
2015-3호	고구려를 중심으로 한 삼국시기 농업발전의 특징에 대하여	정송봉
2015-4호	무덤벽화에 반영된 고구려권법그림	홍성봉
2015-4호	고구려의 악기	김영일
2016-1호	고구려인민들의 창쓰기	서옥실
2016-1호	고구려의 〈기악무〉에 대하여	박철만
2016-2호	조선 중세봉건국가들에서의 동명왕숭배에 대하여	박사 부교수 강세권
2016-3호	벽화를 통해 본 고구려녀성들의 화장풍습	정미향
2016-3호	고구려의 추석명절에 대하여	박사 조광
2016-4호	새로 발견된 집안고구려비	한춘식
2016-4호	동방강국 고구려의 높은 대외적지위	리정철
2016-4호	고구려무덤벽화의 천상세계도	한은별
2016-4호	고구려령토확장의 사회력사적요인	황금석
2017-1호	대성산의 고구려유적	김광선
2017-1호	고구려풍습이 중세 민족풍습발전에 준 영향	부교수 김경찬

2017-1호	고구려의 쌍곽, 쌍칸무덤	김설해
2017-2호	고구려사람들속에서 높이 발양된 애국적인 상무기풍	김정철
2017-2호	고구려무덤을 통하여 본 평양과 집안일대 문화의 공통성	박사 김인철
2017-3호	고구려의 천문도	박경호
2017-4호	고구려의 유물 - 로동도구	
2017-4호	6세기 말엽 고구려서부의 최대판도	
2018-1호	고구려벽화무덤을 통하여 본 삼국시기 의장기	윤광혁
2018-1호	고구려는 조선민족의 당당한 주권국가	본사기자 김영일
2018-2호	고구려의 농업생산발전	원창봉
2018-3호	조선민족풍습의 확고한 토대를 마련한 고구려풍습	박승길
2018-3호	고구려전기의 설화 '동명왕전설'	본사기자 김영일
2018-4호	무덤벽화에 반영된 고구려개마의 우수성	김설해
2018-4호	고구려의 근거리무기	허금혁
2019-1호	대동강의 고구려시기 다리유적	
2019-1호	고구려벽화무덤이 세계문화사발전에서 차지하는 지위	김설해
2019-2호	고구려의 평양성과 글자새긴 성돌	박사 부교수 리영식
2019-3호	후기신라돌칸흙무덤에 반영된 고구려문화의 영향	박영광
2019-3호	고구려의 무덤벽화에 반영된 정치, 군사, 문화의 독자성에 대하여	박사 부교수 지승철

부 록

제4~6회 고구려 주니어 포럼

제4회 고구려 주니어 포럼

주제 | 한·중·일 고구려·발해사 연구의 새로운 동향
일시 | 2017년 12월 2일(토) 10:00 ~ 18:00

1부 발표 (10:20 ~ 12:00)

사회 | 鄭京日(中國, 延邊大學)

1. 고구려 초기 도성의 경관과 권력 / 권순홍(성균관대)
2. 고구려 전기의 지배구조와 관등의 기원에 대한 재검토 / 장병진(연세대 박사수료)

토론 | 이승호(동국대), 이준성(국사편찬위원회)
논평 | 宋玉彬(中國, 吉林大學)

2부 발표 (13:30 ~ 15:20)

사회 | 조영광(국사편찬위원회)

1. 고구려 "졸본"과 "국내"의 지리공간 고찰/ 王志剛(中國, 吉林省 考古文物研究所)
2. 한강유역 고구려 관방유적 발굴조사 성과와 의미/ 이정범(고려대)

토론 | 안정준(경희대), 鄭京日(中國, 延邊大學)
논평 | 백종오(한국교통대)

3부 발표 (15:40 ~ 17:30)

사회 | 정호섭(한성대)

1. 『유취국사』에 실린 소위 「渤海沿革記事」의 사료적 성격에 대하여/ 赤羽目匡由(日本, 首都大學東京)

2. 고구려 유민의 대일 외교/ 井上直樹(日本, 京都府立大學校 敎授)

토론 | 이정빈(충북대), 김수진(서울대)

논평 | 공석구(한밭대)

총결 (17:30 ~ 18:00)

총결1 | 宋玉彬(中國, 吉林大學 敎授)

총결2 | 공석구(한밭대 교수, 고구려발해학회 회장)

총결3 | 이인재(연세대 교수, 원주박물관장)

제5회 고구려 주니어 포럼

주제 | 경계를 넘어서는 고구려·발해사 연구
일시 | 2018년 11월 05일(월) 13:00 ~ 18:00

등록 및 개회식

개회사 | 한수영(연세대 근대한국학연구소 소장),
공석구(한밭대, 고구려발해학회 회장)
축 사 | 이인재(연세대 원주박물관 관장)

1부 발표

사회 | 이준성(국사편찬위원회)

1. 고구려 유민 후속 세대의 중국 출자 표방과 당대 현실/ 김수진(서울대)
2. '內臣之番'으로서의 고구려·백제 유민/ 植田喜兵成智(日本, 學習院大學)

토론 | 권순홍(성균관대), 이규호(동국대)

2부 발표

사회 | 이정빈(충북대)

1. 삼연 문화의 성립/ 오진석(한국고고환경연구소)
2. 발해말갈 관칭 연구-발해 정치제도의 북방적 요소에 대한 논의를 겸하여/ 孫昊(中國, 社會科學院 歷史研究所)
3. 중국과 북한의 최신 발해유적 조사성과/ 姜成山(中國, 延邊大)

토론 | 鄭京日(中國, 延邊大), 강성봉(성균관대), 안정준(서울시립대)

총결

총결1 | 耿鐵華(中國, 通化師範大)

총결2 | 공석구(한밭대)

총결3 | 이인재(연세대)

제6회 고구려 주니어 포럼

주제 | 고구려사 연구의 국제적 동향과 새로운 모색
일시 | 2019년 11월 02일(토) 10:00 ~ 17:30

등록 및 개회식

개회사 | 공석구(고구려발해학회 회장)
김영민(연세대 근대한국학연구소장)
격려사 | 김현숙(동북아역사재단 연구정책실장)

1부 발표

사회 | 이정빈(충북대)

1. 북한의 문화유산 정책 변화와 고구려사 : 『민족문화유산』을 중심으로/ 이준성(국사편찬위원회)
2. 새롭게 조사된 평양시 낙랑구역 전진동벽화무덤의 발굴정형에 대하여/ 鄭京日(中國 延邊大學)
3. 遼宁地區的漢唐壁畫墓/ 李龍彬(中國 遼寧省文物考古研究院)

토론 | 기경량(가톨릭대), 나유정(한국외대)

2부 발표

사회 | 이준성(국사편찬위원회)

1. 고구려 남조 교섭과 국제정세 : 대명 3년 사행을 통해 본 고구려와 송의 교섭과 그 의미/ 백다해(이화여대)
2. 618~629년 高句麗의 對外政策과 高句麗-唐·新羅 關係의 變化/ 김강훈(형곡중학교)

3. 東北亞視角下的高句麗佛教初傳/

潘博星(中國 長春師范大學 歷史文化學院東 北亞歷史文化研究所, 講師)

토론 | 강진원(서원대), 전상우(단국대)

총결 (17:00 ~ 17:30)

사회 | 정호섭(고려대 한국사학과 교수)

총결1 | 程妮那(中國 吉林大學 文學院 歷史學系 敎授)

총결2 | 여호규(한국외대 사학과 교수)

총결3 | 공석구(한밭대 교양학부 교수)

총결4 | 이인재(연세대 역사문화학과 교수)

근대 한국학 총서를 내면서

새 천년이 시작된 지도 벌써 몇 해가 지났다. 식민지와 분단국가로 지낸 20세기 한국 역사의 와중에서 근대 민족국가 수립과 민족문화 정립에 애써 온 우리 한국학계는 세계사 속의 근대 한국을 학술적으로 미처 정립하지 못한 채, 세계화와 지방화라는 또 다른 과제를 안게 되었다. 국가보다 개인, 지방, 동아시아가 새로운 한국학의 주요 연구대상이 된 작금의 현실에서 우리가 겪어온 근대성을 다시 한 번 정리하고 21세기에 맞는 새로운 모습으로 탈바꿈시키는 것은 어느 과제보다 앞서 우리 학계가 정리해야 할 숙제이다. 20세기 초 전근대 한국학을 재구성하지 못한 채 맞은 지난 세기 조선학·한국학이 겪은 어려움을 상기해 보면, 새로운 세기를 맞아 한국 역사의 근대성을 정리하는 일의 시급성은 아무리 강조해도 지나치지 않다.

우리 '근대한국학연구소'는 오랜 전통이 있는 연세대학교 조선학·한국학 연구 전통을 원주에서 창조적으로 계승하고자 하는 목표에서 설립되었다. 1928년 위당·동암·용재가 조선 유학과 마르크스주의, 그리고 서학이라는 상이한 학문적 기반에도 불구하고 조선학·한국학 정립을 목표로 힘을 합친 전통은 매우 중요한 경험이었다. 이에 외솔과 한결이 힘을 더함으로써 그 내포가 풍부해졌음은 두말할 나위가 없다. 연세대학교 원주캠퍼스에서 20년의 역사를 지닌 '매지학술연구소'를 모체로 삼아, 여러 학자들이 힘을 합쳐 근대한국학연구소를 탄생시킨 것은 이러한 선배학자들의 노력을 교훈으로 삼은 것이다.

이에 우리 연구소는 한국의 근대성을 밝히는 것을 주 과제로 삼고자 한다. 문학 부문에서는 개항을 전후로 한 근대 계몽기 문학의 특성을 밝히는 데 주력할 것이다. 역사부분에서는 새로운 사회경제사를 재확립하고 지역학 활성화를 위한 원주학 연구에 경진할 것이다. 철학 부문에서는 근대 학문의 체계화를 이끌고 사회과학 분야에서는 학제간 연구를 활성화시키며 근대성 연구에 역량을 축적해 온 국내외 학자들과 학술교류를 추진할 것이다. 이러한 연구들은 일방성보다는 상호 이해와 소통을 중시하는 통합적인 결과물의 산출로 이어질 것이다.

근대한국학총서는 이런 연구 결과물을 집약적으로 정리하기 위해 마련하였다. 여러 한국학 연구 분야 가운데 우리 연구소가 맡아야 할 특성화된 분야의 기초 자료를 수집·출판하고 연구 성과를 기획·발간할 수 있다면, 우리 시대 연구자들뿐만 아니라 학문 후속세대들에게도 편리함과 유용함을 줄 수 있을 것이다. 새롭게 시작한 근대 한국학 총서가 맡은 바 역할을 충분히 할 수 있도록 주변의 관심과 협조를 기대하는 바이다.

연세대학교 미래캠퍼스 근대한국학연구소

필자 소개

이인재 | 한국, 연세대학교 미래캠퍼스 역사문화학과 교수

권순홍 | 한국, 충북대학교 역사교육과 POST-Doctor

王志刚 | 中國, 吉林大學 考古學院 教授

唐淼 | 中國, 吉林大學 考古學院文化遺産系 主任 副教授

백다해 | 한국, 이화여자대학교 사학과 박사과정

김강훈 | 한국, 구미중학교 교사

井上直樹 | 日本, 京都府立大學校 教授

植田喜兵成智 | 日本, 學習院大學 東洋文化研究所 助教

김수진 | 한국, 국민대학교 한국학연구소 학술연구교수

赤羽目匡由 | 日本, 東京都立大學 准教授

潘博星 | 中國, 長春師範大學 歷史文化學院東北亞歷史文化研究所 助理研究員

孫昊 | 中國, 中國社會科學院 古代史研究所 副研究員

오진석 | 한국, 한국고고환경연구소 연구원

李龍彬 | 中國, 遼寧省文物考古研究院 研究員, 研究館員, 副院長

이정범 | 한국, 한국고고환경연구소 연구원

鄭京日 | 中國, 延邊大學 歷史學系 副教授, 高句麗渤海研究中心 主任

이준성 | 한국, 국사편찬위원회 편사연구사

연세근대한국학총서 140 (H-031)

경계를 넘어서는 고구려·발해사 연구

鄭京日 외 지음 | 이인재 엮음

초판 1쇄 발행 2020년 10월 30일

펴낸이 오일주
펴낸곳 도서출판 혜안

등록번호 제22-471호
등록일자 1993년 7월 30일

주소 04052 서울시 마포구 와우산로 35길 3(서교동) 102호
전화 02-3141-3711~2 / **팩스** 02-3141-3710
이메일 hyeanpub@hanmail.net

ISBN 978-89-8494-650-7 93910

값 38,000 원